北京知岸律师事务所著作权理论与实务丛书

著作权限制典型案例精析

单体禹　孙胜男　主编

———— 北京 ————

图书在版编目（CIP）数据

著作权限制典型案例精析 / 单体禹, 孙胜男主编. -- 北京：法律出版社, 2025. -- （著作权原理与实务 / 单体禹主编）. -- ISBN 978-7-5197-9328-9

I. D923.415

中国国家版本馆CIP数据核字第2024TT7013号

著作权限制典型案例精析 ZHUZUOQUAN XIANZHI DIANXING ANLI JINGXI	单体禹 孙胜男 主编	策划编辑 冯雨春 蒋 橙 责任编辑 冯雨春 蒋 橙 装帧设计 李 瞻

出版发行 法律出版社	开本 787毫米×1092毫米 1/16
编辑统筹 法律应用出版分社	印张 35.25　字数 588千
责任校对 张翼羽	版本 2025年2月第1版
责任印制 刘晓伟	印次 2025年2月第1次印刷
经　　销 新华书店	印刷 三河市兴达印务有限公司

地址：北京市丰台区莲花池西里7号(100073)
网址：www.lawpress.com.cn　　　　　　　销售电话：010-83938349
投稿邮箱：info@lawpress.com.cn　　　　　客服电话：010-83938350
举报盗版邮箱：jbwq@lawpress.com.cn　　　咨询电话：010-63939796
版权所有·侵权必究

书号：ISBN 978-7-5197-9328-9　　　　　　　定价：156.00元

凡购买本社图书，如有印装错误，我社负责退换。电话：010-83938349

丛书总序

依照联合国教育、科学及文化组织(以下简称联合国教科文组织)的定义,文化产业就是按照工业标准,生产、再生产、储存以及分配文化产品和服务的一系列活动。作为以生产和提供精神产品为主要活动、以满足人们的文化需要作为目的的一项重要产业,文化产业肩负双重功能:一方面旨在服务于一国经济的发展,为经济增长和就业做贡献;另一方面传播本国文化价值观、保护民族文化,以维护本民族文化利益。在知识经济时代,文化产业的发展离不开现代著作权法律制度的支撑。根据《世界银行报告》发布的全球各国 GDP 数据,世界各国文化产业总值占 GDP 总量的比重不等,文化产业占比高的国家中,美国是 31% 左右,日本是 20% 左右,欧洲各国平均在 10%~15%,韩国高于 15%。美国和日本的 GDP 结构中,文化产业的占比分别高达 31% 和 20%,足见美国和日本文化产业实力和竞争力之强大。美国和日本等国文化产业的发展和瞩目成就,与其既十分完善而又极其复杂的现代著作权法律制度存在很大关联。2023 年,我国文化产业总值占 GDP 总值的 10.27%。中国的文化产业发展水平亟须提升。中国只有顺应当今时代潮流,顺势发展知识产权法律制度,大力提高知识产权保护水平,才能繁荣中国文化产业,才能大力提升文化产业的 GDP 占比。相反,如果知识产权法律制度停滞不前,甚至形同虚设,可有可无,那只能是自毁长城,自甘落后。天下潮流,浩浩汤汤;顺之者昌,逆之者亡。

"知识产权"一词从英语 intellectual property 或者 intellectual property rights 翻译过来,意思是指人的智力创造成果在法律上的单位权利,而这种权利基本上是一种财产权,所以称为知识财产或者知识(财)产权。在欧洲大陆上较早的语言中,"知识产权"一词是用来指文字、艺术、音乐作品法律上的权利,后来人们才把这个词也用来指包括工业产权(专利、商标等权利)在内的一些权利。在《巴黎公约》的常设秘书机构(国际局)和《伯尔尼公约》的常设秘书机构于 1893 年合并为一个机构时,在其名称中加进了"知识产权"一词,称为"保护知识产权联合国际局"(法语缩写为 BIRPI),可以说明知识产权分为两部分,一部分是著作权,另一部分是工业产权。

根据《建立世界知识产权组织公约》(1967)第 2 条"定义"第 8 款规定,"知识产权"包括有关下列项目的权利:(1)文字、艺术和科学作品,(2)表演艺术家的表演以及唱片和广播节目,(3)人类一切活动领域内的发明,(4)科学发现,(5)工业品外观设计,(6)商标、服务标记以及商业名称和标志,(7)制止不正当竞争,(8)在工业、科学、文字或艺术领域内由于智力活动而产生的一切其他权利。第1项权利指著作权,第2项权利指邻接权。第8项权利应当将植物新品种权、集成电路布图设计权等包括在内。"知识产权"用来指人们在工业、科技、文字和艺术领域的智力活动所产生的成果权利的总称,包括著作权和邻接权、专利权、商标权、实用新型权、工业品外观设计权等。

北京知岸律师事务所是一家以知识产权为核心的律师事务所。北京知岸律师事务所始终坚持研究与实务并重,秉承"专注、卓越、勤勉、诚信"的执业理念,竭诚为客户量身定制全方位、多层次、高效综合的法律服务。对知识产权的普及、传播与运用是北京知岸律师事务所的使命。"北京知岸律师事务所著作权理论与实务丛书"是北京知岸律师事务所在多年研究成果的基础上策划出版的第一套丛书,是知识产权领域中著作权细分板块的系列图书。

从1709年英国的《安娜法》开始,著作权成文法迄今为止已经有300多年的历史了。在著作权法的发展过程中,形成了以英国、美国等国家为代表的版权体系和以德国、法国等国家为代表的作者权体系。同为作者权体系国家,德国著作权法的理论基础为一元论(著作人身权和财产权同为著作权大树的树根,不可分离),法国等国家著作权法的理论基础则为二元论(人身权和财产权可分离)。随着著作权国际保护的需求发展,首先产生了众多的双边协议,但由于不同国家著作权法的规定存在很大不同,签订双边协议需要经过多年的谈判,甚至需要修改国内著作权法,因而满足不了国际著作权保护的要求。在此情况下,逐步产生了著作权国际条约,首先产生的国际条约是《伯尔尼公约》,后续比较重要的著作权国际条约有TRIPs和WCT、WPPT。著作权国际条约在很大程度上突破了商标和专利的地域性限制,从而为著作权提供了真正的国际保护。而且著作权国际条约要求加入国必须履行最低保护义务,从而为著作权法的国际协调划定了标准和底线。由于国际条约和国内法相互影响、相互促进,而且伴随着技术的发展,著作权权能也在逐步扩张,上述因素使得国际和各国著作权立法内容及技术更趋科学性和合理性。中国著作权法的立法始于1910年的《大清著作权律》,比英国晚了整整200年。中华人民共和国成立后,于1990年颁布了第一部《著作权法》,此后又经过3次修正,此间吸收了著作权国际立法和各国立法的有益经验,使得中国著作权立法处于世界领先地位。

"北京知岸律师事务所著作权理论与实务丛书"计划在3~5年内,相继出版"著作权理论与实务"的客体卷、主体卷、人身权卷、财产权卷、邻接权卷、利用卷、限制卷、保护卷、集体管理卷、计算机软件卷等系列著作。首先推出的是《著作权限制制度体系研究》和《著作权限制典型案例精析》两本书。接下来我们将陆续推出《著作权理论与实务》(财产权卷)、《著作权理论与实务》(邻接权卷)和《著作权理论与实务》(计算机软件卷),前两卷书是丛书的重中之重,著作财产权与权利人联系最为紧密,是整个著作权体系的核心和重点,著作权权能的扩张与技术发展密切相关,其历史沉淀也最为丰富。

《著作权理论与实务》(客体卷)包含以下内容,第一,"客体范围界定:著作权法保护的对象"主要论述著作权作品的定义构成、著作权作品的客体指向(思想表达)、著作权作品的独创性(实质条件)、著作权作品的可再现性(形式要件)。第二,"原始作品的规范形式",对文字作品、口述作品、音乐作品、戏剧作品、曲艺作品、舞蹈作品、杂技艺术作品、美术作品、实用艺术作品、建筑作品、摄影作品、视听作品、图形作品、模型作品、计算机软件等作品的不同类型或种类的内涵、外延、特征、独创性等进行历史法学和比较法学的研究,结合国内外典型案例,以理论与实物相结合、国际与国内相结合、普及与提高相结合的视角,重点阐述著作权客体方面的疑难与困惑。第三,"二次作品的规范形式"主要围绕演绎作品和汇编作品在内的二次作品的内涵、外延、特征、独创性等进行阐述。第四,"客体范围类型:文学、艺术和科学作品"主要论述著作权客体类型的立法体例、我国著作权法上的作品类型。第五,"非规范客体形式:特殊作品"主要论述民间文学艺术表达、计算机软件、实用艺术作品、数据库、体育赛事节目、人工智能生成作品等。第六,"客体排除领域:非作品'表达'与非作品'保护'"主要论述非作品形态的"表达"、不受保护的"作品"等。

《著作权理论与实务》(主体卷)主要包含以下内容,第一,"著作权归属的主体范畴:概念与分类"主要论述原始主体与继受主体、本国主体与外国主体。主要阐明作者、作者权人、著作权主体、著作权取得、著作权归属等概念的区别与联系。第二,"第一著作权人:自然人作者与拟制作者"主要论述作者的主体资格、自然人作者、法人作者、作者的推定和证明等。第三,"特殊作品著作权归属:创作主体与权利主体"主要论述演绎作品的权利归属和行使、合作作品的权利归属和行使、汇编作品的权利归属和行使、视听作品的权利归属和行使、职务作品的权利归属和行使、委托作品的权利归属和行使、美术与摄影作品的权利归属和行使、匿名作品的权利归属和行使。

《著作权理论与实务》(人格权卷)主要包含以下内容,第一,"著作权的'一体两权'

结构"即著作权主体或曰著作权内容,包括著作人格权和著作财产权两部分,"一体两权"是大陆法系的重要观点,中国采纳了这一观点。第二,"著作人格权总论"论述了著作人格权的概念、理论基础、法律特征、立法变革、归属保护等内容。第三,"保护著作人格权的国际公约"重点论述保护著作人格权的第一个国际公约《伯尔尼公约》。第四,"著作人身权分论"重点论述著作人格权,也被称为作者的精神权利的具体权项,即发表权、署名权(或曰作者身份权)、修改权、保护作品完整权、作品收回权、作品接触权等国内外立法例以及实务中的疑难问题。第五,"邻接人身权"论述著作邻接权中唯一的表演者权的精神权利保护问题,国际条约有明确规定,国外和国内立法例都有规定。

《著作权理论与实务》(财产权卷)主要包含以下内容,第一,"版权体系和著作权体系"二者关于著作权权利体系构成的制度理念颇有差异。版权体系来源于"Copyright 主义",著作权体系来源于"作者权利主义",但二者实际上有着共同的理论基础。第二,"著作财产权概述"主要阐述著作财产权的称谓概念、产生规则、法律特征、性质、法定性与扩张问题等。第三,"著作财产权体系的构成与分类"主要论述著作财产权体系可以从不同方面进行分类,有学者将著作财产权分为复制权、演绎权、传播权;有的学者将著作财产权分为作品使用权、对价获得权与售价分享权。本卷重点论述保护著作权的国际条约,主要包括《伯尔尼公约》、《世界版权公约》、TRIPs、WCT、WPPT 等对著作财产权保护的规定。第四,"欧盟对著作财产权保护的指令"主要论述欧盟对著作财产权进行保护的几个指令,即《信息社会版权指令》等。第五,"典型国家关于著作财产权的立法例"运用比较法学的研究方法重点论述法国、德国、日本、中国等国家的立法例和英国、美国、加拿大、澳大利亚等国家的立法例。第六,"著作财产权分论"对作者的经济权利进行分门别类的论述,分别论述复制权、发行权、出租权、展览权(展出权)、表演权(包括朗诵权)、放映权、广播权(播放权)、信息网络传播权、演绎权、摄制权、改编权、翻译权、汇编权、追续权等概念、性质、特征、立法例、典型案例等诸内容。

《著作权理论与实务》(邻接权卷)主要包含以下内容,第一,"邻接权概述:与著作权相关的权利"主要论述邻接权的概念的内涵和外延、邻接权与著作权的联系与区别、邻接权制度的产生与发展。第二,"邻接权保护的国际公约"重点阐述保护邻接权的几个国际条约,如《罗马公约》、《录音制品公约》、《卫星公约》、TRIPs、WPPT、《北京条约》等。第三,"出版者权:板式设计专用权的保护"主要论述出版者权的概念、主体与客体、出版者权的内容、出版单位的权利和义务、出版者权的国际和国内立法例。第四,"表演者权:艺术表演权利的保护"主要包括表演者权的主体与客体、取得与性质、"一体两权"、保护期限;表演者权的国际和国内立法例;表演者权的内容——表演者人格权和表演者财产权以及表演者的义务等。第五,"录制者权:录音录像制品权利的保护"主要论述录制者权的概念、主体、客体和义务;录制者权的国际和国内立法例;录制者权的具体内容,即复制权、发行权、出租权、信息网络传播权、针对机械表演获得报酬权、录音制品的广播权;录制者权与其他权利的关系等。第六,"广播组织权:广播节目信号权利的保护"主要论述广播组织权的概念、主体、客体和保护期限;广播组织权的国际和国内立法例;广播组织权的具体权利内容包括同时转播权、录制复制权、向公众传播权、获得报酬权等;广播组织与相关主体的权利义务;广播组织义务及广播组织权面临的新课题等。第七,简要介绍邻接权的保护期限和邻接权限制。

《著作权理论与实务》(利用卷)主要包含以下内容,首先,"论述著作权的利用对象:作品抑或权利"主要区别作品与作品载体、作品利用与作品权利利用。其次,"著作权转让:著作财产权的继受取得"主要论述著作权转让制度的立法释义、著作权全部转让的问题分析、著作权转让合同的登记等内容。再次,"著作权许可使用:著作财产权的权项分离"主要阐述许可使用与其他权利利用的区别、许可使用合同的基本分类、专有许可与非专有许可的适用、著作权许可使用合同的指导原则与主要条款等内容。最后,"著作权抵押:债的担保中的'权利质'"主要论述著作权质押的意义和特征、著作权质押合同的成立要件和生效要件、权利出质期间的著作权行使等内容。

《著作权限制制度体系研究》主要包含以下内容:其一,"著作权和邻接权限制总论"主要论述著作权限制的概念称谓、必要性与法理基础等,著作权限制制度体系构成分析,著作权和邻接权权能限制概述。其二,"著作权和邻接权时间限制"主要论述著作权和邻接权保护期限概述,典型国家著作权保护期限延长史、著作人身权的保护期限、一般作品著作财产权的保护期限、特殊作品著作财产权的保护期限以及邻接权的保护期限等。其三,"著作人身权和邻接人身权权能限制——精神权利限制"主要论述著作人身权限制总述、著作人身权限制分述、邻接人身权限制:表演者精神权利的限制和例外等。其四,"著作财产权和邻接财产权权能限制之一:合理使用"主要论述合理使用:自由而无偿使用、合理使用的国际规定与中国借鉴、合理使用制度两种判断标准的对比分析、个人使用、适当引用、新闻报道使用、转载转播使用、演讲使用、教学科研使用、公务使用、图书馆使用、免费表演使用、公共场所陈列作品使用、少数民族使用、阅读障碍者使用、计算机软件使用、滑稽模仿以及邻接财产权合理使用的国际借鉴与中国实践。其五,"著作财产权和邻接财产权权能限制之二:法定许可使用"主要论述法定许可使用:依法许可而支付报酬的使用、法定许可使用制度的国际借鉴、编写出版教科书、报刊转载或摘编、制作课件实施远程教育、网络传播信息扶助贫困、制作录音制品、广播电台电视台播放作品、广播电台电视台播放录音制品、表演者营业性演出法定许可等。其六,"著作财产权和邻接财产权权能限制之三:强制许可使用"主要论述强制许可使用:特别准许而支付报酬的使用、国际条约关于著作权强制许可制度的规定、相关国家关于著作财产权强制许可的规定、中国著作权强制许可制度的构建刍议、孤儿作品的强制许可问题等。

《著作权限制典型案例精析》主要包含以下内容,第一,"著作权保护期限"通过案例分别探讨了署名权、修改权、保护作品完整权的保护期不受限制,国内作品著作权保护期限。第二,"合理使用"主要从个人使用、适当引用、新闻报道使用、转载转播使用、演讲使用、教学科研使用、公务使用、图书馆使用、免费表演使用、公共场所陈列作品使用、少数民族使用、阅读障碍者使用、计算机软件使用等方面进行案例分析。第三,"法定许可"分别对编写出版教科书发行许可、报刊转载摘编法定许可、制作录音制品法定许可、广播组织播放作品法定许可、网络扶贫法定许可等进行案例分析。第四,"默示许可"案例分析。第五,"发行权穷竭"案例分析。全书共选择"著作权保护期限""合理使用""法定许可""默示许可""发行权穷竭"等各种情况的经典案例近100个。所有案例均采取"以案说法"的形式按照裁判要旨、关键词、当事人、案件事实、原告诉请、裁判结果、裁判理由、案件解析、知岸延伸等进行精当分析。

《著作权理论与实务》(保护卷)主要包含以下内容,第一,"侵权行为的基本范畴:概念解读与特征分析"主要论述著作权侵权行为的概念、著作权侵权行为的特征等。第二,"侵权行为的基本类型:直接侵权和间接侵权"分别论述直接侵权行为和间接侵权行为。第三,"典型间接侵权:网络服务提供者的侵权责任"主要论述网络服务提供者的特殊责任主体地位、网络服务提供者的过错责任及其认定、网络服务提供者的侵权责任形式。第四,"特别保护制度:技术措施和权利管理信息的保护"主要论述技术措施的保护、权利管理信息的保护。第五,"侵权行为的认定规则:'实质相似+接触'"主要论述"实质相似+接触"规则的基本含义、"实质相似+接触"规则的适用方法、"实质相似+接触"规则的司法审查。第六,"侵权责任的归责原则:从过错责任到过错推定责任"主要论述归责原则的基本含义、著作权侵权责任的归责原则、无过错责任原则的适用问题、过错推定责任原则的适用问题。第七,"侵权行为的法律责任:民事责任、行政责任与刑事责任"主要论述相应民事责任、行政责任、刑事责任。

《著作权理论与实务》(集体管理卷)主要包含以下内容,首先,"著作权集体管理制度:集中化管理与'一揽子'许可"主要论述著作权集体管理的概念和特征、著作权集体管理制度的产生与发展、著作权集体管理制度的功能和作用等内容。其次,"著作权集体管理组织:结构类型与运作方式"主要论述"一揽子"许可协议、权利结算中心、商业化"集体管理"等内容。再次,"中国著作权集体管理:组织架构与运行模式"主要论述著作权集体管理组织的构成、著作权集体管理组织的设立、著作权集体管理组织的职能等内容。最后,"著作权集体管理中的问题:国际动向与中国应对"主要论述著作权人与著作权集体管理组织、会员制集体管理与延伸性集体管理、权利集体管理与权利集中许可、单一管理组织与多元管理组织、集体管理行为与反垄断审查。

《著作权理论和实务》(计算机软件卷)计算机软件属于我国《著作权法》规定的作品形式之一,但因计算机软件实用性的特点,使得其又有别于其他类型作品。本书以案例解析为主,从以下几个方面对与计算机软件相关的侵权模式和特点进行归纳总结:第一,计算机软件独创性的认定;第二,计算机软件著作权归属问题(尤其是外包产品);第三,计算机软件利用问题(拆封许可、点击许可等);第四,侵权证据保全问题;第五,对计算机软件实质性相似的认定,主要涉及源代码同一性鉴定、无法获取源代码时的其他侵权认定方法(目标程序比对、运行界面比对、参数比对等);第六,反向工程侵权认定;第七,故意避开或者破坏著作权人为保护其软件著作权而采取的技术措施的认定;第八,故意删除或者改变软件权利管理电子信息的认定;第九,权利限制(发行权穷竭、默示许可等);第十,商业秘密保护和专利保护等其他疑难或前沿问题。

"北京知岸律师事务所著作权理论与实务丛书"采用历史法学和比较法学的写作方法,首先研究国际条约,既研究同一国际条约的演变过程,又研究不同条约之间的演进关系;进而研究不同法系国家之间的立法异同之处,亦研究同一法系内部采不同理论(如"一元论"和"二元论")的国家的立法区别;最后研究中国《著作权法》理论与实务的历史变迁。其中理论研究是手段,解决问题是根本目的。

"北京知岸律师事务所著作权理论与实务丛书"体现了北京知岸律师事务所律师对著作权领域的认知和理解,本丛书具有以下特点:

第一,坚持国际条约与立法条文相结合。中国著作权立法中的许多条文直接来源于国际条约,对条文的解释也不能背离国际条约。学习国际条约,对于理解和解释中国《著作权法》十分重要。解说《著作权法》的规则,结合它们在国际条约中的渊源和背景,才能更深刻地理解相关法律条文。

第二，坚持典型案例与立法原意相结合。"寓理于案"。《著作权法》中许多规则相当复杂，但是法律条文相对简单和原则。通过研究实务中的诸多案例，不仅可以了解立法原意以及法官运用的分析、推理和法律解释方法，而且还可以发现隐藏在法律条文背后的诸多问题，从而对法律规则产生更为深入的理解，并掌握其适用方法。本书选择的实务案例，既有典型性和代表性，又有易读性和趣味性。

第三，坚持公理通说与疑难争议相结合。著作权争议和疑难问题所在皆是。实务判例中相互抵牾、二审推翻一审、难以自圆其说者不乏所见。有正反两种意见，有三四种意见并存。公理与通说同在，疑难与争议并存。以《著作权法》为骨干，以《伯尔尼公约》为背景，以《实施条例》为骨肉，叙述公理常识和通说，解读争议问题和疑难问题。

第四，坚持普及提高与溯源察势相结合。普及著作权法相关知识，提高公众认知水平。追溯著作权源头，明察著作权演进趋势。将针对广大人民群众对于著作权知识的普及与提高，和追溯著作权法的国际源头、国内判例与觉察著作权法演进大势结合起来。

第五，坚持长远持续性和当前长久性相结合。既立足于《著作权法》(2020)，比较中华人民共和国成立以来四个版本之异同，而且追溯到《大清著作权律》和中华民国《著作权法》；还详参国际条约、欧盟相关著作权指令，试图为完善和修改现行《著作权法》提出自己的建议。既着眼当前现行法剖析案例，又着眼长远走势分析，把分析当前实务案例与长远理论探讨结合起来。

第六，坚持法学理论与法律实务相结合。既熟稔于知识产权的实务与案例，举重若轻，信手拈来，抓住本质，从细微毫厘之处见真章；又沉浸于知识产权的理论与历史，探寻历史，纵横比较，寻找本源，探索法理，从历史比较之中觅根源，把理论与实务密切地结合起来。

第七，坚持法学理论提高与法律知识普及相结合。既能采用历史法学与比较法学的视角，对知识产权理论进行深入研究，并灵活地运用到具体案例和法律实务中；又能照顾普通大众学习熟悉知识产权的社会现实，通过实务和案例向人民大众进行宣传和普及，通过案例说法，将法学理论提高和法律知识普及结合起来。

"北京知岸律师事务所著作权理论与实务丛书"并不着眼于创设新理论，只是通过对目前各种不同观点和案例资料的收集和整理，运用比较法学和历史法学的方法，进行比较、借鉴，进行梳理，深入研究。试图通过横向和纵向的反复交叉，得出相对科学的结论，在此过程中难免会对各国著作权立法技术进行价值评估，也自然会对我国著作权法今后的修订提出建议。

对于北京知岸律师事务所而言，这既是一个学习过程，也是一个研究过程。这样更有利于北京知岸律师事务所学习《著作权法》、理解《著作权法》、运用《著作权法》。了解中国《著作权法》的国际渊源，借鉴世界重要国家的《著作权法》；了解《著作权法》的沿革，探究司法实务的变化。通过整理与研究，提高北京知岸律师事务所的业务能力和法律素养。做到洋为中用、古为今用，百花齐放、百家争鸣。既能睁眼看世界，又能踏实做事情。

"北京知岸律师事务所著作权理论与实务丛书"将陆续问世。丛书坚持理论与实务相结合、普及与提高相结合、当前与长远相结合，借鉴国际公约，比较外国法律，立足中国实际，提取案件精髓，理顺法律沿革，紧跟法律动向，进行深度剖析，为客户提供参考，为读者提供指引。著作权领域浩瀚无边，博大精深，而编者水平和能力毕竟有很大局限，我们衷心希望读者们能够对本丛书提出宝贵的意见和建议，以便编者在今后的修订中进行完善。敬请广大读者、学者、专家提出宝贵意见和建议。

北京知岸律师事务所

2024年9月

序

德国诗人歌德说过:"理论是灰色的,而生活之树常青。"案例源于实践,是生动具体的法治,典型案例还发挥着类案指导等作用。

《著作权限制典型案例精析》由北京知岸律师事务所全体同仁编著。此书选取的案件,均系著作权限制相关案件,具体包括著作权保护期限、合理使用、法定许可、默示许可、发行权穷竭5个部分。合理使用部分具体包括个人使用、适当引用、新闻报道使用、转载转播使用、演讲使用、教学科研使用、公务使用、图书馆使用、免费表演使用、公共场所陈列作品使用、少数民族使用、阅读障碍者使用、计算机软件使用13个方面。法定许可具体包括编写出版教科书法定许可、报刊转载摘编法定许可、制作录音制品法定许可、广播组织播放作品法定许可、网络扶贫法定许可5个方面。本书从案件承办律师代理案件角度出发,在具体案件中,侧重对案件的裁判要旨、裁判意见进行汇总剖析,充分阐释代理相关案件诉讼的关键点。笔者衷心希望本书选取的99个典型案例能够为知识产权领域尤其是著作权领域广大读者提供有益参考。本书的目的在于归纳、整理经典案例,以案释法、以案普法,引导读者在此基础上进行理论研究和实务运用。

《著作权限制典型案例精析》以案例解析方式进行编写,所有案例大多采取"以案说法"的形式按照裁判要旨、关键词、当事人、案件事实、原告诉请、裁判结果、裁判理由、案件解析、知岸延伸等进行精当分析。具体包括:(1)裁判要旨和关键词。裁判要旨主要是对法院裁判案件观点的归纳和概括,是法官在办理案件过程中对法律适用、裁判方法、司法理念等法律方面问题的精要评述。关键词用于方便读者快速定位和检索相关内容。(2)案情和裁判意见。该部分全面完整地反映了案件的详情、当事人的诉求、案件的争议焦点以及法官对案件涉及的主要法律问题和裁判思路更深层的剖析。本书对每个案件均按照诉讼程序进行层次分割,方便读者阅读。(3)案件解析。该部分是编者对案件争议焦点、裁判思路和方法深入分析,通过另一角度解读裁判文书及相关法律问题。

《著作权限制典型案例精析》立足于著作权法律实践,所选择的案件紧扣实务,去除冗余,通过对众多案件的分析、提炼,把其中的精髓呈现出来。但考虑到尊重当事人的隐私，本书将有些涉案当事人的名称隐去或以简称代替。希望学法者、用法者、执法者和守法者均能从中受益。

　　法律领域浩瀚无边、博大精深，北京知岸律师事务所全体同仁在写作过程中，倾注了很多心血。而这每一个经典案例的背后，都体现了各案中控辩双方对著作权法的认知和众多法官对著作权法的深刻理解和判断。我们衷心希望知识产权尤其是著作权法相关领域的法官、律师、学者、研究者、学习者等各方面读者们能够对本书提出宝贵的意见和建议，以便我们在今后的修订中进行完善，也让"北京知岸律师事务所著作权理论与实务丛书"能够顶天立地，在发展著作权制度和服务著作权实务方面更有成效，为中国的知识产权保护事业做出应有的贡献。

北京知岸律师事务所
2024年9月

案件列表

1 著作权保护期限		
傅敏、合肥三原图书出版服务有限公司等与江苏人民出版社有限公司著作权权属、侵权纠纷案	杭州铁路运输法院民事判决书	（2017）浙8601民初1749号
何某晨诉泰山风景名胜区管理委员会著作权侵权纠纷案	山东省济南市中级人民法院民事判决书	（2002）济民三初字第126号
2 合理使用		
2-1 个人使用		
上海弓禾文化传播有限公司与樊某侵犯著作财产权纠纷案	重庆市渝中区人民法院民事判决书	（2010）渝中知民初字第79号
上海弓禾文化传播有限公司与樊某侵犯著作财产权纠纷上诉案	重庆市第五中级人民法院民事判决书	（2011）渝五中法民终字第211号
微软公司与上海博科资讯股份有限公司侵害计算机软件著作权纠纷案	上海市普陀区人民法院民事判决书	（2014）普民三（知）初字第114号
陈某与郭某、四川出版集团有限责任公司著作权权属、侵权纠纷案	浙江省瑞安市人民法院民事判决书	（2017）浙0381民初832号
奥腾公司与上海翼捷工业安全设备股份有限公司侵害计算机软件著作权纠纷案	上海知识产权法院民事判决书	（2016）沪73民初404号
上海翼捷工业安全设备股份有限公司与奥腾公司侵害计算机软件著作权纠纷上诉案	上海市高级人民法院民事判决书	（2017）沪民终83号
厦门艾罗卡传媒有限公司与陈某侵害作品信息网络传播权纠纷案	厦门市湖里区人民法院民事判决书	（2018）闽0206民初8934号
优酷网络技术（北京）有限公司与魔方天空科技（北京）有限公司侵害作品信息网络传播权纠纷案	北京互联网法院民事判决书	（2019）京0491民初15706号
魔方天空科技（北京）有限公司与优酷网络技术（北京）有限公司侵害作品信息网络传播权纠纷上诉案	北京知识产权法院民事判决书	（2020）京73民终1636号
2-2 适当引用		
周某某诉云南易游网络信息产业有限公司著作权纠纷案	云南省昆明市中级人民法院民事判决书	（2007）昆民六初字第81号
郭某与黄某某、上海世纪出版股份有限公司科学技术出版社、南通新华书店有限责任公司侵犯著作权纠纷案	江苏省南通市中级人民法院民事判决书	（2007）通中民三初字第0059号
郭某与黄某某、上海世纪出版股份有限公司科学技术出版社、南通新华书店有限责任公司侵犯著作权纠纷上诉案	江苏省高级人民法院民事判决书	（2008）苏民三终字第0207号

续表

吴某与北京世纪读秀技术有限公司侵犯著作权纠纷案	北京市海淀区人民法院民事判决书	(2007)海民初字第8079号
吴某与北京世纪读秀技术有限公司侵犯著作权纠纷上诉案	北京市第一中级人民法院民事判决书	(2008)一中民终字第6512号
何某某诉湖南永和阳光科技有限责任公司侵犯著作财产权纠纷案	长沙市中级人民法院民事判决书	(2008)长中民三初字第0369号
刘某某诉周某等侵犯著作权纠纷案	北京市海淀区人民法院民事判决书	(2008)海民初字第19449号
周某、邢某某与中医古籍出版社、北京第三极书局有限公司侵犯著作权纠纷上诉案	北京市第一中级人民法院民事判决书	(2009)一中民终字第923号
朱某某诉辽宁东北网络台侵犯著作权纠纷案	辽宁省沈阳市中级人民法院民事判决书	(2009)沈中民四初字第97号
王某诉北京谷翔信息技术有限公司等侵犯著作权纠纷案	北京市第一中级人民法院民事判决书	(2011)一中民初字第1321号
蒋某某与周某某、江苏人民出版社有限公司等著作权权属、侵权纠纷案	杭州市西湖区人民法院民事判决书	(2010)杭西知初字第254号
蒋某某与周某某、江苏人民出版社有限公司等著作权权属、侵权纠纷上诉案	浙江省杭州市中级人民法院民事判决书	(2013)浙杭知终字第13号
上海美术电影制片厂与浙江新影年代文化传播有限公司、华谊兄弟上海影院管理有限公司著作权权属、侵权纠纷案	上海市普陀区人民法院民事判决书	(2014)普民三(知)初字第258号
上海美术电影制片厂与浙江新影年代文化传播有限公司、华谊兄弟上海影院管理有限公司著作权权属、侵权纠纷上诉案	上海知识产权法院民事判决书	(2015)沪知民终字第730号
刘某某与央视国际网络有限公司、江苏省广播电视集团有限公司著作权权属纠纷案	北京市海淀区人民法院民事判决书	(2016)京0108民初31830号
央视国际网络有限公司与刘某某、江苏省广播电视集团有限公司著作权权属纠纷上诉案	北京知识产权法院民事判决书	(2017)京73民终1068号
优酷网络技术(北京)有限公司与深圳市蜀黍科技有限公司侵害类电作品信息网络传播权案	北京互联网法院民事判决书	(2019)京0491民初663号
优酷网络技术(北京)有限公司诉深圳市蜀黍科技有限公司侵害作品信息网络传播权纠纷上诉案	北京知识产权法院民事判决书	(2020)京73民终187号
2-3 新闻报道使用		
乔某某与重庆华龙网新闻传媒有限公司侵害著作权纠纷案	重庆市第一中级人民法院民事判决书	(2013)渝一中法民初字第00579号
乔某某与重庆华龙网新闻传媒有限公司侵害著作权纠纷上诉案	重庆市高级人民法院民事判决书	(2013)渝高法民终字第00261号
乔某某与黑龙江东北网络台著作权权属、侵权纠纷案	北京市西城区人民法院民事判决书	(2017)京0102民初3977号

续表

黑龙江东北网络台与乔某某著作权权属、侵权纠纷上诉案	北京知识产权法院民事判决书	(2017)京73民终1797号
央视国际网络有限公司与暴风集团股份有限公司著作权纠纷案	北京市石景山区人民法院民事判决书	(2015)石民(知)初字第752号
央视国际网络有限公司与暴风集团股份有限公司著作权纠纷上诉案	北京知识产权法院民事判决书	(2015)京知民终字第1055号
2-4 转载转播使用		
经济观察报社与武汉中财信息产业有限公司著作权纠纷案	湖北省武汉市中级人民法院民事判决书	(2009)武知初字第549号
广州牧联信息科技有限公司与南方报业传媒集团侵害作品信息网络传播权纠纷案	广州市天河区人民法院民事判决书	(2013)穗天法知民初字第403号
广州牧联信息科技有限公司与南方报业传媒集团侵害作品信息网络传播权纠纷上诉案	广东省广州市中级人民法院民事判决书	(2013)穗中法知民终字第876号
佛山市顺德区阳光城市文化广告传媒有限公司与南方都市报侵害作品信息网络传播权纠纷案	广东省广州市越秀区人民法院民事判决书	(2013)穗越法知民初字第205号
佛山市顺德区阳光城市文化广告传媒有限公司与南方都市报侵害作品信息网络传播权纠纷上诉案	广东省广州市中级人民法院民事判决书	(2013)穗中法知民终字第914号
北京世华时代信息技术有限公司与经济参考报社侵害作品信息网络传播权纠纷案	北京市大兴区人民法院民事判决书	(2015)大民(知)初字第7580号
北京世华时代信息技术有限公司与经济参考报社侵害作品信息网络传播权纠纷上诉案	北京知识产权法院民事判决书	(2017)京73民终45号
2-5 演讲使用		
于某某与北京天盈九州网络技术有限公司侵犯著作权纠纷案	北京市海淀区人民法院民事判决书	(2010)海民初字第16161号
2-6 教学科研使用		
北影录音录像公司诉北京电影学院侵犯著作权纠纷案	北京市海淀区人民法院民事判决书	(1995)海民初字第963号
北影录音录像公司诉北京电影学院侵犯著作权纠纷上诉案	北京市第一中级人民法院民事判决书	(1995)一中知终字第19号
美国教育考试服务中心与北京市海淀区私立新东方学校商标专用权纠纷案	北京市第一中级人民法院民事判决书	(2001)一中知初字第35号
北京市海淀区私立新东方学校与美国教育考试服务中心商标专用权纠纷上诉案	北京市高级人民法院民事判决书	(2003)高民终字第1393号
国家广播电影电视总局电影卫星频道节目制作中心诉中国教育电视台侵犯著作权纠纷案	北京市海淀区人民法院民事判决书	(2006)海民初字第8877号
毕某某与淮北市实验高级中学侵犯著作权纠纷案	安徽省淮北市中级人民法院民事判决书	(2008)淮民三初字第2号

续表

毕某某与淮北市实验高级中学侵犯著作权纠纷上诉案	安徽省高级人民法院民事判决书	(2009)皖民三终字第0014号
滕某某与杨某某侵犯著作权纠纷案	山东省青岛市中级人民法院民事判决书	(2008)青民三初字第130号
滕某某与杨某某侵犯著作权纠纷上诉案	山东省高级人民法院民事判决书	(2009)鲁民三终字第73号
北京市仁爱教育研究所与重庆出版社有限责任公司著作权侵权纠纷案	重庆市渝中区人民法院民事判决书	(2013)渝中知民初字第108号
2-7 公务使用		
中国教育电视台与国家广播电影电视总局电影卫星频道节目制作中心侵犯著作权纠纷案	北京市海淀区人民法院民事判决书	(2006)海民初字第8877号
中国教育电视台与国家广播电影电视总局电影卫星频道节目制作中心侵犯著作权纠纷上诉案	北京市第一中级人民法院民事判决书	(2006)一中民终字第13332号
何某诉教育部考试中心侵犯著作权纠纷案	北京市海淀区人民法院民事判决书	(2007)海民初字第26273号
胡某与教育部考试中心侵犯著作权纠纷案	北京市海淀区人民法院民事判决书	(2007)海民初字第16761号
胡某与教育部考试中心侵犯著作权纠纷上诉案	北京市第一中级人民法院民事判决书	(2008)一中民终字第4505号
余某与茂县人民政府著作权侵权纠纷案	四川省阿坝州中级人民法院民事判决书	(2011)阿中民初字第30号
余某与茂县人民政府著作权侵权纠纷上诉案	四川省高级人民法院民事判决书	(2012)川民终字第105号
李某与陕西丝路情韵文化传播有限公司著作权权属、侵权纠纷案	陕西省咸阳市中级人民法院民事判决书	(2017)陕04民初132号
2-8 图书馆使用		
北京中文在线数字出版股份有限公司与被告南宁市兴宁区图书馆侵害作品信息网络传播权纠纷案	广西壮族自治区南宁市中级人民法院民事判决书	(2014)南市民三初字第208号
北京中文在线数字出版股份有限公司与苏州工业园区凤凰小学著作权权属、侵权纠纷案	北京市东城区人民法院民事判决书	(2015)东民(知)初字第11308号
苏州工业园区凤凰小学与北京中文在线数字出版股份有限公司著作权权属、侵权纠纷上诉案	北京知识产权法院民事判决书	(2015)京知民终字第2148号
深圳图书馆、詹某某侵害作品信息网络传播权纠纷案	深圳市福田区人民法院民事判决书	(2016)粤0304民初15073号
深圳图书馆、詹某某侵害作品信息网络传播权纠纷上诉案	广东省高级人民法院民事判决书	(2017)粤03民终15421号

续表

深圳图书馆、詹某某侵害作品信息网络传播权纠纷再审审查与审判监督案	广东省高级人民法院民事裁定书	(2018)粤民申 11343 号
国家图书馆与北京三面向版权代理有限公司著作权权属、侵权纠纷上诉案	北京知识产权法院民事判决书	(2019)京 73 民终 3398 号
国家图书馆与北京三面向版权代理有限公司著作权权属、侵权纠纷申诉、申请案	北京市高级人民法院民事裁定书	(2021)京民申 3415 号
2-9 免费表演使用		
成都市人人乐商业有限公司与中国音乐著作权协会著作权侵权纠纷案	成都市中级人民法院民事判决书	(2009)成民初字第 568 号
成都市人人乐商业有限公司与中国音乐著作权协会著作权侵权纠纷上诉案	四川省高级人民法院民事判决书	(2010)川民终字第 104 号
中国音像著作权集体管理协会与恩平市凯歌俱乐部等著作权侵权纠纷案	江门市新会区人民法院民事判决书	(2014)江新法知民初字第 248 号
上海美术电影制片厂有限公司与上海音梦网络科技有限公司著作权权属、侵权纠纷案	上海市浦东新区人民法院民事判决书	(2019)沪 0115 民初 35694 号
王某某、福建省梨园戏传承中心著作权权属、侵权纠纷案	山东省青岛市中级人民法院民事判决书	(2015)青知民初字第 89 号
王某某、福建省梨园戏传承中心著作权权属、侵权纠纷上诉案	山东省高级人民法院民事判决书	(2018)鲁民终 897 号
陈某某、成都嗨翻屋科技有限公司侵害作品信息网络传播权纠纷案	四川自由贸易试验区人民法院民事判决书	(2021)川 0193 民初 5346 号
陈某某、成都嗨翻屋科技有限公司侵害作品信息网络传播权纠纷上诉案	四川省成都市中级人民法院民事判决书	(2021)川 01 民终 18361 号
2-10 公共场所陈列作品使用		
国家体育场有限责任公司诉熊猫烟花集团股份有限公司、浏阳市熊猫烟花有限公司等侵害建筑作品著作权纠纷案	北京市第一中级人民法院民事判决书	(2009)一中民初字第 4476 号
王某某与绍兴市水利局其他著作权权属侵权纠纷案	浙江省绍兴市中级人民法院民事判决书	(2010)浙绍知初字第 39 号
王某某与绍兴市水利局其他著作权权属侵权纠纷上诉案	浙江省高级人民法院民事判决书	(2011)浙知终字第 35 号
王某某与绍兴市水利局其他著作权权属侵权纠纷再审案	浙江省高级人民法院民事裁定书	(2012)浙民再字第 21 号
王某某与绍兴市水利局其他著作权权属侵权纠纷审判监督申诉案	最高人民法院民事裁定书	(2013)民提字第 15 号
项某某与彭某某著作权侵权纠纷案	北京市朝阳区人民法院民事判决书	(2017)京 0105 民初 69683 号

续表

杭州西湖风景名胜区湖滨管理处等与北京中科水景科技有限公司著作权纠纷案	北京市海淀区人民法院民事判决书	(2016)京0108民初15322号
杭州西湖风景名胜区湖滨管理处等与北京中科水景科技有限公司著作权纠纷再审案	北京知识产权法院民事判决书	(2017)京73民终1404号
杭州西湖风景名胜区湖滨管理处等与北京中科水景科技有限公司著作权纠纷案再审审查与审判监督	北京市高级人民法院民事裁定书	(2018)京民申4672号
速某某与南京夫子庙旅游商务管理有限公司、南京夫子庙文化旅游集团有限公司著作权权属、侵权纠纷案	南京铁路运输法院民事判决书	(2018)苏8602民初162号
华谊兄弟传媒股份有限公司与金某某等著作权纠纷案	北京市朝阳区人民法院民事判决书	(2017)京0105民初57692号
金某某等与华谊兄弟传媒股份有限公司著作权权属、侵权纠纷二审案	北京知识产权法院民事判决书	(2019)京73民终2701号
永嘉县非诚勿扰婚姻介绍所等与华谊兄弟传媒股份有限公司著作权权属、侵权纠纷再审审查与审判监督民事裁定案	北京市高级人民法院民事裁定书	(2020)京民申5203号
2-11 少数民族使用		
央视国际网络有限公司诉湖南金鹰卡通有限公司侵害作品信息网络传播权纠纷案	北京互联网法院民事判决书	(2019)京0491民初35303号
央视国际网络有限公司与湖南金鹰卡通有限公司侵害作品信息网络传播权纠纷上诉案	北京知识产权法院民事判决书	(2020)京73民终490号
新疆碧利雅电子科技有限公司与新疆石榴融媒信息科技股份有限公司侵害作品信息网络传播权纠纷案	新疆维吾尔自治区乌鲁木齐市中级人民法院民事判决书	(2020)新01民初493号
新疆碧利雅电子科技有限公司与新疆石榴融媒信息科技股份有限公司侵害作品信息网络传播权纠纷上诉案	新疆维吾尔自治区高级人民法院民事判决书	(2021)新民终71号
2-12 阅读障碍者使用		
中文在线(天津)文化发展有限公司与众智瑞德科技(北京)有限公司侵害作品信息网络传播权纠纷案	天津市滨海新区人民法院民事判决书	(2019)津0116民初2384号
众智瑞德科技(北京)有限公司、中文在线(天津)文化发展有限公司侵害作品信息网络传播权纠纷上诉案	天津市第三中级人民法院民事裁定书	(2019)津03知民终19号
众智瑞德科技(北京)有限公司、中文在线(天津)文化发展有限公司侵害作品信息网络传播权纠纷审查与审判监督再审案	天津市第三中级人民法院民事裁定书	(2019)津03民申94号
2-13 计算机软件使用		
广州金山发展有限公司与孙某某、易某某、汪某某、雷某某、尹某某、佛山市路桥建设有限公司著作权侵权纠纷案	广东省深圳市中级人民法院民事判决书	(2005)深中法民三初字第654号
广州金山发展有限公司与孙某某、易某某、汪某某、雷某某、尹某某、佛山市路桥建设有限公司著作权侵权纠纷上诉案	广东省高级人民法院民事判决书	(2006)粤高法民三终字第260号

续表

陶某与湖北省文化厅、武汉九州超数码信息技术有限公司、王某侵害计算机软件著作权纠纷案	湖北省武汉市中级人民法院民事判决书	(2008)武知初字第115号
深圳英迈思文化科技有限公司诉深圳市通银金融控股有限公司侵害计算机软件著作权纠纷案	深圳市南山区人民法院民事判决书	(2017)粤0305民初4987号
广州软通动力信息技术有限公司等与深圳市长亮保泰信息科技有限公司等侵害计算机软件著作权案	广东省深圳市中级人民法院民事判决书	(2016)粤03民初2827号
广州软通动力信息技术有限公司等与深圳市长亮保泰信息科技有限公司等侵害计算机软件著作权上诉案	广东省高级人民法院民事判决书	(2018)粤民终2410号
3 法定许可		
3-1 编写出版教科书法定许可		
丁某诉南通市教育局、江苏美术出版社侵犯著作权纠纷案	南通市中级人民法院民事判决书	[法宝引证码] CLI. A. 1136398
陈某与人民教育出版社侵犯著作权纠纷案	北京市海淀区人民法院民事判决书	(2008)海民初字第11715号
张某与人民音乐出版社侵犯著作权纠纷案	北京市海淀区人民法院民事判决书	(2008)海民初字第28999号
张某与人民音乐出版社侵犯著作权纠纷上诉案	北京市第一中级人民法院民事判决书	(2009)一中民终字第4517号
孙某某与上海教育出版社有限公司著作权权属、侵权纠纷案	上海市徐汇区人民法院民事判决书	(2019)沪0104民初15960号
孙某某与上海教育出版社有限公司著作权权属、侵权纠纷上诉案	上海知识产权法院民事判决书	(2020)沪73民终154号
孙某某与上海教育出版社有限公司著作权权属、侵权纠纷上诉再审案	上海市高级人民法院民事裁定书	(2020)沪民申2416号
3-2 报刊转载摘编法定许可		
赵某诉华声月报社等犯著作权案	北京市第一中级人民法院民事判决书	(2001)一中知初字第6号
常某1诉现代快报社著作权侵权纠纷案	江苏省南京市中级人民法院民事判决书	(2002)宁民三初字第53号
王某与民族文汇杂志社著作权侵权纠纷案	上海市第一中级人民法院民事判决书	(2003)沪一中民五(知)初字第66号
储某与高等教育出版社等侵犯著作权纠纷案	北京市第一中级人民法院民事判决书	(2005)一中民初字第1880号
储某与高等教育出版社等侵犯著作权纠纷上诉案	北京市高级人民法院民事判决书	(2005)高民终字第1377号
郭某诉北京世纪卓越信息技术有限公司等侵犯著作权纠纷案	北京市朝阳区人民法院民事判决书	(2011)朝民初字第20835号

续表

张某与北京龙源网通电子商务有限公司等侵犯著作权纠纷案	北京市海淀区人民法院民事判决书	(2011)海民初字第19252号
张某与北京龙源网通电子商务有限公司等侵犯著作权纠纷上诉案	北京市第一中级人民法院民事判决书	(2012)一中民终字第4033号
陈某平诉中国青年出版社等著作权纠纷案	湖北省武汉市中级人民法院民事判决书	(2013)鄂武汉中知初字第03419号
陈某平诉中国青年出版社等著作权纠纷上诉案	湖北省高级人民法院民事判决书	(2014)鄂民三终字第00403号
张某才诉北京市东区邮电局水碓子邮电支局等侵犯著作权纠纷案	北京市朝阳区人民法院民事判决书	(2013)朝民初字第13386号
杨某明与浙江科技报社侵害作品信息网络传播权纠纷案	杭州互联网法院民事判决书	(2018)浙0192民初117号
3-3 制作录音制品法定许可		
中国音乐著作权协会与北京伟地电子出版社、北京中联鸿远光盘科技发展有限公司侵犯著作权纠纷案	北京市第二中级人民法院民事判决书	(2003)二中民初字第174号
罗林诉广东飞乐影视制品有限公司著作权侵权纠纷案	北京市朝阳区人民法院民事判决书	(2005)朝民初字第3250号
北京市润亚影视传播有限公司诉中国唱片成都公司等侵犯著作权纠纷案	北京市海淀区人民法院民事判决书	(2006)海民初字第8822号
茂名市(水东)佳和科技发展有限公司与容某著作权、表演者权侵权纠纷案	四川省成都市中级人民法院民事判决书	(2005)成民初字第134号
茂名市(水东)佳和科技发展有限公司与容某著作权、表演者权侵权纠纷上诉案	四川省高级人民法院民事判决书	(2006)川民终字第404号
广州新月演艺经纪有限公司诉茂名市(水东)佳和科技发展有限公司等侵犯著作权纠纷案	北京市昌平区人民法院民事判决书	(2010)昌民初字第8022号
中国音乐著作权协会诉北京市新华书店王府井书店等侵犯著作财产权纠纷案	北京市东城区人民法院民事判决书	(2010)东民初字第04395号
中国体育报业总社诉北京图书大厦有限责任公司、广东音像出版社有限公司等著作权侵权纠纷案	北京市西城区人民法院民事判决书	(2012)西民初字第14070号
老孙文化(北京)有限公司诉毛宁等侵犯著作权纠纷案	北京市朝阳区人民法院民事判决书	(2013)朝民初字第32575号
3-4 广播组织播放作品法定许可		
罗某与株洲广播电视总台侵犯著作人身权、财产权纠纷案	株洲市中级人民法院民事判决书	(2008)株中法民三初字第8号
罗某与株洲广播电视总台侵犯著作人身权、财产权纠纷案	湖南省高级人民法院民事判决书	(2008)湘高法民三终字第45号

续表

贾志刚与中国科学文化音像出版社有限公司等著作权权属、侵权纠纷案	北京市东城区人民法院民事判决书	（2014）东民初字第 01501 号
贾志刚与中国科学文化音像出版社有限公司等著作权权属、侵权纠纷案	北京知识产权法院民事判决书	（2015）京知民终字第 122 号
中国音乐著作权协会与合肥市广播电视台著作权权属、侵权纠纷案	安徽省合肥高新技术产业开发区人民法院民事判决书	（2017）皖 0191 民初 136 号
中国音乐著作权协会与合肥市广播电视台著作权权属、侵权纠纷案上诉案	安徽省合肥市中级人民法院民事判决书	（2017）皖 01 民终 6895 号
北京东乐影音文化有限公司与上海东方娱乐传媒集团有限公司侵害录音录像制作者权纠纷案	北京互联网法院民事判决书	（2019）京 0491 民初 21891 号
彼岸天（北京）文化有限公司与上海东方娱乐传媒集团有限公司等著作权权属、侵权纠纷案	北京市朝阳区人民法院民事判决书	（2020）京 0105 民初 20745 号
3-5 网络扶贫法定许可		
天津盈创科技有限公司、中图云创智能科技（北京）有限公司信息网络传播权纠纷案	天津自由贸易试验区人民法院民事判决书	（2021）津 0319 民初 12840 号
4 默示许可		
诸葛某诉方志出版社侵犯著作权纠纷案	北京市第二中级人民法院民事判决书	（2004）二中民初字第 02196 号
新沂电视台等与徐州市淮海戏剧王音像有限公司等侵犯著作权纠纷案	江苏省徐州市中级人民法院民事判决书	（2009）徐民三初字第 28 号
新沂电视台等与徐州市淮海戏剧王音像有限公司等侵犯著作权纠纷上诉案	江苏省高级人民法院民事判决书	（2009）苏民三终字第 0250 号
叶某某与无锡肯德基有限公司侵犯著作财产权纠纷案	无锡市中级人民法院民事判决书	（2010）锡知民初字第 0078 号
叶某某与无锡肯德基有限公司侵犯著作财产权纠纷上诉案	江苏省高级人民法院民事判决书	（2011）苏知民终字第 0018 号
北京北大方正电子有限公司与广州宝洁有限公司、北京家乐福商业有限公司侵犯著作权纠纷案	北京市海淀区人民法院民事判决书	（2008）海民初字第 27047 号
北京北大方正电子有限公司与广州宝洁有限公司、北京家乐福商业有限公司侵犯著作权纠纷上诉案	北京市第一中级人民法院民事判决书	（2011）一中民终字第 5969 号
张某与当当网信息技术（天津）有限公司著作权权属、侵权纠纷案	北京市朝阳区人民法院民事判决书	（2017）京 0105 民初 37339 号
张某与当当网信息技术（天津）有限公司著作权权属、侵权纠纷上诉案	北京知识产权法院民事判决书	（2019）京 73 民终 1277 号
湖南派睿建筑设计有限公司与贵州保恒建设工程有限公司等著作权权属、侵权纠纷案	贵州省贵阳市中级人民法院民事判决书	（2020）黔 01 民初 598 号

续表

5 发行权穷竭		
滚石国际音乐股份有限公司、上海强声音像器材有限公司等侵害录音录像制作者权纠纷案	上海市徐汇区人民法院民事判决书	(2012)徐民三(知)初字第15号
广州新月演艺经纪有限公司与广东星文化传播有限公司录音录像制作者权权属纠纷案	广东省广州市越秀区人民法院民事判决书	(2015)穗越法知民初字第841号
广州新月演艺经纪有限公司与广东星文化传播有限公司录音录像制作者权权属纠纷上诉案	广州知识产权法院民事判决书	(2016)粤73民终1045号
中国建筑工业出版社与焦作市解放区青年路久久书舍著作权权属、侵权纠纷案	河南省焦作市中级人民法院民事判决书	(2018)豫08民初116号
中国建筑工业出版社与焦作市解放区青年路久久书舍著作权权属、侵权纠纷上诉案	河南省高级人民法院民事判决书	(2018)豫民终1803号
北京磨铁数盟信息技术有限公司与厦门市简帛图书馆与被著作权权属、侵权纠纷案	北京市西城区人民法院民事判决书	(2019)京0102民初643号
北京磨铁数盟信息技术有限公司与厦门市简帛图书馆与被著作权权属、侵权纠纷上诉案	北京知识产权法院民事判决书	(2019)京73民终3786号
广州市新时代影音公司与成都金狐量贩娱乐有限公司侵犯著作权纠纷案	四川省成都市中级人民法院民事判决书	(2004)成民初字第1030号
广州市新时代影音公司与成都金狐量贩娱乐有限公司侵犯著作权纠纷上诉案	四川省高级人民法院民事判决书	(2005)川民终字第462号

目录

第一篇 著作权保护期限

第一节 署名权、修改权、保护作品完整权保护期不受限制 / 001
1. 傅敏等与江苏人民出版社有限公司著作权纠纷案 / 001

第二节 国内作品著作权保护期限 / 006
2. 何某晨与泰山风景名胜区管理委员会著作权侵权纠纷案 / 006

第二篇 合理使用

第一章 个人使用 / 012

第一节 带有商业目的使用作品不构成合理使用 / 012
3. 上海弓禾文化传播有限公司与樊某著作权纠纷案 / 012

第二节 学习研究软件设计思想和原理构成合理使用 / 017
4. 微软公司与上海博科资讯股份有限公司计算机软件著作权纠纷案 / 017

第三节 用临摹作品参加画展、出版图书、举办个人画展不属于合理使用 / 027
5. 陈某与郭某、四川出版集团有限责任公司等著作权纠纷案 / 027

第四节 出于生产经营目的安装使用软件不属于合理使用 / 033
6. 奥腾公司与上海翼捷工业安全设备股份有限公司计算机软件著作权纠纷案 / 033

第五节 离职员工通过网络发布版权归公司的作品不属于合理使用 / 038
7. 厦门艾罗卡传媒有限公司与陈某信息网络传播权纠纷案 / 038

第六节 让第三方使用不属于合理使用 / 043
8. 优酷网络技术（北京）有限公司与魔方天空科技（北京）有限公司信息网络传播权纠纷案 / 043

第二章 适当引用 / 047

第一节 适当引用合理使用的构成要件 / 047
9. 周某某诉云南易游网络信息产业有限公司著作权纠纷案 / 047

第二节 出于介绍说明目的的使用构成合理使用 / 051
10. 郭某与黄某某等著作权纠纷案 / 051

第三节　出于介绍目的使用属于合理使用 / 057
　　11. 吴某与北京世纪读秀技术有限公司侵犯著作权纠纷案 / 057

第四节　全文登载摘要等实质部分不构成合理引用 / 061
　　12. 何某某诉湖南永和阳光科技有限责任公司著作权纠纷案 / 061

第五节　使用比例很小的图书关键核心内容不构成合理使用 / 063
　　13. 刘某某诉周某等著作权纠纷案 / 063

第六节　为宣传自己经营的网站而引用不属于合理使用 / 068
　　14. 朱某某与辽宁东北网络台著作权纠纷案 / 068

第七节　网络环境下判断合理使用之要素 / 071
　　15. 王某与北京谷翔信息技术有限公司等著作权纠纷案 / 071

第八节　合理使用与抄袭的界限 / 077
　　16. 蒋某某诉周某某等著作权纠纷案 / 077

第九节　转换性使用构成合理使用 / 083
　　17. 上海美术电影制片厂与浙江新影年代文化传播有限公司等著作权纠纷案 / 083

第十节　公益性质不是决定合理使用的根本要素 / 090
　　18. 刘某某与央视国际网络有限公司、江苏省广播电视集团有限公司著作权纠纷案 / 090

第十一节　不构成合理使用的"图解电影"构成侵权 / 096
　　19. 优酷网络技术(北京)有限公司与深圳市蜀黍科技有限公司信息网络传播权案 / 096

第三章　新闻报道使用 / 102

第一节　时事新闻包括文字新闻和图片新闻 / 102
　　20. 乔某某与重庆华龙网新闻传媒有限公司侵害著作权纠纷上诉案 / 102

第二节　完整的网络转载不构成合理使用 / 108
　　21. 乔某某与黑龙江东北网络台著作权纠纷案 / 108

第三节　赛事直播不属于对时事新闻的合理使用 / 112
　　22. 央视国际网络有限公司与暴风集团股份有限公司著作权纠纷案 / 112

第四章　转载转播使用／119

第一节　政治经济问题的时事性文章认定标准／119

23.经济观察报社与武汉中财信息产业有限公司著作权纠纷案／119

第二节　网络环境下时事性文章合理使用要件／123

24.广州牧联信息科技有限公司与南方报业传媒集团信息网络传播权纠纷案／123

第三节　未经许可的转载转播行为不构成合理使用／128

25.佛山市顺德区阳光城市文化广告传媒有限公司与南方都市报信息网络传播权案／128

第四节　讨论重大问题且具很强时效性的文章方为时事性文章／133

26.北京世华时代信息技术有限公司与经济参考报社信息网络传播权案／133

第五章　演讲使用／139

27.于某某与北京天盈九州网络技术有限公司侵犯著作权纠纷案／139

第六章　教学科研使用／145

第一节　组织学生使用小说拍摄电影参加国际电影节超越合理使用范围／145

28.北影录音录像公司诉北京电影学院侵犯著作权案／145

第二节　出于商业经营目的复制发行作品超出课堂教学合理使用范围／152

29.美国教育考试服务中心与北京市海淀区私立新东方学校侵犯著作权等案／152

第三节　教学使用不适用于函授广播电视教学／159

30.国家广播电影电视总局电影卫星频道节目制作中心与中国教育电视台著作权案／159

第四节　教学使用限定于现场教学／164

31.毕某某与淮北市实验高级中学侵犯著作权案／164

第五节　将教学使用的他人作品再次出版发行不构成合理使用／169

32.滕某某与杨某某侵犯著作权纠纷上诉案／169

第六节　未经许可依他人编著的教科书出版同步教辅书构成侵权 / 175

　　33. 北京市仁爱教育研究所与重庆出版社有限责任公司著作权案 / 175

第七章　公务使用 / 183

　第一节　教育电视台非国家机关其使用行为不是公务使用 / 183

　　34. 中国教育电视台与国家广播电影电视总局电影卫星频道节目制作中心侵犯著作权案 / 183

　第二节　教育部考试中心执行高考试卷命题公务构成合理使用 / 188

　　35. 何某诉教育部考试中心侵犯著作权纠纷案 / 188

　第三节　语用性文章不指明作品作者构成合理使用 / 193

　　36. 胡某与教育部考试中心侵犯著作权纠纷上诉案 / 193

　第四节　国际学术研讨会使用他人作品不构成合理使用 / 197

　　37. 余某与茂县人民政府著作权侵权案 / 197

　第五节　新闻通稿属于执行公务使用 / 201

　　38. 李某与陕西丝路情韵文化传播有限公司著作权权属、侵权纠纷案 / 201

第八章　图书馆使用 / 205

　第一节　图书馆合理使用三条件 / 205

　　39. 北京中文在线数字出版股份有限公司与南宁市兴宁区图书馆侵害作品信息网络传播权案 / 205

　第二节　通过信息网络提供他人作品不构成合理使用 / 209

　　40. 北京中文在线数字出版股份有限公司与苏州工业园区凤凰小学著作权纠纷案 / 209

　第三节　图书馆在网络上提供的数字作品必须为本馆收藏并合法出版 / 213

　　41. 深圳图书馆、詹某某侵害作品信息网络传播权案 / 213

　第四节　图书馆以数字化方式复制馆藏图书构成合理使用的成立要件 / 221

　　42. 国家图书馆与北京三面向版权代理有限公司著作权纠纷案 / 221

第九章　免费表演使用 / 226

第一节　在经营场所使用背景音乐不属于合理使用 / 226

43. 成都市人人乐商业有限公司与中国音乐著作权协会著作权纠纷案 / 226

第二节　在经营场所提供歌曲点播不属于合理使用 / 230

44. 中国音像著作权集体管理协会与恩平市凯歌俱乐部等著作权纠纷案 / 230

第三节　免费表演仅指现场表演 / 234

45. 上海美术电影制片厂有限公司与上海音梦网络科技有限公司著作权纠纷案 / 234

第四节　对多次公开演出的部分场次收费不属于合理使用 / 238

46. 王某某、福建省梨园戏传承中心著作权纠纷案 / 238

第五节　使用音乐作品进行配乐不构成合理使用 / 243

47. 陈某某、成都嗨翻屋科技有限公司侵害作品信息网络传播权纠纷案 / 243

第十章　公共场所陈列作品使用 / 248

第一节　建筑作品著作权的保护范围的界定 / 248

48. 国家体育场有限责任公司诉熊猫烟花集团股份有限公司等侵害著作权纠纷案 / 248

第二节　合理使用雕塑作品如何署名 / 260

49. 王某某与绍兴市水利局其他著作权纠纷案 / 260

第三节　复制、改编、新作品三种临摹结果的判断标准 / 268

50. 项某某与彭某某著作权侵权纠纷案 / 268

第四节　再现音乐喷泉喷射效果不属于合理使用 / 273

51. 杭州西湖风景名胜区湖滨管理处等与北京中科水景科技有限公司著作权纠纷案 / 273

第五节　客观上不宜署著作权人姓名属于合理使用 / 291

52. 速某某与南京夫子庙旅游商务管理有限公司等著作权纠纷案 / 291

第六节　电影海报属于公共场所陈列的艺术作品 / 294

53. 华谊兄弟传媒股份有限公司与金某某等著作权纠纷案 / 294

第十一章　少数民族使用 / 301

第一节　若未翻译成少数民族语言则不属于合理使用 / 301

54. 央视国际网络有限公司与湖南金鹰卡通有限公司信息网络传播权纠纷案 / 301

第二节　将国家通用语言文字作品翻译为维吾尔语作品属于合理使用 / 306

55. 新疆碧利雅电子科技有限公司与新疆石榴融媒信息科技股份有限公司信息网络传播权案 / 306

第十二章　阅读障碍者使用 / 316

56. 中文在线(天津)文化发展有限公司与众智瑞德科技(北京)有限公司信息网络传播权纠纷案 / 316

第十三章　计算机软件使用 / 324

第一节　合法复制品所有人对软件依法备份修改属于合理使用 / 324

57. 广州金山发展有限公司与孙某某等著作权侵权纠纷案 / 324

第二节　依法对软件进行修改升级属于合理使用 / 329

58. 陶某与湖北省文化厅等计算机软件著作权案 / 329

第三节　软件合法复制品所有人修改权例外要件 / 335

59. 深圳英迈思文化科技有限公司诉深圳市通银金融控股有限公司计算机软件著作权案 / 335

第四节　合法复制品所有人修改软件不必亲自进行 / 339

60. 广州软通动力信息技术有限公司等与深圳市长亮保泰信息科技有限公司等计算机软件著作权案 / 339

第三篇　法定许可

第一章　编写出版教科书法定许可 / 345

第一节　教科书认定标准 / 345

61. 丁某诉南通市教育局、江苏美术出版社著作权纠纷案 / 345

第二节　教师用书不适用法定许可 / 349

　　62.陈某与人民教育出版社侵犯著作权纠纷案 / 349

第三节　教科书不限载体形式 / 353

　　63.张某与人民音乐出版社著作权纠纷案 / 353

第四节　教辅参考材料"适当引用"判断五要件 / 359

　　64.孙某某与上海教育出版社有限公司著作权纠纷案 / 359

第二章　报刊转载摘编法定许可 / 366

第一节　独立成书的小说不适用报刊转载摘编法定许可 / 366

　　65.张某诉世纪互联通讯技术有限公司侵犯著作权纠纷案 / 366

第二节　报纸期刊转载应不包含电子期刊 / 370

　　66.赵某诉华声月报社等著作权案 / 370

第三节　纸媒转载网媒不符合法定许可 / 374

　　67.常某1诉现代快报社著作权侵权纠纷案 / 374

第四节　出版发行的著作不适用报刊转载摘编法定许可 / 378

　　68.王某与民族文汇杂志社著作权纠纷案 / 378

第五节　转载或摘编报刊社的美术作品属于法定许可 / 381

　　69.储某与高等教育出版社等著作权纠纷案 / 381

第六节　纸媒转载网媒不再适用法定许可 / 385

　　70.郭某诉北京世纪卓越信息技术有限公司等著作权纠纷案 / 385

第七节　报刊转载图书作品不适用于法定许可 / 389

　　71.张某与北京龙源网通电子商务有限公司等著作权纠纷案 / 389

第八节　刊登原文时已附带内容声明的不适用法定许可 / 394

　　72.陈某平诉中国青年出版社等著作权纠纷案 / 394

第九节　转载网络漫画作品不适用法定许可 / 399

　　73.张某才诉北京市东区邮电局水碓子邮电支局等著作权纠纷案 / 399

第十节　网络媒介的作品转载摘编不适用法定许可 / 403

　　74.杨某明与浙江科技报社信息网络传播权纠纷案 / 403

第三章　制作录音制品法定许可 / 407

第一节　使用他人已发表作品制作录音制品适用法定许可 / 407
75. 中国音乐著作权协会与北京伟地电子出版社等著作权纠纷案 / 407

第二节　使用音乐作品制作卡拉OK不适用法定许可 / 411
76. 罗林诉广东飞乐影视制品有限公司著作权纠纷案 / 411

第三节　用作电视剧主题曲不是首次制作录音制品 / 417
77. 北京市润亚影视传播有限公司诉中国唱片成都公司等著作权纠纷案 / 417

第四节　录音录像制品不适用制作录音制品法定许可 / 421
78. 茂名市（水东）佳和科技发展有限公司与容某著作权等纠纷案 / 421

第五节　签订专有许可使用合同享受专有使用权 / 426
79. 广州新月演艺经纪有限公司诉茂名市（水东）佳和科技发展有限公司等著作权纠纷案 / 426

第六节　使用音乐作品制作录音制品是否适用法定许可 / 430
80. 中国音乐著作权协会诉北京市新华书店王府井书店等著作权纠纷案 / 430

第七节　使用音乐作品制作录音制品适用法定许可 / 433
81. 中国体育报业总社诉北京图书大厦有限责任公司等著作权纠纷案 / 433

第八节　"版权所有　翻录必究"应理解为禁止翻录录音制品 / 438
82. 老孙文化（北京）有限公司诉毛宁等著作权纠纷案 / 438

第四章　广播组织播放作品法定许可 / 442

第一节　个人声明无法限制电视台播放 / 442
83. 罗某与株洲广播电视总台侵犯著作权纠纷案 / 442

第二节　广播他人已发表作品时仅能适当改动 / 447
84. 贾志刚与中国科学文化音像出版社有限公司等著作权纠纷案 / 447

第三节　电视台播放无须经著作权人许可但应当支付报酬 / 455
85. 中国音乐著作权协会与合肥市广播电视台著作权纠纷案 / 455

第四节　在节目中播放背景音乐不适用法定许可 / 459
86. 北京东乐影音文化有限公司与上海东方娱乐传媒集团有限公司录制者权案 / 459

第五节　现场演唱并现场伴奏不适用法定许可 / 462

　　87. 彼岸天(北京)文化有限公司与上海东方娱乐传媒集团有限公司等
　　　　著作权纠纷案 / 462

第五章　网络扶贫法定许可 / 467

　　88. 天津盈创科技有限公司与中图云创智能科技(北京)有限公司信息网络
　　　　传播权纠纷案 / 467

第四篇　默示许可

第一节　领取部分稿酬和样书默示许可出版行为 / 471

　　89. 诸葛某诉方志出版社著作权纠纷案 / 471

第二节　著作权许可使用合同未明确约定的适用默示许可 / 475

　　90. 新沂电视台等与徐州市淮海戏剧王音像有限公司等著作权纠纷案 / 475

第三节　网络提供免费下载没有权利声明的构成默示许可 / 482

　　91. 叶某某与无锡肯德基公司著作权纠纷案 / 482

第四节　利用字库单字设计成果供客户复制发行构成默示许可 / 489

　　92. 北京北大方正公司与广州宝洁有限公司等著作权纠纷案 / 489

第五节　协助配合出版社出版印刷构成默示许可 / 493

　　93. 张某与当当网信息技术(天津)有限公司著作权纠纷案 / 493

第六节　明确告知作品用于宣传并配合构成默示许可 / 498

　　94. 湖南派睿建筑设计有限公司与贵州保恒建设工程有限公司等著作权
　　　　纠纷案 / 498

第五篇　发行权穷竭

第一节　销售库存与退货行为不适用权利穷竭原则 / 502

　　95. 滚石国际音乐股份有限公司与上海强声音像器材有限公司等录像者权
　　　　纠纷案 / 502

第二节　权利穷竭的举证责任分配 / 506

　　96. 广州新月演艺经纪有限公司与广东星文化传播有限公司录制者权纠纷案 / 506

第三节　侵权出版物不适用发行权穷竭 / 514

　　97. 中国建筑工业出版社与焦作市解放区青年路久久书舍著作权纠纷案 / 514

第四节　发行权穷竭不适用于信息网络传播领域 / 518

　　98. 北京磨铁数盟信息技术有限公司与厦门市简帛图书馆著作权纠纷案 / 518

第五节　发行权穷竭不涉及其他著作财产权 / 524

　　99. 广州市新时代影音公司与成都金狐量贩娱乐有限公司著作权纠纷案 / 524

跋 / 529

第一篇 著作权保护期限

第一节
署名权、修改权、保护作品完整权保护期不受限制

1. 傅敏等与江苏人民出版社有限公司著作权纠纷案[①]

> **裁判要旨**

演绎作品的独创性仅体现在演绎作者所贡献的演绎成分上,不能延及演绎作者所使用的原作品或其他材料;作者的署名权、修改权、保护作品完整权的保护期不受限制;作品的复制权、发行权等著作财产权在法定期限内受保护。

【关键词】

演绎作品;独创性;署名权;修改权;保护作品完整权;复制权;发行权

【当事人】

原告:傅敏、合肥三原图书出版服务有限公司(以下简称三原公司);

被告:江苏人民出版社有限公司。

> **案件事实**

法院经审理查明:2009年5月10日,傅聪与傅敏签订的一份备忘录,约定傅雷所有著译在国内(限于大陆)的版权归傅敏拥有。

2013年11月29日,傅聪(甲方)与三原公司(乙方)签订著作财产权转让合同,约定甲方将"傅雷家书:傅聪家信及摘录"的全部著作财产权转让给乙方,甲方仍保留人身权等。

[①] 傅敏、合肥三原图书出版服务有限公司等与江苏人民出版社有限公司著作权权属、侵权纠纷案,杭州铁路运输法院民事判决书,(2017)浙8601民初1749号。

2013年12月30日,傅敏(甲方)与三原公司(乙方)签订"图书合作协议书"一份,约定甲方授权乙方独家出版发行傅敏编傅雷家书系列,并授权乙方代表甲方与有关出版社签订出版合同等。

由译林出版社出版的《傅雷家书》(以下简称译林版《傅雷家书》)一书封面显示"傅雷、朱梅馥、傅聪著 傅敏编"字样,该书版权页显示为2016年7月第1版,2016年7月第1次印刷。该书代序为楼适夷所作"读家书,想傅雷"一文。该书共收录傅雷夫妇与傅聪及弥拉往来家信196通,按年份排列,编后记为傅敏所著。

由江苏文艺出版社出版的《傅雷家书全编》一书版权页显示版次信息为2014年5月第1版,字数为537千字,该书中收录了1954年至1966年的傅雷家书,按年排序。

被控侵权《傅雷家书》一书封面显示"傅雷著 江苏人民出版社",版权页中载明出版发行单位为凤凰出版传媒股份有限公司、江苏人民出版社,版次信息为2017年1月第1版,2017年2月第2次印刷。该书收录傅雷、朱梅馥和傅聪的往来书信共145封(其中22封为傅聪所写),按年代排列。与前述译林版《傅雷家书》相比,被控侵权图书对译林版《傅雷家书》收录的196通书信中有86通未收录(其中含由金圣华先生翻译的外文书信、傅聪和朱梅馥所写部分书信等),另收录了译林版《傅雷家书》未收录的31通书信。被控侵权图书对所收录书信中的十余封进行了删节、拆分或合并;在图书内文中对朱梅馥所写书信标明了作者为朱梅馥。

本案庭审中,傅敏委托的诉讼代理人明确在本案中所主张的作品为译林版《傅雷家书》,明确该书由傅敏在1954~1966年的书信中进行了选择(未完整收录),按书信邮寄日期排列而成;并主张译林版《傅雷家书》属自传体作品,傅敏对该书的独创性贡献相当于原创,享有完整著作权;同时明确在本案中主张的权利除诉状中所列外,还主张汇编权、署名权、复制权、发行权、保护作品完整权。傅敏作为傅雷夫妇作品著作权的继承者,可以维护傅雷夫妇的署名权、修改权。三原公司明确作为傅聪书信著作权的受让方,主张复制权、发行权。两原告同时明确共同提起诉讼的依据为双方间的相互授权。

另查明,傅雷和朱梅馥夫妇均于1966年去世。

原告诉请

1. 要求被告立即停止侵权,召回并销毁侵权图书。
2. 由于被告侵犯原告著作人身权,要求被告向原告公开赔礼道歉。
3. 由于被告侵犯了傅敏享有译林版《傅雷家书》汇编作品的著作权,侵犯了三原公司享有的著作财产权,要求被告向原告赔偿经济损失及合理开支。

● 裁判结果 ●

法院依法判决如下:

1. 被告江苏人民出版社有限公司立即停止复制、发行涉案《傅雷家书》一书。
2. 被告江苏人民出版社有限公司向原告刊登道歉声明。
3. 被告江苏人民出版社有限公司赔偿原告傅敏经济损失及合理开支25,000元。
4. 被告江苏人民出版社有限公司赔偿原告三原公司经济损失及合理开支35,000元。

● **裁判理由**

从两原告的诉讼主张来看,其在本案中所主张的权利共有三种:一是傅敏对译林版《傅雷家书》享有的相应权利;二是傅雷与朱梅馥对其所作书信享有的署名权、修改权,傅敏作为继承人提起维权主张;三是傅聪对其所作书信享有的复制权、发行权,三原公司作为受让人提起维权主张。

法院对上述三项权利逐一分析如下:

对于第一种权利,傅敏主张其所汇编译林版《傅雷家书》相当于原创的传记作品,其享有完整著作权。法院认为:原创作品和演绎作品是著作权法中的基本分野,二者主要的区别体现在独创性之所在不同。对于原创作品而言,作品的全部或主要内容均由作者独立创作,体现出作者的智力劳动,此种及于作品全部的独创性受到著作权法的保护;而对于演绎作品而言,作品的独创性仅体现在演绎作者所贡献的演绎成分上,不能延及演绎作者所使用的原作品或其他材料,受到著作权法保护的也仅限于演绎作者所贡献的演绎成分。

本案中傅敏根据自己的判断从大量往来书信中进行了选择,汇编成书。傅敏最终所作之选择是其智力劳动的成果,体现出独创性,已经具备了著作权法对汇编作品在独创性上的要求。故译林版《傅雷家书》可以被认定为汇编作品,傅敏作为汇编者依法享有相应著作权。但傅敏所享有著作权的保护范围仅及于体现了其独创性的特定选择,而不能及于所选择的原由傅雷、朱梅馥、傅聪等人所创作的作品。因傅敏对所选择作品的排列方式为按邮寄时间排序,此种排序方式为依客观事实排序的常规排列方式,并非傅敏原创,不可能体现出独创性,故译林版《傅雷家书》中对所选书信的排序方式不受著作权法保护。

在译林版《傅雷家书》中，傅敏的独创性仅体现在对书信的选择中，而不在于创作其中的全部或部分文字内容中。不论对译林版《傅雷家书》冠以何种概念或在图书分类中将其归入何类，傅敏均不可能作为该书内容的原创作者享受著作权法的保护，否则将完全架空著作权法有关演绎作品和原创作品的分野，也会架空著作权法有关作品保护期限的规定。故对傅敏关于其对译林版《傅雷家书》享有原创著作权的主张法院不予支持。

将被控侵权图书与译林版《傅雷家书》比对可见，二者在书信的选择上存在较大区别。鉴于傅雷、朱梅馥与傅聪等人的通信总量有限，不同的汇编者在自行进行智力劳动之后作出的选择出现重合属正常现象，此种情形应为著作权法所允许。法院认为被控侵权图书对傅雷家书的选择与译林版《傅雷家书》中对家书的选择并不构成实质性近似。江苏人民出版社有限公司对被控侵权图书的复制、发行并未利用到傅敏在译林版《傅雷家书》中体现的独创性成分，并未损及傅敏作为译林版《傅雷家书》汇编者应当享有的复制权、发行权。江苏人民出版社有限公司在被控侵权图书上不为傅敏署名亦不构成对傅敏署名权的侵害。

因并无证据表明江苏人民出版社有限公司对傅敏在译林版《傅雷家书》中体现的独创性部分进行了歪曲、篡改，故对傅敏有关江苏人民出版社有限公司侵害其保护作品完整权的指控法院不予支持。

关于傅敏有关其汇编权被侵害的主张。法院认为，傅敏作为译林版《傅雷家书》的汇编作者，享有汇编权。但汇编权与作为汇编者享有的著作权是不同的概念，前者是指控制他人将自己作品汇编入新作品的权利，而后者是指汇编作者依据《著作权法》(2010)第10条规定所享有的权利。本案中并无证据表明江苏人民出版社有限公司利用译林版《傅雷家书》进行了新的汇编，故对傅敏此项主张法院不予支持。

对于第二种权利，因傅雷已于1966年去世，其著作财产权保护期现已届满，但其对所创作作品的署名权、修改权保护期不受限制，可由其继承人保护。因傅雷妻子朱梅馥已经去世，而傅雷长子傅聪与次子傅敏已在2009年签订的备忘录中明确傅雷所有著译在中国大陆的版权均归次子傅敏所有，故傅敏作为傅雷作品著作权的继承人，可以就侵害傅雷署名权、修改权的行为提起诉讼主张。

被控侵权图书在编入傅雷、朱梅馥所作多封书信时对原文内容进行了删节，属于著作权法意义上的修改，在未征得同意的前提下，构成对傅雷和朱梅馥修改权的侵害。江苏人民出版社有限公司在被控侵权图书中收录了朱梅馥的部分书信,在图书封面上虽未为朱梅馥署名,但在内文中出现朱梅馥书信的位置已经标明该书信为朱梅馥所作,标明了书信的作者身份,不宜再认定为侵害了朱梅馥的署名权。

对于第三种权利,傅聪所作书信的著作权尚在保护期内,应受著作权法保护。根据傅聪与三原公司所签订的著作财产权转让合同,傅聪已经将其对"傅雷家书:傅聪家信及摘录"的全部著作财产权转让给三原公司,三原公司依法取得诉讼主体资格。

江苏人民出版社有限公司在出版发行的被控侵权图书中使用了22篇由傅聪所写的书信或进行摘录,此举未取得权利人许可,依法构成对所涉傅聪作品的复制权、发行权的侵权,应当向权利人三原公司承担侵权责任。

关于江苏人民出版社有限公司应承担的赔偿金额,法院综合考虑涉案作品的类型、独创性程度、江苏人民出版社有限公司的侵权情节、规模等事实,按法定赔偿方式确定赔偿金额。

> **案件解析**

本案涉及著作人身权及著作财产权的保护期限问题。

《著作权法》(2010)第20条规定:"作者的署名权、修改权、保护作品完整权的保护期不受限制。"第21条规定:"公民的作品,其发表权、本法第十条第一款第(五)项至第(十七)项规定的权利的保护期为作者终生及其死亡后五十年,截止于作者死亡后第五十年的12月31日……"《著作权法实施条例》(2013)第15条第1款规定:"作者死亡后,其著作权中的署名权、修改权和保护作品完整权由作者的继承人或者受遗赠人保护。"

傅雷和朱梅馥均于1966年去世,故傅雷和朱梅馥书信的著作财产权保护时间截至2016年12月31日。而被控侵权图书的版次为2017年1月第1版,自2017年1月1日开始,傅雷和朱梅馥的书信已经进入公有领域,其著作财产权不再受保护。

但傅雷和朱梅馥对其书信的署名权、修改权的保护期限不受时间限制,可由其继承人进行保护。因傅雷妻子朱梅馥已经去世,傅聪和傅敏作为傅雷和朱梅馥作品著作权的继承人,均有权就侵害傅雷和朱梅馥署名权、修改权的行为提起诉讼。

而被控侵权图书在编入傅雷、朱梅馥所作多封书信时对原文内容进行了删节,侵害了傅雷和朱梅馥的修改权。被控侵权图书在封面上虽未为朱梅馥署名,但在内文中出现朱梅馥书信的位置已经标明该书信为朱梅馥所作,标明了书信的作者身份,并未侵害朱梅馥的署名权。

被控侵权图书使用了22篇由傅聪所写的书信或进行摘录,由于在诉讼时傅聪在世,而著作财产权的保护时间为作者终生及其死亡后50年,故傅聪所写的22篇书信仍受著作权法保护。被控侵权图书未经傅聪许可擅自使用其书信的行为,构成对所涉傅聪作品的复制权、发行权的侵害。根据傅聪与三原公司所签订的著作财产权转让合同,傅聪已经将其对"傅雷家书:傅聪家信及摘录"的全部著作财产权转让给三原公司,三原公司依法取得诉讼主体资格。

第二节 国内作品著作权保护期限

2. 何某晨与泰山风景名胜区管理委员会著作权侵权纠纷案[①]

▶ **裁判要旨**

《著作权法》(1990、2001、2010)规定,摄影作品著作财产权的保护期为作品首次发表后50年。《著作权法》(2020)规定,摄影作品著作财产权的保护期为作者终生及其死亡后50年。

【关键词】

摄影作品;著作权;保护期限

【当事人】

原告:何某晨;

被告:泰山风景名胜区管理委员会(以下简称泰山管委会)。

[①] 何某晨诉泰山风景名胜区管理委员会著作权侵权纠纷案,山东省济南市中级人民法院民事判决书,(2002)济民三初字第126号。

案件事实

1. 何某晨系何某民之子，何某民生前长期从事摄影工作。

2. 何某晨拥有本案所涉四幅照片，即《坤楼近景》《南天门》《汉柏连理》《泰山全景》的玻璃版底片及冲洗的照片。

3. 泰安市人民政府新闻办公室编撰的《泰安五十年》一书第13页中采用了本案所涉《南天门》照片一幅；第23页采用了本案所涉《泰山全景》照片一幅，上面写着拍摄时间为1950年；在第128页历史题材摄影作者中有何某民及何某晨的署名。该书于1999年9月首次出版。

4. 泰山管委会于2001年9月编撰的《百年泰山》一书第31页中采用了《坤楼近景》的局部，下面标注着"《坤楼近景》(20年代)"，在第22～58页的双页左上角也采用了《坤楼近景》局部；第133页采用了《泰山全景》照片，左面标注着"50年代初的泰山全景"；第139页采用了本案所涉《南天门》照片，右面标注着"40年代末的南天门"；第154页采用了本案所涉照片《汉柏连理》，下面标注着"世纪初的'汉柏连理'"。何某晨支出260元购买了一本《百年泰山》。

5. 本案所涉《汉柏连理》照片拍摄于1915年，已于1915年发表。

6. 何某晨在本案诉讼中支出律师代理费2000元。

一审诉请

原告何某晨请求法院判令泰山管委会：

1. 停止侵权、消除影响，没收库存《百年泰山》一书和违法所得。销毁该书重印、再版保存的光盘及四色胶片。

2. 在原《法制日报》《文汇报》《香港大公报》《齐鲁晚报》《泰安日报》上予以刊正，恢复作者何某民先生的署名权；向何某晨赔礼道歉。

3. 赔偿何某晨经济损失36,000元和为此而支付的合理开支3800元。

裁判结果

法院依法判决如下：

1. 泰山管委会立即停止发行《百年泰山》。

2. 泰山管委会赔偿何某晨经济损失1万元及合理开支2560元。

3. 泰山管委会在《泰安日报》上向何某晨公开赔礼道歉。
4. 驳回原告何某晨的其他诉讼请求。

● **裁判理由**

本案的争议焦点有三个，现分述并评判如下。

一、何某晨及何某民是否对本案所涉四幅照片享有著作权

本案所涉四幅老照片均属于摄影作品，其著作权自作品完成创作之日起即产生。本案何某晨举出的上述四幅作品拍摄的时间较早，该四幅作品的玻璃版底片和当时年代所使用的摄像器材及材料相符合，再加之何某民生前一直从事摄影工作，同时亦不能以现在的法律和对著作权保护的意识来衡量当时的行为和观念，故法院认为何某晨所举出的上述四幅照片的玻璃版底片应视为是证明谁是作者的原始凭证，据此可以认定何某民是本案所涉四幅作品的著作权人。

被告提供证据1、3、5、8，来证明本案所涉四幅照片是泰安市博物馆馆藏照片，在馆藏照片中并没有记载作者名称，以此作为何某民不是著作权人的证据。法院认为，馆藏作品中没有记载作者姓名并不意味着没有作者，也不能导致著作权人著作权的丧失，更不能成为被告随便使用作品的理由，且馆藏作品只能为陈列或保存版本的需要而复制，不能做印刷出版使用。综上，泰山管委会所提供的证据不充分，其辩护理由不能成立，法院不予支持。

上述四幅照片的人身权利，由作者终生享有，其中发表权在作者死亡后，可以由其继承人继承。对于著作财产权，法律规定摄影作品的保护期为50年，截止到作品首次发表后第50年的12月31日，但作品自创作完成后50年内未发表的，法律不再保护。《汉柏连理》照片，已经于1915年发表，其著作财产权已超过了50年保护期，不再受法律保护。《坤楼近景》拍摄于20世纪20年代末，对于发表时间原告没有证据表明在创作后50年内发表过，所以此照片的著作财产权也已过保护期。对于《南天门》照片，何某晨陈述拍摄于1950年，但《百年泰山》一书中注明的是40年代末的南天门，法院认为应当以公开发表的刊物记载的内容为准，即认定《南天门》的拍摄完成时间应为20世纪40年代末。对于《泰山全景》照片，何某晨主张该照片拍摄于1953年，泰山管委会则认为拍摄于1928年以前，并提供了专家的鉴定意见，法院认为泰山管委会提供的几位专家的鉴定意见是单方委托，因参与鉴定的人员不是双方共同选定亦不是法院指定，且鉴定人员未到庭接受质询，此证据不具备合法性，对于此证据，法院不予采信。而《百年泰山》中注明该照片是20世纪50年代初的泰山全景,法院认为应以公开发表的刊物记载的内容为准,即认定《泰山全景》拍摄于20世纪50年代初。对于《南天门》《泰山全景》的发表时间,何某晨主张1999年9月出版的《泰安五十年》中刊登的该照片是首次发表时间,泰山管委会亦无提出反驳证据,对此法院予以采信,何某民的继承人在作品保护期内发表了上述两份作品符合法律规定,上述两份作品的保护期限截止到2049年12月31日,其财产权目前仍受到法律的保护,何某晨在何某民死亡后,对其著作财产权依法享有继承权。

二、泰山管委会使用本案所涉四幅照片是否构成侵权

泰山管委会在其编撰的《百年泰山》中,未经著作权人许可,采用了《南天门》《泰山全景》两幅照片,侵犯了何某晨的复制、发行以及获得报酬权;且在使用过程中没有署明作者的姓名,在使用照片时将上述照片四个边剪掉,侵犯了作者的署名权以及保护作品完整权。

对于《汉柏连理》以及《坤楼近景》两幅照片,虽然该照片的著作财产权已经不受法律的保护,泰山管委会可以使用上述两幅照片,但是使用时应合法使用,不得在使用过程中侵犯作者依法对作品享有的人身权利。泰山管委会在使用上述两幅照片时未给作者署名,并在使用《汉柏连理》时将照片左侧及上边部分剪掉;在使用《坤楼近景》照片时,只采用了坤楼主体部分,其余部分被剪掉,侵犯了作者署名权以及保护作品完整权。泰山管委会应根据其过错、侵权程度承担相应的民事赔偿责任。

三、泰山管委会应承担何种民事责任

对于泰山管委会不当使用《汉柏连理》以及《坤楼近景》照片的侵权行为,由于这两幅照片的著作财产权已经不受法律保护,应当责令泰山管委会承担停止侵害、消除影响的民事责任。

泰山管委会对其使用《泰山全景》《南天门》照片的侵权行为,应承担停止侵害、消除影响、赔偿损失的民事责任。

> **案件解析**

本案涉及摄影作品著作财产权保护期限的计算问题。

《著作权法》(2001)第21条第3款规定,"……摄影作品,其发表权、本法第十条第一款第(五)项至第(十七)项规定的权利的保护期为五十年,截止于作品首次发表后第五十年的12月31日,但作品自创作完成后五十年内未发表的,本法不再保护"[1]。

一、本案根据《著作权法》(2001)的法律规定分析

1.《汉柏连理》照片,超过作品首次发表后50年的保护期限,不受保护。

该照片于1915年发表,而本案受理时间为2002年12月2日,故该照片的著作财产权早已超过了50年的保护期,不应受著作权法保护。

2.《坤楼近景》照片,该作品自创作完成后50年内未发表,不受保护。

该照片拍摄于20世纪20年代末,原告没有证据表明其在作品创作完成后50年内发表过,故该作品在20世纪70年代末已经超过著作权保护期,到本案原告起诉时,又过了30多年的时间,不应受著作权法保护。

3.《南天门》照片与《泰山全景》照片自创作完成后50年内发表,且首次发表后未过50年的保护期限,应受著作权法保护。

(1)《南天门》照片

该照片据何某晨所述是拍摄于1950年,而在《百年泰山》一书中注明的是20世纪40年代末的南天门。公开出版物的证据效力大于当事人陈述的证据效力,故法院认定《南天门》的拍摄完成时间为20世纪40年代末。何某晨主张1999年9月出版的《泰安五十年》中刊登的该照片是首次发表时间,泰山管委会未提出反驳证据,故该作品的保护期限截止到2049年12月31日,到本案诉讼时未过保护期限。

(2)《泰山全景》照片

何某晨主张该照片拍摄于1953年,泰山管委会则认为拍摄于1928年以前,并提供了专家的鉴定意见。法院认为泰山管委会提供的几位专家的鉴定意见是单方委托,参与鉴定的人员不是双方共同选定亦不是法院指定,且鉴定人员未到庭接受质询,所以此证据不具备合法性,不予采信。而《百年泰山》一书中注明该照片是20世纪50年代初的泰山全景,公开出版物的证据效力大于当事人单方陈述的证据效力,故法院认定《泰山全景》拍摄于20世纪50年代初。何某晨主张1999年9月出版的《泰安五十年》中刊登的该照片是首次发表,泰山管委会未提出反驳证据,故该作品保护期限截止到2049年12月31日,到本案诉讼时未过保护期限。

二、本案根据《著作权法》(2020)的法律规定分析

《著作权法》(2020)调整了摄影作品的保护期。按照《著作权法》(1990、2001、

---

[1] 李顺德、周详:《中华人民共和国著作权法修改导读》,知识产权出版社2002年版,第225页。

2010)的规定,摄影作品的保护期为作品首次发表后50年,其他作品保护期一般为作者终生及其死亡后50年。

《伯尔尼公约》(1886)不保护摄影作品。后来,摄影作品进入该公约的保护范围,但是保护期短于一般作品。《伯尔尼公约》(1979)第7条"保护期限"第4款"对于摄影作品和应用艺术作品"规定:"摄影作品和作为艺术作品保护的实用艺术作品的保护期限由本同盟各成员国的法律规定;但这一期限不应少于自该作品完成之后算起的二十五年。"第7条第6款规定,"本同盟成员国有权给予比前述各款规定更长的保护期"[1]。

1996年的《世界知识产权组织版权条约》(WCT)第9条"摄影作品的保护期限"规定:"对于摄影作品,缔约各方不得适用《伯尔尼公约》第7条第4款的规定。"[2]从而赋予了摄影作品与其他作品相同的保护期,即作者终生及其死亡后50年。

现行《德国著作权法》区分了摄影作品和照片。对摄影作品实行著作权保护,保护期限为作者终生及其死亡后70年,对照片实行邻接权保护,保护期限为首次发表后50年。

我国1990年《著作权法》在制定时,参照《伯尔尼公约》对摄影作品的保护期规定为作品首次发表后50年,这一规定延续到了《著作权法》(2010)。实践中,一方面,我国于2007年加入《世界知识产权组织版权条约》;另一方面,国内摄影界多次呼吁在修改著作权法时解决摄影作品保护期与其他作品保护期不一致的问题。为履行国际条约义务,《著作权法》(2020)删除了《著作权法》(1990、2001、2010)第21条第3款关于摄影作品保护期的特殊规定,使摄影作品与其他作品的保护期一致。

本案中涉及的四幅照片的著作权人系原告之父何某民。何某民于1981年9月16日逝世。按照《著作权法》(2020)之规定,摄影作品与其他作品的保护期均为作者终生及其死亡后50年,那么涉案四幅照片的著作权均在保护期限以内,均应得到保护。

---

[1] 张大伟主编:《世界版权条约》,东方出版中心2019年版,第38页。
[2] 张大伟主编:《世界版权条约》,东方出版中心2019年版,第405页。

第二篇 合理使用

第一章 个人使用

第一节 带有商业目的使用作品不构成合理使用

3. 上海弓禾文化传播有限公司与樊某著作权纠纷案[①]

▶ **裁判要旨**

为个人学习、研究或者欣赏，使用他人已经发表的作品，或为介绍、评论某一作品或说明某一问题，在作品中适当引用他人已经发表的作品可以不经著作权人许可，不向其支付报酬，但应当指明作者姓名、作品名称，并且不得侵犯著作权人依法享有的其他权利。但带有商业目的使用他人已经发表的作品，不是为了介绍、评论作品本身，不构成合理使用。

【关键词】

合理使用；个人学习、研究或者欣赏；著作权限制

【当事人】

上诉人(原审原告)：上海弓禾文化传播有限公司(以下简称弓禾公司)；

被上诉人(原审被告)：樊某。

---

① 上海弓禾文化传播有限公司与樊某侵犯著作财产权纠纷案，重庆市渝中区人民法院民事判决书，(2010)渝中知民初字第79号；上海弓禾文化传播有限公司与樊某侵犯著作财产权纠纷上诉案，重庆市第五中级人民法院民事判决书，(2011)渝五中法民终字第211号。

一审案件事实

2010年1月26日,弓禾公司取得上海市版权局颁发的作品登记证书。该登记证书载明:摄影作品名称为《巨星浪漫代言系列1-55》,作品完成日期为2009年9月26日,著作权人为弓禾公司,作品登记号为09-2010-G-004。

网址为www.ww1ww.net的网站系樊某开设并负责管理。2010年1月5日,樊某在该网站上发表《樊某:美女范冰冰美若天仙婚纱照的逝水流年》一文,并将《巨星浪漫代言系列1-55》摄影作品中的5张摄影作品作为该文的插图(作品编号分别为:FH-16、FH-21、FH-12、FH-39、FH-50),且没有注明5张摄影作品的作者,亦未向著作权人支付报酬。依据弓禾公司的申请,2010年5月31日,重庆市公证处出具(2010)渝证字第27464号公证书,对上述的使用情况通过屏幕录像形式予以固定。

一审原告诉请

弓禾公司向一审法院提起的诉讼请求:

1. 樊某立即停止侵权行为,删除其网站上使用的《巨星浪漫代言系列1-55》系列摄影作品中的5张摄影作品。

2. 樊某赔偿弓禾公司经济损失以及为调查侵权行为所产生的合理费用共计150,000元。

3. 樊某在网站首页醒目位置登载消除影响的内容不少于1个月。

一审裁判结果

依照《民法通则》(2009)、《著作权法》、《最高人民法院关于审理涉及计算机网络著作权纠纷案件适用法律若干问题的解释》(2006,已失效)、《最高人民法院关于审理著作权民事纠纷案件适用法律若干问题的解释》(2002)的相关规定,法院判决:

1. 樊某应于本判决生效之日起30日内在网址为www.ww1ww.net的网站首页上连续5日刊登声明,消除影响(该声明内容须经本院审核,如被告樊某不履行本判决事项,本院将在《重庆日报》除中缝以外的版面内公布本判决主要内容,刊登费用由被告樊某负担)。

2. 樊某应于本判决生效之日起10日内赔偿上海弓禾文化传播有限公司经济损失人民币4000元。

● 一审裁判理由

弓禾公司提供的上海市版权局颁发的作品登记证书载明涉案的 5 幅摄影作品的名称、类型、作者、著作权人以及作品完成的时间,其著作权人为弓禾公司,根据《最高人民法院关于审理著作权民事纠纷案件适用法律若干问题的解释》(2002)的相关规定,应认定弓禾公司系涉案的 5 幅摄影作品的著作权人。

樊某作为 www.ww1ww.net 网站的开设、管理人,未经许可擅自将《巨星浪漫代言系列 1-55》摄影作品其中的 5 幅摄影作品使用在其文章中作为插图并上传在前述网站上,导致涉案作品在网站上停留数月,被公众浏览、传播,且未署弓禾公司的名称,侵犯了弓禾公司对其作品享有的著作权,应承担停止侵权、消除影响、赔偿损失的侵权责任。因樊某已于 2010 年 8 月 19 日本案开庭前实际删除了其网站上的 5 幅涉案摄影作品,故弓禾公司诉请停止侵权已无必要。对弓禾公司要求樊某在其网站首页醒目位置登载消除影响内容的诉讼请求,因本案的侵权行为发生在樊某网站上,弓禾公司请求消除影响的范围与侵权行为的影响范围相适应,故对该项诉讼请求可予准许。鉴于弓禾公司未能举证证明其因侵权所遭受的损失或者樊某因侵权所获得的利益,本案综合涉案作品的类型、知名度以及被告主观过错的程度、侵权行为的性质、期间、后果等情节酌情确定樊某应承担的赔偿数额。

二审案件事实

二审查明的事实与一审查明的事实相同。二审中,一审法院就诉讼保全费用的负担问题已出具书面裁定补正由樊某负担。

二审上诉请求

弓禾公司不服,向二审法院提出上诉请求:请求撤销原判,改判支持其一审全部诉讼请求。

● 二审裁判结果 ●

二审法院认为:弓禾公司提出的上诉理由不能成立,应予驳回;原审判决认定事实清楚,适用法律正确,应予维持。依照《民事诉讼法》(2007)第 153 条第 1 款第 1 项之规定,法院判决驳回上诉,维持原判。

● **二审裁判理由**

本案的争议焦点主要集中在:(1)樊某的行为是否属于合理使用他人已发表的作品;(2)一审判决确认的赔偿金额是否过低;(3)樊某承担消除影响的责任是否适当;(4)诉讼费承担比例是否合理与保全费的承担方的认定。

第一,根据《著作权法》(2010)第22条第1款的规定,为个人学习、研究或者欣赏,使用他人已经发表的作品,或为介绍、评论某一作品或说明某一问题,在作品中适当引用他人已经发表的作品可以不经著作权人许可,不向其支付报酬,但应当指明作者姓名、作品名称,并且不得侵犯著作权人依法享有的其他权利。本案中,樊某开设、管理"www.ww1ww.net"网站系为开设口才培训班服务,带有商业目的,其在该网站上发表《樊某:美女范冰冰美若天仙婚纱照的逝水流年》一文中擅自使用弓禾公司享有著作权的作品,已超出"个人学习、研究或欣赏"的目的,且从文章内容看并不是为了介绍、评论婚纱照本身,其使用5幅涉案摄影作品作为插图也已超出其为说明明星也逃不过"岁月不饶人"观点的合理使用程度。因此,樊某提出其行为属于"可以不经著作权人许可,不向其支付报酬"的答辩意见不能成立,一审法院鉴于樊某已实际删除涉案作品的事实,判决由其承担赔偿损失、消除影响的侵权责任符合著作权法规定。

第二,弓禾公司在本案中举示的证据不能证明其因樊某的侵权行为所遭受的损失或樊某因侵权行为获得的利益,其提出樊某被冻结的存款均来源于使用涉案作品非法所得的意见没有依据。弓禾公司享有著作权的涉案作品系婚纱系列摄影作品,其对于婚纱摄影公司与口才培训网站的商业价值显然不同,故其举示的许可使用费证据与本案的关联性不强,对其请求参照婚纱摄影公司支付的许可使用费用标准主张赔偿金额的意见法院不予采纳。根据著作权法的规定,侵权人承担的赔偿数额应当包括权利人为制止侵权行为所支付的合理费用。弓禾公司举示的证据证明其为制止樊某侵权行为所支付的合理费用为公证费用2000元,一审法院根据涉案作品的类型、知名度以及樊某的主观过错程度、侵权行为的性质、期间、后果等情节酌情确定赔偿数额为4000元并无不当。

第三,樊某在其开设、管理的网站上发表文章,擅自使用涉案作品中的5幅摄影作品作为插图且未署明权利人的名称,导致涉案作品在网站上停留数月,被公众浏览、传播,侵犯了弓禾公司对涉案作品享有的署名权,应当承担消除影响的法律责任。根据使用涉案作品的文章发表于网站第三级目录的网页内的事实,一审法院判决由樊某在该网站首页连续5日刊登声明,与侵权影响的范围、程度相当,足以消除因樊某的侵权行为给弓禾公司造成的影响,弓禾公司提出刊登声明时间太短,无法消除影响的理由没有依据,不能成立。

第四,至于弓禾公司上诉提出一审判决其承担50%受理费用不合理且漏判诉讼保全费用负担的问题,因知识产权民事案件,有争议金额的,按照财产案件的标准交纳案件受理费。弓禾公司请求赔偿的金额明显高于樊某应当承担的侵权赔偿责任,一审法院据此决定双方当事人各自负担的诉讼费用金额符合《诉讼费用交纳办法》的相关规定,而一审法院也已就诉讼保全费用的负担裁定补正由樊某负担,故对于弓禾公司就诉讼费用负担问题提出的上诉请求二审法院不予支持。

案件解析

一、"为个人学习、研究或者欣赏,使用他人已经发表的作品"的法条变化

针对"权利的限制"所规定的"合理使用"之"为个人学习、研究或者欣赏,使用他人已经发表的作品",经查询自《著作权法》颁布以来四个版本的法条沿革情况来看,本条款的内容一直没有变化。其中《著作权法》(1990、2001、2010)第22条第1款均规定如下:"在下列情况下使用作品,可以不经著作权人许可,不向其支付报酬,但应当指明作者姓名、作品名称,并且不得侵犯著作权人依照本法享有的其他权利:(一)为个人学习、研究或者欣赏,使用他人已经发表的作品……"

但《著作权法》(2020)版本虽然对该内容没有变动,但针对该内容的限制条款有所变更,由"不得侵犯著作权人依照本法享有的其他权利"修正为"不得影响该作品的正常使用,也不得不合理地损害著作权人的合法权益",具体法条如下:

第24条规定:"在下列情况下使用作品,可以不经著作权人许可,不向其支付报酬,但应当指明作者姓名或者名称、作品名称,并且不得影响该作品的正常使用,也不得不合理地损害著作权人的合法权益:(一)为个人学习、研究或者欣赏,使用他人已经发表的作品……"

该条款修正后,与《著作权法实施条例》(2013)第21条规定的"依照著作权法有关规定,使用可以不经著作权人许可的已经发表的作品的,不得影响该作品的正常使用,也不得不合理地损害著作权人的合法利益"保持一致。

二、"为个人学习、研究或者欣赏"的限定性在于"个人"范畴

开宗明义,本条首先约定的就是"个人",合理使用的局限在"个人"范围,仅限于个

人且非商业性的私人使用。如果是带有商业目的使用,或者是商业宣传性使用,无论是否有牟利性,均不在该范围内;如果个人使用的范围是公开性传播,尤其是常见的公开放映、公开表演、互联网传播等,虽然也是个人进行的使用,但是通过传播的方式公之于众,则超出了个人学习、研究或者欣赏的范围,不再属于合理使用的范畴。

个人使用的权利限制仅限于使用者自身,如果行为人向第三人提供他人已发表的作品供个人使用,则也超出了该法律条款规定的范围。

第二节
学习研究软件设计思想和原理构成合理使用

4. 微软公司与上海博科资讯股份有限公司计算机软件著作权纠纷案[①]

▶ 裁判要旨

《计算机软件保护条例》(2013)第17条规定,为了学习和研究软件内含的设计思想和原理,通过安装、显示、传输或者存储软件等方式使用软件的,可以不经软件著作权人许可,不向其支付报酬。《最高人民法院关于审理著作权民事纠纷案件适用法律若干问题的解释》(2002)第21条规定,计算机软件用户未经许可或者超过许可范围商业使用计算机软件的,应当依法承担相应的民事责任。

【关键词】

合理使用;学习、研究软件;计算机软件著作权;著作权限制

【当事人】

原告:微软公司;

---

① 微软公司与上海博科资讯股份有限公司侵害计算机软件著作权纠纷案,上海市普陀区人民法院民事判决书,(2014)普民三(知)初字第114号。

被告：上海博科资讯股份有限公司（以下简称博科公司）。

案件事实

一、涉案计算机软件版权登记情况

微软公司就微软视窗服务器 2003 企业版、2008 企业版，微软数据库服务器 2005 企业版、2008 企业版、2012 企业版计算机软件均向美国版权局申请版权注册登记，上述软件在美国首次出版，版权所有人显示为微软公司。

二、诉前证据保全情况

一审法院裁定准许微软公司申请后至博科公司经营场所进行诉前证据保全。鉴于此次证据保全涉及的数字化设备现场勘查与电子证据保全具有一定的专业性，一审法院同时邀请三名技术专家（各带一名助手）协助参与保全，主要以抽查方式对计算机等数字化设备上是否存在安装使用微软系列软件的情况予以客观记录，相应检查结果通过截屏拍照、制作计算机清点表和抽查情况表以及证据保全笔录方式进行固定，并经博科公司指派的相关人员签字确认。经现场清点，博科公司经营场所内共有 365 台计算机、26 台服务器，抽查了其中 47 台计算机，结果显示部分服务器中安装了涉案相关软件。

三、博科公司及其购买微软系列软件的情况

博科公司为证明其购买了微软系列软件，提供了自 2007 年至 2012 年的相关票据或合同。相关票据或合同显示了博科公司主张其采购的微软软件具体型号及数量情况。

微软公司认可博科公司获得了 2 套微软视窗服务器 2003 企业版以及 4 套微软视窗服务器 2008 R2 软件的授权许可，因此放弃要求博科公司对该 6 套软件的安装使用作出赔偿，对显示博科公司购买其余软件情况的票据，因票据记载的软件版本与证据保全时查到的安装使用的软件版本并不一致，且微软公司数据库中无相应授权记录，故不认可博科公司对安装于所检查计算机上的除前述 6 套软件以外的其余软件，已获得了相应授权。

博科公司表示其一直是 MSDN 订阅的用户，且持续支付费用，为此提供了 2002 年至 2014 年期间共计订购 1 套 MSDN 许可证的相关发票、合同以及微软开放式许可协议等书面凭证，并认为根据《Microsoft Visual Studio 2012 和 MSDN 授权白皮书》（以下简称《MSDN 授权白皮书》），其作为 MSDN 订阅的用户有权在任意数量的设备上安装和使用 MSDN 软件，包括涉案的微软视窗服务器以及数据库服务器系列软件。

四、微软视窗服务器及微软数据库服务器各版本软件的销售价格情况

微软公司官网上有上海东吉信息技术有限公司（原上海东吉数码科技有限公司）的

介绍,网页内容显示其为微软公司合作伙伴,其开具的增值税发票中显示了出售的微软视窗服务器等相关计算机软件的单价。微软公司因无法查明微软数据库服务器2012企业版的市场价格,故庭审中提出以微软数据库服务器2008企业版价格为参考。

五、《MSDN 授权白皮书》的相关内容

2013年1月,微软公司发布了《MSDN 授权白皮书》。该白皮书主要内容为:

1."Visual Studio 2012 许可概述"章节中"用户许可"标题下载明:"为用户授权的主要方式就是为参与软件开发项目的每位用户购买适当级别的 MSDN 订阅。MSDN 订阅中包含的软件、服务和支持随订阅级别不同而异……MSDN 订阅者在订阅的级别有效期内可以下载安装和运行 Visual Studio 和其他 MSDN 订阅的 Microsoft 软件。MSDN 订阅选项包括:Visual Studio Ultimate with MSDN、Visual Studio Premium with MSDN……"

2."用户许可"章节中:(1)"针对程序设计、开发、测试和演示进行的授权"标题下载明:"所有 MSDN 订阅和 Visual Studio Professional 都基于用户使用人数进行授权。被授权用户都可以出于设计、开发、测试和演示应用程序的目的在多个设备上安装和使用软件。……在这些设备上使用软件的其他人员都必须拥有许可证。"(2)"拥有不同许可证的用户可以运行相同的软件"标题下载明:"开发团队中每一位可能会使用(安装、配置或访问)软件的成员都必须拥有自己的 MSDN 订阅。如果每个人都有一个 MSDN 订阅,则两个或两个以上的人可以使用相同的软件。示例1:开发团队包括6名软件开发人员、1名架构师/开发人员和3名测试人员。该团队将构建一个基于 Web 的内部会计系统,希望使用 MSDN 软件来建立一个运行 Windows Server 2012 和 Microsoft SQL Server 2012 的测试环境。如果所有10名团队成员都需要访问开发或测试环境,那么每位成员都需要 MSDN 订阅。"(3)"软件可以在哪里安装和运行"标题下载明:"任何授权用户都可以在任意数量的设备上安装和使用 MSDN 软件。软件可以在工作场所、家里、学校或客户办公室等任何地方的设备上安装和使用,也可以在第三方托管的专用硬件上安装和使用。但是,软件的使用授权不包括第三方共享服务器('云'环境)或生产环境。……示例:拥有 MSDN 订阅的开发人员在日常工作中使用 MSDN 软件,但偶尔也需要在家使用其他计算机进行工作,从 MSDN 许可证的角度看,使用公司的 PC 和家里的 PC 没有区别,家里的 PC 只是授权开发人员使用 MSDN 软件的另一台机器。但是,在开发人员家中的 PC 上运行 MSDN 软件的限制与工作环境中是一样的:安装在家里 PC 上的 MSDN 软件只能用于设计、开发和测试目的;其他用户只有具有相应的

MSDN 订阅才能使用这些软件。"

3."其他指南"章节中:(1)"'开发人员电脑'上的 Windows 何时需要单独的授权"标题下载明:"在大多数情况下,由于混合使用(程序的设计、开发、测试和演示,MSDN 订阅许可允许的用途)和其他一些用途,主要 PC(或一组 PC)使用的 Windows 必须与 MSDN 分开进行授权。以其他任何方式使用软件,例如编写电子邮件、玩游戏或编辑文档都是其他使用方式,这些都是 MSDN 订阅许可不允许的。当存在混合使用时,通常基础操作系统必须通过购买 Windows 的常规副本进行授权。"(2)"虚拟环境何时需要单独的授权"标题下载明:"如果运行一个或多个虚拟机的物理计算机完全用于开发和测试,那么物理主机系统使用的操作系统可以是 MSDN 软件。但是,如果物理计算机或者该物理系统上的任何虚拟机用于其他目的,那么虚拟机中的操作系统的物理主机的操作系统必须分别授权。系统上使用的其他软件也是如此——例如,作为 MSDN 软件获取的 Microsoft SQL Server 只能用于设计、开发、测试和演示您的应用程序。"(3)"产品密钥和安装软件"标题下载明:"MSDN 订阅者可以使用任何安装软件,只要该软件来自经过授权的来源[例如 MSDN 订户下载、批量许可服务中心(Volume License Service Center)或官方的 Microsoft DVD]且软件产品报刊在用户 MSDN 订阅之内。"(4)"软件激活"标题下载明:"许多通过 MSDN 获得的软件产品都需要激活,这是一个通过连接在线 Microsoft 服务器来验证所安装软件是否为正版 Microsoft 软件(并且是未损坏的副本)的过程。激活发生在输入产品密钥并完成对所安装产品的验证之后。注意不要混淆激活和授权;激活无法确定是否授权您使用产品(例如通过 MSDN 订阅提供的 Windows 8),或者您是否正在以许可证允许的方式使用软件(例如使用 Windows 8 开发应用程序)。"

微软公司官网上载有标题为《MSDN 订阅软件使用权限》的文字介绍,其主要内容为:"MSDN 订阅按用户授权。允许一人在其任意数量的设备上使用该软件设计、开发、测试或演示自己的程序";"MSDN 订阅仅向个人提供,不提供'团队'订阅,也不可以共享订阅权益。您应根据软件开发团队中每个人需要使用的软件以及所需要的支持权益为他们选择正确的 MSDN 订阅。请记住,安装软件的团队成员(如为测试实验室安装软件的 IT 专业人员)也需要 MSDN 订阅";许多 MSDN 订户一机多用,既用它来设计、开发、测试和演示程序(MSDN 订阅许可证允许的用途),还用它来完成其他工作。以其他任何方式使用(例如处理电子邮件、玩游戏或编辑文档)均不包含在 MSDN 订阅许可证规定的范围内。在这种情况下,基本操作系统通常还必须通过购买正版 Windows 获得许可。

原告诉请

微软公司向一审法院提起诉讼请求：

1. 博科公司赔偿微软公司经济损失人民币 3,361,539 元。
2. 博科公司承担微软公司为制止侵权行为所支付的律师费 50,000 元。
3. 博科公司在《人民日报》中缝之外的版面上书面向微软公司赔礼道歉。

裁判结果

为保护著作权人的合法权益，根据原《侵权责任法》、《著作权法》(2010)、《计算机软件保护条例》、《最高人民法院关于审理著作权民事纠纷案件适用法律若干问题的解释》(2002)的相关规定，法院判决如下：

1. 博科公司应于本判决生效之日起 10 日内赔偿微软公司经济损失人民币 3,300,000 元。
2. 博科公司应于本判决生效之日起 10 日内赔偿微软公司合理费用人民币 50,000 元。
3. 对微软公司的其他诉讼请求不予支持。

裁判理由

第一，当事人应当对其提出的主张所依据的事实提供证据加以证明。现博科公司辩称抽查的计算机上安装的涉案软件均是通过 MSDN 订阅下载，经一审法院释明，博科公司未能提供证据予以证明其该项事实主张，应当承担举证不能的后果。故对于博科公司该项抗辩意见，一审法院不予采纳。

第二，退一步讲，即使抽查的计算机上安装的涉案软件均源于 MSDN 订阅，但根据双方均援引的《MSDN 授权白皮书》中的相关内容，"为用户授权的主要方式就是为参与软件开发项目的每位用户购买适当级别的 MSDN 订阅"，"所有 MSDN 订阅……都基于用户使用人数进行授权"，"开发团队中每一位可能会使用(安装、配置或访问)软件的成员都必须拥有自己的 MSDN 订阅"等条款表述可知，MSDN 订阅应按实际使用人数分别购买授权。换言之，博科公司应当为其参与软件开发的每一位可能会使用涉案软件的员工购买 MSDN 订阅授权。现博科公司仅购买了一套 MSDN 订阅许可，即仅博科公司的一名工作人员有权通过 MSDN 订阅下载并使用涉案软件，与博科公司实际的经营规模、人员数量及涉案软件安装的检查结果并不相符,显然已超出了其所获授权许可的数量。

第三,鉴于博科公司提供的购买涉案软件的凭证中,部分因具体版本与实际安装于检查的计算机中的软件版本并不相符,另外即使凭证中显示的软件版本与实际安装的软件版本一致,但博科公司仍未能提供证据证明检查的计算机中安装的软件系源于其所购买的正版授权。综上,对于博科公司提出的其对涉案软件的安装使用具有合法授权的抗辩意见,一审法院不予认可。

《计算机软件保护条例》(2013)第17条规定:"为了学习和研究软件内含的设计思想和原理,通过安装、显示、传输或者存储软件等方式使用软件的,可以不经软件著作权人许可,不向其支付报酬。"《最高人民法院关于审理著作权民事纠纷案件适用法律若干问题的解释》(2002)第21条规定:"计算机软件用户未经许可或者超过许可范围商业使用计算机软件的,依据著作权法第四十七条第(一)项、《计算机软件保护条例》第二十四条第(一)项的规定承担民事责任。"对计算机软件著作权人所享有的权利的限制,即对安装使用未经授权的计算机软件的行为承担侵权责任的豁免,应限定于以学习和研究为目的。本案中,博科公司作为一家企业管理类软件提供商,其安装使用涉案软件,显然不是为了学习和研究涉案软件内含的设计思想和原理,而是运用包括涉案软件在内的各种软件以支持设备运行,开展经营活动,系商业性地对涉案软件进行功能性使用,因而博科公司安装使用涉案计算机软件的行为不属于合理使用。综上,博科公司未经微软公司许可,在其经营场所的计算机上安装使用涉案软件的行为构成对微软公司享有的涉案软件著作权的侵害。

由于查到的博科公司安装使用微软服务器系列软件中存在未显示具体版本的情况,且部分涉案软件并无与之对应版本软件的市场销售价格,加之同款软件因销售渠道不同亦存在一定价格区间,因而微软公司的实际经济损失以及博科公司的非法所得的具体数额均难以准确计算。鉴于前述情况,一审法院综合考虑诉前证据保全情况、涉案软件的价值及其知名度、涉案软件的市场售价、推算的合理性、博科公司的主观过错程度、经营规模、侵权情节、侵权后果及持续时间等因素酌情确定赔偿数额。如果综合在案证据以及上述因素可以确定微软公司的经济损失以及博科公司的非法所得明显超过法定赔偿最高限额,应当在法定最高限额以上合理确定赔偿额。

案件解析

本案争议焦点主要集中在:(1)博科公司安装使用涉案计算机软件的行为是否构成对微软公司享有的涉案计算机软件著作权的侵害;(2)侵权成立时,博科公司应承担的民事责任。

根据《著作权法》及其相关司法解释的规定,作品著作权属于作者,在作品上署名的自然人、法人或其他组织为作者,但有相反证明的除外。当事人提供的涉及著作权的合法出版物、著作权登记证书等,可以作为证据。本案中,微软公司提供了微软视窗服务器2003企业版、微软视窗服务器2008企业版、微软数据库服务器2005企业版、微软数据库服务器2008企业版、微软数据库服务器2012企业版等计算机软件的版权登记证明,可以证明微软公司系该等计算机软件的著作权人,博科公司对此亦予以认可。微软公司系美国企业,涉案软件为境外版权作品,中国和美国均为《伯尔尼公约》的成员国,依照该公约及我国《著作权法》(2010)的相关规定,微软公司对前述计算机软件享有的著作权依法受我国法律保护。

一、博科公司安装使用涉案计算机软件的行为是否构成对微软公司享有的涉案计算机软件著作权的侵害

(一)博科公司安装使用的涉案计算机软件是否具有合法授权

博科公司认为,首先,根据MSDN授权的相关规定,其作为有效的MSDN订阅用户,有权在其经营场所下载、安装和使用包括涉案软件在内的多款计算机软件;其次,博科公司亦购买过一定数量的涉案软件授权,故博科公司对其安装使用的涉案软件享有合法授权。

微软公司认为,第一,证据保全时现场查到的计算机中安装的涉案软件的具体版本与博科公司购买的软件版本并不匹配,且无法从微软公司相应数据库中查到博科公司对涉案软件的安装使用具有相应授权记录,故博科公司对涉案软件的安装使用并没有获得授权许可。第二,博科公司仅购买了一套MSDN订阅许可,根据MSDN订阅使用权限的相关规定,仅允许博科公司中的一人在其任意数量的设备上使用涉案软件,且限于设计、开发、测试或演示等用途,因而博科公司在其经营场所内的多台计算机上安装涉案软件显然已超出了其所获授权许可的数量。综上,博科公司安装使用涉案计算机软件不具有合法授权。

(二)博科公司安装使用涉案计算机软件的行为是否属于合理使用

博科公司认为,其安装使用涉案软件是为了学习和研究该等软件内含的设计思想和原理,且作为一家中国民族软件企业,只有学习研究了涉案软件,才能更好地开发出自有软件,因而其对涉案软件的使用并非出于商业目的,根据《计算机软件保护条例》(2013)第17条的规定,其对涉案软件的使用属于合理使用,不构成侵权。

微软公司则认为,博科公司并非学校和科研机构,其对涉案软件的使用亦并非用于课堂教学和科研,博科公司作为一家从事经营活动且以营利为目的的软件公司,显然不属于合理使用。

二、侵权成立时,博科公司应承担的民事责任

《著作权法》(2010)第47条、第48条规定,未经著作权人许可,复制、使用其作品等行为属于著作权侵权行为,应当根据情况承担停止侵害、消除影响、赔礼道歉、赔偿损失等民事责任。审理中,微软公司考虑到使用博科公司软件用户的利益,撤回要求博科公司停止侵权并删除涉案软件的诉讼请求,符合相关法律规定,一审法院予以准许。鉴于博科公司并未侵犯微软公司涉案软件著作权中的人身权,故对于微软公司要求博科公司赔礼道歉的诉讼请求,一审法院不予支持。

关于赔偿数额,《著作权法》(2010)第49条第1款规定:"侵犯著作权或者与著作权有关的权利的,侵权人应当按照权利人的实际损失给予赔偿;实际损失难以计算的,可以按照侵权人的违法所得给予赔偿。赔偿数额还应当包括权利人为制止侵权行为所支付的合理开支。"第2款规定:"权利人的实际损失或者侵权人的违法所得不能确定的,由人民法院根据侵权行为的情节,判决给予五十万元以下的赔偿。"

本案中,微软公司主张根据抽查到的安装有涉案软件计算机的数量占抽查房间或部门计算机总数之比例对涉案软件的安装数量进行推算,并以该推算数量与对应正版软件售价的乘积作为计算赔偿额的依据。

本案中,博科公司成立于2001年,注册资本9000万元,内设多个部门且下设多家分支机构,仅证据保全时其经营场所内计算机的数量就达365台,可见其经营规模较大。作为一家从事软件开发的企业,其不仅应有着更高的软件版权意识,且理应更尊重他人的软件版权。然而在诉前,部分被抽查的计算机上有在证据保全当日删除微软系列软件的记录;诉中,博科公司仍坚称其行为未构成侵权。虽然微软公司对查到的部分版本的涉案软件不予主张权利,但抽查结果显示,博科公司使用涉案软件亦达一定数量,因此,博科公司的主观过错程度、侵权情节均较为严重。鉴于微软公司提供了其授权经销

商对外销售涉案软件相关版本价格的证据,故该等售价可以作为涉案软件正版销售价格的依据。且在博科公司未能提供证据否定上述价格的情况下,该等售价可以作为本案确定赔偿数额的参考依据。关于博科公司提出微软公司主张按推算方式计算赔偿存在不合理性的意见,一审法院将综合考量涉案软件性质、用途、使用对象以及抽查部门分布等因素予以认定。综上,具体赔偿数额由一审法院综合对本案证据及各种酌定因素的分析考量,按照博科公司使用涉案软件应当支付的最低许可费用并在微软公司的诉讼请求范围内合理确定。

知岸延伸

一、计算机软件合理使用法条的规定与解读

《计算机软件保护条例》(2013)第17条规定:"为了学习和研究软件内含的设计思想和原理,通过安装、显示、传输或者存储软件等方式使用软件的,可以不经软件著作权人许可,不向其支付报酬。"

《最高人民法院关于审理著作权民事纠纷案件适用法律若干问题的解释》(2020)第21条规定:"计算机软件用户未经许可或者超过许可范围商业使用计算机软件的,依据著作权法第四十八条第(一)项、《计算机软件保护条例》第二十四条第一项的规定承担民事责任。"

《计算机软件保护条例》对于合理使用的具体情况作出了严格的限制:

首先,从限制主体来看,相关表述为"可以不经软件著作权人许可,不向其支付报酬",那么可以看出这部分合理使用的人群主要指的是非法软件复制品的用户和持有合法软件复制品的非软件所有人,享有合法软件复制品的所有人不在本条款限制范围内。

其次,从使用目的上看,相关表述为"为了学习和研究软件内含的设计思想和原理",而《著作权法》(2020)第24条第1款第1项规定"为个人学习、研究或者欣赏",二者共同之处在于都是为了学习和研究,但《著作权法》(2020)上明确写明为了"个人",也就明确要求了不得出于商业目的,且《著作权法》(2020)还多了"欣赏"的目的;而《计算机软件保护条例》(2013)仅表述了为了学习和研究,并没有直接陈述为为了个人,也就没有将学术目的和商业目的进行明确的区分。但在实践中,由于计算机软件的特殊性和复杂性,对于计算机软件的学习和研究,可能本身就是一个需要投入巨大人力物力财力支持的事项,且一般在前期的学习和研究过程中本身难以产生直接的经济效益,因

而对于软件的学习和研究的最终目的还是将成果投入到商业使用中,在商业运转中转化为生产力,促进社会和经济发展。对于这种现实情况,我国也通过司法解释的方式正面明确规定了侵权的认定,也就是明确要求了学习和研究的范围,超出范围需要承担侵权责任。

最后,在使用方式上,《计算机软件保护条例》(2013)也作出了明确规定,即"通过安装、显示、传输或者存储软件等方式使用"。该内容为软件开发者通过对软件内容加以研究以便更好地改版软件,提高软件性能或者通过反向工程开发提供了合理有据的法律支持,但是用户使用软件的最终目的是利用其功能,如果软件不能运行使用,对于软件的真正价值也就难以享有。

二、计算机软件合理使用的国际认定

《世界知识产权组织版权条约》(1996)第4条"计算机程序"规定:"计算机程序作为《伯尔尼公约》第二章意义下的文学作品受到保护。此种保护适用于各计算机程序,而无论其表达方式或表达形式如何。"[1]

第10条"限制与例外"规定:"一、缔约各方在某些不与作品的正常利用相抵触、也不无理地损害作者合法权益的特殊情况下,可在其国内立法中对依本条约授予文学和艺术作品作者的权利规定限制或例外。二、缔约各方在适用《伯尔尼公约》时,应将对该公约所规定权利的任何限制或例外限于某些不与作品的正常利用相抵触、也不无理地损害作者合法利益的特殊情况。"[2]

三、涉外企业著作权在我国国内的保护范畴与原则

对于涉外著作权,我国一般是按照参加的国际著作权公约以及相关的重要国际文件来保护涉外著作权的,最常见的还是《伯尔尼公约》。对于涉外著作权的保护,该公约主要涉及以下几个原则。

一是国民待遇原则。主要包括以下内容:(1)公约成员国的国民的作品不论是否发表,都可以在任何公约成员国内享有该国给予其本国国民作品的同等保护;(2)非公约成员国的国民,只要其作品的第1版是在公约的某个成员国首先出版的,或者在某个成员国及其他非公约成员国同时出版的,则可以在公约成员国内享受到本公约所提供的保护;(3)非公约成员国的国民如果在某个成员国有经常住所,成员国须视其为该成员

---

[1] 张大伟主编:《世界版权条约》,东方出版中心2019年版,第403页。
[2] 张大伟主编:《世界版权条约》,东方出版中心2019年版,第405页。

国的国民而提供版权保护。

二是独立保护原则。指作者享有公约所规定的各项权利,不依赖于作品在来源国所受到的保护;除公约规定外,受保护程度及为保护作者权利所提供的司法救济方式,完全适用提供保护国家的法律。

三是自动保护原则。指获得公约所规定的著作权,无须任何手续。换句话说,只要作者创作出文学、艺术和科学作品来,就自动获得著作权,而不需要履行登记、缴纳样本等手续。

一般多采用国民待遇原则加以保护。

第三节
用临摹作品参加画展、出版图书、举办个人画展不属于合理使用

5. 陈某与郭某、四川出版集团有限责任公司等著作权纠纷案[①]

▶ **裁判要旨**

从临摹他人作品开始学习作画,符合一般社会生活实际。他人在进行符合法律规定的合理使用行为时,可以不经著作权人许可,不向其支付报酬,但同时应承担两项责任:一是应当指明作者姓名、作品名称;二是不得侵犯著作权人依法享有的其他权利。

非原画著作权人用临摹作品参加画展、出版图书、举办个人画展不属于合理使用。

【关键词】

合理使用;临摹作品;著作权限制

---

① 陈某与郭某、四川出版集团有限责任公司著作权权属、侵权纠纷案,浙江省瑞安市人民法院民事判决书,(2017)浙0381民初832号。

【当事人】

原告：陈某；

被告1：郭某；

被告2：四川出版集团有限责任公司（以下简称四川出版集团）；

被告3：四川美术出版社有限公司（以下简称美术出版社）。

案件事实

根据当事人陈述和经审查确认的证据，法院认定的事实如下：原告陈某系我国画家。曾在杂志《艺术家》发表《我对创作的思考》一文，另通过福建美术出版社出版《陈某白描花鸟画集》一书，包含单独画作与含有多个鸟、树枝为主的写生稿图。

2008年，被告郭某以书画《默契天真》（包含12幅画作）参加2008年全国首届中国画线描艺术展，并入选。该书画《默契天真》收录于《全国首届中国画线描艺术展作品集》。

2012年11月，被告郭某与被告美术出版社签订图书出版合同，主要约定由被告美术出版社为被告郭某出版白描作品集：《玉苍风华》《水佩风裳》，封面署名：郭远　绘。

2012年12月26日，被告郭某在温州书画院公开举办"玉苍风华·郭远中国画线描艺术展"，展期约10天，共展出140幅白描作品，分为"玉苍风华"花鸟系列和"水佩风裳"荷花系列。参展部分画作与被告郭某出版的白描作品集相同，是被告临摹原告陈某作品的作品。

原告诉请

陈某向一审法院提起的诉讼请求：

1. 判令三被告立即停止侵害原告的著作权，通过合理方式收回、销毁侵害原告著作权的书籍，并通过公开方式在《温州日报》《温州都市报》等报刊上向原告赔礼道歉，消除三被告侵权行为对原告造成的影响。

2. 判令被告郭某赔偿原告经济损失50万元。

3. 判令被告郭某承担原告为制止侵权行为所支付的合理开支4万元（包括但不限于律师费在内）。

4. 判令被告四川出版集团、美术出版社对第2、3项诉讼请求承担连带赔偿责任。

裁判结果

依照原《侵权责任法》、《著作权法》(2001)及《最高人民法院关于审理著作权民事纠纷案件适用法律若干问题的解释》(2002)、《民事诉讼法》等相关规定规定,法院判决如下:

1. 被告郭某、美术出版社应当立即停止对原告陈某的《陈某白描花鸟画集》、文章《我对创作的思考》的侵权行为。

2. 被告郭某于本判决生效之日起30日内在《温州日报》刊登致歉声明,澄清本案有关侵权基本事实,向原告陈某赔礼道歉;被告美术出版社于本判决生效之日起15日内以书面致歉声明方式澄清有关侵权基本事实,向原告陈某赔礼道歉。

3. 被告郭某于本判决生效之日起15日内赔偿原告陈某45,000元;被告美术出版社对该款项在18,000元范围内承担连带的共同赔偿责任。

4. 驳回原告陈某的其他诉讼请求。

裁判理由

本案中,原告陈某出版的由独立作品组成的画集和发表的文章凝集了其智力创造性劳动,具有独创性,分别属于美术作品和文字作品。原告陈某提供了相关出版物,在被告未提供相反证明的情况下,法院认定原告陈某系前述作品的作者。

经比对,关于画作部分,被告郭某参加2008年画展并入选的12幅画作、《玉苍风华》一书主体部分、画作部分、封面、封底均与原告陈某的《陈某白描花鸟画集》中的相关画作高度相似,虽然有细微差别,但整体视觉艺术形象高度近似,二者构成实质性相似。另据被告郭某所述,其曾对原告作品进行学习、临摹,即实际接触到了原告的作品。关于文章部分,经比对被告郭某《玉苍风华》前言"艺术是灵魂的慰藉物……"一文与原告陈某《我对创作的思考》一文,虽删除了部分内容,与后者其余文字相比,两者在文字描述、内容等方面基本相同,仅个别词句存在细微差异,或者个别用词进行了同义替换。从整体观感、综合判断的视角来看,两者构成实质性相似,且该相似程度难用巧合来解释。故法院认定前者使用了后者的文字表达方式和内容。

结合原告的诉讼请求和涉案事实,被告郭某应当承担停止侵害、赔礼道歉和赔偿损失等民事责任。被告郭某在参加画展、公开出版图书、公开举办个人画展等多种场合侵犯了原告署名权、修改权等著作人身权,损害了原告的人格权益。虽然侵权图书出版信息处记载有被告四川出版集团,但依据相关资料可证明实际出版单位应为美术出版社。美术出版社作为出版单位,未尽到合理注意义务,应当承担连带侵权责任。

> **案件解析**

本案争议焦点在于:(1)郭某临摹使用是否属著作权法上的合理使用;(2)美术出版社是否尽到合理注意义务,对侵权是否承担连带责任。

一、郭某临摹使用是否属著作权法上的合理使用

区分相关行为是否属法律允许的合理使用行为,应看相关行为是否符合法律规定的"合理使用"条件。《著作权法》(2010)第22条规定:"在下列情况下使用作品,可以不经著作权人许可,不向其支付报酬,但应当指明作者姓名、作品名称,并且不得侵犯著作权人依照本法享有的其他权利:(一)为个人学习、研究或者欣赏,使用他人已经发表的作品……"法律并不禁止在符合法律要求的前提下为个人学习而使用他人已经发表的作品。从临摹他人作品开始学习作画,也符合一般社会生活实际。他人在进行符合法律规定的合理使用行为时,可以不经著作权人许可,不向其支付报酬,但同时应承担两项责任:一是应当指明作者姓名、作品名称;二是不得侵犯著作权人依法享有的其他权利。结合本案,被告郭某在未指明原作者(原告)的情况下即以自己的名义参加2008年画展、公开出版图书、公开举办个人画展,这些使用方式显然不属于法律许可的"为个人学习"合理使用行为,而已构成对原告署名权、修改权、复制权、发行权、展览权等著作人身权和著作财产权的侵犯。

临摹过程的确需要临摹者付出一定的劳动,在高仿(精确临摹)场合下可能还需较为高超的技艺。但付出劳动的多少和技艺的高低并不等同于能够产生新的著作权。能否成为新作品的核心在于是否具有独创性。本案中,被告郭某临摹的画作与原告作品高度相似,系达到了复制效果的临摹画作。二者虽有所差异,但该细微差异并不足以产生新的独创性表达,仍是对原作品的复制和再现。被告郭某在参加2008年画展、出版图书及举办个人画展时,均以自己的名义进行,使得画展的主办者、图书的读者及个人画展的观众均认为有关作品的作者即为被告郭某,割裂了有关作品与真正原作者之间的联系。综上,一审法院认为被告郭某构成剽窃。

二、美术出版社是否尽到合理注意义务,对侵权是否承担连带责任

《最高人民法院关于审理著作权民事纠纷案件适用法律若干问题的解释》(2002)第20条第2款规定:"出版者对其出版行为的授权、稿件来源和署名、所编辑出版物的内容等未尽到合理注意义务的,依据著作权法第四十八条的规定,承担赔偿责任";第4款规定:"出版者所尽合理注意义务情况,由出版者承担举证责任。"本案被告美术出版社提供证据证明了其对出版行为的授权、稿件来源和署名尽到了合理注意义务,但未能提供证据证明其对出版物的内容在编审过程中尽到了规范操作、采取了相应措施及其他合理注意的义务。且所出版图书中侵权画作所占比例较高,难言被告美术出版社已尽到与其作为专业出版社相适应的合理注意义务。同时出版者亦不能以其与委托出版方之间订立的相关保证条款以及委托出版方的知名度来代替必要的审查义务。本案出版物《玉苍风华》侵犯了原告著作权,被告美术出版社作为出版者应当承担停止侵害、赔礼道歉和赔偿损失等民事责任。关于赔礼道歉的方式,综合被告美术出版社在本案侵权过程中的过错、侵权程度及损害后果等,法院认为其无公开登报道歉之必要,以书面方式较为合理。

知岸延伸

一、临摹作品是否享有著作权

所谓临摹,主要指的是按照原作仿制书法和绘画作品的过程。一般而言,临摹本身不具有独创性,也未产生新的作品,临摹人也就不会享有著作权。结合本案,郭某临摹的画作与原告作品高度相似,系达到了复制效果的临摹画作。二者虽有所差异,但该细微差异并不足以产生新的独创性表达,仍是对原作品的复制和再现,故临摹人对临摹作品不享有著作权。

但一概否认临摹作品能够享有著作权的观点也并不科学,虽然临摹是对"原作的仿制过程",但临摹并不是印刷,很难做到百分百的复制,临摹人在临摹的过程中绝大多数情况下仍然会存在自主意志,尤其是对于在临摹的基础上增加自己独创性表达时,在一定程度上临摹作品也应当构成著作权法意义上的作品。虽然此时临摹作品已经构成新的作品,享有著作权,但是其本身是建立在原美术作品的基础之上,更应当属于"演绎作品"。对于临摹他人作品产生的新作品,对临摹人的著作权的保护应当受到一定限制。首先,是署名权,对于已知作者信息的应当对原著作权人署名,标示作品来源;其次,如果需要将临摹作品进行商业使用,则需要经原著作权人许可,且应当签订著作权许可使用合同,否则将侵犯原著作权人的著作财产权。

二、临摹作品的使用应当遵循的法律条款

临摹作品在一定程度上可以视为演绎作品,作为演绎作品应当遵循的《著作权法》保护条款,主要如下:

《著作权法》(2020)第13条规定:"改编、翻译、注释、整理已有作品而产生的作品,其著作权由改编、翻译、注释、整理人享有,但行使著作权时不得侵犯原作品的著作权。"

第16条规定:"使用改编、翻译、注释、整理、汇编已有作品而产生的作品进行出版、演出和制作录音录像制品,应当取得该作品的著作权人和原作品的著作权人许可,并支付报酬。"

第24条第1款规定:"在下列情况下使用作品,可以不经著作权人许可,不向其支付报酬,但应当指明作者姓名或者名称、作品名称,并且不得影响该作品的正常使用,也不得不合理地损害著作权人的合法权益:(一)为个人学习、研究或者欣赏,使用他人已经发表的作品……(十)对设置或者陈列在公共场所的艺术作品进行临摹、绘画、摄影、录像……"

依据上述《著作权法》(2020)条款,可看出对于演绎作品,其著作权归演绎者所有,但对于演绎作品商业使用时,则需要获得原著作权人许可并支付报酬。但第24条规定了著作权合理使用的例外情况,即临摹作品是为了个人学习、研究或者欣赏,不用于商业使用,且仍然需要知名作者等信息,不影响其正常使用。

三、对于临摹作品的使用的态度

临摹行为不是单纯的复制,临摹作品包含了临摹者的思想和意志,具有一定的独创性和创新性,应该构成著作权法意义上的作品。对于享有原著作权法许可使用的临摹作品应该具有完全的著作权,其权利应受到一定程度上的限制,主要限制在行使著作权时不得侵犯原作品的著作权。

临摹作品也具有其自身的价值,在一定程度上应当可以作为作品对外许可使用。给予临摹作品完整的著作权及适当的利益保护,符合艺术发展的规律,有利于公众欣赏,符合社会利益,同时也有利于更多作品的产生。在维护原著作权人著作权的前提下,在立法中对临摹作品采取更明确和宽容的态度,有利于文化繁荣与发展。

第四节
出于生产经营目的安装使用软件不属于合理使用

6. 奥腾公司与上海翼捷工业安全设备股份有限公司计算机软件著作权纠纷案[①]

▌ 裁判要旨

在经营的工业安防设计和产品生产中需要使用类似于涉案软件的功能,据此可认定其经营场所计算机中安装的涉案软件系用于其生产经营,即使涉案计算机之物权属员工个人,也不能改变安装、使用涉案软件的行为系用于公司的经营,不属于合理使用。

涉案计算机物权属员工个人,但安装、使用涉案软件的行为系用于公司生产经营,不属于合理使用。

【关键词】

合理使用;个人学习、研究或者欣赏;著作权限制

【当事人】

上诉人(原审被告):上海翼捷工业安全设备股份有限公司(以下简称翼捷公司);

被上诉人(原审原告):奥腾公司。

一审案件事实

"Protel 99 SE""Altium Designer 6""Altium Designer Summer 09""Altium Designer 2004(sp3)"(以下简称涉案软件)软件光盘显示版权所有人系原告奥腾公司。

2015年9月23日,上海文化执法总队对被告的办公场所进行了检查。现场检查笔录记载:现场检查被告翼捷公司实际经营地,在6号楼2楼研发部工作使用的计算机9台中发现复制、安装有Altium Designer(Protel)软件共4套。现场制作的计算机软件信

[①] 奥腾公司与上海翼捷工业安全设备股份有限公司侵害计算机软件著作权纠纷案,上海知识产权法院民事判决书,(2016)沪73民初404号。上海翼捷工业安全设备股份有限公司与奥腾公司侵害计算机软件著作权纠纷上诉案,上海市高级人民法院民事判决书,(2017)沪民终83号。

息现场检查登记表载明：翼捷公司办公场所标签号 1 的主机上有 Altium Designer 6.9，创建时间 2008 年 3 月 11 日；标签号 2 的主机（2 号计算机）上有 Designer Explorer 99SE（含 ServicePack 6），创建时间 2015 年 5 月 26 日；标签号 3 的主机（3 号计算机）上有 Altium Designer Summer 09，创建时间 2010 年 2 月 10 日；标签号 4 的主机上有 Altium Designer 2004，创建时间 2004 年 2 月 10 日。上述笔录、登记表内容均由翼捷公司员工签字确认。

一审原告诉请

奥腾公司向一审法院提起的诉讼请求：

1. 判令被告立即停止对原告著作权的侵害，立即停止其未经许可复制、安装及使用原告享有著作权的 Altium Designer 软件的行为，并删除或销毁被告持有或控制的全部侵权复制件和/或含有侵权复制件的载体。

2. 判令被告赔偿原告经济损失人民币 42.4 万元整（以下币种均为人民币）。

3. 判令被告承担原告为制止侵权行为所支付的律师费、翻译费计 50,750 元整。

一审裁判结果

依照《著作权法》（2010）第 2 条第 2 款、第 11 条第 4 款、第 49 条，《计算机软件保护条例》（2013）第 24 条第 1 款第 1 项，《最高人民法院关于审理著作权民事纠纷案件适用法律若干问题的解释》（2002）第 7 条、第 21 条、第 25 条规定，法院判决：

1. 翼捷公司应立即停止对奥腾公司享有的涉案软件著作权的侵害。

2. 翼捷公司应于判决生效之日起 10 日内赔偿奥腾公司经济损失 300,000 元。

3. 翼捷公司应于判决生效之日起 10 日内赔偿奥腾公司为制止侵权行为所支付的合理费用 30,000 元。

一审裁判理由

依据（2014）沪卢证经字第 2104 号公证书中 Protel 99SE 软件（Designer Explorer 99 SE）的安装界面及光盘照片、Altium Designer 6.9 软件的安装界面及安装光盘、Altium Designer Summer 09 软件安装光盘、Altium Designer 2004 软件的安装界面及安装光盘上的署名人均为奥腾公司，结合（2014）沪卢证经字第 2108 号公证书中对于 Protel、Altium Designer 系列软件的介绍，可以证明奥腾公司系涉案软件的著作权人。奥腾公司对涉案软件依法享有的著作权中的复制权受《著作权法》的保护。

上海文化执法总队对被告的办公场所进行检查,制作的现场检查笔录、计算机软件信息现场检查登记表,可以证明翼捷公司工作场所的计算机中复制、安装有涉案软件。翼捷公司虽然抗辩上述计算机均为员工个人所有,涉案软件系员工个人复制,与翼捷公司无关,但未提供证据予以支持。翼捷公司未经奥腾公司许可,在其经营场所的计算机中,复制、安装了涉案软件,并将这些涉案软件用于翼捷公司工业安防设计和产品生产的经营活动,上述行为属于未经许可商业使用奥腾公司计算机软件的侵权行为。

二审案件事实

二审法院查明:双方当事人均未向二审法院提交新的证据。经审理查明,一审法院查明的事实属实。

二审上诉请求

翼捷公司不服,向二审法院提出上诉请求:撤销原判,改判其不承担侵权责任。

二审裁判理由

二审法院认为:翼捷公司提出的上诉请求不能成立,应予驳回;一审判决认定事实清楚,适用法律正确,应予维持。

二审裁判结果

二审法院判决:驳回上诉,维持原判。

案件解析

本案争议焦点主要集中在:(1)奥腾公司是否是涉案软件的著作权人;(2)翼捷公司是否实施了诉称所涉及的侵权行为;(3)如果翼捷公司的行为构成侵权,其应当承担的法律责任。

第一,首先,《著作权法》(2010)第2条第2款规定,"外国人、无国籍人的作品根据其作者所属国或者经常居住地国同中国签订的协议或者共同参加的国际条约享有的著作权,受本法保护"。该款内容同《著作权法》(2020)表述相同。《与贸易有关的知识产权协定》第10条"计算机程序和数据汇编"规定:计算机程序,无论是源代码还是目标代码,均应作为《伯尔尼公约》(1971)项下的文字作品来保护。而我国与澳大利亚均系《伯尔尼公约》成员国,故奥腾公司就涉案软件所享有的著作权受我国《著作权法》保护。

其次,《著作权法》(2010)第11条第4款规定:"如无相反证明,在作品上署名的公民、法人或者其他组织为作者。"《最高人民法院关于审理著作权民事纠纷案件适用法律若干问题的解释》(2002)第7条第1款规定:"当事人提供的涉及著作权的底稿、原件、合法出版物、著作权登记证书、认证机构出具的证明、取得权利的合同等,可以作为证据。"第2款规定:"在作品或者制品上署名的自然人、法人或者其他组织视为著作权、与著作权有关权益的权利人,但有相反证明的除外。"

据此奥腾公司享有涉案软件的著作权,并受中国著作权法的保护。

《著作权法》(2010)第11条第4款规定,即《著作权法》(2020)第12条所规定,在作品上署名的自然人、法人或者非法人组织为作者,且该作品上存在相应权利,但有相反证明的除外。

第二,根据在案证据,上海文化执法总队已在翼捷公司经营场所查实涉案计算机中安装了涉案软件且曾用于翼捷公司项目,并且翼捷公司亦确认其经营的工业安防设计和产品生产中需要使用类似于涉案软件的功能,据此可以认定翼捷公司经营场所计算机中安装的涉案软件系用于其生产经营。即使如翼捷公司抗辩所称的涉案计算机之物权属员工个人,也不能改变安装、使用涉案软件的行为系用于翼捷公司的经营,因此其不侵权抗辩难以成立。据此,一审法院认定翼捷公司实施了被控侵害软件著作权的行为,具有事实和法律基础。

知岸延伸

一、"合理使用"的判断方式

所谓出于商业目的使用软件,是指最终用户使用软件是以营利为目的,用于其生产经营。但在此类计算机软件侵权案件中,被告经常会提出员工为个人学习和研究而使用的合理使用抗辩。

判断是合理使用还是商业使用,查明软件的实际用途至关重要,应避免仅仅从使用主体的性质(公司或个人)以及使用软件的终端所在地(公司或家庭)简单作出判断。即便是公司为员工配置的电脑,员工安装破解版软件用于个人学习和研究而不是用于公司分配的任务,公司也无须承担法律责任。相反,即便是员工个人购买的家庭用电脑,如果安装软件是为了完成公司分配的任务,也构成商业使用,当然这种情况权利人举证难度也更大。

本案中认定的涉案计算机物权属员工个人,但安装、使用涉案软件的行为系用于公司生产经营,故其不属于合理使用之范畴。

二、类案比对,商业使用的侵权认定

Auto desk 公司与龙发公司侵犯计算机软件著作权纠纷案,案号(2003)二中民初字第 6227 号。Auto desk 公司是 3dsMax 系列和 Auto CAD 系列计算机软件的著作权人,北京市版权局执法人员在检查计算机软件的版权状况时,两次发现被告龙发公司在北京市 9 个经营网点未经著作权人许可,擅自安装并使用了原告计算机软件。

被告辩称:被告购买过原告的正版软件,不具有侵犯原告软件著作权的故意。后因原告正版软件的价格过高,被告才在自己的计算机中安装了可以替代原告软件作用的其他厂商正版软件。至于原告所诉的软件,是被告公司个别员工未经被告允许,在其使用的计算机中私自安装的,不是被告为自己的经营而侵权使用。

法院认为被告是一家专业从事住宅及公用建筑装饰设计及施工的企业,未经著作权人许可而擅自复制、安装涉案软件用于其经营并获取商业利益,属于商业性使用行为,依法应当承担相应责任。

三、涉外企业的"国民待遇原则"

《伯尔尼公约》第 3 条"保护资格的标准"第 1 款第 a 项"作者的国籍"规定:"作者为本同盟任何成员国的国民者,其作品无论是否已经出版,都受到保护。"[1]第 5 条"保证的权利"第 1 款规定:"就享有本公约保护的作品而论,作者在作品起源国以外的本同盟成员国中享有各该国法律现在给予和今后可能给予其国民的权利,以及本公约特别授予的权利。"第 5 条"保证的权利"第 2 款"在起源国之外"规定:"享有和行使这些权利不需要履行任何手续,也不论作品起源国是否存在保护。因此,除本公约条款外,保护的程度以及为保护作者权利而向其提供的补救方法完全由被要求给以保护的国家的法律规定。"[2]这是该公约确定的"国民待遇原则"。

本案中奥腾公司所属澳大利亚、类案中 Auto desk 公司所属美国,与我国均属于《伯尔尼公约》的成员国。上述两公司享有著作权的作品,均可受到我国《著作权法》保护。

---

[1] 张大伟主编:《世界版权条约》,东方出版中心 2019 年版,第 35 页。
[2] 张大伟主编:《世界版权条约》,东方出版中心 2019 年版,第 36 页。

第五节
离职员工通过网络发布版权归公司的作品不属于合理使用

7. 厦门艾罗卡传媒有限公司与陈某信息网络传播权纠纷案[①]

▶ **裁判要旨**

离职员工将案涉作品上传到个人微博上,使网络用户能够在个人选定的时间和地点以下载、浏览或者其他方式获得,已超出为个人学习、研究或者欣赏的范围。

离职员工在网络上发布自己创作但版权归公司的作品,不属于对署名权的正当行使。

【关键词】

合理使用;学习、研究;著作权限制

【当事人】

原告:厦门艾罗卡传媒有限公司(以下简称艾罗卡公司);

被告:陈某。

案件事实

陈某在艾罗卡公司任摄影师职务,签订保密协议,约定陈某因履行职务而产生的知识产权属于艾罗卡公司的财产。陈某在艾罗卡公司任职期间,拍摄了"2018年春季摄影宣传片"系列摄影作品。2018年2月至4月,艾罗卡公司将该系列作品陆续发布在名为"厦门咭米摄影婚纱摄影"的新浪微博上,包括本案32张摄影作品。

陈某办理离职时签署的咭米摄影员工离职流程单载明,其同意在公司任职期间所有作品的著作权归艾罗卡公司所有,个人不得以任何名义及途径擅自发布,如若个人违反规定引起任何纠纷,将由个人承担所有的法律责任和经济赔偿。离职后,陈某从事自

[①] 厦门艾罗卡传媒有限公司与陈某侵害作品信息网络传播权纠纷案,厦门市湖里区人民法院民事判决书,(2018)闽0206民初8934号。

由摄影师职业,其个人微博(微博账号名:"陈某")简介为"工作室@荒井新生"。从2018年4月起,陈某陆续在其个人微博上发布案涉32张摄影作品,其中仅少数作品上带有艾罗卡公司的标志"JIMVISION"。2018年4月27日,艾罗卡公司申请厦门市鹭江公证处对新浪微博用户"荒井新生""陈某"在微博上发布侵犯艾罗卡公司著作权的信息(包括本案32张摄影作品)进行保全证据公证。截至公证日,该两个微博用户的粉丝数为1880个。

2018年8月14日,艾罗卡公司与厦门市思明区咭米摄影工作室作出共同声明,载明两家公司共同属于"咭米摄影"品牌旗下的经营主体,双方共同宣传、运营"咭米摄影"品牌,二者的实际控制人均为方某发;涉案侵权照片属于陈某在艾罗卡公司任职期间使用公司条件、按照公司要求拍摄的"2018年春季摄影宣传片"系列摄影作品,艾罗卡公司拥有该宣传片的著作权。咭米工作室因艾罗卡公司的授权而获得上述摄影作品的使用权。咭米工作室负责宣发该系列摄影作品,发布渠道包括但不限于微博、微信公众号等平台。

原告诉请

艾罗卡公司向一审法院提起的诉讼请求:

1. 判令陈某立即停止使用艾罗卡公司享有著作权的32张摄影作品。

2. 判令陈某向艾罗卡公司登报道歉,并在案涉微博账号上发布赔礼道歉的微博文案(发布后需置顶一个月)。

3. 判令陈某向艾罗卡公司赔偿侵权赔偿金50,000元、为制止侵权行为的合理开支14,157元。

裁判结果

一审法院依照《著作权法》和《民事诉讼法》相关规定,判决如下:

1. 陈某应于本判决生效之日起停止使用艾罗卡公司享有著作权的32张摄影作品。

2. 陈某应于本判决生效之日起10日内在其个人微博(微博账号名:"陈某")上发布赔礼道歉的微博文案(声明内容需经本院核准),发布后需置顶至少15日。

3. 陈某应于本判决生效之日起10日内赔偿艾罗卡公司经济损失及合理费用共计32,000元。

案件解析

本案的争议焦点主要集中在:(1)艾罗卡公司是否是涉案文章的著作权人;(2)陈某离职后将涉案作品上传至个人微博的行为是否为诉称所涉及的侵权行为。

第一,案涉作品系陈某在艾罗卡公司工作期间因履行职务创作的,按照双方约定,知识产权归艾罗卡公司。依照《著作权法》(2010)第 16 条第 2 款第 2 项,即《著作权法》(2020)第 18 条第 2 款第 3 项规定,合同约定著作权由法人或者其他组织享有的职务作品,作者享有署名权,著作权的其他权利由法人或者其他组织享有。因此,案涉作品的著作权应由艾罗卡公司享有。

第二,陈某辩称,其在个人微博上发布案涉摄影作品是行使作者的署名权,发布作品的目的,既是为个人欣赏,也是介绍该作品,侧面为艾罗卡公司进行了宣传,属于《著作权法》(2010)第 22 条规定的"合理使用",可以不经艾罗卡公司同意,该行为不构成侵权。

一审法院认为,微博是一种基于用户关系信息分享、传播以及获取的通过关注机制分享简短实时信息的社交媒体网络平台。陈某将案涉作品上传到个人微博上,使网络用户能够在个人选定的时间和地点以下载、浏览或者其他方式获得,已超出为个人学习、研究或者欣赏的范围。为介绍、评论某一作品或者说明某一问题,在作品中适当引用他人已经发表的作品,是指将别人的作品作为自己作品的根据,以创造新作品,说明新观点。陈某在微博上发表案涉作品,显然不属于创作新作品的行为。因此,陈某的行为不构成《著作权法》(2010)第 22 条规定的"合理使用"情形。作为作者,陈某对职务作品享有署名权,但署名权的行使应当采取合理方式,不能损害著作权人的合法权益。《信息网络传播权保护条例》(2013)第 2 条规定,"权利人享有的信息网络传播权受著作权法和本条例保护。除法律、行政法规另有规定的外,任何组织或者个人将他人的作品、表演、录音录像制品通过信息网络向公众提供,应当取得权利人许可,并支付报酬"。陈某未经艾罗卡公司同意,将案涉摄影作品在个人微博上发布,侵犯了艾罗卡公司享有的案涉摄影作品的信息网络传播权,不属于对署名权的正当行使。

知岸延伸

一、"职务作品"的著作权归属法条规定

《著作权法》(2020)第18条规定:"自然人为完成法人或者非法人组织工作任务所创作的作品是职务作品,除本条第二款的规定以外,著作权由作者享有,但法人或者非法人组织有权在其业务范围内优先使用。作品完成两年内,未经单位同意,作者不得许可第三人以与单位使用的相同方式使用该作品。

有下列情形之一的职务作品,作者享有署名权,著作权的其他权利由法人或者非法人组织享有,法人或者非法人组织可以给予作者奖励:

(一)主要是利用法人或者非法人组织的物质技术条件创作,并由法人或者非法人组织承担责任的工程设计图、产品设计图、地图、示意图、计算机软件等职务作品;

(二)报社、期刊社、通讯社、广播电台、电视台的工作人员创作的职务作品;

(三)法律、行政法规规定或者合同约定著作权由法人或者非法人组织享有的职务作品。"[①]

本案中,案涉摄影作品属于依据合同约定著作权由法人享有的职务作品,故除署名权外,陈某不享有案涉摄影作品的其他著作权,其未经著作权人艾罗卡公司许可,复制、发行、表演、放映、广播、汇编、通过信息网络向公众传播其作品的,属于《著作权法》(2020)第53条规定的侵权行为,应当根据情况,承担该法第52条规定的停止侵害、消除影响、赔礼道歉、赔偿损失等民事责任。

二、类案比对,"职务作品"著作权归属约定

界面公司与华盛公司侵害作品信息网络传播权纠纷案件,案号(2021)沪0104民初18373号。署名作者在涉案作品发布时系界面公司员工,其入职时与界面公司签署的职务作品版权事宜协议书中约定:在劳动关系存续期间创作、发表在界面网站及其App上的所有作品均为职务作品,其通过经界面公司或界面公司关联媒体认证的社交媒体账户发表的所有作品亦均为职务作品;对于作者创作的职务作品,作者享有署名权,作品的其他权利(包括但不限于发表权、修改权等)归界面公司所有,未经界面公司书面同意,其不得将其创作的职务作品发表在其他媒体上(包括网络媒体,但本协议另有规定或者界面公司同意的除外)。

[①] 黄薇、王雷鸣主编:《中华人民共和国著作权法导读与释义》,中国民主法制出版社2021年版,第6~7页。

一审法院根据涉案作品在界面网站上的署名，在无相反证据情况下，可以认定涉案作品的作者情况。依据界面公司出具的职务作品版权事宜协议书及劳动合同、声明，可以认定涉案作品系作者在界面公司任职期间所创作的职务作品，界面公司对涉案作品享有除署名权以外的其他著作权。故在职务作品有著作权归属约定情况下，法人可以作为适格原告予以维权。

三、类案比对，"微博转载"侵权的认定

赵某与伟文公司著作权权属、侵权纠纷案件，案号为（2021）京73民终4704号。伟文公司在未经许可、未署名的情况下，在其微博账号中使用了涉案作品作为微博配图，使公众可以在其个人选定的时间和地点获得涉案作品，侵害了赵某享有的署名权和信息网络传播权，应当承担相应的侵权责任。我国著作权法规定的合理使用具有前提条件，即"应当指明作者姓名、作品名称，并且不得侵犯著作权人依照本法享有的其他权利"。伟文公司在使用涉案作品时未指明原作者，已不满足构成合理使用的前提条件。为个人学习、研究或者欣赏须是局限于一定范围内的，不面向社会公众的内部使用，而不应将所使用的作品公之于众并予以传播。伟文公司系商业主体，其在官方微博中使用涉案作品，显然不属于为个人学习、研究或者欣赏；且授权他人使用作品是著作权人对作品加以利用的常规方式，伟文公司未经许可通过网络直观展现涉案作品，必然会对著作权人授权他人以类似方式使用涉案作品产生影响，可能会损害由此带来的利益。即便涉案微博内容及配图与伟文公司的营业内容无关，但其发布使用行为亦可吸引公众、增加关注，不属于著作权限制范围内的合理使用范畴。

第六节
让第三方使用不属于合理使用

8. 优酷网络技术(北京)有限公司与魔方天空科技(北京)有限公司信息网络传播权纠纷案[①]

▶ **裁判要旨**

为个人欣赏、学习,使用已经发表的作品,其使用方式应当以满足个人需求为限,不能为第三方目的而使用。

【关键词】

合理使用;第三方使用;著作权限制

【当事人】

上诉人(原审被告):张某、王某、戈壁盈智公司(以下简称魔方公司权利义务承继人);

被上诉人(原审原告):优酷网络技术(北京)有限公司(以下简称优酷公司);

原审被告:魔方天空科技(北京)有限公司(以下简称魔方公司)。

一审案件事实

《三生三世十里桃花》片尾署名独家信息网络传播权归属原告公司所有,并出具完整的授权链条,其享有自2017年1月30日至2025年1月29日期限内中国大陆的独占专有的信息网络传播权、维权及转授权的权利。

优酷公司提交北京市海城公证处出具的(2018)京海诚内民证字第17166号公证书。该公证书显示,在魔方公司网站(域名:wondering.top)下载"玩电影"安卓客户端,打开该软件后点击"全部片段",有剧集、电影、歌曲、动漫、综艺、纪录片等分类,点击涉案作品图标并进入相应作品界面后,可播放相应涉案作品片段30个(共计时长63分44

[①] 优酷网络技术(北京)有限公司与魔方天空科技(北京)有限公司侵害作品信息网络传播权纠纷案,北京互联网法院民事判决书,(2019)京0491民初15706号;魔方天空科技(北京)有限公司与优酷网络技术(北京)有限公司侵害作品信息网络传播权纠纷上诉案,北京知识产权法院民事判决书,(2020)京73民终1636号。

秒），每个片段下面都有该段热门配音。根据公证过程中记录的涉案软件页面中显示的用户信息及被告提供的用户信息，可以初步认定涉案作品系由网络用户上传，魔方公司对涉案作品提供了信息存储空间服务。

一审原告诉请

优酷公司向一审法院提起的诉讼请求：

1. 判令被告立即停止通过玩电影 App 提供涉案作品（因涉案作品已删除，当庭撤回）。

2. 判令被告赔偿原告经济损失 50 万元及合理费用 1 万元。

一审裁判结果

依照《著作权法》（2010）第 10 条第 1 款第 12 项、第 48 条第 1 项、第 49 条，《最高人民法院关于审理著作权民事纠纷案件适用法律若干问题的解释》（2002）第 7 条，《最高人民法院关于审理侵害信息网络传播权民事纠纷案件适用法律若干问题的规定》（2012）第 3 条、第 7 条、第 8 条、第 9 条，《民事诉讼法》（2017）第 64 条第 1 款之规定，法院判决如下：

1. 于本判决生效之日起 15 日内，被告赔偿原告优酷公司经济损失 25,000 元，合理支出 3000 元，以上共计 28,000 元。

2. 驳回原告优酷公司其他诉讼请求。

一审裁判理由

优酷公司经相关权利人授权，在授权期限内取得了涉案作品独占的信息网络传播权及维权的权利，有权提起本案诉讼。被告开发经营的玩电影 App，未经授权通过信息网络发布了涉案影视作品片段，使公众可以在其个人选定的时间和地点在线观看，侵犯了原告的信息网络传播权。

二审案件事实

二审期间，双方当事人均未提交新的证据。当事人对一审法院查明的事实均予以认可，二审法院对一审法院查明的事实予以确认。魔方公司在上诉过程中经北京市昌平区市场监督管理局核发注销核准通知书，主体予以注销。依据《最高人民法院关于适用〈中华人民共和国民事诉讼法〉的解释》(2015)第64条规定:企业法人解散的,依法清算并注销前,以该企业法人为当事人;未依法清算即被注销的,以该企业法人的股东、发起人或者出资人为当事人。第322条规定,上诉案件的当事人死亡或者终止的,人民法院依法通知其权利义务承继者参加诉讼。故本案由魔方公司权利义务承继人进行二审。

二审上诉请求

魔方公司权利义务承继人不服,向二审法院提出上诉请求:撤销一审判决,发回重审或依法改判驳回优酷公司的全部诉讼请求。

二审裁判结果

1. 撤销北京互联网法院(2019)京0491民初15706号民事判决第1项。
2. 维持北京互联网法院(2019)京0491民初15706号民事判决第2项。
3. 于本判决生效之日起7日内,魔方公司权利义务承继人连带赔偿优酷公司经济损失25,000元,合理支出3000元,以上共计28,000元。

二审裁判理由

魔方公司权利义务承继人提出的上诉理由不能成立,应予驳回。原审判决认定事实清楚,适用法律正确,对于一审判决魔方公司向优酷公司赔偿损失的判项,因魔方公司于一审判决后,二审立案前注销了主体,故上述判项应予撤销,并依法改判。

案件解析

本案的争议焦点主要集中在:(1)用户上传视频片段至玩电影App的行为是否构成侵权;(2)赔偿的具体数额。

首先,被告辩称用户上传视频片段至玩电影App的行为系为个人欣赏、学习使用他人已经发表的作品,免费表演已经发表的作品,未向公众收取费用,也未向表演者支付报酬,不构成侵权行为。经查,一审法院认为,个人欣赏、学习使用已经发表的作品,其使用方式应当以满足个人需求为限,不能以第三方使用之目的而使用。本案中,用户上传视频片段至玩电影App使其他用户可以观看该片段并进行配音的行为已经超出了满足个人欣赏、学习之必要使用方式,且有让第三人使用之目的。本案中侵犯原告信息网络传播权的行为是将涉案作品片段上传至玩电影App供公众在其个人选定的时间和地点在线观看之行为,并不涉及免费表演已经发表的作品,故二审法院对上述答辩意见不予采纳。

二审法院根据当事人陈述及其他在案证据情况,认定涉案作品系网络用户上传,魔方公司对涉案作品提供了信息存储空间服务。考虑到涉案App的主要功能是让用户对影视剧片段进行配音,且涉案视频片段上传至涉案App时正处于涉案作品热播期间,魔方公司作为软件开发者,其对视频片段进行剧集、电影、歌曲、动漫、综艺、纪录片等的分类为用户上传提供了便利。依据以上事实,一、二审法院均认定魔方公司存在主观过错,应当承担侵权责任。

其次,关于赔偿的具体数额,法院综合考虑以下情节,酌情认定:第一,涉案侵权视频为涉案作品的片段,而非完整作品内容,视频累计时长63分44秒;第二,涉案作品属于热门作品,具有较高知名度,原告获得授权支出的成本较高,侵权行为发生时处于涉案作品热播期;第三,涉案侵权视频片段播放时未收费或插播任何广告。据此,法院支持优酷公司部分赔偿数额。

知岸延伸

一、为个人学习、研究或者欣赏不得含有"第三人使用的目的"

为个人学习、研究或者欣赏须是局限于一定范围内的,不面向社会公众的内部使用,而不应将所使用的作品公之于众予以传播。魔方公司系商业主体,用户上传视频片段至玩电影App使其他用户可以观看该片段并进行配音,涉及第三人使用的目的,一旦超出了个人主体本身这个范畴,则不再属于为个人学习、研究或者欣赏。

二、"免费表演"已经发表的作品

已发表作品,字面含义显而易见,而"免费表演",则需要研究免费的范畴,简单来讲也就是要对所有人、所有事务都进行免费。首先,表演本身就不能带有营利的性质;其次,表演者不能收取报酬,观看者无须支付门票。也就是说,该场表演仅仅支付了表演者的交通费或者要求观看者支付餐饮费等涉及费用的行为,就跨出了免费的内涵,则不再属于"免费表演"的范畴。而我们常常提到的"慈善义演""慈善演唱会"等,如汶川地震后在谭咏麟和刘德华召集下,香港举办了一场慈善义演,筹募赈灾款支援内地同胞,也进一步说明,义演虽然不收取报酬,但目的是向公众筹集善款,涉及了费用,也就超出了《著作权法》(2020)第24条第1款第9项的范畴。

第二章 适当引用

第一节 适当引用合理使用的构成要件

9. 周某某诉云南易游网络信息产业有限公司著作权纠纷案[①]

▶ **裁判要旨**

为介绍、评论某一作品或者说明某一问题,在作品中适当引用他人作品的,可以不经著作权人许可,不向其支付报酬,但应当满足下列条件:(1)他人作品已经合法发表;(2)引用目的仅限于介绍、评论某一作品或说明某一问题;(3)所引用部分不能构成引用者作品的主要部分或者实质部分;(4)应标明被引用作品的名称、出处、作者的姓名;(5)不得损害被引用作品著作权人的利益。

【关键词】

合理使用;介绍、评论某一作品或者说明某一问题;著作权限制

【当事人】

原告:周某某;

被告:云南易游网络信息产业有限公司(以下简称易游网络公司)。

案件事实

根据庭审和质证,法院确认事实如下:原告周某某系专业摄影师,曾获得过一些奖项。原告拍摄了一幅反映滇池风光的作品,此作品入选了云南省人民政府研究室所编

[①] 周某某诉云南易游网络信息产业有限公司著作权纠纷案,云南省昆明市中级人民法院民事判决书,(2007)昆民六初字第81号。

的《诗画彩云南》云南风光摄影精品集,题名为"彩云南现"。后原告发现网址为 kunming.yiyou.com 的网站上有登载了与其作品"彩云南现"相同的摄影作品,其中题名为"滇池概况"。而该网站页面抬头注明"易游昆明",页面底部注明"易游网版权所有"。因此,原告认为该网站系被告易游网络公司经营的,该网站擅自登载自己作品的行为构成对自己著作权的侵犯。

原告诉请

周某某向法院请求判令:

1. 被告在其网站(kunming.yiyou.com)上向原告公开赔礼道歉。
2. 被告承担侵权责任,赔偿原告经济损失人民币 10,000 元,精神损害赔偿 2000 元。
3. 由被告承担本案诉讼费以及公证费 200 元,律师代理费 2000 元。

裁判结果

法院判决如下:

1. 易游网络公司于判决生效之日起 10 日内向原告周某某赔礼道歉。
2. 被告易游网络公司于判决生效之日起 10 日内赔偿原告周某某经济损失人民币 2000 元以及原告周某某为制止侵权支出的合理费用人民币 2000 元,共计人民币 4000 元。
3. 驳回原告周某某的其他诉讼请求。

裁判理由

一、原告是否享有涉案摄影作品的著作权

将原告提交的摄影作品与涉案摄影作品进行比对,可以发现两者在构图、色彩、角度方面完全一致,且原告提交了其作品的底片。故可以认定被告网站上登载的涉案摄影作品就是原告创作的作品"彩云南现",原告依法享有涉案摄影作品的著作权。

二、被告的行为是否侵犯原告的著作权

《著作权法》(2001)第 22 条是对合理使用著作权的规定,本条规定的权利限制,指的是在一定情况下使用作品,可以不经著作权人许可,不向其支付报酬。其中,该条第 1 款第 2 项规定:"为介绍、评论某一作品或者说明某一问题,在作品中适当引用他人已经发表的作品。"该项规定的合理使用著作权的情况必须具备下列条件:(1)他人作品已经合法发表;(2)引用目的仅限于介绍、评论某一作品或说明某一问题;(3)所引用部分不能构成引用者作品的主要部分或者实质部分;(4)不得损害被引用作品著作权人的利益;(5)应标明作品的名称、出处、作者的姓名,否则容易被认为是剽窃、抄袭他人作品。

本案中,首先,涉案的原告摄影作品已经在出版物上发表过,且在网络上传播过,是合法发表的作品。其次,被告在网站上发布了关于云南众多旅游景点的文字介绍,其中在介绍滇池景区时采用了原告的作品"彩云南现"作为附图,且在"旅游特刊"部分也登载了此摄影作品。从被告使用该摄影作品的作用来看确实是为了生动介绍、说明旅游景区的情况。但是从整个页面登载的内容看,被告附加了关于自己的企业介绍、酒店介绍、票务介绍及报名参团等商业性的链接内容。因此,页面中的这些文字内容和摄影作品显然是服务于被告的商业目的,是被告推广其商业性服务的组成部分,并不是仅起到说明问题的目的。再次,被告在使用原告作品的位置均没有注明原告姓名,且所引用部分已经构成原告作品的主要部分或者实质部分。最后,被告引用涉案摄影作品的行为损害了原告著作权人的利益。

法院认为,由于合理使用制度免除了使用者事先得到许可,甚至支付使用费的义务,使用者获得了几乎完全自由使用他人作品的权利,为了防止这种权利被滥用,损害著作权人的基本权益,使用应出于完全善意是对权利的行使进行的必要限制,且善意使用者应履行充分的注意义务,以避免著作权人的基本权益和自行使用作品的便利遭受损害。所以,善意使用者在使用他人作品时必须尊重著作权人的基本权益。基本权益包括人身权,这种权利是著作权人最基本的权益,故善意使用者在使用前查明作者身份,使用时注明作者姓名是其应尽的最基本的注意义务。本案中,被告没有对作者身份进行必要的查明就直接使用作品已经侵害了原告的署名权,即侵害了原告作为涉案摄影作品著作权人的权益。

综上,被告的使用行为不能完全满足著作权法中对著作权合理使用的规定,不属于合理使用,构成对原告著作权的侵犯。

三、原告的损失如何确定

由于原告未能证明其因被告侵权遭受的实际损失额,也未能证明被告因侵权所获利益的数额,且被告使用该作品的时间较短,登载该作品的网站影响有限,且并非直接盈利性使用。综合上述因素,法院判令被告赔偿原告经济损失人民币2000元,为制止侵权支出的合理费用人民币2000元。

> **案件解析**

本案的争议焦点主要集中在被告的行为是否属于合理使用。《著作权法》(2020)第24条第1款规定:"在下列情况下使用作品,可以不经著作权人许可,不向其支付报酬,但应当指明作者姓名或者名称、作品名称,并且不得影响该作品的正常使用,也不得不合理地损害著作权人的合法权益……"根据本条规定,有12种情况使用他人作品属于合理使用。其中,该条第1款第2项规定:"为介绍、评论某一作品或者说明某一问题,在作品中适当引用他人已经发表的作品。"[1]"适当引用"是构成合理使用的一种情形,它是指为介绍、评论某一作品或者说明某一问题,在作品中适当引用他人已经发表的作品,该使用不得影响该作品的正常使用,也不得不合理地损害著作权人的合法权益。因此判断对他人作品的使用是否属于合理使用,应当综合考虑被引用作品是否已经公开发表、引用他人作品的目的、被引用作品占整个作品的比例、是否会对原作品的正常使用或市场销售造成不良影响等因素予以认定。此外,从著作权法的立法目的来看,署名权的保护是为了表明作者身份,彰显作者与作品之间的关系,他人在使用作品时应保护作者的署名权,即在引用他人作品时,应标明被引用作品的名称、出处、作者的姓名。

本案中,首先,被告在网站上登载涉案摄影作品,看似为了介绍云南众多旅游景点,实则是为了自己的企业介绍、酒店介绍、票务介绍及报名参团等商业性目的,并不属于"介绍、评论某一作品或者说明某一问题"的情形;其次,被告登载的涉案摄影作品已经属于原告作品的主要部分或者实质部分,不符合"所引用部分不能构成引用者作品的主要部分或者实质部分"的规定;最后,被告在使用原告作品的位置均没有注明原告姓名,不符合"应标明作品的名称、出处、作者的姓名"的规定。故被告的行为并不属于合理使用。

---

[1] 黄薇、王雷鸣主编:《中华人民共和国著作权法导读与释义》,中国民主法制出版社2021年版,第8页。

第二节
出于介绍说明目的的使用构成合理使用

10. 郭某与黄某某等著作权纠纷案[①]

▶ **裁判要旨**

引用的目的是介绍说明,引用比例小,且标明被引用作品的名称、出处、作者的姓名,没有损害被引用作品著作权人的利益,构成合理使用。

【关键词】

合理使用;有限表达;介绍、评论某一作品或者说明某一问题;著作权限制

【当事人】

上诉人(原审原告):郭某;

被上诉人(原审被告):黄某某;

被上诉人(原审被告):上海世纪出版股份有限公司科学技术出版社(以下简称科技出版社);

被上诉人(原审被告):南通新华书店有限责任公司(以下简称南通新华书店)。

▶ **一审案件事实**

原告郭某在原名为《江苏中医》的公开出版物的"临床研究"栏目,发表了论文《"血友汤"治疗血友病的临床研究》。该文章详细阐述了其自拟的"血友汤"的方药组成和理由。

2006年7月4日,郭某在南通新华书店购买了科技出版社印刷的《实用中医血液病学》一书。该书收集了国内大量文献资料,是一部中医血液病学专著,是该领域内的专

[①] 郭某与黄某某、上海世纪出版股份有限公司科学技术出版社、南通新华书店有限责任公司侵犯著作权纠纷案,江苏省南通市中级人民法院民事判决书,(2007)通中民三初字第0059号;郭某与黄某某、上海世纪出版股份有限公司科学技术出版社、南通新华书店有限责任公司侵犯著作权纠纷上诉案,江苏省高级人民法院民事判决书,(2008)苏民三终字第0207号。

业参考书。

该书"下篇"第三十六章"出血性疾病与凝血障碍"第四节"血友病"的作者为邱某某、赵某。其中的"其他论治"部分(全书的第570页自左列倒数第6行起至右列正数第1行止)有以下63字的叙述"(一)健脾生血方药运用：血友汤。党参20g,黄芪20g,当归15g,首乌15g,鸡血藤15g,制附片10g,紫草10g,茜草10g,锦纹10g。每日一剂,水煎服。[郭某,等.江苏中医,1994,15(4):41—42]"。同章第六节"出血性疾病的中医药研究进展"的作者为陈某、黄某某,该节在"血友病"的临床观察中则分别介绍了郭氏、赵氏、李氏、胡氏的研究成果。其中"郭氏"即指本案原告郭某,相关的叙述(全书中自第578页右列倒数第4行起至579页左列正数第3行第1字止)如下"郭氏等从脾论治,用血友汤治疗26例,其中甲型14例,乙型12例,观察时间最长9年多。最快的1剂出血即止,一般3—5剂,青紫肿胀包块消失,26例全部有效,治疗前后因子Ⅷ：C、因子Ⅸ：C有显著差别($P<0.001$),认为近期疗效和远期随访都比较满意[10]"。在该节所附的"参考文献"第[10]项(全书第581页右列倒数第9行和第10行)指明"郭某.血友汤治疗血友病的临床研究.江苏中医,1994,15(3):41"。

原告郭某认为,《实用中医血液病学》一书有关血友汤的叙述共计近200字,侵犯了其公开发表的《"血友汤"治疗血友病的临床研究》一文的著作权,遂提起本案诉讼。

另查明,南通新华书店销售的《实用中医血液病学》具有合法来源。

一审原告诉请

原告郭某请求法院判令：

1. 被告黄某某和被告科技出版社分别在《光明日报》及《新华日报》第1版显要位置刊登消除侵权行为影响、向原告赔礼道歉的声明。

2. 被告黄某某和被告科技出版社在重印或再版《实用中医血液病学》一书时,删除书中剽窃、篡改、歪曲本人作品的部分。

3. 三被告共同赔偿原告经济损失(包括其为制止侵权行为所支付的合理费用)3万元。

4. 本案全部诉讼费用由三被告承担。

一审裁判结果

一审法院判决驳回原告郭某的诉讼请求。

- **一审裁判理由**

第一,黄某某、科技出版社、南通新华书店均是本案适格的被告

《实用中医血液病学》属于我国著作权法保护的汇编作品。根据我国著作权法的规定,汇编作品的著作权由汇编人享有,两人以上合作创作作品的著作权由合作作者共同享有。《实用中医血液病学》的著作权由包括黄某某在内的15名编委成员共同享有。在该作品发生侵权时,所有编委成员应承担连带的法律责任,被侵权人可以选择对编委全体成员或部分成员主张全部权利。所以本案原告以该书主编黄某某为被告,不违反法律规定。

科技出版社是领有营业执照的企业法人的分支机构,属于民事诉讼法规定的可以作为民事诉讼当事人的其他组织,是本案适格被告。

南通新华书店是企业法人,其承认原告提供的购书发票是其出具,《实用中医血液病学》一书是其出售,其也参加了本案诉讼。故南通新华书店是本案适格被告。

第二,郭某对《"血友汤"治疗血友病的临床研究》一文享有著作权,对"血友汤"三字不享有著作权

郭某的论文《"血友汤"治疗血友病的临床研究》介绍其自拟中医药方药"血友汤"治疗血友病的方法和结果,并在此基础上进行了理论探讨,具有独创性,构成我国著作权法所称之作品,应受著作权法的保护。

"治疗血友病的中药汤剂"仅是血友病中医药治疗研究领域内的一个思想观念,不受著作权法的保护。"血友汤"三个字只是对这一思想观念的简略表达,而且是唯一或者是有限的表达,所以也不受著作权法的保护。

第三,《实用中医血液病学》第570页和第578页相关内容均不构成侵权

《实用中医血液病学》一书第570页自左列倒数第6行起至右列正数第1行止的内容表达的是一个由9味中药组成的有剂量、可以用于临床治疗的中药方剂;其随后的引注部分"[郭某,等.江苏中医,1994,15(4):41—42]"只是表明前述"血友汤"中药方剂这一研究成果借鉴了郭某文章中的相关思想。郭某对《"血友汤"治疗血友病的临床研究》一文的表达形式享有著作权,但该文中所反映的"血友汤"的中药组成成分这一内容本身并不属于著作权法保护的客体,郭某对此中药组成成分不能主张著作权。所以《实用中医血液病学》一书第570页的相关内容只是借鉴郭某文章中的思想观点,并不是抄袭、篡改郭某的文章。

《实用中医血液病学》一书自第 578 页右列倒数第 4 行起至第 579 页左列正数第 3 行第 1 字止的内容是"郭氏等从脾论治……都比较满意"。在该节文后的"参考文献"第 [10] 项指明"郭某. 血友汤治疗血友病的临床研究. 江苏中医,1994,15(3):41"。该部分内容属于引用,且符合合理使用的要件,不构成侵权。

首先,此处引用郭某作品的目的正当,是作者为了说明自己关于出血性疾病的中医药研究进展方面的观点而间接、概括地引用《"血友汤"治疗血友病的临床研究》中的内容,不具有商业性质和营利目的,完全是为了学术研究的需要。其次,此处引用郭某作品的程度适宜。本处引用郭某作品的内容仅有 111 字,仅占其原作近 2000 字中的很小部分,占新作品《实用中医血液病学》全书字数 95 万字的比例更是微小。新作品完全独立于原作,新作品中对郭某原作的引用程度没有超过必要限度。最后,本处引用的郭某作品性质是已公开发表的作品,并且引用作品的来源明确,注明了原作品的作者、名称、出处,符合著作权法规定的合理使用的要求。故《实用中医血液病学》一书此处的引用符合合理使用的条件,属于对作品的合理使用,不需要经过郭某许可,也无须向其支付报酬。

二审案件事实

二审法院查明:一审法院查明的事实属实,并予以确认。

二审诉讼请求

上诉人郭某诉称:

1. 一审判决认定事实错误,没有将《实用中医血液病学》一文中引用郭某《"血友汤"治疗血友病的临床研究》一文中的三部分内容当成一个整体来看待,而是分割视之。第 578 页至第 579 页的内容不属于法律规定的合理引用,构成侵权。

2. 一审判决适用法律错误,既已认定《实用中医血液病学》为汇编作品,却没有援引我国著作权法关于汇编作品相关条款的规定。

综上,被上诉人侵权事实清楚,证据确凿,请求撤销一审判决,依法改判支持上诉人一审的诉讼请求。

二审裁判结果

二审法院判决驳回上诉,维持原判。

● 二审裁判理由

第一,郭某对"血友汤"这一名称不享有著作权

根据治疗病症的名称对中医药方剂进行命名的方式,是中医药方剂命名中的通用方法,该表达形式所反映的思想内容是极其有限的。故"血友汤"这一名称不具备作品的独创性要件,不属于我国著作权保护的作品范畴。

第二,黄某某等人编写的《实用中医血液病学》一书第570页的内容不构成侵权

首先,《实用中医血液病学》一书第570页的内容不构成复制或抄袭。《实用中医血液病学》一书第570页内容表达的是一个由9味中药组成的有明确剂量和使用方法,并可直接用于临床治疗的中药方剂;而郭某《"血友汤"治疗血友病的临床研究》"辨证论治"部分表达的是运用12味中药治疗血友病的原理和药理机制。因二者的表达方式不同,故不属于复制或抄袭。

其次,《实用中医血液病学》一书第570页的内容也不构成对《"血友汤"治疗血友病的临床研究》一文的篡改,属于一种合理借鉴。一是因为在郭某《"血友汤"治疗血友病的临床研究》一文中,12味中药的组成成分反映的是利用中药治疗血友病的一种科研成果或者技术信息,科研成果或者技术信息应当属于反不正当竞争法或专利法的保护范畴,不属于著作权法保护的客体。且表达方式只是将12味中药按其名称进行排列、组合,该表达方式不具有独创性,不属于著作权法保护的作品范畴。二是因为著作权法不禁止也不应该禁止公众在学习借鉴他人在公开发表的作品中披露的信息的基础上进行再研究、再创作。本案中,《实用中医血液病学》属于学习借鉴郭某《"血友汤"治疗血友病的临床研究》一文,在其基础上,通过再研究,对每一味中药明确赋予剂量,从而形成了自己的研究成果。借鉴不同于引用,引用必须尊重作者原意,不能断章取义,而借鉴强调的是创新。故本案应属于借鉴,而非郭某认为的歪曲和篡改。

第三,黄某某等人编写《实用中医血液病学》第578页至第579页中的内容属于我国著作权法规定的合理使用情形,不构成侵权

《著作权法》(2001)第22条以列举的方式规定了12种合理使用的情形,其中该条第1款第2项规定,为介绍、评论某一作品或者说明某一问题,在作品中适当引用他人已经发表的作品,可以不经著作权人许可,不向其支付报酬,但应当指明作者姓名、作品名称。由此可见,构成上述合理使用应当满足下列条件:(1)引用的对象必须是他人已经发表的作品;(2)引用的目的限于介绍、评论或说明某一问题;(3)引用时必须注明出处或来源;(4)不能侵害作者的其他利益。

本案中,黄某某等人所撰写的第578页至第579页包括被控侵权内容在内的第六节"出血性疾病的中医药研究进展",从概述、病因病机研究、治疗方法、临床观察、临床研究5个方面总结了包括血友病在内的出血性疾病中医药治疗的研究成果、进展和展望。其中在第四部分"临床观察"中共概述了过敏性紫癜、特发性血小板减少性紫癜、血友病、弥散性血管内凝血等4种出血性疾病的临床观察结果,而在涉及"血友病"这一类型疾病的段落中不仅介绍了郭氏即本案郭某在其已发表的《"血友汤"治疗血友病的临床研究》一文中所记载的其运用血友汤治疗血友病人的例数、治疗服药的剂数、观察疗效的天数、血液检测凝血因子上升的数据(第578页至第579页)等临床观察结果,同时还介绍了赵氏、李氏、胡氏等人的相关研究成果。上述引用的目的是介绍和说明关于血友病中医药临床治疗的进展情况,引用的内容只有100字左右,占全书篇幅的比例很小,并且指明了作者姓名和作品名称。因此,上述引用目的正当,引用程度和方式适当,且不会对郭某的利益造成损害,符合我国著作权法规定的合理使用的条件,不构成对郭某著作权的侵犯。

由于作者在正文部分即第578页至第579页中已标注上述部分为引用,相关注释准确地显示了被引注作品的相关信息,便于读者的检索和查找,符合我国关于文后参考文献著录规则的要求,不构成对郭某著作权的侵犯。

案件解析

所谓合理使用,是指本来未经许可使用他人作品的行为应属侵权行为,但法律为了促进知识传播和保障公众对作品的接近,在使用条件和方式上划定了一个合理范围,在该特定条件下的使用,法律将其视为合理使用,而不再作为侵权行为对待。《著作权法》(2020)第24条第1款规定:"在下列情况下使用作品,可以不经著作权人许可,不向其支付报酬,但应当指明作者姓名或者名称、作品名称,并且不得影响该作品的正常使用,也不得不合理地损害著作权人的合法权益。"其中该条第1款第2项是,"为介绍、评论某一作品或者说明某一问题,在作品中适当引用他人已经发表的作品"。由此可见,构成上述合理使用应当满足下列条件:(1)引用的对象必须是他人已经发表的作品;(2)引用的目的限于介绍、评论或说明某一问题;(3)所引用部分不能构成引用者作品的主要部分或者实质部分;(4)引用时必须注明出处或来源;(5)不能侵害作者的其他利益。

本案中,黄某某对郭某文章《"血友汤"治疗血友病的临床研究》的引用符合上述条件:(1)《"血友汤"治疗血友病的临床研究》一文已经发表;(2)引用的目的是介绍和说明关于血友病中医药临床治疗的进展情况;(3)引用的内容有 100 字左右,占全文篇幅的比例很小;(4)该引用指明了作者姓名和作品名称;(5)没有对郭某的利益造成实质损害。故该处引用符合我国著作权法规定的合理使用的条件,不构成对郭某著作权的侵犯。

第三节　出于介绍目的使用属于合理使用

11. 吴某与北京世纪读秀技术有限公司侵犯著作权纠纷案[①]

▍裁判要旨

为介绍图书,引用极少量的正文阅览,了解作者的基本思路和表达方式,不会损害图书作者的利益,构成合理使用。提供图书版权页、前言、目录和 8~10 页正文内容,目的在于向读者介绍图书的主要内容。

【关键词】

合理使用;介绍、评论某一作品或者说明某一问题;著作权限制

【当事人】

上诉人(原审原告):吴某;

被上诉人(原审被告):北京世纪读秀技术有限公司(以下简称读秀公司)。

[①] 吴某与北京世纪读秀技术有限公司侵犯著作权纠纷案,北京市海淀区人民法院民事判决书,(2007)海民初字第 8079 号;吴某与北京世纪读秀技术有限公司侵犯著作权纠纷上诉案,北京市第一中级人民法院民事判决书,(2008)一中民终字第 6512 号。

一审案件事实

《杏坛春秋:书院兴衰》署名吴某著,全书92千字。《中国思想的起源》(共三卷)署名吴某著,全书990千字。《古史考》(共九卷)署名吴某等编,每卷均在六七百千字。

长安公证处公证显示,进入读秀公司经营的读秀网(网址为www.duxiu.com),分别输入上述三种图书题目进行搜索,可以看到涉案图书的封面、版权页、目录页、前言和正文的前8～10页。

读秀网使用《杏坛春秋:书院兴衰》前缀(包括目录、前言等)11页,正文8页,正文4232字;《中国思想的起源》前缀20页,正文8页,正文5400字;《古史考》使用1～8卷前缀71页,正文78页,正文95,500字。经统计明确读秀网共使用《杏坛春秋:书院兴衰》6652字,《中国思想的起源》9800字,《古史考》112千字。

吴某提交了包括律师费4000元、公证费1810元、调查取证费3000元和交通费317元的相关发票,委托调查协议及相关的调查材料,证实其因诉讼所支付的相关费用。

读秀公司提交超星数字图书馆个人作品收藏授权书,证实吴某于2003年1月14日将其个人作品的信息网络传播权以专有许可的方式授予超星公司。该公司与读秀公司合作运营读秀网站,超星公司提供内容信息和数据库中图书的版权支持,读秀公司负责网站的维护、升级和技术支持。读秀公司认为读秀网应当属于合法使用原告的文字作品。

读秀公司提交关于读秀网首页及搜索过程的公证书,证实读秀网的性质是图书搜索系统,且在搜索过程中只提供图书的版权页、前言、目录和正文10页内容,主要目的是提供图书检索,对图书进行简单分类和介绍,没有广告。

一审原告诉请

原告吴某请求法院判令被告:

1. 停止侵权,停止在读秀网使用涉案图书。

2. 在《光明日报》、《中国文化报》、原《中国新闻出版报》上刊登致歉声明。

3. 在读秀网首页刊登致歉声明,保持一年。

4. 赔偿经济损失10,200元(原创作品按每千字200元计算,汇编作品按每千字50元计算)。

5. 赔偿精神损失费5000元。

6. 支付合理支出费用 9127 元,包括公证保全费 1810 元,律师费 4000 元,调查取证费 3000 元,交通费 317 元。

一审裁判结果

一审法院判决驳回原告吴某的全部诉讼请求。

一审裁判理由

吴某为原创作品《杏坛春秋:书院兴衰》《中国思想的起源》的作者和汇编作品《古史考》的编者,对上述三种图书享有著作权。

读秀公司提交了吴某的授权书,以证实超星公司享有对吴某作品信息网络传播权的专有使用权。但本案中涉案作品所在的读秀网为读秀公司所有,与超星数字图书馆没有直接联系。超星公司与吴某的授权书中没有该公司可以转授权或直接提供给第三方使用的条款,吴某亦对此不予认可,故超星公司向读秀公司授权的行为,超出其依据超星数字图书馆使用吴某作品所取得的授权书的授权范围,不能以此说明读秀网的使用行为经过授权。

读秀网为网络用户提供图书搜索,用户能够搜索到的内容只有图书的版权页、前言、目录和正文 8～10 页的内容。上述使用方式的主要目的是给读者介绍图书,使读者了解图书的主要内容,并根据极少量的正文阅览了解作者的基本思路和表达方式。涉案三种图书除《杏坛春秋:书院兴衰》正文为 167 页外,另外两种图书每册的正文页数均在 500 页左右,8～10 页的用量与全书正文内容相比所占比例轻微,仅能使读者对该书有初步的了解,未超过不当限度,不会导致损害作者基于著作权享有的人身权利和可以据此获得的经济利益的结果。著作权法既鼓励作者创作,保护其创作成果,同时也鼓励在不损害作者权益前提下的正常的传播行为,以促进社会文化事业的发展和繁荣。虽然作者可以坚持称其不愿意他人以此种方式使用其作品,但因其作品已公开出版,应允许他人在正常的范围内进行介绍和传播,不能仅因作者个人意志而阻止。因此,读秀网的使用行为目的正当,未超过合理范围,未给吴某造成不利后果,未侵犯吴某的著作权。吴某据此提出的对读秀公司的全部诉讼请求法院不予支持。

二审案件事实

二审法院查明:一审法院查明的事实属实,并予以确认。

二审诉讼请求

吴某上诉,请求二审法院判决撤销原审判决,支持吴某的诉讼请求。

二审裁判结果

二审判决驳回上诉,维持原判。

二审裁判理由

根据我国《著作权法》(2001)第1条的规定,著作权法的立法目的既要保护著作权人的合法权利,又要维护社会公众对作品正当合理的使用,以鼓励优秀作品的创作和传播。

由于读秀公司在其运营的读秀网上仅提供了涉案三种图书的版权页、前言、目录和正文8~10页的内容,其目的在于向读者介绍图书的主要内容,便于读者根据少量的正文了解作者的表达风格。考虑到读秀公司对于涉案图书的使用量在整个作品中所占比例较小,没有对涉案作品的市场价值造成不利的影响,也不会对涉案作品的发行和传播构成威胁,既未影响涉案作品的正常使用,也未不合理地损害吴某对其作品享有的合法权益,因此,读秀公司的这种使用行为构成合理使用,无须征得著作权人的许可,未构成对吴某著作权的侵犯。

案件解析

本案争议焦点主要在于读秀公司登载吴某享有著作权的作品是否属于合理使用。

本案中,读秀公司登载的吴某作品是已经公开发表的;引用的主要目的是给读者介绍图书,使读者了解图书的主要内容,并根据极少量的正文了解作者的基本思路和表达方式;引用量与全书正文内容相比所占比例轻微,仅能使读者对该书有初步的了解,未超过不当限度,也不会导致损害作者基于著作权享有的人身权利和可以据此获得的经济利益的结果。读秀公司的使用行为未超过合理使用的范围,吴某不能仅以个人意志而阻止该行为。

第四节
全文登载摘要等实质部分不构成合理引用

12. 何某某诉湖南永和阳光科技有限责任公司著作权纠纷案[①]

▶ **裁判要旨**

摘要部分系作品的实质部分,体现了作者的创造性,是整个作品的精华和灵魂所在。被告全文登载摘要部分,即使注明了作者的姓名、出处,也不构成合理引用。这种引用作品摘要部分全部内容的行为不属于合理使用的范畴。

【关键词】

合理使用;摘要;介绍、评论某一作品或者说明某一问题;著作权限制

【当事人】

原告:何某某;

被告:湖南永和阳光科技有限责任公司(以下简称永和阳光公司)。

案件事实

何某某与杨某某、蔡某某完成医学论文《KHC3 法检测血清胆红素》,并于 2007 年 1 月发表在《国际检验医学杂志》上。2008 年 2 月,原告何某某发现被告永和阳光公司的宣传资料永和阳光诊断试剂产品介绍中印有其写作的《KHC3 法检测血清胆红素》一文的摘要部分,摘要部分有 600 多字。2008 年 3 月,原告何某某发现被告永和阳光公司未经其许可,还擅自在永和阳光公司网站上发布了《KHC3 法检测血清胆红素》一文的摘要部分。同年 3 月 10 日,原告何某某对侵权事实作了公证。

另查明:

1. 发表在《国际检验医学杂志》上的医学论文《KHC3 法检测血清胆红素》系何某

---

① 何某某诉湖南永和阳光科技有限责任公司侵犯著作财产权纠纷案,长沙市中级人民法院民事判决书,(2008)长中民三初字第 0369 号。

某、杨某某、蔡某某共同署名的作品,2008年7月30日,杨某某、蔡某某声明自愿将该作品依法获得的著作权中的财产权全部转让给何某某。

2. 原告何某某为制止被告永和阳光公司的侵权行为支出了公证费、交通费、住宿费等合理费用3173元,为本案诉讼支付了8000元的律师代理费。

原告诉请

原告请求人民法院依法判令:

1. 被告立即停止侵权。
2. 被告在报刊及其公司网站上刊登声明,赔礼道歉。
3. 被告赔偿原告经济损失人民币198,827元。
4. 被告赔偿原告为制止侵权而支付的合理费用11,173元。
5. 被告承担本案全部诉讼费用。

裁判结果

法院判决如下:

1. 被告永和阳光公司应于本判决生效之日起10日内赔偿原告何某某经济损失(含合理费用)人民币5000元。
2. 驳回原告何某某的其他诉讼请求。

裁判理由

根据我国著作权法的有关规定,如无相反证明,在作品或者制品上署名的自然人、法人或者其他组织视为著作权、与著作权有关权益的权利人。医学论文《KHC3法检测血清胆红素》署名作者系何某某、杨某某、蔡某某,2008年7月30日,杨某某、蔡某某已声明自愿将该作品依法获得的著作权中的财产权全部转让给何某某。因此,何某某作为涉案作品的著作权人,有权就侵犯涉案作品著作财产权的行为以自己的名义起诉。

被告永和阳光公司在其宣传资料永和阳光诊断试剂产品介绍及其网站上原文登载涉案作品的摘要部分,没有经过原告何某某的许可,侵犯了原告何某某对涉案作品所享有的著作权。该行为不属于合理使用,原因如下:根据我国《著作权法》有关规定,为介绍、评论某一作品或说明某一问题,在作品中适当引用他人已经发表的作品,被视为合理引用,即作者在引用时,"所引用部分不能构成引用人作品的主要部分或实质部分"。

如大量引用他人的作品,而不加以说明、评价,只是简单地复制,不能视为合理引用;合理引用的目的被限定在介绍、评论某一作品或者说明某一问题的范畴内。被告永和阳光公司实施了侵犯原告何某某涉案作品著作权的行为,应当承担停止侵害、赔礼道歉、赔偿损失等民事责任。

> **案件解析**
>
> 本案争议焦点在于永和阳光公司引用涉案作品摘要部分的行为是否属于合理使用。
>
> 本案中,被告的引用行为并不符合上述条件。被告永和阳光公司在其宣传资料永和阳光诊断试剂产品介绍及其网站上原文登载涉案作品的摘要部分,目的是用以宣传其生产和销售的胆红素试剂,而并非为了介绍和评论涉案作品;而且,摘要部分系涉案作品的实质部分,体现了作者的创造性,是整个作品的精华和灵魂所在。现被告引用原告作品摘要的行为,即使注明了作者的姓名、出处,也不构成合理引用。

第五节 使用比例很小的图书关键核心内容不构成合理使用

13. 刘某某诉周某等著作权纠纷案[①]

▌ **裁判要旨**

为介绍、评论某一作品或者说明某一问题,在作品中适当引用他人作品的,如果引用部分为作品关键或核心内容,即使引用比例很小,依然不构成合理使用。

---

① 刘某某诉周某等侵犯著作权纠纷案,北京市海淀区人民法院民事判决书,(2008)海民初字第19449号;周某、邢某某与中医古籍出版社、北京第三极书局有限公司侵犯著作权纠纷上诉案,北京市第一中级人民法院民事判决书,(2009)一中民终字第923号。

【关键词】

合理使用;核心内容;介绍、评论某一作品或者说明某一问题;著作权限制

【当事人】

上诉人(原审被告):周某;

上诉人(原审被告):邢某某;

被上诉人(原审原告):刘某某;

原审被告:中医古籍出版社;

原审被告:北京第三极书局有限公司(以下简称第三极书局)。

一审案件事实

1991年1月,刘某某在中国科学技术出版社出版其创作完成的《观手知病——气色形态手诊法精要》(以下简称《观手知病》)一书,全书共210千字,定价6.40元。1992年5月,刘某某在华龄出版社出版其创作的《手诊》一书,全书共173千字,定价4.70元。

2006年10月,中医古籍出版社出版了望而知之系列丛书,定价386元(全10册)。周某、邢某某在《望而知之——鼻咽口腔疾病体表映象》《望而知之——呼吸系统疾病体表映象》《望而知之——消化系统疾病体表映象Ⅰ》《望而知之——消化系统疾病体表映象Ⅱ》《望而知之——泌尿系统疾病体表映象Ⅰ》《望而知之——泌尿系统疾病体表映象Ⅱ》6本书中使用了刘某某所著《手诊》《观手知病》中的部分内容,但未注明对刘某某书籍内容的使用情况。在《疾病体表映象释读》的最后,标注了相关参考文献,其中49项是刘某某所著的前述《手诊》一书,但未列明刘某某的《观手知病》一书。

经比对:(1)《望而知之——鼻咽口腔疾病体表映象》中有多处与刘某某《手诊》《观手知病》两书中相关疾病表象的描述存在相同或相似。(2)《望而知之——呼吸系统疾病体表映象》中有几处与刘某某《手诊》《观手知病》两书中相关疾病表象的描述存在相同或相似。(3)《望而知之——消化系统疾病体表映象Ⅰ》中有几处与刘某某《手诊》《观手知病》两书中相关疾病表象的描述存在相同或相似。(4)《望而知之——消化系统疾病体表映象Ⅱ》中有几处与刘某某《手诊》《观手知病》两书中相关疾病表象的描述存在相同或相似。(5)《望而知之——泌尿系统疾病体表映象Ⅰ》中,第140页水肿手象与《手诊》第114页表述相同,另有几处表述相似。(6)《望而知之——泌尿系统疾病体表映象Ⅱ》中,有几处与刘某某《手诊》中相关疾病表象的描述存在相同或相似。

2008年2月29日,刘某某从第三极书局购买望而知之系列丛书全10册,花费308.80元。第三极书局提供了其销售望而知之系列丛书系从中医古籍出版社进货的相关票据。

一审原告诉请

原告刘某某请求法院判令:

1. 周某、邢某某停止侵权并在《中国中医药报》上公开赔礼道歉。
2. 周某、邢某某共同连带赔偿原告损失2.5万元,并支付精神抚慰金1元。
3. 中医古籍出版社停止出版、第三极书局停止出版发行和销售望而知之系列丛书,并对二被告的赔偿承担连带责任。
4. 诉讼费由被告承担。

一审裁判结果

一审法院判决如下:

1. 被告周某、邢某某、中医古籍出版社、第三极书局在删除相关侵权内容前,停止出版、发行和销售以上书籍。
2. 被告周某、邢某某在《中国中医药报》上向原告刘某某公开致歉。
3. 被告周某、邢某某赔偿原告刘某某经济损失共计人民币2000元,被告中医古籍出版社对此赔偿承担连带责任。
4. 驳回原告刘某某的其他诉讼请求。

一审裁判理由

刘某某享有《手诊》《观手知病》两书的著作权。周某、邢某某虽在望而知之系列丛书中的《疾病体表映象释读》一册的参考文献中列明了刘某某的《手诊》一书,但没有在对应分册的引用处加以明确标注,也未针对该使用情况相应指明作者姓名、作品名称,存在混淆他人成果与自己成果的界限的故意,其对刘某某作品中相关内容的使用不符合《著作权法》有关合理使用的规定,构成侵权,其对此应承担相应的侵权责任。

中医古籍出版社未尽到相应审查义务,对侵权行为应承担相应责任。第三极书局提供了合法的进货渠道,不承担赔偿责任,仅应承担停止销售的责任。

二审案件事实

周某、邢某某在本案二审审理过程中提交了两份新证据,证据一为吴更伟、郝东方编著的《观手识人——体质·心理·遗传·保健》(以下简称《观手识人》)。但该书没有与《手诊》《观手知病》两书中经原审法院认定的与被抄袭的内容相同或相近的表述。证据二为张延生、陈抗美编著的《气功与手诊》。该书的出版日期在《手诊》《观手知病》两书之后。

其他事实均与一审法院认定的事实相同。

二审上诉请求

周某、邢某某不服一审判决,上诉请求二审法院撤销原审判决并改判;判令刘某某因无理纠缠给周某、邢某某造成的支出2万元,赔偿精神损失2万元,并在《中国中医药报》公开赔礼道歉。

二审裁判结果

二审法院判决驳回上诉,维持原判。

二审裁判理由

刘某某是《手诊》《观手知病》两书作者,享有两书的著作权。关于周某、邢某某是否侵犯了刘某某的著作权:首先,周某、邢某某在其书中使用了与两书中有关疾病手诊表象相同或相似的表述,且未提供证据证明在上述两作品发表前在其他书籍中存在与之相同或类似的表述方式。其次,手诊系源自传统中医学,且确实存在一些学界内相对一致的表达方式,故表达的核心意思相同或相似并不必然构成实质性近似和抄袭。但在本案中,周某、邢某某接触了刘某某的相关著作,从原审法院查明的构成表达相同或相似的内容来看,其表达方式并不是唯一的,可以以其他方式进行表述。再次,周某、邢某某虽在望而知之系列丛书中的《疾病体表映象释读》一书中将《手诊》一书列为参考文献,但没有在其他分册中就具体的引用情况予以明确注释,在客观上导致了读者无法将刘某某和周某、邢某某的创作相区分。故周某、邢某某对刘某某作品中相关内容的使用不符合《著作权法》中有关合理使用的规定。最后,如原审法院的认定,尽管周某、邢某某使用的相关内容占望而知之系列丛书和《手诊》《观手知病》两书的比例均很小,但使用的内容是刘某某作品中的具有独创性的部分,原审法院认定构成侵权并无不当。周某、邢某某对此应承担相应的侵权责任。据此,周某、邢某某的上诉理由均不能成立,法院不予支持。其要求刘某某赔偿损失、赔礼道歉等请求不属于本案审理范围,法院不予审理。

案件解析

《著作权法》(2020)第24条第1款规定:"在下列情况下使用作品,可以不经著作权人许可,不向其支付报酬,但应当指明作者姓名或者名称、作品名称,并且不得影响该作品的正常使用,也不得不合理地损害著作权人的合法权益。"其中该条第1款第2项是"为介绍、评论某一作品或者说明某一问题,在作品中适当引用他人已经发表的作品"。[①] 合理使用要求所引用部分不能构成引用者作品的主要部分或者实质部分,即对关键部分的引用,即使标注作品出处和作者信息,同样不能构成合理使用。

本案的争议焦点在于周某、邢某某的行为是否属于合理使用。首先,周某、邢某某在其书中使用了上述刘某某书籍中有关疾病手诊表象的关键内容,两者存在相同或相似的表述,周某、邢某某亦认可存在将刘某某书中的有关内容直接变成望而知之系列丛书中"经验"的情况。其次,虽然手诊原理源于传统中医学以及表达方式的有限性,不能简单地认为表达的核心意思相同或相似就构成实质性近似和抄袭,但是从上述构成表达相同或相似的内容来看,这些内容是可以以其他方式进行表达的,有些内容带有刘某某的表达个性,完全可以换一种表达方式,不能以表达有限为由否认侵权。最后,虽然相关内容比例占周某、邢某某的书籍比例很小,但使用的内容是刘某某作品中的关键或实质内容,亦构成抄袭、剽窃。故该行为不符合合理使用的规定,构成侵权。

[①] 黄薇、王雷鸣主编:《中华人民共和国著作权法导读与释义》,中国民主法制出版社2021年版,第8页。

第六节 为宣传自己经营的网站而引用不属于合理使用

14. 朱某某与辽宁东北网络台著作权纠纷案[①]

▶ 案件影响

入选"2009年中国法院知识产权司法保护50件典型案例"。

▶ 裁判要旨

以介绍评论某一作品或者说明某一问题为借口,在作品中引用他人已经发表的作品,进行商业宣传,不属于合理使用。非系适当引用,且主观上并不排除对自己经营的网站的宣传,不属于合理使用。

【关键词】

合理使用;商业宣传;介绍、评论某一作品或者说明某一问题;著作权限制

【当事人】

原告:朱某某;

被告:辽宁东北网络台(以下简称东北网络台)。

案件事实

法院查明,原告朱某某创作的24幅以迎奥运为主题的系列漫画作品,于2005年开始先后发表于《北京晚报》,并在腾讯网上登载。2008年9月朱某某的委托代理人刘某在北京市方圆公证处公证人员现场监督下,对抚顺新闻网登载《朱某某迎奥运系列漫画》的相关情况进行了证据固定。进入抚顺新闻网可看到"朱某某体育漫画迎奥运"[组图],共6幅,作品上方显示:2008年8月5日,13:15抚顺新闻网。

[①] 朱某某诉辽宁东北网络台侵犯著作权纠纷案,辽宁省沈阳市中级人民法院民事判决书,(2009)沈中民四初字第97号。

另查明,抚顺新闻网在辽宁省通信管理局未作登记与备案,现使用的 ICP 备案号与东北新闻网的 ICP 备案号相同。进入被告主办的东北新闻网首页后,点击"抚顺"可直接进入抚顺新闻网首页。且抚顺新闻网所使用的二级域名(nen.com.cn)与东北新闻网的所使用的二级域名相同,东北新闻网的主办者为本案被告。

原告支出证据保全公证费 674 元,差旅费 270 元。

原告诉请

原告请求法院判令:

1. 被告承担侵权责任,赔偿原告经济损失人民币 12,000 元。
2. 被告赔偿原告公证费用 944 元。
3. 被告承担本案的诉讼费及相关差旅费用。

裁判结果

法院判决如下:

1. 被告东北网络台于本判决生效之日起 10 日内赔偿原告朱某某经济损失 6000 元及合理费用 944 元。
2. 驳回原告的其他诉讼请求。

裁判理由

原告朱某某对其创作的 24 幅以迎奥运为主题的漫画系列作品享有著作权,其中包括依法享有该系列作品的信息网络传播权,任何人如行使该作品的信息网络传播权,应当得到著作权人朱某某的认可并向其支付报酬。现公众通过互联网登录抚顺新闻网,可以浏览"朱某某体育漫画迎奥运(组图)",该作品已被网络传播。被告作为抚顺新闻网的网站经营人是造成这一后果的直接行为人和责任人。对于被告提出的被告主体不适格,其与抚顺新闻网无关的抗辩理由,法院认为因抚顺新闻网使用了东北新闻网的 ICP 备案号,且从进入抚顺新闻网的路径、使用的域名和庭审情况看,东北网络台完全知晓和认可抚顺新闻网使用其 ICP 备案号,而根据《互联网信息服务管理办法》(2000)的规定,每一个许可证号与其主办单位是对应的,因此可以确认该网站的主办者为本案被告。同时被告未提供任何证据证明其并非实际主办单位。

本案中,被告主张该网络传播行为是为报道和宣传奥运而对原告作品进行的正面介绍与评论,系合理使用原告作品的行为。对此本院认为,所谓合理使用是指在符合一定条件下,只需指明作者姓名和作品名称,无须得到版权人的许可,也无须付费即可使用他人享有著作权作品的行为。《著作权法》(2010)第22条规定了12种合理使用作品的情形。该条第1款第2项规定,为介绍、评论某一作品或者说明某一问题,在作品中适当引用他人已经发表的作品。现被告传播原告6幅奥运系列漫画作品,并非系适当引用,且虽然在客观上起到了宣传奥运的效果,但主观上并不排除对自己经营的网站的宣传,因此该行为不符合合理使用的范围。

对于原告主张要求赔偿其经济损失12,000元以及为制止侵权行为所支出的合理费用944元,本院认为,原告没有向本院提供获得作品稿酬的数额,或被告所获利益的证据,本院将酌情确定。因原告朱某某在国内有一定知名度,且被告在奥运期间予以网上传播,因此本院确定被告赔偿原告经济损失6000元。原告所支出的公证费、差旅费属合理费用,应由被告承担。

案件解析

本案的主要争议焦点在于对著作权侵权纠纷中合理使用的认定。

《著作权法》(2020)第24条第1款规定:"在下列情况下使用作品,可以不经著作权人许可,不向其支付报酬,但应当指明作者姓名或者名称、作品名称,并且不得影响该作品的正常使用,也不得不合理地损害著作权人的合法权益。"根据本条规定,有12种情况使用他人作品属于合理使用。该条第1款第2项规定"为介绍、评论某一作品或者说明某一问题,在作品中适当引用他人已经发表的作品"。[①] 下面我们从两个方面对本案是否属于合理使用进行讨论。

一、"适当引用"的认定

"适当引用"是构成合理使用的一种情形,它是指为介绍、评论某一作品或者说明某一问题,在作品中适当引用他人已经发表的作品,该使用不得影响该作品的正常使用,也不得不合理地损害著作权人的合法利益。本案中,原告朱某某创作了24幅以"迎奥运"为主题的《德庸社体育报道》系列漫画作品。抚顺新闻网登载《朱某某迎奥运系列漫画》,命名为"朱某某体育漫画迎奥运"(组图),共6幅,其登载行为并非适当引用。

---

① 黄薇、王雷鸣主编:《中华人民共和国著作权法导读与释义》,中国民主法制出版社2021年版,第8页。

二、引用的目的

法律规定引用应当为介绍、评论某一作品或者说明某一问题。本案中,被告主张该网络传播行为是为报道和宣传奥运而对原告作品进行的正面介绍与评论。法院认为,该行为虽然在客观上起到了宣传奥运的效果,但主观上并不排除对自己经营的网站的宣传,因此该行为不符合合理使用的范围。

第七节
网络环境下判断合理使用之要素

15. 王某与北京谷翔信息技术有限公司等著作权纠纷案[①]

▶ **案件影响**

入选"2013年中国法院十大创新性知识产权案件"。

▶ **裁判要旨**

判断是否侵犯网络信息传播权和复制权时,应首先判断是否为合理使用。判断是否合理使用,应注意以下条件:(1)引用部分是否为文章实质部分;(2)是否会影响被引用作品的市场价值,损害作者的合法权益;(3)是否对被引用作品造成潜在的风险。

【关键词】

合理使用;信息网络传播权;复制权;著作权限制

【当事人】

原告:王某;

---

① 王某诉北京谷翔信息技术有限公司等侵犯著作权纠纷案,北京市第一中级人民法院民事判决书,(2011)一中民初字第1321号。

被告:北京谷翔信息技术有限公司(以下简称北京谷翔公司);

被告:谷歌公司(Google Inc.)。

案件事实

一、与涉案作品著作权有关的事实

2000年3月,上海三联书店出版了《盐酸情人》一书。该书著者署名为棉棉,但其中的《序:棉棉的意义》一文署名为葛某兵。原告王某提交其户口登记簿的原件,其中在"曾用名"一栏中显示有"棉棉"字样。

二、与涉案网站有关的事实

公证书(2009)京方圆内经证字第18828号显示:登录google.cn网站,进入其中图书搜索栏目页面,在搜索框中以"棉棉"为关键词进行搜索。在搜索结果中位于第一位的即为《盐酸情人》。点击该搜索结果,进入下一层次页面。该页面中显示有《盐酸情人》的图书概述、作品的片段、常用术语和短语、作品的版权信息等内容,上述页面均在google.cn网站页面下。在该页面下,选择前一页面中常用术语和短语中所列明的相应关键词进行搜索,可以看到相关的作品片段,但整个过程仍均在google.cn网站页面下。

三、与涉案扫描行为有关的事实

谷歌公司所出具的情况说明显示,谷歌公司根据美国法律对该图书合法地进行了数字化扫描,涉案图书的数字化扫描的电子版本仅保存于谷歌公司在美国的服务器中。但同时北京谷翔公司、谷歌信息技术(中国)有限公司从未获得、持有该书的扫描后的复制品,其服务器中未以任何形式保存该书扫描后的版本,亦未以任何形式参与扫描事务。

对于涉案作品向社会公众以何种形式提供,第二被告谷歌公司称"谷歌公司通过其图书搜索计划将所扫描的图书的很少部分内容('片段')开放给google.cn网站,从而使其搜索结果中出现少量的'片段'……用户可以通过搜索结果中出现的'片段'来判断该书是否是自己正在找的书,并可决定是否购买该书等事项。用户在没有购买或未得到授权的情况下,无法通过google.cn网站搜索下载图书或阅读受著作权保护的整部作品。"

四、与原告损失有关的事实

原告提交了金额为1500元的公证费发票一张。原告表示其提出的1,762,462元经济损失是按照每字1美元的稿酬标准计算而得,精神损害赔偿67,787元亦仅是估算而得。

> 原告诉请

原告王某请求法院判令：

1. 两被告立即停止侵权,并公开赔礼道歉[赔礼道歉的媒体为《人民日报(海外版)》、《中国日报》及涉案网站]。

2. 两被告连带赔偿原告经济损失人民币 1,762,462 元(约合 26 万美元)、精神损害赔偿人民币 67,787 元(约合 1 万美元)。若无法认定两被告系共同侵权行为人,则判令第一被告北京谷翔公司赔偿经济损失人民币 762,462 元,精神损害赔偿人民币 7787 元;第二被告谷歌公司赔偿原告经济损失人民币 1,000,000 元,精神损害赔偿人民币 60,000 元。

3. 两被告连带赔偿原告合理支出人民币 1500 元。

● ● 裁判结果 ● ●

法院判决如下：

1. 于本判决生效之日起,被告谷歌公司立即停止侵权行为。

2. 于本判决生效之日起 10 日内,被告谷歌公司赔偿原告王某经济损失人民币 5000 元,诉讼合理支出人民币 1000 元。

3. 驳回原告王某的其他诉讼请求。

● 裁判理由

本案涉及以下焦点。

一、中国法院对本案是否具有管辖权

本案原告指控两被告实施了如下两个侵权行为:将原告作品进行电子化扫描(复制)的行为;涉案网站将原告作品向公众进行信息网络传播的行为。

对于涉案复制行为,即便扫描行为确实发生在美国,但扫描的目的在于最终为用户提供相关作品,在结合考虑中文书籍的受众多数位于我国,法院合理认为作为关联公司的两被告所实施的复制行为及信息网络传播行为属于系列行为。据此,涉案扫描(复制)行为的结果已及于我国,我国法院对该扫描(复制)行为具有管辖权。

对于涉案信息网络传播行为,鉴于涉案网站是在我国登记注册的网站,在无相反证据的情况下可以认定我国是被控行为的侵权行为地,我国法院具有管辖权。

综上,我国对本案全部被控侵权行为均具有管辖权。

二、本案的实体法法律适用问题

(一)本案准据法的确定

鉴于我国为涉案信息网络传播行为的行为实施地,以及涉案复制行为的结果发生地,故可以依据我国的相应法律对涉案被控侵权行为进行审理。

(二)本案对于《著作权法》的适用

依据法不溯及既往的原则,应以被控侵权行为发生时间作为确定《著作权法》适用的依据。故本案应适用2001年的《著作权法》。

三、原告对于涉案作品是否享有著作权

本案中,可以认定"棉棉"为涉案图书中除序言外的其他部分的作者,其对涉案作品享有著作权,包括保护作品完整权、复制权、信息网络传播权等。

两被告认为"王某"与"棉棉"并非同一主体,但未提交相反证据,亦未作出合理解释,故依据现有证据法院合理认定原告与棉棉为同一主体。

四、两被告是否侵犯了原告的信息网络传播权

(一)第一被告北京谷翔公司是否实施了对涉案作品的信息网络传播行为

判断某一主体实施的行为是否属于信息网络传播行为,关键因素在于该主体是否实施了将作品、表演、录音录像制品上传至或以其他方式将其置于向公众开放的网络服务器中的行为。本案中,涉案网站提供涉案图书的整个过程均在涉案网站页面下,既未跳转到其他网站的页面中,其地址栏中的网址亦未变更为其他网站的地址。故可以初步推定涉案图书系存储于第一被告所经营的涉案网站的服务器中。第一被告既未提交反证,亦未进行合理解释,故法院合理认定涉案图书存储于第一被告的服务器中,第一被告实施了对涉案作品的信息网络传播行为。

(二)第一被告北京谷翔公司是否侵犯了原告的信息网络传播权

判断他人实施的行为是否构成对著作权的侵犯,通常应考虑以下要件:是否实施了著作权人控制的行为;是否经过著作权人许可;是否构成合理作用。

具体到本案,鉴于涉案网站中提供涉案图书的行为构成信息网络传播行为,且第一被告明确认可该行为并未取得著作权人的授权,故是否构成侵权的关键在于其是否属于对原告作品的合理使用。

法院对于这一合理使用问题持肯定态度。

1. 本案中,第一被告对原告作品的使用系片段化的使用,且各个片段之间并不连贯。故第一被告实施的涉案行为客观上尚未对原告作品的市场销售起到替代作用,不足以对原告作品的市场价值造成实质性影响,亦难以影响原告作品的市场销路。

2. 涉案信息网络传播行为所采取的片段式的提供方式,及其具有的为网络用户提供方便快捷的图书信息检索服务的功能及目的,使该行为构成对原告作品的转换性使用行为,不会不合理地损害原告的合法利益。

第一被告实施的涉案信息网络传播行为虽然未经原告许可,但鉴于该行为并未与作品的正常利用相冲突,也没有不合理地损害著作权人的合法利益,因此,该行为属于对原告作品的合理使用,并未构成对原告信息网络传播权的侵犯。

(三)第二被告谷歌公司是否应承担共同侵权责任

第一被告实施的涉案信息网络传播行为属于对原告作品的合理使用,未构成对原告信息网络传播权的侵犯,第一被告作为直接行为人尚无须为该行为承担责任,第二被告显然不应承担共同侵权责任。

五、两被告是否侵犯了原告的复制权

(一)第二被告谷歌公司是否侵犯了原告的复制权

第二被告明确认可其对涉案图书实施了全文电子化扫描的行为。该行为属于《著作权法》(2001)所规定的复制行为,且该行为并未取得著作权人的许可,故判断这一全文复制行为是否侵犯原告复制权的关键亦在于该行为是否构成合理使用行为。

法院对于这一行为的合理使用持否定态度:

1. 第二被告所实施的是全文复制行为,而该行为必然影响原告对作品复制行为收取许可费的情况,该行为已与原告对作品的正常利用相冲突。

2. 全文复制行为会为第二被告未经许可对原告作品进行后续利用提供很大程度的便利,亦会为他人未经许可使用原告作品带来较大便利。原告对于第二被告是否会在后续利用作品之前取得其许可并无控制能力,故第二被告这一全文复制行为会为原告利益带来很大的潜在风险。

法院认为,第二被告对原告作品进行全文复制的行为已与原告作品的正常利用相冲突,亦会不合理地损害著作权人的合法利益,这一复制行为并未构成合理使用,已构成对原告著作权的侵犯。

此外,法院着重强调以下两点。

1. 第一被告的信息网络传播行为是否构成合理使用,与第二被告的全文复制行为

是否构成合理使用,并无必然联系。

2. 是否存在对复制件的后续使用或传播行为,原则上不影响对复制行为本身是否构成合理使用的认定。

(二)第一被告北京谷翔公司是否应就涉案复制行为与第二被告谷歌公司承担共同侵权责任

本案中,第一被告与第二被告为关联公司,认定是否构成共同侵权行为的关键在于是否构成帮助侵权行为。鉴于现有证据无法证明在涉案复制行为发生之前,第一被告为第二被告提供了相应帮助行为,且虽然第一被告实施的对涉案作品的信息网络传播行为与第二被告实施的复制行为有关联,但在已认定该信息网络传播行为未构成侵权的情况下,该行为显然亦未扩大复制行为的侵权后果。据此,本案中第一被告的行为并未构成帮助侵权行为。

六、两被告是否侵犯了原告的保护作品完整权

判断行为是否构成对原告保护作品完整权的侵犯,其关键在于这一行为是否构成对原告涉案作品的歪曲、篡改。本案中,上述将涉案作品拆分为片段并提供的行为虽然使得读者无法知晓该作品的完整含义,但这一后果并不足以导致作者的声誉受到损害,据此,上述行为并未侵犯原告的保护作品完整权。

> **案件解析**

本案的争议焦点在于两被告侵犯原告的信息网络传播权和复制权的行为是否属于合理使用。所谓合理使用,是指本来未经许可使用他人作品的行为应属侵权行为,但法律为了促进知识传播和保障公众对作品的接近,在使用条件和方式上划定了一个合理范围,在该特定条件下的使用,法律将其视为合理使用,而不再作为侵权行为对待。

一、关于侵犯原告的信息网络传播权的认定

1. 第一被告对原告作品的使用系片段化的使用,其所提供给网络用户的仅是作品中的片段,且各个片段之间并不连贯。这一行为尚未构成对原告作品的实质性利用,客观上也尚未对原告作品的市场销售起到替代作用,不足以对原告作品的市场价值造成实质性影响,亦难以影响原告作品的市场销路。

2. 由涉案网站所采取的片段式的提供方式可以看出,其行为在于为网络用户提供更多种类、更为全面的图书检索信息,从而在更大范围内满足网络用户对更多图书相关信息的需求。鉴于保护著作权人利益以及促进作品的传播一直以来均是著作权法两个并行不悖的基本原则,著作权法为著作权人所提供的保护范围及程度不应影响公众对作品以及作品信息的合理需求,故这一行为已构成对原告作品的转换性使用,不会对原告对其作品的正常使用造成影响,亦不会不合理地损害原告的合法利益。

综上,该行为属于对原告作品的合理使用。

二、关于侵犯原告复制权的认定

1. 就行为方式而言,这一"全文复制"行为已与原告对作品的正常利用方式相冲突,该行为必然影响到原告对作品的复制行为许可费的收取。

2. 就行为后果而言,这一"全文复制"行为会为第二被告未经许可对原告作品进行后续利用提供很大程度的便利,亦会对他人未经许可利用原告作品带来便利。而原告对这一行为并无控制能力,这显然会为原告利益带来很大潜在风险。

综上,这一"全文复制"行为并未构成合理使用行为,已构成对原告著作权的侵犯。

第八节
合理使用与抄袭的界限

16. 蒋某某诉周某某等著作权纠纷案[①]

▶ **案例影响**

入选"2013年中国法院50件典型知识产权案例"。

---

① 蒋某某与周某某、江苏人民出版社有限公司等著作权权属、侵权纠纷案,杭州市西湖区人民法院民事判决书,(2010)杭西知初字第254号。蒋某某与周某某、江苏人民出版社有限公司等著作权权属、侵权纠纷上诉案,浙江省杭州市中级人民法院民事判决书,(2013)浙杭知终字第13号。

裁判要旨

为介绍、评论某一作品或者说明某一问题，在作品中引用他人作品的，应当标明出处和作者署名，引用数量不宜过多，且引用范围不得为主要部分或者实质部分，否则不能认定为合理使用。

【关键词】

合理使用；抄袭；介绍、评论某一作品或者说明某一问题；著作权限制

【当事人】

上诉人（原审被告）：周某某；

上诉人（原审被告）：江苏人民出版社有限公司（以下简称江苏出版社）；

上诉人（原审被告）：北京凤凰联动文化传媒有限公司（以下简称凤凰联动公司）；

被上诉人（原审原告）：蒋某某。

一审案件事实

蒋某某系网址为 http://www.yub0u.tw 的"白木怡言博客"上文字的作者。涉案书籍《悬崖边的贵族蒋某某：蒋家王朝的另一种表达》的著者为周某某，江苏出版社出版。该书封面及书脊下端显示："凤凰出版传媒集团凤凰联动江苏人民出版社"字样。涉案书籍亦通过卓越亚马逊网等网络销售。网易等多家网站、《北京晚报》等多家报刊对涉案书籍进行了介绍、摘录或连载。2010年，蒋某某委托的律师多次致函周某某和江苏出版社，要求其停止侵权、赔礼道歉，同时致函北京晚报、人民网等媒体，要求其停止对涉案书籍的介绍、评论、连载等行为。另查明，涉案书籍累计印制数量为70,000册。一审庭审中，凤凰联动公司确认对涉案书籍进行了策划、宣传推广，并参与销售。本案中，蒋某某主张涉案书籍中与其博客文字内容完全一致的为13,641字、略微修改的为4304字。

一审原告诉请

原告请求法院判令三被告：

1. 立即停止侵犯原告依法享有的著作权，立即收回并销毁所有未出售的侵权书籍：《悬崖边的贵族蒋某某：蒋家王朝的另一种表达》。

2. 停止所有形式的传媒宣传活动，并立即清除各大报刊及网站上刊载的对上述侵权书籍的推介报道及内容连载。

3. 于《人民日报》、《新华日报》、《浙江日报》、《北京日报》、《解放日报》、新浪网、搜狐网上刊登声明,向原告公开赔礼道歉,消除影响。

4. 向原告支付本案证据调查费用、律师费用,共计人民币 60,000 元。

5. 向原告赔偿经济损失人民币 500,000 元。

6. 承担本案诉讼费用。

一审裁判结果

一审法院判决如下:

1. 周某某、江苏出版社于本判决生效之日立即停止出版发行《悬崖边的贵族蒋某某:蒋家王朝的另一种表达》一书,并销毁库存侵权书籍。

2. 周某某、江苏出版社、凤凰联动公司于本判决生效之日立即停止所有形式的传媒宣传活动,并清除各自在各大报刊及网站上刊载的对上述侵权书籍的推介报道及内容连载。

3. 周某某、江苏出版社、凤凰联动公司于本判决生效之日起 30 日内在《人民日报(海外版)》、《浙江日报》、新浪网、搜狐网上刊登赔礼道歉声明(内容须经法院审核)。

4. 周某某、江苏出版社、凤凰联动公司于本判决生效之日起 15 日内赔偿蒋某某经济损失(含合理费用)人民币 400,000 元,并互负连带责任。

5. 驳回蒋某某的其他诉讼请求。

一审裁判理由

蒋某某在博客上发表的文字,属于我国著作权法意义上的文字作品。其享有的著作权应受法律保护。本案争议焦点在于:

第一,周某某在其撰写的涉案书籍中使用了蒋某某博客中文字相同的 13,641 字、略改的 4304 字是否侵犯了蒋某某享有的著作权问题。一审法院认为,周某某在涉案书籍不同章节多处使用蒋某某的博文文字,未加注引号,未指明出处,并非属于为介绍、评论某一作品或者说明某一问题而进行的适当引用,不属于合理使用。周某某在未经蒋某某许可、未支付报酬的情况下,使用了蒋某某的博文,又未指明引用出处、未进行独立创作,主观上存在过错,其行为已构成抄袭,侵犯了蒋某某的著作权。

第二,关于江苏出版社、凤凰联动公司的行为是否构成侵权的问题。出版物侵犯他人著作权的,出版者应当根据其过错、侵权程度及损害后果等承担民事赔偿责任;出版者对其出版行为的授权、所编辑出版物的内容等未尽到合理注意的,依照《著作权法》(2010)第48条的规定,承担赔偿责任;出版者尽了合理注意义务,著作权人也无证据证明出版者应当知道其出版涉及侵权的,依据《民法通则》(已失效)第117条第1款的规定,出版者承担停止侵权、返还其侵权所得利润的民事责任;出版者所尽合理注意义务情况,由出版者承担举证责任。

本案中,江苏出版社作为涉案书籍的专业正规出版单位,应当对出版物的授权、稿件的来源、署名、内容尽到合理注意义务并负有举证责任,但其未能提供上述相关情况的证据以证明其已尽到了合理注意义务。因此,江苏出版社出版涉案书籍的行为亦侵犯了蒋某某的著作权,依法应与周某某承担共同侵权责任。凤凰联动公司系出版发行涉案书籍的全程策划人,对涉案书籍进行了宣传、推广营销、召开新闻发布会及转载相关报道等,其应当对涉及具有较高知名度人物的出版物的授权、稿件的来源、署名、内容尽到合理注意义务,但其未尽到合理注意义务,其行为已构成帮助侵权,依法应承担共同侵权责任。

二审案件事实

二审法院查明的事实与一审法院查明的事实一致。

二审诉讼请求

一审法院宣判后,周某某、江苏出版社、凤凰联动公司不服,向二审法院提起上诉。

周某某上诉请求二审法院:(1)撤销一审判决,发回原审人民法院重审,或在查清事实后依法改判,驳回被上诉人蒋某某的诉讼请求。(2)一、二审诉讼费由蒋某某承担。

江苏出版社和凤凰联动公司上诉请求二审法院:(1)撤销一审判决,依法改判。(2)一、二审上诉费由被上诉人蒋某某承担。

二审裁判结果

二审法院判决驳回上诉,维持原判。

● **二审裁判理由**

本案的争议焦点集中在以下几点:

一是关于周某某为撰写涉案书籍而使用蒋某某博文一事是否已得到蒋某某许可的

问题。

周某某等称其与蒋某某的代表黄某某(橙果设计公司公关负责人)进行沟通,也曾把书稿初样发给对方,请求审核。对方表示认可并支持周某某出版该书,承诺不会因相关权问题而使作者承担法律责任。

本院认为,第一,周某某等人提供的证据仅能证明周某某与黄某某曾沟通过,不能证明黄某某已代表蒋某某作出明确的授权;第二,没有证据显示黄某某可以代表蒋某某进行著作权的授权;第三,原审原告蒋某某起诉的是周某某撰写涉案书籍抄袭其博文内容,江苏出版社出版、宣传该侵权书籍的行为,并没有起诉其未经许可而为蒋某某立传的行为,故周某某等反复强调的授权事宜实与本案的著作权侵权无关;第四,即使蒋某某同意周某某为其立传,也不意味着蒋某某同意周某某使用其博文的内容;第五,周某某在撰写涉案书籍过程中,在使用蒋某某博文之前,就应当取得著作权人蒋某某本人的同意,而不是事后以各种间接证据来推断蒋某某有同意的意思表示。故各上诉人提出的该上诉理由不能成立。

二是关于周某某使用蒋某某的博文内容是否属于著作权法规定的合理使用的问题。

周某某等上诉人称:"传记属于纪实作品。作者要写一个人的传记,自然要从各个方面收集资料,写作中肯定要参考第一手资料。蒋某某的博文,其公开的一些信息和资料,属于有关其经历、心理活动和观点的最权威出处,对这些内容加以引用是不可避免的。"

二审法院认为,首先,作为纪实作品的传记,参考第一手资料是合理的,但参考并不意味着抄袭。作者在参考第一手资料后,完全可以以自己的方式表达出来,从而完成作品,而并非一定要原文摘抄。其次,《著作权法》(2010)第22条第1款第2项规定:"为介绍、评论某一作品或者说明某一问题,在作品中适当引用他人已经发表的作品。"这属于合理使用的一种方式。但行为符合该条的规定应具备一定的条件,如应指明作者姓名、作品名称,使用文字的数量在合理范围内。本案中,周某某使用蒋某某的博文时既没有为蒋某某署名,也没有指明出处,且使用数量近2万字,该行为已超出了合理使用的范围。

三是关于一审判决确定的赔偿数额是否合理合法的问题。

涉案书籍中与蒋某某博客文字内容完全一致的为13,641字、略微修改的为4304字。涉案书籍售价28元/本,印刷7万册,按销售价格其金额达196万元。由于不能确定该图书的获利情况,原审法院在考虑了蒋某某的社会知名度、其家族在中国近现代史上的重大影响等涉及该书销量的因素等,并考虑了蒋某某支付的律师费、公证费等费用的情况下,按照法律规定,判决各上诉人向蒋某某赔偿40万元,并无不当。

> **案件解析**

我们主要对周某某使用蒋某某的博文是否属于著作权法规定的合理使用展开讨论。

《著作权法》(2020)第24条第1款规定:"在下列情况下使用作品,可以不经著作权人许可,不向其支付报酬,但应当指明作者姓名或者名称、作品名称,并且不得影响该作品的正常使用,也不得不合理地损害著作权人的合法权益。"其中该条第1款第2项是,"为介绍、评论某一作品或者说明某一问题,在作品中适当引用他人已经发表的作品。"[①]构成合理使用需要满足以下条件:(1)他人作品已经合法发表;(2)引用目的仅限于介绍、评论某一作品或说明某一问题;(3)所引用部分不能构成引用者作品的主要部分或者实质部分;(4)应标明被引用作品的名称、出处、作者的姓名;(5)不得损害被引用作品著作权人的利益。

本案中周某某抗辩称:"要写一个人的传记,自然要从各个方面收集资料,博文作为蒋某某公开的一些信息和资料,属于有关其经历、心理活动和观点的最权威出处,对这些内容加以引用是不可避免的。"但法院指出,首先,参考并不等于抄袭,传记可以参考当事人的博文等公开信息,但不能原文照搬;其次,合理使用应当标明被引用作品的名称、出处、作者的姓名,但周某某使用蒋某某的博文时既没有为蒋某某署名,也没有指明出处;最后,引用的内容不能是作品的主要部分或实质部分,但周某某使用数量近2万字,已明显超出了合理使用的范围,故该行为应当定义为抄袭。

[①] 黄薇、王雷鸣主编:《中华人民共和国著作权法导读与释义》,中国民主法制出版社2021年版,第8页。

第九节
转换性使用构成合理使用

17. 上海美术电影制片厂与浙江新影年代文化传播有限公司等著作权纠纷案[①]

▶ 案件影响

入选"上海市普陀区人民法院知识产权保护十大案例"之五。

入选"2016年度上海法院十大知识产权案件"之六。

▶ 裁判要旨

转换性使用属于合理使用的审查判断标准。在转换性使用的情况下,如果不影响原作品的正常使用,也没有不合理地损害著作权人合法利益,则构成对原作品的合理使用。

【关键词】

合理使用;转换性使用;介绍、评论某一作品或者说明某一问题;著作权限制

【当事人】

上诉人(原审原告):上海美术电影制片厂(以下简称美影厂);

被上诉人(原审被告):浙江新影年代文化传播有限公司(以下简称新影年代公司);

被上诉人(原审被告):华谊兄弟上海影院管理有限公司(以下简称华谊兄弟)。

一审案情简介

原告美影厂系"葫芦娃""黑猫警长"形象美术作品的著作权人,相关动画片创作于

[①] 上海美术电影制片厂与浙江新影年代文化传播有限公司、华谊兄弟上海影院管理有限公司著作权权属、侵权纠纷案,上海市普陀区人民法院民事判决书,(2014)普民三(知)初字第258号;上海美术电影制片厂与浙江新影年代文化传播有限公司、华谊兄弟上海影院管理有限公司著作权权属、侵权纠纷上诉案,上海知识产权法院民事判决书,(2015)沪知民终字第730号。

083

20世纪80年代,享有盛誉。电影《80后的独立宣言》由被告新影年代公司出品。电影海报中突出部分为男女主角人物形象及主演姓名,背景则零散分布着诸多美术形象,包括"葫芦娃""黑猫警长"卡通形象;身着白绿校服的少先队员参加升旗仪式等情景;黑白电视机等家电用品;缝纫机等日用品;铅笔盒等文教用品;铁皮青蛙等玩具。其中"葫芦娃""黑猫警长"分别居于男女主角的左右两侧。诸多背景图案与男女主角形象相较,比例显著较小,"葫芦娃""黑猫警长"美术形象与其他背景图案大小基本相同。原告认为,该海报未经其许可,使用了涉案美术作品,侵犯了其复制权、发行权等著作权,起诉要求被告停止侵权、消除影响并赔偿损失。被告则认为,"葫芦娃""黑猫警长"属于"80后"一代人的集体记忆,和其他具有特定年代感的美术要素结合,均是为了说明电影主人公年龄特点,且在海报中使用比例较小,属合理使用,故不构成侵权。

一审案件事实

一、关于涉案美术作品"葫芦娃""黑猫警长"的著作权归属

在(2011)沪二中民五(知)终字第62号判决书中,法院认定"葫芦娃"角色造型美术作品(本案涉案作品)属于特定历史条件下胡进庆、吴云初创作的职务作品,由美影厂享有除署名权之外的其他著作权。

在(2014)闽民终字第223号判决书中,法院查明并认定,美影厂享有"黑猫警长"美术作品(本案涉案作品)的著作权。

二、美影厂主张新影年代公司和华谊兄弟侵权的相关情况

电影《80后的独立宣言》由新影年代公司投资制作,于2014年2月21日正式上映。涉案海报的内容为:上方2/3的篇幅中突出部分为男女主角人物形象及主演姓名,背景则零散分布着诸多美术形象,包括身着白绿校服的少先队员参加升旗仪式、课堂活动、课余游戏等情景;黑白电视机、落地灯等家电用品;缝纫机、二八式自行车、热水瓶、痰盂等日用品;课桌、铅笔盒等文教用品;铁皮青蛙、陀螺、弹珠等玩具;无花果零食以及涉案的"葫芦娃""黑猫警长"美术形象。其中"葫芦娃""黑猫警长"分别居于男女主角的左右两侧。诸多背景图案与男女主角形象相较,比例显著较小,"葫芦娃""黑猫警长"美术形象与其他背景图案大小基本相同。经当庭比对,涉案海报中被控侵权形象与美影厂主张权利的"葫芦娃""黑猫警长"角色美术形象特征基本一致。

三、其他相关事实

《80后的独立宣言》是经国家广电总局电影管理局审查通过并正式公映的电影片,

涉案影片中未有涉及"葫芦娃""黑猫警长"的情节或内容。

涉案海报系由新影年代公司提供给华谊兄弟。华谊兄弟为配合电影上映宣传,在其官方微博上使用了涉案海报。

美影厂为本案维权共支出公证费1750元。关于律师费部分,因美影厂无法提供相关发票,故律师费请求由法院酌情确定。

一审原告诉请

原告美影厂请求法院判令:

1. 两被告在《新闻晨报》或同级别纸质媒体显著位置向原告公开赔礼道歉,消除影响。

2. 两被告停止侵犯原告拥有的"葫芦娃""黑猫警长"角色形象美术作品的著作权。

3. 两被告连带赔偿原告经济损失及维权费用合计人民币531,750元。

一审裁判结果

法院判决:驳回美影厂的诉讼请求。

一审裁判理由

法院认为,根据著作权法及其实施条例的相关规定,"适当引用"是构成合理使用的一种情形,它是指为介绍、评论某一作品或者说明某一问题,在作品中适当引用他人已经发表的作品,该使用不得影响该作品的正常使用,也不得不合理地损害著作权人的合法利益。因此,判断对他人作品的使用是否属于合理使用,应当综合考虑被引用作品是否已经公开发表、引用他人作品的目的、被引用作品占整个作品的比例、是否会对原作品的正常使用或市场销售造成不良影响等因素予以认定。

本案中,涉案美术作品创作完成于20世纪80年代,和海报背景中的其他美术要素,皆属"80后"成长记忆中具有代表性的人、物、景。这些元素相组合后确具较强的时代带入感,在电影海报中引用涉案美术作品不是单纯再现其艺术美感和功能,而是反映20世纪80年代的特征。该种引用在电影海报中具有了新的价值、意义和功能,其原有的艺术价值功能发生转换,且转换性程度较高,属于我国著作权法规定的为了说明某一问题的情形。从涉案美术作品占整个海报的比例来看,系作为背景使用,占海报面积较小,并未突出显示,仅为辅助、从属地位,属于适度引用。且电影海报的使用方式不至于吸引对涉案两个美术作品有特定需求的受众，从而放弃对涉案作品的选择使用，因此该使用方式不会产生替代性作用，不会影响权利人的正常使用。本案中的海报创作属特殊情况，不具有普遍性，随着电影播映期的结束，该电影海报的影响也会逐步减小，因此不会不合理地损害权利人的合法利益。综上，被告使用涉案美术作品的方式构成著作法意义上的合理使用，不构成侵权。据此，法院判决驳回原告全部诉讼请求。

一审争议焦点

本案的争议焦点在于：一是美影厂是否享有涉案美术形象作品的修改权、复制权、发行权、信息网络传播权等著作权；二是新影年代公司在电影海报中对涉案美术作品的使用是否构成合理使用；三是华谊兄弟作为影片放映方涉案行为的性质认定。

一、美影厂是否享有涉案美术形象作品的修改权、复制权、发行权、信息网络传播权等著作权

根据民事诉讼法相关规定，已为人民法院发生法律效力的裁判所确认的事实，当事人无须举证证明，但有相反证据足以推翻的除外。美影厂享有涉案"葫芦娃""黑猫警长"美术形象作品的修改权、复制权、发行权、信息网络传播权等著作权。

二、新影年代公司在电影海报中对涉案美术作品的使用是否构成合理使用

判断对他人作品的使用是否属于合理使用，应当综合考虑被引用作品是否已经公开发表、引用他人作品的目的、被引用作品占整个作品的比例、是否会对原作品的正常使用或市场销售造成不良影响等因素予以认定。

从被引用作品的性质来看，"葫芦娃""黑猫警长"均属于已经发表的作品。

从引用他人作品的目的来看，涉案影片讲述了一个当代"80后"年轻人自主创业的励志故事，影片名称也明确指向了这一年龄段群体。"葫芦娃""黑猫警长"形象均诞生于20世纪80年代，相关动画片播出的时间亦集中在20世纪八九十年代。海报背景中，除了"葫芦娃""黑猫警长"形象外，还包括一系列"80后"成长记忆中具有代表性的人、物、景，这些元素组合后确具较强的时代带入感，符合新影年代公司所述为配合说明影片"80后"主题进行海报创作的创意构思，可见新影年代公司使用被引用作品是为了说明某一问题，即涉案电影主角的年龄特征。

从被引用作品占整个作品的比例来看，被引用作品只是属于辅助、配角、从属的地位。"葫芦娃""黑猫警长"两个形象与其他20余个表明20世纪80年代的时代特征的元素均作为背景使用，占海报面积较小，且比例大致相同，并未突出显示，属于适度的引用。

从引用是否会对美影厂作品的正常使用造成影响来看,涉案海报的使用未对美影厂作品的正常使用造成影响。涉案电影内容中并没有出现任何有关"葫芦娃""黑猫警长"的内容,电影宣传文案中也未涉及"葫芦娃""黑猫警长"内容,不至于吸引对该两个美术作品有特定需求的受众,进而产生两部作品具有关联性的联想。虽然该海报确属商业性使用,但法院认为,合理使用制度并不天然排斥商业性使用的可能,商业性使用只要符合法律规定的相关要件,仍然可以构成合理使用。

综上,新影年代公司在电影海报中对"葫芦娃""黑猫警长"美术作品的使用属于著作权法所规定的合理使用。

三、华谊兄弟作为影片放映方涉案行为的性质认定

鉴于新影年代公司的对涉案美术作品的使用属于合理使用,故华谊兄弟的行为也不具有侵权性。

一审案件评析

在本案中,被告在电影海报中将"葫芦娃""黑猫警长"与其他反映20世纪80年代少年儿童成长经历的道具共同作为背景使用,属于对美术作品的复制。该未经许可的行为是否构成侵权,取决于其能否被认定为合理使用。《著作权法》(2010)虽然规定了"合理引用",但涉案行为是否属于"为介绍、评论某一作品或者说明某一问题,在作品中适当引用他人已经发表的作品",无法在法条和司法解释中找到清晰的答案。

对此,法院借鉴了美国版权判例所创设的"转换性使用",也就是考虑对原作品的使用是否并非单纯地再现原作品本身的文学、艺术价值或者实现其内在功能或目的,而是通过增加新的美学内容、新的视角、新的理念或通过其他方式,使原作品在被使用过程中具有了新的价值、功能或性质,从而改变了其原先的功能或目的。法院指出,涉案电影海报中的"葫芦娃""黑猫警长"形象是"80后"群体闪亮的童年记忆,年代特征较高,与其他作为背景的道具皆属"80后"成长记忆中具有代表性的元素,具有较强的时代带入感,其使用是为了说明某一问题,即涉案电影主角的年龄特征。同时,两个美术作品在海报中处于辅助、配角、从属的背景地位,所占面积很小,属于适度引用。因此,法院认定新影年代公司对涉案美术作品的使用属于合理使用。

法院实际上是认定"葫芦娃"和"黑猫警长"美术作品在电影海报中功能与目的发生了转换,不是吸引受众欣赏其角色造型,而是生动地展示电影中主角的年龄特征和时代背景,再加之其很小的尺寸和比例,具有较强的转换性。本案对"转换性使用"的借鉴和结合具体案情的合理应用,为"适当引用"的判断带来了新的思路,为审理同类案件提供了有益参考。

二审案件事实

二审法院经审理查明,一审法院认定的事实属实,予以确认。

二审上诉请求

一审判决后,美影厂不服,提起上诉,请求:

1. 法院撤销原审判决,依法改判。
2. 两被上诉人停止侵犯上诉人享有的"葫芦娃""黑猫警长"美术作品的著作权。
3. 两被上诉人连带赔偿上诉人经济损失及合理费用4万元。

二审裁判结果

二审法院判决驳回上诉,维持原判。

二审裁判理由

上海市普陀区人民法院认为,"葫芦娃""黑猫警长"角色形象美术作品属于已经发表的作品;新影年代公司引用他人作品是为了说明某一问题,即涉案电影主角的年龄特征;从被引用作品占整个作品的比例来看,被引用作品作为背景使用,占海报面积较小,且涉案作品的形象并未突出显示,属于适度引用;被控侵权海报的使用也未对美影厂作品的正常使用造成影响,故应当认定新影年代公司在电影海报中对"葫芦娃""黑猫警长"美术作品的使用属于著作权法所规定的合理使用。于是,上海市普陀区人民法院判决驳回美影厂的诉讼请求。原审法院判决后,美影厂不服,提起上诉。上海知识产权法院认为,涉案电影海报为说明20世纪80年代时代特征这一特殊情况,适当引用当时具有代表性的少儿动画形象"葫芦娃""黑猫警长"之美术作品,与其他具有当年时代特征的元素一起作为电影海报背景图案,不再是单纯展现涉案作品的艺术美感,其价值和功能已发生转换,且转换性程度较高,属于转换性使用,而且并不影响涉案作品的正常使用,也没有不合理地损害著作权人的合法利益,故构成合理使用。遂判决驳回上诉,维持原判。

二审争议焦点

本案二审中的主要争议焦点在于:被上诉人在电影海报上使用"葫芦娃""黑猫警长"美术作品是否构成合理使用。

二审典型意义

本案中"葫芦娃""黑猫警长"美术作品使用在涉案电影海报中属于转换性使用,即对原作品的使用不是单纯地再现原作品本身的文学、艺术价值,而是通过在新作品中的使用使原作品在被使用过程中具有了新的价值、功能或性质,从而改变了其原先的功能或目的。本案裁判明确了转换性使用属于合理使用的审查判断标准,即在转换性使用的情况下,不影响原作品的正常使用,也没有不合理地损害著作权人合法利益的,构成对原作品的合理使用。

案件解析

根据我国《著作权法》的规定,为介绍、评论某一作品或者说明某一问题,在作品中适当引用他人已经发表的作品,构成合理使用。为说明某一问题,是指对作品的引用是为了说明其他问题,并不是为了纯粹展示被引用作品本身的艺术价值,而被引用作品在新作品中的被引用致使其原有的艺术价值和功能发生了转换,即转换性使用。所谓转换性使用,是对原作品的使用不是单纯地再现原作品本身的文学、艺术价值,而是通过在新作品中的使用使原作品在被使用过程中具有了新的价值、功能或性质,从而改变了其原先的功能或目的。转换性使用在不影响原作品的正常使用,也没有不合理地损害著作权人合法利益的情况下,构成对原作品的合理使用。

本案中,"葫芦娃""黑猫警长"是20世纪80年代家喻户晓的少儿动画形象,对于经历了20世纪80年代少年儿童期的人们可谓印象深刻,因此,"葫芦娃""黑猫警长"动画形象自然亦是20世纪80年代少年儿童的部分成长记忆。涉案电影海报中诸多20世纪80年代少年儿童经历的具有代表性的人、景、物。整个电影海报内容呈现给受众的是关于20世纪80年代少年儿童日常生活经历的信息。因此,电影海报中引用"葫芦娃""黑猫警长"美术作品不再是单纯地再现"葫芦娃""黑猫警长"美术作品的艺术美感和功能,而是反映一代共同经历20世纪80年代少年儿童期,反映"葫芦娃""黑猫警长"动画片盛播的时代,亦为了说明电影主角的年龄特征。因此,"葫芦娃""黑猫警长"美术作品被引用在电影海报中具有了新的价值、意义和功能,其原有的艺术价值功能发生了转换,而且转换性程度较高,属于我国著作权法规定的为了说明某一问题的情形,构成合理使用。

第十节
公益性质不是决定合理使用的根本要素

18. 刘某某与央视国际网络有限公司、江苏省广播电视集团有限公司著作权纠纷案[①]

▶ **案件影响**

入选"北京法院2017年度知识产权'十大创新性'案例"。

▶ **裁判要旨**

公益性质不是决定是否为合理使用的根本要素。判断是否构成合理使用,不能将公益性质作为判断条件。

【关键词】

合理使用;公益性质;介绍、评论某一作品或者说明某一问题;著作权限制

【当事人】

上诉人(原审被告):央视国际网络有限公司(以下简称央视公司);

被上诉人(原审原告):刘某某;

---

① 刘某某与央视国际网络有限公司、江苏省广播电视集团有限公司著作权权属纠纷案,北京市海淀区人民法院民事判决书,(2016)京0108民初31830号;央视国际网络有限公司与刘某某、江苏省广播电视集团有限公司著作权权属纠纷上诉案,北京知识产权法院民事判决书,(2017)京73民终1068号。

被上诉人(原审被告):江苏省广播电视集团有限公司(以下简称江苏广播电视公司)。

一审案件事实

第一,刘某某系涉案13幅摄影作品的作者,享有涉案13幅摄影作品的著作权;第二,(2015)京东方内民证字第18445号公证书显示,在www.news.cntv.cn网站中有"图说天下'留守村'的孩子们"的视频,视频中包含有涉案13幅图片,该视频来源:央视网,视频显示台标为江苏卫视,且www.cntv.cn由央视公司运营;第三,刘某某为本案支出公证费330元,律师费3000元。

江苏广播电视公司提交的百度搜索图片"留守儿童"网页截图、"贵州留守儿童集体服毒事件"百度搜索结果截图、人民网"《中国留守儿童心灵状况白皮书(2015)》发布"新闻截图及央视公司提交的百度百科网页截图由于仅为网页打印件,未经公证,刘某某又否认其真实性,法院不予确认。

刘某某明确其在本案中主张央视公司与江苏广播电视公司侵害了其信息网络传播权及署名权,认为在央视网上播放的含有涉案图片的视频系由江苏广播电视公司与央视公司共同提供,本案中其针对网站上共同提供行为要求央视公司和江苏广播电视公司承担连带赔偿责任。央视公司辩称其转载了江苏卫视官网上的视频。江苏广播电视公司对于其制作了涉案视频予以认可,但其表示在其网站上没有涉案视频,涉案视频是其"新闻眼"节目中的一段,只有几分钟,其对于央视网上有涉案视频的事实并不清楚。其称与央视公司之间存在某些合作关系,互相转载,但是没有针对涉案视频有授权协议等。

一审原告诉请

刘某某向一审法院提出起诉请求:

1. 央视公司和江苏广播电视公司在侵权网站(www.cntv.cn)连续30日向刘某某公开致歉。

2. 央视公司和江苏广播电视公司共同支付其赔偿金3.9万元、公证费330元、律师费3000元,共计4.3万元。

● 一审裁判结果 ●

1. 一审判决生效之日起10日内，央视公司在其网站（www.cntv.cn）首页显著位置向刘某某公开赔礼道歉。

2. 一审判决生效之日起10日内，央视公司赔偿刘某某经济损失3万元及合理支出3330元，以上共计33,330元。

3. 驳回刘某某对江苏广播电视公司的全部诉讼请求。

4. 驳回刘某某的其他诉讼请求。

● 一审裁判理由

刘某某提交涉案照片电子底档，央视网和江苏广播电视公司未提交相反证据，且对刘某某系涉案作品作者无异议，法院认定刘某某系涉案13幅摄影作品的著作权人。

央视公司辩称央视网中涉案视频来源于江苏广播电视公司官网，但未提交证据，且江苏广播电视公司对此不予认可，并否认双方有合作关系，故一审法院认定涉案视频系央视公司自行上传至央视网中。涉案视频系江苏广播电视公司制作的电视节目中的片段，该片段含有涉案13幅摄影作品，央视公司辩称其未对涉案视频进行编辑，但亦未提交证据予以证明。故一审法院认定央视公司在上传涉案视频时对原始的节目视频进行了剪辑，有针对性地使用了涉案13幅摄影作品。央视公司未经刘某某许可，在其网站中使用涉案作品，通过信息网络向公众提供涉案作品，未给刘某某署名且未支付报酬，侵犯了刘某某对涉案作品的署名权和信息网络传播权，应承担赔礼道歉、赔偿经济损失的侵权责任。央视公司还辩称其对涉案图片使用系合理使用，根据著作权法的规定，结合本案证据，央视公司对涉案13幅摄影作品的使用不属于合理使用，一审法院对其该项辩称不予支持。

关于刘某某主张的经济损失及支出的具体数额。鉴于刘某某并未提交证据证明其实际损失，亦未证明央视公司的侵权所得，故法院对该侵权损失予以酌定。刘某某创作的涉案图片具有较高的独创性，经济价值和社会价值突出，且央视网作为国际级的网络媒体，传播范围较广，故一审法院将综合考虑涉案作品的性质和情节等因素酌情确定赔偿数额。对于刘某某所主张的公证费、律师费，一审法院一并予以支持。对于刘某某关于央视公司向其赔礼道歉的诉讼请求于法有据，一审法院予以支持。

现有证据不足以证明江苏广播电视公司将涉案视频上传至央视网或者协助实施上

述行为,故江苏广播电视公司对本案侵权行为没有共同侵权的故意或过失。一审法院依法驳回刘某某对江苏广播电视公司的全部诉讼请求。

二审案件事实

央视公司向法院提交的网易视频网络截图,能够证明网易视频上传涉案作品的时间早于央视公司,且可以证明央视公司在其网站上播放的视频内容与网易视频内容一致。庭审中,双方当事人均一致认可被诉视频与江苏广播电视公司播放的电视节目"新闻眼"中的相关内容一致。涉案视频总时长3分18秒,共使用了涉案13幅摄影作品,每张摄影作品均为画面的主要部分,整个视频内容围绕此13幅摄影作品展开,通过讲解摄影作品背后的故事来阐述"留守儿童的生活现状和存在的问题"这个主题。

央视公司对一审法院认定的央视公司和江苏广播电视公司之间无合作关系存在异议,为此提交了江苏广播电视公司官方网站www.jsbc.com页面的打印页。

二审上诉请求

央视公司的上诉请求:

1. 撤销一审判决第1项,改判由被上诉人江苏广播电视公司在其网站上刊登更正声明。

2. 撤销一审判决第2项,依法驳回被上诉人刘某某的一审全部诉讼请求。

二审裁判结果

1. 维持北京市海淀区人民法院(2016)京0108民初31830号民事判决第2、3项。
2. 撤销北京市海淀区人民法院(2016)京0108民初31830号民事判决第1、4项。
3. 驳回央视公司的其他上诉请求。
4. 驳回刘某某的其他诉讼请求。

● **二审裁判理由**

本案的审理焦点为:一是涉案视频中使用刘某某享有著作权的13幅摄影作品是否属于适当引用构成合理使用;二是涉案视频在央视网中播放的行为是否侵害了刘某某的信息网络传播权和署名权。

一、关于涉案视频中使用刘某某享有著作权的 13 幅摄影作品是否属于适当引用构成合理使用的问题

本案中,央视公司明确主张涉案视频中使用 13 幅摄影作品属于为了评论留守儿童问题而适当引用他人已经发表的作品。从查明的事实可知,对这 13 幅摄影作品内容的描述和由此带来的故事讲述构成视频的主要内容,而非将涉案摄影作品作为背景或者话题的引子。这种使用方式已经超出了为评述某一问题而适当引用他人已经发表作品的范围。

虽然央视公司认为涉案视频具有公益性质,使用涉案摄影作品的方式应该属于合理使用,但是,从合理使用的法律规定来看,公益性质不是决定是否为合理使用的根本要素。涉案视频影响了刘某某对其作品的正常使用,且一定程度上损害了刘某某作为著作权人的合法利益。

综上,涉案视频使用刘某某享有著作权的 13 幅摄影作品的行为不构成合理使用。

二、关于涉案视频在央视网中播放的行为是否侵害了刘某某的信息网络传播权和署名权的问题

关于信息网络传播权,央视公司将涉案视频上传至央视网中,供用户在其个人选定的时间和地点获得作品,实施了信息网络传播行为。但没有证据证明江苏广播电视公司实施了侵害信息网络传播权的行为。央视公司的信息网络传播行为,侵害了刘某某基于 13 幅摄影作品而享有的信息网络传播权。因此,央视公司侵害了涉案 13 幅摄影作品的信息网络传播权。

关于署名权,江苏广播电视公司未经许可使用 13 幅摄影作品,且没有署名,割裂了刘某某与其作品之间的关系,侵害了刘某某的署名权。央视公司并未就视频内容进行重新剪辑编排、修剪或重新制作。其对涉案视频的信息网络传播行为未落入刘某某对涉案 13 幅摄影作品的署名权保护范围,央视公司不应承担侵害署名权的法律责任。

案件解析

《著作权法》(2010)第 22 条第 1 款规定:"在下列情况下使用作品,可以不经著作权人许可,不向其支付报酬,但应当指明作者姓名、作品名称,并且不得侵犯著作权人依照本法享有的其他权利:……(二)为介绍、评论某一作品或者说明某一问题,在作品中适当引用他人已经发表的作品……"[1]《著作权法实施条例》(2013)第 21 条规定,依照著

---

[1] 黄薇、王雷鸣主编:《中华人民共和国著作权法导读与释义》,中国民主法制出版社 2021 年版,第 8 页。

作权法有关规定,使用可以不经著作权人许可的已经发表的作品的,不得影响该作品的正常使用,也不得不合理地损害著作权人的合法利益。因此,在认定使用他人作品的行为是否属于"为介绍、评论某一作品或者说明某一问题,在作品中适当引用他人已经发表的作品"时,应当从使用作品的行为是否影响了该作品的正常使用,是否不合理地损害了著作权人的合法利益的角度进行考虑。

本案中,关于涉案视频中使用刘某某享有著作权的13幅摄影作品是否属于适当引用构成合理使用的问题,我们从以下两个方面分析。

一、刘某某享有著作权的13幅摄影作品是否属于涉案视频的主要内容

就涉案视频播放画面而言,大部分摄影作品在播放时占满整个屏幕,各种动态效果使得图片是画面的主要内容;就涉案视频播放时间而言,平均每幅摄影作品播放时长为12秒到13秒;就涉案视频内容而言,主题是"留守儿童的生活现状和存在的问题",主持人通过讲述13幅摄影作品背后的故事来阐述主题,引起社会对留守儿童的关注,但对这13幅摄影作品内容的描述和由此带来的故事讲述构成视频的主要内容,而非将涉案摄影作品作为背景或者话题的引子。因此,从分配比例来看,无论是画面、时长还是内容,13幅摄影作品均占视频的绝大部分,属于视频的主要内容。

二、公益性质不是合理使用的根本要素

从合理使用的法律规定来看,公益性质不是决定是否为合理使用的根本要素。《著作权法》规定合理使用行为中的"为介绍、评论某一作品或者说明某一问题"的目的既可以是包含公益性质的,也可以是包含商业性质的,能够构成合理使用的情形是其使用方式应为适当引用他人已经发表的作品。这是《著作权法》在设计合理使用制度时平衡社会公众利益和著作权人利益的结果。涉案视频使用刘某某享有著作权的13幅摄影作品,构成视频的主要内容和主要画面,影响了刘某某对其作品的正常使用,同时,一定程度上损害了刘某某作为著作权人的合法利益。

综上,涉案视频使用刘某某享有著作权的13幅摄影作品不符合《著作权法》对著作权权利限制的条件,已经超出了为评述某一问题而适当引用他人已经发表的作品的范围,不构成合理使用。

第十一节
不构成合理使用的"图解电影"构成侵权

19. 优酷网络技术(北京)有限公司与深圳市蜀黍科技有限公司信息网络传播权案[①]

▶ **案件影响**

入选2020年"北京互联网法院成立一周年十大热点案件"。

▶ **裁判要旨**

将以类似摄制电影的方法创作的作品(以下简称类电作品)截图制作成图片集的行为属于使用该作品。图解电影并非介绍、评论或者说明的合理需要,且其对原作品的替代作用,损害了著作权人的合法权益,不属于合理使用。

【关键词】

合理使用;图解电影;介绍、评论某一作品或者说明某一问题;著作权限制

【当事人】

上诉人(原审被告):深圳市蜀黍科技有限公司(以下简称蜀黍科技公司);

被上诉人(原审原告):优酷网络技术(北京)有限公司(以下简称优酷网络公司)。

一审案件事实

一、与涉案剧集权属相关事实

上海剧酷文化公司享有电视剧《三生三世十里桃花》的著作权。2016年12月13日其将涉案剧集中国大陆独占专有的信息网络传播权(含转授权、维权权利)授予合一网

[①] 优酷网络技术(北京)有限公司与深圳市蜀黍科技有限公司侵害类电作品信息网络传播权案,北京互联网法院民事判决书,(2019)京0491民初663号;优酷网络技术(北京)有限公司诉深圳市蜀黍科技有限公司侵害作品信息网络传播权纠纷上诉案,北京知识产权法院民事判决书,(2020)京73民终187号。

络技术(北京)有限公司,授权期限为涉案剧集在大陆首轮上星播出之日起8年。2017年7月26日,合一网络技术(北京)有限公司名称经工商部门核准变更为优酷网络公司。

二、与被控侵权行为相关的事实

1. 优酷网络公司主张蜀黍科技公司侵权的相关事实

图解电影App和图解电影网站为在线图文电影解说软件,蜀黍科技公司为上述软件和网站的运营商。在图解电影App和图解电影网站(网址为:www.graphmovie.com)中均可以找到"三生三世十里桃花01",点击"播放"图标,拖拽进度条播放相应图片集。

《三生三世十里桃花》"图解电影"图片集(以下简称涉案图片集)共包含图片382张,均截取自涉案剧集第一集,图片内容涵盖涉案剧集第一集视频内容的主要画面,下部文字为被控侵权图片集制作者另行添加。

2. 蜀黍科技公司主张仅提供信息存储空间服务的相关事实

蜀黍科技公司提交了图解电影平台发布的版权与免责声明和用户后台记录,用以证明其在本案中仅为信息存储空间服务提供者,用户系图解电影平台发表内容的原创作者,对其引用内容的合法性负责。优酷网络公司不认可,认为其对侵权行为应知或明知,且具有对内容采购和事先审查的义务。

三、与损害赔偿数额相关的事实

优酷网络公司为证明作品价值及盈利损失,提交相关授权合同和授权价格;为证明作品热度,提交相关检索报告和平台的播放量。

一审原告诉请

优酷网络公司请求判令被告:赔偿原告经济损失及合理费用共计50万元,其中经济损失45万元,合理费用包含律师费4万元和公证费1万元。

一审裁判结果

一审法院判决如下:

1. 蜀黍科技公司于一审判决生效之日起7日内,向优酷网络公司赔偿经济损失3万元。

2. 驳回优酷网络公司的其他诉讼请求。

● 一审裁判理由

本案的争议焦点在于：(1)优酷网络公司是否享有涉案剧集的信息网络传播权；(2)蜀黍科技公司实施的被控侵权行为是否构成对优酷网络公司信息网络传播权的侵犯；(3)蜀黍科技公司如果构成侵权，是否应承担优酷网络公司主张的民事责任。

一、优酷网络公司是否享有涉案剧集的信息网络传播权

电视剧《三生三世十里桃花》属于类电作品，根据涉案剧集片尾标明的制作单位名录，出品单位是涉案剧集的著作权人。优酷网络公司基于著作权人的授权获得涉案剧集专有的信息网络传播权，权利来源链条清晰完整。因此，优酷网络公司享有涉案剧集的信息网络传播权，有权就涉案剧集主张权利。

二、蜀黍科技公司实施的被控侵权行为是否构成对优酷网络公司信息网络传播权的侵犯

1. 将他人类电作品进行截图制作图片集的行为是否属于提供该类电作品的行为

向公众提供作品，不应狭隘地理解为向公众提供的是完整的作品，因为著作权法保护的是独创性的表达，只要使用了作品具有独创性表达的部分，均在作品信息网络传播权的控制范围。虽然类电作品和图片表现形式不同，但判断是否存在提供作品的行为，关键需要考察涉案图片集是否使用了涉案剧集具有独创性的表达。

本案中，涉案图片集截取了涉案剧集中的382幅画面，其为涉案剧集中具有独创性表达的部分内容，提供涉案图片集的行为构成提供作品的行为。故该行为落入涉案剧集信息网络传播权的控制范围。

2. 蜀黍科技公司是否实施了提供作品的行为，或仅提供信息存储空间服务

蜀黍科技公司抗辩其仅为信息存储空间服务提供者，而非涉案图片集的直接提供者，其对此负有举证责任。但其提供的证据不足以证明涉案图片集为真实用户所上传，应承担举证不利的后果，即推定涉案图片集由蜀黍科技公司直接上传。

退一步讲，蜀黍科技公司网站制作目的为提供将影视资源制作为图片集的内容。其设置网站专供普通用户提供影视资源图片集，吸引、教唆其实施上传行为，且与用户之间存在关于涉案图片集利益分享等紧密关系，具有明显的主观故意，蜀黍科技公司构成与用户分工合作、共同提供涉案图片集的行为，不能仅认定其为信息存储空间服务提供者。

3. 被控侵权行为是否构成合理使用

第一,是否属于适当引用的问题。影评类作品往往不可避免地介绍影视剧作品本身,并再现影视剧作品部分画面,以进行有针对性的评述。但本案中,涉案图片集几乎全部为原有剧集已有的表达。或者说,虽改变了表现形式,但具体表达内容并未发生实质性变化,远远超出以评论为目的适当引用必要性的限度。

合理引用的判断标准并非取决于引用比例,而应取决于介绍、评论或者说明的合理需要。根据查明的事实,蜀黍科技公司提供涉案图片集的目的并非介绍或评论,而是通过300多张图片集的连续放映,迎合用户在短时间内获悉剧情、主要画面内容的需求,故上述使用目的并非评论性引用。

第二,是否影响该作品的正常使用。本案中,涉案图片集能够实质呈现整部剧集的具体表达,包括具体情节、主要画面、主要台词等,对涉案剧集起到了实质性替代作用,影响了涉案剧集的正常使用。

第三,是否不合理地损害著作权人的合法权益。涉案图片集替代效应的发生,将对涉案剧集的市场价值造成实质性影响。其并非向公众提供保留剧情悬念的推介、宣传信息,不具备符合权利人利益需求的宣传效果,损害了权利人的合法权益。

因此,蜀黍科技公司提供涉案图片集的行为已超过适当引用的必要限度,影响涉案剧集的正常使用,损害了权利人的合法权益,不属于合理使用。

三、蜀黍科技公司如果构成侵权,是否应承担优酷网络公司主张的民事责任

本案中,双方当事人均未提交关于权利人实际损失或侵权人违法所得的相关证据,故适用法定赔偿。

二审案件事实

经审查,二审法院对一审法院查明的事实予以确认。

二审诉讼请求

蜀黍科技公司上诉请求:请求依法撤销一审判决第1项,并改判驳回优酷网络公司的全部诉讼请求。

二审裁判结果

二审法院判决驳回上诉,维持原判。

- **二审裁判理由**

  本案争议的焦点问题在于：

  一、蜀黍科技公司是否实施了被诉侵权行为

  蜀黍科技公司主张其仅提供信息存储空间服务，涉案图片集为网络用户上传，应该承担相应的举证责任。但其提供的证据不足以证明涉案图片集为真实用户所上传，应承担举证不利的后果。

  二、蜀黍科技公司实施的被诉侵权行为是否构成对涉案剧集信息网络传播权的侵犯

  本案中，涉案剧集是连续动态的影视画面，而涉案图片集是静态图片，虽然两者表现形式不同，但并不意味着改变了类电作品的形态就不存在提供作品的行为。因此，判断蜀黍科技公司是否存在提供作品的行为，关键还是在于考察涉案图片集是否使用了涉案剧集具有独创性的表达。涉案图片集截取了涉案剧集中的382幅画面，系涉案剧集中具有独创性表达的内容，构成提供作品的行为，且网络在线方式，使公众可以在其个人选定时间和地点获得涉案图片集，故蜀黍科技公司实施了对涉案剧集的信息网络传播行为，已侵犯优酷网络公司对涉案剧集享有的信息网络传播权。

  蜀黍科技公司还主张涉案图片集属于为介绍、评论某一作品或者说明某一问题，在作品中适当引用他人已经发表的作品之情形，侵权行为不成立。对此，二审法院认为，《著作权法实施条例》第21条规定了合理使用的构成要件，蜀黍科技公司提供涉案图片集的行为已超过适当引用的必要限度，亦非出于评论性引用的目的，公众可通过浏览涉案图片集快捷地获悉涉案剧集的关键画面、主要情节，已经影响涉案剧集的正常使用，损害权利人的合法权益，不属于合理使用。

- **案件解析**

  关于本案的争议问题，我们主要讨论两个方面。

  一、将类电作品进行截图制作图片集的行为是否属于提供该类电作品的行为

  《著作权法》（2020）第10条第12项规定的"以有线或者无线方式向公众提供作品"的行为，不应狭隘地理解为向公众提供的是完整的作品，因为著作权法保护的是独创性的表达。作品具有独创性表达的部分，在作品信息网络传播权的控制范围内。

  类电作品是指摄制在一定介质上，由一系列有伴音或者无伴音的画面组成，并且借助适当装置放映或者以其他方式传播的作品。类电作品通过连续的影像画面，产生流畅动态的表达效果,与图片静止的表达效果有所区别。涉案剧集是连续动态的影视画面,而涉案图片集是静态图片,虽然两者表现形式不同,但判断是否存在提供作品的行为,关键需要考察涉案图片集是否使用了涉案剧集具有独创性的表达。

蜀黍科技公司截取的涉案剧集中的382幅画面并非进入公有领域的创作元素,而为涉案剧集中具有独创性表达的部分内容,因此,提供涉案图片集的行为构成提供作品的行为。

二、"图解电影"的行为是否构成合理使用

《著作权法》(2020)第24条规定了12种合理使用的情形,其中包括为介绍、评论某一作品或者说明某一问题,在作品中适当引用他人已经发表的作品。《著作权法实施条例》(2013)第21条规定,依照著作权法有关规定,使用可以不经著作权人许可的已经发表的作品的,不得影响该作品的正常使用,也不得不合理地损害著作权人的合法利益。上述条款规定了合理使用的构成要件。

合理引用的判断标准并非取决于引用比例,而应取决于介绍、评论或者说明的合理需要。本案蜀黍科技公司提供涉案图片集的目的并非介绍或评论。公众可通过浏览上述图片集快捷地获悉涉案剧集的关键画面、主要情节。蜀黍科技公司提供涉案图片集的行为对涉案剧集起到了实质性替代作用,影响了作品的正常使用,对涉案剧集市场价值造成实质性影响,损害了权利人的合法权益。

第三章 新闻报道使用

第一节 时事新闻包括文字新闻和图片新闻

20. 乔某某与重庆华龙网新闻传媒有限公司侵害著作权纠纷上诉案[1]

▶ **案件影响**

入选2014年"中国法院50件典型知识产权案例"。

▶ **裁判要旨**

为报道时事新闻,在报纸、期刊、广播电台、电视台等媒体中不可避免地再现或者引用已经发表的作品,属于合理使用。判断一则消息是否属于时事新闻,是否为著作权法所调整,应具体考察其是否具有独创性,是否体现了作者的创造性劳动。

判断图片新闻是否为单纯事实消息并不以其所配发的文字是否为单纯事实消息为标准,而应单独审查其独创性,因为一张图片的独创性并不会因其所配文字的变化而发生任何实质性改变。

【关键词】

合理使用;时事新闻;摄影作品;独创性;著作权限制

【当事人】

上诉人(原审原告):乔某某;

---

[1] 乔某某与重庆华龙网新闻传媒有限公司侵害著作权纠纷案,重庆市第一中级人民法院民事判决书,(2013)渝一中法民初字第00579号;乔某某与重庆华龙网新闻传媒有限公司侵害著作权纠纷上诉案,重庆市高级人民法院民事判决书,(2013)渝高法民终字第00261号。

被上诉人(原审被告):重庆华龙网新闻传媒有限公司(以下简称华龙网)。

一审案件事实

原告为证明其为涉案图片的拍摄者,向原审法院提交了一张光盘,该光盘中包括了除附表一中编号为×××、71、74 的图片以外的其他 93 幅涉案图片的数码底片。

2012 年 2 月 6 日,北京市长安公证处出具了(2012)京长安内经证字第 1395 号公证书。根据该公证书及其附件的记载,2012 年 2 月 3 日,在华龙网上可以查看到《代表委员回眸"十一五"军队建设:武器装备现代化》等 18 篇文章,这些文章均包含文字及图片,每篇文章均注明了转载的时间及来源。

被告对于原告为涉案 96 幅图片的拍摄者没有异议,同时,确认华龙网由被告运营,且认可该网站上确有该公证书记载的上述内容,并称所有涉案内容均是从其他网站上全文转载。

原告为本案支付公证服务费 3200 元、网页证据搜索费 1920 元、代理公证费 1920 元、交通费 2252.8 元、住宿费 590 元、餐饮费 48 元,共计 9930.8 元。

一审原告诉请

原告乔某某请求法院判令被告:

1. 立即停止侵权,在华龙网上(不少于 30 日)公开登载致歉声明,向原告赔礼道歉。
2. 立即向原告支付摄影作品侵权使用赔偿金 181,800 元。
3. 立即向原告支付因本案支付的合理开支 11,540 元。
4. 承担本案全部诉讼费用。

● **一审裁判结果** ●

一审法院判决如下:

1. 被告华龙网立即删除涉案网站上的涉案摄影作品。
2. 被告华龙网赔偿原告乔某某经济损失 34,940 元。
3. 驳回原告乔某某的其他诉讼请求。

● **一审裁判理由**

一审法院认为:原、被告双方对于原告为涉案 96 幅图片的拍摄者无异议。本案的争议焦点在于涉案的96幅图片是否受《著作权法》保护;被告的行为是否构成侵权;如果构成侵权,被告应当承担何种民事责任。

一、涉案图片是否受《著作权法》保护

关于涉案96幅图片是否受《著作权法》保护的问题,根据不同情况可以分为三组评析如下。

第一组:附表一中编号为×××的图片。根据《著作权法实施条例》第2条之规定,著作权法所称作品,是指文学、艺术和科学领域内具有独创性并能以某种有形形式复制的智力成果。编号为×××的图片的拍摄对象是空军第三飞行学院"红鹰"飞行表演队队徽,仅系对该队徽的简单复制,并未体现出拍摄者的独创性,不能认定为受《著作权法》保护的作品。

第二组:编号×××-29、40-44、46-63、86-99的图片。去除重复图片后,本组图片涉及37幅图片。被控侵权的图片均是文章配图,在此情形下,涉案图片是否应当受到《著作权法》保护,应当将其与文字部分作为一个整体进行考量。《著作权法》(2010)第5条规定,时事新闻不属于该法保护的对象。根据《著作权法实施条例》第5条第1项之规定,时事新闻,是指通过报纸、期刊、广播电台、电视台等媒体报道的单纯事实消息。本组图片所在的四篇文章分别是对首届中国天津国际直升机博览会、首届航空开放日、运用激光模拟交战系统进行"红蓝"军实兵实装对抗演习等事件的时间、地点、人物、发生过程等客观事实的叙述,不含作者的情感表达、新闻评论等内容,属于单纯的事实消息,而该37幅图片是以图片的形式表达事件现场的客观事实,与文字部分共同反映出事件现场的原貌。因而,前述37幅图片属于时事新闻的一部分,不应当受《著作权法》保护。

第三组:编号为×××-25、30-39、64-85、100-101的图片。去除重复图片后,本组图片涉及58幅图片。根据《著作权法实施条例》(2013)第4条第10项的规定,摄影作品是指借助器械在感光材料或者其他介质上记录客观物体形象的艺术作品。本组图片是原告借助数码相机、利用光线条件等记录的客观景象创作而成,凝聚了其创造性劳动。这58幅摄影作品,依法应受《著作权法》保护。

二、被告的行为是否构成侵权

由于第一、二组图片均不受《著作权法》保护,此处仅审查被告使用第三组图片的行为是否构成侵权。

《著作权法》(2010)第22条第1款规定:"在下列情况下使用作品,可以不经著作权人许可,不向其支付报酬,但应当指明作者姓名、作品名称,并且不得侵犯著作权人依照本法享有的其他权利：……（三）为报道时事新闻,在报纸、期刊、广播电台、电视台等媒体中不可避免地再现或者引用已经发表的作品……"本款规定之目的在于允许新闻报道者在用文字、广播、摄影或电影等手段报道时事新闻时,对所报道事件过程中看到或听到的作品在为报道目的正当需要范围内予以复制。显然,本案被告的行为并不符合本款规定。其一,从被告转载的涉案文章内容来看,除被认定为时事新闻的 4 篇文章外,其他 14 篇文章均包括了作者的情感表达或评论等主观方面的内容,且时效性不强,不属于时事新闻。其二,从被告转载的涉案摄影作品来看,这些作品并非所报道事件中出现的已经发表的作品,而是本案原告在报道人物和事件过程中创作产生的作品。因而,被告的行为既不是"为了报道时事新闻",也不是"不可避免地再现或引用已经发表的作品",不构成合理使用。

三、被告是否应当承担民事责任以及承担何种民事责任

被告未经原告的许可,使用了原告的作品,其行为不构成对作品的合理使用,侵犯了原告所享有的著作权,理应承担停止侵权等民事责任。由于原告放弃指控被告未署名,亦无被告侵犯其精神权利的其他指控,因此,对于原告要求赔礼道歉的诉讼请求,法院不予支持。

二审案件事实

二审法院查明:一审法院查明的事实属实,并予以确认。

二审上诉请求

乔某某上诉请求法院撤销原判,依法改判重庆市第一中级人民法院(2013)渝一中民初字第 00579 号民事判决书第 3 项,改判支持上诉人对于该判决未予认定侵权的 37 幅图片的侵权赔偿主张及判决被上诉人承担本案中上诉人因持续诉讼所持续发生的合理开支;并判决被上诉人承担一、二审诉讼费用。

二审裁判结果

二审法院判决如下:

1. 维持重庆市第一中级人民法院(2013)渝一中法民初字第 00579 号民事判决主文第 1 项、第 3 项。

2. 撤销重庆市第一中级人民法院(2013)渝一中法民初字第 00579 号民事判决主文

第 2 项。

3. 华龙网赔偿原告乔某某经济损失 42,200 元。

● **二审裁判理由**

本案双方当事人争议的焦点是涉案 96 幅图片中的 37 幅图片是否受著作权的保护。

本案的关键是要正确理解时事新闻的含义。《著作权法》(2010)第 5 条规定,时事新闻不属于该法保护的对象。《著作权法实施条例》第 5 条第 1 项又规定,时事新闻,是指通过报纸、期刊、广播电台、电视台等媒体报道的单纯事实消息。由此可见,时事新闻仅指特地为媒体报道而写的单纯事实消息,因为仅是对时间、地点、人物、起因、经过、结果等新闻要素的简单排列组合,不涉及思想的表达方式,具有表达上的唯一性,属于公有领域的客观事实,不具有独创性,因此被排除在著作权法保护范围之外。

具体到本案而言,本案争议的 37 幅图片均是文章配图,与一审判决中确认具有独创性的 59 副图片在性质上、风格上基本相同,不能仅因其所配发的文字是单纯事实消息就否定其自身的独创性。37 幅图片所在的 4 篇文章是对现场的客观事实的叙述,不含作者的情感表达、新闻评论等内容,属于单纯的事实消息,而该 4 篇文章所配的 37 幅图片却均是乔某某借助数码相机、利用光线条件等记录的客观景象创作而成,取图的画面、取图的角度、画面的亮度、局部的光彩等都凝聚了其创造性的劳动,属于具有独创性的作品,虽然所配文字属于单纯事实消息,但图片具有独创性,属于把单纯事实进行了独创性的表达,是时事新闻作品,可以成为受《著作权法》保护的作品。因此,该 37 幅图片是独创作品,不属时事新闻,应受《著作权法》保护。

《著作权法》(2010)第 22 条第 1 款规定"在下列情况下使用作品,可以不经著作权人许可,不向其支付报酬,但应当指明作者姓名、作品名称,并且不得侵犯著作权人依照本法享有的其他权利:……(三)为报道时事新闻,在报纸、期刊、广播电台、电视台等媒体中不可避免地再现或者引用已经发表的作品……"本款规定之目的在于允许新闻报道者在用文字、广播、摄影等手段报道时事新闻时,对所报道事件过程中看到或听到的作品在为报道目的正当需要范围内予以复制。本案所涉图片即属于新闻本身,而非新闻中不得不再现或引用的他人作品,故不适用于本案。

> **案件解析**

本案的争议焦点主要集中在:如何正确理解时事新闻的含义,乔某某的 37 幅图片是否受著作权法保护?

判断一则消息是否属于时事新闻,是否为著作权法所调整,应具体考察其是否具有独创性,是否体现了作者的创造性劳动。同时,由单纯事实构成的时事新闻虽然不排除图片新闻,但确实应该以文字新闻为主,因为除非新闻图片的画面为唯一性表达,否则任何图片都可以体现摄影记者独立的构思,从确定拍摄主题、设计画面、调整角度,到捕捉拍摄时机等,都包含了拍摄者一系列精神创作活动,是极有可能具有独创性的,因此,在审查图片新闻的独创性时应格外审慎。判断图片新闻是否为单纯事实消息并不以其所配发的文字是否为单纯事实消息为标准,而应单独审查其独创性,因为一张图片的独创性并不会因其所配文字的变化而发生任何实质性改变。

本案中,乔某某的 37 幅图片是其借助数码相机、利用光线条件等记录的客观景象创作而成,取图的画面、取图的角度、画面的亮度、局部的光彩等都凝聚了其创造性的劳动,属于具有独创性的作品,虽然所配文字属于单纯事实消息,但图片具有独创性,属于把单纯事实进行了独创性的表达,是时事新闻作品,可以成为受《著作权法》保护的作品。

第二节
完整的网络转载不构成合理使用

21. 乔某某与黑龙江东北网络台著作权纠纷案[①]

> **裁判要旨**

为报道时事新闻,在报纸、期刊、广播电台、电视台等媒体中不可避免地再现或者引用已经发表的作品,属于合理使用。完整的网络转载行为,并非"不可避免地再现或者引用已经发表的作品",不构成合理使用。

【关键词】

合理使用;摄影作品;合法转载;著作权限制

【当事人】

上诉人(一审被告):黑龙江东北网络台(以下简称东北网络台);

被上诉人(一审原告):乔某某。

一审案件事实

东北网络台是东北网(www.dbw.cn)的主办单位。乔某某在职期间拍摄了涉案42幅摄影作品,东北网络台在其主办的东北网上使用上述图片共计42张42次,除编号为Xqbb-76的摄影作品外,其他41张摄影作品下方均署有乔某某摄。

乔某某主张其为本案诉讼支付了836元公证费及5000元律师费。

东北网络台认为其所转载的乔某某所拍摄的作品是基于中共黑龙江省委宣传部宣传任务。

[①] 乔某某与黑龙江东北网络台著作权权属、侵权纠纷案,北京市西城区人民法院民事判决书,(2017)京0102民初3977号;黑龙江东北网络台与乔某某著作权权属、侵权纠纷上诉案,北京知识产权法院民事判决书,(2017)京73民终1797号。

一审原告诉请

原告乔某某向一审法院起诉请求：

1. 在东北网络台网站(www.dbw.cn)首页连续30日向乔某某公开致歉。
2. 东北网络台停止侵权,立即删除涉案42幅摄影作品。
3. 东北网络台支付乔某某赔偿金126,000元、公证费836元、律师费5000元,共计131,836元。
4. 由东北网络台承担本案诉讼费。

一审裁判结果

一审法院判决如下：

1. 被告东北网络台于本判决生效之日起10日内,在网站(www.dbw.cn)首页上连续48小时刊登向原告乔某某的致歉声明。
2. 被告东北网络台于本判决生效之日立即删除网站(www.dbw.cn)上涉案的42幅摄影作品。
3. 被告东北网络台于本判决生效之日起10日内赔偿原告乔某某经济损失63,000元。
4. 被告东北网络台于本判决生效之日起10日内赔偿原告乔某某合理支出费用5836元。
5. 驳回原告乔某某的其他诉讼请求。

一审裁判理由

本案共有以下两个争议焦点:(1)乔某某就涉案摄影作品是否享有著作权;(2)东北网络台在其经营的网站上使用涉案摄影作品的行为是否构成著作权侵权。

关于争点一。根据著作权法的规定,著作权属于作者,创作作品的公民是作者,如无相反证明,在作品上署名的公民、法人或者其他组织为作者。本案中,乔某某就其主张权利的摄影作品,提供了相应的光盘以及公证书,东北网络台虽质疑,但未提供相反证据。法院结合其他证据认定乔某某系涉案摄影作品的作者,享有著作权。

关于争点二。首先,东北网络台在执行上述中央的宣传任务的过程中应该尊重并注意保护相关著作权人的著作权,若有侵犯著作权人相关权益的行为应承担相应的法律责任,非商业目的并未免责条件。其次,东北网络台在其网站上使用涉案摄影作品的行为并不符合我国有关报刊法定许可转载的条件,且东北网络台并未提交证据证明其与新华网、中国军网的许可使用合同等授权材料,故其并非合法转载。最后,《著作权法》(2010)第22条第1款规定:"在下列情况下使用作品,可以不经著作权人许可,不向其支付报酬,但应当指明作者姓名、作品名称,并且不得侵犯著作权人依照本法享有的其他权利:……(三)为报道时事新闻,在报纸、期刊、广播电台、电视台等媒体中不可避免地再现或者引用已经发表的作品……"具体到本案中,东北网络台认可其行为是完整的网络转载行为,而并非"不可避免地再现或者引用已经发表的作品"行为,东北网络台的涉案行为并不符合上述法律关于"合理使用"的规定。乔某某提供的公证书可以证实,东北网络台在其经营的东北网中的焦点要闻滚动栏目通过信息网络传播乔某某享有著作权的摄影作品。上述包含被控侵权摄影作品的文章均系东北网络台在网站栏目刊载,该行为属直接提供内容。现有证据并未显示该种使用已经乔某某许可,且部分摄影作品(1张)亦未署名,故东北网络台的上述使用行为已构成对乔某某署名权、信息网络传播权等著作权权利的侵害,依法应承担停止侵权、赔礼道歉、赔偿损失的民事责任。

二审案件事实

二审法院查明:一审法院查明的事实属实,并予以确认。

二审上诉请求

东北网络台上诉请求:

1.撤销一审判决,依法改判。
2.一审及二审的案件受理费由被上诉人承担。

二审裁判结果

二审法院判决如下:驳回上诉,维持原判。

● **二审裁判理由**

一、关于乔某某就涉案摄影作品是否享有著作权

《著作权法》(2010)第二章"著作权"的第二节"著作权归属"第16条规定:"公民为完成法人或者其他组织工作任务所创作的作品是职务作品,除本条第二款的规定以外,著作权由作者享有,但法人或者其他组织有权在其业务范围内优先使用……有下列情形之一的职务作品,作者享有署名权,著作权的其他权利由法人或者其他组织享有,法人或者其他组织可以给予作者奖励:(一)主要是利用法人或者其他组织的物质技术条件创作,并由法人或者其他组织承担责任的工程设计图、产品设计图、地图、计算机软件等职务作品;(二)法律、行政法规规定或者合同约定著作权由法人或者其他组织享有的职务作品。"乔某某提供了中国摄影著作权协会出具的证明,证明乔某某对在中国人民解放军报社工作期间拍摄的摄影作品享有著作权。虽然涉案摄影作品是乔某某在中国人民解放军报社工作期间拍摄的作品,但无《著作权法》第16条第2款规定之情形,故乔某某就涉案摄影作品享有著作权。

二、关于东北网络台在其经营的网站上使用涉案摄影作品的行为是否构成著作权侵权

第一,关于合理使用的上诉意见。《著作权法》(2010)第二章"著作权"的第四节"权利的限制"第22条第1款规定:"在下列情况下使用作品,可以不经著作权人许可,不向其支付报酬,但应当指明作者姓名、作品名称,并且不得侵犯著作权人依照本法享有的其他权利:……(三)为报道时事新闻,在报纸、期刊、广播电台、电视台等媒体中不可避免地再现或者引用已经发表的作品……"被告的转载行为并非"不可避免地再现或者引用已经发表的作品"行为,不符合上述法律关于"合理使用"的规定。

第二,关于合法转载的上诉意见。《著作权法》(2010)第三章"著作权许可使用和转让合同"第24条第1款规定:"使用他人作品应当同著作权人订立许可使用合同,本法规定可以不经许可的除外。"被告未与著作权人签订许可使用合同而转载他人作品,不符合合法转载他人作品的条件。

第三,关于转载行为系按照相关文件要求进行非营利性新闻宣传的上诉意见。相关文件未要求或者同意上诉人在不考察著作权权属且未获得授权的情况下以侵权方式使用他人作品,上诉人应当注重并且善于使用法律许可的方式贯彻上级精神,而不是将二者对立。其相关意见没有法律依据,法院不予采纳。

第四,关于完整转载行为未侵犯被上诉人署名权的上诉意见。《著作权法》(2010)第二章"著作权"的第一节"著作权人及其权利"第10条第1款规定:"著作权包括下列人身权和财产权:……(二)署名权,即表明作者身份,在作品上署名的权利……"上诉人转载被上诉人编号为Xqbb-76的摄影作品没有注明作者名称,构成侵犯署名权。

> **案件解析**

本案的争议焦点主要是:东北网络台在其经营的网站上使用涉案摄影作品的行为是否属于合理使用?

《著作权法》(2010)第二章"著作权"的第四节"权利的限制"第22条第1款规定:"在下列情况下使用作品,可以不经著作权人许可,不向其支付报酬,但应当指明作者姓名、作品名称,并且不得侵犯著作权人依照本法享有的其他权利:……(三)为报道时事新闻,在报纸、期刊、广播电台、电视台等媒体中不可避免地再现或者引用已经发表的作品……"本案中,东北网络台的转载行为并非是"不可避免地再现或者引用已经发表的作品"行为,不符合上述法律关于"合理使用"的规定。

第三节 赛事直播不属于对时事新闻的合理使用

22. 央视国际网络有限公司与暴风集团股份有限公司著作权纠纷案[①]

> **案件影响**

入选2018年"北京知识产权法院著作权典型案例"。

> **裁判要旨**

为报道时事新闻,在报纸、期刊、广播电台、电视台等媒体中不可避免地再现或者引

[①] 央视国际网络有限公司与暴风集团股份有限公司著作权纠纷案,北京市石景山区人民法院民事判决书,(2015)石民(知)初字第752号;央视国际网络有限公司与暴风集团股份有限公司著作权纠纷上诉案,北京知识产权法院民事判决书,(2015)京知民终字第1055号。

用已经发表的作品,属于合理使用。

赛事直播因独创性低,不属于电影作品。对报道时事新闻的合理使用,至少需要以报道时事新闻为目的,且应仅是在进行新闻报道时不可避免地且附带性地再现或者引用了该事件中客观出现的他人作品。

【关键词】

合理使用;短视频;转播权;时事新闻;适格主体;著作权限制

【当事人】

上诉人(被上诉人,一审原告):央视国际网络有限公司(以下简称央视国际公司);

上诉人(被上诉人,一审被告):暴风集团股份有限公司(以下简称暴风公司)。

一审案件事实

2009年4月20日,央视出具授权书,将其所有电视节目的著作权及其相关权利,授权央视国际公司在全世界范围内独占行使。授权内容自2006年4月28日起生效。

2014年6月13日至7月14日,央视向中国大陆的电视观众实时转播2014巴西世界杯64场足球比赛。央视国际公司在赛后通过互联网络向中国大陆公众提供全部完整赛事的电视节目在线播放服务。

2014年11月4日,国际足联向央视出具媒体权确认函,将2014年巴西世界杯比赛在中国大陆的转播权授予央视,期限为自2011年1月1日起至2014年12月31日止。其间,央视享有2014年巴西世界杯的独家媒体权和许可转授权。

在暴风影音5视频播放器的右侧窗口的"在线影视"栏目项下的"暴风视频"中点击"世界杯剧场",其中有1663段视频有视频标题,其中的63段视频涵盖2014巴西世界杯全部64场赛事的进球画面及单场比赛的部分画面。

央视国际公司主张侵权的视频共计3950段,但对于除公证涉及的1663段外的2287段短视频,央视国际公司既未打开视频列表,亦未播放视频。

一审庭审中,央视国际公司陈述涉案短视频内容系来自央视接收国际足联提供的2014巴西世界杯比赛电视信号,并由央视在电视节目画面的基础上,添加中文字幕信息,配以中文现场解说,首次在中国大陆播出的电视节目内容。

暴风公司承认涉案短视频系该公司在赛事期间,节选涉案赛事节目的内容,经过编辑、整理、制作而成,且在提供在线播放的同时插入广告画面的事实;暴风公司亦认可暴风影音5视频播放器PC客户端软件与暴风影音网站网页所播放的涉案短视频,均为同一视频源,且内容相同。

2014年9月9日,央视国际公司向北京市海诚公证处支付公证费11,000元,其中涉案四份公证书的公证费共计7400元。

央视国际公司为本案诉讼支付了律师费25,000元。

一审原告诉请

原告央视国际公司请求法院判令暴风公司:

1. 赔偿央视国际公司经济损失及合理支出共计400万元,其中经济损失3,967,600元,合理支出包括律师代理费25,000元、公证费7400元。

2. 承担本案全部诉讼费用。

一审裁判结果

一审法院判决如下:

1. 暴风公司赔偿央视国际公司经济损失640,000元以及诉讼合理支出32,400元,共计672,400元。

2. 驳回央视国际公司的其他诉讼请求。

一审裁判理由

本案争议焦点为:(1)央视国际公司所主张的涉案短视频的性质是否符合我国著作权法的相关规定,构成作品;(2)央视国际公司是否为本案的适格主体,是否有权利就涉案短视频内容向暴风公司主张著作权;(3)涉案短视频是否属于时事新闻报道;(4)暴风公司在线播放涉案短视频的实际数量;(5)暴风公司在线播放涉案短视频的行为是否构成侵权。

关于焦点一。本案中,涉案短视频内容系暴风公司节选自经央视制作播放的《2014巴西世界杯》全部64场完整赛事的电视节目内容。涉案赛事节目系通过摄制者在比赛现场的拍摄,并通过技术手段融入解说、字幕、镜头回放或特写、配乐等内容,且经过信号传播至电视等终端设备上所展现的有伴音连续相关图像,可以被复制固定在载体上;同时,摄制者在拍摄过程中并非处于主导地位,其对于比赛进程的控制、拍摄内容的选择、解说内容的编排以及在机位设置、镜头选择、编导参与等方面,能够按照其意志做出的选择和表达非常有限,因此由国际足联拍摄、经央视制作播出的《2014巴西世界杯》赛事电视节目所体现的独创性,尚不足以达到构成我国著作权法所规定的以类似摄制电影的方法创作的作品的高度,但是符合我国著作权法关于录像制品的规定,应当认定为录像制品。而涉案短视频系节选自涉案赛事节目的内容,属于复制,亦应认定为录像制品。

关于焦点二。本案中,央视将其制作播放的涉案赛事节目的录像制品独占信息网络传播权及相关维权权利授予央视国际公司,故央视国际公司在授权期限内自国际足联和央视处继受取得涉案赛事节目录像制品的独占信息网络传播权及相关维权权利,系本案适格原告。

关于焦点三。根据我国著作权法的规定,时事新闻是指通过报纸、期刊、广播电台、电视台等媒体报道的单纯事实消息。通常情况下,单纯事实消息是指一则新闻仅用最为简明的语言或画面记录了该新闻事实的各构成要素(时间、地点、人物、事件等)。本案中,暴风公司既非报纸、期刊、广播电台、电视台等媒体,亦非涉案短视频内容的实际摄制者,且涉案短视频内容仅为单场赛事中的配以解说的进球画面和部分比赛画面,与时事新闻报道有较为明显的区别,同时录像制品亦不适用我国著作权法关于时事新闻作品合理使用的规定,故涉案短视频并非时事新闻报道。

关于焦点四。根据本案四份公证书中公证视频画面显示的"CCTV5 + 体育赛事""CCTV5 体育""CNTV"水印内容,公证视频中出现的央视主持人现场中文解说和中文字幕,以及公证视频在暴风影音 5 视频播放器 PC 客户端软件右侧子栏目中的位置,能够认定包括公证视频所在子栏目内的共计 1663 段涉案短视频,系能够完整在线播放 2014 巴西世界杯全部 64 场赛事的进球画面和单场赛事部分画面。

关于焦点五。本案中,暴风公司未经权利人的授权许可,即通过该公司服务器,利用暴风影音网站和暴风影音 5 视频播放器 PC 客户端软件向公众提供涉案短视频的在线播放服务,构成了对央视国际公司制作播放的涉案赛事节目录像制品的复制和信息网络传播,侵害了央视国际公司对涉案赛事节目的录像制品所享有的独占信息网络传播权,应当承担相应的民事责任。

二审案件事实

二审法院认为一审法院查明的事实属实,并予以确认。

二审上诉请求

央视国际公司不服一审判决,提起上诉,请求二审法院依法撤销一审判决,并判决暴风公司赔偿央视国际公司经济损失及合理开支共计 400 万元。

暴风公司不服一审判决，提起上诉，请求二审法院依法撤销一审判决，发回重审或者判决驳回央视国际公司全部诉讼请求。

二审裁判结果

二审法院判决如下：

1. 撤销北京市石景山区人民法院作出的(2015)石民(知)初字第 752 号民事判决。
2. 暴风公司赔偿央视国际公司经济损失及诉讼合理支出共计 400 万元。

● 二审裁判理由

本案的争议焦点是：(1)涉案 64 场赛事节目是否构成以类似摄制电影的方法创作的作品；(2)如果不构成作品，涉案 64 场赛事节目是否构成录像制品，以及央视国际公司是否享有录像制作者权；(3)暴风公司提供在线播放服务的短视频是否为 1663 段；(4)暴风公司对涉案短视频的使用是否属于《著作权法》(2010)第 22 条第 1 款第 3 项、第 2 款规定的情形。

一、涉案 64 场赛事节目是否构成类似摄制电影的方法创作的作品

(一)"电影作品和以类似摄制电影的方法创作的作品"的构成要件

电影作品和以类似摄制电影的方法创作的作品(为论述方便，下文将"电影作品和以类似摄制电影的方法创作的作品""以类似摄制电影的方法创作的作品"均简称为电影作品)在构成要件上，至少应符合固定及独创性要求。电影作品与录像制品的区别为独创性程度的高低，而非有无。

(二)涉案 64 场赛事节目是否构成电影作品

本案中，央视国际公司主张构成电影作品的是观众在电视上所看到的涉案 64 场比赛的全部直播内容，主要包括两部分来源：一部分为国际足联所提供信号中的内容，通常包括比赛现场的画面及声音、字幕、慢动作回放、集锦等；另一部分为央视在直播过程中所增加的中文字幕及解说。

1. 是否符合固定要求

本案中，被诉行为是互联网点播行为，其发生在涉案赛事直播结束后。此时，涉案每场比赛均已被稳定地固定在物质载体上，因而涉案赛事节目满足电影作品的固定的要求。

2. 是否符合独创性要求

世界杯赛事直播在对素材的选择、对素材的拍摄、对拍摄画面的选择及编排三方面均没有体现出较高的独创性。因此，就类型化分析而言，体育赛事直播信号所承载的连续画面，在独创性高度上较难符合电影作品的要求。

电影作品可以包含有文字和声音，但连续画面是电影作品的基本表达，是电影作品区别于其他类型作品的根本特征，即连续画面是使某部作品构成电影作品的前提。因此，即使涉案直播中包含的中文字幕构成文字作品、解说构成口述作品，但在涉案赛事信号所承载连续画面不构成电影作品的情况下，中文字幕和解说不能使整个赛事节目构成电影作品。

二、涉案 64 场赛事节目是否构成录像制品、央视国际公司是否享有录像制作者权

在符合固定要求的情况下，一系列连续画面如果不构成电影作品，则构成录像制品。因此，虽然涉案 64 场赛事节目不构成电影作品，但应属于录像制品。

涉案 64 场比赛全部直播内容中的中文字幕及解说是由央视在国际足联提供的相关内容基础上进行的增加，相关权利自然归属于央视。据此，央视享有录像制作者权，而基于央视的授权，央视国际公司获得了涉案 64 场赛事节目的录像制作者权。

三、暴风公司提供在线播放服务的短视频是否为 1663 段

在央视国际公司已证明 1663 段视频均有相应视频标题且与可播放的视频均在同一子栏目中的情况下，央视国际公司已尽到其举证责任。暴风公司如认为并非 1663 段均可播放，则应对此承担举证责任。在暴风公司无相反证据的情况下，法院推定相关子目录中的全部 1663 段视频均可在线播放，有事实和法律根据。

四、暴风公司对涉案短视频的使用是否属于《著作权法》(2010) 第 22 条第 1 款第 3 项、第 2 款规定的情形

《著作权法》(2010) 第 22 条第 1 款规定，为报道时事新闻，在报纸、期刊、广播电台、电视台等媒体中不可避免地再现或者引用已经发表的作品的，可以不经著作权人许可，不向其支付报酬，但应当指明作者姓名、作品名称，并且不得侵犯著作权人依照本法享有的其他权利。根据该规定，构成该项规定的情形，至少需要以报道时事新闻为目的，且应仅是在进行新闻报道时不可避免地且附带性地再现或者引用了该事件中客观出现的他人作品。

本案中，暴风公司在其网站上提供的视频均完全截取自比赛视频，且仅仅是比赛视频相关内容，显然并不属于为报道新闻事件而对该事件中所出现的他人制品的使用，其使用方式也不是在进行新闻报道时附带性地不可避免地再现或者引用涉案视频，因此不符合《著作权法》第 22 条第 1 款及第 2 款的规定。

> **案件解析**
>
> 关于本案，我们主要讨论暴风公司在线播放涉案短视频的行为是否构成合理使用。
>
> 《著作权法》(2010)第 22 条第 1 款规定，构成该项规定的情形，至少需要以报道时事新闻为目的，且应仅是在进行新闻报道时不可避免地且附带性地再现或者引用了该事件中客观出现的他人作品。
>
> 对于何为"为报道时事新闻"，著作权法以及著作权法实施条例并无具体说明，但该条款的设置是为了履行公约义务，故《伯尔尼公约》(1971 年巴黎文本)第 10 条之二第 2 款的具体内容以及世界知识产权组织编写的《保护文学和艺术作品伯尔尼公约(1971 年巴黎文本)指南》中的解释可作参考。上述文件中记载，"时事新闻报道的主要目的是让公众有一种参与其中的感觉"，从而有必要"复制和向公众提供在事件发生过程中看到或听到的文字或艺术作品"。依据上述规定，如果他人作品客观出现在该新闻事件中，从而使得对该作品的引用或再现行为系为报道时事新闻所"不可避免"，则该行为无须著作权人许可，以"鼓励传播新闻，促进信息交流"。
>
> 虽然本案涉及的是录像制品，而非作品，但我国《著作权法》(2010)第 22 条第 2 款规定，"前款规定适用于对出版者、表演者、录音录像制作者、广播电台电视台的权利的限制"，故前述理解亦同样适用于对于录像制品的使用行为。
>
> 本案中，暴风公司所做的视频集锦均完全截取自比赛视频，仅仅是比赛视频相关内容，显然并不属于为报道新闻事件而对该事件中所出现的他人制品的使用，其使用方式也不是在进行新闻报道时附带性地不可避免地再现或者引用涉案视频，因此不构成合理使用。

第四章 转载转播使用

第一节 政治经济问题的时事性文章认定标准

23.经济观察报社与武汉中财信息产业有限公司著作权纠纷案[①]

▶ **裁判要旨**

向公众提供在信息网络上已经发表的关于政治、经济问题的时事性文章,属于合理使用。

政治、经济问题的时事性文章,所指的政治、经济问题应是涉及广大社会公众的问题,而非个别企业或者行业的局部问题。

【关键词】

合理使用;时事性文章;排他许可;权利归属;著作权限制

【当事人】

原告:经济观察报社;

被告:武汉中财信息产业有限公司(以下简称中财公司)。

案件事实

《经济观察报》于2006年7月17日、10月16日,2007年7月23日,分别刊载了涉案的《洪都航空》《房地产》《大光明》3篇文字作品。3篇文字作品均署名为"本报记者胡某琳上海报道"。上述文字作品还以电子版方式先发表于原告的网站。

---

① 经济观察报社与武汉中财信息产业有限公司著作权纠纷案,湖北省武汉市中级人民法院民事判决书,(2009)武知初字第549号。

2008年12月15日,经济观察报社与胡某琳签订职务作品版权事宜协议书,双方约定:胡某琳在经济观察报社工作期间创作的、发表在《经济观察报》或经济观察网(域名www.eeo.com.cn)上的所有作品均为职务作品。该协议关于双方权利义务的约定同样适用于该协议签署前已经在《经济观察报》、经济观察网上刊载的胡某琳职务作品等。

2008年1月15日,北京市方圆公证处出具的(2008)京方圆内经证字第02749号公证书中记载:转载的文字作品《股价一年内飙升十倍洪都航空再抛重磅炸弹》,文字作品标题下方标明"2006年7月17日7:27:35 中财网"字样;文字作品《人民币升值预期刺激外资屯兵中国房地产业》,文字作品标题下方标明"2006年10月16日7:43:47 中财网"字样;文字作品《大光明整合零售先行农工商成上海便利头牌》,文字作品标题下方标明"2007年7月21日18:31:41 中财网"字样。上述转载的文字作品末尾处均标明"经济观察报"、"胡某琳"或"记者胡某琳"。

经比对,《股价一年内飙升十倍洪都航空再抛重磅炸弹》《人民币升值预期刺激外资屯兵中国房地产业》文字作品与原告主张的《洪都航空》《房地产》的文字作品除标题不同外,两者之间的其他文字部分完全相同。同时,被告也确认中国财经信息网(以下简称中财网)是其开办经营的网站,在其内网服务器中存储有涉案3篇文字作品,供被告的专业分析人员使用,而其网站外部的人员无法点击浏览上述文字作品。

原告为包括本案在内的维权诉讼共支付了律师费45,000元,公证费3000元,差旅费1880元。庭审中,原告主张本案中分担的律师费为1000元,公证费为10元,差旅费按实际发生额分担450元。

原告诉请

原告经济观察报社请求法院判令:

1. 被告停止侵害,将非法转载的3篇文章立即从中财网网站上删除。
2. 被告就非法转载事宜在中财网首页刊登致歉声明一周。
3. 被告向原告支付赔偿金人民币550元。
4. 被告赔偿原告因制止其侵权行为而支付的合理开支人民币1460元。
5. 本案诉讼费用由被告承担。

裁判结果

合议庭经评议,判决如下。

1. 被告中财公司赔偿原告经济观察报社经济损失 550 元。
2. 被告中财公司赔偿原告经济观察报社合理费用 500 元。
3. 驳回原告经济观察报社的其他诉讼请求。

● **裁判理由**

本案争议焦点为：(1)原告是否享有涉案 3 篇文字作品的著作权；(2)被告转载涉案文字作品的行为是否构成合理使用，是否构成侵权。

一、关于原告是否享有涉案 3 篇文字作品的著作权问题

本案诉争的文字作品《洪都航空》《房地产》《大光明》，发表时均署名"本报记者胡某琳上海报道"。本案中，原告与胡某琳签订职务作品版权事宜协议书的时间为 2008 年 12 月 15 日，该协议约定对上述职务作品有溯及力。但是著作权自作品完成之日起产生，对已有权利归属的作品，只能通过约定流转权利而不能通过约定确定著作权的原始归属，因此，原告不能取得涉案 3 篇文字作品的著作权。但在作品完成两年内原告对涉案 3 篇文字作品享有排他许可使用权。被告转载文字作品的时间在该作品完成 2 年之内。在原告享有排他使用权期限内，被告涉嫌侵犯作品著作权，原告应有权就著作财产权权利受到侵害提起诉讼。

二、关于被告转载涉案文字作品的行为是否属于合理使用以及是否构成侵权的问题

首先，被告转载了涉案文字作品。第一，被告网站存储有上述 3 篇文字作品，并能够提供给互联网用户点击浏览。第二，被控网页登载的文字作品与原告主张的文字作品存在一致性。第三，转载行为应为被告实施。第四，只要网络服务器上传、存储有涉案作品，即使这些作品处于临传播状态也构成传播。且被告未提交相应证据证明其转载文字作品的传播范围以及是否采取技术措施防止被控转载的文字作品提供给他人点击浏览。

其次，被告的传播行为不符合合理使用的条件，不因合理使用而免责。《信息网络传播权保护条例》(2006)第 6 条规定了在网络环境下传播他人作品的合理使用条款，其中，第 7 项规定："向公众提供在信息网络上已经发表的关于政治、经济问题的时事性文章。"该条规定属网络环境下著作权合理使用的构成要件为：第一，在网络环境下使用他人作品；第二，被使用的作品为已经发表的网络作品；第三，作品为涉及有关政治、经济问题的时事性文章。只有同时满足上述三个条件的行为，才能被认定为合理使用。但上述 3 篇文字作品分别反映的仅是个别企业或行业的经营状况分析，并非为了宣传、贯彻党和国家某一时期或对某一重大事件的方针、政策而创作的,不具有较强的政策性、目的性,不属于上述条例所规定的关于政治、经济问题的时事性文章,故被告的行为不构成合理使用。

最后,被告转载涉案 3 篇文字作品的行为未得到享有著作权的原告的许可,侵犯了原告对涉案文字作品所享有的信息网络传播权。第一,被告并未提供为转载涉案文字作品所签订的书面许可合同,故其转载行为缺乏著作权人的合法授权。第二,被告提交的与原告之间的沟通工作记录、经济观察报与中财网信息合作方案以及经济观察网站对中财网的友情链接网页等证据均为被告单方所制作,缺乏原告的认可或许可转载涉案文字作品的明示意思表示,不能证明原、被告之间已就转载包括涉案文字作品在内的行为达成协议。第三,被告作为与原告具有同类采编能力的企业,在未取得作为著作权人的授权许可的情况下,其对涉案文字作品进行存储并提供给互联网用户点击浏览,其主观上存有过错。故被告的行为侵犯了原告专有的将涉案文字作品在信息网络传播的权利。

案件解析

本案的争议焦点主要集中在:被告转载涉案文字作品的行为是否构成合理使用。

《著作权法》(2001)第 22 条第 1 款第 4 项规定:"报纸、期刊、广播电台、电视台等媒体刊登或者播放其他报纸、期刊、广播电台、电视台等媒体已经发表的关于政治、经济、宗教问题的时事性文章,但作者声明不许刊登、播放的除外。"[1]《信息网络传播权保护条例》(2006)第 6 条第 7 项所规定的政治、经济问题应是涉及广大社会公众的问题,而非个别企业或者行业的局部问题,这也是为了保证社会公众的知情权。因为社会公众在日常生活中有权利知道党和国家颁布的方针、政策,以便遵照执行或者提出合理化建议,履行法律所赋予的管理、监督国家事务的权利。

从涉案文字作品撰写的内容来看,其分别反映的仅是个别企业或行业的经营状况分析,并非为了宣传、贯彻党和国家某一时期或对某一重大事件的方针、政策而创作的,不具有较强的政策性、目的性,不属于上述条例所规定的关于政治、经济问题的时事性文章,故被告作为经济类的专业网站转载上述涉案文字作品的行为不构成合理使用条

---

[1] 全国人大常委会法制工作委员会民法室编:《〈中华人民共和国著作权法〉修改立法资料选》,法律出版社 2002 年版,第 90 页。

款中所规定情形。

《著作权法》(2020)第24条第1款第4项规定"报纸、期刊、广播电台、电视台等媒体刊登或者播放其他报纸、期刊、广播电台、电视台等媒体已经发表的关于政治、经济、宗教问题的时事性文章,但著作权人声明不许刊登、播放的除外"。[①] 将原先的"作者"改为"著作权人",进一步明确了权利范围。

第二节 网络环境下时事性文章合理使用要件

24. 广州牧联信息科技有限公司与南方报业传媒集团信息网络传播权纠纷案[②]

▎**裁判要旨**

向公众提供在信息网络上已经发表的关于政治、经济问题的时事性文章,属于合理使用。

网络环境下著作权合理使用的要件包括:第一,在网络环境下使用他人作品;第二,被使用的作品为已经发表的网络作品;第三,作品内容涉及有关政治、经济问题的时事性文章。只有同时满足上述三个条件的行为,才被认定为合理使用。

【关键词】

合理使用;时事性文章;职务作品;合理使用;网络环境;著作权限制

[①] 黄薇、王雷鸣主编:《中华人民共和国著作权法导读与释义》,中国民主法制出版社2021年版,第8页。
[②] 广州牧联信息科技有限公司与南方报业传媒集团侵害作品信息网络传播权纠纷案,广州市天河区人民法院民事判决书,(2013)穗天法知民初字第403号;广州牧联信息科技有限公司与南方报业传媒集团侵害作品信息网络传播权纠纷上诉案,广东省广州市中级人民法院民事判决书,(2013)穗中法知民终字第876号。

【当事人】

上诉人(原审被告):广州牧联信息科技有限公司(以下简称牧联公司);

被上诉人(原审原告):南方报业传媒集团(以下简称南方传媒)。

一审案件事实

2012年9月20日,南方传媒所属《南方农村报》登载其所聘记者及见习记者采写的《猪场拆迁无法避免协商补偿有法可依》(署名为"南方农村报记者杨某1、陈某润,见习记者高某红、杨某2、赵某莉",副标题为"又一轮猪场强拆风潮至,养殖户投诉增多")文章。该文章总字数约为2195字。

南方传媒(甲方)与上述文章作者陈某润、杨某1、高某红、杨某2(乙方)签订劳动合同及协议书,主要内容均包括:甲方聘用乙方在《南方农村报》从事采编工作。乙方在甲方内部各系列报刊、网站发表的作品,均属于职务作品,除署名权外,其他著作权均由甲方享有。上述协议书分别有南方传媒签章及陈某润、杨某1、高某红、杨某2签名。南方传媒另提供了赵某莉7~8月稿费和8月稿费的内部稿酬现金支款单,以及赵某莉10月和11月的薪酬统计。

牧联公司系爱猪网网站(www.52swine.com)的经营者。该网站属于经营性网站,转载了《南方农村报》登载的《猪场拆迁无法避免协商补偿有法可依》一文,并将该文标题改为《养猪业环保压力大养殖跟种植业相互转化不够》,文章内容有所删减,转载文章标题下方注明"来源:广东饲料"。南方传媒对该网站转载包括该篇文章在内的多篇文章的情况进行证据保全,广州市广州公证处出具了(2012)粤广广州第286938号公证书。牧联公司称其自案外网站转载该篇文章,转载时并未得到授权,且转载时文章标题和内容已经修改。

南方传媒主张其为制止牧联公司侵权行为支出的合理费用包括公证费和差旅费,并提供了公证费发票2000元。

一审原告诉请

原告南方传媒诉至法院要求判令被告牧联公司:

1. 立即在爱猪网上删除涉诉文章,停止侵害原告著作权的行为。
2. 在爱猪网首页连续30天刊登赔礼道歉的声明。
3. 赔偿原告经济损失5000元。

4. 承担本案诉讼费用。

一审裁判结果

一审法院判决如下：

1. 牧联公司在爱猪网网站(www.52swine.com)首页连续24小时刊登更正声明以向南方传媒致歉。

2. 牧联公司赔偿南方传媒经济损失包括合理支出共计人民币715元。

3. 驳回南方传媒的其他诉讼请求。

一审裁判理由

涉案文章登载于《南方农村报》时署名为"南方农村报记者杨某、陈某润,见习记者高某红、杨某、赵某莉",在牧联公司未能提供相反证据予以推翻的情况下,法院确认杨某、陈某润、高某红、杨某、赵某莉是《猪场拆迁无法避免协商补偿有法可依》一文的合作作者,著作权由合作作者共同享有。

根据我国《著作权法》(2010)的规定,公民为完成法人或者其他组织工作任务所创作的作品系职务作品。涉案文章均创作完成于杨某、陈某润、高某红、杨某任职期间,且南方传媒与上述作者签订的劳动合同也已明确约定其上述作者在南方传媒内部各系列报刊、网站发表的作品均属于职务作品,故法院依据现有证据确认涉案文章均为上述作者为完成南方传媒工作任务所创作的职务作品。南方传媒虽同时主张涉案文章系赵某莉作为实习记者时的职务作品,但未能提供对应月份的内部稿酬现金支款单,提供的薪酬统计系南方传媒单方制作,在无其他证据佐证的情况下,其证明效力难以确认。

我国《著作权法》(2010)规定,职务作品的著作权由作者享有,但法人或者其他组织有权在其业务范围内优先使用,主要利用法人或者其他组织的物质技术条件创作且由法人或者其他组织承担责任的工程设计图、产品设计图、地图、计算机软件等职务作品,以及法律、行政法规规定或者合同约定著作权由法人或者其他组织享有的职务作品,作者仅享有署名权,著作权的其他权利由法人或者其他组织享有。南方传媒与杨某、陈某润、高某红、杨某所签的劳动合同明确约定上述作者对其创作的职务作品享有署名权,其他著作权均由南方传媒享有。因此,南方传媒对涉案文章享有除署名权之外的著作权,与赵某莉为涉案作品的著作权共有人。依据《著作权法实施条例》第9条规定,合作作品不可以分割使用的,其著作权由各合作作者共同享有,通过协商一致行使;

不能协商一致,又无正当理由的,任何一方不得阻止他方行使除转让以外的其他权利,但是所得收益应当合理分配给所有合作作者。故南方传媒可以作为共有著作权人单独起诉要求牧联公司停止侵权。

牧联公司未经南方传媒许可亦未向南方传媒支付任何费用,擅自在其经营的网站转载涉案文章,且将涉案文章的标题和部分内容予以改动,其行为已侵犯了南方传媒对涉案文章所享有的信息网络传播权,牧联公司依法应承担停止侵害、赔偿损失的民事责任。牧联公司辩称系争作品属于《信息网络传播权保护条例》所规定的关于政治、经济问题的时事性文章,因此牧联公司的转载属于合理使用。对此法院认为,牧联公司在其网站上使用涉案文章的行为并不属于著作权法所规定的刊登时事性文章这一合理使用情形。牧联公司在转载涉案文章时,对文章的标题作了修改,并删减了文章部分内容,侵犯了南方传媒享有的修改权,牧联公司应当在其经营的爱猪网网站首页以连续24小时登载更正声明的方式向南方传媒致歉。

二审案件事实

二审法院查明:一审法院查明的事实属实,并予以确认。

二审上诉请求

牧联公司上诉请求:撤销原审判决,改判驳回南方传媒全部诉讼请求,并判令由南方传媒承担本案全部诉讼费。

二审裁判结果

二审法院判决如下:驳回上诉,维持原判。

二审裁判理由

本案二审争议焦点是南方传媒是否具备原告主体资格以及牧联公司转载涉案文章是否属于合理使用。

关于南方传媒的主体资格问题。杨某、陈某润、高某红、杨某、赵某莉是涉案文章的合作作者,且涉案文章属于杨某、陈某润、高某红、杨某的职务作品,南方传媒对杨某、陈某润、高某红、杨某的职务作品享有除署名权之外的著作权其他权利。二审期间,南方传媒提交了赵某莉出具的著作权转让声明及其身份证复印件、赵某莉在南方传媒实习的证明等证据拟证明赵某莉将涉案文章除署名权之外的著作权其他权利转让给南方传媒。因杨某、陈某润、高某红、杨某、赵某莉是涉案文章的合作作者,而南方传媒对涉案文章享有除署名权之外的著作权其他权利,故南方传媒在本案中的原告主体资格适格。

> **案件解析**

本案争议焦点主要在于牧联公司转载涉案文章是否属于合理使用。

所谓合理使用,是指法律为了促进知识传播和保障公众对作品的了解,将本来未经许可使用他人作品的侵权行为,视为合法行为,但需要对使用条件和方式加以限制,符合该限制条件的使用,被视为合理使用,不再作为侵权行为对待。

《信息网络传播权保护条例》(2013)第 6 条规定了在网络环境下传播他人作品的合理使用条款,其中,第 7 项规定:"向公众提供在信息网络上已经发表的关于政治、经济问题的时事性文章。"可见,构成上述条款规定的网络环境下著作权合理使用的要件如下:第一,在网络环境下使用他人作品;第二,被使用的作品为已经发表的网络作品;第三,作品为涉及有关政治、经济问题的时事性文章。只有同时满足上述三个条件的行为,才被认定为合理使用。

时事是指最近发生的国内外大事,可见时事具备两个特征,即时效性和重大性。从内容上来看,"时事性文章"也应具备上述两个特征,缺一不可。对于本案涉案文章,作者从养猪场被拆迁引发养猪户投诉增多出发,对于整治养殖污染、政府对养猪业的政策缺乏连续性、养殖场拆迁补偿等几个方面探讨了养猪场的拆迁补偿问题。而珠三角地区的养猪场拆迁补偿问题不能归结为"国内外大事",缺乏重大性特征。故涉案文章不属于关于政治、经济问题的时事性文章,牧联公司转载涉案作品的行为不构成合理使用。

第三节
未经许可的转载转播行为不构成合理使用

25.佛山市顺德区阳光城市文化广告传媒有限公司与南方都市报信息网络传播权案[①]

▶ **裁判要旨**

向公众提供在信息网络上已经发表的关于政治、经济问题的时事性文章,属于合理使用。

著作权人事先声明不许转载、刊登、播放的时事性文章,未经著作权人许可的转载行为,不构成合理使用。

【关键词】

合理使用;信息网络传播权;时事新闻;问答式文章;著作权限制

【当事人】

上诉人(原审被告):佛山市顺德区阳光城市文化广告传媒有限公司(以下简称阳光传媒);

被上诉人(原审原告):南方都市报。

一审案件事实

一、本案文字作品的权利来源事实

2011年11月10日,在《南方都市报》顺德读本A02版,刊登了一篇大标题为《政府工作报告说的印的点解唔同?》,小标题为《分组讨论有代表怀疑黄喜忠作政府工作报告时有口误,黄喜忠接受南都记者采访时回应:是我划掉的》的文章,其内容包含了一些代

[①] 佛山市顺德区阳光城市文化广告传媒有限公司与南方都市报侵害作品信息网络传播权纠纷案,广东省广州市越秀区人民法院民事判决书,(2013)穗越法知民初字第205号;佛山市顺德区阳光城市文化广告传媒有限公司与南方都市报侵害作品信息网络传播权纠纷上诉案,广东省广州市中级人民法院民事判决书,(2013)穗中法知民终字第914号。

表们的疑问,以及黄喜忠与南都记者的问答。该部分内容约占该文章的 1/3。该篇文章的左上方标注有"顺德两会",左下方标注有"两会报道 01-03 版"以及"采写:南都记者陈某 1、欧阳某伟、李某成、吴某、何某燕、陈某 2,见习记者朱某燕"等作者信息。

南方都市报与陈某 1、欧阳某伟、李某成、吴某、何某燕、陈某 2、朱某燕分别签有员工与单位新闻作品著作权合同,双方是劳动合同关系;陈某等 7 人在职期间创作的作品,根据不同情况,分为法人作品、职务作品和个人作品三类。其中,对职务作品定义为陈某等 7 人在职期间为完成南方都市报工作任务所创作的作品,凡是作品本身注明"本报讯""本报综合消息""本报综合报道"等字样的,均属职务作品,凡是陈某等 7 人以职务身份在南方都市报所办或所属媒体上发表的作品,例如以"记者""本报记者""特约记者""通讯员""编辑""统筹"等形式署名发表的作品,均属职务作品;职务作品的署名权由陈某等 7 人各自享有,署名权以外的著作权利由南方都市报享有。

二、侵权行为事实

广东省广州市南方公证处出具(2012)粤广南方第 90890 号公证书载明:http://news.shundecity.com/meitishijiao/2011/1110/94186.html 网站载有题为《政府工作报告说的印的点解唔同?》的文章。该文章网页左上方标注有"顺德城市网,www.shundecity.com",并显示该文章位于"新闻纵横>今日城市>媒体视角"栏目下。该文章题目的下方标注有"2011 年 11 月 10 日 11:45,来源:南方都市报",正文内容包含一些代表们的疑问,以及黄喜忠与南都记者的问答。该文章的文字内容与南方都市报的权利文章完全一致,被控侵权文章字数为 1039 字。

在上述文章的下端载有"编辑:柱子"字样,在该页面下方载明"2009 http://www.shundecity.com 顺德城市网版权所有"及"增值电信业务经营许可证(ICP 证):粤 ICP 备 11063726 号"等网站主体信息。在庭审中,阳光传媒确认网址为 www.shundecity.com(顺德城市网)是其开办的网站。

三、其他事实

南方都市报在 2011 年 11 月 10 日的《南方都市报》A02"社论"版左下方声明"本报刊登的所有作品未经本报书面许可不得转载、摘编或以其他任何形式使用;违者必究"。

南方都市报在其官方网站(南都网:www.nddaily.com)上声明《南方都市报》和该网站上刊载的所有内容,包括但不限于图片、文字等以及多媒体形式的新闻、信息等均受我国相关法律保护,为南方都市报及/或相关权利人专属所有或持有,未经著作权人明确书面授权,任何人不得变更、发行、播送、转载、复制、利用南方都市报的局部或全部内容或在非《南方都市报》所属的服务器上作镜像。违反上述声明者,南方都市报将依法追究其相关法律责任。另在版权合作方面载明,单篇文章的转载使用费为300~1000元/千字(平均费用根据文章内容商定)。

南方都市报为制止侵权行为,支付了公证费3000元(发票号码:×××)。庭审中,南方都市报表示涉案公证书共保全文章29篇。

一审原告诉请

南方都市报请求法院判决被告:停止侵权及赔偿相应的经济损失。

一审裁判结果

1. 阳光传媒立即删除涉案文字作品《政府工作报告说的印的点解唔同?》。
2. 阳光传媒支付赔偿款1500元给南方都市报。
3. 驳回南方都市报的其他诉讼请求。

一审裁判理由

第一,根据法律规定,如无相反证据,将视在作品或者制品上署名的自然人、法人或其他组织为著作权或与著作权有关权益的权利人。首先,南方都市报在2011年11月10日的《南方都市报》顺德读本A02版刊登的文字作品《政府工作报告说的印的点解唔同?》载明"采写:南都记者陈某1、欧阳某伟、李某成、吴某、何某燕、陈某2,见习记者朱某燕",即《政府工作报告说的印的点解唔同?》一文的作者是南方都市报的职员陈某1、欧阳某伟、李某成、吴某、何某燕、陈某2、朱某燕;其次,陈某等7人在职期间以"记者""本报记者"等形式署名发表的作品,均属职务作品;最后,南方都市报在其纸质报刊及网站上刊登版权声明。迄今为止,无证据证明有任何人向南方都市报主张本案文字作品著作权的归属。因此,南方都市报享有涉案作品的著作财产权,南方都市报有权对侵犯上述作品的行为提起诉讼。

第二,(2012)粤广南方第90890号公证书合法有效。经比对,阳光传媒在其网站上转载被控侵权文章《政府工作报告说的印的点解唔同?》与南方都市报享有著作财产权的文章《政府工作报告说的印的点解唔同?》为同一文字作品。涉案文字作品属于问答式文章,这类文章要求记者必须在采访前做好充分的准备,涉案文字作品是南方都市报的记者总结、归纳各代表对政府工作报告的质疑后,对原顺德区代区长黄喜忠进行采访后进行编写和归纳创作而成,结合了顺德两会期间的热点问题,特别是文章的标题、篇幅布局、采访内容等,带有一定的独创性和智力成果,并非单纯的事实消息,故涉案文字作品不属于时事新闻的范畴,依法受著作权法的保护。

阳光传媒未经南方都市报许可,擅自转载被控侵权文章,并将该文章置于其开办的网站上供公众查阅,其行为侵害了南方都市报对涉案文字作品所享有的信息网络传播权,依法应承担停止侵权及赔偿损失的民事责任。

第三,关于稿酬及维权合理费用的确定问题。鉴于南方都市报因被侵权所受到的损失和阳光传媒因侵权所获得的利润均无足够证据证实,法院在确认涉案文字作品字数为1039字的基础上,综合考虑阳光传媒侵权的主观过错程度、侵权的持续时间、阳光传媒网站的知名程度、涉案文字作品的篇幅、文字作品报酬规定以及南方都市报为制止侵权行为所付出的合理费用等因素,并对公证费进行合理分摊后,酌情认定阳光传媒承担的赔偿数额为1500元。

二审案件事实

二审法院查明:一审法院查明的事实属实,并予以确认。

二审上诉请求

阳光传媒上诉,请求二审法院判决撤销原审判决。

二审裁判结果

二审法院判决如下:驳回上诉,维持原判。

二审裁判理由

本案的争议焦点是涉案作品的定性及上诉人的责任承担问题。

关于涉案作品的定性问题。根据《著作权法实施条例》第5条第1项的规定,时事新闻是指通过报纸、期刊、广播电台、电视台等媒体报道的单纯事实消息。具有独创性,并非单纯的事实消息,不属于时事新闻。

关于阳光传媒的责任承担问题。人民法院在确定赔偿数额时,应当考虑作品类型、合理使用费、侵权行为性质、后果以及为制止侵权行为所支付的合理开支等,综合确定。鉴于南方都市报因被侵权所受到的损失和阳光传媒因侵权所获得的利润均无足够证据证实,一审法院综合考虑阳光传媒侵权的主观过错程度、侵权的持续时间、侵权网站的知名程度、涉案文字作品的篇幅、文字作品报酬规定以及南方都市报为制止侵权行为所付出的合理费用等因素,酌情认定阳光传媒的赔偿数额为1500元并无不当。

案件解析

本案的主要争议焦点在于判断提供涉案文章的行为是否合法。

关于合理使用,《著作权法》(2010)第22条第1款第4项规定:"报纸、期刊、广播电台、电视台等媒体刊登或者播放其他报纸、期刊、广播电台、电视台等媒体已经发表的关于政治、经济、宗教问题的时事性文章,但作者声明不许刊登、播放的除外。"《信息网络传播权保护条例》(2013)第10条规定:"依照本条例规定不经著作权人许可、通过信息网络向公众提供其作品的,还应当遵守下列规定:(一)除本条例第六条第一项至第六项、第七条规定的情形外,不得提供作者事先声明不许提供的作品;(二)指明作品的名称和作者的姓名(名称);(三)依照本条例规定支付报酬;(四)采取技术措施,防止本条例第七条、第八条、第九条规定的服务对象以外的其他人获得著作权人的作品,并防止本条例第七条规定的服务对象的复制行为对著作权人利益造成实质性损害;(五)不得侵犯著作权人依法享有的其他权利。"而本案中,南方都市报已经事先声明涉案作品未经书面许可不得转载、摘编或以其他任何形式使用。因此,即使涉案文字作品属于关于政治、经济问题的时事性文章,被告在著作权人事先声明不许转载的情况下的使用,依然不能构成合理使用。

第四节
讨论重大问题且具很强时效性的文章方为时事性文章

26. 北京世华时代信息技术有限公司与经济参考报社信息网络传播权案[1]

▶ 裁判要旨

向公众提供在信息网络上已经发表的关于政治、经济问题的时事性文章,属于合理使用。

关于政治、经济、宗教问题的时事性文章,应当解释为:该文章涉及对当前政治、经济和宗教生活中重大问题的讨论且具有很强的时效性。

【关键词】

合理使用;职务作品;时事性文章;时事新闻;时效性;著作权限制

【当事人】

上诉人(一审被告):北京世华时代信息技术有限公司(以下简称世华时代公司);

被上诉人(一审原告):经济参考报社。

▶ 一审案件事实

2011年9月13日,12月22日、23日、30日、2012年1月16日、2月7日、4月10日、26日、5月21日、29日、7月20日,《经济参考报》刊登了《限购令遭限价令变相抵制》《限购城市房价跌幅明显》《35城市:土地流拍大增4倍》《近20城市仍未对是否继续限购表态》《住宅平均地价环比增幅为零》《1月全国土地成交量环比减半》《最高法:房屋拆迁补偿不公平不得强制执行》《125家上市房企负债升至1.33万亿元》《楼市再陷拉锯状态部分楼盘价格小幅反弹》《主要房地产市场连续3个月回暖》《一线城市地王

---

[1] 北京世华时代信息技术有限公司与经济参考报社侵害作品信息网络传播权纠纷案,北京市大兴区人民法院民事判决书,(2015)大民(知)初字第7580号;北京世华时代信息技术有限公司与经济参考报社侵害作品信息网络传播权纠纷上诉案,北京知识产权法院民事判决书,(2017)京73民终45号。

频现带动土地市场回暖》11篇文章,文章作者署名均为高某。

(2012)京东方内民证字第7311号公证书显示,2011年9月13日、12月22日、12月23日、12月30日,2012年1月16日、2月7日、4月10日、4月26日、5月21日、5月29日、7月20日,财讯网登载有11篇题目分别为《部分城市出台楼市限价令被指变相抵制限购令》《限购城市房价跌幅明显》《35城市:土地流拍大增4倍热点城市土地收入锐减》《我国仍有近20个城市未表态明年是否继续限购》《2011年地价增速放缓住宅平均地价环比增幅为零》《1月全国土地成交量环比减半》《最高法:房屋拆迁补偿不公平不得强制执行》《上市房企负债创历史新高》《楼市再现反复部分楼盘价格小幅反弹》《主要房地产市场连续3个月回暖》《一线城市地王频现带动土地市场回暖》的文章。上述文章均未注明作者,且文章内容与《经济参考报》同日登载的11篇文章相比,除部分内容有增删外,其余内容基本一致。

经济参考报社提交了由其进行统计的经济参考报社与财讯网著作权纠纷作品对比清单。该清单显示,《经济参考报》及财讯网登载的上述对应文章字数依次为1664字及1757字、924字及949字、940字及950字、1099字及1155字、644字及749字、1300字及1321字、502字及565字、831字及838字、927字及980字、366字及436字、2338字及1344字。世华时代公司对此不予认可,但未就此提交证据,亦明确表示不就文章字数申请鉴定。

2009年9月16日,经济参考报社(甲方)与高某(乙方)签订聘用合同书,合同约定:甲方聘用乙方从事采访中心部门记者岗位的工作,合同期限自2011年8月1日至2012年7月31日;乙方为完成甲方工作任务或以甲方工作人员名义所创作的作品为职务作品,职务作品由乙方享有署名权,甲方享有著作权的其他权利。双方于2012年8月1日签订聘用合同续签书,续签了上述聘用合同书,续签合同期限至2013年12月31日。

本案中,经济参考报社的起诉时间为2015年5月15日。经济参考报社为包括本案在内的103起案件共同支出律师费90,000元、复印费9900元、交通费679元、其他费用63元。

财讯网(网址为www.caixun.com)为世华时代公司所有。世华时代公司称已于2014年5月14日关闭财讯网并删除涉案文章,经济参考报社对此予以认可。

一审原告诉请

经济参考报社请求一审法院判令世华时代公司:

1. 向经济参考报社支付著作权侵权赔偿费用 6500 元。

2. 承担经济参考报社为本案支出的合理费用,律师费 874 元、公证费 65 元、其他开支 106 元。

● 一审裁判结果 ●

一审法院判决如下:

1. 世华时代公司赔偿经济参考报社经济损失及合理开支 3400 元。

2. 驳回经济参考报社的其他诉讼请求。

● 一审裁判理由

根据涉案文章在《经济参考报》上刊载时的署名,在无相反证据的情况下,可以认定高某是涉案文章的作者。结合经济参考报社提交的聘用合同书,可以认定涉案文章系上述作者在经济参考报社工作期间完成的职务作品,涉案文章除署名权外的其他著作权归经济参考报社所有。

世华时代公司未经经济参考报社许可,在其所有的网站财讯网上登载经济参考报社享有权利的文章,使相关公众可以在其个人选定的时间和地点获得该作品,侵犯了经济参考报社对作品的信息网络传播权,应当承担赔偿损失的法律责任;对于涉案文章字数,在经济参考报社提交经济参考报社与财讯网著作权纠纷作品对比清单(包含文章字数)的情况下,世华时代公司对此不予认可但未提交相反证据,故对于经济参考报社统计的字数一审法院予以采信;对于世华时代公司所称涉案文章为时事性文章的抗辩,一审法院认为,时事性文章是指通过报纸、期刊、广播电台、电视台等媒体报道的单纯客观事实,而涉案文章则表达了作者对相关事实、问题的选择和思考,在结构和言辞上体现了作者的独特构思和表达,而并非对某一客观事实的简单陈述,故不属于时事性文章,世华时代公司的抗辩意见不能获得支持;世华时代公司所称的经济参考报社公证程序存在重大瑕疵的抗辩意见,没有事实依据,一审法院不予采信。

对于本案的诉讼时效问题,根据查明的事实,世华时代公司于 2014 年 5 月 14 日关闭财讯网并删除涉案文章,即世华时代公司侵权行为自登载之日持续至 2014 年 5 月 14

日。而本案经济参考报社起诉时间为2015年5月15日,距世华时代公司停止侵权时间并未超过2年时间,故世华时代公司所称的本案已过诉讼时效的抗辩意见不能获得支持。但本案计算侵权赔偿数额的时间应当自经济参考报社起诉之日向前推算2年,且应当减去世华时代公司停止侵权之日至经济参考报社起诉之日的期间。

在具体经济损失数额方面,鉴于经济参考报社未就其实际损失或世华时代公司的违法所得提供确实证据予以证明,一审法院参考涉案作品的独创性程度、字数、世华时代公司的主观过错、侵权情节、侵权持续时间、影响范围并参考作品稿酬标准等因素酌情予以确定。对于经济参考报社要求的为维权支付的合理费用,一审法院根据合理性程度,酌情判处。

二审案件事实

二审法院查明:一审法院查明的事实属实,并予以确认。

二审上诉请求

世华时代公司上诉请求撤销一审判决,改判驳回经济参考报社的全部诉讼请求。

二审裁判结果

二审法院判决如下:驳回上诉,维持原判。

● 二审裁判理由

本案的争议焦点问题为:(1)经济参考报社的起诉是否超过诉讼时效期间;(2)世华时代公司是否系使用时事性文章而构成合理使用。

一、经济参考报社的起诉是否超过诉讼时效期间

《最高人民法院关于审理著作权民事纠纷案件适用法律若干问题的解释》(2002)第28条规定:"侵犯著作权的诉讼时效为两年,自著作权人知道或者应当知道侵权行为之日起计算。权利人超过两年起诉的,如果侵权行为在起诉时仍在持续,在该著作权保护期内,人民法院应当判决被告停止侵权行为;侵权损害赔偿数额应当自权利人向人民法院起诉之日起向前推算两年计算。"

在本案中,世华时代公司自认,其于2014年5月14日关闭财讯网并删除涉案文章。信息网络传播行为系以有线或者无线方式向公众提供作品,使公众可以在其个人选定的时间和地点获得作品的行为。截至 2014 年 5 月 14 日,涉案文章在网络上持续处于可被公众获得的状态,故侵犯涉案作品信息网络传播权的行为仍在持续。经济参考报社于 2015 年 5 月 15 日提起本案一审诉讼,其对自起诉之日向前推算两年至涉案侵权行为结束之日,即 2013 年 5 月 15 日至 2014 年 5 月 14 日之间持续的侵权行为所提起的侵权之诉,未超过两年的诉讼时效。故一审判决认定本案计算侵权赔偿数额的时间应当自经济参考报社起诉之日向前推算两年,且应当减去涉案文章删除之日至经济参考报社起诉之日的期间,并无不当。世华时代公司关于经济参考报社起诉超过诉讼时效的上诉主张,缺乏事实和法律依据,二审法院不予支持。

二、世华时代公司是否因使用时事性文章而构成合理使用

《著作权法》(2010)第 22 条第 1 款规定:"在下列情况下使用作品,可以不经著作权人许可,不向其支付报酬,但应当指明作者姓名、作品名称,并且不得侵犯著作权人依照本法享有的其他权利:……(四)报纸、期刊、广播电台、电视台等媒体刊登或者播放其他报纸、期刊、广播电台、电视台等媒体已经发表的关于政治、经济、宗教问题的时事性文章,但作者声明不许刊登、播放的除外……"适用该条款应至少符合两个要件:(1)涉案文章属于关于政治、经济、宗教问题的时事性文章;(2)使用人不得侵犯著作权人依照著作权法享有的其他权利。

关于涉案文章是否属于关于政治、经济、宗教问题的时事性文章,二审法院认为,应对我国《著作权法》(2010)中"关于政治、经济、宗教问题的时事性文章"这一概念的内涵作出严格解释,即只有当一篇文章涉及对当前政治、经济和宗教生活中重大问题的讨论且具有很强的时效性时,才应被认定为可以被"合理使用"的"关于政治、经济、宗教问题的时事性文章"。

本案中,涉案的 11 篇文章系对当前房地产领域限购政策、拆迁补偿、土地价格、房屋价格、房地产企业等具体问题的介绍和评论,均难以达到对政治、经济生活中重大问题的讨论层次。因此,涉案文章不属于"关于政治、经济、宗教问题的时事性文章",一审法院对该问题认定结论正确,二审法院予以确认。

然而,需要指出的是,一审法院认为"时事性文章是指通过报纸、期刊、广播电台、电视台等媒体报道的单纯客观事实",系混淆了"时事性文章"与"时事新闻"的概念。《著作权法实施条例》第 5 条第 1 项规定:"时事新闻,是指通过报纸、期刊、广播电台、电视台等媒体报道的单纯事实消息。"因此,一审法院所称的对单纯客观事实的报道系时事新闻,而非时事性文章。时事新闻并非作品,不受著作权法保护,自不存在合理使用的问题。因此,一审判决关于时事性文章概念的表述有误,二审法院予以纠正。

构成著作权法所指的合理使用,还要求使用人不得侵犯著作权人依照著作权法享有的其他权利。本案中,世华时代公司使用涉案文章时修改了原作品的标题和内容,该行为至少侵害了经济参考报社所享有的修改权。

综上所述,涉案文章不属于《著作权法》(2010)第22条第1款第4项所规定的时事性文章,世华时代公司使用涉案文章的行为亦侵犯了经济参考报社依照著作权法享有的其他权利,故本案不适用著作权法关于合理使用的相关规定。

案件解析

本案的争议焦点在于世华时代公司的行为是否构成合理使用。

所谓合理使用,是指可以不经著作权人许可,不向其支付报酬,但应当指明作者姓名、作品名称,并且不得侵犯著作权人的其他权利。《著作权法》(2010)第22条规定了合理使用的若干情形,其中第4项规定,报纸、期刊、广播电台、电视台等媒体刊登或者播放其他报纸、期刊、广播电台、电视台等媒体已经发表的关于政治、经济、宗教问题的时事性文章,但作者声明不许刊登、播放的除外。

"关于政治、经济、宗教问题的时事性文章"这一概念的内涵应当作严格解释,即只有当一篇文章涉及对当前政治、经济和宗教生活中重大问题的讨论且具有很强的时效性时,才应被认定为可以被"合理使用"的"关于政治、经济、宗教问题的时事性文章"。本案中,涉案文章不属于规定的时事性文章,世华时代公司使用涉案文章的行为亦侵犯了经济参考报社依照著作权法享有的其他权利,故世华时代公司的行为不符合合理使用的相关规定。

第五章　演讲使用

27. 于某某与北京天盈九州网络技术有限公司侵犯著作权纠纷案[①]

裁判要旨

刊登在公众集会上发表的讲话,为作者署名,署明作品名称,属于合理使用。

媒体未经作者同意,擅自刊登作者在公众集会上发表的讲话内容,属于合理使用,不构成著作权侵权,但作者明确声明不许刊登的除外。

【关键词】

合理使用;公众集会;演讲;媒体新闻;刊登;著作权限制

【当事人】

原告:于某某;

被告:北京天盈九州网络技术有限公司(以下简称天盈公司)。

案件事实

于某某撰写的学术论文作品《弘扬知青主流文化,共谋知青网络发展——第四届中国知青网络联席会暨知青文化发展高峰论坛述评》(以下简称《弘文》)在"第四届知青文化论坛"上发表,并编入"第四届知青文化论坛论文集"。该论文集的主编为于某某。于某某撰写的《难忘的十八道岗》(以下简称《难文》)在辽宁人民出版社出版的《共和国知青》一书中发表,该书主编为于某某。于某某在辽宁省知青文化研究会第一次会员代表大会(以下简称知青文化会员代表大会)上作出题为《坚持知青文化研究的正确方向,推进知青事业科学健康的发展》(以下简称《坚文》)的学术讲话报告。《坚文》第一段末尾存在如下表述"对以上领导机构及参加今天大会的各位领导、专家、学者、教授、知青朋友及新闻媒体的朋友表示真挚的谢意"。在"第四届知青文化论坛"会议上,前述三部

[①] 于某某与北京天盈九州网络技术有限公司侵犯著作权纠纷案,北京市海淀区人民法院民事判决书,(2010)海民初字第16161号。

作品(《弘文》《难文》《坚文》)作为会议材料发放给参加会议的全体代表。

凤凰网(www.ifeng.com)系天盈公司经营的网站,该公司主编刘某应邀出席"第四届知青文化论坛"。于某某是论坛筹备组组长。在该论坛上,由共和国知青网、辽宁省知青文化研究会、凤凰网共同形成了关于与凤凰网知青频道合作的决议,于某某以共和国知青网、辽宁省知青文化研究会的名义在决议书上签字。天盈公司认为根据该决议第二段表述"与会代表一致认为,联席会议愿意与凤凰网知青频道建立起合作关系,共同为广大知青服务和为办好凤凰网知青频道做出积极努力。在互惠互利的基础上,加强与凤凰网的全面合作。具体事项与协议,应在双方充分酝酿和讨论的基础上,再签订双方正式的合作协议"之内容有权使用涉案3篇文章。

共和国知青网的工作人员梁某通过QQ聊天,将数份文档及图片发送给刘某。梁某知晓相关文章发表情况,但并未表示让天盈公司在凤凰网知青频道发表涉案文章。于某某曾在电话中,向刘某提出维权请求等。天盈公司在凤凰网上使用三篇涉案文章时,皆已为于某某署名,且全文使用,并未删减。

原告诉请

原告于某某请求法院判决:

1. 判令被告立即停止对原告著作权的侵害,将原告的论文作品、纪实文学作品、理论学术讲话作品从凤凰网上删除。

2. 判令被告在凤凰网上公开向原告赔礼道歉。

3. 请求法院依法判令被告赔偿原告损害赔偿金20万元。

4. 请求判令被告赔偿原告精神抚慰金2万元。

5. 请求判令被告赔偿原告为本案诉讼期间支出的相关合理费用和律师代理费。

裁判结果

判决如下:

1. 本判决生效之日起7日内,被告天盈公司立即删除《坚文》《难文》《弘文》3篇文章。

2. 本判决生效之日起7日内,被告天盈公司赔偿原告于某某经济损失及诉讼合理支出费用共计6000元。

3. 驳回原告于某某对被告天盈公司的其他诉讼请求。

● **裁判理由**

依据现有证据可以确认于某某享有涉案3篇文章之著作权。天盈公司对于使用涉案三篇文章的情况及字数表示认可。天盈公司作为凤凰网之经营者,应对凤凰网的行为承担相应的法律责任。本案的争议焦点在于天盈公司是否有权使用涉案3篇文章。

首先,于某某在《坚文》第1段末尾已经明确表示出席会议的人员有:领导、专家、学者、教授、知青、新闻媒体。于某某的表述显然是按照与会人员的社会分工的角色来划分的。上述人员的参会足以说明于某某的讲话是在公众集会上作出的。即使领导、专家、学者、教授、新闻媒体人员亦属于知青,但不足以否认本次会议人员的公众参与性。于某某作为知青领域的知名学者,对于知青工作有较大影响,其在相关公众的集会上发表自己的讲话,为知青工作提出要求、指明方向,具有一定的社会影响性,新闻媒体作为与会者,势必会转载于某某的讲话内容,扩大本次会议讲话内容的社会影响力。法院认为《坚文》是于某某在知青文化会员代表大会上向与会人员作出的公开讲话,属于在公众集会上发表的讲话,于某某未提供证据证明曾声明不许刊登《坚文》,天盈公司作为网络媒体可以将于某某讲话刊登于凤凰网。天盈公司在刊登的《坚文》中,已经为于某某署名,并署明作品名称。故天盈公司在凤凰网上刊登《坚文》属于合理使用,并未侵权。但鉴于于某某坚持要求天盈公司删除《坚文》,天盈公司应当删除该文。

其次,天盈公司辩称依据关于与凤凰网知青频道合作的决议之第二段所表述的"与会代表一致认为……"相关内容,有权使用涉案文章。但这段表述是原则性的合作声明,不具备法律效力,亦无相关权利义务关系的具体约定,天盈公司无权据此使用于某某享有著作权的《弘文》《难文》两篇文章。且在这段表述中存在"具体事项与协议,应在双方充分酝酿和讨论的基础上,再签订双方正式的合作协议"字句,亦足以证明于某某所属的共和国知青网、辽宁省知青文化研究会未曾明确授权天盈公司使用《弘文》《难文》。天盈公司此项辩称缺乏依据,法院不予采信。

再次,通过涉案的QQ聊天记录情况来看,于某某所属的共和国知青网、辽宁省知青文化研究会的工作人员确曾发送文章给天盈公司。但本案的文章作者为于某某,并非共和国知青网、辽宁省知青文化研究会,天盈公司作为专业网站的经营者,应当审查作品是否经过著作权人许可,经著作权人同意才可使用,天盈公司未尽到审查义务,侵犯权利人之著作权,应承担相应的责任。且退一步说,即便袁某、梁某曾将涉案文章发送给天盈公司,但未明确表示授权给天盈公司使用,双方亦未明确使用的方式、期限、报酬等事项,天盈公司据此将涉案的《弘文》《难文》发表在凤凰网知青频道,于法无据,已经构成侵权。天盈公司辩称在于某某与刘某某的电话录音中,于某某对于刘某某表示"于某某许可天盈公司使用的"说法未发表任何意见,认为于某某已经默认了许可行为的存在。法院认为,获得他人著作权之许可,应经过明确表示,且于某某未发表意见并不表示于某某同意天盈公司使用涉案的《弘文》《难文》。天盈公司作为专业的网站经营者,未尽到注意义务,在未经于某某许可的情况下,使用了于某某的《弘文》《难文》,且未向于某某支付稿酬,此举显然存在过错,应承担相应的侵权责任。

最后,从天盈公司使用涉案的三篇文章的情况来看,天盈公司并未侵犯于某某的著作人身权,未对于某某造成精神伤害。于某某要求天盈公司赔偿精神损失费,并要求天盈公司赔礼道歉,于法无据,法院对此不予支持。

综上,法院根据涉案《弘文》《难文》内容的作品性质及独创性程度,考虑国家规定的出版文字作品稿酬支付标准,并考虑天盈公司的过错程度、侵权情节等因素对该经济损失数额予以酌定。

案件解析

本案的争议焦点是天盈公司未经作者于某某同意,擅自刊登于某某在公众集会上发表的讲话内容是否构成著作权侵权。

《著作权法》(2010)第22条第1款规定:"在下列情况下使用作品,可以不经著作权人许可,不向其支付报酬,但应当指明作者姓名、作品名称,并且不得侵犯著作权人依照本法享有的其他权利:……(五)报纸、期刊、广播电台、电视台等媒体刊登或者播放在公众集会上发表的讲话,但作者声明不许刊登、播放的除外……"

《信息网络传播权保护条例》(2013)第6条规定"通过信息网络提供他人作品,属于下列情形的,可以不经著作权人许可,不向其支付报酬:……(八)向公众提供在公众集会上发表的讲话"。

本案被告天盈公司经营的凤凰网(www.ifeng.com)是一个提供国内外时政、社会、财经、娱乐、时尚、生活等综合新闻信息的网站。天盈公司符合《著作权法》(2010)第22条第1款第5项所指的"媒体"要件;《坚文》是于某某在知青文化会员代表大会上发表的讲话内容,从知青文化会员代表大会的参会人员可以看出该会议具有公众参与性。知青文化会员代表大会属于公众集会,符合《著作权法》(2010)第22条第1款第5项所指的"公众集会"要件。综上,因于某某在知青文化会员代表大会上未声明不许刊登、播放《坚文》,所以天盈公司在凤凰网刊登《坚文》属于合理使用之情形,不构成著作权侵权。

鉴于《难文》《弘文》并非公众集会中发表的讲话内容,所以被告发表《难文》《弘文》构成著作权侵权行为。

知 岸 延 伸

著作权合理使用制度,是著作权人利益与公共利益之间平衡的工具,根植于著作权制度的核心精神中。著作权法设立的目的,一方面要保护作者的创作成果,激励作者创作,促进文化发展;另一方面,允许某些使用者在不损害作者著作权的情况下利用作品,满足社会对作品利用的需要(如公众出于学习、研究目的阅读或者使用作品的权利),以实现著作权人利益与公共利益的平衡。随着我国著作权法的多次修改,著作权法律制度也越来越完善,能更好地适应社会高速发展的需要。

《著作权法》(2020)第 24 条第 1 款规定,"在下列情况下使用作品,可以不经著作权人许可,不向其支付报酬,但应当指明作者姓名或者名称、作品名称,并且不得影响该作品的正常使用,也不得不合理地损害著作权人的合法权益:……(五)报纸、期刊、广播电台、电视台等媒体刊登或者播放在公众集会上发表的讲话,但作者声明不许刊登、播放的除外;……(十三)法律、行政法规规定的其他情形"。[1]

《信息网络传播权保护条例》(2013)第 6 条规定"通过信息网络提供他人作品,属于下列情形的,可以不经著作权人许可,不向其支付报酬:……(八)向公众提供在公众集会上发表的讲话"。

一、新增兜底条款

2020 年修改的《著作权法》新增了合理使用的兜底条款,即《著作权法》(2020)第 24 条第 1 款第 13 项"法律、行政法规规定的其他情形"[2]。此次增设兜底条款,为《信息网络传播权保护条例》的法律适用提供了法律依据。由于我国《信息网络传播权保护条例》性质为行政法规,其法律位阶低于作为基本法律的《著作权法》,故《信息网络传播权保护条例》第 6 条的规定,仅仅是在《著作权法》第 24 条规定的前提下的补充说明,对

---

[1] 黄薇、王雷鸣主编:《中华人民共和国著作权法导读与释义》,中国民主法制出版社 2021 年版,第 8 页。
[2] 黄薇、王雷鸣主编:《中华人民共和国著作权法导读与释义》,中国民主法制出版社 2021 年版,第 9 页。

于法律没有明确规定的情形,不得以《信息网络传播权保护条例》第6条为依据,创设新的例外。《著作权法》(2020)第24条第13项,为直接适用《信息网络传播权保护条例》第6条提供了法律依据,当出现著作权法未规定的情形时,则可以直接补充适用更低位阶的《信息网络传播权保护条例》。

二、《信息网络传播权保护条例》(2013)的突破性规定

《信息网络传播权保护条例》(2013)第6条第8项是对《著作权法》第24条第1款第5项的突破性规定,不仅突破了著作权法规定的主体要素,即由"报纸、期刊、广播电台、电视台等媒体"扩大到了"信息网络的使用者";也突破了著作权法对"刊登或者播放"的限制,即由"刊登或者播放"扩大到不论以什么方式"提供"在公众集会上的讲话,均构成合理使用。

三、合理使用制度之模糊性规定

我国立法对在公众集会上发表的讲话的内容并没有明确的规定,对公众集会的概念、规模亦没有明确规定。如果不加以明确,将会导致不属于公共利益范畴的内容也被纳入合理使用的体系中。

第六章 教学科研使用

第一节 组织学生使用小说拍摄电影参加国际电影节超越合理使用范围

28. 北影录音录像公司诉北京电影学院侵犯著作权案[①]

▶ **案件影响**

入选 1996 年第 1 期"最高人民法院公报案例"。

▶ **裁判要旨**

为学校课堂教学或者科学研究,翻译、改编、汇编、播放或者少量复制已经发表的作品,不得出版发行,属于合理使用。

为学校课堂教学而演绎他人享有著作权的小说作品,并将演绎作品用于教学观摩的,属于合理使用之情形,不构成著作权侵权,但超出课堂教学范围使用前述演绎作品,则构成著作权侵权。

【关键词】

合理使用;为学校的课堂教学翻译复制;参展学生电影节

【当事人】

上诉人(一审原告):北影录音录像公司(以下简称北影公司);

---

① 北影录音录像公司诉北京电影学院侵犯著作权纠纷案,北京市海淀区人民法院民事判决书,(1995)海民初字第 963 号;北影录音录像公司诉北京电影学院侵犯著作权纠纷上诉案,北京市第一中级人民法院民事判决书,(1995)一中知终字第 19 号。

被上诉人(一审被告):北京电影学院。

一审案件事实

北影公司与小说《受戒》的作者订有合同,依法取得以摄制电视剧、电影方式改编该小说的专有使用权。北京电影学院在未取得著作权人明确同意的情况下组织应届毕业生摄制以小说《受戒》改编的电影短片。该片曾在北京电影学院校内对该校的学生、教师放映。后电影学院携此影片赴国外参加朗格鲁瓦国际学生电影节并在当地放映,观众包括当地公民。

北影公司(乙方)于1992年5月5日与汪曾祺(甲方)签订合同。该合同主要内容是:"一、甲方允许乙方对其拥有版权的作品《受戒》《大淖纪事》《徙》进行影视改编及拍摄。二、甲方保证3年内不将以上3篇作品的改编权及拍摄权转让他人。期限为1992年3月15日至1995年3月15日。"该合同还规定:"由乙方向甲方一次性支付改编转让费人民币5000元。乙方在合同期满后,如未对以上3篇作品进行改编拍摄,即丧失其改编权与拍摄权,如欲重新拥有以上权利,则需与甲方重新商定合同。"

1994年12月30日,北影公司(乙方)与汪曾祺(甲方)就作品《受戒》《大淖纪事》《徙》的影视改编拍摄问题续订合同。在原合同的条款中增加了下列条款:"甲方保证3年内不将以上3篇作品的改编权及拍摄权转让他人。期限为1995年3月15日至1998年3月15日,由乙方向甲方支付改编权转让费人民币5000元,该影片摄制完成后,乙方再向甲方支付转让费5000元,共计1万元。"

1992年10月,北京电影学院文学系学生吴某为完成改编课程作业,将汪曾祺的小说《受戒》改编成电影剧本,上交北京电影学院。北京电影学院对在校学生上交的改编作业进行审核后选定吴某改编的剧本《受戒》用于学生毕业作品的拍摄。吴某与北京电影学院教师赵凤玺(已故)通过电话与汪曾祺取得联系。汪曾祺表示小说《受戒》的改编、拍摄权已转让给北影公司。赵凤玺与北影公司协商,该公司未明确表示同意北京电影学院拍摄《受戒》一片。

1993年4月,北京电影学院投资人民币5万元,并组织该院八九级学生联合摄制电影《受戒》。1993年5月拍摄完成。1993年7月完成后期制作工作,影片全长为30分钟,用16毫米胶片拍摄,片头字目为"根据汪曾祺同名小说改编"。片尾字目为"北京电影学院出品"。影片摄制完成后,曾在北京电影学院某剧场内放映一次,用于教学观摩,观看者系该院教师和学生。

1994年7月，原广播电影电视部批准北京电影学院《受戒》等片参加法国朗格鲁瓦国际学生电影节。1994年11月，北京电影学院携《受戒》等片参加法国朗格鲁瓦国际学生电影节。在该电影节上，共放映《受戒》一片二次，观众系参加电影节的各国学生及教师，也有当地公民。放映该片时，电影节组委会对外公开出售少量门票。北京电影学院参加法国"克雷芒"电影节。

北京电影学院共制作《受戒》电影拷贝两个，其中一个拷贝封存于法院，另一个拷贝尚在由朗格鲁瓦国际学生电影节组委会寄往北京电影学院途中。北京电影学院制作的《受戒》一片录像带一盒，也已封存于法院。对于赔偿问题，北影公司未向法院提供相应证据。

上述事实，有双方当事人陈述，汪曾祺与北影公司分别于1992年5月5日、1994年12月30日所签订的有关小说《受戒》改编拍摄权转让合同，吴某改编的电影文学剧本《受戒》，该片导演的分镜头剧本，原广播电影电视部《关于法国朗格鲁瓦电影节组委会来北京电影学院选片参展情况和片目的汇报》的批件，总第729期《戏剧电影报》，电影《受戒》一片拷贝一个、录像带一盒，在案佐证。

一审原告诉求

北影公司起诉要求判令：

1. 北京电影学院即停止侵权，销毁侵权影片拷贝。
2. 公开向我公司赔礼道歉。
3. 考虑到北京电影学院经济现状，要求其赔偿我公司经济损失20万元，并赔偿我公司为本案支付的一切费用。
4. 承担本案诉讼费。

● 一审裁判结果 ●

一审法院判决如下：

1. 被告北京电影学院向原告北影公司以书面形式赔礼道歉。
2. 被告北京电影学院制作的电影《受戒》拷贝及录像带自本判决生效之日起只能在其学院内供教学使用，不得投入公有领域。
3. 被告北京电影学院赔偿原告北影公司经济损失人民币1万元。

● 一审裁判理由

北京电影学院为教学需要拍摄《受戒》一片及在校内放映,属于法律规定的合理使用,北京电影学院将该片送至朗格鲁瓦国际学生电影节,超出合理使用范围,构成对北影公司享有的专有使用权的侵害。

北影公司通过合同,依法取得的以摄制电视剧、电影方式改编小说《受戒》的专有使用权受法律保护。未经该专有使用权人的许可,其他任何人均不得以同样的方式改编、使用该作品,否则即构成对该专有使用权的侵犯。

《著作权法》(1990)第22条规定,在合理范围内使用他人已发表的作品,可以不经著作权人许可,不向其支付报酬,但应当指明作者姓名和作品名称。北京电影学院从教学实际需要出发,挑选在校学生吴某的课堂练习作品,即根据汪曾祺的同名小说《受戒》改编的电影剧本组织应届毕业生摄制毕业电影作品,用于评定学生学习成果。虽然该电影剧本的改编与电影的摄制未取得小说《受戒》的专有使用权人的许可,但该作品摄制完成后,在国内使用的方式仅限于在北京电影学院进行教学观摩和教学评定,作品未进入社会公有领域发行放映。因此,在此阶段,北京电影学院摄制该部电影的行为,应属合理使用他人作品,不构成对北影公司依法取得的小说《受戒》的专有使用权的侵害。

1994年11月,北京电影学院摄制的学生毕业作品电影《受戒》被送往法国参加朗格鲁瓦国际学生电影节,超出在本校内课堂教学使用的范畴,同时电影节的观众除特定的学生、教师外,还有当地公民,且朗格鲁瓦国际学生电影节组委会还出售了少量门票。北京电影学院将该影片送去参展的目的虽然属于促进国际间电影教学发展的学术交流活动,但其参展行为已超出了在特定领域内使用电影《受戒》的范围,擅自将电影《受戒》在公有领域展示,已超出合理使用范围,违反了我国著作权法的规定,构成了对北影公司依法取得的小说《受戒》专有使用权的侵害。北京电影学院对于其侵权行为应向北影公司赔礼道歉。另北京电影学院的侵权行为虽然对北影公司以后将以同样方式使用同名作品可能造成潜在的市场影响,但侵权情节轻微,对北影公司的赔偿请求,法院根据侵权人的过错程度及所造成的侵权后果,依法判定。

● 二审案件事实

汪曾祺是《受戒》的作者,享有其版权。1992年5月5日,北影公司与汪曾祺订立合同,约定汪曾祺允许北影公司对《受戒》等作品进行影视改编及拍摄,并保证3年内不再将《受戒》等作品的改编权及拍摄权转让他人,期限为1992年3月15日至1995年3月15日,转让费人民币5000元,合同期满后,如未改编拍摄,即丧失该权利。1994年12月30日,北影公司与汪曾祺再次续订合同,将原合同约定的期限重新确定为1995年3月15日至1998年3月15日,并另行支付转让费5000元,影片摄制完成后,北影公司再支付5000元,共计1万元。1992年10月,北京电影学院文学系学生吴某为完成课程作业,将汪曾祺的小说《受戒》改编成电影剧本。北京电影学院经审核,选定该剧本用于当届学生毕业作品的拍摄。北京电影学院曾就拍摄《受戒》一事通过电话征求过汪曾祺及北影公司的意见。汪曾祺表示小说的改编权、拍摄权已转让给北影公司。北影公司未表示同意北京电影学院拍摄此片。1993年4月,北京电影学院摄制电影《受戒》,当年7月完成后期制作。该片全长30分钟,使用16毫米胶片拍摄,片头标明"根据汪曾祺同名小说改编",片尾标明"北京电影学院出品"。北京电影学院曾于当年暑期前后在该院小剧场放映该片两次,用于教学观摩,观众系该院教师及学生。1994年11月,北京电影学院经有关部门批准,携《受戒》等片参加了法国朗格鲁瓦国际学生电影节。在该电影节上,《受戒》一片共放映两次,观众主要为参加该电影节的各国学生及教师,亦不排除有当地公民。朗格鲁瓦国际学生电影节组委会曾对外公开销售过少量门票。影片的放映场所系对外公开售票的电影院中的某一放映厅,北京电影学院未举证证明该电影节组委会曾对进入该放映厅的观众采取过限制措施。北京电影学院共摄制《受戒》拷贝两个,其中一个拷贝及录像带一盘由原审法院封存,另一个拷贝已由朗格鲁瓦国际学生电影节组委会寄往北京电影学院。

二审上诉请求

北影公司上诉请求确认北京电影学院摄制电影《受戒》的行为为侵权行为,赔偿损失25万元。

二审裁判结果

二审法院判决如下:驳回上诉,维持原判。

二审裁判理由

北影公司与小说《受戒》的著作权人订有著作权许可使用合同,该合同真实有效。北影公司依合同取得以拍摄电视剧、电影的方式改编该小说的专有使用权。因法律未对拥有此类权利的主体资格进行限制,所以北京电影学院否认北影公司享有小说《受戒》拍摄电影专有使用权的主张不能成立。根据《著作权法实施条例》(1991)第 35 条的规定,北影公司取得的专有使用权应受保护,有权排除他人以拍摄电视剧、电影的同样方式使用小说《受戒》。

根据《著作权法》(1990)第 22 条的规定,为学校的课堂教学,在合理范围内使用他人已发表的作品,可以不经著作权人许可及不向其支付报酬。此规定的目的在于许可学校为课堂教学在一定范围内无偿使用他人作品,以保障教学活动得以顺利进行。北京电影学院系培养电影人才的艺术院校,其教学方式具有相对的特殊性。故该校为课堂教学使用作品的方式也与一般院校有所不同,练习拍摄电影应属于该校进行课堂教学活动必不可少的一部分。根据著作权法有关规定的精神,北京电影学院为此使用他人已发表的作品属于合理使用。北京电影学院组织应届毕业生使用以小说《受戒》改编的剧本拍摄电影,其目的是使学生完成毕业作业及锻炼学生的实践能力,在校内放映该片也是为了教学观摩及评定,均为课堂教学必要的组成部分。所以北京电影学院在以上阶段以上述方式使用作品《受戒》应为合理使用,不构成对北影公司专有使用权的侵犯。需特别指出的是,此种方式的合理使用应严格限于从事电影教学的艺术院校,并仅可在必要的课堂教学范围内进行。

北京电影学院持《受戒》一片参加了朗格鲁瓦国际学生电影节。无论该电影节的性质如何,参展行为均不属于必不可少的课堂教学活动,故北京电影学院在电影节上放映使用小说《受戒》改编的影片,超出了为本校的课堂教学而使用的范围,不属于著作权法规定的合理使用。因电影节上放映《受戒》一片的场所系公开售票的电影院中的某一放映厅,而北京电影学院未能举证证明朗格鲁瓦国际学生电影节组委会对进入该放映厅的观众采取过限制措施,故不排除有当地观众购票后观看了该片。因此,一审法院认定观看该片的观众为参加朗格鲁瓦国际学生电影节的各国学生、教师、当地公民及认定组委会对外公开销售少量门票是客观的。北京电影学院使用以小说《受戒》改编的剧本参加电影节的行为违反了著作权法的有关规定,侵犯了北影公司所享有的对小说《受戒》的专有使用权,给北影公司以同样方式使用该作品的潜在市场造成不利影响,构成侵害。对此北京电影学院应承担责任。

> 案件解析

本案的争议焦点有二：一为北京电影学院擅自将小说《受戒》改编成电影剧本，组织学生联合摄制《受戒》电影并在校内播放，是否构成著作权侵权；二为北京电影学院持《受戒》电影参加法国朗格鲁瓦国际学生电影节是否构成著作权侵权。

一、北京电影学院组织学生联合摄制《受戒》电影并在校内播放属于合理使用，不构成著作权侵权

《著作权法》(1990)第 22 条第 1 款规定："在下列情况下使用作品，可以不经著作权人许可，不向其支付报酬，但应当指明作者姓名、作品名称，并且不得侵犯著作权人依照本法享有的其他权利……(六)为学校课堂教学或者科学研究，翻译或者少量复制已经发表的作品，供教学或科研人员使用，但不得出版发行……"[①]

本案中侵权行为发生于 1992~1994 年，适用《著作权法》(1990)的相关规定。北京电影学院擅自将小说《受戒》改编成电影剧本，组织学生联合摄制《受戒》电影并在校内播放，目的是完成教学任务、巩固教学内容，在校内放映前述影片，也是为了教学观摩及学习。综上，组织学生摄制、播放电影《受戒》的行为构成《著作权法》(1990)第 22 条第 1 款第 6 项所指的"为学校课堂教学使用"之情形，北京电影学院的前述行为属于合理使用，不构成著作权侵权。

2020 年《著作权法》对 1990 年《著作权法》第 22 条第 1 款第 6 项进行了调整，将"为学校课堂教学或者科学研究，翻译或者少量复制已经发表的作品，供教学或者科研人员使用，但不得出版发行"调整为"为学校课堂教学或者科学研究，翻译、改编、汇编、播放或者少量复制已经发表的作品，供教学或者科研人员使用，但不得出版发行"。本次修改显然是对学校课堂教学使用行为的明确和细化，将原法条中的"使用"细化为"翻译、改编、汇编、播放或者少量复制"，法律条文的明确和细化，能更好地解决现实中的法律问题。

二、北京电影学院持《受戒》电影参加法国朗格鲁瓦国际学生电影节是否构成著作权侵权

北京电影学院持《受戒》电影参加法国朗格鲁瓦国际学生电影节构成著作权侵权行

---

① 全国人大常委会法制工作委员会民法室编：《〈中华人民共和国著作权法〉修改立法资料选》，法律出版社 2002 年版，第 90~91 页。

为。其一，因为参展行为不属于课堂教学活动，北京电影学院的参展行为已经超出了"课堂教学"的范畴，不构成合理使用之情形。其二，根据法院查明的事实，朗格鲁瓦国际学生电影节的观众包括当地公民，所以北京电影学院持《受戒》电影参展的行为不再简单属于教育层面的文化交流，而是先于北影公司将《受戒》电影公之于众的商业行为。该行为严重影响了北影公司未来拍摄《受戒》电影的潜在市场，侵犯了北影公司所享有的对小说《受戒》的专有使用权。

第二节　出于商业经营目的复制发行作品超出课堂教学合理使用范围

29. 美国教育考试服务中心与北京市海淀区私立新东方学校侵犯著作权等案[①]

▶ **裁判要旨**

为学校课堂教学或者科学研究，翻译、改编、汇编、播放或者少量复制已经发表的作品，不得出版发行，属于合理使用。

学校以营利为目的，突破课堂教学，将他人享有著作权的作品公开、复制、发行的行为，构成著作权侵权。

【关键词】

合理使用；新东方；TOEFL 考试；学校课堂教学

[①] 美国教育考试服务中心与北京市海淀区私立新东方学校商标专用权纠纷案，北京市第一中级人民法院民事判决书，(2001)一中知初字第 35 号；北京市海淀区私立新东方学校与美国教育考试服务中心商标专用权纠纷上诉案，北京市高级人民法院民事判决书，(2003) 高民终字第 1393 号。

【当事人】

上诉人(原审被告):北京市海淀区私立新东方学校(以下简称新东方学校);

被上诉人(原审原告):美国教育考试服务中心(以下简称 ETS)。

一审案件事实

ETS 成立于 1948 年,TOEFL 考试由其主持开发。1988 年至 1995 年,ETS 分别在中国核准注册了 746636、771160、176265 号"TOEFL"商标,核定使用的范围分别是盒式录音带、考试服务、出版物等。1989 年至 1999 年,ETS 将其开发的 53 套 TOEFL 考试题在美国版权局进行了著作权登记。新东方学校成立于 1993 年,系民办非企业单位,主要从事外语类教学服务。1996 年 1 月,北京市工商行政管理局就新东方学校擅自复制 TOEFL 考试题一事对其进行了检查,并责令其停止侵权。后新东方学校停止使用 TOEFL 考试资料,并主动与 ETS 联系,商谈有偿使用 TOEFL 考试资料问题,但未获答复,遂继续向学生提供 TOEFL 考试资料。1997 年 1 月,北京市工商行政管理局再次对新东方学校进行检查,并扣压了《TOEFL 全真试题精选》等书籍资料。1997 年 2 月 18 日,新东方学校法定代表人俞敏洪到北京市工商行政管理局接受了询问,并出具了保证书,承认复制发行 TOEFL 考试题的行为侵犯了 ETS 的著作权,保证不再发生侵权行为。1997 年 8 月 17 日,ETS 在中国大陆的版权代理人中原信达知识产权代理有限责任公司与新东方学校签订了"盒式录音带复制许可协议"和"文字作品复制许可协议",许可新东方学校以非独占性的方式复制协议附件所列的录音制品和文字作品(共 20 套试题)作为内部使用,但不得对外销售,协议有效期为 1 年。2000 年 11 月 9 日,中原信达知识产权代理有限责任公司在新东方学校公证购买了 TOEFL 系列教材,包括《TOEFL 系列教材听力分册》《TOEFL 系列教材语法分册》《TOEFL 系列教材作文分册》《TOEFL 系列教材阅读分册》《最新练习题选编第一册》《最新练习题选编第二册》《最新练习题选编第三册》7 本图书及 25 盒听力磁带。2000 年 11 月 15 日北京市工商行政管理局宣武分局对新东方学校进行检查,并扣压了部分涉嫌侵权的图书。2000 年 12 月 25 日受 ETS 委托,北京市正见永申律师事务所在新东方学校公证购买了 TOEFL 系列教材,包括听力分册、听力文字答案、语法分册、作文分册、阅读分册、最新练习题选编第一册及听力磁带 21 盒。2001 年 1 月 4 日,ETS 向北京市第一中级人民法院提起诉讼,状告新东方学校侵害其著作权及商标权。2001 年 2 月 22 日,一审法院对新东方学校的财务账册实施了证据保全,并委托北京天正会计师事务所对相关财务账册进行了审计。审计结果表明:新东方学校的收入主要分为培训收入和资料收入。TOEFL 培训收入:1998 年为 5,210,769 元,占全年总培训收入的 20.1%;1999 年为 8,498,039 元,占全年总培训收入的 23.5%;2000 年为 19,795,214 元,占全年总培训收入的 24.3%。资料收入:1998 年为 3,012,702 元,1999 年为 4,931,191 元,2000 年为 6,983,357 元。TOEFL 住宿班所收取的培训费用中包括资料费。另外,本案一审审理中,双方当事人就 ETS 主张权利的相关 TOEFL 考试题与被控侵权物进行了对比。对比结果为:听力分册,听力文字答案,语法分册,作文分册,阅读分册,最新练习题选编第一、二、三册中被控侵权部分与相关 TOEFL 考试题内容一致;听力磁带与相关的 TOEFL 考试题内容绝大部分相同。此外,TOEFL 系列教材的封面及包装上均突出使用了"TOEFL"字样。

一审诉请

原告 ETS 请求人民法院判令被告:

1. 停止一切侵犯 ETS 著作权和商标权的行为。
2. 销毁其所有的侵权资料和印制侵权资料的软片。
3. 在全国媒体上向 ETS 公开赔礼道歉。
4. 消除因侵权造成的影响。
5. 赔偿 ETS 经济损失人民币 20,292,439.75 元。
6. 承担 ETS 为制止其侵权行为而支付的合理费用 1,418,197.09 元和本案诉讼费。

一审裁判结果

一审法院判决如下:

1. 新东方学校自判决生效之日起停止侵犯 ETS 著作权的行为,并于判决生效之日起 15 日内将所有的侵权资料和印制侵权资料的软片交法院销毁。
2. 新东方学校自判决生效之日起停止侵犯 ETS 商标专用权的行为。
3. 新东方学校自判决生效之日起 30 日内在原名为《法制日报》的报纸上向 ETS 公开赔礼道歉。
4. 新东方学校自判决生效之日起 15 日内赔偿 ETS 人民币 500 万元及合理诉讼支出 52.2 万元。
5. 驳回 ETS 的其他诉讼请求。

• 一审裁判理由

中国和美国均是《伯尔尼公约》的成员国,依据该公约,中国有义务对美国国民的作品在中国给予保护。ETS 作为 TOEFL 考试的主持、开发者,独立设计、创作完成了 TOEFL 考试题,并在美国就 53 套 TOEFL 考试题进行了版权登记。从 TOEFL 考试题的内容来看其具有独创性,属于我国著作权法保护的作品范畴。新东方学校与 ETS 签订有"盒式录音带复制许可协议"和"文字作品复制许可协议",有效期至 1998 年 8 月 16 日,其中明确约定了使用范围。但新东方学校将 TOEFL 考试题以出版物的形式在其校内和网上向不特定人公开销售,超出了上述协议约定的使用范围,并且上述协议期满后新东方学校未与 ETS 签订新的使用协议。新东方学校未经 ETS 许可,擅自复制 ETS 享有著作权的 TOEFL 考试题,并将试题以出版物的形式通过互联网渠道公开销售,其行为侵害了 ETS 的著作权。ETS 将 TOEFL 作为商标核准注册,且其商标均在有效期内,故依据我国《商标法》(2001),ETS 对 TOEFL 在第 9 类、第 41 类、第 68 类商品上享有商标专用权,其合法权益受法律保护。新东方学校在其发行的 TOEFL 考试题出版物封面上以醒目的字体标明 TOEFL 字样,其使用 TOEFL 的商品类别与 ETS 注册的第 9 类、第 41 类和第 68 类的商品类别相同,其标明的 TOEFL 字样也与 ETS 的注册商标完全一致,故新东方学校的行为构成对 ETS 注册商标专用权的侵犯。新东方学校应就其侵犯著作权和商标专用权的行为承担停止侵害、赔偿损失、消除影响、向 ETS 赔礼道歉等民事责任。本案赔偿数额的计算应以 2000 年 11 月 15 日向前追溯 2 年,即从 1998 年 11 月 15 日开始计算。审计报告表明,新东方学校的收入主要是资料费和培训费,赔偿数额的计算也主要以这两项收入为依据。

二审案件事实

二审法院查明:1999 年和 2000 年 TOEFL 住宿生的资料收入为 773,472 元。并确认一审法院查明的其他事实属实。

二审上诉请求

新东方学校请求二审法院撤销一审判决之第 2、3、4 项并依法改判。

二审裁判结果

二审法院判决如下：

1. 维持北京市第一中级人民法院(2001)一中知初字第 35 号民事判决之第 1、3、5 项。

2. 撤销北京市第一中级人民法院(2001)一中知初字第 35 号民事判决之第 2、4 项。

3. 新东方学校自本判决生效之日起 15 日内赔偿 ETS 经济损失人民币 3,740,186.2 元及合理诉讼支出人民币 2.2 万元。

二审裁判理由

中国和美国均是《伯尔尼公约》的成员国，根据我国《著作权法》(2001)第 2 条第 2 款及《伯尔尼公约》第 3 条第 1 款第 a 项的规定，我国有义务对美国国民的作品在中国给予保护。我国《著作权法实施条例》(2002)第 2 条规定，著作权法所称作品，指文学、艺术和科学领域内，具有独创性并能以某种有形形式复制的智力创作成果。TOEFL 试题分为听力、语法、阅读和写作四个部分，由 ETS 主持开发设计，就设计、创作过程来看，每一道考题均需多人经历多个步骤并且付出创造性劳动才能完成，具有独创性，属于我国著作权法意义上的作品，应受我国法律保护。由此汇编而成的整套试题也应受到我国法律保护。根据本案查明的事实，新东方学校未经著作权人 ETS 许可，以商业经营为目的，以公开销售的方式复制发行了 TOEFL 试题，其使用作品的方式已超出了课堂教学合理使用的范围，故对新东方学校关于其相关行为系合理使用 TOEFL 试题的抗辩理由，法院不予采信。新东方学校主张其为非营利机构，但成立的目的与是否侵犯 ETS 著作权并无必然联系，只要新东方学校实施的行为具有营利性，则必然对 ETS 的著作权构成侵害。1997 年新东方学校的法定代表人俞敏洪向北京市工商行政管理局出具的不再发生侵权行为的保证书以及与中原信达知识产权代理有限责任公司签订的作品使用许可协议也表明，新东方学校承认 ETS 对 TOEFL 试题享有著作权，并且明知其相关行为已侵犯了 ETS 的著作权。综上，新东方学校复制并且对外公开销售 TOEFL 试题的行为已侵犯了 ETS 的著作权，理应承担相应的法律责任。但鉴于 TOEFL 试题的特殊性质以及新东方学校利用这一作品的特别形式及目的，新东方学校在不使用侵权资料的情况下在课堂教学中讲解 TOEFL 试题应属于《著作权法》(2001)第 22 条规定的合理使用相关作品的行为，并不构成对他人著作权的侵犯。

在我国目前的社会状况下,出版发行属于国家管制的特殊行业,出版物属于特殊商品,对出版物的来源进行识别一般是通过出版物的作者和出版单位来实现的。本案中,虽然 ETS 在出版物、录音磁带上合法注册了 TOEFL 商标,新东方学校在 TOEFL 系列教材突出使用了"TOEFL"字样,但新东方学校对"TOEFL"是在进行描述性或者叙述性的使用。其目的是说明和强调出版物的内容与 TOEFL 考试有关,便于读者知道出版物的内容,而不是表明出版物的来源,并不会造成读者对商品来源的误认和混淆。一审法院认定新东方学校的相关行为侵犯了 ETS 的商标专用权应属不当,二审法院予以纠正。

审计报告表明,新东方学校 TOEFL 项下的收入主要包括资料费和培训费,TOEFL 住宿生的资料费已包含在培训费中。一审法院酌情以一定的比例推算 TOEFL 住宿生的资料收入不够严谨。二审法院根据查明的事实确认,新东方学校 TOEFL 项下的侵权资料收入为人民币 3,740,186.2 元,应当作为非法获利赔偿给 ETS。ETS 为本案诉讼而支出的合理费用人民币 2.2 万元亦应一并赔偿。

案件解析

本案的争议焦点有二:一是 TOEFL 考试试题是否属于我国著作权法所保护的作品;二是新东方学校使用 TOEFL 试题的行为是否侵犯了 ETS 的著作权。

一、TOEFL 考试试题属于我国著作权法所保护的作品

《著作权法》(2020)第 3 条规定,本法所称的作品,是指文学、艺术和科学领域内具有独创性并能以一定形式表现的智力成果;《著作权法实施条例》(2002)第 2 条规定"著作权法所称作品,是指文学、艺术和科学领域内具有独创性并能以某种有形形式复制的智力成果"。ETS 主持开发设计了 TOEFL 考试试题,鉴于每道考题均需 ETS 反复斟酌、提炼加工、整合汇编并付出创造性劳动才能完成,所以 TOEFL 考试试题属于具有独创性的智力成果,属于我国著作权法保护的作品。

《伯尔尼公约》第 3 条第 1 款第 a 项规定"作者为本同盟任何成员国的国民者,其作品无论是否已经出版,都受到保护";《著作权法》(2001)第 2 条第 2 款规定"外国人、无国籍人的作品根据其作者所属国或者经常居住地国同中国签订的协议或者共同参加的国际条约享有的著作权,受本法保护"。[①] 鉴于 ETS 设立于美国新泽西州,并将其开发

---

① 全国人大常委会法制工作委员会民法室编:《〈中华人民共和国著作权法〉修改立法资料选》,法律出版社 2002 年版,第 68 页。

的53套TOEFL考试题在美国版权局进行了著作权登记,而中国和美国均是《伯尔尼公约》的成员国,我国有义务对美国国民的作品在中国给予保护。

综上,我们认为,TOEFL考试试题属于我国著作权法所保护的作品。

二、新东方学校使用TOEFL试题的行为是否侵犯了ETS的著作权

本案于2003年12月8日受理,应当适用2001年《著作权法》,《著作权法》(2001)第22条规定:"在下列情况下使用作品,可以不经著作权人许可,不向其支付报酬,但应当指明作者姓名、作品名称,并且不得侵犯著作权人依照本法享有的其他权利……(六)为学校课堂教学或者科学研究,翻译或者少量复制已经发表的作品,供教学或者科研人员使用,但不得出版发行……"①

本案中,虽然新东方学校为非营利机构,但其未经著作权人ETS许可,擅自以公开销售的方式复制发行TOEFL试题的行为,已经不属于《著作权法》(2001)第22条第1款第6项所指的合理使用之情形,构成著作权侵权。根据新东方学校法定代表人俞敏洪向北京市工商行政管理局出具的不再发生侵权行为的保证书及其签订的作品使用许可协议可知,新东方学校明确知晓其侵权行为。综上,新东方学校复制并且对外公开销售TOEFL试题的行为已侵犯了ETS的著作权,理应承担相应的法律责任。

若新东方学校不对外公开销售TOEFL试题,仅仅在课堂教学中讲解TOEFL试题,则属于《著作权法》(2001)第22条第6项所指的合理使用之情形,并不构成对ETS著作权的侵犯。

---

① 全国人大常委会法制工作委员会民法室编:《〈中华人民共和国著作权法〉修改立法资料选》,法律出版社2002年版,第73~74页。

第三节
教学使用不适用于函授广播电视教学

30. 国家广播电影电视总局电影卫星频道节目制作中心与中国教育电视台著作权案[1]

▶ **裁判要旨**

为学校课堂教学或者科学研究,翻译、改编、汇编、播放或者少量复制已经发表的作品,不得出版发行,属于合理使用。

教育电视台擅自播放他人享有著作权的完整影片,即便部分动机是为了学校课堂教学,也难以掩盖其著作权侵权的事实。

【关键词】

合理使用;电视台;学校课堂教学;线上教学;翻译;少量复制

【当事人】

原告:国家广播电影电视总局电影卫星频道节目制作中心(以下简称电影频道中心);

被告:中国教育电视台。

▶ **案件事实**

2001年4月,电影频道中心与中国人民解放军八一电影制片厂(以下简称八一厂)签订合作协议书,约定双方出品、拍摄《冲出亚马逊》(以下简称《冲》)。《冲》国内外永久电视播映权及网络传输权归电影频道中心独家享有。

《冲》拍摄完成后,2002年4月,原国家广播电影电视总局电影事业管理局颁布了电影片公映许可证(电审故字[2002]第013号),许可《冲》在国内外发行。电影频道中

---

[1] 国家广播电影电视总局电影卫星频道节目制作中心诉中国教育电视台侵犯著作权纠纷案,北京市海淀区人民法院民事判决书,(2006)海民初字第8877号。

心已播放过《冲》,且没有授权其他电视台播放该片,但未能提供播放《冲》的时间。

2005年9月10日,中国教育电视台在第一套节目中播放了《冲》,没有播放原片片头中的八一厂厂标、著作权人署名和影片文字介绍,在片尾处有著作权人署名;画面右下角显示"北京新兴医院"字样,播放过程中两次插播广告;录像画面左上角在播放全过程均伴有中国教育电视台台标。中国教育电视台认可曾于2005年9月10日在第一套节目中播放了《冲》,但未在举证期限内提交该台播放《冲》情况的证据。电影频道中心支付了监测费用200元。

中国教育电视台在其网站广告服务栏目中公布了该台第一套节目广告价目表。该价目表中并无周末影院栏目的广告价格。在《冲》播出的时间段内,周一至周日10:17—10:20节目前广告价格为5秒2800元、15秒4800元、30秒8000元;11:55—12:00国视新闻前,12:12—12:15青春100分片场前广告价格为5秒4300元、15秒7200元、30秒12,000元。在广告服务说明中,栏目插播广告价格在相应的段位价格基础上加收30%,各段广告指定正一和倒一加收10%。中国教育电视台辩称周末影院并非固定栏目,该时间段的正常节目确有广告播出,播放《冲》时保留了原节目的广告,该台未向法院提交该时间段内原有节目广告播出情况的证据。

2005年9月19日,电影频道中心委托的律师向中国教育电视台邮寄送达了律师函,称中国教育电视台播出《冲》构成侵权,要求该台停止播映《冲》,并向电影频道中心道歉、支付赔偿金及合理的费用。电影频道中心支付了邮递费用12元、律师代理费用20,000元。

另查,1993年9月,中宣部、原国家教委、原广播电影电视部、原文化部联合发出《关于运用优秀影视片在全国中小学开展爱国主义教育的通知》(教基〔1993〕17号),决定运用优秀影视片在全国中小学开展爱国主义教育,并推荐优秀爱国主义教育影视片100部供各地中小学选用。2004年,《冲》亦被列入推荐影片名单。

原告诉请

原告电影频道中心请求法院:

1. 判令被告未经原告授权不得播出《冲》。
2. 判令被告偿付原告经济损失100,000元。
3. 判令被告支付原告为制止侵权行为的合理支出20,213元。
4. 判令被告负担本案诉讼费用。

裁判结果

依据《著作权法》(2001)第45条、第47条第1项之规定,法院判决如下:

1. 本判决生效之日起,被告中国教育电视台未经原告电影频道中心许可,不得再行播放电影作品《冲》。

2. 本判决生效之日起7日内,被告中国教育电视台给付原告电影频道中心经济损失及诉讼合理支出共计5万元。

3. 驳回原告电影频道中心其他诉讼请求。

裁判理由

电影频道中心与八一厂联合摄制了《冲》,系《冲》的著作权人,其著作权受法律保护。根据电影频道中心与八一厂的约定,《冲》的国内外电视播映权归电影频道中心享有,故电影频道中心是本案适格的原告,可以单独提起诉讼。

根据《著作权法》(2001)的规定,电视台播放他人的电影作品,应当取得著作权人许可并支付报酬。中国教育电视台承认未经电影频道中心许可播放了《冲》,且未支付报酬,但其辩称其播放行为属于合理使用,法院结合案情对其辩称予以判定。

一般来说,使用他人作品应当取得著作权人的许可,但考虑公众利益及社会发展水平,法律规定某些情况下使用他人已经发表的作品,可以不经著作权人许可,不向其支付报酬,但应当指明作者姓名、作品名称,并且不得侵犯著作权人的其他权利,此即著作权法律制度中的合理使用。我国《著作权法》(2001)第22条规定了合理使用的范围和具体方式,并列举了12种情形下可认定为合理使用。中国教育电视台主张其播放行为系一种课堂之外的教育教学使用。《著作权法》(2001)第22条第1款第6项规定:为学校课堂教学或者科学研究,翻译或者少量复制已经发表的作品,供教学或者科研人员使用,但不得出版发行。其中学校课堂教学,应专指面授教学,不适用于函授、广播、电视教学,故即使认定中国教育电视台的播放行为是一种教育教学行为,亦不属于法律规定的合理使用的12种情形之内。

合理使用作为著作权法律制度的一项重要内容,既有长期稳定存在的必要,又将随着社会发展不断变化。中国教育电视台辩称其播放《冲》的行为系进行爱国主义教育,系一种新的合理使用形式,法院进一步进行分析判断。

合理使用作为一项著作权法律制度,其判断标准可以从以下几个方面考虑。

第一，中国教育电视台播放《冲》的目的。中国教育电视台称其播放《冲》是进行爱国主义教育的公益行为。《冲》确实属于有关部门推荐的爱国主义教育影片，但并不表示任何播放该片的行为均是出于公益目的。就本案来说，中国教育电视台在播放该片过程中插播了多处广告内容，显然与公众利益无关，故其播放行为带有一定的商业目的。

第二，中国教育电视台的播放行为对电影频道中心的经济利益的影响。认定合理使用的前提条件之一是该行为不能损害权利人的经济利益，既包括不能造成权利人实际的经济损失，还包括不能影响权利人在潜在的市场获得的经济利益。根据电影频道中心与八一厂的约定，电影频道中心享有《冲》的电视播映权，通过播放《冲》，电影频道中心既可以通过安排播放广告等形式获取一定的经济收益，又可以通过播放《冲》这样优秀的影片获得良好的口碑，为今后的市场开拓打下基础。中国教育电视台作为一家面向全国的公共电视台，其观众群体除了广大中小学生外，还包括社会各个阶层，其播放《冲》并附带播放广告的行为，显然降低了电影频道中心利用《冲》获取经营收入的可能，给电影频道中心的经济利益造成了影响。

综上，中国教育电视台的行为不属于合理使用的范围，其播放《冲》应当取得电影频道中心的许可，并向其支付报酬。具体赔偿数额，法院考虑以下几个因素酌情予以判定。（1）《冲》的知名度；（2）中国教育电视台的潜在观众数量多；（3）中国教育电视台相同时间的其他节目报价及价格计算规则；（4）《冲》自2002年起，大多数潜在观众应已通过合法途径观看了该片，中国教育电视台的播放行为对电影频道中心的影响应有所降低；（5）中国教育电视台播放《冲》前，电影频道中心已知悉，但其仅实施了收集证据行为，明显怠于行使上述权利。

案件解析

本案的争议焦点是中国教育电视台擅自播放《冲》，是否属于合理使用。

本案侵权行为发生于2005年，应当适用于2001年《著作权法》。《著作权法》(2001)第22条规定："在下列情况下使用作品，可以不经著作权人许可，不向其支付报酬，但应当指明作者姓名、作品名称，并且不得侵犯著作权人依照本法享有的其他权利……（六）为学校课堂教学或者科学研究，翻译或者少量复制已经发表的作品，供教学或者科研人员使用，但不得出版发行……"《著作权法实施条例》(2002)第21条规定"依照著作权法有关规定，使用可以不经著作权人许可的已经发表的作品的，不得影响该作品的正常使用,也不得不合理地损害著作权人的合法利益"。

中国教育电视台擅自播放整部《冲》的行为,并不属于《著作权法》(2001)第22条第1款第6项所指的"翻译或者少量复制已经发表的作品"之情形。由此可见,中国教育电视台擅自播放《冲》并不属于为学校课堂教学而进行的合理使用。另外,中国教育电视台在播放《冲》的过程中插播多处广告的行为明显具有商业目的,该行为严重影响了电影频道中心的收视率,损害了电影频道中心的合法权益和经济利益,中国教育电视台的行为明显违反了《著作权法实施条例》(2002)第21条的规定,其擅自播放《冲》不属于合理使用之情形,构成著作权侵权。

本案中,法院认为"在著作权法所指的合理使用中,学校课堂教学应专指面授教学,不适用于函授、广播、电视教学"。这一观点,在《信息网络传播权保护条例》(2006)公布后被推翻。根据《信息网络传播权保护条例》(2006)第6条的规定"通过信息网络提供他人作品,属于下列情形的,可以不经著作权人许可,不向其支付报酬……(三)为学校课堂教学或者科学研究,向少数教学、科研人员提供少量已经发表的作品……"[①]可知,为学校课堂教学而合理使用他人作品可以用于函授、广播、电视教学等信息网络传播媒介中,需要强调的是,在线上进行学校课堂教学时,只能向少数教学人员提供少量已经发表的作品。

---

① 全国人大常委会法制工作委员会民法室编:《〈中华人民共和国著作权法〉修改立法资料选》,法律出版社2002年版,第398页。

第四节
教学使用限定于现场教学

31. 毕某某与淮北市实验高级中学侵犯著作权案[①]

▶ **案例影响**

入选"2009年中国法院知识产权司法保护50件典型案例"。

▶ **裁判要旨**

为学校课堂教学或者科学研究,翻译、改编、汇编、播放或者少量复制已经发表的作品,不得出版发行,属于合理使用。

学校网站刊登未经著作权人许可的作品,如向不特定的公众开放,不能认定为合理使用。教学使用限定于教师与学生在教室、实验室等处所进行现场教学。

【关键词】

合理使用;为学校课堂教学或者科学研究;署名权;著作权限制

【当事人】

上诉人(原审原告):毕某某;

被上诉人(原审被告):淮北市实验高级中学(以下简称实验中学)。

---- 一审案件事实 ----

(1)毕某某为图书《红处方》的作者,对《红处方》享有著作权。网址为http://www.hbsz.cn,中文域名为实验中学的网站,系实验中学所有并实际维护管理的网站。该网站未经毕某某的许可即登载《红处方》。(2)2008年4月16日,毕某某的代理人林某在北京市求是公证处公证人员的监督下,使用公证处201室计算机,通过局域网登陆

[①] 毕某某与淮北市实验高级中学侵犯著作权纠纷案,安徽省淮北市中级人民法院民事判决书,(2008)淮民三初字第2号;毕某某与淮北市实验高级中学侵犯著作权纠纷上诉案,安徽省高级人民法院民事判决书,(2009)皖民三终字第0014号。

互联网,进入"实验中学"网站首页。公证书证明:林某在页面中右键点击"红处方"显示出页面,再点击"目标另存为"进入下载保存,并将文章内容保存于计算机。此操作显示出的页面公证处未打印附后,现场记录表述的"林某在上述页面中右键点击'红处方'显示出页面,再点击'目标另存为'进入下载保存",其中"红处方"和"目标另存为"字样未出现在公证文书所附的相应打印页面中。实验中学辩称公证书所附页面第 2 页头部缺少"淮北矿业集团公司中学——校内资源"的字样,认为是未完整保存的页面。经审查公证书原件,此属毕某某委托代理人提交的公证书复印件没有完整复印所致。(3)在庭审中对公证处制作的现场记录操作过程进行演示,结果是:进入实验中学网站不需要输入用户名和密码,但进入实验中学网站显示"实验中学——电子图书系统"页面后,"实验中学在线电子图书馆"标题下排列了包含"红处方"在内若干文学作品名称,点击"红处方"后出现页面显示须输入用户名和密码,不输入用户名和密码不能阅读和下载。(4)毕某某所著《红处方》,经群众出版社出版发行,作品字数为 388 千字,2002 年 1 月第 1 版、2002 年 2 月第 2 次印刷,印数为 5001～9000 册,定价为 24 元。

一审裁判结果

依据《民事诉讼法》(2007)第 64 条第 1 款、《著作权法》(2001)第 22 条第 1 款第 6 项之规定,法院判决:驳回毕某某的全部诉讼请求。一审案件受理费 795 元,由毕某某承担。

一审裁判理由

毕某某是《红处方》的著作权人,其权利应受法律保护。毕某某提交的公证书所附现场记录中,关于实验中学网站《红处方》阅读、下载操作的核心页面(显示"目标另存为"的页面),公证处没有打印留存,不能与公证书所附现场记录的操作过程一一对应,无法显示从实验中学网站上阅读、下载《红处方》的完整过程。证据保全公证非公证员亲自操作计算机,在上述核心页面缺失的情况下,公证书并不能证明下载《红处方》的客观过程。实验中学抗辩其网站的数字图书馆需输入用户名和密码才能进入,经庭审演示得以印证。因此,毕某某称实验中学网站登载《红处方》向网络不特定用户提供浏览或者下载服务的主张,证据不足。实验中学作为以教学为目的的公益性教育机构,在其网站刊载《红处方》是为充实该校网站数字图书馆的内容,为学校教学供本校特定教研人员阅读和下载使用,并非以传播作品和获利为目的,也无证据证明学校以此获取了利益,且学校对数字图书馆的相关作品采取须输入用户名和密码的必要保密措施,限定了使用作品的人员范围,学校数字图书馆未将该用户名和密码传入公知领域并产生损害结果。因此,实验中学使用毕某某公开发表的《红处方》的行为不具有违法性,主观亦无过错,属合理使用,未侵犯原告毕某某的著作权,不应承担侵权责任。毕某某要求实验中学立即停止侵权,公开赔礼道歉,赔偿经济损失及合理支出并承担诉讼费用的主张,无事实和法律依据,法院均不予支持。

二审案件事实

二审法院查明:一审法院查明的事实属实,并予以确认。

二审上诉请求

毕某某请求二审法院撤销原判,判令实验中学立即停止侵权,向毕某某公开赔礼道歉,赔偿经济损失38,800元及合理支出6000元,承担本案全部诉讼费用。

二审裁判结果

二审法院判决如下:

1. 撤销安徽省淮北市中级人民法院(2008)淮民三初字第2号民事判决。

2. 实验中学立即停止侵犯毕某某著作权的侵权行为。

3. 实验中学于本判决生效之日起30日内在《淮北日报》上登报向毕某某赔礼道歉(内容须经法院审核)。

4. 实验中学于本判决生效之日起30日内赔偿毕某某经济损失26,000元。

5. 驳回毕某某的其他诉讼请求。

二审裁判理由

本案争议焦点为:(1)实验中学是否通过网站向不确定的网络用户提供涉案作品的浏览或下载服务;(2)实验中学的行为是否构成合理使用;(3)若侵权成立,本案的民事责任如何确定。

关于焦点一,根据《最高人民法院关于民事诉讼证据的若干规定》(2001)第2条的规定,当事人对自己提出的诉讼请求所依据的事实有责任提供证据加以证明。没有证据或者证据不足以证明当事人的事实主张的,由负有举证责任的当事人承担不利的后果。毕某某主张实验中学网站登载《红处方》向网络不特定用户提供浏览或者下载服务,提供证据保全公证书。该公证书记载的申请公证的主体、行为主体、保全行为的过程并未出现违法情形。该公证书记载了侵权文件的属性,可以清楚地看到侵权作品所在实验中学网站服务器的具体位置,能够作为认定本案事实的证据。《民事诉讼法》(2007)第67条规定,"经过法定程序公证证明的法律行为、法律事实和文书,人民法院应当作为认定事实的依据。但有相反证据足以推翻公证证明的除外"。公证时,毕某某的代理人操作计算机,部分页面未打印,并不能以此当然地否认该公证书的证明效力。该公证书能够客观地证明在实验中学网站上浏览、下载《红处方》作品的过程。此其一。其二,实验中学提出公证时可能出现网站被攻击、感染病毒或从其他网站上链接下载等情形,指出的是技术上的可能性,而非证明公证时客观存在的事实。其三,一审庭审演示、实验中学提供的公证书显示,要看到毕某某作品《红处方》的内容需要用户名和密码,但该演示和公证书所证明的事实,与毕某某提供的公证书证明的本案事实并非同一时间点,是在毕某某进行公证之后。因而,实验中学提供的证据不足以推翻毕某某提供的公证书的证明效力,故应依法认定实验中学通过网站向不确定的网络用户提供涉案作品的浏览、下载服务的事实成立。

关于焦点二,《著作权法》第22条第1款规定,为学校课堂教学或者科学研究,翻译或者少量复制已经发表的作品,供教学或者科研人员使用,构成合理使用。该规定限定了合理使用的范围,即学校的课堂教学或者科学研究。这种课堂教学应限定于教师与学生在教室、实验室等处所进行现场教学,并且是为上述目的少量复制。这样的复制不应超过课堂教学的需要,也不应对作者作品的市场传播带来损失。本案中,实验中学将毕某某的涉案作品登载在网络上,不构成用于课堂教学的合理使用行为,不属于法定许可的合理使用范畴。故其属于合理使用的抗辩主张,不能成立。

关于焦点三,《著作权法》(2001)第46条规定,侵犯他人著作权的,应当根据情况,承担停止侵害、消除影响、赔礼道歉、赔偿损失等民事责任。其中,赔礼道歉的方式是适用于著作人身权侵权的救济方式。本案中,实验中学未经毕某某许可,在网络上登载毕某某的涉案作品,且未署名,侵害了毕某某著作权中的署名权,应承担赔礼道歉的民事责任。本案中,毕某某不能提供其实际损失的证明,二审法院综合考虑涉案作品类型、侵权行为性质、侵权的影响范围和后果等情节,参照国家版权局有关出版文字作品报酬规定和收取费用的计算方法,酌情确定实验中学赔偿毕某某经济损失和制止侵权行为支出的合理费用共计26,000元。

> **案件解析**

　　本案的争议焦点是实验中学在校内网站上刊登并提供毕某某小说《红处方》是否构成著作权侵权行为。

　　本案侵权行为发生在2008年，应适用2001年《著作权法》。《著作权法》(2001)第22条第1款规定："在下列情况下使用作品，可以不经著作权人许可，不向其支付报酬，但应当指明作者姓名、作品名称，并且不得侵犯著作权人依照本法享有的其他权利……(六)为学校课堂教学或者科学研究，翻译或者少量复制已经发表的作品，供教学或者科研人员使用，但不得出版发行……"[①]《著作权法实施条例》(2002)第21条规定："依照著作权法有关规定，使用可以不经著作权人许可的已经发表的作品的，不得影响该作品的正常使用，也不得不合理地损害著作权人的合法利益。"

　　为学校课堂教学，翻译或者少量复制已经发表的作品，供教学人员使用的情况，属于合理使用。为教学目的少量复制不应超过课堂教学的需要，也不应对作者作品的市场传播带来损失。本案中，实验中学将毕某某的《红处方》小说登载在学校网站，并向不确定的网络用户提供前述作品的浏览、下载服务，不属于法定许可的合理使用范畴，而是著作权侵权行为。

　　值得注意的是，《信息网络传播权保护条例》(2006)第6条规定："通过信息网络提供他人作品，属于下列情形的，可以不经著作权人许可，不向其支付报酬……(三)为学校课堂教学或者科学研究，向少数教学、科研人员提供少量已经发表的作品。"由此可知，教师通过线上教学授课也可能构成合理使用的情况。

[①] 全国人大常委会法制工作委员会民法室编：《〈中华人民共和国著作权法〉修改立法资料选》，法律出版社2002年版，第73~74页。

第五节
将教学使用的他人作品再次出版发行不构成合理使用

32. 滕某某与杨某某侵犯著作权纠纷上诉案[①]

▶ **裁判要旨**

为学校课堂教学或者科学研究,翻译、改编、汇编、播放或者少量复制已经发表的作品,不得出版发行,属于合理使用。

高校为课堂教学,在自制的发行教材中使用了他人享有著作权的作品,如出版发行,则不属于合理使用范畴,构成著作权侵权行为。职务作品应由著作权人承担侵权责任,若有多位著作权人且无法区分每人编写的部分时,编者构成共同侵权,承担连带责任,权利人有权向其中任何一人主张权利。

【关键词】

合理使用;出版社;职务作品;共同侵权;连带责任;著作权限制

【当事人】

上诉人(原审被告):滕某某;

被上诉人(原审原告):杨某某。

一审案件事实

1999年12月,哈尔滨工程大学出版社出版发行由杨某某担任主编的信息检索系列丛书《Internet医学信息检索基础》。该书于2000年1月由东北农业大学印刷厂印刷2000册。

2000年6月,教育科学出版社出版由滕某某及李某某、孙某某担任主编的《医学信息检索》一书。该书于2000年6月由通州印刷厂印刷1000册。

---

① 滕某某与杨某某侵犯著作权纠纷案,山东省青岛市中级人民法院民事判决书,(2008)青民三初字第130号;滕某某与杨某某侵犯著作权纠纷上诉案,山东省高级人民法院民事判决书,(2009)鲁民三终字第73号。

《医学信息检索》第九章"Internet 医学信息检索"的内容与《Internet 医学信息检索基础》的相关内容完全相同,约 7 万字。

2002 年 3 月,青岛海洋大学出版社出版由杨某某担任主编的医学信息教育系列教程《医学信息教育——医学信息检索与利用》(以下简称《医学信息教育》)一书。经对比,《医学信息教育》一书中有部分内容与《医学信息检索》一书中相关的内容完全相同。

2001 年 4 月 17 日至 2002 年 4 月 15 日,滕某某在英国女王大学进修,其间护照证明滕某某未回国。

《医学信息检索》教材是滕某某等人根据潍坊医学院 2000 年研究生教学工作需要和科研处研究生办公室的委托编写的。

一审原告诉请

原告杨某某请求法院判令:

1. 滕某某立即停止侵权行为,并在《青岛日报》发表道歉声明,公开向杨某某赔礼道歉,刊登时间不少于 10 天。
2. 滕某某赔偿杨某某经济损失 15 万元。
3. 滕某某赔偿杨某某为本案支出的合理费用 3 万元。
4. 滕某某承担本案诉讼费用。

一审裁判结果

一审法院判决如下:

1. 滕某某于本判决生效之日起立即停止侵犯杨某某享有的《Internet 医学信息检索基础》著作权的行为,即不得许可他人再行出版,并通知教育科学出版社不得重印侵权图书《医学信息检索》。
2. 滕某某应于本判决生效之日起 10 日内,赔偿杨某某经济损失人民币 1 万元。
3. 滕某某应于本判决生效之日起 30 日内,向杨某某书面赔礼道歉。
4. 驳回杨某某的其他诉讼请求。

一审裁判理由

本案争议的焦点为:(1)杨某某提起诉讼的时间是否已超诉讼时效期间;(2)《医学

信息检索》一书是否是职务作品,著作权由谁享有;(3)滕某某是否侵犯杨某某的著作权。

关于杨某某提起诉讼的时间是否已超诉讼时效期间的问题,法院认为,侵犯著作权的诉讼时效为2年,自著作权人知道或者应当知道侵权行为之日起计算。因此,是否已超诉讼时效期间,关键是杨某某是否在2年以前就知道或者应当知道《医学信息检索》一书的出版。虽然杨某某在2002年3月编写出版的《医学信息教育》与《医学信息检索》一书的内容有大量相同,但滕某某亦是《医学信息教育》的作者之一,该相同内容可能是滕某某自己写的。滕某某主张2001年4月18日至2002年4月16日其出国进修,不能成为作者的理由不能成立,因为:第一,编写《医学信息教育》一书的过程,是长期的过程,出版时间不是编写时间。第二,参与编写,不需要编写人员集中一起编写,滕某某出国进修,不能证明其未参与《医学信息教育》的编写。第三,假如滕某某未参与编写,而《医学信息教育》明确记载滕某某是作者之一,此行为违反常理。没有证据或者证据不足以证明当事人的事实主张的,由负有举证责任的当事人承担不利后果。由于滕某某是《医学信息检索》与《医学信息教育》两部作品的作者之一,在两部作品的作者不能区分各自创作的部分的情况下,滕某某无法证明在编写出版《医学信息教育》时,杨某某抄袭了《医学信息检索》的相关内容。因此,滕某某提供的证据不足以证明杨某某在2002年3月以前知道《医学信息检索》一书的存在,应承担不利的后果。

关于《医学信息检索》一书是否是职务作品,著作权应由谁享有的问题,法院认为,公民为完成法人或者其他组织工作任务所创作的作品是职务作品,著作权由作者享有。但如果有以下情形之一的职务作品,作者仅享有署名权,著作权的其他权利由法人或者其他组织享有:(1)主要是利用法人或者其他组织的物质技术条件创作,并由法人或者其他组织承担责任的工程设计图、产品设计图、地图、计算机软件等职务作品;(2)法律、行政法规规定或者合同约定著作权由法人或者其他组织享有的职务作品。由于《医学信息检索》是滕某某根据潍坊医学院2000年研究生教学工作需要,为完成教学任务,与其他人员合作创作的教材,该书由教研室联系出版,学院科研处全部包销,因此应认定《医学信息检索》是职务作品。但是,该职务作品并非由法人或者其他组织承担责任的工程设计图、产品设计图、地图、计算机软件等职务作品,也不是由法律、行政法规规定由法人或者其他组织享有的职务作品,滕某某也未与潍坊医学院签订合同,约定著作权由潍坊医学院享有。因此,虽然《医学信息检索》是职务作品,但是,著作权仍由作者享有。

关于滕某某是否侵犯杨某某著作权的问题,法院认为,为学校课堂教学或者科学研究,翻译或者少量复制已经发表的作品,供教学或科研人员使用,未出版发行的,不构成侵犯著作权。剽窃他人作品的,构成侵犯他人著作权。尽管滕某某认为《医学信息检索》一书是供研究生使用的教材,且仅印刷1000册,但是《医学信息检索》一书已经出版发行,不符合《著作权法》第22条规定的不构成侵犯著作权的条件。由于《医学信息检索》第九章"Internet医学信息检索"的内容与《Internet医学信息检索基础》的相关内容完全相同的字数约7万字,在《医学信息检索》作品的作者不能区分各自创作的部分的情况下,滕某某未能提供证据证明非自己编写。因此,《医学信息检索》作者如此大量地抄袭《Internet医学信息检索基础》的相关内容,侵犯了杨某某的著作权。因滕某某享有《医学信息检索》的著作权,其应当承担相应的民事责任。

关于滕某某赔偿杨某某经济损失的问题,鉴于侵权获得的利益和被侵权所受到的实际损失均难以确定,法院根据滕某某侵权行为的情节,以及杨某某为制止侵权行为所支付的合理开支酌定赔偿数额。

二审案件事实

1998年12月,人民邮电出版社出版《网海拾贝Internet信息查询》一书,编著者为李某、秦某某,其中杨某某作为编写人员,编写了第八、九章。该书共有12章,另有15位编写人员。

二审法院查明:一审法院查明的事实属实,并予以确认。

二审上诉请求

滕某某提起上诉,请求撤销原判,改判驳回杨某某的诉讼请求,一、二审案件受理费由杨某某承担。

二审裁判结果

二审法院判决如下:

1. 维持山东省青岛市中级人民法院(2008)青民三初字第130号民事判决第1、3、4项及案件受理费的负担部分。

2. 变更山东省青岛市中级人民法院(2008)青民三初字第130号民事判决第2项"滕某某应于本判决生效之日起10日内,赔偿杨某某经济损失人民币1万元"为:滕某某于本判决生效后 10 日内赔偿杨某某经济损失 6000 元。

- **二审裁判理由**

本案当事人的争议焦点有三个:(1)《Internet 医学信息检索基础》一书的著作权应如何认定,《医学信息检索》是否对《Internet 医学信息检索基础》的文字构成抄袭;(2)滕某某是否应对《医学信息检索》的编著行为承担侵权责任;(3)杨某某的起诉是否超出诉讼时效。

关于第一个争议焦点。经对比,《医学信息检索》与杨某某所著《Internet 医学信息检索基础》相同部分中,仍有一部分与《网海拾贝 Internet 信息查询》文字相同。在排除杨某某不享有著作权的文字部分后,《医学信息检索》与《Internet 医学信息检索基础》的相同内容仍然在《医学信息检索》中占到相当的比例,构成对《Internet 医学信息检索基础》的抄袭。虽然滕某某称网址部分是公共资源,单个网址都能在互联网上找到,但是将许多网址组合在一起能够体现作者的独创性,是受法律保护的。所以,原审法院认定滕某某侵犯杨某某的《Internet 医学信息检索基础》部分文字的著作权并无不当。

关于第二个争议焦点。首先,《医学信息检索》上没有单位的署名;其次,从滕某某提交的证据分析来看,其在一审中提交了纪委和研究生部出具的证明来证明其单位是著作权人,但是研究生部的证明仅能说明被控侵权作品编写是基于职务要求,纪委的证明是说明书号问题,称书号有问题不是滕某某的责任,但是书号问题与本案编写行为的责任主体没有关联性。上述二份证据均无法证明被控侵权作品的编写由滕某某单位承担责任。虽然被控侵权作品的编者有多人,但由于无法区分每人所编写的部分,在出现侵犯著作权的情况下,编者应当是共同侵权,承担连带责任,杨某某有权向其中任何一人主张权利。

关于第三个争议焦点。侵犯著作权的诉讼时效为两年,自著作权人知道或者应当知道侵权行为之日起计算。本案中,《医学信息检索》虽是 2000 年出版,但是侵权状态一直在持续,滕某某称杨某某早就知道《医学信息检索》一书,但其二审中提交的《医学信息检索建设与应用》《医学文献检索》《医学图书馆利用》三本书中滕某某也是编者之一,有相同的内容也无法证明杨某某早就知道《医学信息检索》侵权之事,所以,滕某某主张杨某某的起诉超诉讼时效证据不足,不能成立。

> **案件解析**

本案的争议焦点主要有二,一为滕某某等撰写的《医学信息检索》是否侵犯了杨某某对《Internet 医学信息检索基础》一书的著作权;二为滕某某是否应对《医学信息检索》的编著行为承担侵权责任。

一、滕某某等撰写的《医学信息检索》侵犯了《Internet 医学信息检索基础》一书的著作权

《著作权法》(2001)第 22 条第 1 款规定:"在下列情况下使用作品,可以不经著作权人许可,不向其支付报酬,但应当指明作者姓名、作品名称,并且不得侵犯著作权人依照本法享有的其他权利……(六)为学校课堂教学或者科学研究,翻译或者少量复制已经发表的作品,供教学或者科研人员使用,但不得出版发行……"[①]

滕某某编写的侵权作品《医学信息检索》一书是仅供潍坊医学院研究生使用的教材,但是鉴于《医学信息检索》已经出版发行 1000 册,所以,并不符合《著作权法》(2001)第 22 条规定的不构成侵犯著作权的条件。

综上,滕某某等撰写的《医学信息检索》侵犯了《Internet 医学信息检索基础》一书的著作权。

二、滕某某应对《医学信息检索》的编著行为承担侵权责任

因《医学信息检索》是滕某某等根据潍坊医学院 2000 年研究生教学工作需要,为完成教学任务,与其他人员合作创作的教材,该书由教研室联系出版,学院科研处全部包销,所以应认定《医学信息检索》是职务作品。

根据《著作权法》(2001)第 16 条第 2 款的规定"有下列情形之一的职务作品,作者享有署名权,著作权的其他权利由法人或者其他组织享有,法人或者其他组织可以给予作者奖励:(一)主要是利用法人或者其他组织的物质技术条件创作,并由法人或者其他组织承担责任的工程设计图、产品设计图、地图、计算机软件等职务作品;(二)法律、行政法规规定或者合同约定著作权由法人或者其他组织享有的职务作品"[②]。本案中的职务作品不存在由法人享有著作权的情形,所以,《医学信息检索》虽是职务作品,但著作

---

① 全国人大常委会法制工作委员会民法室编:《〈中华人民共和国著作权法〉修改立法资料选》,法律出版社 2002 年版,第 73~74 页。
② 全国人大常委会法制工作委员会民法室编:《〈中华人民共和国著作权法〉修改立法资料选》,法律出版社 2002 年版,第 72 页。

权由作者滕某某、李某、孙某某享有。虽然被控侵权作品的编者有多人,但由于无法区分每人所编写的部分,在出现侵犯著作权的情况下,编者应当是共同侵权,承担连带责任,杨某某有权向其中任何一人主张权利,所以,滕某某应对《医学信息检索》的编著行为承担侵权责任。当然,滕某某在承担侵权责任后,可以向李某、孙某某追偿。

第六节 未经许可依他人编著的教科书出版同步教辅书构成侵权

33. 北京市仁爱教育研究所与重庆出版社有限责任公司著作权案[①]

▶ **裁判要旨**

为学校课堂教学或者科学研究,翻译、改编、汇编、播放或者少量复制已经发表的作品,不得出版发行,属于合理使用。出版社出版教辅材料,不适用为学校课堂教学或者科学研究的合理使用。未经许可依他人编著的教科书出版同步教辅书构成侵权。课堂教学或者科学研究的主体不包括出版社或培训班等商业主体。教学科研使用的主体不包括出版社或培训班等商业主体。

经过独创设计的教科书属于著作权法保护的作品范畴,教科书编著人依法享有法律赋予的著作权。依据他人编著的教科书出版同步教辅资料,属于对教科书著作权意义上的使用,应征得教科书著作权人的同意,否则构成侵权行为。

【关键词】

合理使用;教材;教辅书;出版发行;著作权限制

---

① 北京市仁爱教育研究所与重庆出版社有限责任公司著作权侵权纠纷案,重庆市渝中区人民法院民事判决书,(2013)渝中知民初字第108号。

【当事人】

原告:北京市仁爱教育研究所(以下简称仁爱研究所);

被告:重庆出版社有限责任公司(以下简称重庆出版社公司)。

案件事实

仁爱研究所是北京一家具有中小学教材编写资格的教育研究机构,其在2009年出版发行了义务教育课程标准实验教科书——《英语(七年级下册)》(2011年12月第3次印刷)。该教科书以康康等四个小主人公相识、相知、成长、学习、生活的故事情节为主线进行编排,全书共有四个模块单元,每个单元分为三个话题,每个话题又分为四个部分。重庆出版社在2009年出版发行了《节节高(七年级英语下册)》教学辅导书(2012年2月第3次印刷)。该教学辅导书也分为四个单元,每个单元分为三个话题,每个话题分为四个部分,且该教学辅导书的每个单元的名称和每个话题的名称与仁爱研究所出版的教材一一对应。在课程内容方面,该教学辅导书每个话题项下的"重点短语"、"课堂演练"以及"拓展训练"中考察的绝大部分词汇、句型均可在仁爱研究所出版的《英语》教科书对应的话题中找到。

仁爱研究所诉称:原告是义务教育课程标准实验教科书《英语》(七至九年级)的编著单位。在此套教科书的封面、扉页及出版说明等位置均显著标有"北京市仁爱教育研究所编著"字样,且原告在北京市版权局进行了作品著作权登记,仁爱研究所依法对此套教材享有著作权。被告未经原告许可,出版发行了与原告版《英语(七年级下册)》教科书内容相配套的《节节高(七年级英语下册)》教学辅导书。该教学辅导书完全依据原告的教材编写,目录标题、章节内容和体系结构与仁爱版《英语(七年级下册)》教科书内容完全相同,并且复制了该教科书的大量内容,严重侵犯了原告的著作权。被告侵犯原告著作权的行为给原告造成了巨大损失。

重庆出版社公司辩称:(1)原告出版的义务教育课程标准实验教科书《英语(七年级下册)》不是受著作权登记证所保护的作品。(2)即使原告享有义务教育课程标准实验教科书《英语(七年级下册)》教材的著作权,被告的出版行为也不构成侵权。理由在于:首先,被告出版的英语教学辅导书《节节高(七年级英语下册)》仅仅只是目录标题与原告出版的教科书相同,知识内容、体系结构等均是按照行业规范编写的;其次,原告知道被告的出版行为后并未及时告知被告,被告的出版行为主观上没有过错,不应当承担赔礼道歉和赔偿损失的法律责任。综上,被告请求法院驳回原告的诉讼请求。

法院查明:义务教育课程标准实验教科书《英语(七年级下册)》的版权页署名为"北京市仁爱教育研究所编著"。该教科书在出版说明中有"仁爱版英语教材的著作权为北京市仁爱教育研究所独家享有"的内容。该教科书是以康康等四个小主人公相识、相知、成长、学习、生活的故事情节为主线。该教科书共有四个单元,每个单元又分为三个话题,每个话题又分为四个部分。2007年7月2日,北京市版权局颁布作品登记号为:作登字01-2007-A-0464号的作品登记证书。该证书载明:作品名称为义务教育课程标准实验教科书《英语(七年级下册)》,著作权人为仁爱研究所。

重庆出版社出版的书号为ISBN978-7-229-01123-9的《节节高(七年级英语下册)》教学辅导书。该教学辅导书也分为四个单元,每个单元也分为三个话题,每个话题也分为四个部分,且该教学辅导书的每个单元的名称和每个话题的名称与仁爱研究所出版的教材一一对应。在课程内容方面,该教学辅导书每个话题项下的"重点短语"、"课堂演练"以及"拓展训练"中考察的部分词汇、句型均可在仁爱研究所出版的教材的对应话题中找到。

另查明,重庆出版社的事业单位编制已注销,重庆出版社的权利义务承继人为本案被告重庆出版社公司。

原告诉请

原告仁爱研究所请求法院依法判令:

1. 被告停止出版发行侵犯原告著作权的图书《节节高(七年级英语下册)》。
2. 被告在《中国青年报》上公开赔礼道歉。
3. 被告赔偿原告经济损失50万元。

裁判结果

法院判决如下:

1. 被告重庆出版社公司立即停止出版教学辅导书《节节高(七年级英语下册)》。
2. 被告重庆出版社公司于本判决生效之日起10日内赔偿原告仁爱研究所经济损失共计人民币25,000元。
3. 驳回原告仁爱研究所的其他诉讼请求。

一审宣判后,双方当事人均未提起上诉,一审判决已生效。

● **裁判理由**

重庆市渝中区人民法院经审理认为:我国《著作权法》(2010)第11条规定,著作权属于作者,该法另有规定的除外。如无相反证明,在作品上署名的公民、法人或者其他组织为作者。本案中,义务教育课程标准实验教科书《英语(七年级下册)》署名为原告编著,在被告未提交相反证据的情况下,原告仁爱研究所为义务教育课程标准实验教科书《英语(七年级下册)》的作者,其对上述教材享有著作权。该教材将义务教育考试大纲要求掌握的词汇、短语、句型等内容通过康康四个小主人公相识、相知、成长、学习、生活的故事贯穿起来,其在内容的选择和编排上具有独创性,应受到著作权法保护。原告有权禁止他人未经许可以营利为目的使用其作品。

重庆出版社出版的《节节高(七年级英语下册)》从目录和内容上均与仁爱研究所编著的义务教育课程标准实验教科书《英语(七年级下册)》一一对应,该教学辅导书是按照原告享有著作权的上述作品的课程内容编写的教学辅导读物,应视为对该教科书在著作权意义上的使用。此种使用方式再现了《英语(七年级下册)》的部分内容,超出了法律所允许的合理使用的范围。因此,法院认为,重庆出版社在未经原告许可的情况下使用原告作品的部分内容,侵犯了原告的著作权,应承担停止侵权、赔偿损失的民事责任。因重庆出版社的权利义务已由本案被告承继,因此本案被告重庆出版社公司应当承担停止侵权、赔偿损失的民事责任。

| **案件解析** |

本案争议的焦点是:重庆出版社根据仁爱研究所编著的教科书出版同步教学辅导书的行为是否侵害了仁爱研究所的著作权。

《著作权法》(2010)第22条第1款规定:"在下列情况下使用作品,可以不经著作权人许可,不向其支付报酬,但应当指明作者姓名、作品名称,并且不得侵犯著作权人依照本法享有的其他权利……(六)为学校课堂教学或者科学研究,翻译或者少量复制已经发表的作品,供教学或者科研人员使用,但不得出版发行……"

这种合理使用的主体仅限于学校和科学研究所,不包括出版社或培训班等商业主体;使用的目的是学校教学或科学研究,而不得用于营利目的;使用的方式为翻译或少量复印作品。本案中,重庆出版社不属于学校和科学研究所;其出版教学辅导书籍《节节高(七年级英语下册)》的目的亦不是用于学校课堂教学或者科学研究;且其目录标题、章节内容呈现顺序、体系结构与原告版《英语（七年级下册）》教科书内容完全相同，《节节高（七年级英语下册）》中复制了仁爱版教材的大量内容，故不构成合理使用。

一、经过独创设计的教科书属于著作权法保护的作品

《著作权法实施条例》（2013）第2条规定："著作权法所称作品，是指文学、艺术和科学领域内具有独创性并能以某种有形形式复制的智力成果。"据此可知，具有独创性是著作权法意义上作品的首要特征，即只有经过作者独立构思、独立创作完成的作品才是著作权法保护的客体。本案解决的首要问题就是原告版《英语（七年级下册）》教科书是否具有独创性。

教育部在2001年6月颁发的《中小学教材编写审定管理暂行办法》（以下简称《教材办法》）中，对中小学教材的定义与范围进行了明确，其中第2条规定，中小学教材是指中小学用于课堂教学的教科书（含电子音像教材、图册），及必要的教学辅助资料。该办法将中小学教科书与必要的教辅资料进行了区别，认为两者均属于教材的范畴，也即教科书是狭义上的教材，专指我们通常所说的课文，不包括练习册等教辅资料，这也是本文论述的教科书的范畴。

在我国，中小学教科书必须按照国家教学大纲的要求来编写，其内容应包含教学大纲规定的知识点，符合教学大纲规定的教学任务，并须经相关主管部门审定后才能在中小学使用。也就是说，任何一本教科书的编写，都必须包含教学大纲要求的该课程的教学目的、任务和内容等。但是，教科书的编写形式和风格并没有统一模式，如人教版和外研版《英语》教科书的编排风格就各具独创性。而著作权法意义上的独创性，就是"指形式上的独创，不是指思想或理论观点上的创新，也即一件作品的完成应当是作者自己的选择、取舍、安排、设计、综合、描述的结果"。教科书编著者在编写教科书时，通过对编写素材进行选择、设计、组合，从而形成不同的编写风格，体现的正是选编者在对素材的编排上所付出的智力性劳动。并且，《教材办法》第25条在规定中小学教材送交审定的条件时也明确，送审报告应包括：教材编写指导思想、原则，教材体系结构、教材特色和适用范围等。应该说，"尽管《教材办法》作为教育行政主管部门的文件并不强调或关注教材是否为作品，但从著作权法的角度考察，教材送审报告的内容恰如其分地体现了中小学教材（教科书）必须具有独创性的要求"。因此，不同版本教科书的各种编排风格，都是教科书独创性的表现。换言之，教科书编写者对其编著的教科书应当享有著作权。

本案中，仁爱研究所将国家义务教育考试大纲要求掌握的内容，通过康康等四个小

主人公学习、生活、成长的故事贯穿起来,并分为四个部分进行编排,形成教科书,具有一定的独创性,属于著作权法保护的作品。所以,仁爱研究所对其编著的《英语(七年级下册)》教科书享有著作权。

二、教学辅导书的商业发行超出了著作权的合理使用范畴

所谓著作权的合理使用,是指在特定的条件下,法律允许他人自由使用享有著作权的作品,不必征得权利人的许可,不向其支付报酬的合法行为。著作权的合理使用是为平衡著作权人权益和社会公共利益而产生的一种制度。根据该制度,使用人如果在法律明确规定的合理范围内使用他人已经发表的作品,即使未向著作权人支付报酬,也不构成侵权。本案中,重庆出版社编排的《节节高(七年级英语下册)》教学辅导书无论从结构还是内容上均使用了原告版《英语(七年级下册)》教科书亦无异议。问题是,这种使用是否属于法律规定的对著作权的合理使用的方式?如果是合理使用,则重庆出版社的行为就不构成侵权。

关于著作权的合理使用方式,《著作权法》(2010)第22条明确规定了包括为个人学习和欣赏、为报道时事新闻、国家机关为执行公务而使用等12种情形,其中与本案相关的是该条第1款第6项规定的情形,即"为学校课堂教学或者科学研究,翻译或者少量复制已经发表的作品,供教学或者科研人员使用,但不得出版发行"。从该条规定看,这种合理使用的主体仅限于学校和科学研究所,不包括出版社或培训班等商业主体;使用是用于学校教学或科学研究,而不得用于营利目的;使用的方式为翻译或少量复印作品,不得超出课堂教学或科研的合理需要,更不得大量出版发行。申言之,著作权法在规定"为学校课堂或科学研究"为目的而合理使用他人享有著作权的作品时,明确将非学校教学和科学研究以营利为目的而大量使用他人作品的行为进行了排除。

本案中,重庆出版社根据仁爱研究所编著的《英语(七年级下册)》教科书出版同步教学辅导书《节节高(七年级英语下册)》的行为,是以获取商业利润为目的,且进行了批量发行。因此,重庆出版社的行为超出了法律规定的对著作权合理使用的限度。

三、未经教科书著作权人同意出版同步教学辅导书构成侵权

本案被告声称《节节高(七年级英语下册)》教学辅导书是参照了课程标准而完成,其知识内容、体系结构等均是按照行业规范编写的,与原告版《英语(七年级下册)》教科书无关,此种说法无理可据。因为课程标准是规定某一学科的教学指导性文件,其并不规定教科书的具体内容和体系结构,而所有的教科书必须按照一定的设计思路来编写,并且,与特定教科书相配套的教学辅导书也只有按照相对应教科书的体系结构和内容来编写,仅体现课程标准指导性或水平性要求的产品,只有作文类、阅读类教学辅导资料等。而本案中,重庆出版社出版的《节节高(七年级英语下册)》,不仅章节结构与仁爱研究所编著的《英语(七年级下册)》教科书一一对应,而且在其"重点短语"、"课堂演练"以及"拓展训练"中考察的词汇、句型等绝大部分内容也可在原告版《英语(七年级下册)》教科书的对应话题中找到。因此,重庆出版社出版的《节节高(七年级英语下册)》是依照原告版《英语(七年级下册)》教科书进行编写。

那么,依据他人编著的教科书出版同步教学辅导书是否需要教科书著作权人的许可?对此,著作权法没有明确规定。但是《著作权法》(2010)第10条采取列举的方式规定了著作权人享有的16项著作人身权和财产权,其中第17项作了"应当由著作权人享有的其他权利"的弹性规定,将该条没有列举而应当由著作权人享有的其他权利纳入其中。允许他人根据自己编著的教科书出版同步教学辅导书是教科书著作权人的一种重要财产权,属于"应当由著作权人享有的其他权利"的情形。因为著作权人编著教科书,是一个严格、规范、长期的过程,会耗费大量的人力、财力和物力,因此,著作权人在编著教科书的同时,必然也会追求一定的商业利润,使自己在编著教科书上的巨大投入得到补偿,而根据教科书出版同步教学辅导书自然成为获取此种补偿的一个正当而有效的途径。因此,教科书著作权人自应当享有根据自己编著的教科书出版同步教学辅导书,或允许他人根据自己编著的教科书出版同步教学辅导书并获取报酬的权利。

换个角度看,根据教科书编写同步教学辅导书也需要付出创造性的劳动,那也是按照教科书的编排体系,对教科书内容做一些创造性处理,来达到考察学生学习情况的目的。因此,如果未经许可而无偿使用他人同步教学辅导书,也是一种不正当的行为。其实,"教辅对教科书的使用属于哪类使用行为是第二位的因素,第一位的因素是教辅在编写时是否使用了教科书,此种使用是否属于合理使用或者法定许可使用。如果使用了,又不属于合理使用或者法定许可使用,那么,此种使用应当经过教科书著作权人的许可。如未经过许可,就是侵权使用"[①]。而且,教育部、新闻出版总署、国家发展改革委员会、国务院纠风办公室在2012年2月8日颁布的《关于加强中小学教辅材料使用管

---

① 参见张焱、周振超:《未经许可依他人编著的教科书出版同步教辅书构成侵权》,载《人民司法》2013年第18期。

理工作的通知》(教基二〔2012〕1号,已失效)第2条中也明确指出:根据他人享有著作权教科书编写出版的同步练习册应依法取得著作权人的授权。

综上,重庆出版社未经仁爱研究所同意,擅自出版发行与原告版《英语(七年级下册)》教科书同步的《节节高(七年级英语下册)》教学辅导书,构成对仁爱研究所著作权的侵害。

第七章 公务使用

第一节
教育电视台非国家机关其使用行为不是公务使用

34. 中国教育电视台与国家广播电影电视总局电影卫星频道节目制作中心侵犯著作权案[①]

▶ 裁判要旨

国家机关为执行公务在合理范围内使用已经发表的作品,属于合理使用。

教育电视台非国家机关,不执行与法定职能直接相关的事务;其播放影片,也不属于执行政府行政指令的行为。

【关键词】

合理使用;公务使用;国家机关;执行公务;著作权限制

【当事人】

上诉人(原审被告):中国教育电视台;

被上诉人(原审原告):国家广播电影电视总局电影卫星频道节目制作中心(以下简称电影频道中心)。

---- 一审案件事实 ----

2001年4月,电影频道中心与中国人民解放军八一电影制片厂(以下简称八一厂)

[①] 中国教育电视台与国家广播电影电视总局电影卫星频道节目制作中心侵犯著作权纠纷案,北京市海淀区人民法院民事判决书,(2006)海民初字第8877号;中国教育电视台与国家广播电影电视总局电影卫星频道节目制作中心侵犯著作权纠纷上诉案,北京市第一中级人民法院民事判决书,(2006)一中民终字第13332号。

签订《合作协议书》,约定双方出品、拍摄《冲出亚马逊》(以下简称《冲》)。《冲》国内外永久电视播映权及网络传输权归电影频道中心独家享有。

《冲》拍摄完成后,2002年4月,国家广播电影电视总局电影事业管理局颁布了电影片公映许可证(电审故字〔2002〕第013号),许可《冲》在国内外发行。电影频道中心已播放过《冲》,且没有授权其他电视台播放该片,但未能提供播放《冲》的时间。

2005年9月10日,中国教育电视台在第一套节目中播放了《冲》,没有播放原片片头中的八一厂厂标、著作权人署名和影片文字介绍,在片尾处有著作权人署名;画面右下角显示"北京新兴医院"字样,播放过程中两次插播广告;录像画面左上角在播放全过程均伴有中国教育电视台台标。中国教育电视台承认其曾于2005年9月10日在第一套节目中播放了《冲》,但未在举证期限内提交该台播放《冲》情况的证据。电影频道中心支付了监测费用200元。

中国教育电视台在其网站广告服务栏目中公布了该台第一套节目广告价目表,该价目表中并无周末影院栏目的广告价格,在《冲》播出的时间段内,周一至周日10:17~10:20节目前广告价格为5秒2800元、15秒4800元、30秒8000元;11:55~12:00国视新闻前,12:12~12:15青春100分片场前广告价格为5秒4300元、15秒7200元、30秒12,000元。在广告服务说明中,栏目插播广告价格在相应的段位价格基础上加收30%,各段广告指定正一和倒一加收10%。中国教育电视台辩称周末影院并非固定栏目,该时间段的正常节目确有广告播出,播放《冲》时保留了原节目的广告,但该台未向一审法院提交该时间段内原有节目广告播出情况的证据。

2005年9月19日,电影频道中心委托的律师向中国教育电视台邮寄送达了律师函,称中国教育电视台播出《冲》构成侵权,要求该台停止播映《冲》并向电影频道中心道歉、支付赔偿金及合理的费用。电影频道中心支付了邮递费用12元、律师代理费用20,000元。

另查,1993年9月,中共中央宣传部、国家教育委员会、广播电影电视部、文化部等联合发出的《关于运用优秀影视片在全国中小学开展爱国主义教育的通知》(教基〔1993〕17号),决定运用优秀影视片在全国中小学开展爱国主义教育,并推荐优秀爱国主义教育影视片100部供各地中小学选用。2004年,《冲》亦被列入推荐影片名单。

一审原告诉请

原告电影频道中心请求法院判令:

1. 判令被告未经原告授权不得播出《冲》。
2. 判令被告偿付原告经济损失 100,000 元。
3. 判令被告支付原告为制止侵权行为的合理支出 20,213 元。
4. 判令被告负担本案诉讼费用。

● 一审裁判结果 ●

一审法院判决如下：
1. 中国教育电视台未经电影频道中心许可，不得再行播放《冲》。
2. 中国教育电视台给付电影频道中心经济损失及诉讼合理支出共计 5 万元。
3. 驳回电影频道中心的其他诉讼请求。

● 一审裁判理由

电影频道中心与八一厂联合摄制了《冲》，系《冲》的著作权人，其著作权受法律保护。根据电影频道中心与八一厂的约定，《冲》的国内外电视播映权归电影频道中心享有，故电影频道中心是本案适格的原告，可以单独提起诉讼。

电影频道中心向一审法院提交了中国教育电视台播放《冲》的监测录像带，中国教育电视台提出异议，但未向一审法院提交相应的证据。就此，一审法院认为，中国教育电视台作为一家面向全国的公共电视台，对播放过的节目记录资料亦应予以保存，现该台无正当理由未提供相关记录资料，故应以电影频道中心提交的监测录像带作为认定案件事实的依据。

《著作权法》（2001）第 22 条第 1 款第 6 项规定的学校课堂教学，应专指面授教学，不适用于函授、广播、电视教学，故即使认定中国教育电视台的播放行为是一种教育教学行为，亦不在《著作权法》（2001）第 22 条第 1 款规定的 12 种情形之内。合理使用作为一项著作权法律制度，其判断标准可以从以下方面考虑：(1) 中国教育电视台播放《冲》的目的。《冲》确实属于有关部门推荐的爱国主义教育影片，但并不表示任何播放该片的行为均是出于公益目的。就本案来说，中国教育电视台在播放该片过程中插播了多处广告内容，显然与公众利益无关，故其播放行为带有一定的商业目的。(2) 中国教育电视台的播放行为对电影频道中心的经济利益的影响。认定合理使用的前提条件之一是该行为不能损害权利人的经济利益，既包括不能造成权利人实际的经济损失，还包括不能影响权利人在潜在的市场可获得的经济利益。通过播放《冲》，电影频道中心可以获取一定的经济收益。中国教育电视台作为一家面向全国的公共电视台,其播放《冲》并附带播放广告的行为,显然降低了电影频道中心利用《冲》获取经营收入的可能,给电影频道中心的经济利益造成了影响。综上,中国教育电视台的行为不属于合理使用的范围,其播放《冲》应当取得电影频道中心的许可,并向其支付报酬。故一审法院对电影频道中心要求中国教育电视台未经授权不得播出《冲》的主张予以支持。

电影频道中心要求中国教育电视台赔偿经济损失及制止侵权支出的费用,数额过高,一审法院不再全额支持。具体数额,一审法院考虑以下几个因素酌情予以判定。(1)《冲》曾多次获奖,其艺术性、思想性已得到广大专家、观众的认可,享有较高的知名度;(2)中国教育电视台播放电视教育等节目具有较高的收视率,潜在观众数量多;(3)根据中国教育电视台公布的广告价格表,虽然没有周末影院栏目的报价,但相同时间的其他节目报价及价格计算规则可作为认定电影频道中心损失额的参考;(4)《冲》从2002年起即开始上映发行,电影频道中心亦已播放过该片,有关单位亦已出版发行了DVD影碟,加之《冲》于2004年即被推荐为爱国主义教育影片,故《冲》的大多数潜在观众应已通过合法途径观看了该片,中国教育电视台于2005年9月播放《冲》,对电影频道中心的影响应有所降低;(5)在中国教育电视台播放《冲》前,电影频道中心即知悉了播放时间等信息,其本有充裕的时间采取措施阻止中国教育电视台播放《冲》,以避免损失的产生或扩大,但电影频道中心仅实施了收集证据行为,明显怠于行使上述权利。

二审案件事实

二审法院查明一审法院查明的事实属实,并予以确认。

二审上诉请求

中国教育电视台上诉,请求二审法院撤销一审判决,驳回电影频道中心的诉讼请求。

二审裁判结果

二审法院判决:驳回上诉,维持原判。

二审裁判理由

结合本案事实和双方当事人的诉辩主张,本案的焦点在于中国教育电视台播放

《冲》是否属于《著作权法》规定的合理使用。

《著作权法》(2001)第22条第1款规定,国家机关为执行公务在合理范围内使用已经发表的作品,为学校课堂教学或者科学研究,翻译或者少量复制已经发表的作品,供教学或者科研人员使用,未出版发行的可以不经著作权人许可,不向其支付报酬,但应当指明作者姓名、作品名称,并且不得侵犯著作权人依照该法享有的其他权利。从该条的立法本意看,所述的"国家机关"是特指法定的具有公共事务管理职能的国家机构,"执行公务"则是指执行与国家机关的法定职能直接相关的事务,而不能作扩大的解释。结合本案事实,首先,与众多传播媒体一样,中国教育电视台肩负着弘扬主旋律,坚持正确舆论导向的责任,但是,贯彻党的方针政策与遵守《著作权法》的规定并实现"鼓励有益于社会主义精神文明、物质文明建设的作品的创作和传播"的立法宗旨是不应相抵触的;其次,中国教育电视台并非执行法定的管理职能的国家机关,其播放《冲》既不是执行与法定职能直接相关的事务,也不属于执行政府行政指令的行为;再次,弘扬爱国主义精神、集体主义精神、继承发展中华民族的传统美德等都属于社会主义精神文明建设的范畴,但这并不意味着广播电台、电视台、报刊杂志社、出版社、网站等媒体均可以在不经著作权人同意,不支付报酬的情况下随意使用这些题材的作品,否则,将不利于对著作权的保护;最后,中国教育电视台认可播放《冲》时播放了广告,也证明其具有经营性质,而不是单纯的公益行为。因此,中国教育电视台播放《冲》不属于《著作权法》规定的合理使用范畴,中国教育电视台上诉主张其播放《冲》系执行公务,属于合理使用,理由不充分,缺乏法律依据,二审法院不予支持。

《著作权法》(2001)第22条第1款第6项规定,为学校课堂教学或者科学研究,翻译或者少量复制已经发表的作品,供教学或者科研人员使用,未出版发行的属于合理使用范畴。中国教育电视台在其周末影院栏目中播放《冲》,不属于课堂教学范围,其上诉的相关主张亦缺乏事实和法律依据,二审法院不予支持。

关于中国教育电视台上诉涉及的在一审判决后新闻报道带来的负面影响一节,二审法院认为,本案的实质并不在于"因播放爱国主义影片而侵权",相关媒体在报道该事件时应依据人民法院判决的内容进行准确的报道,并树立正确的舆论导向。新闻媒体的报道本身并不是影响人民法院依法审理案件的因素,故关于媒体报道的问题不属于本案的审理范围。

> **案件解析**

本案最主要的争议焦点为：中国教育电视台播放《冲》的行为是否构成《著作权法》(2001)第22条第1款第7项所指的"国家机关为执行公务在合理范围内使用已经发表的作品"之情形。

《著作权法》(2001)较《著作权法》(1990)，增加了国家机关"在合理范围内"使用已发表作品的规定，从该条的立法本意看，"国家机关"是特指法定的具有公共事务管理职能的国家机构，"执行公务"则是指执行与国家机关的法定职能直接相关的事务，而不宜作扩大的解释。本案的中国教育电视台并非执行法定的管理职能的国家机关，其播放《冲》既不是执行与法定职能直接相关的事务，也不属于执行政府行政指令的行为。中国教育电视台播放《冲》获得广告收益的行为，已经损害了版权人的经济利益，明显不在合理范围内，所以，中国教育电视台播放《冲》的行为不属于《著作权法》(2001)第22条第1款第7项所指的"国家机关为执行公务在合理范围内使用已经发表的作品"之情形。

第二节
教育部考试中心执行高考试卷命题公务构成合理使用

35. 何某诉教育部考试中心侵犯著作权纠纷案[①]

▶ **裁判要旨**

国家机关为执行公务在合理范围内使用已经发表的作品，属于合理使用。

教育部考试中心在高考试题中引用他人作品，构成合理使用，教育部考试中心可以

---

① 何某诉教育部考试中心侵犯著作权纠纷案，北京市海淀区人民法院民事判决书，(2007)海民初字第26273号。

不经许可,不支付报酬。

【关键词】

合理使用;公务使用;高考试题;教育中心;执行公务

【当事人】

原告:何某;

被告:教育部考试中心(以下简称考试中心)。

案件事实

2005年3月5日,何某的漫画作品《摔跤之后》刊登在《讽刺与幽默》报第617期上。漫画的主要内容为:一个拄拐杖的老头踩了块西瓜皮摔倒了,两女一男分别举着"补脑""补钙""补血"的牌子围上来,说:"大爷,您该补补啦!"2005年,何某对该漫画进行了某些细致的修改,改名《摔了一跤》,发表在《漫画大王》杂志上,并获得2005年"漫王杯"幽默漫画大赛优秀奖。

2007年高考全国卷Ⅰ高考语文试题(河南、陕西等)第七大题是一篇看图作文,漫画题目为《摔了一跤》,主要内容为:一个小孩踩了块西瓜皮摔倒了,两女一男分别举着"家庭""学校""社会"的牌子围上来,说:"出事了吧!"将该漫画与何某漫画进行比对,二者在漫画故事构思上相同,都是有人踩西瓜皮摔倒,两女一男分别从各自所举文字的角度表示关切,三人头顶有共同的文字,代表不同的身份进行推销或评说;在画面的整体布局上,包括三个举牌者、老头或小孩的画面布局基本相同,人物的形态、体态、神情相似;在某些细节,如摔倒的地方都用四条横线、四条竖线表示,摔倒的人都用右手搔头表示不解等方面,存在相似之处。但二者在所要讽刺或者揭露的社会现象即漫画的寓意上明显不同,在人物画法,老头还是小孩的具体人物选择,人物的衣着、发型,人物是否有阴影,是否有拐棍,老头或小孩、西瓜皮的具体位置,是否有室外背景的描画等方面亦存在较明显的不同。

庭审中,被告考试中心承认在高考命题过程中,曾接触过何某的《摔了一跤》漫画,但认为高考中使用的漫画与原告何某的漫画存在明显不同,整体上不具有相似性。

1987年经国务院审核,同意设立国家教育委员会考试管理中心,作为国家教育委员会(以下简称国家教委)的直属事业单位。1990年,经人事部批准,原国家教委考试管理中心改称国家教委考试中心,是国家教委实施、管理、指导国家教育考试的直属事业单位。国家教委考试中心的主要职责包括实施、管理、指导国家教委决定实行的教育考试等,近期任务包括实施、管理全国普通高校招生统一考试的考试大纲或说明的编制、命题、考试实施、评卷、成绩统计分析及报告、评价等。1994年,全国高等教育自学考试指导委员会办公室与国家教委考试中心合并,合并后的机构定名为国家教委考试中心,是国家教委指定承担高校入学考试和高教自学考试等专项任务并有部分行政管理职能的直属事业单位,其职能任务包括:受国家教委委托,负责全国普通高校、成人高校的本、专科招生中全国统考的命题、试卷、成绩统计分析与评价工作等。1998年该中心在国家事业单位登记管理局登记的名称为考试中心,宗旨和业务范围包括高等学校招生全国统一考试命题组织及考务监督检查等,经费来源:事业、经营、附属单位上缴、捐赠收入。

原告诉请

原告请求人民法院判令:

1. 被告在一家全国性报纸上向原告公开道歉;
2. 被告支付原告报酬并赔偿损失共计1万元。

裁判结果

依照《著作权法》(2001)第12条、第22条第1款第7项、《著作权法实施条例》(2002)第19条之规定,判决如下:驳回原告何某的诉讼请求。

裁判理由

法院认为本案涉及的主要问题是:被告在高考作文中使用漫画的行为是否构成侵权。

依据我国《著作权法》的规定,判断考试中心的行为是否构成侵权需要分析对于原告主张的著作权是否存在权利的限制,被告的行为是否包含在合理使用的范畴内。我国《著作权法》(2001)第22条第1款规定了12种情形下著作权的合理使用,其中包括国家机关为执行公务在合理范围内使用已经发表的作品,可以不经著作权人许可,不向其支付报酬。对此,考试中心辩称其行为为国家机关执行公务期间的合理使用行为,但何某否认考试中心为国家机关。法院认为,考试中心虽不是国家机关,但其组织高考出题的行为属于执行国家公务行为。

在我国,国家机关执行公务存在两种形式,一种是国家机关自行执行公务,另一种是国家机关授权或委托其他单位执行公务。考试中心不属于国家机关,其组织高考出题的行为属于后一种情形。《教育法》(1995)第 20 条规定,"国家实行国家教育考试制度。国家教育考试由国务院教育行政部门确定种类,并由国家批准的实施教育考试的机构承办"。依据该条规定,考试中心接受国家教委指定承担高校入学考试和高教自学考试等专项任务,执行高考试卷命题等相应公务。同时,高考是政府为了国家的未来发展,以在全国范围内选拔优秀人才为目的而进行的。我国政府历来将高考作为一项全国瞩目的大事,人民群众亦将高考命题、组织及保密工作等视为由政府严密组织的,关乎社会公平、民众命运和国家兴衰的大事。考试中心在组织高考试卷出题过程中演绎使用原告作品的行为,无论从考试中心高考出题的行为性质来讲,还是从高考出题使用作品的目的以及范围考虑,都应属于为执行公务在合理范围内使用已发表作品的范畴,应适用我国《著作权法》(2001)第 22 条第 1 款第 7 项有关的规定,可以不经许可,不支付报酬。

案件解析

一、关于被告考试中心在高考试卷中使用漫画的行为是否构成侵权

关于国家机关为执行公务使用已发表作品的合理使用制度之规定,我国只修改过一次,《著作权法》(1990)第 22 条第 1 款规定:"在下列情况下使用作品,可以不经著作权人许可,不向其支付报酬,但应当指明作者姓名、作品名称,并且不得侵犯著作权人依照本法享有的其他权利……(七)国家机关为执行公务使用已经发表的作品……"该条款仅在《著作权法》(2001)中变更为"国家机关为执行公务在合理范围内使用已经发表的作品"。修改后的条款中特别强调了"在合理范围内",这无疑缩小了国家机关为执行公务使用他人作品的范畴,也给予了法官更多的自由裁量权,更有利于平衡著作权人、作品传播者以及社会公众利益之间的关系。

在本案中,被告考试中心虽然不属于国家机关,但其组织高考出题的行为属于国家机关授权或委托其他单位执行公务的行为,《教育法》(1995)第 20 条规定,"国家实行国家教育考试制度。国家教育考试由国务院教育行政部门确定种类,并由国家批准的实施教育考试的机构承办"。考试中心依法接受国家教委指定,承担高校入学考试和高教自学考试等专项任务,执行高考试卷命题等相应公务。因此考试中心使用漫画作品的行为构成《著作权法》(2001)第 22 条第 1 款第 7 项所指的"国家机关为执行公务在合理范围内使用已经发表的作品"之情形,被告考试中心在高考试卷中使用漫画的行为属于合理使用,不构成著作权侵权。

二、被告考试中心使用漫画作品时,是否应当指明作者姓名、作品名称

《著作权法实施条例》(2002)第19条规定,"使用他人作品的,应当指明作者姓名、作品名称;但是,当事人另有约定或者由于作品使用方式的特性无法指明的除外"。高考命题者在考虑高考所涉文章或漫画材料是否署名时,必然要充分考虑考生的利益。考试中心对于使用的漫画不署名的做法有其合理性,理由如下:(1)高考过程中,考试时间对考生而言是非常紧张和宝贵的,考生的注意力亦极为有限,如对试题的来源均进行署名会增加考生对信息量的阅读,浪费考生的宝贵时间,影响考试的严肃性、规范性和精准性。(2)看图作文的漫画署名给考生提供的是无用信息,出题者出于避免考生浪费不必要的时间注意无用信息等考虑,采取不署名的方式亦是适当的。(3)在国内及国外的相关语言考试中,看图作文使用的漫画亦有不标明作者姓名的情况。另外,就本案而言,考试中心使用的并非是何某的原漫画,而是寓意已有极大不同、凝聚了新创意的新漫画作品,该漫画作品的著作权属于改编人所有,故即使署名也不能署原告何某的姓名。故考试中心未在高考作文使用的漫画上为原告署名,不构成侵权,符合《著作权法实施条例》(2002)第19条规定之情形。

三、被告在高考作文中使用的漫画,系受原告漫画启发演绎创作而来的

众所周知,漫画是绘画要素和语言要素有机结合的作品,漫画的标题、故事设计、构图、人物造型、所配文字等均是漫画的构成要素。漫画中还常配有语言文字,以利于读者领会漫画的寓意。原告何某提供的证据表明,其是漫画《摔跤之后》和《摔了一跤》的作者,考试中心在高考作文中使用的图画与其漫画具有极大的相似性。比较原告和被告的漫画,二者在构图、故事设计、人物形态等方面存在较大的相似性,可见一种紧密联系、发展演变的过程,考试中心亦认可曾事先接触过原告的漫画,但两幅漫画在某个具体人物选择、所配文字,特别是漫画的寓意上有非常大的不同。两幅漫画在寓意上的巨大差异使得两幅作品具有了极大的区别性,而这种区别已经超出了修改的范畴,进入了能够产生新作品的演绎的领域。因为修改一般不会使作品产生质的变化,不会产生新的作品,而演绎、改编则是改变作品,创作出具有独创性新作品的途径,一般会因后来新的创造性的加入而产生新的作品。考试中心在高考作文中使用的漫画,是以何某漫画的主要特征为基础,增加新的创作要素和构思创作完成的,已经形成了相对独立于原作品的新作品,属于由何某漫画演绎而来的新作品。

第三节
语用性文章不指明作品作者构成合理使用

36. 胡某与教育部考试中心侵犯著作权纠纷上诉案[①]

▶ **裁判要旨**

国家机关为执行公务在合理范围内使用已经发表的作品,属于合理使用。教育部考试中心在高考试题中使用已经发表的作品,但未指明作者姓名的,属于合理使用,不构成著作权侵权。

【关键词】
合理使用;公务使用;高考试题;教育中心;执行公务

【当事人】
上诉人(一审原告):胡某;
被上诉人(一审被告):教育部考试中心(以下简称考试中心)。

▶ **一审案件事实**

2003年普通高等学校招生全国统一考试语文(全国卷)第二大题是现代文阅读,使用了一篇主题为全球变暖的文章,并以此为基础设计考题。该考卷的试题解析中提道:"阅读材料选自《希望月报》杂志1997年第8期,原刊于《中国科技画报》,原文的题目:《全球变暖——目前的和未来的灾难》,作者胡某。命题时对原文作了增删和调整,改定后全文约840字。"用百度搜索在互联网上搜索"2003年高考试题语文全国卷解析",可找到相应的试题和试题解析,其内容与胡某提交的高考试题和试题解析的内容完全相同。另查,1987年经国务院审核,同意设立国家教育委员会考试管理中心,作为国家教育委员会(以下简称国家教委)的直属事业单位。1990年,经人事部批准,原国家教委考试管理中

[①] 胡某与教育部考试中心侵犯著作权纠纷案,北京市海淀区人民法院民事判决书,(2007)海民初字第16761号;胡某与教育部考试中心侵犯著作权纠纷上诉案,北京市第一中级人民法院民事判决书,(2008)一中民终字第4505号。

心改称国家教委考试中心,是国家教委实施、管理、指导国家教育考试的直属事业单位。国家教委考试中心的主要职责包括实施、管理、指导国家教委决定实行的教育考试等,近期任务包括实施、管理全国普通高校招生统一考试的考试大纲或说明的编制、命题、考试实施、评卷、成绩统计分析及报告、评价等。1994 年,全国高等教育自学考试指导委员会办公室与国家教委考试中心合并,合并后的机构定名为国家教委考试中心,是国家教委指定承担高校入学考试和高教自学考试等专项任务并有部分行政管理职能的直属事业单位,其职能任务包括受国家教委委托,负责全国普通高校、成人高校的本、专科招生中全国统考的命题、试卷、成绩统计分析与评价工作等。1998 年,该中心在国家事业单位登记管理局登记的名称为考试中心,宗旨和业务范围包括高等学校招生全国统一考试命题组织及考务监督检查等。

一审裁判结果

原审法院依据《著作权法》(2001)第 22 条第 1 款第 7 项、《著作权法实施条例》(2002)第 19 条之规定,判决驳回胡某的诉讼请求。

一审裁判理由

(1)胡某是 2003 年高考全国卷语文试卷第二大题现代文阅读所涉文章的作者,该题是将其文章《全球变暖——目前的和未来的灾难》进行增删和调整,再设计相关的考题而形成的。(2)考试中心在组织高考试卷出题过程中使用原告作品的行为,无论从考试中心高考出题的行为性质来讲,还是从高考出题使用作品的目的以及范围考虑,都应属于国家机关为执行公务在合理范围内使用已经发表的作品的范畴,应适用《著作权法》(2001)第 22 条第 1 款第 7 项有关的规定,可以不经许可,不支付报酬。(3)根据《著作权法》(2001)第 22 条第 1 款的规定,国家机关在执行公务时,如在合理范围内使用著作权人的作品,可不经许可、不支付报酬,但仍负有指明作者姓名、作品名称,并不得侵犯著作权人其他权利的义务。

本案中,因高考保密的严格要求,事先征询相关作者的修改意见变得不具有可行性,为确保通过高考可以选拔出高素质人才的公共利益的需要,高考出题者考虑高考试题的难度要求、篇幅要求和背景要求等特点,可对文章进行一定的修改增删,以适应出题角度和技巧的要求。故考试中心的行为并不构成对原告修改权的侵害。就著作权人的署名权而言,虽然《著作权法》(2001)第 22 条规定应指明作者姓名和作品名称,但为作者署名仅作为一般的原则性规定,实践中在某些情况下,基于条件限制、现实需要或者行业惯例,亦容许特殊情况下的例外存在。如《著作权法实施条例》(2002)第 19 条规定,"使用他人作品的,应当指明作者姓名、作品名称;但是,当事人另有约定或者由于作品使用方式的特性无法指明的除外"。考试中心在本案中未给胡某署名即属于特殊的例外情况。高考命题者在考虑高考所涉文章是否署名时,必然要充分考虑考生的利益。考试中心在选择是否署名的问题上目前习惯的做法是:对于文学鉴赏类文章署名,而对于语用性文章则不署名。涉案文章因属于语用性文章,在考题中没有署名。考试中心的以上区别对待有其合理性,其在高考试题中对文学鉴赏类文章署名,对语用性文章如科技文、说明文等不署名的做法,是考虑了高考的特性、署名对考生的价值及考试中语用性文章不署名的惯例后选择的一种操作方式,有其合理性,考试中心未在高考试题中为原告署名,不构成侵权。

二审案件事实

二审法院经审理查明的事实与原审判决查明的事实一致。

二审上诉请求

上诉人认为原审判决不当,请求依法撤销原审判决,并依法给予改判。

二审裁判结果

一审判决认定事实清楚,适用法律正确,应予维持。依据《民事诉讼法》(1991)第 152 条第 1 款、第 153 条第 1 款第 1 项之规定,二审法院判决如下:驳回上诉,维持原判。

● 二审裁判理由

本案的争议焦点在于考试中心在高考试题中使用胡某已经发表的作品,但未指明作者姓名的做法是否违反了法律规定。《著作权法》(2001)第 22 条第 1 款规定,国家机关为执行公务在合理范围内使用已经发表的作品,可以不经著作权人许可,不向其支付报酬,但应当指明作者姓名、作品名称,并且不得侵犯著作权人依法享有的其他权利。可见,即使是执行公务的行为,也应当指明所使用作品的作者姓名。但是,在实践中,基于条件限制、现实需要或者行业惯例,亦容许特殊情况下例外的存在。如《著作权法实施条例》(2002)第 19 条规定:"使用他人作品的,应当指明作者姓名、作品名称;但是,当事人另有约定或者由于作品使用方式的特性无法指明的除外。"

高考是我国具有重大影响的一项选拔考试,关系众多考生。高考试题的命题和设计应当服从于考试选拔的需要,服务于考生利益。在考虑是否指明所使用作品的作者姓名时,同样要考虑具体试题考核测试的需要和考生利益。比如对于文学鉴赏类文章,指明作者姓名会给考生提供一些有用信息,有助于考生对文章的理解和判断,而这也是高考试题命题者所欲实现的考试目的之一,因此指明作者姓名是目前惯常的做法。但与文学鉴赏类文章不同,语用性文章主要考察考生对文章本身信息的理解和应用能力,从满足上述目的出发,仅给出文章内容就已经足够,作者姓名与试题所要实现的考核测试目的无关,这也正是国内外很多考试试题对于语用性文章不指明作品作者的习惯性做法的原因。可见,高考试题中使用语用性文章不指明作者姓名的做法正是考虑了高考的特性、试题的考核测试目的、署名对考生的价值及考试中语用性文章署名的一般惯例后选择的一种操作方式,有其合理性。本案所涉的《全球变暖——目前的和未来的灾难》属于语用性文章,考试中心使用该文章设计了高考试题,但由于该使用行为的特殊性,其未指明作者姓名的行为,属于前述例外情形之一,原审判决关于考试中心不构成对胡某署名权的侵犯的认定正确。

案件解析

本案的争议焦点在于考试中心在高考试题中使用胡某已经发表的作品,但未指明作者姓名的做法是否违反了法律规定。

在本案中,被告考试中心虽然不属于国家机关,但其组织高考出题的行为属于国家机关授权或委托其他单位执行公务的行为,《教育法》(1995)第20条规定,"国家实行国家教育考试制度。国家教育考试由国务院教育行政部门确定种类,并由国家批准的实施教育考试的机构承办"。考试中心依法接受国家教委指定承担高校入学考试和高教自学考试等专项任务,执行高考试卷命题等相应公务。因此考试中心使用原告作品的行为构成《著作权法》(2001)第22条第1款第7项所指的"国家机关为执行公务在合理范围内使用已经发表的作品"之情形,被告考试中心在高考试卷中使用原告作品的行为属于合理使用,不构成著作权侵权。

《著作权法实施条例》(2002)第19条规定,"使用他人作品的,应当指明作者姓名、作品名称;但是,当事人另有约定或者由于作品使用方式的特性无法指明的除外"。高考命题者在考虑高考所涉文章或漫画材料是否署名时,必然要充分考虑考生的利益。考试中心对于使用的漫画不署名的做法有其合理性,理由如下:(1)高考过程中,考试时间对考生而言是非常紧张和宝贵的,考生的注意力亦极为有限,如对试题的来源均进行署名会增加考生对信息量的阅读,浪费考生的宝贵时间。(2)文学鉴赏类文章署名或注明出处会给考生提供一些有用信息,这些信息有助于考生在综合分析的基础上作出对诸如文章作者的思想感情、历史背景等试题的正确判断,作者的署名属于有用信息,而语用性文章署名给考生提供的多是无用信息,出题者出于避免考生浪费不必要的时间注意无用信息等考虑,采取不署名的方式亦是适当的。(3)在国内及国外的相关语言考试中,亦有语用性文章不署名的惯例。考试中心在高考试题中对文学鉴赏类文章署名,对语用性文章如科技文、说明文等不署名的做法,是考虑了高考的特性、署名对考生的价值及考试中语用性文章署名的惯例后选择的一种操作方式,有其合理性,考试中心未在高考试题中为原告署名,不构成侵权。

第四节
国际学术研讨会使用他人作品不构成合理使用

37. 余某与茂县人民政府著作权侵权案[1]

▶ **案件影响**

入选"2012 年四川法院知识产权司法保护十大典型案例"。

▶ **裁判要旨**

国家机关为执行公务在合理范围内使用已经发表的作品,属于合理使用。

被告组织庆典暨国际学术研讨会,不属于履行政府机关管理政务的常规职能,亦并

---

[1] 余某与茂县人民政府著作权侵权纠纷案,四川省阿坝州中级人民法院民事判决书,(2011)阿中民初字第 30 号;余某与茂县人民政府著作权侵权纠纷上诉案,四川省高级人民法院民事判决书,(2012)川民终字第 105 号。

非完成该项任务所必需,为组织该等研讨会使用他人已发表作品不构成合理使用。

【关键词】

合理使用;公务使用;政府机关;管理政务;常规职能

【当事人】

上诉人(一审原告):余某;

被上诉人(一审被告):茂县人民政府(以下简称茂县政府)。

一审案件事实

2009年6月,茂县政府在茂县召开某族"瓦尔俄足"庆典暨国际学术研讨会期间,采用的大型宣传画、小型宣传牌、礼品袋、《会议指南》上的图片,使用了余某已发表的《领歌节上的妇女们》《阿坝州汶川县龙溪乡阿尔村某族祭山会》《茂县营盘山》《羌笛》《肖释比》摄影照片17张(次)。

一审原告诉请

原告请求人民法院判令:茂县政府赔偿其经济损失人民币18万元,并在《中国民族报》《中国摄影报》《四川日报》《民族》《阿坝日报》上登报向其公开赔礼道歉。

一审裁判结果

一审法院判决:

1. 茂县政府于判决生效后7日内向余某赔偿经济损失30,000元。

2. 茂县政府向余某赔礼道歉。

3. 驳回余某的其他诉讼请求。如未按判决指定的期间履行给付义务,应按照《民事诉讼法》(2007)第229条之规定,加倍支付迟延履行期间的债务利息。第一审案件受理费3900元,由余某负担900元,茂县政府负担3000元。

一审裁判理由

余某作品《领歌节上的妇女们》《阿坝州汶川县龙溪乡阿尔村某族祭山会》《茂县营盘山》《羌笛》《肖释比》5张摄影照片,已在《某族释比经典》《某族口头遗产集成》《民族画报》2008年第12期、《旅游》2009年第5期中发表,依照《著作权法》(2010)第11条的规定,余某依法享有以上摄影作品的著作权。茂县政府在具体承办某族"瓦尔俄足"

庆典暨国际学术研讨会时,未经余某同意使用其摄影作品,未予署名,对作品进行了修改、复制,侵犯了余某的署名权、修改权、复制权。对茂县政府提出使用余某摄影作品属执行公务,不属侵权的主张,不予支持。某族"瓦尔俄足"庆典暨国际学术研讨会结束后,涉诉宣传画、《会议指南》及礼品袋未再继续使用,对余某提出停止侵权的要求,不予支持。余某未提供茂县政府使用该作品后造成自己预期收入减少的相关证据,且茂县政府承办此次活动目的是宏扬羌文化,不具有主观恶意,也未造成不利影响,更不具备营利性。在综合考虑作品类型、合理使用费、侵权行为性质、侵权后果等情节后,酌定赔偿金额为人民币 30,000 元。原审法院依照《著作权法》(2010)第 10 条、第 11 条、第 46 条、第 48 条,《最高人民法院关于审理著作权民事纠纷案件适用法律若干问题的解释》(2002)第 25 条、《民事诉讼法》(2007)第 64 条第 1 款的规定作出判决。

二审案件事实

二审法院经审理查明的事实与原审判决查明的事实一致。

二审上诉请求

上诉人认为原审判决不当,请求依法撤销原审判决,并依法给予改判。

二审裁判结果

二审法院判决如下:

1. 维持四川省阿坝州中级人民法院(2011)阿中民初字第 30 号民事判决第 1、3 项;
2. 变更阿坝州中级人民法院(2011)阿中民初字第 30 号民事判决第 2 项"茂县政府向余某赔礼道歉"为:茂县政府于判决生效之日起 10 日内在《中国民族报》上刊登道歉声明以消除影响。二审判决为终审判决。

二审裁判理由

根据《著作权法》(2010)第 11 条第 4 款关于"如无相反证明,在作品上署名的公民、法人或者其他组织为作者"的规定,可认定余某系涉案作品著作权人,其享有的著作权受国家法律保护,除非有法定理由,未经其许可,他人不得使用其作品。

根据《著作权法》(2010)第 22 条第 1 款第 7 项的规定,国家机关为执行公务在合理范围内使用已经发表的作品,可以不经著作权人许可,不向其支付报酬,但应当指明作者姓名、作品名称,并且不得影响该作品的正常使用,也不得不合理地损害著作权人的合法利益。据此,构成合理使用有严格的条件限制,国家机关使用的作品不仅应当是已经发表的作品,使用的目的是执行公务,而且使用的必要程度、方式、范围、所使用部分的数量和内容等均应合理,且国家行政机关执行公务的行为亦应当是指从事制定政策,行政管理等事务。茂县政府举办"瓦尔俄足"庆典暨国际学术研讨会,不属于履行政府机关管理政务的常规职能,其使用余某的涉案作品,亦并非完成该项任务所必需,且从其使用的方式、范围、数量等方面来看,不属于合理使用。茂县政府未经余某同意,擅自使用了《领歌节上的妇女们》《阿坝州汶川县龙溪乡阿尔村某族祭山会》等余某的摄影作品,并在使用中对其涉案作品进行任意剪辑、拼凑、放大,破坏了作者通过该作品要表达的思想内容或表达的形式及其艺术风格,侵犯了余某的署名权、对作品的修改权、保护作品完整权、复制权、发行权和获得报酬权等权利,茂县政府依法应承担相应的民事责任。

综上所述,上诉人余某关于要求茂县政府登报向其公开赔礼道歉的部分上诉理由成立,二审法院予以支持;余某的其余上诉请求不能成立,二审法院不予支持。原审判决认定事实清楚,适用法律正确,唯在原判决主文中未明确茂县政府向余某赔礼道歉的方式不当,应予纠正。

案件解析

本案的争议焦点是茂县政府在举办"瓦尔俄足"庆典暨国际学术研讨会中使用余某作品,是否构成合理使用。

根据《著作权法》(2010)第22条第1款的规定,国家机关为执行公务在合理范围内使用已经发表的作品,可以不经著作权人许可,不向其支付报酬,但应当指明作者姓名、作品名称,并且不得侵犯著作权人享有的其他权利。

本案中,茂县政府属于国家机关,但《著作权法》(2010)第22条第1款第7项所指的"执行公务"是指从事制定政策、行政管理等事务,茂县政府举办"瓦尔俄足"庆典暨国际学术研讨会,不属于制定政策、行政管理等执行公务的行为,所以,茂县政府未经余某同意,擅自使用了《领歌节上的妇女们》《阿坝州汶川县龙溪乡阿尔村某族祭山会》等余某的摄影作品,不属于合理使用,而是构成著作权侵权。

第五节
新闻通稿属于执行公务使用

38. 李某与陕西丝路情韵文化传播有限公司著作权权属、侵权纠纷案[1]

▶ **裁判要旨**

国家机关为执行公务在合理范围内使用已经发表的作品,属于合理使用。教育部考试中心在高考试题中引用他人作品,构成合理使用,教育部考试中心可以不经许可,不支付报酬。新闻通稿属于执行公务使用。

【关键词】

合理使用;公务使用;旅游局;新闻通稿

【当事人】

原告:李某;

被告:陕西丝路情韵文化传播有限公司(以下简称丝路公司)。

▶ **案件事实**

2015年6月,中国华侨出版社出版了《中国全景素材图片库》的电子出版物,出版号为ISBN:978-7-89422-401-9,主编为李某,收录了近6万张图片,内容主要有中国风景、瑜伽健身和蔬菜瓜果几大主类,拍摄者为李某、田某、王某3位摄影师。田某所摄的一幅华清池图片收录在《中国全景素材图片库》中。

2015年8月15日,湖南省版权局向李某颁发了作品登记证书;登记号为湘作登字:18-2015-G-1293;作品名称:《中国全景素材图片库》;作品类别:摄影作品;作者:李某、田某、王某;著作权人:李某;首次发表时间:2015年6月10日;首次出版日期:2015年6月1日。

2014年9月19日,首届中国西安丝绸之路国际旅游博览会上,时任陕西省旅游局

---

[1] 李某与陕西丝路情韵文化传播有限公司著作权权属、侵权纠纷案,陕西省咸阳市中级人民法院民事判决书,(2017)陕04民初132号。

局长杨某面向全国、全世界发布了【丝路沿线旅游概览】之陕西篇的新闻通稿,该新闻稿件同日在陕西省旅游局官网上予以发布。该新闻稿件中一幅华清池配图与田某所摄的华清池摄影作品一致。

丝路情韵网刊登【丝路沿线旅游概览】之陕西篇,2015年6月15日,来源:陕西省旅游局,作者陕西省旅游局局长杨某。

另查明,李某诉陕西省旅游局著作权侵权纠纷一案,西安市碑林区人民法院2017年4月6日立案,李某与陕西省旅游局达成和解,协议主要内容为就陕西省旅游局未经李某许可使用其3幅摄影作品(含本案配图华清池)一事的处理,达成协议:陕西省旅游局就上述行为,支付李某补偿金人民币肆仟壹佰元;……,李某收到上述款项后撤诉。2017年6月7日,西安市碑林区人民法院裁定准许李某撤诉。庭审中被告表示,在知晓陕西省旅游局与李某就使用其摄影作品达成和解协议后,随即会删除涉案图片。

原告诉请

原告请求人民法院判令:

1. 判令被告立即停止使用原告的一副摄影作品。
2. 判令被告在《中国摄影报》上向原告公开赔礼道歉,并在被告的网站丝路情韵www.××首页明显位置向原告公开赔礼道歉,持续时长不低于1个月。
3. 判令被告赔偿原告侵权赔偿金3000元。
4. 判令被告承担原告因制止侵权而支付的公证费700元。
5. 判令被告承担原告因制止侵权而支付的律师费3000元。
6. 判令被告承担诉讼费用。

裁判结果

依据《著作权法》(2010)第22条第1款第3、4、5、7项的规定,判决如下:驳回李某的全部诉讼请求。案件受理费50元,由原告李某承担。

裁判理由

本案的争议焦点为:丝路公司是否实施了侵害李某涉案摄影作品著作权的行为。

侵犯著作权行为是指未经著作权人许可,又无法律上的依据,擅自对享有著作权的作品的使用以及以其他手段行使著作权的行为。《著作权法》(2010)第22条第1款规定:"在下列情况下使用作品,可以不经著作权人许可,不向其支付报酬,但应当指明作者姓名、作品名称,并且不得侵犯著作权人依照本法享有的其他权利……(三)为报道时事新闻,在报纸、期刊、广播电台、电视台等媒体中不可避免地再现或者引用已经发表的作品;(四)报纸、期刊、广播电台、电视台等媒体刊登或者播放其他报纸、期刊、广播电台、电视台等媒体已经发表的关于政治、经济、宗教问题的时事性文章,但作者声明不许刊登、播放的除外;(五)报纸、期刊、广播电台、电视台等媒体刊登或者播放在公众集会上发表的讲话,但作者声明不许刊登、播放的除外……(七)国家机关为执行公务在合理范围内使用已经发表的作品……"

本案中,根据审理查明的事实,丝路公司经营的网站中的刊登【丝路沿线旅游概览】之陕西篇的新闻通稿,来源于陕西省旅游局,作者为时任陕西省旅游局局长杨某。该篇文章使用的一张华清池配图与李某享有著作权的华清池摄影照片一致。鉴于该篇文章系2014年首届中国西安丝绸之路国际旅游博览会上发布的新闻通稿,发表时间早于李某享有著作权的出版物《中国全景素材图片库》,即使该篇文章使用的一张华清池配图与李某享有著作权的华清池摄影照片一致,也应属于国家机关为执行公务在合理范围内使用已经发表的作品。另,关于李某诉陕西省旅游局著作权侵权纠纷一案,李某已撤回对陕西省旅游局的起诉。丝路公司网站虽然刊登了【丝路沿线旅游概览】之陕西篇,该新闻通稿中的一幅配图华清池照片与李某享有著作权,由田某所摄的华清池照片一致,但其注明了文章的来源、作者,且该新闻通稿是面向全国、全世界发布的,丝路公司有充分理由相信文章的来源,其网站尽到了积极和审慎的义务,且没有证据证明丝路情韵网站刊登此稿有牟利行为,因而其网站不存在主观故意,不存在过错,其网站刊登【丝路沿线旅游概览】之陕西篇,属于著作权的合理使用,故其行为不构成侵权。

案件解析

本案的争议焦点是丝路公司是否侵害了李某涉案摄影作品的著作权。

本案被告丝路公司在其网站发布了一篇来自陕西省旅游局的政府报道时事新闻通稿,该文章署名为政府发布人陕西省旅游局局长杨某,前述新闻通稿中,未经原告同意,擅自使用了原告图片的摄影作品。

根据《著作权法》(2010)第22条第1款规定,国家机关为执行公务在合理范围内使用已经发表的作品,可以不经著作权人许可,不向其支付报酬,但应当指明作者姓名、作品名称。

本案陕西省旅游局发布的新闻通稿,是国家机关为履行发展旅游事业的职能而发布的新闻稿件,该稿件的发布属于《著作权法》规定的合理使用范畴,被告丝路公司网站刊登的【丝路沿线旅游概览】之陕西篇的新闻通稿,来源于陕西省旅游局,该通稿注明了文章的来源、作者,丝路公司有充分理由相信文章的来源,并认为文章是不侵权的新闻通稿,其网站尽到了积极和审慎的义务,所以被告不构成侵权,属于《著作权法》所指的合理使用。

第八章 图书馆使用

第一节 图书馆合理使用三条件

39. 北京中文在线数字出版股份有限公司与南宁市兴宁区图书馆侵害作品信息网络传播权案[①]

▶ 裁判要旨

图书馆、档案馆、纪念馆、博物馆、美术馆、文化馆等为陈列或者保存版本的需要,复制本馆收藏的作品,属于合理使用。

图书馆合理使用他人数字作品应同时具备三个条件:一是其提供信息网络服务的对象为在其馆舍内的读者;二是其提供给读者阅读的作品是其收藏的合法出版的数字作品,或者是其依法为陈列或者保存版本的需要以数字化形式复制的作品;三是不能通过该服务获得经济利益。

【关键词】
合理使用;图书馆;信息网络服务;经济利益;著作权限制

【当事人】
原告:北京中文在线数字出版股份有限公司(以下简称中文在线公司);
被告:南宁市兴宁区图书馆(以下简称兴宁区图书馆)。

案件事实

霍达为小说《穆斯林的葬礼》的作者,侣海岩为小说《一场风花雪月的事》及小说

---

① 北京中文在线数字出版股份有限公司与南宁市兴宁区图书馆侵害作品信息网络传播权纠纷案,广西壮族自治区南宁市中级人民法院民事判决书,(2014)南市民三初字第208号。

《死于青春》的作者。2011年2月12日和12月30日,原告经霍达和侣海岩授权,取得上述3部作品数字版权的专有使用权,授权内容包括:行使包括但不限于信息网络传播权、汇编、复制、发行等著作权的权利;许可他人合法使用上述著作权的权利;以原告名义对侵犯授权作品上述著作权的行为行使要求停止侵权、公开赔礼道歉、赔偿经济损失、提起诉讼的权利,授权期限分别为2011年2月12日至2016年2月20日、2011年12月30日至2016年12月30日。

2014年3月5日,原告向北京市东方公证处申请保全证据。在公证人员的监督下,原告的委托代理人雒某操作该公证处与互联网相连接的计算机,进入"兴宁区多媒体数字图书馆",对其中的相关网页进行证据保全。公证处对整个过程进行公证,并出具了(2014)京东方内民证字第6188号公证书。经查看,公证书附件二刻录光盘保存了《一场风花雪月的事》《死于青春》《穆斯林的葬礼》3部作品的文字内容。原告在此次公证中除了对上述3部涉案作品进行证据保全外,还对包括《康熙大帝》《乾隆皇帝》等其他9部作品进行证据保全,原告为此次公证支出公证费1800元。在本案庭审中,被告对其在该馆网站中上传涉案3部作品供读者阅读和下载的事实予以认可,并承认读者无须办理注册或其他手续即可阅读和下载其网内书籍。

另查明,原告原名称为北京中文在线发展有限公司,于2011年4月2日变更为现名称。被告系事业单位法人,经费来源为财政全额拨款,其宗旨和业务范围为面向社会公众提供图书阅读和知识咨询服务。

还查明,原告中文在线公司为本案支出了律师费5000元。

原告诉请

原告请求法院判令:
1. 被告立即停止对原告的侵权行为。
2. 被告赔偿原告经济损失63,060元。
3. 被告赔偿原告为制止侵权行为所支付的合理开支6800元。
4. 被告承担本案诉讼费用。

裁判结果

法院判决如下:

1. 被告兴宁区图书馆立即停止侵犯原告中文在线公司对数字作品《一场风花雪月的事》《死于青春》《穆斯林的葬礼》所享有的信息网络传播权行为。

2. 被告兴宁区图书馆赔偿原告中文在线公司经济损失 6000 元。

3. 被告兴宁区图书馆赔偿原告中文在线公司为制止侵权行为所支付的合理开支 3450 元。

4. 驳回原告中文在线公司的其他诉讼请求。

● **裁判理由**

原告经涉案 3 部作品作者的授权，取得涉案作品的信息网络传播权，并有权就侵害涉案作品信息网络传播权的行为提起诉讼，其依法享有的合法权益受法律保护。

一、关于被告是否侵害了原告对涉案 3 部作品所享有的信息网络传播权，被告在其网站上传涉案作品供读者阅读和下载的行为是否属于合理使用的问题

关于合理使用，《信息网络传播权保护条例》（2013）第 7 条第 1 款的规定是："图书馆、档案馆、纪念馆、博物馆、美术馆等可以不经著作权人许可，通过信息网络向本馆馆舍内服务对象提供本馆收藏的合法出版的数字作品和依法为陈列或者保存版本的需要以数字化形式复制的作品，不向其支付报酬，但不得直接或者间接获得经济利益。当事人另有约定的除外。"

首先，从服务对象来看，该条款对于服务对象是有空间地域限制的，即在该馆馆舍内，从文义上理解，"馆舍"是一个物理空间，即实体图书馆建筑，馆舍内服务对象即指身处该实体图书馆建筑内的读者。超出该空间地域范围的，则其服务对象将无限扩大，对著作权人和相关权利人的合法权益会造成损害，就不能适用该条款的规定。在本案中，被告所提供的数字作品阅读和下载服务是接入互联网的，任何人均可通过互联网络进入其网站获得涉案数字作品，其服务对象范围远远大于在其馆舍内的读者，与前述法律规定不符。其次，从所提供数字作品的合法性来看，就本案而言，图书馆所提供的数字作品应是著作权人或相关权利人合法授权出版的。但在本案中，被告仅说明了其上传的涉案数字作品系来源于"书香中国"网站，但并未能举证证明该来源是合法的，该数字作品的发行系得到著作权人或相关权利人的合法授权。结合上述两点，无论被告在提供服务中是否获取利益，均不符合《信息网络传播权保护条例》（2013）第 7 条第 1 款关于合理使用的规定。此外，《信息网络传播权保护条例》（2013）第 10 条规定："依照本条例规定不经著作权人许可、通过信息网络向公众提供其作品的，还应当遵守下列规定……（四）采取技术措施，防止本条例第七条、第八条、第九条规定的服务对象以外的其他人获得著作权人的作品，并防止本条例第七条规定的服务对象的复制行为对著作权人利益造成实质性损害……"

二、关于原告要求被告停止侵权、赔偿经济损失及合理开支是否合法有据的问题

《著作权法》(2010)第48条规定,未经著作权人许可,复制、发行、表演、放映、广播、汇编、通过信息网络向公众传播其作品的,应当根据情况,承担停止侵害、消除影响、赔礼道歉、赔偿损失等民事责任。由于被告的行为侵害了原告对涉案三部作品所享有的信息网络传播权,现原告要求被告停止侵权、赔偿损失合法有据,法院予以支持。关于赔偿数额,鉴于本案原告未提供相关证据证明被告侵权行为给原告所造成的损失以及被告因侵权行为所获得的利益,法院综合考量被告侵权行为的性质,原告作品的知名度、市场价值和文字作品报酬等因素,酌情确定赔偿数额为6000元,公证费450元,律师费3000元。

案件解析

本案的争议焦点是被告在其网站上传涉案作品供读者阅读和下载的行为是否属于合理使用。

根据《信息网络传播权保护条例》(2013)第7条第1款的规定,图书馆合理使用他人数字作品应同时具备三个条件:一是其提供信息网络服务的对象为在其馆舍内的读者;二是其提供给读者阅读的作品是其收藏的合法出版的数字作品,或者是其依法为陈列或者保存版本的需要以数字化形式复制的作品;三是不能通过该服务获得经济利益。在本案中,第一,被告所提供的数字作品阅读和下载服务是接入互联网的,任何人均可通过互联网络进入其网站获得涉案数字作品,其服务对象范围远远大于在其馆舍内的读者;第二,被告仅说明了其上传的涉案数字作品系来源于"书香中国"网站,但并未能举证证明该来源是合法的,该数字作品的发行系得到著作权人或相关权利人的合法授权的。结合上述两点,无论被告在提供服务中是否获取利益,均不符合《信息网络传播权保护条例》(2013)关于合理使用的规定。此外,被告在其接入互联网的网站中并未采取任何技术限制措施,任何人均可通过互联网络进入被告网站随意阅读和下载涉案数字作品,这对著作权人作品的发行量当然会造成影响,其行为对著作权人的利益造成实质性损害是显而易见的。综上,被告的行为不构成合理使用,侵害了原告对涉案3部作品所享有的信息网络传播权。

第二节 通过信息网络提供他人作品不构成合理使用

40. 北京中文在线数字出版股份有限公司与苏州工业园区凤凰小学著作权纠纷案[①]

▶ **裁判要旨**

图书馆、档案馆、纪念馆、博物馆、美术馆、文化馆等为陈列或者保存版本的需要,复制本馆收藏的作品,属于合理使用。

学校网站通过信息网络向全网不特定人群提供他人作品不构成合理使用。

【关键词】

合理使用;信息网络;全网;图书馆;著作权限制

【当事人】

上诉人(原审被告):苏州工业园区凤凰小学(以下简称凤凰小学);

被上诉人(原审原告):中文在线数字出版集团股份有限公司(原名北京中文在线数字出版股份有限公司)(以下简称中文在线公司)。

── **一审案件事实** ─────────────────────────

《文化苦旅》《山居笔记》系余秋雨所著的文字作品。《文化苦旅》版权页载明长江出版传媒长江文艺出版社出版、2014年4月第1版第1次印刷。《山居笔记》版权页载明文汇出版社出版发行、1998年9月第1版第1次印刷。2005年7月30日,余秋雨签订授权书,将包括《文化苦旅》《山居笔记》等10本作品的数字版权专有使用权(包括但不限于信息网络传播权等权利)及上述著作权的诉讼权利授予中文在线公司,授权期限为2005年7月23日至2015年7月23日。

[①] 北京中文在线数字出版股份有限公司与苏州工业园区凤凰小学著作权权属、侵权纠纷案,北京市东城区人民法院民事判决书,(2015)东民(知)初字第11308号;苏州工业园区凤凰小学与北京中文在线数字出版股份有限公司著作权权属、侵权纠纷上诉案,北京知识产权法院民事判决书,(2015)京知民终字第2148号。

www.sipfh.cn系凤凰小学管理的网站。2015年1月28日,北京市方正公证处进行证据保全,过程如下:通过www.baidu.com搜索"E-learning & teaching电子图书馆",点击第17页的第二个搜索结果,进入oa.sipfh.cn/ebooks/,点击"文学历史类12"下载"余秋雨作品选",封存于公证光盘。经比对,"余秋雨作品选"中的作品与权利书籍《山居笔记》中的《一个王朝的背影》《流放者的土地》《苏东坡突围》《千年庭院》《抱愧山西》《十万进士》《遥远的绝响》文章一致,版面字数约为11千字;与权利书籍《山居笔记》中《可怜的正本》部分内容一致,版面字数约为8千字;与《文化苦旅》中的《道士塔》《莫高窟》《阳关雪》《抱愧山西》《风雨天一阁》文章一致,版面字数约为43千字。

庭审中,中文在线公司认可凤凰小学已经停止使用涉案作品的行为,遂放弃第1项诉讼请求。

一审原告诉请

原告请求判令凤凰小学:
1. 停止在涉案网站上使用中文在线公司享有著作权的文字作品。
2. 赔偿中文在线公司经济损失人民币10,000元。
3. 凤凰小学承担本案诉讼费用。

一审裁判结果

一审法院判决:
1. 凤凰小学赔偿中文在线公司经济损失4000元。
2. 驳回中文在线公司其他诉讼请求。

一审裁判理由

著作权属于作者。作者可以将著作财产权许可他人使用。除法定情形外,使用他人作品应当经著作权人许可并支付报酬。在无相反证据的情形下,根据出版物、授权书等证据,可以判定中文在线公司享有涉案作品的信息网络传播权专有使用权。凤凰小学未经中文在线公司许可,在其管理的网站使用了中文在线公司享有权利的作品供公众下载,应当承担停止侵权、赔偿损失的民事责任。

关于赔偿数额,一审法院将综合作品的知名度、凤凰小学作为教育机构的性质、行为的主观过错、使用情况等酌情确定。

二审案件事实

二审法院查明一审法院查明的其他事实属实,并予以确认。

另查明,2015年8月28日,经北京市工商行政管理局核准,北京中文在线数字出版股份有限公司名称变更为中文在线公司。

二审上诉请求

凤凰小学请求撤销一审判决,并依法改判驳回中文在线公司的全部诉讼请求。

二审裁判结果

二审法院判决如下:驳回上诉,维持原判。

二审裁判理由

著作权属于作者。作者可以将著作财产权许可他人使用。除法定情形外,使用他人作品应当经著作权人许可并支付报酬。在无相反证据的情形下,根据出版物、授权书等证据,可以判定中文在线公司享有涉案作品的信息网络传播权专有使用权。

结合双方当事人诉辩主张,本案存在以下焦点问题。

一、凤凰小学在其管理的网站使用涉案作品的行为是否属于《信息网络传播权保护条例》(2013)第7条规定的情形

《信息网络传播权保护条例》(2013)第7条规定,图书馆、档案馆、纪念馆、博物馆、美术馆等可以不经著作权人许可,通过信息网络向本馆馆舍内服务对象提供本馆收藏的合法出版的数字作品和依法为陈列或者保存版本的需要以数字化形式复制的作品,不向其支付报酬,但不得直接或者间接获得经济利益。当事人另有约定的除外。前款规定的为陈列或者保存版本需要以数字化形式复制的作品,应当是已经损毁或者濒临损毁、丢失或者失窃,或者其存储格式已经过时,并且在市场上无法购买或者只能以明显高于标定的价格购买的作品。

本案中,网络用户通过百度进行全网搜索即可搜索到凤凰小学管理的 www.sipfh.cn 网站上的相应结果,并可下载涉案作品。凤凰小学未经许可通过信息网络提供他人作品的上述行为,不属于《信息网络传播权保护条例》(2013)第7条规定的图书馆等机构向本馆馆舍内服务对象提供本馆收藏的合法出版的数字作品,亦不属于"依法为陈列或者保存版本的需要以数字化形式复制的作品"。因此,凤凰小学实施的涉案行为不属于合理使用。

凤凰小学主张,oa.sipfh.cn/ebooks/为其学校内部系统网络,不对外开放,并对外界访问用户设置了限制,普通网络用户无法通过百度搜索获得涉案作品,中文在线公司之所以能搜索到涉案作品是因为系统测试。网站仅在15天内开放了端口;中文在线公司通过www.baidu.com搜索"E-learning & teaching 电子图书馆"的搜索方式也并非普通大众所知的正常搜索方式,因而其搜索结果也不应为法院所采信。二审法院认为,首先,凤凰小学对于其主张并未在本案中提交相关证据予以证明,其理由缺乏事实依据。其次,即使考虑凤凰小学在其他类似案件中提交的证据,也不能证明其主张。虽然在二审谈话过程中,中文在线公司认可其不能通过进入 www.sipfh.cn 网站获得涉案作品,但中文在线公司的公证过程证明在公证时任意网络用户可通过互联网搜索下载涉案作品,公证时所采取的搜索方式也仅为关键词"E-learning & teaching"加"电子图书馆",并非为不合理、不正常的搜索方式。凤凰小学在其他案件中提交的电子证据材料具有随意变更的特征,仅凭此该电子证据材料难以证明其关于内部系统不对外开放,仅在15天的测试期内开放了端口的相应主张。故凤凰小学的主张,二审法院不予认可。

二、一审判决确定的经济赔偿及合理支出数额是否适当

本案中,双方当事人均无证据能够证明权利人的实际损失和侵权人的违法所得,应由人民法院根据侵权行为的情节酌情确定经济赔偿的数额。一审法院充分考虑了作品的知名度、凤凰小学作为教育机构的性质、行为的主观过错、使用情况等因素,酌情确定的经济赔偿数额及根据合理性和必要性的原则酌情确定的合理支出数额并无不当。

案件解析

本案焦点问题在于凤凰小学在其管理的网站使用涉案作品的行为是否属于合理使用。

《信息网络传播权保护条例》(2013)第7条规定:"图书馆、档案馆、纪念馆、博物馆、美术馆等可以不经著作权人许可,通过信息网络向本馆馆舍内服务对象提供本馆收藏的合法出版的数字作品和依法为陈列或者保存版本的需要以数字化形式复制的作品,不向其支付报酬,但不得直接或者间接获得经济利益。当事人另有约定的除外。前款规定的为陈列或者保存版本需要以数字化形式复制的作品,应当是已经损毁或者濒临损毁、丢失或者失窃,或者其存储格式已经过时,并且在市场上无法购买或者只能以明显高于标定的价格购买的作品。"

本案中，网络用户通过百度进行全网搜索即可搜索到凤凰小学管理的 www. sipfh. cn 网站上的相应结果，并可下载涉案作品。首先，凤凰小学未经许可通过信息网络提供他人作品的上述行为，不属于《信息网络传播权保护条例》(2013)第 7 条规定的图书馆等机构向本馆馆舍内服务对象提供本馆收藏的合法出版的数字作品，因为全网用户并不符合"本馆馆舍内服务对象"的定义。其次，该行为亦不属于"依法为陈列或者保存版本的需要以数字化形式复制的作品"。因此，凤凰小学实施的涉案行为不属于合理使用，应当承担侵权责任。

第三节
图书馆在网络上提供的数字作品必须为本馆收藏并合法出版

41. 深圳图书馆、詹某某侵害作品信息网络传播权案[①]

▶ 裁判要旨

图书馆、档案馆、纪念馆、博物馆、美术馆、文化馆等为陈列或者保存版本的需要，复制本馆收藏的作品，属于合理使用，即为陈列或者保存版本需要以数字化形式复制作品；以及为本馆馆舍内服务对象提供本馆收藏作品，属于合理使用。

图书馆在网络上提供的数字作品必须为本馆收藏的合法出版的数字作品。

【关键词】

合理使用；图书馆；本馆收藏；数字作品；著作权限制

[①] 深圳图书馆、詹某某侵害作品信息网络传播权纠纷案，深圳市福田区人民法院民事判决书，(2016)粤 0304 民初 15073 号；深圳图书馆、詹某某侵害作品信息网络传播权纠纷上诉案，广东省高级人民法院民事判决书，(2017)粤 03 民终 15421 号；深圳图书馆、詹某某侵害作品信息网络传播权纠纷再审审查与审判监督案，广东省高级人民法院民事裁定书，(2018)粤民申 11343 号。

【当事人】

再审申请人(一审被告、二审上诉人):深圳图书馆;

被申请人(一审原告、二审上诉人):詹某某;

一审被告、二审上诉人:北京方正阿帕比技术有限公司(以下简称阿帕比公司)。

一审案件事实

《经济效益学》于1991年5月由中国财政经济出版社出版。该书封面及内页载明主编为詹某某、陈某某,前言部分载明参加本书初稿撰写工作的有詹某某、陈某某等19人,由詹某某、陈某某拟定详细编写大纲,由詹某某、陈某某总纂、修改、定稿。

2015年3月26日河南省郑州市黄河公证处出具了(2015)郑黄证民字第4284号公证书,内容显示:在Internet Explorer浏览器的地址栏中输入www.szlib.org.cn,进入深圳图书馆的页面,分别点击"数字资源"和"中华数字书苑"后的"馆外访问",以证号"0440051025449"和密码登录,所得页面顶部显示"中华数字书苑——中华数字文明精粹",网页中显示"中华数字书苑",在检索栏中输入"经济效益学"后,在所得页面点击"在线阅读",打开并阅读全书;点击"关于书苑",所得页面载明"中华书苑是阿帕比推出的专业的优质华文数字内容整合平台……",版权所有为阿帕比公司。庭审中,深圳图书馆、阿帕比公司均确认网站××系由深圳图书馆注册并实际运营,阿帕比公司是中华数字书苑的所有者,内容由其提供,深圳图书馆仅提供链接。深圳图书馆称其系通过URL重写技术建立了一个通道,让读者通过其网站可以阅读到相关资源平台上的内容;各方当事人均确认被控侵权作品已删除。

经比对,被控侵权作品与詹某某主张权利的作品内容一致。

另查,2013年11月5日,中国财政经济出版社与阿帕比公司签订《方正阿帕比(Apabi)数字出版合作协议》,阿帕比公司享有中国财政经济出版社授权阿帕比公司销售的数字资源的数字出版相关权利;中国财政经济出版社承诺授权的数字资源、相关数字内容产品及相关广告符合国家法律、法规和政策,并由著作权人或版权拥有者对数字版权授权,承担相应权利义务,为了保证市场推广,中国财政经济出版社将数字资源的信息网络传播权、数字化复制权和发行权等相关权利授权给阿帕比公司;该合同有效期3年,合同期满前1个月内双方均未提出书面异议,该合同自动延期。协议所附清单中包括涉案《经济效益学》。

2014年9月5日,深圳图书馆与阿帕比公司签订《方正Apabi中华数字书苑服务合同》,约定深圳图书馆向阿帕比公司订购方正数字资源平台——中华数字书苑数字资源阅读服务,深圳图书馆以年付费方式远程使用方正数字资源平台——中华数字书苑阅读服务(远程服务模式:指深圳图书馆用户以缴纳年度服务费的方式在合同约定的时间段内通过互联网以授权 IP 或账号访问阿帕比公司安装在互联网上中心服务器的数字资源数据库);平台提供服务的时间为 2014 年 12 月 10 日至 2015 年 12 月 9 日;阿帕比公司给深圳图书馆提供的所有产品无版权争议,保证产品的合法性,深圳图书馆在使用阿帕比公司所提供的产品过程中出现版权纠纷问题,阿帕比公司应承担一切责任,如因此给深圳图书馆造成损失,阿帕比公司负责赔偿。

2015 年 10 月 21 日,深圳图书馆再次与阿帕比公司签订《方正 Apabi 中华数字书苑服务合同》,在原合同的基础上延长 1 年服务期限,为 2015 年 12 月 10 日至 2016 年 12 月 9 日。同日,双方签订补充协议,约定阿帕比公司提供阅知多屏阅读系统 V1.0——众享全民阅读机(网络版)1 台,售后服务期限 1 年,服务内容包括硬件维护和资源更新,支持深圳图书馆资源建设。

詹某某主张其为制止侵权行为支付了律师费 1 万元,并提交了律师费发票。

一审原告诉请

詹某某请求一审法院判决:

1. 深圳图书馆、阿帕比公司赔偿詹某某经济损失 113,400 元,合理费用 1 万元,共计 123,400 元。

2. 深圳图书馆、阿帕比公司承担本案诉讼费用。

● 一审裁判结果 ●

一审法院判决如下:

1. 深圳图书馆、阿帕比公司连带赔偿詹某某经济损失及为制止侵权行为支出的合理费用共计 1 万元。

2. 驳回詹某某的其他诉讼请求。

● 一审裁判理由

涉案书籍《经济效益学》凝聚了作者大量创造性劳动,具有独创性,应认定为文字作品。涉案书籍《经济效益学》载明詹某某、陈某某等 19 人均参加了初稿撰写工作,在无相反证据的情况下,原审依法认定涉案书籍由 19 人共同创作完成,系合作作品。詹某某作为合作作者之一,在相关权利被侵害时,可以以自己名义提起诉讼。

本案中,深圳图书馆、阿帕比公司均确认涉案数据的内容由阿帕比公司提供,图书馆仅提供链接,且中华数字书苑的版权页亦载明版权所有者为阿帕比公司。一审法院依法确认,深圳图书馆、阿帕比公司事先共同协商通过合同约定,由阿帕比公司提供涉案书籍的内容,深圳图书馆为涉案书籍提供链接,以分工合作方式共同向公众提供了詹某某的涉案书籍,共同侵犯了詹某某对涉案作品所享有的信息网络传播权,应承担连带赔偿责任。阿帕比公司辩称其从中国财政经济出版社获得授权,提供涉案书籍有合法来源。但是,出版社一般仅享有出版图书的权利,并无证据显示中国财政经济出版社取得了涉案书籍的著作权,故阿帕比公司关于合法来源的抗辩主张一审法院不予采纳。

关于具体赔偿数额,因当事人未举证证明詹某某因侵权行为遭受损失以及阿帕比公司因侵权所获得利益之金额,一审法院考虑涉案作品的类型、影响力,侵权的性质、情节以及詹某某为制止侵权所支出的合理费用,予以酌定。

二审案件事实

二审法院查明一审法院查明的事实属实,并予以确认。

二审上诉请求

上诉人詹某某上诉请求:

1. 撤销(2016)粤 0304 民初 15073 号民事判决第 1 项,改判两被上诉人赔偿上诉人詹某某经济损失人民币 113,400 元及律师费 10,000 元。

2. 判令深圳图书馆、阿帕比公司承担本案一审案件受理费及本案上诉费。

深圳图书馆上诉请求:

1. 撤销(2016)粤 0304 民初 15073 号民事判决书,改判驳回詹某某对深圳图书馆的全部诉讼请求。

2. 本案一审、二审诉讼费用由被上诉人詹某某承担。

阿帕比公司上诉请求:

1. 撤销(2016)粤 0304 民初 15073 号民事判决,并依法改判驳回被上诉人詹某某的全部诉讼请求。

2. 本案一审、二审诉讼费用由被上诉人詹某某承担。

二审裁判结果

二审法院判决如下：

1. 撤销深圳市福田区人民法院(2016)粤0304民初15073号民事判决。

2. 深圳图书馆、阿帕比公司连带赔偿詹某某经济损失及为制止侵权行为支出的合理费用共计人民币3万元。

3. 驳回詹某某的其他诉讼请求。

二审裁判理由

本案争议焦点为：深圳图书馆是否与阿帕比公司共同实施了侵权行为，应否承担侵权赔偿责任。

本案已经查明，阿帕比公司是中华数字书苑的所有者，深圳图书馆以签约付费的方式购买方正数字资源平台——中华数字书苑数字资源阅读服务。深圳图书馆通过URL重写技术建立了一个通道，使深圳图书馆的读者可以输入www.szlib.org.cn，进入深圳图书馆的页面，点击"数字资源"和"中华数字书苑"后的"馆外访问"，凭借读者借书证及密码登录"中华数字书苑"，并进而检索、在线阅读涉案《经济效益学》作品。由上述事实可知，阿帕比公司提供涉案作品的内容，深圳图书馆为涉案作品提供链接，为相关读者提供获得涉案作品的路径通道，二者以分工合作方式共同向公众提供了涉案作品。对于希望获得相关作品的读者而言，深圳图书馆所设置的路径通道与阿帕比公司所提供的内容缺一不可。因此，深圳图书馆与阿帕比公司共同实施了侵犯詹某某等对涉案作品所享有的信息网络传播权的行为。阿帕比公司虽然提交了其与中国财政经济出版社所签订的《方正阿帕比(Apabi)数字出版合作协议》，但未就中国财政经济出版社享有涉案作品著作权进一步举证，故无法证明阿帕比公司就涉案作品有合法授权。根据我国《著作权法》的规定，侵权的构成以及侵权责任的承担不以故意或营利为条件，深圳图书馆的公益性质，亦不属于其实施侵权行为的正当理由。深圳图书馆、阿帕比公司在《方正Apabi中华数字书苑服务合同》就版权纠纷责任承担所作约定，系合同双方内部约定，不具有对抗第三方的法律效力。深圳图书馆、阿帕比公司应就侵权行为承担侵权责任。

关于本案判赔金额是否恰当，本案权利人以及被诉侵权方均未充分举证证明权利人的实际损失或者侵权人的违法所得，二审法院依法酌定赔偿金额。根据本案所查明事实,詹某某仅律师费一项就支出人民币1万元,原审判赔人民币1万元,尚不足以弥补权利人维权成本,明显过低,应予以调整。

再审案件事实

再审法院认定一、二审法院查明的事实属实,并予以确认。

再审诉讼请求

再审申请人深圳图书馆请求:
1. 撤销二审判决第2项,依法改判深圳图书馆无须承担责任;或依法发回重审。
2. 由被申请人承担本案诉讼费用。

● **再审裁判结果** ●

裁定如下:驳回深圳图书馆的再审申请。

● **再审裁判理由**

本案审查的焦点是:深圳图书馆是否应当承担侵害涉案作品信息网络传播权的连带赔偿责任。为此,再审法院从以下方面予以阐述:(1)深圳图书馆是涉案作品的提供者还是仅提供网络链接服务？(2)深圳图书馆作为社会公益组织未经许可使用他人作品是否属于合理使用？(3)深圳图书馆在本案中承担连带赔偿责任是否有法律依据？

一、关于深圳图书馆是涉案作品的提供者还是仅提供网络链接服务的问题

提供作品与提供网络链接服务是两种性质不同的行为,如果深圳图书馆未取得权利人许可,直接将他人的作品通过信息网络向公众提供,应当承担侵权责任。如果深圳图书馆作为网络服务提供者为服务对象提供网络链接服务,则应当断开网络链接服务,并在构成明知或者应知的情况下与直接提供者承担共同侵权责任。

再审法院认为,根据一审和二审查明的事实,深圳图书馆在向读者通过互联网提供借阅作品服务过程中,虽然表现形式是提供"馆外访问"的链接服务,但是实际上,深圳图书馆通过签订《方正Apabi中华数字书苑服务合同》和按年付费的方式,已经取得了向读者提供免费相关作品"在线阅读"的权限。如果没有深圳图书馆的缔约行为,阿帕比公司不可能无偿向读者提供"在线阅读"。因此,深圳图书馆属于与他人分工合作,直接将他人的作品通过信息网络向公众提供的行为,而非其自称的仅提供链接服务的行为。

二、关于深圳图书馆作为社会公益组织未经许可使用他人作品是否属于合理使用的问题

深圳图书馆是具有公益性质的公共图书馆,应当向社会公众免费开放,收集、整理、保存文献信息并提供查询、借阅及相关服务,开展社会教育。同时,深圳图书馆具有加强数字资源建设,配备相应的设施设备,建立线上线下相结合的文献信息共享平台,为社会公众提供优质服务的法定权利和义务。根据《著作权法》及其实施条例的相关规定,如果深圳图书馆通过信息网络向本馆馆舍内服务对象提供本馆收藏的合法出版的数字作品和依法为陈列或者保存版本的需要以数字化形式复制的作品,符合法律和行政法规规定的合理使用方式的,依法享有可以不经著作权人许可,不向其支付报酬的权利。

然而本案中,深圳图书馆的行为,并不符合对作品合理使用的法律规定。理由如下:

首先,涉案作品并非深圳图书馆收藏的合法出版的数字作品和依法为陈列或者保存版本的需要以数字化形式复制的作品,而是深圳图书馆与阿帕比公司约定,与阿帕比公司合作收集的馆外作品,且该等作品未经作者授权通过信息网络传播,获取作品的途径非法,因此属于未经许可使用作品。

其次,公共图书馆具有的公益性质并不意味着可以对馆藏作品以及馆外海量作品进行无限制的使用。在使用作品的同时,公共图书馆应当确保作者著作人身权和财产权的正当行使,平衡社会公共利益与作者合法利益。如果作品的获得途径合法,鉴于公共图书馆的公益性质,作者应当对一定范围内的读者免费阅读以及对作品少量内容进行复制等行为予以容忍。但即使是经过合法授权的作品,公共图书馆在使用时仍然受到相关规定的约束,即"不得影响该作品的正常使用,也不得不合理地损害著作权人的合法利益"。因此,深圳图书馆应当在职责范围内,确保作者著作人身权和著作财产权的正当行使,而不能仅因为图书馆未收取费用,就认为可以不受限制地使用作品。

三、关于深圳图书馆在本案中承担连带赔偿责任是否有法律依据的问题

再审法院认为,深圳图书馆不能因为与阿帕比公司签订有合作合同而免除相关法律责任。深圳图书馆与阿帕比公司之间的合同内容,是对双方之间权利义务的约定,只具有内部效力。深圳图书馆负有义务确保阿帕比公司提供的数据库中的作品权利来源合法,读者对作品的阅读和少量复制行为不能超过必要的限度,当读者需要复制作品主要内容时,不能让作者享有的获得报酬的权利落空,等等。深圳图书馆未尽相关义务,理应与阿帕比公司承担连带赔偿责任。

> **案件解析**

本案的争议焦点是深圳图书馆使用涉案作品的行为是否属于合理使用。

《著作权法》(2010)第 22 条第 1 款规定,图书馆、档案馆、纪念馆、博物馆、美术馆等为陈列或者保存版本的需要,复制本馆收藏的作品,可以不经著作权人许可,不向其支付报酬,但应当指明作者姓名、作品名称,并且不得侵犯著作权人依照本法享有的其他权利。《信息网络传播权保护条例》(2013)第 7 条第 1 款规定,"图书馆、档案馆、纪念馆、博物馆、美术馆等可以不经著作权人许可,通过信息网络向本馆馆舍内服务对象提供本馆收藏的合法出版的数字作品和依法为陈列或者保存版本的需要以数字化形式复制的作品,不向其支付报酬,但不得直接或者间接获得经济利益……"

如果深圳图书馆通过信息网络向本馆馆舍内服务对象提供的是本馆收藏的合法出版的数字作品和依法为陈列或者保存版本的需要以数字化形式复制的作品,则符合法律和行政法规规定的合理使用方式,依法享有可以不经著作权人许可,不向其支付报酬的权利。但本案并非如此,深圳图书馆使用涉案作品的行为不属于合理使用,理由如下:首先,涉案作品并非深圳图书馆收藏的合法出版的数字作品和依法为陈列或者保存版本的需要以数字化形式复制的作品,而是阿帕比公司提供的馆外作品。其次,阿帕比公司提供的馆外作品未经作者授权而通过信息网络传播,深圳图书馆获取作品的途径非法,因此属于未经许可使用作品。最后,深圳图书馆在使用相关作品时,不得影响该作品的正常使用,也不得不合理地损害著作权人的合法利益,应当在职责范围内,确保作者著作人身权和著作财产权的正当行使,而不能仅因为图书馆未收取费用,就认为可以不受限制地使用作品。

第四节 图书馆以数字化方式复制馆藏图书构成合理使用的成立要件

42. 国家图书馆与北京三面向版权代理有限公司著作权纠纷案[①]

▶ **裁判要旨**

图书馆、档案馆、纪念馆、博物馆、美术馆、文化馆等为陈列或者保存版本的需要,复制本馆收藏的作品,属于合理使用。

图书馆若要通过信息网络向到馆读者提供以数字化方式复制的馆藏图书,该图书应满足"已经损毁或者濒临损毁、丢失或者失窃,或者其存储格式已经过时,并且在市场上无法购买或者只能以明显高于标定的价格购买"这一要件。

【关键词】

合理使用;数字化方式复制;损毁或者濒临损毁;著作权限制

【当事人】

再审申请人(一审被告,二审被上诉人):国家图书馆;

被申请人(一审原告,二审上诉人):北京三面向版权代理有限公司(以下简称三面向公司)。

▶ **再审案件事实**

再审法院认定一、二审法院查明的事实属实,并予以确认。

国家图书馆申请再审称:

1. 国家图书馆将馆藏图书以数字化形式复制属于合法行为。数字化复制图书和提供在线阅读是两个单独的、不同的行为,应当单独分析。数字化复制馆藏图书的行为应

[①] 国家图书馆与北京三面向版权代理有限公司著作权权属、侵权纠纷上诉案,北京知识产权法院民事判决书,(2019)京73民终3398号;国家图书馆与北京三面向版权代理有限公司著作权权属、侵权纠纷申诉、申请案,北京市高级人民法院民事裁定书,(2021)京民申3415号。

当适用 2010 年修正的《著作权法》第 22 条第 1 款第 8 项规定,而不应当适用 2013 年《信息网络传播权保护条例》第 7 条规定。二审法院适用法律错误。且数字化复制行为符合著作权"权利用竭原则",亦属于国家图书馆的法定职责,符合国际公约的规定。

2. 国家图书馆向到馆读者提供《现代工业经济管理》(涉案图书)馆内在线全文阅读的行为属于合理使用。(1)国家图书馆的馆藏图书分为保存本、基藏本和借阅本,保存本不提供借阅,基藏本限定条件下提供借阅。2013 年《信息网络传播权保护条例》第 7 条规定的"已经损毁或者濒临损毁",应理解为借阅本,不包括保存本和基藏本,即只要借阅本已经毁损,不能阅览和外借,就可以不经著作权人许可提供馆内数字化阅读的替代方式。国家图书馆是国家设立的唯一具有国家文献战略保存功能的公共图书馆,不应以对一般图书馆的限定苛求国家图书馆。(2)涉案图书仅存保存本和基藏本,且已经纸张发黄、破损、脱胶、封面折角,属于轻度破损状态。(3)向馆内读者提供在线阅读的行为不符合信息网络传播权的要件,且系国家图书馆行使职能的行为,符合公共利益的需要。

3. 国家图书馆向馆外读者提供涉案图书 24 页在线阅读的行为不构成侵犯信息网络传播权。(1)国家图书馆只提供阅读服务,不能复制和下载;服务的目的在于方便读者更清晰地了解图书内容,国家图书馆不存在任何经济收益;且该行为未对实体图书销售形成替代,不会侵占作品销售的市场份额。(2)涉案图书市场价值不高,在线阅读量也不大,目前也不能以正常价格通过一般途径购买。(3)24 页仅占全书的 5.3%,且在 24 页之后也作出了由于版权无法阅览的提示。

4. 国家图书馆不存在主观过错,且不存在经济收益,不应承担侵权责任。综上,依据《民事诉讼法》相关规定,本案应予再审。

三面向公司发表意见称:

1. 国家图书馆认为以数字化方式复制馆藏图书属于 2010 年《著作权法》第 22 条第 1 款第 8 项规定的合理使用,系对 2010 年《著作权法》中复制的扩大解释。

2. 国家图书馆向到馆读者提供涉案图书馆内在线全文阅读的行为不属于合理使用。

3. 国家图书馆向馆外读者提供涉案图书 24 页在线阅读的行为构成侵犯信息网络传播权。

4. 国家图书馆在未经著作权人许可并支付报酬的情况下通过信息网络传播涉案作品,存在主观过错。综上,国家图书馆申请再审的理由均不成立,不符合应当再审的情形。

再审诉讼请求

国家图书馆申请再审称:(1)国家图书馆将馆藏图书以数字化形式复制属于合法行为。(2)国家图书馆向到馆读者提供《现代工业经济管理》馆内在线全文阅读的行为属于合理使用。(3)国家图书馆向馆外读者提供涉案图书24页在线阅读的行为不构成侵犯信息网络传播权。(4)国家图书馆不存在主观过错,且不存在经济收益,不应承担侵权责任。综上,依据《民事诉讼法》相关规定,本案应予再审。

再审裁判结果

国家图书馆申请再审的理由虽有部分成立,但不属于应当再审的情形。再审法院裁定如下:驳回国家图书馆的再审申请。

再审裁判理由

关于国家图书馆将馆藏图书以数字化方式复制的行为是否属于合理使用,根据《著作权法》(2010)第22条第1款第8项规定,图书馆、档案馆、纪念馆、博物馆、美术馆等为陈列或者保存版本的需要,复制本馆收藏的作品,可以不经著作权人许可,不向其支付报酬,但应当指明作者姓名、作品名称,并且不得侵犯著作权人依照该法享有的其他权利。本案中,国家图书馆通过数字化方式将馆藏图书复制后加以保存,系行使其文献保存职能的行为,属于前述法律规定的合理使用;且在国家图书馆未对复制件进行传播或通过其他方式利用的情况下,仅就文献保存这一行为而言,并不会损害三面向公司对涉案图书享有的著作权。因此,国家图书馆的该项主张成立,再审法院予以确认。

关于国家图书馆向到馆读者提供涉案图书馆内在线全文阅读的行为是否属于合理使用。根据《著作权法》(2010)第10条第1款第12项规定,信息网络传播权系指以有线或无线方式向公众提供作品,使公众可以在其个人选定的时间和地点获得作品的权利。本案中,国家图书馆通过向公众开放局域网络,向到馆读者提供涉案图书在线阅读服务,构成通过信息网络对公众提供作品的行为,受信息网络传播权的控制。本案中,根据在案证据以及二审法院勘验的情况,涉案图书确实存在纸张发黄,机械强度下降等情形,但从图书本身完整性看,并未出现明显缺页或正文页面破损情形。且国家图书馆向读者正常提供了涉案图书的借阅服务。虽然国家图书馆提交了其内部机构于 2020 年 10 月 10 日出具的检测报告,但该检验时间距三面向公司一审公证取证时间已超过 5 年,故检测报告并不能准确反映国家图书馆将涉案图书以数字化方式传播时该书的实际物理状态。因此,国家图书馆向到馆读者提供涉案图书馆内在线全文阅读的行为,不构成合理使用。

关于国家图书馆向馆外读者提供涉案图书 24 页在线阅读的行为是否侵犯信息网络传播权。在案证据显示,国家图书馆提供的内容并非仅包含涉案图书的封面、版权页、目录等用于图书检索的信息,而是包含了涉案图书导言、正文第一章第一节全部内容和第二节部分的连续内容。虽然相比于正文全部章节内容,上述内容占比不高,但已经相对独立地传达了作者就该部分内容的表达。因此,国家图书馆的上述行为超出了合理的限度,不当损害了著作权人的市场利益,侵犯了著作权人对涉案图书享有的信息网络传播权。

关于二审判决有关国家图书馆侵权责任承担的认定是否合理。国家图书馆未经著作权人许可,通过信息网络向公众传播涉案图书,应当承担赔偿损失的民事责任。鉴于双方均未举证证明三面向公司的实际损失以及国家图书馆就实施被诉侵权行为存在违法所得,故二审法院综合考虑涉案图书市场价值不高、国家图书馆实施被诉侵权行为未向公众收取费用,以及三面向公司公证取证时间距授权到期时间较短等因素,酌情确定国家图书馆赔偿三面向公司经济损失 2000 元;并且根据三面向公司提交的证据,酌情确定国家图书馆赔偿三面向公司合理支出 1000 元,结论并无不当。

案件解析

本案的争议焦点在于国家图书馆向到馆读者提供涉案图书馆内在线全文阅读的行为是否属于合理使用。

《信息网络传播权保护条例》(2013)第 7 条规定,"图书馆、档案馆、纪念馆、博物馆、美术馆等可以不经著作权人许可,通过信息网络向本馆馆舍内服务对象提供本馆收藏的合法出版的数字作品和依法为陈列或者保存版本的需要以数字化形式复制的作品,不向其支付报酬,但不得直接或者间接获得经济利益。当事人另有约定的除外。前款规定的为陈列或者保存版本需要以数字化形式复制的作品,应当是已经损毁或者濒临损毁、丢失或者失窃,或者其存储格式已经过时,并且在市场上无法购买或者只能以明显高于标定的价格购买的作品"。可见,图书馆若要通过信息网络向到馆读者提供以数字化方式复制的馆藏图书,该图书应满足"已经损毁或者濒临损毁、丢失或者失窃,或者其存储格式已经过时,并且在市场上无法购买或者只能以明显高于标定的价格购买"这一要件。本案中,虽然涉案图书确实存在纸张发黄,机械强度下降等情形,但从图书本身完整性看,并未出现明显缺页或正文页面破损情形,且国家图书馆向读者正常提供了涉案图书的借阅服务。因此,国家图书馆向到馆读者提供涉案图书馆内在线全文阅读的行为,不构成合理使用。

第九章 免费表演使用

第一节
在经营场所使用背景音乐不属于合理使用

43. 成都市人人乐商业有限公司与中国音乐著作权协会著作权纠纷案[①]

▶ **裁判要旨**

免费表演已经发表的作品,该表演未向公众收取费用,也未向表演者支付报酬,且不以营利为目的,属于合理使用。

在经营场所将未授权的音乐作品作为背景音乐,是一种间接获利的商业性使用行为,不构成合理使用。

【关键词】

合理使用;经营场所;背景音乐;间接获利;著作权限制

【当事人】

上诉人(原审被告):成都市人人乐商业有限公司(以下简称人人乐公司);

被上诉人(原审原告):中国音乐著作权协会(以下简称音著协)。

一审案件事实

周某系歌曲《拯救》的曲作家,梁某系歌曲《拯救》的词作家。二人分别于1994年4月6日和2002年12月12日与音著协签订《音乐著作权转让合同》,该合同约定:甲方

[①] 成都市人人乐商业有限公司与中国音乐著作权协会著作权侵权纠纷案,成都市中级人民法院民事判决书,(2009)成民初字第568号;成都市人人乐商业有限公司与中国音乐著作权协会著作权侵权纠纷上诉案,四川省高级人民法院民事判决书,(2010)川民终字第104号。

(周某、梁某)同意将享有著作权的音乐作品之公开表演权、广播权和录制发行权授权给音著协管理。乙方(音著协)保证甲方转让的音乐著作权得到尽可能有效的管理。合同中所称的音乐作品,指甲方现有和今后将有的作品。甲方授权乙方以自己的名义向侵权者提起诉讼。合同有效期为3年。至期满前60天甲方未提出书面异议,该合同自动续展3年。之后亦照此办理。

人人乐公司系一家从事销售及零售的大型商业企业。该公司开设的人人乐购物广场通惠门店,成立于2006年7月31日。

2008年11月7日上午10点,四川省成都市律政公证处公证人员进入人人乐购物广场通惠门店,用JVC硬盘摄像机对该购物广场内播放的背景音乐《拯救》进行了录音。通过公证处网络办公室电脑刻录成DVD格式光盘一式5张。并对上述证据保全过程进行了公证,出具了(2008)川律公证字第15545号公证书。

音著协为本案诉讼支出了公证费600元,律师代理费5000元,机票、保险费2530元,出租汽车费124元、住宿费360元。

一审原告诉请

音著协在一审中的诉讼请求:
1. 判令人人乐公司赔偿音著协经济损失10,000元及合理开支10,000元。
2. 人人乐公司承担本案的诉讼费用。

一审裁判结果

一审法院判决如下:
1. 人人乐公司于判决生效之日起10日内赔偿音著协经济损失1000元和为制止侵权支出的合理费用4000元,合计5000元。
2. 驳回音著协的其余诉讼请求。

一审裁判理由

1. 音著协、人人乐公司对周某、梁某系音乐作品《拯救》的曲、词作者没有异议,且音著协举出的该歌曲曲谱上署名也是周某、梁某,故周某、梁某享有涉案作品的著作权。周某、梁某通过与音著协签订《音乐著作权转让合同》的方式,将其对涉案音乐作品享有的公开表演权、广播权和录制发行权授权给音著协进行管理。故音著协可以以自己的名义对侵犯涉案音乐作品的行为提起诉讼。

2. 人人乐公司未经音著协许可,在其经营场所将涉案音乐作品《拯救》作为背景音乐播放的行为虽然不能直接利用音乐作品获利,但可以营造氛围,提高消费者在购物过程中的愉悦程度,进而对商家的销售起到促进作用,是一种间接获利的商业性使用行为。因此,人人乐公司在营业性场所播放背景音乐的行为,侵犯了著作权人的表演权,应当承担赔偿损失的民事责任。

3.《著作权法》(2001)第22条第1款第9项规定,免费表演已经发表的作品,该表演未向公众收取费用,也未向表演者支付报酬,可以不经著作权人的许可,不向其支付报酬。但如前所述,人人乐公司在其经营场所将涉案音乐作品作为背景音乐,是一种间接获利的商业性使用行为,理应支付费用。人人乐公司的使用行为不属于《著作权法》(2001)第22条第1款第9项规定的情形。

4. 鉴于本案音著协的实际损失及人人乐公司的违法所得不能确定,故一审法院根据本案的具体情况,综合考虑涉案作品的类型、影响力、著作权人的社会知名度及人人乐公司的经营规模,侵权行为的方式、影响范围、持续时间、地域和主观过错以及国家版权局发出的国权〔2000〕44号文同意试行《使用音乐作品进行表演著作权许可使用费标准》等因素,酌情确定数额。

二审案件事实

二审法院查明一审法院查明的事实属实,并予以确认。

音著协与周某、梁某签订的《音乐著作权转让合同》约定:甲方(周某、梁某)同意将享有著作权的音乐作品之公开表演权、广播权和录制发行权授权乙方(音著协)以信托方式管理。乙方保证根据章程使甲方授权的权利得到尽可能有效的管理。

二审上诉请求

人人乐公司提起上诉,请求:

1. 撤销原判第1项,改判驳回音著协全部诉讼请求。
2. 本案一、二审诉讼费用由音著协承担。

二审裁判结果

二审法院判决如下:驳回上诉,维持原判。

● 二审裁判理由

本案争议的焦点问题是:(1)音著协是否是本案适格的诉讼主体;(2)人人乐公司是否实施了侵权行为,是否应承担相应的赔偿责任。

关于音著协的诉讼主体资格问题。根据涉案音乐作品的词、曲作者梁某、周某与音著协签订的《音乐著作权转让合同》约定,梁某、周某将其音乐作品的公开表演权、广播权和录制发行权以信托方式授权给音著协管理。音著协在行使管理权利时,有权以自己的名义向侵权者提起诉讼。该约定系双方当事人真实意思表示,且符合《著作权法》中有关著作权集体管理组织行使权利的有关规定,应为有效。因本案中人人乐公司播放背景音乐的行为涉及对音乐作品《拯救》表演权的侵害,故根据约定,在合同有效期内,音著协有权以自己的名义提起诉讼。《音乐著作权转让合同》同时约定,合同有效期为3年,至期满前60天梁某、周某未提出书面异议,合同自动续展3年。之后亦照此办理。根据该约定,案涉《音乐著作权转让合同》是以3年为一周期进行续展,只要在每一次合同期满前梁某、周某未提出书面异议的,合同即继续有效。对该种续展方式双方没有约定最终期限。人人乐公司在本案中未提交证据证明梁某、周某在合同有效期内已提出书面异议,故《音乐著作权转让合同》至今仍应有效。故音著协是本案的适格诉讼主体。

关于人人乐公司是否实施了侵权行为的问题。音著协提交的公证书明确记载了公证员对人人乐购物广场通惠门店内播放音乐作品《拯救》的行为进行证据保全的过程,人人乐公司对该公证书记载内容提出异议,但并未提供相应证据证明其主张,故对公证书所证明的事实,人民法院应当采信。人人乐公司在其经营活动中,未经著作权人许可播放背景音乐的行为,侵犯了著作权人的表演权,依照《著作权法》(2001)第47条第1项的规定,应当承担赔偿损失的民事责任。人人乐公司的使用行为不属于可以不经著作权人许可和无须向著作权人支付报酬的情形,不适用《著作权法》(2001)第22条第1款第9项的规定。

> **案件解析**

本案的争议焦点在于人人乐公司播放涉案音乐的行为是否属于合理使用。

《著作权法》(2001)第22条第1款规定,免费表演已经发表的作品,该表演未向公众收取费用,也未向表演者支付报酬,可以不经著作权人许可,不向其支付报酬,但应当指明作者姓名、作品名称,并且不得侵犯著作权人依照本法享有的其他权利。本案中,人人乐公司在其经营场所将涉案音乐作品《拯救》作为背景音乐播放的行为虽然不能直接利用音乐作品获利,但可以营造氛围,提高消费者在购物过程中的愉悦程度,进而对商家的销售起到促进作用,是一种间接获利的商业性使用行为,不属于该项规定的合理使用的范畴,理应支付费用。

另外,该项规定的免费表演,是指未向公众收取费用,也未向表演者支付费用的非营业性演出。可见该免费表演,应当理解为现场表演,而非机械表演。本案中播放涉案音乐的行为属于机械表演,不应适用该项合理使用的规定。

第二节 在经营场所提供歌曲点播不属于合理使用

44. 中国音像著作权集体管理协会与恩平市凯歌俱乐部等著作权纠纷案[①]

▶ **裁判要旨**

免费表演已经发表的作品,该表演未向公众收取费用,也未向表演者支付报酬,且不以营利为目的,属于合理使用。

在经营场所向消费者提供歌曲的点播服务,是为了吸引消费者,以营利为目的,不属于合理使用。

【关键词】

合理使用;音乐电视作品;类似摄制电影方法;点播服务;营利;著作权限制

---

① 中国音像著作权集体管理协会与恩平市凯歌俱乐部等著作权侵权纠纷案,江门市新会区人民法院民事判决书,(2014)江新法知民初字第248号。

【当事人】

原告:中国音像著作权集体管理协会(以下简称中国音集协);

被告:恩平市凯歌俱乐部(以下简称凯歌俱乐部);

被告:冯某某。

案件事实

原告中国音集协系经依法登记成立的音像著作权集体管理的社会团体法人。《擦肩而过》DVD 是由佛山市顺德区孔雀廊娱乐唱片有限公司(以下简称孔雀廊公司)提供版权,广东音像出版社出版。《擦肩而过》DVD 收录了演唱者郑某的《怎么会狠心伤害我》等卡拉 OK MTV 作品。

2008 年 7 月 28 日,孔雀廊公司与中国音集协签订《音像著作权授权合同》,该合同约定:孔雀廊公司将其依法拥有的音像节目的放映权、复制权(包括孔雀廊公司过去、现在自己制作、购买或以其他任何方式取得的权利)授权中国音集协在上述权利存续期间及合同有效期内行使(其中复制权的授权仅限于为卡拉 OK 点播服务进行的复制),并且中国音集协得以自己名义向侵犯上述权利的第三方主张权利,合同自签订之日起生效,有效期为 3 年,至期满前 60 日孔雀廊公司未以书面形式提出异议,该合同自动延续 3 年,之后亦照此办理。2011 年 8 月 2 日,孔雀廊公司同意 2008 年 7 月 28 日签订的《音像著作权授权合同》自动顺延 3 年,有效期自 2011 年 7 月 29 日起至 2014 年 7 月 28 日止。

2013 年 3 月 30 日,北京市东方公证处公证人员到达凯歌俱乐部 2 层 213 房间,首先,对用于本次取证使用的摄像设备的硬盘内存状况进行了清洁度检查、确认;其次,在该房间内设置的点歌系统上进行查找、点击、播放,依次点播了以下歌曲:《笨蛋》《怎么会狠心伤害我》等 50 首歌曲。并对上述音乐电视作品的播放过程进行了摄像。消费结束后,取得编号为 0572543 的收据一张。公证人员对上述场所的外部标识进行了拍照。2013 年 5 月 27 日,北京市东方公证处作出(2013)京东方内民证字第 4574 号公证书,对上述证据保全的全过程进行了公证。

另查明,凯歌俱乐部成立于 2011 年 6 月 28 日,属个人独资企业,投资人冯某某,经营范围包括卡拉 OK、迪斯科娱乐服务、零售预包装食品。

原告为制止被告的侵权行为,支付了取证消费支出 8.28 元、公证费 40 元(共 50 首歌分摊,涉案歌曲一首)。

经核对,被控侵权歌曲与原告提供的涉案歌曲画面是一致的。

原告诉请

中国音集协向法院提起诉讼,请求判令:

1. 被告停止侵权,并从歌曲库中删除涉案侵权作品《怎么会狠心伤害我》。

2. 被告赔偿经济损失人民币 9000 元,并赔偿原告为制止被告侵权行为支出的合理费用(公证费 2000 元、取证消费 414 元,以上费用 50 首歌曲平均分摊)合计 48.28 元,以上共计人民币 9048.28 元。

3. 由被告承担本案的所有诉讼费用。

一审裁判结果

一审法院判决如下:

1. 被告凯歌俱乐部立即停止侵犯原告著作权的行为,并从其歌库中删除涉案侵权作品《怎么会狠心伤害我》。

2. 被告凯歌俱乐部向原告中国音集协支付赔偿金 548.28 元;如被告凯歌俱乐部的财产不足清偿上述债务,则被告冯某某以其个人的其他财产予以清偿。

一审裁判理由

本案系著作权侵权纠纷。本案的争议焦点主要是:(1)涉案作品的类型及其著作权人;(2)被告使用涉案作品是否构成侵权;(3)被告应向原告赔偿的数额问题;(4)被告冯某某是否需要承担责任。

一、关于第一个争议焦点问题

音乐电视作品是以类似摄制电影方法创作的作品。涉案 MTV 凝聚了在导演的统一构思下,演员、摄影、剪辑、服装、灯光、特技、合成等各方面的创造性劳动,包含了作者大量的创作活动,是视听结合的一种艺术形式,符合上述音乐电视作品的构成要件,构成以类似摄制电影的方法创作的作品。原告提供的合法出版物证实孔雀廊公司对涉案MTV 享有著作权。同时,原告通过与著作权人签订授权合同,取得了涉案 MTV 的放映权,在著作权人的合法权利被侵害时,原告可以以自己的名义向侵权人提起诉讼,主张与著作权有关的财产性权利。

二、关于第二个争议焦点问题

根据《著作权法》(2010)第 10 条第 1 款第 10 项、第 48 条第 1 项的规定,放映权,即通过放映机、幻灯机等技术设备公开再现美术、摄影、电影和以类似摄制电影的方法创作的作品等权利;未经著作权人许可,他人不得通过放映机、幻灯机等技术设备公开再现美术、摄影、电影和以类似摄制电影的方法创作的作品,违者,应当根据情况,承担停止侵害、消除影响、赔礼道歉、赔偿损失等民事责任。案中,被告未能提供证据证明其放映涉案 MTV 的行为经过了著作权人的许可,其放映行为构成侵犯著作财产权,依法应当承担相应的民事责任。

关于被告辩称其已向点播系统提供商支付价款,该价款已经包含使用涉案作品的相关费用,不需向原告另行支付使用费的问题。点播系统提供商安装歌曲的行为与被告使用歌曲的行为是两个不同的法律关系,点播系统提供商安装点歌系统是否经过授权是基于著作权人与点播系统提供商之间的侵权之诉;而点播系统提供商只是向被告出售点歌的系统程序,并不是许可使用相关歌曲的著作权使用权,被告提供播放服务的行为是否构成侵权是基于其未经著作权人许可擅自使用作品的侵权行为。因此,被告的抗辩意见理据不足,一审法院不予采纳。

另外,关于被告辩称其使用涉案歌曲属于著作权的合理使用,不需要向原告支付报酬的问题。被告凯歌俱乐部是以营利为目的的企业,其在经营场所向消费者提供歌曲的点播服务亦是以吸引消费者、营利为目的,故被告在其经营场所使用涉案歌曲的行为不属于著作权的合理使用范畴。

三、关于第三个争议焦点问题

本案中,综合考虑本案作品类型、合理使用费、侵权时间、被告的档次规模、侵权行为性质、后果、原告的合理开支等,依法适用法定赔偿,确定被告的赔偿数额为 548.28 元;关于原告请求赔偿损失和合理开支的数额,一审法院只对其中合理部分予以支持,超出部分,理据不足,不予支持。

四、关于第四个争议焦点问题

被告冯某某作为凯歌俱乐部的投资人,对于给原告造成的经济损失,在被告凯歌俱乐部的财产不足以清偿本案债务时,被告冯某某应当以其个人其他财产承担补充清偿责任。

案件解析

本案的争议焦点在于凯歌俱乐部播放涉案作品的行为是否属于合理使用。

《著作权法》(2010)第 22 条第 1 款规定:免费表演已经发表的作品,该表演未向公众收取费用,也未向表演者支付报酬,可以不经著作权人许可,不向其支付报酬,但应当指明作者姓名、作品名称,并且不得侵犯著作权人依照本法享有的其他权利。本案中,被告凯歌俱乐部是以营利为目的的企业,其在经营场所向消费者提供歌曲的点播服务亦是以吸引消费者、营利为目的,且向消费者收费,不符合未向公众收取费用的条件。故被告在其经营场所使用涉案歌曲的行为不属于著作权的合理使用范畴。

另外,该项规定的免费表演,是指未向公众收取费用,也未向表演者支付费用的非营业性演出。可见该免费表演,应当理解为现场表演,而非机械表演。本案中播放涉案作品的行为属于机械表演,不应适用该项合理使用的规定。

第三节
免费表演仅指现场表演

45. 上海美术电影制片厂有限公司与上海音梦网络科技有限公司著作权纠纷案[1]

▶ **裁判要旨**

免费表演已经发表的作品,该表演未向公众收取费用,也未向表演者支付报酬,且不以营利为目的,属于合理使用。

合理使用的免费表演,是指未向公众收取费用,也未向表演者支付费用的非营业性演出。该表演应当理解为现场表演,而非机械表演。

【关键词】

合理使用;免费表演;现场表演;机械表演;著作权限制

---

[1] 上海美术电影制片厂有限公司与上海音梦网络科技有限公司著作权权属、侵权纠纷案,上海市浦东新区人民法院民事判决书,(2019)沪0115民初35694号。

【当事人】

原告:上海美术电影制片厂有限公司(以下简称美影厂公司);
被告:上海音梦网络科技有限公司(以下简称音梦公司)。

案件事实

一、《黑猫警长》美术片人物造型及音乐作品的创作和知名度情况

上海美术电影制片厂(以下简称美影厂)于20世纪80年代后陆续拍摄《黑猫警长》美术片。2015年12月30日,美影厂变更企业名称为本案原告。庭审中,原告提供了《黑猫警长》DVD光盘,光盘外壳封底标注美影厂出品。光盘内为《黑猫警长》共5集美术片,片头的作词作曲记载为"蔡某"。

1985年5月,美影厂及《黑猫警长》摄制组获得文化部、教育部等多家机构委托中国儿童少年电影学会举办的《中国儿童少年电影首届童牛奖》。1987年5月,《黑猫警长》(第4集)获得中国儿童少年电影学会举办的《优秀儿童少年电影油娃奖》优秀美术片。1988年5月30日,美影厂摄制的《黑猫警长》(第5集)被广播电影电视部授予1986年、1987年优秀美术片奖。

2015年12月17日,美影厂与案外人北京爱奇艺科技有限公司、上海众源网络有限公司签订《视频合作协议》,授权两案外人在自有视频平台上播放美影厂拥有版权的22部动画片,其中包括涉案《黑猫警长》(5集),全部动画片的授权费用按照基础保底费用30万元加广告分成的方式计算。

另查,蔡某1975年至1985年系美影厂作曲组职工,1985年起转入上海电影制片厂作曲组,职务为作曲。根据蔡某《专业技术职务评审呈报表》记载,1983年创作美术片作曲《黑猫警长》。

二、侵权公证情况

(2018)沪卢证经字第524号公证书显示:微信公众号"音梦工场"的主体为音梦公司。该公众号分别于2017年6月1日至5日,发布文章《中国经典故事〈黑猫警长〉1》至《中国经典故事〈黑猫警长〉5》,文章内首页黑猫警长彩色图片左侧竖排排列一行文字"根据上海美术电影制片厂同名电影改编"。图片下为音频故事简介。音频下方有文字:"配乐者说,在刚刚结束的故事《黑猫警长》中,大家听到的是……动画片《黑猫警长》的主题曲。"文章尾部"版权申明"记载,该微信公众号发布的所有音频故事作品,其音频版权归被告所有。庭审中,双方一致确认,截至2019年5月25日,上述5个音频的

阅读量依次为 2638 次、1159 次、1439 次、597 次及 672 次。

三、比对情况

经比对,被控侵权音乐作品《黑猫警长》的曲调及歌词与原告主张的权利作品《黑猫警长》完全一致;被控侵权黑猫警长的形象与原告主张的美术作品形象相比,动画人物的整体造型、服装、佩戴枪套、警衔及警帽的总体造型及用色基本一致,在警帽中心徽章图案的造型、警衔两条杠的距离及用色、腰带中心图案及腰带用色、有无胡须及枪套颜色上有细微差异。整体观之,两个美术形象基本一致;被控侵权 5 个音频与原告主张的以类似摄制电影的方法创作的作品美术片《黑猫警长》相比,故事的发生地,出场动物及动物名称,动物互动关系,故事情节均一致,但具体使用的表达方式不同:在美术片中直接用画面可展现的场景环境色彩及氛围、动物的外观造型等,在被控音频中以文字方式表达;关于美术片中的动物对白、动作场景等,被控音频中以剥离直观视觉效果后听众更容易听懂的方式进行修改并描述。

四、合理费用支出情况

原告为本次诉讼支付公证费 500 元。

原告诉请

原告美影厂公司向法院提出诉讼请求:

1. 请求确认被告擅自在微信公众号中播放《黑猫警长》音频故事、展示黑猫警长美术作品的形象及播放《黑猫警长》主题曲的行为侵犯原告的著作权。

2. 判令被告立即停止侵权行为。

3. 判令被告赔偿原告经济损失和合理费用共计 35 万元,合理费用包括公证费 500 元及律师费 14,000 元。

4. 判令被告在其运营的微信公众号"音梦工场"连续 15 天发表声明,赔礼道歉并消除影响。

裁判结果

法院判决如下:

1. 被告音梦公司于本判决生效之日起立即停止侵犯原告美影厂公司的美术片《黑猫警长》著作权;立即停止侵犯原告美影厂公司黑猫警长形象美术作品著作权;立即停止侵犯原告美影厂公司《黑猫警长》音乐作品著作权。

2. 被告音梦公司赔偿原告美影厂公司经济损失 25,000 元和为制止侵权行为所支付的合理开支 5000 元，以上费用共计 30,000 元。

● **裁判理由**

涉案美术片《黑猫警长》系摄制在一定介质上，由一系列有伴音的画面组成，并借助适当装置放映的作品，属电影作品。涉案美术片的 DVD 光盘，封面明确记载原告系出品方。故可以认定原告系美术片《黑猫警长》的著作权人。《黑猫警长》中的黑猫警长角色造型以线条勾勒出黑猫警长的基本形象，体现出作者的匠心独运与绘画技巧，具有艺术性、独创性和可复制性，构成美术作品。《黑猫警长》主题曲，由旋律、音调、歌词等音乐要素组成，整体和谐流畅，能够演唱或者演奏，属于音乐作品。在 20 世纪 80 年代的计划经济体制下，参与拍摄该片的人员均是原告的工作人员，因此在没有相反证据证明的情况下，原告亦享有《黑猫警长》美术作品和音乐作品的著作权。

被告未经著作权人的许可，将美术片《黑猫警长》改编成音频故事，在保留了美术片《黑猫警长》基本故事架构的基础上，通过改变原作品的语言表达方式和表现方式而创作出新的作品。被控侵权的音频故事相较于原作品已经具有一定程度的独创性，应当认定为对原告的美术电影作品《黑猫警长》改编权的侵犯。被告未经著作权人许可，擅自在其微信公众号中多次使用黑猫警长的美术形象和《黑猫警长》音乐作品，侵犯了原告对上述作品享有的复制权和信息网络传播权。

被告抗辩称，其在发布音频故事、图片及配乐时都指明了作者系原告，且没有因为使用行为向任何第三方收费，也没有因为使用行为向音频故事的讲述者提供报酬，故属于《著作权法》（2010）第 22 条第 1 款第 9 项规定的合理使用行为。对此，法院认为，该条款规定免费表演已经发表的作品，该表演未向公众收取费用，也未向表演者支付报酬，属于合理使用。此处的"免费表演"并没有明确说明系"现场表演"还是同时包括"机械表演"，但从"未向表演者支付报酬"推断，应当仅指"现场表演"，不包括"机械表演"，且被告的音频作品在原告的权利作品基础上进行了改编，已经不属于"表演已经发表的作品"。故法院不予确认。

| **案件解析** |

本案的争议焦点在于被告的行为是否属于合理使用。

《著作权法》（2010）第 22 条第 1 款规定，免费表演已经发表的作品，该表演未向公众收取费用,也未向表演者支付报酬,可以不经著作权人许可,不向其支付报酬,但应当指明作者姓名、作品名称,并且不得侵犯著作权人依照本法享有的其他权利。此处的免费表演,是指未向公众收取费用,也未向表演者支付费用的非营业性演出。虽然没有明确说明系"现场表演"还是同时包括"机械表演",但从"未向表演者支付报酬"推断,应当仅指"现场表演",不包括"机械表演"。

本案中,被告虽然没有向任何第三方收费,也没有向音频故事的讲述者提供报酬,但该形式属于机械表演,不在该条规定的合理使用的范围内,且被告的音频作品在原告的权利作品基础上进行了改编,已经不属于"表演已经发表的作品"。故不构成合理使用。

第四节
对多次公开演出的部分场次收费不属于合理使用

46. 王某某、福建省梨园戏传承中心著作权纠纷案[①]

▶ 裁判要旨

免费表演已经发表的作品,该表演未向公众收取费用,也未向表演者支付报酬,且不以营利为目的,属于合理使用。

多次在国内外公开演出,且部分场次进行收费,不属于免费表演,不构成合理使用。

【关键词】

合理使用;实质性相似;公开演出;收费;著作权限制

---

① 王某某、福建省梨园戏传承中心著作权权属、侵权纠纷案,山东省青岛市中级人民法院民事判决书,(2015)青知民初字第89号;王某某、福建省梨园戏传承中心著作权权属、侵权纠纷上诉案,山东省高级人民法院民事判决书,(2018)鲁民终897号。

【当事人】

上诉人(原审被告):王某某;

上诉人(原审被告):福建省梨园戏传承中心(以下简称梨园戏中心);

上诉人(原审被告):广州俏佳人文化传播有限公司(以下简称俏佳人公司);

被上诉人(原审原告):尤某某;

原审被告:中国戏剧出版社。

一审案件事实

小说《乌鸦》由尤某某创作,于1989年首次发表于《文汇月刊》(1989年第3期),上海市报刊发行处出版发行。该小说讲述了北方某村支部书记田木根临终时以划掉田三月在大队的欠账为代价,嘱托一向害怕自己的村民田三月代为监督自己妻子李青草的品行,并必须按时到坟头述职。田三月在监督过程中,对李青草逐渐产生欲望,而李青草也察觉了田三月对自己不同寻常的关注,于是以歌唱方式对其诱惑,最终二人偷情,但因为李青草在偷情过程中说了句"你行,他不行",竟导致田三月突然"不行",并在其后的幽会中始终"不行",田三月误以为是田木根作祟,十分恐惧。后田三月到田木根坟前报告李青草的品行时,因撒谎后突然出现一只乌鸦,田三月以为田木根化身乌鸦回到人间,在惊恐中精神失常,亲手掐死了李青草,并且从此之后看到乌鸦就敬礼。

梨园戏中心原名为福建省梨园戏实验剧团,一审诉讼过程中更名为梨园戏中心,并承担了福建省梨园戏实验剧团的全部权利义务。王某某曾系福建省梨园戏实验剧团的职工,其于1990年创作了梨园戏剧本《董生与李氏》,并结集出版《三畏斋剧稿》,由中国戏剧出版社出版发行,2000年6月第一次出版。剧本最后作者说明:本剧主要情节取材于尤某某现代农村题材短片小说《乌鸦》。该剧本主要讲述了彭员外临终前以免债为由,交代董生监视其妻子李氏以防再嫁,董生被迫应承。董生在无奈中履行其承诺,却因此与李氏产生了爱情,进而"监守自盗"。后董生到彭员外坟前述职,彭员外鬼魂要其代行家法杀死李氏,董生愤而抗争,击退彭员外鬼魂,最终与李氏喜结连理。

梨园戏中心自2000年至今在国内外公开演出了梨园戏剧本《董生与李氏》,并多次获得奖项,取得了一系列荣誉,系国家文化部门重点推广的剧目之一。一审庭审中,梨园戏中心明确认可其演出系依据剧本《董生与李氏》。

俏佳人公司系涉案《董生与李氏》DVD光盘的发行者,该DVD光盘中的内容与梨园戏中心表演的《董生与李氏》内容一致。

尤某某主张剧本《董生与李氏》与小说《乌鸦》之间在人物关系及故事情节方面存在雷同，不主张剧本《董生与李氏》与小说《乌鸦》二者之间文字表达上的相似。

一审原告诉请

尤某某向一审法院起诉请求：

1. 判令王某某、梨园戏中心、俏佳人公司、中国戏剧出版社停止侵犯尤某某的著作权，停止剧本集《三畏斋剧稿》的出版与发行销售，停止梨园戏《董生与李氏》的舞台演出，停止梨园戏《董生与李氏》DVD 光盘的发行销售。

2. 判令王某某、梨园戏中心在全国性媒体发表经尤某某书面认可的公开道歉声明以消除影响。

3. 判令王某某、梨园戏中心、俏佳人公司、中国戏剧出版社连带赔偿尤某某经济损失 60 万元及为调查侵权行为和起诉所支出的律师代理费等约 5 万元。

4. 诉讼费用由王某某、梨园戏中心、俏佳人公司、中国戏剧出版社共同承担。

一审裁判结果

一审法院判决如下：

1. 王某某、梨园戏中心于判决生效之日起立即停止侵犯尤某某小说《乌鸦》改编权行为。

2. 中国戏剧出版社、俏佳人公司于判决生效之日起立即停止侵犯尤某某小说《乌鸦》复制权、发行权的行为。

3. 王某某、中国戏剧出版社于判决生效之日起 10 日内赔偿尤某某经济损失 10 万元。

4. 梨园戏中心于判决生效之日起 10 日内赔偿尤某某经济损失 5 万元。

5. 俏佳人公司于判决生效之日起 10 日内赔偿尤某某经济损失 5 万元。

6. 驳回尤某某的其他诉讼请求。

一审裁判理由

尤某某创作完成小说《乌鸦》，该作品具有独创性，其享有的著作权依法应予保护。本案争议焦点可归纳如下：(1) 剧本《董生与李氏》与小说《乌鸦》之间是否构成实质性相似，王某某等是否侵犯了尤某某对于小说《乌鸦》所享有的著作权；(2) 王某某创作剧本《董生与李氏》的行为是否系职务行为;(3)梨园戏中心表演剧本《董生与李氏》的行为是否系合理使用,是否侵犯了尤某某对于小说《乌鸦》所享有的著作权;(4)中国戏剧出版社出版发行《三畏斋剧稿》、俏佳人公司发行《董生与李氏》DVD光盘的行为是否侵犯了尤某某对于小说《乌鸦》所享有的著作权。

关于焦点一,一审法院认为,判断王某某编写剧本《董生与李氏》的行为是否侵犯了小说《乌鸦》作者的著作权,应看二者之间是否构成实质性相似。对于文学作品而言,其表达可以包含人物关系、故事结构、故事情节,包括主要事件、事件的顺序、人物间的交互作用及发展等。然而,也并非所有的情节均属于表达,受著作权法保护,作为表达的情节本质上应表现为具体事件和矛盾冲突,用以塑造人物性格、表现作品主题,有一定的具体性。当对作品的故事情节概括抽象到一定程度,其已脱离表达范畴,属于作品的思想成分,就不受著作权法保护。

通过对比,两部作品在部分故事情节上并不相同,读者获得的也是不同的欣赏体验,一个是悲剧,一个是喜剧。因此,对尤某某所称故事情节近乎雷同的主张不予支持。

根据我国著作权法规定,著作权人依法享有改编权,改编应经过原作品著作权人的同意,改编作品的著作权人在行使著作权时不得侵犯原作品的著作权。本案中,根据剧本《董生与李氏》末尾的标注"本剧主要情节取材于尤某某现代农村题材短篇小说《乌鸦》",可以认定在剧本《董生与李氏》创作之前,王某某实际接触过小说《乌鸦》,将剧本《董生与李氏》与小说《乌鸦》进行比对,可以看出,该两部作品在部分故事情节上构成实质性相似,因此,王某某的行为超越了合理借鉴的边界,侵犯了尤某某对于小说《乌鸦》所享有的改编权。

关于焦点二,王某某、梨园戏中心辩称王某某创作剧本《董生与李氏》时属于梨园戏中心的员工,其行为属于职务行为。本案中,王某某虽曾系梨园戏中心的员工,但并未有其他证据表明王某某创作剧本《董生与李氏》的行为系为完成其单位所交派的工作任务,且其结集的《三畏斋剧稿》也载明"王某某著",因此,在王某某、梨园戏中心未能提交其他证据佐证的情况下,不能认定王某某创作剧本《董生与李氏》的行为系职务行为。

关于焦点三,《著作权法实施条例》(2013)第27条规定,出版者、表演者、录音录像制作者行使权利,不得损害被使用作品和原作品著作权人的权利。本案中,梨园戏中心多次在国内外公开演出剧本《董生与李氏》,且对其中部分场次进行收费,因此,其表演行为并非《著作权法》(2010)第22条第1款第9项所述的"免费表演已经发表的作品,该表演未向公众收取费用,也未向表演者支付报酬"的情形,因此,其行为侵犯了尤某某对于小说《乌鸦》所享有的改编权。中国戏剧出版社出版发行了《三畏斋剧稿》，其行为构成对尤某某小说《乌鸦》复制权、发行权的侵犯；俏佳人公司发行了涉案《董生与李氏》DVD光盘，其行为也构成对尤某某小说《乌鸦》复制权、发行权的侵犯。

二审案件事实

二审法院查明：一审法院查明的事实属实，并予以确认。

二审上诉请求

王某某上诉请求：撤销一审判决，改判驳回尤某某全部诉讼请求；一、二审诉讼费用由尤某某负担。

梨园戏中心上诉请求：撤销一审判决，改判驳回尤某某全部诉讼请求；一、二审诉讼费用由尤某某负担。

俏佳人公司上诉请求：撤销一审判决第2、5项，驳回尤某某对俏佳人公司的诉讼请求。

二审裁判结果

二审法院判决如下：驳回上诉，维持原判。

● **二审裁判理由**

本案的争议焦点问题为：王某某、梨园戏中心、俏佳人公司的被诉行为是否侵害了尤某某的著作权。

判断王某某、梨园戏中心、俏佳人公司的被诉行为是否侵害了尤某某著作权，关键在于涉案剧本与涉案小说是否构成实质性相似。著作权保护作品的独创性表达，实质性相似可以通过人物关系、语言表达和情节设置等表达来认定。根据已查明的事实，法院认为，涉案剧本与涉案小说存在部分相同或相似的情节，这些情节足以认定二者在部分故事情节上构成实质性相似，会导致读者和观众对两部作品的该部分情节产生相同、相似的欣赏体验，故两部作品部分情节实质性相似。王某某创作涉案剧本、梨园戏中心公开演出涉案剧本的行为均侵犯了尤某某对涉案小说的改编权，俏佳人公司发行涉案演出DVD光盘的行为侵犯了尤某某对涉案小说的复制权、发行权。

> **案件解析**

关于梨园戏中心多次在国内外公开演出剧本《董生与李氏》是否适用合理使用的问题。

《著作权法》(2010)第22条第1款规定免费表演已经发表的作品,该表演未向公众收取费用,也未向表演者支付报酬,可以不经著作权人许可,不向其支付报酬,但应当指明作者姓名、作品名称,并且不得侵犯著作权人依照本法享有的其他权利。此处的免费表演,是指未向公众收取费用,也未向表演者支付费用的非营业性演出。

本案中,梨园戏中心官方网页显示了涉案演出的相应票价,涉案演出不属于免费表演。因部分场次进行收费,排除了梨园戏中心合理使用的可能。

第五节　使用音乐作品进行配乐不构成合理使用

47. 陈某某、成都嗨翻屋科技有限公司侵害作品信息网络传播权纠纷案[①]

▶ **裁判要旨**

免费表演已经发表的作品,该表演未向公众收取费用,也未向表演者支付报酬,且不以营利为目的,属于合理使用。

在短视频中使用音乐作品进行配乐的行为,不成立表演。对音乐的使用行为,不构

---

① 陈某某、成都嗨翻屋科技有限公司侵害作品信息网络传播权纠纷案,四川自由贸易试验区人民法院民事判决书,(2021)川0193民初5346号;陈某某、成都嗨翻屋科技有限公司侵害作品信息网络传播权纠纷上诉案,四川省成都市中级人民法院民事判决书,(2021)川01民终18361号。

成合理使用。

【关键词】

合理使用;配乐;表演;著作权限制

【当事人】

上诉人(原审被告):陈某某;

被上诉人(原审原告):成都嗨翻屋科技有限公司(以下简称嗨翻屋公司)。

一审案件事实

关于权利归属:

涉案音乐作品在网易云音乐、QQ 音乐、酷我音乐、酷狗音乐网络平台发行,权利人均为许某某(V.K 克)。专辑《爱无限》收录了涉案音乐作品《风の痕迹》,并有"V.K 克""小巨人音乐国际有限公司版权所有"的字样。

2016 年 10 月 31 日,许某某(艺名:V.K 克)出具授权书,载明其拥有附件一中所述作品包括但不限于音乐、词、曲著作权、表演权等全部知识产权,将附件一中全部音乐作品包括但不限于音乐、词、曲的完整知识产权及其维权和转授权的权利在中国大陆独家的、排他的、溯及既往的授予嗨翻屋公司,并同意嗨翻屋公司在附件一中作品权利受到侵害时,被授权方有权以其自身名义或自行委托专业第三方对侵犯前述作品权利的行为进行维权并实施。授权期限为 5 年,自 2016 年 10 月 31 日至 2021 年 10 月 31 日。附件一版权维权音乐目录包含涉案音乐作品。

2016 年 10 月 31 日,小巨人音乐国际有限公司出具授权书,载明其为附件一授权全部音乐作品的录音制作者,享有下述全部音乐作品的录音制作者权,同意授予嗨翻屋公司在中国大陆独家的、排他的、溯及既往的全部音乐作品的著作权及其维权和转授权的权利。嗨翻屋公司有权通过有线及无线的信息数据传播网络向公众提供附件一音乐作品的视听、下载、播放、使用音乐等各种服务的权利,以及通过各种产品及业务形态传播、使用附件一音乐作品的权利(包括但不限于在视频内容中作为背景音乐,随片播放、重置、翻唱等使用方式),以及将前述权利进行转授权及再许可,并同意嗨翻屋公司有权以其名义或委托专业第三方对侵犯其权利的行为进行维权并实施。授权期限为 5 年,自 2016 年 10 月 31 日至 2021 年 10 月 31 日。

一审审理中,嗨翻屋公司明确其主张的权利为信息网络传播权,具体包括著作权人及录音录像制作者所享有的信息网络传播权。

嗨翻屋公司提供可信时间戳认证证书、视频截图以及陈某某提交的答辩状足以证明,陈某某在其发布的"还记得怎么和射手座相处吗"短视频中使用涉案音乐作品进行了配乐。

一审原告诉请

嗨翻屋公司向一审法院起诉请求:

1. 判令陈某某立即停止对涉案音乐作品《风の痕迹》的侵权,删除在微博(×××.cn/status/4198738589108417)上以"陈某某"账号发布的使用该音乐作品的名为"还记得怎么和射手座相处吗"的视频。

2. 陈某某赔偿嗨翻屋公司损失及合理费用人民币 2 万元。

● 一审裁判结果 ●

一审法院判决如下:

1. 陈某某赔偿嗨翻屋公司经济损失及合理开支共计 6000 元。
2. 驳回嗨翻屋公司的其他诉讼请求。

● 一审裁判理由

本案中,根据嗨翻屋公司提交的发表截图、专辑照片、授权书、证明书等证据,在无相反证据的情况下,可以认定嗨翻屋公司经授权取得了涉案音乐作品包含独占专有信息网络传播权在内的著作权、录音录像制作者权,且有权提起本案诉讼。

关于陈某某主张该行为构成"免费表演已经发表的作品,该表演未向公众收取费用,也未向表演者支付报酬",属于合理使用,不构成侵权的主张,一审法院认为,《著作权法》(2010)第 22 条规定的"免费表演"系指由表演者进行的不收取费用,不支付报酬的演出,本案侵权行为系使用案涉作品进行配乐,该使用行为不成立表演,且不符合合理使用应当注明作者姓名、作品名称的前提条件,不构成合理使用。故陈某某未经权利人许可,在其发布的短视频中使用涉案作品的行为侵犯了涉案作品著作权、录音录像制作者权中的信息网络传播权。

关于赔偿数额(含合理开支),嗨翻屋公司未能提交证据证明其经济损失及陈某某因使用涉案作品而获得的违法所得,亦未提交证据证明其维权等产生的合理支出费用。故一审法院综合考虑涉案作品知名度、市场价值以及陈某某过错程度、侵权行为影响范围及其使用涉案作品的数量、方式等因素,酌情在 6000 元范围内支持嗨翻屋公司的该项主张。

二审案件事实

二审法院查明:一审法院查明的事实属实,并予以确认。

二审上诉请求

上诉人陈某某向法院提出上诉请求:

1. 撤销(2021)川 0193 民初 5346 号民事判决书,并依法改判赔偿金额为 1600~2000 元。

2. 请求改判由嗨翻屋公司承担其自身委托诉讼代理人的实际开支。

二审裁判结果

二审法院判决如下:

1. 撤销四川自由贸易试验区人民法院(2021)川 0193 民初 5346 号民事判决。

2. 陈某某自本判决生效之日起 10 日内向嗨翻屋公司赔偿经济损失和支付合理开支共计 2800 元。

3. 驳回嗨翻屋公司的其他诉讼请求。

二审裁判理由

本案争议焦点在于一审判决的赔偿金额是否合理以及陈某某是否应当承担嗨翻屋公司的合理开支。

因案涉侵权行为发生在 2021 年 6 月 1 日前,故本案应适用 2010 年 4 月 1 日施行的《著作权法》。

《著作权法》(2010)第 49 条规定,"侵犯著作权或者与著作权有关的权利的,侵权人应当按照权利人的实际损失给予赔偿;实际损失难以计算的,可以按照侵权人的违法所得给予赔偿。赔偿数额还应当包括权利人为制止侵权行为所支付的合理开支。权利人的实际损失或者侵权人的违法所得不能确定的,由人民法院根据侵权行为的情节,判决给予五十万元以下的赔偿"。综合考虑涉案音乐作品的类型、知名度、市场价值,侵权行为性质、侵权行为影响范围及陈某某使用涉案作品的数量、方式等因素,并考虑权利人在同一法院提起多起诉讼案件及同类案件裁判金额等,酌情确定陈某某应向嗨翻屋公司赔偿经济损失和支付合理开支共计 2800 元,一审法院判决金额过高,二审法院依法予以调减。

> **案件解析**

关于陈某某在短视频中使用涉案音乐作品进行配乐是否属于合理使用的问题。

《著作权法》(2010)第 22 条第 1 款规定,免费表演已经发表的作品,该表演未向公众收取费用,也未向表演者支付报酬,可以不经著作权人许可,不向其支付报酬,但应当指明作者姓名、作品名称,并且不得侵犯著作权人依照本法享有的其他权利。此处的免费表演,是指未向公众收取费用,也未向表演者支付费用的非营业性演出。

本案侵权行为系使用案涉作品进行配乐,该使用行为不成立表演,且不符合合理使用应当注明作者姓名、作品名称的前提条件,不构成合理使用。

第十章 公共场所陈列作品使用

第一节 建筑作品著作权的保护范围的界定

48. 国家体育场有限责任公司诉熊猫烟花集团股份有限公司等侵害著作权纠纷案[①]

▶ **案件影响**

入选"2011年中国法院知识产权司法保护50件典型案例"。

▶ **裁判要旨**

对设置或者陈列在公共场所的艺术作品进行临摹、绘画、摄影、录像,属于合理使用。《著作权法》(2001)第22条第1款第10项规定的合理使用限定在"临摹、绘画、摄影、录像"四种方式内;在判断是否构成合理使用时,需要考虑该使用方式是否会影响作品的价值或者潜在市场,即是否会影响权利人对该作品的正常使用。

虽然我国著作权法明确规定对建筑作品进行保护,但对建筑作品的保护范围并没有进行界定。本案裁判指出,对建筑作品著作权的保护,主要是对建筑作品所体现出的独立于其实用功能之外的艺术美感的保护,只要未经权利人许可,对建筑作品所体现出的艺术美感加以不当使用,即构成对建筑作品著作权的侵犯,而无论此种使用是在著作权法意义上的作品中,还是工业产品中,即不受所使用载体的限制。

[①] 国家体育场有限责任公司诉熊猫烟花集团股份有限公司、浏阳市熊猫烟花有限公司等侵害建筑作品著作权纠纷案,北京市第一中级人民法院民事判决书,(2009)一中民初字第4476号。

【关键词】

建筑作品;工业产品;保护范围;艺术美感;实质性相似;合理使用;委托他人创作;四种方式限定;纯粹商业目的;影响二次商业化利用

【当事人】

原告:国家体育场有限责任公司(以下简称国家体育场公司);

被告:熊猫烟花集团股份有限公司(以下简称熊猫集团公司);

被告:浏阳市熊猫烟花有限公司(以下简称浏阳熊猫公司);

被告:北京市熊猫烟花有限公司(以下简称北京熊猫公司);

被告:北京市城关迅达摩托车配件商店(以下简称城关迅达商店)。

基本案情

国家体育场公司诉称:北京2008年奥林匹克运动会主会场国家体育场(又称"鸟巢")于2008年6月27日竣工验收,原告是该建筑作品的著作权人。原告还是国家体育场夜景系列图形作品和《国家体育场模型》(The Model of National Stadium)作品的著作权人。2008年12月以来,原告发现,市场上开始出现由第一被告监制,第二被告生产,第三被告销售的"盛放鸟巢"烟花产品。上述烟花产品模仿了"鸟巢"的独特艺术特征,剽窃了原告的创作智慧,违反了《著作权法》(2001)第46条第5项和第6项、第47条第1项的规定,已构成对原告著作权的严重侵害,被告亦因此获得巨大不正当利益。

被告熊猫集团公司辩称:(1)第一被告既不是被控侵权产品的生产商,也不是该产品的销售商。作为被控侵权产品的监制单位,其仅是对第二被告的烟花产品生产进行质量监控和提供技术支持。原告要求第一被告承担侵权责任没有事实和法律依据。(2)原告提供的证据只能证明其享有相关作品的著作财产权,并非著作人身权,而消除影响、赔礼道歉仅适用于侵害人身权的侵权情形,故原告要求消除影响、赔礼道歉的诉讼请求不应予以支持。综上,请求驳回原告全部诉讼请求。

被告浏阳熊猫公司辩称:"盛放鸟巢"烟花产品没有侵犯国家体育场公司建筑作品著作权。首先,"盛放鸟巢"烟花是工业产品,不是著作权法意义上的作品,不存在对国家体育场建筑作品的剽窃或复制。其次,《著作权法》(2001)第22条第1款第10项规定:"对设置或者陈列在室外公共场所的艺术作品进行临摹、绘画、摄影、录像"属于对作品的合理使用,即便"盛放鸟巢"烟花包装图案模仿了国家体育场,也是对该建筑作品的合理使用,不构成任何侵权行为。综上,请求驳回原告全部诉讼请求。

被告北京熊猫公司辩称:第三被告仅为"盛放鸟巢"烟花产品的销售商,该产品有合法来源,且第三被告针对所购产品的特殊性,已经对是否侵犯他人知识产权进行了合理审查,履行了合理的注意义务,其销售行为不构成对原告著作权的侵犯。综上,请求驳回原告全部诉讼请求。

原告诉请

原告请求法院判令:(1)立即停止对原告著作权的侵犯;(2)在全国性报纸上公开声明,向原告赔礼道歉,消除影响;(3)赔偿原告经济损失400万元。

案件基本事实

一、关于原告主张权利的作品的基本事实

2003年11月13日,国家体育场公司(筹)(委托方)与Herzog & deMeuron Architekten AG(H&deM)、Ove Arup & Partners Hongkong Ltd.、中国建筑设计研究院(合称设计方)订立《国家体育场设计服务合同书》,约定委托方委托设计方提供国家体育场设计服务,在合同中双方就有关著作权归属明确约定:"H&deM将其现有'概念设计方案'和已完成的方案设计成果的著作权在世界范围内转让给委托方,但H&deM仍享有前述著作权项下的人身权;设计方已形成或正在准备中的设计成果的著作权中的财产权和利益在世界范围内归委托方独家、排他所有。"各方在合同中约定,合同中的"委托方"是指由北京市国有资产经营有限责任公司、中国中信集团联合体为进行体育场项目投融资、设计、建设、运营维护等成立的具有法人资格的中外合作经营企业,即国家体育场公司(筹)或其权利义务的合法继承主体。在国家体育场公司依据中国法律正式注册成立后,国家体育场公司将承续该合同项下委托方的全部权利义务。

2003年12月17日,国家体育场公司登记成立,企业类型为中外合作经营企业。

国家体育场于2003年12月24日开工,于2008年6月27日竣工验收,于2008年7月24日完成竣工验收备案。验收备案表上载明的建设单位为国家体育场公司,设计单位为瑞士赫尔佐格和德梅隆事务所、奥雅纳、中国建筑设计研究院。

国家版权局于2006年1月26日向国家体育场公司颁发了登记号为2006-F-04072的著作权登记证书,其中载明:国家体育场公司提交的文件符合规定要求,钟某于

2005年9月30日创作完成的作品《国家体育场模型》(The Model of National Stadium)，由国家体育场公司以被转让人身份依法享有著作权。

国家版权局于2006年3月1日向国家体育场公司颁发了登记号为2006-G-04472的著作权登记证书，其中载明：国家体育场公司提交的文件符合规定要求，对由Herzog & deMeuron Architekten AG(瑞士)于2004年11月10日创作完成，于2004年11月15日在北京首次发表的作品《国家体育场夜景图(一)》，国家体育场公司以委托作品著作权人身份依法享有著作权。

国家版权局于2006年3月1日向国家体育场公司颁发了登记号为2006-G-04473的著作权登记证书，其中载明：国家体育场公司提交的文件符合规定要求，对由Herzog & deMeuron Architekten AG(瑞士)于2003年3月18日创作完成，于2003年3月20日在北京首次发表的作品《国家体育场夜景图(二)》，国家体育场公司以委托作品著作权人身份依法享有著作权。

在开庭审理过程中，原告坚持认为夜景图、模型作品和建筑作品属于同一作品的不同表现形式，并且明确表示其在本案中仅主张建筑作品著作权。

国家体育场呈现出以下特点：(1)整体造型。东西方向窄而高，南北方向长而低，其外形呈立体马鞍形。(2)长宽比例。南北长333米，东西宽296米，长宽比例为1∶0.88。(3)钢架结构。外观为看似随意的钢桁架交织围绕内部田径足球场。(4)色调线条搭配。在夜间灯光的映衬下，国家体育场的钢架呈现出灰蓝色，看台背板呈现红色，灰蓝色钢架在外笼罩红色看台。(5)火炬。东北侧顶部设置了突起用于点燃奥林匹克圣火的火炬。(6)照明。国家体育场的照明装置，安装在顶部上下弦之间的立面上，以使灯光照向田径场内。(7)田径场。国家体育场内部为绿色足球场、红色外围跑道。

国家体育场为2008年第29届奥林匹克运动会的主会场。

上述事实有《国家体育场设计服务合同书》、企业法人营业执照、《北京市房屋建筑工程和市政基础设施工程竣工验收备案表》、著作权登记证书、国家体育场照片及当事人陈述等证据在案佐证。

二、原告指控被告侵犯原告著作权行为的有关事实

2009年1月14日，国家体育场公司的委托代理人在城关迅达商店以单价140元的价格购买"盛放鸟巢"烟花3个，并对产品进行了拍照，北京市方圆公证处对购买过程进行了公证。在本案开庭审理过程中，北京市第一中级人民法院对于公证购买并封存的"盛放鸟巢"烟花当庭进行了勘验，该产品呈现以下特点：(1)整体造型。呈立体马鞍形,窄的两个对边高,长的两个对边低。(2)长宽比例。长40厘米,宽33.5厘米,长宽比例为1∶0.84。(3)钢架结构。外部招纸绘制了与国家体育场看似随意的钢桁架相近似的线条,其弯曲的角度和弧度、交织的频度均与国家体育场的外观相似。(4)色调线条搭配。外在色彩,采用灰蓝色线条交织覆盖红色体身的搭配设计。(5)火炬。"盛放鸟巢"在顶部一侧安放了烟花的点火点。(6)照明。"盛放鸟巢"在顶部上下弦之间的立面上绘制了灯光照明的图案。(7)田径场。"盛放鸟巢"在内部设置了绿色足球场、红色外围跑道图案。该产品上载明:浏阳熊猫公司制造,熊猫集团公司监制,北京熊猫公司经销。

以上事实有(2009)京方圆内经证字第00769号公证书、"盛放鸟巢"烟花实物、当事人陈述等证据在案佐证。

三、被告抗辩不侵权的证据及有关事实

2008年11月17日,香港新兴公司(供方)与浏阳熊猫公司(需方)签署招纸设计订单,其中载明:货号为PF1328盛放鸟巢,数量为1,单价为港币3200元。此外,该订单上还注明"供方负责提供产品创意设计及图纸;供方保证对设计具有完整的著作权利,并保证相同的设计不再供其他公司所用"。

2008年11月19日,浏阳熊猫公司向香港新兴公司支付了设计费港币3200元。

2008年11月20日,香港新兴公司通过电子邮件向浏阳熊猫公司交付了设计图。北京市方圆公证处对浏阳熊猫公司的电子信箱收件箱的有关邮件内容进行了证据保全公证。

2008年9月25日,浏阳熊猫公司与北京熊猫公司签署采购订单,约定北京熊猫公司以每箱130元的价格向浏阳熊猫公司订购"盛放鸟巢"烟花2000箱。同时,双方约定,卖方有责任保证提供给买方的产品设计享有完整的知识产权,并不作他用,如出现侵犯他人知识产权的情况,由卖方承担侵权责任。在开庭审理过程中,北京熊猫公司述称实际只发货900箱,但未提供相关证据予以证明。国家体育场公司不认可浏阳熊猫公司只发货900箱,也不认可浏阳熊猫公司只生产了2000箱,但同样未提供相关证据予以证明。

上述事实有招纸设计订单、支付凭证、(2009)京方圆内京证字第16960号公证书、采购订单及当事人陈述等证据在案佐证。

四、有关原告索赔的证据及事实

国家体育场公司提供了3份国家体育场供应商协议和1份国家体育场特许经营合

同的封页和签署页,用以证明"鸟巢"建筑作品的商业价值。

国家体育场公司为本案诉讼支付了用于购买被控侵权产品的取证费 420 元,照片印制费 77.9 元,公证费 2600 元,共计 3097.9 元。国家体育场公司提供了支付上述费用的票据,其中,公证费的票据共两张,票面金额分别为 2000 元和 600 元。

以上事实有合同相关页、相关发票在案佐证。

裁判结果

北京市第一中级人民法院于 2011 年 6 月 20 日作出(2009)一中民初字第 4476 号民事判决:

1. 自本判决生效之日起,熊猫集团公司、浏阳熊猫公司停止制造、销售"盛放鸟巢"烟花产品。

2. 自本判决生效之日起,北京熊猫公司停止销售"盛放鸟巢"烟花产品。

3. 自本判决生效之日起 10 日内,熊猫集团公司、浏阳熊猫公司共同赔偿国家体育场公司经济损失 10 万元。

4. 自本判决生效之日起 10 日内,熊猫集团公司、浏阳熊猫公司共同赔偿原告国家体育场有限责任公司合理支出 2497.9 元。

5. 驳回国家体育场公司的其他诉讼请求。

裁判理由

由于在本案开庭审理过程中,原告明确表示其在本案中仅主张国家体育场建筑作品著作权,因此,本案的争议焦点即在于原告是否享有国家体育场建筑作品著作权,各被告是否侵犯了原告主张的这一建筑作品的著作权,并在此基础上确定各被告是否应当以及如何承担相应的民事责任。

一、原告是否享有国家体育场建筑作品著作权

《著作权法》(2001)第 2 条第 1 款规定:"中国公民、法人或者其他组织的作品,不论是否发表,依照本法享有著作权。"而《著作权法》(2001)第 3 条第 4 项规定,作品包括建筑作品。《著作权法实施条例》(2002)第 4 条第 9 项规定:"建筑作品,是指以建筑物或者构筑物形式表现的有审美意义的作品。"建筑物或者构筑物能够作为作品受到保护,是因为它们具有独立于其实用功能的艺术美感,反映了建筑设计师独特的建筑美学观点与创造力,缺乏独创性或者没有任何艺术美感的建筑物或者构筑物并不是建筑作品。

本案中，原告主张其对北京2008年奥林匹克运动会主会场国家体育场享有建筑作品的著作权。从形式上看，国家体育场属于《著作权法实施条例》(2002)所指的建筑物，与此同时，其所采用的钢桁架交织围绕碗状建筑外观形象，空间结构科学简洁，建筑和结构完整统一，设计新颖，结构独特，具备了独立于该建筑物实用功能之外的艺术美感，体现出相当水准的独创性，可以认定国家体育场属于《著作权法实施条例》(2002)所指称的建筑作品。根据《国家体育场设计服务合同书》的约定，有关国家体育场方案设计成果的著作权中的财产权由委托方即国家体育场公司(筹)或其权利义务的合法继承主体享有。北京市第一中级人民法院认定原告已经取得了国家体育场建筑作品的著作财产权，其所享有的上述权利应依法得到保护。

二、"盛放鸟巢"烟花产品的制造和销售行为是否属于侵犯原告所享有的建筑作品著作权的行为

北京市第一中级人民法院认为，"盛放鸟巢"烟花产品构成了对国家体育场建筑作品的高度模仿，系对国家体育场建筑作品独创性智力成果的再现，与国家体育场构成实质性相似。对"盛放鸟巢"烟花产品的制造和销售，构成对国家体育场建筑作品的复制和发行。

本案中，被告熊猫集团公司和被告浏阳熊猫公司制造"盛放鸟巢"烟花产品的行为，并不是通过对国家体育场这一建筑作品的改变而创作出具有独创性的新的作品的行为，因此，原告主张被告侵犯其改编权的主张不能成立。

根据《著作权法》(2001)第46条第5项、第47条第1项的规定，未经著作权人许可，剽窃、复制、发行其作品的，属于侵犯著作权的行为。对建筑作品著作权的保护，主要是对建筑作品所体现出的独立于其实用功能之外的艺术美感的保护，因此，在没有合理使用等合法依据的情况下，未经建筑作品著作权人许可，以剽窃、复制、发行等方式对建筑作品所体现出的艺术美感加以不当使用，损害著作权人合法权益的行为，构成对建筑作品著作权的侵犯。"盛放鸟巢"烟花产品外形呈椭圆形，中部镂空，且在整体造型、长宽比例、钢架结构、色调线条搭配、火炬等方面采用了与国家体育场外观相同或者近似的设计，较为全面地体现出国家体育场建筑作品所采用的钢桁架交织围绕碗状结构的独创性特征，构成了对国家体育场建筑作品的高度模仿，系对国家体育场建筑作品独创性智力成果的再现，与国家体育场构成实质性相似。对"盛放鸟巢"烟花产品的制造和销售，构成对国家体育场建筑作品的复制和发行。如前所述，对建筑作品著作权的保护，主要是对建筑作品所体现出的独立于其实用功能之外的艺术美感的保护，只要未经权利人许可，对建筑作品所体现出的艺术美感加以不当使用,即构成对建筑作品著作权的侵犯,而无论此种使用是在著作权法意义上的作品中,还是工业产品中,都不受所使用载体的限制。因此,被告浏阳熊猫公司辩称"盛放鸟巢"烟花产品是工业产品,不是著作权法意义上的作品,不存在对国家体育场建筑作品的剽窃或复制的抗辩主张缺乏法律依据,不能成立。被告浏阳熊猫公司主张,《著作权法》(2001)第22条第1款第10项规定,"对设置或者陈列在室外公共场所的艺术作品进行临摹、绘画、摄影、录像",属于对作品的合理使用,"盛放鸟巢"烟花产品是对国家体育场建筑作品的合理使用,不构成侵权。

对此,法院认为:首先,《著作权法》(2001)第22条第1款第10项规定了合理使用的一种特定情形,该项规定明确将这种合理使用限定在"临摹、绘画、摄影、录像"四种方式内,而不包括这四种方式之外的其他使用方式,本案被告对于国家体育场设计的使用明显不属于上述使用方式。其次,合理使用制度的目的主要是保护公共利益,被告将原告建筑作品应用于烟花产品上,纯粹是基于商业目的,若将该行为视为合理使用亦不符合合理使用的立法目的。最后,在判断是否构成合理使用时,需要考虑该使用方式是否会影响到作品的价值或者潜在市场,即是否会影响权利人对该作品的正常使用。作品的正常使用,是指在一般情况下人们可能合理地预期到的作者利用其作品的各种方式,包括作者所预期的现实存在的作品使用方式和未来可能出现的作品使用方式。将建筑设计应用到其他产品上属于可以预见的使用方式,被告的行为直接影响到原告对其作品的二次商业化利用,会不合理地损害原告的利益。因此,本案被告对国家体育场建筑作品的使用行为,不属于《著作权法》(2001)第22条第1款第10项规定的合理使用的情形,被告浏阳熊猫公司的该项辩解主张不能成立。

综上,在没有证据证明征得了原告许可的情况下,"盛放鸟巢"烟花产品的制造和销售侵犯了原告对国家体育场建筑作品享有的复制权、发行权。

三、各被告应当承担的民事责任

根据《著作权法》(2001)第46条第5项、第47条第1项的规定,未经著作权人许可,剽窃、复制、发行其作品的,应当根据情况,承担停止侵害、消除影响、赔礼道歉、赔偿损失等民事责任。本案中,"盛放鸟巢"烟花产品上载明浏阳熊猫公司制造、熊猫集团公司监制、北京熊猫公司经销,各被告对此亦未否认。因此,被告浏阳熊猫公司实施了剽窃、复制、发行侵犯原告建筑作品著作权的行为,应当承担停止侵害、赔偿损失的民事责任。被告熊猫集团公司主张其仅系"盛放鸟巢"烟花产品的监制单位,不应当承担相应的侵权责任。对此,法院认为,一方面,所谓监制,即监督制造,是生产制造的一种具体实现方式，其在本质上与生产制造无法区分；另一方面，被告熊猫集团公司既然能够对烟花产品的生产进行质量监控并提供技术支持，就说明其对该产品的相关情况有所了解，能够对"盛放鸟巢"烟花产品的设计、生产加以控制，在此情况下，其仍放任该侵权产品的生产制造，显有过错。因此，被告熊猫集团公司应当与被告浏阳熊猫公司共同承担停止侵害、赔偿损失的民事责任。在双方当事人均未举出关于原告实际损失或者被告违法所得的确切证据的情况下，法院根据国家体育场建筑作品的独创性和知名度，上述两被告的行为性质、过错程度、损害后果等因素，对赔偿数额予以酌定，对原告关于赔偿数额的诉讼请求，不予全额支持。原告为本案诉讼所支出的取证费、照片印制费、公证费系其维权诉讼的合理费用，上述两被告亦应予以赔偿。原告仅向法院提交了一份公证书，但其却提交了两张公证费发票，显与常识不符，因此，对公证费法院不予全额支持。被告北京熊猫公司为"盛放鸟巢"烟花产品的经销者，其销售该产品的行为亦侵犯了原告对国家体育场享有的建筑作品著作权，应当承担停止侵权的法律责任。但北京熊猫公司经销的产品系通过合法途径购自被告浏阳熊猫公司，没有证据证明被告其属于明知或者应知该产品的制造和销售侵犯了他人著作权的情形，故被告北京熊猫公司销售涉案侵权产品主观上没有过错，不应承担赔偿损失的民事责任。赔礼道歉、消除影响系对著作人身权受到损害后的救济方式，而原告并未获得国家体育场建筑作品的著作人身权，因此，原告要求被告赔礼道歉、消除影响的诉讼请求缺乏事实和法律依据，对该项诉讼请求，法院不予支持。

案件解析

建筑业在发展的过程中，出现了很多颇具美感的建筑物，比如我国的"鸟巢"、"水立方"、央视新址等，都是颇具代表性的建筑作品。但直到 2001 年我国才将"建筑作品"增加为著作权保护的客体。《著作权法》（2001）第 3 条规定，其所称的作品，是指文学、艺术和科学领域内具有独创性并能以一定形式表现的智力成果，包括美术、建筑作品。

何为"建筑作品"，对此，《著作权法实施条例》（2002）第 4 条第 9 项规定："建筑作品，是指以建筑物或者构筑物形式表现的有审美意义的作品。"建筑作品以建筑物或者构筑物为物质载体，具有独创性及审美意义，是人类智力创作的艺术成果，且建筑作品的艺术成果应独立于其实用功能。

具体到本案，较为典型的争议在于各被告是否侵犯了原告主张的建筑作品的著作权。

首先，原告主张的国家体育场建筑作品是以国家体育场建筑物作为物质载体，该建筑物建筑外观较为形象、空间结构设计较为新颖独特,体现出相当水准的独创性,因此,可以认定国家体育场属于《著作权法实施条例》(2002)所指称的建筑作品。同时,根据原告与受托方合同约定,原告享有该著作权中的财产权利。

其次,《著作权法》(2001)第22条第1款第10项规定,"对设置或者陈列在室外公共场所的艺术作品进行临摹、绘画、摄影、录像",属于对作品的合理使用。被告浏阳熊猫公司根据该规定辩称被诉侵权产品系对作品的合理使用。

关于浏阳熊猫公司的使用行为是否为合理使用:

1. 根据《著作权法》(2001)第22条第1款第10项的内容可知,该条款仅限于对艺术作品进行"临摹、绘画、摄影、录像"四种使用方式,而被告浏阳熊猫公司的使用行为系生产、制造,显然不属于这四种使用方式之一。

2. 《最高人民法院关于审理著作权民事纠纷案件适用法律若干问题的解释》(2002)第18条规定:"著作权法第二十二条第(十)项规定的室外公共场所的艺术作品,是指设置或者陈列在室外社会公众活动处所的雕塑、绘画、书法等艺术作品。对前款规定艺术作品的临摹、绘画、摄影、录像人,可以对其成果以合理的方式和范围再行使用,不构成侵权。"

对于上述"以合理的方式和范围",在最高人民法院关于对山东省高级人民法院的《关于山东天笠广告有限责任公司与青岛海信通信有限公司侵犯著作权纠纷一案的请示报告》的复函中作出了明确:"《最高人民法院〈关于审理著作权民事纠纷案件适用法律若干问题的解释〉》第十八条,针对著作权法第二十二条第(十)项的规定作了司法解释,即对设置或者陈列在室外社会公众活动处所的雕塑、绘画、书法等艺术作品的临摹、绘画、摄影、录像人,可以对其成果以合理的方式和范围再行使用,不构成侵权。在此,对于'合理的方式和范围',应包括以营利为目的的'再行使用',这是制定该司法解释的本意。司法解释的这一规定既符合伯尔尼公约规定的合理使用的基本精神,也与世界大多数国家的立法例相吻合。"

本案中,法院认定被告纯粹是基于商业目的,若将该行为视为合理使用亦不符合合理使用的立法目的。但根据上述司法解释及最高人民法院的复函,合理使用应包括基于商业目的。

3. 被告浏阳熊猫公司的生产、销售行为直接影响原告对其作品的二次商业化利用,损害了原告的利益。因此,浏阳熊猫公司的使用行为不属于《著作权法》(2001)规定的合理使用的范围。

综上所述,被诉"盛放鸟巢"烟花产品的制造和销售侵犯了原告对国家体育场建筑作品享有的复制权、发行权。

> **案例评析**

建筑作品是我国在 2001 年对《著作权法》进行修改时新增加的著作权保护客体。根据《著作权法实施条例》第 4 条规定,建筑作品是指以建筑物或者构筑物形式表现的有审美意义的作品。上述规定虽然给予了建筑作品明确的定义,但是对建筑作品的保护范围并没有具体的界定,使得在具体适用法律时,仍然存在较大的争议。本案在审理过程中即面临两个争议较大的问题:一是建筑作品的保护是否以建筑物载体为限？二是将建筑设计应用到其他工业产品上是否构成对建筑作品的合理使用？

一、建筑作品的保护是否以建筑物载体为限

从建筑作品的定义可以看出,其特别强调了建筑作品要以建筑物或者构筑物形式表现。在审判实践中,如果未经许可,将他人建筑作品进行复制,建造另一建筑物构成侵权,似乎没有争议。而在本案中,被告系将原告"鸟巢"的建筑设计应用到烟花产品上,并未以建筑物或者构筑物的方式来体现"鸟巢"的建筑设计,由此带来的疑问是,建筑作品的保护是否以建筑物为载体？要解决这个问题,我们首先需要回答建筑作品的保护对象是什么。

作品是著作权法保护的对象,具有无体性,这是作品区别于有体物的特性。载体是公众得以感知作品的媒介,其本身不是作品,也不构成作品的部分。尽管任何作品都离不开载体,但作品并不是载体。因此,载体不是著作权法保护的对象,当然也不应当成为作品受保护的限制。

建筑作品属于作品的一种类型,同样应当具备无体性的特征。虽然建筑作品以建筑物或构筑物方式体现,但建筑物或构筑物这一载体仅仅对于建筑作品区别于其他类型的作品时具有意义,而不能成为对建筑作品进行保护时的限制。在本案中,法官特别强调,对建筑作品的保护,主要是对建筑作品所体现出的独立于其实用功能之外的艺术美感的保护,而艺术美感恰恰是可以与其载体分离的。是否以建筑物或者构筑物体现,仅仅决定其作品的性质是建筑作品还是艺术作品,或者是其他作品,而并不决定其是否能够获得保护。因此,法院认为建筑作品的保护不应以建筑物载体为限,并最终判决被告将原告"鸟巢"的建筑设计应用到烟花产品上,构成对原告建筑作品著作权的侵犯。

二、将建筑设计应用到其他工业产品上是否构成对建筑作品的合理使用

根据《著作权法》的规定,作者对于其创作的作品享有著作权,他人未经许可不得使用。但是《著作权法》同时对于著作权人的权利作出了限制性规定,即在特定情况下,允许他人自由使用已有作品而不必征得著作权人的许可,亦无须支付报酬,这就是合理使用制度。建立合理使用制度的目的在于照顾社会公共利益,防止著作权人滥用其权利,以更好地促进科学技术的发展和文化的繁荣。该制度存在的主要考虑是不允许使用他人作品会阻碍自由表达与交流思想,它最关注的是非营利目的的使用。

《著作权法》(2001)第22条第1款以列举形式规定了著作权合理使用的12种情形,其中第10项规定,"对设置或者陈列在室外公共场所的艺术作品进行临摹、绘画、摄影、录像",属于对作品的合理使用。该规定有两个适用条件,从适用的对象看,应限定为设置或者陈列在室外公共场所的艺术作品;从使用方式看,应限定为临摹、绘画、摄影、录像等平面复制的行为。

建筑作品虽然具有实用功能,但其同时具有艺术性,所以,建筑作品应当属于艺术作品的一种,对于"鸟巢"等室外建筑作品的保护,应当受到《著作权法》(2001)第22条第1款第10项限制。对于建筑作品的使用方式将决定其使用行为是否构成合理使用。

本案中,被告生产、销售的"盛放鸟巢"烟花的立体造型完全系模仿"鸟巢"建筑作品的造型,其同时利用印刷有钢架结构、夜景效果的招纸进行装饰,使受众可以明显感受到该烟花利用了"鸟巢"建筑作品的核心设计和艺术精华,系以立体的方式再现"鸟巢"建筑作品。因此,"盛放鸟巢"烟花并非通过临摹、绘画、摄影、录像等平面方式使用"鸟巢"建筑作品,不构成《著作权法》(2001)第22条第1款第10项规定的合理使用。

虽然《著作权法》(2001)列举了一些特定的合理使用行为,但是,在司法实践中并不能简单地以是否被列入有限分类的行为而确定是否为合理使用。在确定被告行为是否为合理使用时,应当考虑的因素包括:使用的目的和性质,作品的性质,作为一个整体的著作权作品被使用的量和实质部分,使用效果对著作权作品的潜在市场和价值的影响。因此,本案还从合理使用制度的目的以及被告使用方式是否会影响原告作品的价值或者潜在市场两个方面进行了论证,并得出被告行为不构成合理使用的结论。

第二节 合理使用雕塑作品如何署名

49. 王某某与绍兴市水利局其他著作权纠纷案[①]

▶ **案件影响**

入选"2014年中国法院50件典型知识产权案例""最高人民法院知识产权案件年度报告(2014)"。

▶ **裁判要旨**

对设置或者陈列在公共场所的艺术作品进行临摹、绘画、摄影、录像,属于合理使用。

作为对著作权的合理使用行为,对于设置或者陈列在室外公共场所的雕塑进行摄影,可以不经著作权人许可,不向其支付报酬,但应当指明作者姓名、作品名称。原作者的包括署名权在内的著作人身权应当体现在演绎作品之中。

【关键词】

演绎作品;雕塑;合理使用;署名权;绘画作品

【当事人】

申诉人(一审被告、二审被上诉人、再审申请人):绍兴市水利局;

被申诉人(一审原告、二审上诉人、再审被申请人):王某某;

一审被告、二审被上诉人:绍兴神采印刷有限公司(以下简称神采公司)。

---

① 王某某与绍兴市水利局其他著作权权属侵权纠纷案,浙江省绍兴市中级人民法院民事判决书,(2010)浙绍知初字第39号;王某某与绍兴市水利局其他著作权权属侵权纠纷上诉案,浙江省高级人民法院民事判决书,(2011)浙知终字第35号;王某某与绍兴市水利局其他著作权权属侵权纠纷再审案,浙江省高级人民法院民事判决书,(2012)浙民再字第21号;王某某与绍兴市水利局其他著作权权属侵权纠纷审判监督申诉案,最高人民法院民事裁定书,(2013)民提字第15号。

一审案件事实

王某某系中国画家协会理事、浙江美术家协会会员、原《绍兴日报》主任编辑暨美术主编。2005年5月,王某某将其创作的《康乾驻跸图》等11幅绘画作品交付浙江东方现代文化艺术有限公司(以下简称东方公司),参与绍兴市龙横江整治鹿湖园雕塑工程竞标。中标后经王某某授权,东方公司组织钱某某等人根据王某某绘制的11幅画稿创作完成《康乾驻跸碑》等11幅雕塑作品。该11幅雕塑作品安置于绍兴市龙横江鹿湖园景区内。

2008年6月10日,王某某以东方公司侵犯其署名权为由向浙江省绍兴市中级人民法院提起著作权侵权之诉。浙江省绍兴市中级人民法院作出(2008)绍中民二初字第105号民事判决认定王某某系涉案11幅雕塑作品的绘画作者,鉴于王某某在该案中放弃对《秦皇巡越》等8幅挂壁木雕署名的诉讼请求,判令东方公司应对《勾践围鹿》《越人驯鹿》雕塑作品署名绘画为王某某,将《康乾驻跸碑》雕塑第二段说明文字改为"碑由东方公司设计制作,王某某绘画,钱某某雕刻"。2009年6月30日,一审法院依法采取强制措施执行该生效判决,在相关雕塑作品上署名绘画为王某某。

2009年1月,绍兴市水利局委托上海世纪出版股份有限公司(学林出版社)出版《绍兴龙横江·鹿湖园》旅游图册,学林出版社遂委托神采公司印刷、新华书店上海发行所发行涉案旅游图册。该旅游图册中使用了《康乾驻跸碑》等11幅雕塑作品的摄影图片。

一审原告诉请

原告请求法院判令绍兴市水利局、神采公司:

1. 收回侵犯王某某署名权并已出版发行的涉案旅游图册,并予没收。

2. 重印涉案旅游图册2000册,并在图册中载明《康乾驻跸碑》等11幅雕塑作品的绘画者为王某某。

3. 在《中国旅游报》《绍兴晚报》《浙江日报》《美术报》上登报声明涉案旅游图册中《康乾驻跸碑》等11幅雕塑作品的绘画者为王某某,并向王某某赔礼道歉。

4. 承担王某某支出的律师费6000元、调查费670元及本案诉讼费用。

5. 承担连带责任。

一审裁判结果

一审法院判决:驳回王某某的诉讼请求。

一审裁判理由

《康乾驻跸碑》等11幅雕塑作品设置在绍兴龙横江鹿湖园公园内,而绍兴龙横江鹿湖园公园是对外开放供人们游玩休息的地方,属于室外公共场所。《康乾驻跸碑》等11幅雕塑作品已融入周围环境之中,成为公园景观的一部分,可以供游人随意观赏,拍照留影,其艺术作品本身就具有长期的公益性质。

本案中,绍兴市水利局对陈列在室外公共场所之绍兴龙横江鹿湖园景区内的11幅雕塑作品进行拍摄,系合理使用行为,其将摄影图片汇编成册并发行,属于对其成果即摄影作品的再行使用行为,绍兴市水利局在涉案旅游图册中使用了由王某某美术作品演绎而来的雕塑作品,然雕塑作品系他人创作,故应标明的权利人身份(署名)亦并非王某某本人。况且绍兴市水利局的使用行为既不影响王某某对其美术作品的正常使用,也没有挤占王某某作品的商业价值或存在价值,不损害王某某合法权益。故这种使用作品的方式符合著作权法关于合理使用的规定,不构成侵权。神采公司受绍兴市水利局委托印刷涉案旅游图册,由于绍兴市水利局未侵犯王某某的著作权,显然神采公司亦未侵犯王某某的合法权利。据此,王某某诉称绍兴市水利局、神采公司之行为侵犯其署名权,缺乏事实和法律依据,一审法院对其诉讼请求不予支持。

二审案件事实

二审查明事实与一审相同。

二审上诉请求

王某某提起上诉:

1. 一审判决将雕塑物认定为雕塑作品,将拍摄照片认定为摄影作品,系事实认定错误。

2. 一审判决认定在合理使用情形下可以不指明作者身份,属法律适用错误。

3. 一审判决显然与(2008)绍中民二初字第105号民事判决内容相悖。

● **二审裁判结果** ●

二审法院判决如下：

1. 撤销浙江省绍兴市中级人民法院（2010）浙绍知初字第39号民事判决。
2. 绍兴市水利局在《中国旅游报》《绍兴晚报》上刊登《绍兴龙横江·鹿湖园》旅游图册中《康乾驻跸碑》等11幅雕塑作品的绘画者为王某某的声明。
3. 绍兴市水利局给付王某某6670元。

• **二审裁判理由**

一、关于绍兴市水利局是否应在涉案旅游图册中指明王某某的绘画作品作者身份

首先，通过查明事实及（2008）绍中民二初字第105号民事判决，应认定涉案雕塑作品系通过改变原绘画作品表现形式而创作出的具有独创性的演绎作品，王某某作为原绘画作品的作者，其署名权亦应延及演绎作品。

其次，绍兴市水利局将其拍摄涉案雕塑作品所得图片汇编于涉案旅游图册中，属于对室外公共场所艺术作品的摄影成果的再行使用行为。依据《著作权法》（2010）第22条之规定，作为对著作权的限制，合理使用行为可以不经著作权人许可，不向其支付报酬，但应当指明作者姓名、作品名称；《康乾驻跸碑》碑记于2007年10月即已改为"东方公司设计制作，潘某某主创，王某某绘画，钱某某雕刻"，（2008）绍中民二初字第105号民事判决进一步明确了王某某系《康乾驻跸碑》等11幅雕塑作品的绘画者。据此，绍兴市水利局在涉案旅游图册出版之前应已知晓王某某系《康乾驻跸碑》等雕塑作品的绘画者。同时，在雕塑、绘画作品的汇编图册中指明作者姓名应系编纂惯例，符合该类作品的使用方式特征，涉案旅游图册亦在多处指明了相关作品的作者姓名。综上，在绍兴市水利局已知晓王某某系涉案雕塑作品绘画者的前提下，其应依据法律规定和商业惯例在涉案旅游图册中指明王某某的作者身份。

二、关于王某某的诉讼请求是否应予支持

因绍兴市水利局未指明王某某的绘画作品作者身份的行为给王某某的名誉造成了一定影响，故其应采取适当方式指明王某某的作者身份以消除影响；与涉案旅游图册的发行范围与影响后果相适应，绍兴市水利局应在《中国旅游报》《绍兴晚报》上刊登涉案旅游图册中《康乾驻跸碑》等11幅雕塑作品的绘画者为王某某的声明。同时，采取登报声明王某某的绘画作品作者身份的方式即足以消除不利影响，故对王某某要求收回并没收已发行的涉案旅游图册、重印涉案旅游图册和公开赔礼道歉的诉讼请求不予支持。再者,神采公司对所涉作品的署名问题并无审查义务,故神采公司不应承担连带责任。

再审案件事实

再审查明事实与一、二审相同。

再审诉讼请求

请求撤销(2011)浙知终字第 35 号民事判决。

再审裁判结果

再审法院判决如下:维持浙江省高级人民法院(2011)浙知终字第 35 号民事判决。

再审裁判理由

再审法院认为:绍兴市水利局对陈列在绍兴龙横江鹿湖园景区内的 11 幅雕塑作品进行拍摄,并将其摄影图片汇编成册发行,属于对室外公共场所艺术作品的摄影成果以合理的方式和范围再行使用行为。故绍兴市水利局应当在涉案旅游图册中指明王某某的绘画作品作者身份。

原作者的包括署名权在内的著作人身权应当体现在演绎作品之中,是我国著作权法的立法本意。绍兴市水利局在涉案旅游图册中使用了由王某某绘画作品演绎而来的雕塑作品,王某某的署名权亦应延及后来的演绎作品,绍兴市水利局应当在涉案旅游图册中指明王某某的绘画作品作者身份。根据(2008)绍中民二初字第 105 号民事判决及《绍兴晚报》、绍兴电视台在内的绍兴市主流新闻媒体多次对鹿湖园雕塑作品署名权纠纷的报道,在涉案旅游图册出版发行前,绍兴市水利局应当知道王某某系《康乾驻跸碑》等 11 幅雕塑作品的绘画作者。根据《著作权法实施条例》(2002)第 19 条的规定,绍兴市水利局对室外公共场所艺术作品的合理使用行为,应当指明原作者姓名。

综上,王某某系《康乾驻跸碑》等 11 幅雕塑作品的绘画作者,绍兴市水利局应当在涉案旅游图册中指明王某某的绘画作品作者身份,绍兴市水利局的申请再审理由不能成立,原二审判决并无不当,应予维持。

申诉案件事实

申诉查明事实与一、二审相同。最高人民法院另查明,在王某某起诉东方公司侵权的(2008)绍中民二初字第105号案件中,王某某提交了涉案11幅雕塑作品的照片,照片显示《康乾驻跸碑》碑记斜铺于该雕塑前方地面。当时碑记记载:东方公司设计制作,潘某某主创,王某某绘画,钱某某雕刻。该案系2008年6月10日起诉,2008年11月28日结案。该案判决中认定,该署名方式系2007年10月修改而成。该案判决另查明:诉讼期间,经实地勘验,原在清晏楼的《秦皇巡越》等8幅挂壁木雕已不在鹿湖园景区使用,王某某放弃对8幅挂壁木雕要求署名的诉讼请求。

申诉诉讼请求

请求撤销浙江省高级人民法院(2012)浙民再字第21号民事判决、(2011)浙知终字第35号民事判决,维持绍兴市中级人民法院(2010)浙绍知初字第39号民事判决。

申诉裁判结果

最高人民法院判决如下:维持浙江省高级人民法院(2012)浙民再字第21号民事判决。

申诉裁判理由

最高人民法院认为:本案争议焦点为绍兴市水利局应否在其出版的旅游图册中指明王某某系相关雕塑作品的绘画作者。

本案涉及的11幅雕塑作品,最初除《康乾驻跸碑》碑记署名为"东方公司设计制作,潘某某主创"外,其余均未署名。(2008)绍中民二初字第105号民事判决认定:2007年10月,上述碑记修改为"东方公司设计制作,潘某某主创,王某某绘画,钱某某雕刻"。上述事实为生效判决所查明,且有2007年12月《绍兴晚报》相关报道佐证,最高人民法院予以确认。从王某某在(2008)绍中民二初字第105号案中提交的《康乾驻跸碑》照片来看,在对《康乾驻跸碑》进行拍照时,碑记亦应同时出现在照片上,绍兴市水利局对碑记所记载的署名情况应能了解。故关于《康乾驻跸碑》,绍兴市水利局有义务为王某某进行署名。

关于《勾践围鹿》等其余10幅雕塑作品,原二审、再审判决认定绍兴市水利局应当知道王某某为绘画作者具有事实依据。其中《秦皇巡越》等 8 幅木雕,原悬挂于清晏楼内,且涉案旅游图册对清晏楼的介绍着重提及"八位来绍帝王的木雕",可见该 8 幅木雕是清晏楼的主要景观和特色所在。(2008)绍中民二初字第 105 号判决查明,该案诉讼期间,8 幅木雕已不在鹿湖园景区使用。作为鹿湖园的管理单位,绍兴市水利局称其对清晏楼 8 幅木雕作品被移除不再使用等情况一概不知,该辩解不符合常理。加之 2007 年 12 月《绍兴晚报》的报道中即提及就王某某鹿湖园雕塑署名纠纷询问过水利部门有关人员,以及《绍兴晚报》《绍兴日报》等其他媒体对该案纠纷的报道,绍兴市水利局对于其管理范围内的鹿湖园景区上述关于雕塑署名权的纠纷应当知晓。该案判决于 2008 年 11 月 28 日作出,明确了涉案 11 幅雕塑作品的原绘画作者为王某某,并要求在仍然设置于鹿湖园景区的 3 幅雕塑上署名王某某为绘画作者。绍兴市水利局作为鹿湖园景区的管理单位,在 2009 年 1 月出版本案中所涉专门介绍该景区的旅游图册时以及图册筹备过程中,要求其对于景区内雕塑作品相关著作权纠纷保持关注,并在已有生效判决认定的情况下,按照判决认定的内容进行署名,并未赋予绍兴市水利局不合理的或者过重的义务。

综上,原二审判决和原再审判决在未区分室外艺术作品本身署名情况的前提下,一概认定对室外艺术作品进行合理使用时需指明原始绘画作者身份,对著作权法相关规定的理解有不当之处。但本案中,鉴于绍兴市水利局并非任意的社会公众,其作为景区的管理者,在出版全面介绍景区的旅游图册时,对于景区内雕塑等作品的权利状况应负有更高的注意义务。综合案件事实,《康乾驻跸碑》碑记上有署名,而其余作品虽本身未署名,但绍兴市水利局应当知晓王某某为涉案 11 幅雕塑作品的绘画作者,故原二审判决和原再审判决判令其在相关报纸上刊登声明,指明王某某为相关绘画作者并无不当,其判决结果正确,应予维持。

案件解析

《著作权法》(2010)在保护著作权人合法权利的同时,为平衡权利人、作品传播者和公众之间的利益,对著作权人的权利进行了某些限制,其中第 22 条第 1 款规定:"在下列情况下使用作品,可以不经著作权人许可,不向其支付报酬,但应当指明作者姓名、作品名称,并且不得侵犯著作权人依照本法享有的其他权利……"该条列举了 12 项情形,其中第 10 项规定:"对设置或者陈列在室外公共场所的艺术作品进行临摹、绘画、摄影、录像。"

《最高人民法院关于审理著作权民事纠纷案件适用法律若干问题的解释》(2002)第18条规定:"著作权法第二十二条第(十)项规定的室外公共场所的艺术作品,是指设置或者陈列在室外社会公众活动处所的雕塑、绘画、书法等艺术作品。对前款规定艺术作品的临摹、绘画、摄影、录像人,可以对其成果以合理的方式和范围再行使用,不构成侵权。"

对于上述"以合理的方式和范围",在最高人民法院关于对山东省高级人民法院的《关于山东天笠广告有限责任公司与青岛海信通信有限公司侵犯著作权纠纷一案的请示报告》的复函中作出了明确:"《最高人民法院〈关于审理著作权民事纠纷案件适用法律若干问题的解释〉》第十八条,针对著作权法第二十二条第(十)项的规定作了司法解释,即对设置或者陈列在室外社会公众活动处所的雕塑、绘画、书法等艺术作品的临摹、绘画、摄影、录像人,可以对其成果以合理的方式和范围再行使用,不构成侵权。在此,对于'合理的方式和范围',应包括以营利为目的的'再行使用',这是制定该司法解释的本意。"

具体到本案,绍兴市水利局对陈列于鹿湖园景区的雕塑作品进行拍摄后制作成图册,虽然出于营利目的,但符合合理使用的范围。

在认定本案属于合理使用的前提下,是否应为该雕塑作品的绘画作品作者署名。根据《著作权法》(2010)第12、33、34条的规定,演绎作品在使用原作品过程中不得损害原作者的著作权,第三人使用演绎作品则应取得原作者与演绎人的双重许可;如果存在多次演绎的情形,最终会形成多重著作权。因此,本案中雕塑作品作为演绎作品,对其进行合理使用时应为原绘画作品作者署名。

第三节
复制、改编、新作品三种临摹结果的判断标准

50. 项某某与彭某某著作权侵权纠纷案[①]

▶ **裁判要旨**

对设置或者陈列在公共场所的艺术作品进行临摹、绘画、摄影、录像,属于合理使用。

临摹的情况比较复杂,有的是复制,有的是创作,必须区别对待。某一种临摹是属于复制还是其他行为,应该根据其是增加了独创性的表达还是单纯再现了原作品或者保留了原作品的基本表达来判断。

【关键词】

临摹;复制;独创性;单纯再现;基本表达

【当事人】

原告:项某某;

被告:彭某某。

▶ **案件事实**

2007年1月,福建美术出版社出版发行了原告项某某创作的工笔人物画册《彩炫笔歌——项某某工笔人物画》,收录有涉案作品《普渡四海》,该画册封面及版权页均有项某某署名。2008年1月,天津杨柳青画社出版发行了项某某创作的人物线描画稿《项某某人物线描画稿》,该画稿收录涉案作品《贵妃醉酒》《嫦娥奔月》《意气千秋》《唯有牡丹真国色,花开时节动京城》。上述4幅权利作品均显示有"××"署名。

印刷品《诸法空相》扉页显示"作者:田七"和"田七先生艺术档案艺名田七原名彭某某"。该印刷品中收录画作《弹指挥间悲又喜》《珠光莲华》《胜寒高处几》《忠义无

[①] 项某某与彭某某著作权侵权纠纷案,北京市朝阳区人民法院民事判决书,(2017)京0105民初69683号。

敌》。后部为彭某某创作照片等,其中包括一张彭某某站立绘画的照片,其正在绘制的画作内容为数个仕女,画作尚未完成。

原告作品与《诸法空相》收录的涉案作品比较,二者在画面内容、整体构图、人物造型、动作表情、衣着褶皱等美术作品的实质性要素方面均一致,不同之处仅在于着色、背景等细微差别。

新浪博客"鬼才田七慈善佛缘"显示个人资料为"艺名田七,被誉为当代'鬼才',故江湖人称'鬼才田七',真名彭某某,出生福建建瓯,北京东方国韵国际文化传媒总裁"。该博客于2009年7月24日发布文章《鬼才田七创作大型〈追逐仕女八美图〉(局部)》,文章附有彭某某正在绘画的照片3张,其中一张与《诸法空相》后部所附照片为同一张。2010年6月31日,该博客发布关于参访田七慈善佛缘天地的文章,发布田七与他人在其作品《踏青芳草间》前的合影。

2009年12月2日,新浪博客"鬼才田七慈善佛缘"发布文章《【典藏出炉】鬼才田七2009慈善佛缘作品一帖收》中,上传若干画作照片,其中包括署名田七的涉案作品《弹指挥间悲又喜》《珠光莲华》《胜寒高处几》,并配有文字"中国文化艺术走向世界的和平使者鬼才田七慈善佛缘作品亚洲巡回展诗书画印作品专辑中国邮政明信片北京市邮政管理局监制"。

2014年6月24日,域名为"360doc.com"的网站发布的《鬼才田七的绘画:中国邮政明信片〈诸法空相〉》文章,显示彭某某的画作《弹指挥间悲又喜》《珠光莲华》《胜寒高处几》。

2014年11月6日,域名为"ifeng.com"的凤凰网发布题为《丹青绘国韵盛世传佛音鬼才田七的文化外交与慈善佛缘》的文章,主要内容为:刚从尼泊尔办展回国的田七又投入中国澳门特区巡展的筹备工作中。据田七介绍,从今年4月开始,"佛缘同心滴血丹青"慈善佛缘作品亚洲巡回展就已经启动,尼泊尔首站盛况空前,好评如潮。根据总体安排,活动将陆续在斯里兰卡、印度、日本、韩国、中国澳门特区等亚洲17个国家和地区举办,展示作品总数超过200幅。该文章附有尼泊尔总统与彭某某手持《诸法空相》的照片,以及后附署名为"田七"的绘画内容为观音的画作。

2014年10月1日,域名为"people.com.cn"的人民网上发布了记者撰写的题为《心似莲花胸怀天下"鬼才田七"欧洲巡回展莫斯科拉开帷幕》的报道,内容包括:"据悉,本次欧洲巡回展将走访俄罗斯、英国、法国、德国、荷兰、意大利等12个国家,展出作品总数将超过200幅。"但该报道中未显示涉案作品。

域名为"china.com.cn"的中国网发布文章《中国艺术家鬼才田七作品9月起巡展欧洲12国》,该文章附有署名"田七"、内容为观音的画作。该文章未显示日期。

印刷品《佛缘》封面显示"佛缘同心滴血丹青中国文化艺术走向世界的和平使者田七先生慈善佛缘作品亚洲巡回展",该手册包含多幅彭某某手持《诸法空相》赠送多国政要的照片。

原告诉请

原告请求法院判令:

1. 彭某某在《法制日报》中缝以外版面刊登声明、赔礼道歉。
2. 彭某某向原告赔偿经济损失50万元。
3. 彭某某销毁侵权复制画作《弹指挥间悲又喜》《珠光莲华》《胜寒高处几》《忠义无敌》《追逐仕女八美图》。

裁判结果

法院判决如下:

1. 被告彭某某在《法制日报》中缝以外版面上刊登致歉函,向原告项某某公开赔礼道歉。
2. 被告彭某某赔偿原告项维仁经济损失40万元。

裁判理由

法院认为,项某某是涉案美术作品《普渡四海》《贵妃醉酒》《嫦娥奔月》《意气千秋》《唯有牡丹真国色,花开时节动京城》的作者,对该美术作品享有著作权。

项某某涉案美术作品《普渡四海》发表于2007年1月,《贵妃醉酒》《嫦娥奔月》《意气千秋》《唯有牡丹真国色,花开时节动京城》4幅美术作品发表于2008年1月,彭某某具有接触上述5幅权利作品的可能性,且彭某某在另案中认可其于2008年临摹过收录《贵妃醉酒》等4幅美术作品的《项某某人物线描画稿》。将上述5幅权利作品与彭某某绘制的被控侵权的6幅画作分别进行对比,二者在画面内容、整体构图、人物造型、动作表情、衣着褶皱等美术作品的实质性要素方面均一致,不同之处仅在于着色、背景等细微差别。对此,法院认为,彭某某虽然对部分画作的背景进行简单替换、着色以及将画作细节进行增加或删减,但仍然在被控侵权画作再现了原作品的基本表达,这些再现的表达部分与项某某权利作品相比,二者的区别过于细微、视觉差异很小,不能体现出彭某某的个性、判断或选择。因此,彭某某以临摹手段绘制被控侵权画作的行为,属于对项某某涉案美术作品的复制。

本案中,彭某某以临摹手段绘制被控侵权画作后,将其中的《弹指挥间悲又喜》《珠光莲华》《胜寒高处几》《忠义无敌》4幅画作收录至印刷品《诸法空相》正文部分,以拍摄照片的方式将涉案《追逐仕女八美图》收录至印刷品《诸法空相》的后部。与此同时,在案证据显示《弹指挥间悲又喜》《珠光莲华》《胜寒高处几》被印制成邮政明信片发行。彭某某在被控侵权的画作中未标明临摹自权利作品,也未指明项某某的姓名,却直接在被控侵权画作上标上自己的笔名及名章。彭某某的上述行为不属于合理使用,且会使人误以为被控侵权画作为彭某某自己独立创作的作品,严重影响项某某对自己作品的正常使用,损害了项某某的合法利益。故彭某某的上述行为侵害了项某某对《普渡四海》《贵妃醉酒》《嫦娥奔月》《意气千秋》《唯有牡丹真国色,花开时节动京城》享有的署名权、复制权、发行权。

中国画题款、印章与画面内容往往紧密结合,成为一幅美术作品不可或缺的组成部分。彭某某在被控侵权画作中将项某某涉案美术作品的题款和印章删除,在不同的位置又加盖上了不同的印章,在画面其他位置另行书写题跋,且对画面细节进行删减和着色,侵害了项某某对涉案美术作品享有的修改权和保护作品完整权。

彭某某在其新浪博客"鬼才田七慈善佛缘"博客中发布《【典藏出炉】鬼才田七2009慈善佛缘作品一帖收》一文,在文章中上传《弹指挥间悲又喜》《珠光莲华》《胜寒高处几》的行为,使相关公众可以在个人选定的时间和地点获得作品,已构成对项某某《普渡四海》《贵妃醉酒》《嫦娥奔月》美术作品享有的信息网络传播权的侵害。彭某某在该博客发布的《鬼才田七创作大型〈追逐仕女八美图〉(局部)》等文章中,上传其创作《追逐仕女八美图》的照片、与他人在《踏青芳草间》前合影的照片,无论彭某某在网络上上传包含上述2幅画作照片的主观目的如何,客观上其上传照片的行为,已使相关公众可以在个人选定的时间和地点获得《追逐仕女八美图》《踏青芳草间》的全部或部分,该行为构成对项某某《唯有牡丹真国色,花开时节动京城》美术作品享有的信息网络传播权的侵害。

另外,域名为"360doc.com"的网站、凤凰网、中国网的相关报道并非彭某某所为,上述网站上传彭某某画作的行为,并非彭某某对项某某涉案作品信息网络传播权的侵害。人民网、凤凰网等网络媒体及印刷品《佛缘》《诸法空相》中虽多次显示彭某某在10余个国家或地区举办画展,但在案证据尚未显示彭某某参展的画作中包括涉案6幅被控侵权的画作。故在案证据尚不足以证明彭某某侵害了项某某对涉案美术作品享有的展览权。

如前所述,彭某某的被控侵权行为侵害了项某某对涉案美术作品享有的署名权、修改权、保护作品完整权、复制权、信息网络传播权、发行权的侵害,应为此承担赔礼道歉、赔偿损失的民事责任。对于损害赔偿的数额,法院将综合考虑涉案侵权行为的具体情节、彭某某的主观过错程度、涉案美术作品的独创性程度及艺术价值等因素,酌情予以确定。对于项某某关于彭某某在《法制日报》刊登声明以赔礼道歉的诉讼请求,法院予以支持。

对于项某某要求销毁画作《弹指挥间悲又喜》《珠光莲华》《胜寒高处几》《忠义无敌》《追逐仕女八美图》的主张,其可通过主张停止侵权等民事责任的承担方式获得救济,在本案中要求彭某某销毁侵权画作的诉讼主张,超出了彭某某应承担民事责任的必要范围。故基于对绘画学习基本规律的理解与尊重,结合对本案中彭某某应承担民事责任的必要范围的考量,法院对项某某关于销毁被控侵权画作的诉讼请求不予支持。

> **案件解析**

本案比较突出的争议点为:(1)彭某某临摹项某某的作品是否侵犯项某某的著作权;(2)彭某某的临摹行为是否为对项某某作品的复制。

一、彭某某临摹项某某的作品是否侵犯项某某的著作权

《著作权法实施条例》(2013)第21条规定:"依照著作权法有关规定,使用可以不经著作权人许可的已经发表的作品的,不得影响该作品的正常使用,也不得不合理地损害著作权人的合法利益。"

本案中,彭某某临摹项某某的美术作品,将临摹后的美术作品上传至其博客等网络空间,并出版成册,同时将部分临摹作品印制成邮政明信片发行,前述行为均未指明权利人姓名,反而署自己名称。该行为已经严重超出合理使用的范围,影响原告对作品的正常使用,损害了原告的合法利益,违返《著作权法实施条例》的相关规定,侵犯原告享有的署名权、复制权、发行权。

二、关于彭某某的临摹行为是否为对项某某作品的复制

《著作权法》(1990)第52条第1款规定,本法所称的复制,指以印刷、复印、临摹、拓印、录音、录像、翻录、翻拍等方式将作品制作一份或者多份的行为。该规定将临摹作为了复制的一种方式。《著作权法》(2001)将该规定调整到第10条第1款第5项(现行法未再做出调整),与《著作权法》(1990)第52条第1款规定基本相同,但删去了"临摹"。

全国人大常委会法制工作委员会编写的《中华人民共和国著作权法释义》在对《著作权法》(2001)第10条第1款第5项复制权进行解释时特地对将临摹从复制具体的行为方式中删除做出解释:"此条此项规定与修改前《著作权法》规定基本相同,但删去了原有的'临摹'。这是因为临摹的情况比较复杂,有的是复制,有的是创作,必须区别对待,不能都认为是复制。"因此,将临摹行为从复制的具体行为方式中予以删除,系考虑到临摹行为的复杂性,有的是复制,有的是创作,亦有可能为改编。因此,某一种临摹是属于复制还是其他行为,应该根据其是增加了独创性的表达还是单纯再现了原作品或者保留了原作品的基本表达来判断。

具体到本案,彭某某临摹的美术作品与原告作品区别过于细微,视觉差异很小,不能体现出带有彭某某的个性的劳动成果,彭某某涉案临摹行为属于对原告作品的复制。

第四节 再现音乐喷泉喷射效果不属于合理使用

51. 杭州西湖风景名胜区湖滨管理处等与北京中科水景科技有限公司著作权纠纷案[①]

▶ 案件影响

入选"2018年度北京法院知识产权司法保护十大案例"。

---

① 杭州西湖风景名胜区湖滨管理处等与北京中科水景科技有限公司著作权纠纷案,北京市海淀区人民法院民事判决书,(2016)京0108民初15322号;杭州西湖风景名胜区湖滨管理处等与北京中科水景科技有限公司著作权纠纷再审案,北京知识产权法院民事判决书,(2017)京73民终1404号;杭州西湖风景名胜区湖滨管理处等与北京中科水景科技有限公司著作权纠纷案再审审查与审判监督,北京市高级人民法院民事裁定书,(2018)京民申4672号。

裁判要旨

对设置或者陈列在公共场所的艺术作品进行临摹、绘画、摄影、录像,属于合理使用。

本案突破一般认知下将静态的、持久固定的造型艺术作为美术作品的概念束缚,将涉案音乐喷泉喷射效果的呈现认定为美术作品的保护范畴。在西湖建设相关设施、配置相应软件后再现了涉案音乐喷泉喷射效果的呈现,不符合合理使用范围。

【关键词】

音乐喷泉;作品;美术作品;独创性;智力成果

【当事人】

再审申请人(上诉人、一审被告):北京中科恒业中自技术有限公司(以下简称中科恒业公司);

再审申请人(上诉人、一审被告):杭州西湖风景名胜区湖滨管理处(以下简称西湖管理处);

被申请人(被上诉人、一审原告):北京中科水景科技有限公司(以下简称中科水景公司)。

一审案件事实

一、有关作品权属的证据和事实

中科水景公司提供国家版权局作品登记证书,显示作品名称:《水上花园》——音乐喷泉系列作品;作品类别:电影和以类似摄制电影方法创作的作品;制片者:中科水景公司;著作权人:中科水景公司;创作完成时间:2014年4月15日;首次公映时间:2014年4月25日;登记日期:2016年4月28日。该系列作品从2014年3月开始创作,最终于2014年4月15日正式完成。

2016年4月12日,青岛世园公司向中国建筑金属结构协会喷泉水景委员会(以下简称喷泉水景委员会)出具的推荐函主要内容为:中科水景公司在青岛世界园艺博览会天水湖音乐喷泉项目中施工组织专业,售后服务周到,所编创的"音乐喷泉编曲节目"艺术感染力强、效果震撼,得到了广大市民与游客的大量好评。喷泉水景委员会向中科水景公司颁发"中国喷泉水景行业设计创新奖"。

中科水景公司与同方公司2013年10月22日曾签订《工程项目合作协议》,主要内容为:双方参与投标的2014青岛世界园艺博览会天水喷泉景观工程,经双方共同努力业主将该工程施工合同授予同方公司。在同方公司与业主正式签订合同协议后,双方另行签订施工分包协议,同方公司将主合同项下全部工程的施工工作转交中科水景公司承担。

青岛市政公司(甲方)与同方公司(乙方)签订《青岛市建设工程施工合同》,中科水景公司以此证明同方公司与青岛市政公司对于20首音乐喷泉编曲的著作权未作约定,其相关"音乐喷泉作品"的著作权应为实际创作人即中科水景公司所有。

中科水景公司向喷泉水景委员会求证,请其就音乐喷泉工程中"乐曲的喷泉编辑""水幕视频""视频综合水舞秀"的含义进行解释。喷泉水景委员会称:(1)乐曲的喷泉编辑:音乐乐曲的喷泉编辑又称音乐喷泉编曲、音乐水舞编排等,是指设计师根据乐曲的节奏、旋律、内涵、情感等要素,对音乐喷泉的各种类型的喷头、灯光等装置进行编排,实现设计师所构思的各种喷泉的动态造型、灯光颜色变化等效果,设计师利用这些千姿百态喷泉的动态造型与音乐结合在一起进行艺术形象的塑造,用来表达音乐情感,整个喷泉编辑的过程是思考的过程,也是艺术创作的过程。(2)水幕视频:水幕视频又称水幕电影影像,是指利用影视拍摄、计算机图像制作等技术手段制成的,用于以水幕为介质的投影影像视频。水幕视频一般为业主根据自己的需求进行定制或特制。(3)视频综合水舞秀:以水幕视频的影像为核心(影像一般为业主当地的文化符号),融入喷泉、灯光等表演元素的综合秀。

2015年5月10日,青岛世园公司出具《专有许可使用授权书》,内容为:青岛世界园艺博览会天水音乐喷泉工程设计方案等知识产权(含著作权等)归属本公司所有。本公司特许可中科水景公司以专有许可的使用方式在区域内使用上述设计方案,被授权人使用上述设计方案应以不侵害授权人的合法权益为前提。许可期限自设计方案完成之日起至2018年12月31日止。被授权人以商业目的使用上述设计方案的,应征得授权人的书面同意。同时,被授权人有权以其自身名义对侵犯该设计方案知识产权的侵权人单独提起诉讼。2016年7月13日,青岛世园公司提供证明,证明中科水景公司向一审法院提供的《倾国倾城》音乐喷泉对比视频、《风居住的街道》音乐喷泉对比视频中的青岛世界园艺博览会天水音乐喷泉的影视资料确为天水音乐喷泉的实景拍摄,以上两首曲目的音乐喷泉在世博园开园后就一直作为经典曲目对外进行展示。

中科恒业公司提供天水喷泉景观设计方案招标中标结果公示等网络截屏打印件,(2016)京海诚内民证字第13874、14464号公证书,显示2014青岛世界园艺博览会天水喷泉景观设计方案的招标人是青岛市政公司,中标人为同方公司,该项目采用单一来源采购方式。中科恒业公司以此主张中科水景公司并非知识产权人。

中科恒业公司提供青岛世园公司关于征询函的复函,主要内容为:(1)关于相关文件的情况说明。征询函中所述3份材料(推荐函、证明、《专有许可使用授权书》)确由中科恒业公司出具。推荐函中所述内容:"……在青岛世界园艺博览会天水湖音乐喷泉项目中施工组织专业,售后服务周到,所编音乐喷泉编曲节目艺术感染力强、效果震撼……",证明中所说的"施工"是指后续维保过程中的维修施工以及为了后续世园提升水景效果所做的设备改造施工。证明中所述内容,《倾国倾城》及《风居住的街道》2首曲目确为世博园天水喷泉的部分播放曲目。出于宣传及维权成本的考虑,青岛世园公司2015年5月10日向中科水景公司出具了《专有许可使用授权书》,综合考虑当前情况,该公司现终止上述授权。对于任何侵犯青岛世博园喷泉项目知识产权的行为,青岛世园公司保留追究其法律责任的权利。(2)关于青岛世界园艺博览会天水喷泉的施工方。天水喷泉项目的施工方为同方公司,系按合法合规程序所确定的。截至目前,我司尚未发现在上述过程中代建单位、招标代理单位、设计方案中标单位、项目施工单位等存在贵所《询证函》所述的违法违规问题。尽管此类违法违规的法律责任与业主单位不存在关联性,但若贵所掌握相关违法违规事实及证据,欢迎与我司联系,我司愿意与贵司共同为维护社会主义和谐社会的法治化进程尽应尽的社会责任。

西湖管理处曾向同方公司发去求证函,向其求证:(1)同方公司是不是青岛世博园天水音乐喷泉的唯一设计中标人和实施中标人?是否与招标人签订了相关合同并履行了全部合同内容?(2)有关青岛世博园天水音乐喷泉项目的著作权、版权、设计使用权等的归属,是归同方公司还是招标人?在相关文书中是否有过明确?同方公司回函称:(1)青岛世界园艺博览会天水音乐喷泉景观项目实施合同是由我公司与招标人青岛市政公司签订,我公司已履行完合同约定的全部义务,项目已验收并移交青岛世园公司。(2)青岛世界园艺博览会天水音乐喷泉的景观设计方案招标系我公司中标。之后,我公司与青岛市政公司签订《2014青岛世界园艺博览会天水音乐喷泉景观设计方案协议书》,其中第7.1条款对知识产权的归属约定:该项目全部方案设计的著作权、版权和设计使用权等其他知识产权相关权利均归主办单位及青岛市政公司所有。

二、有关侵权的证据和事实

2016年4月25日,中科水景公司向东方公证处申请进行保全证据公证。(2016)京东方内民证字第06476号公证书显示:2016年5月3日,登录互联网,在地址栏输入http://v.youku.com/XXX,显示在"中科中自CSCA"频道上,有"视频:此景只应天上有——世界最美杭州西湖音乐喷泉(二)",播放可知喷泉曲目为《风居住的街道》,视频的右上角有:中科恒业公司。视频时长2分57秒,视频内容为西湖音乐喷泉表演《风居住的街道》一曲的音乐喷泉表演视频录像。在地址栏输入http://v.youku.com/XXX,显示在"中科中自CSCA"频道上,有"视频:此景只应天上有——世界最美杭州西湖音乐喷泉(四)",播放可知喷泉曲目为《倾国倾城》,视频的右上角有:中科恒业公司。视频内容为西湖音乐喷泉表演《倾国倾城》一曲的音乐喷泉表演视频录像。中科恒业公司、西湖管理处否认以上两个视频是其上传。西湖管理处表示西湖音乐喷泉从未演出过以上两首音乐喷泉曲目。

西湖管理处杨某等人曾参观过深圳招商房地产有限公司的海上世界音乐喷泉项目。(2016)京东方内民证字第06025号公证书显示:靳某点击登录其微信账号,搜索查找与杨某的微信聊天记录,杨某的部分微信内容提到:非常希望你们公司能参与到西湖喷泉的改造项目中来。看了三个喷泉,你们公司在技术、舞美编排上都已远胜刘总公司一筹。我们这次是邀请招标,打算邀请同方,你们和刘总公司参与竞标,希望是真正意义上的竞标。我们这几天会邀请你们和同方过来看现场和现有的设备情况。我们的希望是你们和刘总强强联手,参与西湖喷泉提升改造。靳某的微信聊天记录中提道:您要的视频和资料已经发您QQ邮箱了,查收下。(2016)京东方内民证字第06527号公证书显示:靳某点击登录其微信账号,搜索查找与杨某的微信聊天记录,点击"头像图标",靳某的微信中提到:杨主任,我这周真是压力很大,之前通知过的部门一直追我杭州的项目,然后这两天又传出刘总在研究我们的设备。公司对我很多质疑的声音。杨某的部分微信聊天记录提到:我们的发包形式到现在还没确定。我们发包肯定是整体发包的,不可能把舞美单独拎开的。我们指定要气动水膜,这是你们的专利,他也必须要跟你们谈的,到时你们可以作为条件交换。中科水景公司提供10元的通信服务费发票一张,证明公证书中的手机号码开户机主为杨某。(2016)京东方内民证字第06118号公证书显示:登录互联网,进入QQ邮箱相关个人邮箱,搜索"杨主任",选择并单击"包含杨主任的邮箱",在其中找到"中科水景相关视频"的邮件链接,点击下载保存。搜索"邵某",选择并单击"包含邵某的邮件",点击"中科水景简介"的邮件链接,下载并保存。

中科水景公司、中科恒业公司等参加了西湖三公园音乐喷泉提升完善项目的招标,最终中科恒业公司中标。西湖管理处提供招标核准登记表、《浙江日报》、建设工程报名表、中标通知书、资格审查报告、资格审查表等证据,主张中科水景公司将其他单位中标通知书作为自己的业绩提供,业绩虚假,不符合招标资格条件,因此未能中标。

浙江卫视公共新闻频道曾有关于西湖音乐喷泉事件的专题采访视频,该节目中电视台采访了西湖管理处基建处的邵某。邵某承认在杭州西湖音乐喷泉改造前曾对青岛世界园艺博览会天水喷泉进行过考察,但否认拿了喷泉平面图和视频等核心资料,表示核心技术不是去看下就能拿到的,去看时也会带着摄像机去拍,回来比对分析。对记者有关两地音乐喷泉就《倾国倾城》《风居住的街道》两首音乐喷泉曲目在呈现方式、喷泉编排效果等方面相似的提问,其表示仔细去看会有不同,刻意放大肯定会有相同的地方,不少水型国外早就有,只是借鉴,没有抄袭,是完全不一样的东西,是相互学习的过程,而不是抄袭的过程。

吴某某出具证言称,《倾国倾城》《风居住的街道》音乐喷泉编曲作品属于行业的标杆性作品,具有独创性和艺术性。吴某某在观看了西湖音乐喷泉的《倾国倾城》《风居住的街道》音乐喷泉编曲的表演视频后,发现与中科水景公司为青岛世园公司创作的音乐喷泉编曲作品的表演内容相一致,系抄袭中科水景公司的作品。行政判决书显示,吴某某作为委托代理人的杭州明珠音乐喷泉有限公司曾与西湖管理处有过纠纷。西湖管理处、中科恒业公司对其证言以存在利害关系为由不予认可。

一审法院组织双方当庭将前述优酷网站视频中的西湖音乐喷泉与青岛世界园艺博览会天水喷泉的《倾国倾城》《风居住的街道》音乐喷泉效果进行播放和比对,可见二者对于喷泉水流、水型、水柱跑动方向的编排顺序、气爆、水膜、灯光、节奏的变化编排,音乐韵律变化与喷泉动态造型的具体配合及以上喷射效果、意象的整体效果等方面存在较大相似性。

三、有关损失的证据

中科水景公司提供相关媒体报道,主张西湖音乐喷泉广受关注,大量媒体对其进行了报道,使社会公众误认为青岛世界园艺博览会天水喷泉是抄袭杭州西湖而来,给其造成了严重的不良影响。报道中并无公众认为青岛世界园艺博览会天水喷泉相关曲目是抄袭杭州西湖音乐喷泉而来的相关内容。

中科水景公司提供委托代理合同、公证费发票、律师费发票、交通费发票、住宿费发票等证据,主张其为本案支付了合理支出63,251.6元。

一审原告诉请

中科水景公司向一审法院起诉请求:

1. 中科恒业公司、西湖管理处立即停止使用中科水景公司所创作的《倾国倾城》《风居住的街道》音乐喷泉作品。

2. 中科恒业公司、西湖管理处于曾就侵权成果进行宣传的如下媒体进行公开道歉(《杭州日报》、《钱江晚报》、《都市快报》、浙江在线、参考消息、人民网、新浪新闻、凤凰网新闻、新蓝网、新华社、《中国青年报》、北青网、大河网、杭州电视台、浙江卫视、浙江之声)。

3. 中科恒业公司、西湖管理处赔偿中科水景公司经济损失20万元。

4. 中科恒业公司、西湖管理处赔偿中科水景公司合理支出8万元。

一审裁判结果

一审法院判决如下：

1. 被告中科恒业公司、西湖管理处停止涉案侵权行为,停止使用原告中科水景公司创作的《倾国倾城》《风居住的街道》音乐喷泉作品。

2. 被告中科恒业公司、西湖管理处向原告中科水景公司公开致歉。

3. 被告中科恒业公司、西湖管理处向原告中科水景公司赔偿经济损失及诉讼合理支出共计90,000元。

一审裁判理由

本案中,中科水景公司提供了著作权登记证书、推荐函、证人证言等证据,两被告无相反证据加以反驳,一审法院确认中科水景公司对涉案作品享有著作权,有权提起本案诉讼。

对于音乐喷泉作品属于何种类型作品的问题。一审法院认为,《著作权法》规定的具体作品类型中,并无音乐喷泉作品或音乐喷泉编曲作品这种作品类别,但这种作品本身确实具有独创性,将所选定的特定歌曲所要表达的意境与项目的水秀表演装置结合,根据音乐的时间线进行量身定制设计,设计师根据乐曲的节奏、旋律、内涵、情感等要素,对音乐喷泉的各种类型的喷头、灯光等装置进行编排,实现设计师所构思的各种喷泉的动态造型、灯光颜色变化等效果,将这些千姿百态喷泉的动态造型与音乐结合在一起进行艺术形象的塑造,用来表达音乐情感、实现喷射效果。可见,整个音乐喷泉音乐作品进行舞美、灯光、水型、水柱跑动等方面编辑、构思并加以展现的过程,是一个艺术创作的过程,这种作品应受到著作权法的保护。一审法院认为,音乐喷泉作品所要保护的对象是喷泉在特定音乐配合下而形成的喷射表演效果和具有美感的独特视觉效果。

故中科水景公司所主张的喷射表演效果属于该类作品的著作权保护范围。

将优酷网站视频中的西湖音乐喷泉作品《倾国倾城》《风居住的街道》与青岛世界园艺博览会天水喷泉的《倾国倾城》《风居住的街道》音乐喷泉作品的效果进行比对,发现存在较大的相似性,故一审法院认定二者之间构成实质性相似。公证书显示,相关视频存在于优酷网的"中科中自CSCA"频道,视频的右上角有:中科恒业公司,标注为"世界最美杭州西湖音乐喷泉",综合分析相关因素,一审法院认定以上视频是中科恒业公司制作并上传,作为该公司商业形象的宣传手段。考虑到中科恒业公司、西湖管理处曾接触过中科水景公司的相关喷泉视频、资料,西湖音乐喷泉相关曲目的喷射效果与中科水景公司享有著作权的喷泉音乐作品构成实质性相似,一审法院认定中科恒业公司、西湖管理处构成侵犯著作权,应承担停止侵权、赔偿经济损失及合理支出、公开致歉的民事责任,具体数额及致歉范围根据本案的具体情况予以确定。西湖管理处辩称其属于合理使用,一审法院认为,本案并不属于合理使用的情形,西湖管理处的相关辩称不能成立。

二审案件事实

二审查明事实与一审相同。二审法院另查明。

1. 中科水景公司与中国音乐著作权协会签订许可协议,约定自2014年4月25日起在"2014青岛世界园艺博览会天水音乐喷泉"内以播送背景音乐方式使用中国音乐著作权协会管理的音乐作品。《倾国倾城》《风居住的街道》音乐作品属于中国音乐著作权协会管理的音乐作品的范围。

2. "《水上花园》——音乐喷泉系列作品"的作品说明书后附有《倾国倾城》《风居住的街道》喷泉编辑所使用的音乐喷泉控制系统界面截图,其左侧部分显示"青岛世界园艺博览会天水工程",其中的"曲目列表"中有《倾国倾城》《风居住的街道》。

3. 2016年11月25日,中科水景公司出具情况说明称:中科水景公司就青岛世界园艺博览会天水喷泉项目与同方公司一共签订合作协议一份,分包协议三份。其中,三份分包协议约定的是设备采购、工程安装的内容,除此之外,没有签订任何合同,且上述三份合同没有涉及本案音乐喷泉编曲的著作权,因此,中科水景公司享有《倾国倾城》《风居住的街道》两首曲目的音乐喷泉编曲的著作权。其后附有中科水景公司与同方公司签订的三份分包合同,均显示承包人:同方公司;分包人:中科水景公司;双方以同方公司与青岛市政公司签订的《2014青岛世界园艺博览会天水喷泉景观实施项目施工合同》为依据达成协议。其中,第2014QDPQ-1号《青岛市建设工程施工分包合同》显示:工程规模及结构特征:天水喷泉景观实施项目管道工程施工部分安装调试与维修维保服务;开工日期:2014年4月1日;竣工日期:2014年4月25日。第2014QDPQ-2号《青岛市建设工程施工分包合同》显示:工程规模及结构特征:天水喷泉景观实施项目电气安装与调试及维修维保服务;开工日期:2014年4月1日;竣工日期:2014年4月25日。第2014QDPQ-5号《青岛市建设工程施工分包合同》显示:工程规模及结构特征:天水喷泉景观实施项目气爆及水膜安装工程;开工日期:2014年10月30日;竣工日期:2015年4月25日。三份协议中均未有著作权权属相关的约定。

4. 2015年12月31日,青岛市政公司出具《青岛世博园区基础设施相关知识产权归属证明》称:经法定程序,我司作为青岛世博园区基础设施代建单位参与世博园建设,并于2011年签订了《2014年青岛世博园艺博览会园区基础设施建设项目代建合同》及2013年7月签订了《2014年青岛世界园艺博览会园区基础设施建设项目代建补充协议》。我司按照上述代建合同和补充协议约定作为招标人组织了项目设计、施工及其他服务的招标工作。鉴于青岛世园公司为上述代建项目的业主单位,我司兹证明上述项目相关的招标文件及合同约定属于委托投标人或合同相对方创作的所有知识产权(含世博园区天水喷泉景观项目及其设计方案及由代建合同和补充协议所约定的我司代建的其他项目)随项目移交文件同时已移交给青岛世园公司所有。

5. 新蓝网·浙江网络广播电视台于2016年4月25日20时58分发布的题为《西湖音乐喷泉回来了!这样的夜西湖肯定会惊艳世界》的网页新闻报道并配《倾国倾城》音乐喷泉试喷视频的官方完整版和夜晚高清图片。文章中有"今天,我们放上官方完整版,角度更全更完美!是的,没错,西湖音乐喷泉要回来了!看试喷视频,简直美得不要不要的","自2015年10月8日关停进行升级改造,经过六个多月的紧张施工和调试,终于将在5月1日重新回到大家视野中","一直围着的湖滨三公园喷泉广场目前还在做环境扫尾工作,也将在4月29日起撤去围挡,以崭新面貌亮相","今天下午,新喷泉在各家媒体面前试演了一曲,尽管没有灯光,只有白色水柱,但是气场依然强大,水柱比以前有力且整齐得多,更有节奏感"等文字描述。

6. "中科中自CSCA"自频道的简介为:中科恒业公司,是一家从事音乐喷泉的设计与施工安装的专业公司,具有喷泉甲壹级资质。过往业绩有:杭州西湖音乐喷泉,内蒙鄂尔多斯大型音乐喷泉,西安大雁塔音乐喷泉,天安门金水河音乐喷泉,大连东港音乐喷泉等。

7.《钱江晚报》《都市快报》等媒体在关于西湖音乐喷泉的相关报道中显示,西湖音乐喷泉在 2016 年 5 月 1 日前处于围挡施工、调试阶段,在 2016 年 5 月 1 日喷放后暂停,至 2016 年 5 月 23 日恢复喷放,正式喷放曲目中无涉案音乐喷泉相关曲目。

在本案二审中,中科水景公司解释其编创涉案《倾国倾城》《风居住的街道》音乐喷泉的喷射效果的创作背景和创作过程为:首先,需要对表演主题进行分析,契合创作背景的要求。比如涉案《倾国倾城》乐曲的喷泉编辑是基于 2008 年奥运会期间青岛成为"倾国倾城:最值得向世界介绍的中国名城"的契机,青岛世界园艺博览会天水喷泉项目指定创作《倾国倾城》这一具有特殊意义的乐曲的喷泉编辑,与青岛这座城市密切相关。其次,在曲目确定后,水舞编程设计师团队需要解析音乐,对配合音乐情绪所需的灯光、色彩、水舞动作等安排进行整体构思和造型设计。再次,在音乐喷泉控制系统上,由编程人员将上述构思设计转换为符合实施性的程序命令,并将程序命令写入数控软件。最后,借助喷泉施工设备等硬件基础及音乐喷泉控制系统等程序平台,进行综合调试。

另外,在二审庭审过程中,当庭播放了中科水景公司经公证的优酷视频,并组织当事人分别就青岛世界园艺博览会天水喷泉的《倾国倾城》《风居住的街道》视频与公证的优酷视频进行了对比。中科水景公司认为:青岛世界园艺博览会天水喷泉视频与优酷视频仅有部分画面存在细微差别,整体上在音乐、灯光、色彩、水舞等配合下的音乐喷泉喷射效果是相同的。中科恒业公司和西湖管理处认为,青岛世界园艺博览会天水喷泉视频与优酷视频均非现场视频,是经人为编辑过的视频,此种对比不具有反映现场实况的连续性和真实性;而且,经过对比可以发现,二者仅是音乐节奏相同,因喷泉平面布局及使用设备和控制软件不同,视频的画面构成、灯光配色、连续画面变化趋势等均有不同。

以上事实,有《中国音乐著作权协会作品使用申请书》及许可协议、"《水上花园》——音乐喷泉系列作品"的作品说明书、情况说明、《青岛世博园区基础设施相关知识产权归属证明》、有关新蓝网·浙江网络广播电视台新闻报道的录像光盘及文字说明、"中科中自 CSCA"自频道简介、《钱江晚报》及《都市快报》等新闻报道等证据及当事人陈述等在案佐证。

二申上诉请求

中科恒业公司上诉请求:撤销一审判决,改判驳回中科水景公司的全部诉讼请求。

西湖管理处上诉请求:撤销一审判决、改判驳回中科水景公司的全部诉讼请求,或者发回一审法院重审。

二审裁判结果

一审判决对作品认定的定性正确,在作品类型认定上适用法律条款虽有不当,但并未影响结论。二审法院判决如下:驳回上诉,维持原判。

二审裁判理由

根据当事人的诉辩主张,针对如下焦点问题进行阐述。

一、关于涉案请求保护的权利载体的确定

虽然《倾国倾城》《风居住的街道》两首音乐作品是经过授权使用,并不在请求保护的范围。但是,伴随音乐的节奏、曲调、力度、速度等要素及其变化而呈现出的与乐曲相呼应的灯光、色彩、气爆、水膜等多样动态造型的变换却在保护的范围之内。因此,涉案请求保护的权利载体可以称为涉案音乐喷泉喷射效果的呈现。

二、关于本案能否适用《著作权法》(2010)第3条第9项规定的认定

一审判决认定涉案音乐喷泉喷射效果的呈现应受到著作权法的保护,但对于"该类作品"属于何种法定作品类型语焉不详。而从一审判决的法律适用来看,其选择了"法律、行政法规规定的其他作品"作为裁判依据。

对于常见客体而言,在认定其是否构成作品的同时就可明确其法定作品类型的归属。《著作权法》(2010)第3条首先列举8种典型的作品类型,并以"法律、行政法规规定的其他作品"兜底而为新类型作品预留了空间。但《著作权法释义》[1]针对"法律、行政法规规定的其他作品"解释时称:"这是指除了上述八项著作权的客体外,由法律、行政法规规定的著作权的其他客体。"《著作权法释义》明确强调了必须由法律、行政法规规定,这意味着在立法之初就明确限制了司法对该条款进行扩大解释适用。所以,在目前尚无法律、行政法规明确增加了其他具体作品类型的情况下,在司法裁判中适用该条款是立法明确排除的。因此,二审法院对一审判决适用"法律、行政法规规定的其他作品"的法律条款予以纠正。

三、关于涉案音乐喷泉喷射效果的呈现是否构成作品的认定

涉案音乐喷泉喷射效果的呈现是设计师借助声光电等科技因素精心设计的成果,

---

[1] 胡康生:《中华人民共和国著作权法释义》,法律出版社2002年版,第21页。

展现出一种艺术上的美感,属于"文学、艺术和科学领域内的智力成果"范畴;设计师通过对喷泉水型、灯光及色彩的变化与音乐情感结合的独特取舍、选择、安排,在音乐高亢时呈现出艳丽的色彩与高喷的水柱,在音乐舒缓时呈现出柔和的光点与缓和的摆动,柔美与高亢交相呼应,使观赏者能够感受到完全不同于简单的喷泉喷射效果的表达,具有显著的独创性;通过水型、照明、激光、投影、音响、监控等相应喷泉设备和控制系统的施工布局及点位关联,由设计师在音乐喷泉控制系统上编程制作并在相应软件操控下可实现同样喷射效果的完全再现,满足作品的"可复制性"要求。因此,涉案音乐喷泉喷射效果的呈现符合《著作权法实施条例》(2013)第2条规定的作品的一般构成要件,属于著作权法保护的作品的范畴。

四、涉案音乐喷泉喷射效果的呈现具有属于美术作品的解释余地

《著作权法实施条例》(2013)第4条第8项规定:美术作品,是指绘画、书法、雕塑等以线条、色彩或者其他方式构成的有审美意义的平面或者立体的造型艺术作品。涉案音乐喷泉喷射效果的呈现具有属于美术作品的解释余地。

法律的适用离不开法律的解释,没有正确的法律解释,就没有正确的法律适用。随着科学技术的不断发展,著作权客体的类型也会发生变化,立法当初不能预测的作品类型也是成文法天生的局限性所在。但是,成文法规定的概括性和抽象性也为法律适用提供了解释的空间。

从文义解释的角度看,《著作权法实施条例》(2013)有关"美术作品"的规定虽然由绘画、书法、雕塑列示其保护范畴,但"等"字意味着其并非是封闭的。根据"美术作品"的含义解析其构成要件,包括以下几个方面:第一,美术作品是"造型艺术作品",通过造型来进行思想的表达;第二,美术作品的构成要素可以是线条、色彩这些典型要素,但不排除其他方式;第三,美术作品具有审美意义,是一种具有美感的艺术性表达;第四,美术作品既可以是平面的呈现,也并不排除立体的形式。由此可见,《著作权法实施条例》(2013)有关"美术作品"的规定并未限制其表现形态和存续时间。虽然司法实践中出现的典型美术作品如绘画、书法、雕塑一般都是静态的、持久固定的表达,但是,法律规定的要件中并未有意排除动态的、存续时间较短的造型表达。涉案音乐喷泉喷射效果的呈现虽然不像传统的绘画、书法或者雕塑一样呈现静态的造型,其所展现的水型三维立体形态及投射在水柱上的灯光色彩变化等效果也并非持久地固定在喷泉水流上,但是,涉案音乐喷泉喷射效果的呈现是一种由优美的音乐、绚烂的灯光、瑰丽的色彩、美艳的水型等包含线条、色彩在内的多种要素共同构成的动态立体造型表达,这种美轮美奂的喷射效果呈现显然具有审美意义。在动静形态、存续时间长短均不是美术作品构成要件有意排除范围的情况下,认定涉案音乐喷泉喷射效果的呈现属于美术作品的保护范畴,并不违反法律解释的规则。

就法律解释的价值追求而言,进行法律解释时应当顺应著作权法的立法目的。著作权法通过对具有独创性的表达给予保护,鼓励文学、艺术和科学领域创作的积极性,促使更多高质量的作品得以产生和传播,丰富人民群众的精神文化生活。伴随着科学技术的发展,人们进行思想表达的载体随之扩展,创作的丰富性和多样性进而得到提升。在文学、艺术和科学领域,美的表达和呈现方式更是殊态异姿、各极其妍,甚至完全超乎以往形成的固有思维认知和概念体系。以前无法想象的素材选择、创作形式、表现样态等运用在美的创作中拓展出了前所未有的作品表现力和感染力。在这样一种文化大繁荣大发展的背景下,如果机械地拘泥于法律条文和惯常认知,不仅会囿于法律局限固步自封,而与立法原意相背离,而且将挫伤权利人积极投入和努力创造的动力,导致抄袭模仿盛行,最终影响广大公众从中受益。因此,法律的解释要顺应科技的发展、跟上时代的步伐。虽然喷泉的产生和发展历史悠久,但像涉案音乐喷泉喷射效果呈现的这样声、光、色、形俱美的艺术造型表达,在我国却是近几年随着人民精神生活的丰富才发展起来的。用袅袅动听的音乐寄托美、用婀娜多姿的水舞展现美、用绚丽斑斓的灯光衬托美、用灿烂缤纷的色彩描绘美,涉案音乐喷泉喷射效果的呈现将音乐的情感、灯光色彩的绮丽与水型的变换交织在一起,造就了美轮美奂的动态艺术造型表达。因此,突破一般认知下静态的、持久固定的造型艺术作为美术作品的概念束缚,将涉案音乐喷泉喷射效果的呈现认定为美术作品的保护范畴,有利于鼓励对美的表达形式的创新发展,防止因剽窃、抄袭产生的单调雷同表达,有助于促进喷泉行业的繁荣发展和与喷泉相关作品的创作革新。

五、关于涉案作品的著作权归属的认定

就涉案作品的权属问题,虽然根据同方公司对求证函的回函、青岛市政公司出具的《青岛世博园区基础设施相关知识产权归属证明》、青岛世园公司出具的《专有许可使用授权书》、青岛市政公司与同方公司签订的《青岛市建设工程施工合同》,可以认定相关合同和证明中对于青岛世界园艺博览会天水喷泉景观设计方案及视频综合水舞秀的权属明确作出了归属于青岛世园公司的约定。但是,并未明确"乐曲的喷泉编辑"的权属。由于喷泉水景委员会的解释中涉及的"乐曲的喷泉编辑""水幕视频""视频综合水舞秀"3个概念并不相同,可见"乐曲的喷泉编辑"与"视频综合水舞秀"分别具有各自的内涵。因此,相关合同中有关"视频综合水舞秀"权属的约定不能视为对"乐曲的喷泉编辑"权属的约定。同时,青岛市政公司与同方公司签订的《青岛市建设工程施工合同》中约定由同方公司提供不少于20首乐曲的喷泉编辑、提供3段不少于2分钟的水幕视频。由于约定中仅限定了水幕视频必须是同方公司自己创作,而未涉及20首乐曲的喷泉编辑,结合同方公司与中科水景公司签订《工程项目合作协议》《青岛市建设工程施工分包合同》约定分包事宜以及中科水景公司实际创作涉案作品的事实,可以推定同方公司将《倾国倾城》《风居住的街道》乐曲的喷泉编辑工作委托给了中科水景公司。《著作权法》(2010)第17条规定:"受委托创作的作品,著作权的归属由委托人和受托人通过合同约定。合同未作明确约定或者没有订立合同的,著作权属于受托人。"因此,在青岛市政公司与同方公司、同方公司与中科水景公司的相关合同中未对"乐曲的喷泉编辑"的著作权归属作出明确约定的情况下,由于中科水景公司实际创作了涉案作品,其著作权应归属于中科水景公司。中科恒业公司、西湖管理处虽主张涉案作品的著作权归属于青岛世园公司,但并未提供充分证据予以证明。故一审判决对于涉案作品的著作权归属认定正确,二审法院予以维持。

六、关于中科恒业公司、西湖管理处是否侵犯涉案作品的著作权以及责任承担的认定

根据现有证据可以证明中科恒业公司在西湖音乐喷泉试喷实现了如优酷视频所示的《倾国倾城》《风居住的街道》音乐喷泉喷射效果的呈现,并将其视频上传到了其优酷自频道中,西湖管理处对中科恒业公司在西湖音乐喷泉进行试喷的行为是应当知晓并认可的。而这种试喷行为,无论是向媒体展示,还是拍成视频上传网络供观看,即使是在西湖音乐喷泉提升改造的围挡施工和调试时期,也不能否定其公开使用性。

根据《著作权法》(2010)第47条第5项的规定,剽窃他人作品的,应当根据情况,承担停止侵害、消除影响、赔礼道歉、赔偿损失等民事责任。本案中,通过对比两视频可以发现,两视频的音乐喷泉喷射效果的呈现已经构成了实质性相似。依据现有证据可以认定公证的优酷视频所示的在西湖音乐喷泉喷放的《倾国倾城》《风居住的街道》音乐喷泉喷射效果的呈现即为涉案作品。中科恒业公司和西湖管理处未经中科水景公司许可在西湖音乐喷泉喷放涉案作品且未署名著作权人为中科水景公司,已经构成了《著作权法》(2010)第47条第5项规定的剽窃行为。

针对西湖管理处依据《著作权法》(2010)第22条第1款第9项的规定,认为其即使在西湖喷放涉案作品,但因未向游客收取费用,是免费表演,属于合理使用范畴的抗辩。二审法院认为,《著作权法》(2010)第22条所列举的"合理使用"的情形,是保护权利人与满足社会对知识、信息需求之间利益平衡的结果。合理使用行为的法定性,是为了避免权利人与使用人之间的权利冲突以及侵权风险的不确定性。本案中,西湖管理处通过喷放涉案作品的行为吸引潜在消费者、带动西湖旅游业发展、增加西湖管理处的相关利益,并不符合"免费表演"的要件。另外,与本案相关的还可能涉及《著作权法》(2010)第22条第1款第10项"对设置或者陈列在室外公共场所的艺术作品进行临摹、绘画、摄影、录像"而构成合理使用的问题。《最高人民法院关于审理著作权民事纠纷案件适用法律若干问题的解释》(2002)第18条规定:"著作权法第二十二条第(十)项规定的室外公共场所的艺术作品,是指设置或者陈列在室外社会公众活动处所的雕塑、绘画、书法等艺术作品。对前款规定艺术作品的临摹、绘画、摄影、录像人,可以对其成果以合理的方式和范围再行使用,不构成侵权。"而上述"以合理的方式和范围",在最高人民法院关于对山东省高级人民法院的《关于山东天笠广告有限责任公司与青岛海信通信有限公司侵犯著作权纠纷一案的请示报告》的复函中作出了明确:"《最高人民法院〈关于审理著作权民事纠纷案件适用法律若干问题的解释〉》第十八条,针对著作权法第二十二条第(十)项的规定作了司法解释,即对设置或者陈列在室外社会公众活动处所的雕塑、绘画、书法等艺术作品的临摹、绘画、摄影、录像人,可以对其成果以合理的方式和范围再行使用,不构成侵权。在此,对于'合理的方式和范围',应包括以营利为目的的'再行使用',这是制定该司法解释的本意。司法解释的这一规定既符合伯尔尼公约规定的合理使用的基本精神,也与世界大多数国家的立法例相吻合。"但是,中科恒业公司、西湖管理处所实施的行为是在西湖建设相关设施、配置相应软件后再现了涉案音乐喷泉喷射效果的呈现,而不是《著作权法》(2010)第22条第1款第10项所规定的对室外公共场所的艺术作品进行临摹、绘画、摄影、录像或对其成果以合理的方式和范围再行使用。故中科恒业公司、西湖管理处的行为并非是合理使用的范畴。

中科恒业公司与西湖管理处应当承担停止侵权、消除影响、赔礼道歉、赔偿损失等民事责任。一审判决对赔偿数额进行酌定并判决中科恒业公司、西湖管理处承担停止侵权、赔偿经济损失及合理支出共计9万元、公开致歉的民事责任并无不妥,二审法院予以维持。

再审案件事实

再审查明事实与一、二审相同。

再审诉讼请求

中科恒业公司申请再审：请求撤销北京知识产权法院作出的(2017)京73民终1404号民事判决，改判驳回中科水景公司的诉讼请求。

西湖管理处申请再审：请求撤销北京知识产权法院作出的(2017)京73民终1404号民事判决，改判驳回中科水景公司的诉讼请求。

再审裁判结果

再审法院裁定如下：

1. 驳回中科恒业公司的再审申请。
2. 驳回西湖管理处的再审申请。

再审裁判理由

本案中，中科水景公司明确其请求保护的对象是其舞美设计、编曲造型、各种意象和装置配合而形成的喷泉在特定音乐背景下形成的喷射表演效果。二审法院据此将涉案请求保护的权利载体概括为涉案音乐喷泉喷射效果的呈现，并无不当。当事人请求著作权法保护的对象是否属于著作权法保护的作品以及属于何种作品类型，属于法院审查的范围。由于中科水景公司并未就其在本案中请求保护的权利载体属于何种作品类型予以明确，二审法院根据对作品一般构成要件、美术作品构成要件、作品类型分类的作用及立法精神的理解，通过法律解释的方法，考虑到涉案音乐喷泉喷射效果的呈现是一种音乐、灯光、色彩、水型等包含线条、色彩在内的多种要素共同构成的动态立体造型表达，这种喷射效果的呈现显然具有审美意义，据此认定涉案音乐喷泉喷射效果的呈现属于美术作品的保护范畴。上述认定系在遵循法律解释规则的前提下，将具体案件中请求保护的作品表达形式归类为最相类似的作品类型。二审法院的上述认定具有事实及法律依据，并不构成严重违反法定程序或剥夺当事人陈述权利的情形。二审法院根据中科水景公司提交的著作权登记证书以及其对创作过程的描述，认定中科水景公司系涉案作品的作者，在同时考虑到其与委托方未就"乐曲的喷泉编辑"著作权归属进行约定的情况下，认定其享有涉案作品的著作权，并无不当。中科恒业公司的相关主张缺乏证据支持和法律依据，再审法院不予支持。

在认定涉案作品权属的基础上，二审法院根据中科水景公司的举证及双方当事人的陈述,认定中科恒业公司与西湖管理处未经许可在西湖音乐喷泉喷放过程中再现了涉案作品,且该行为不属于《著作权法》规定的合理使用的范畴。二审法院的相关认定符合民事诉讼的优势证据原则以及著作权法的相关规定,应当予以确认。中科水景公司与西湖管理处虽然对二审法院的相关认定不予认可,但未提供相反证据推翻二审判决的相关事实认定,且其主张与法律规定不符,故再审法院不予支持。

> 案件解析

本案涉及的典型问题为:(1)涉案音乐喷泉喷射效果属于何种法定作品类型;(2)被告对涉案音乐喷泉的使用是否属于合理使用范围。

一、关于涉案音乐喷泉喷射效果属于何种法定作品类型

从本案一、二审的判决结果可以看出,在2020年《著作权法》修改前,我国著作权客体范围是开放式还是相对封闭式是有不同观点的。修改前的《著作权法》(2010)第3条对作品的类型进行了明确的列举,在该条最后第9项规定了兜底条款:法律、行政法规规定的其他作品。这样虽然在著作权客体立法方面留有一定的弹性空间,但对该弹性空间也进行了较大的限制。随着科学技术的发展,出现了许多新型的创作,而这些创作并不在《著作权法》明确规定的作品范围之内,如本案的音乐喷泉,如烟花秀、体育赛事等。但该类创作作为有独创性的智力创新成果亟待受到保护。

《著作权法》(2020)将第3条第9项修改为"符合作品特征的其他智力成果",这就确定了我国著作权保护客体的范围具有开放性的特点,一些新类型的创作成果将能得到更合理的保护。

《著作权法实施条例》(2013)第2条规定,著作权法所称作品,是指文学、艺术和科学领域内具有独创性并能以某种有形形式复制的智力成果。可见,构成作品的要素为:独创性、智力成果、可复制性。

具体到本案,涉案音乐喷泉喷射效果完全满足智力成果、独创性、可复制性的要求,属于著作权法保护的作品的范畴。

该案二审及再审审理时,法律、行政法规并未对音乐喷泉喷射效果这一智力成果作出任何规定,因此只能根据音乐喷泉喷射效果的特点、表现形式等以最相近的著作权客体类型来判断音乐喷泉喷射效果的法定类型。二审法院认为美术作品中动静形态、存续时间长短均不是其构成要件有意排除的范围,涉案音乐喷泉喷射效果的呈现是一种由优美的音乐、绚烂的灯光、瑰丽的色彩、美艳的水型等包含线条、色彩在内的多种要素共同构成的动态立体造型表达,这种美轮美奂的喷射效果呈现显然具有审美意义,因此突破一般认知下静态的、持久固定的造型艺术作为美术作品的概念束缚,将涉案音乐喷泉喷射效果的呈现认定为美术作品的保护范畴。

《著作权法》(2020)不再局限于原《著作权法》明确列举的客体及"法律、行政法规规定的作品"的限制,新类型的智力成果将更加合理地受到保护。

二、被告对涉案音乐喷泉的使用是否属于合理使用范围

本案合理使用的范围涉及《著作权法》(2010)第22条第1款第9项、第10项。

被告西湖管理处依据《著作权法》(2010)第22条第1款第9项的规定,认为其即使在西湖喷放涉案作品,但因未向游客收取费用,是免费表演,属于合理使用范畴。但《著作权法》(2010)规定的"合理使用"系保护公共利益为目的,而本案西湖管理处通过喷放涉案作品的行为吸引潜在消费者、带动西湖旅游业发展、增加西湖管理处的相关利益,不符合"免费表演"的要件,因此不符合《著作权法》(2010)第22条第1款第9项的规定。

被告中科恒业公司、西湖管理处所实施的行为是在西湖建设相关设施、配置相应软件后再现了涉案音乐喷泉喷射效果的呈现,不符合《著作权法》(2010)第22条第1款第10项规定的对室外公共场所的艺术作品进行临摹、绘画、摄影、录像4种方式之一,不符合该项合理使用范围。

综上所述,被告中科恒业公司、西湖管理处的行为并非是合理使用的范畴。

第五节
客观上不宜署著作权人姓名属于合理使用

52. 速某某与南京夫子庙旅游商务管理有限公司等著作权纠纷案[①]

▶ 裁判要旨

对设置或者陈列在公共场所的艺术作品进行临摹、绘画、摄影、录像,属于合理使用。

在合理使用范围内,鉴于《灯彩秦淮》壁画上未署原告姓名,故被告夫子庙旅游商务公司和第三人秦淮灯彩公司在使用部分画面制作彩灯时,客观上不宜署原告姓名。

【关键词】

合理使用;署名;公共场所;彩灯;部分画面

【当事人】

原告:速某某;

被告:南京夫子庙旅游商务管理有限公司(以下简称夫子庙旅游商务公司);

被告:南京夫子庙文化旅游集团有限公司(以下简称夫子庙文旅集团);

第三人:南京秦淮灯彩文化发展有限公司(以下简称秦淮灯彩公司)。

▶ 案件事实

原告速某某系涉案《灯彩秦淮》作品的作者,拥有著作权。《灯彩秦淮》被使用在南京市地铁三山街地铁站行人走廊,该作品没有署名作者。法庭要求原告庭后3日内向其说明涉案《灯彩秦淮》作品是不是为了地铁站创作,并提交与地铁公司之间的合同,庭后原告未就此回答法庭,亦未提交合同。

被告夫子庙旅游商务公司委托第三人秦淮灯彩公司在第31届中国秦淮灯会上制

[①] 速某某与南京夫子庙旅游商务管理有限公司、南京夫子庙文化旅游集团有限公司著作权权属、侵权纠纷案,南京铁路运输法院民事判决书,(2018)苏8602民初162号。

作的花灯中使用了原告《灯彩秦淮》中7个局部画面,该花灯位于南京大成殿门前,属于不收费的区域。灯会结束后,涉案彩灯即已拆除。

原告诉请

原告请求法院判令:

1. 被告在《现代快报》《扬子晚报》第1版显著位置,在龙虎网、被告夫子庙文旅集团官方网站首页显著位置,连续发表为期30天的致歉声明。
2. 被告赔偿原告经济损失及合理费用30万元。
3. 被告承担本案全部诉讼费用。

裁判结果

法院判决如下:驳回原告速某某的诉讼请求。

裁判理由

原告速某某系涉案《灯彩秦淮》作品的作者,其著作权依法受到保护。但《著作权法》(2010)第22条第1款规定,对设置或者陈列在室外公共场所的艺术作品进行临摹、绘画、摄影、录像,可以不经著作权人许可,不向其支付报酬,但应当指明作者姓名、作品名称,并且不得侵犯著作权人依照本法享有的其他权利。原告主张权利的作品《灯彩秦淮》从南京地铁一号线三山街站建成起,一直作为壁画展览在地铁行人走廊墙壁上,地铁站属于公共场所,相对于地铁站里面的房间而言,该走廊可以认定属于室外。故依照《著作权法》(2010)第22条的规定,被告夫子庙旅游商务公司和第三人秦淮灯彩公司在制作的彩灯上绘制、复制了《灯彩秦淮》壁画中部分画面,属于合理使用,可以不经过原告的许可,不向其支付报酬。鉴于《灯彩秦淮》壁画上未署原告姓名,故被告夫子庙旅游商务公司和第三人秦淮灯彩公司在使用部分画面制作彩灯时,客观上不宜署上原告姓名。灯会结束后,涉案彩灯已经拆除。故原告诉称其作品复制权、署名权被侵犯,亦无事实和法律依据,法院不予支持。

对于原告在庭审中还主张的其作品被侵犯展览权、修改权和保护作品完整权,法院认为,依照《著作权法》(2010)第10条第1款第8项规定,展览权即公开陈列美术作品、摄影作品的原件或者复制件的权利,本案系选取部分画面用于绘制秦淮花灯的鼓面,并非盗用原作用于公开展览,故原告诉称展览权被侵犯,没有事实和法律依据。《著作权法》(2010)第10条第1款第3项、第4项还规定,修改权,即修改或者授权他人修改作品的权利;保护作品完整权,即保护作品不受歪曲、篡改的权利,本案被告夫子庙旅游商务公司和第三人秦淮灯彩公司选取原告作品的部分画面用于绘制秦淮花灯,画面经比对,基本忠于原作,原告的作品没有受到修改,亦没有被歪曲和篡改。故原告诉称修改权和保护作品完整权被侵犯,没有事实和法律依据,法院亦不予支持。

> **案件解析**

本案的争议点在于被告使用原告《灯彩秦淮》作品的行为是否属于合理使用范围。

《最高人民法院关于审理著作权民事纠纷案件适用法律若干问题的解释》(2002)第18条规定:"著作权法第二十二条第(十)项规定的室外公共场所的艺术作品,是指设置或者陈列在室外社会公众活动处所的雕塑、绘画、书法等艺术作品。对前款规定艺术作品的临摹、绘画、摄影、录像人,可以对其成果以合理的方式和范围再行使用,不构成侵权。"

上述"以合理的方式和范围",在最高人民法院关于对山东省高级人民法院的《关于山东天笠广告有限责任公司与青岛海信通信有限公司侵犯著作权纠纷一案的请示报告》的复函中作出了明确:"《最高人民法院〈关于审理著作权民事纠纷案件适用法律若干问题的解释〉》第十八条,针对著作权法第二十二条第(十)项的规定作了司法解释,即对设置或者陈列在室外社会公众活动处所的雕塑、绘画、书法等艺术作品的临摹、绘画、摄影、录像人,可以对其成果以合理的方式和范围再行使用,不构成侵权。在此,对于'合理的方式和范围',应包括以营利为目的的'再行使用',这是制定该司法解释的本意。司法解释的这一规定既符合伯尔尼公约规定的合理使用的基本精神,也与世界大多数国家的立法例相吻合。"

具体到本案,被告使用原告《灯彩秦淮》作品的行为系在公共场所(地铁站),通过摄影的方式取得涉案作品,满足《著作权法》(2010)第22条第1款第10项关于公共场所、摄影的规定。但判断被告的使用行为是否属于合理使用范围还涉及另外两个方面:(1)应当指明作者姓名、作品名称;(2)被告系基于商业目的。

关于署名问题,法院认为,鉴于《灯彩秦淮》壁画上未署原告姓名,故被告和第三人在使用部分画面制作彩灯时,客观上不宜署原告姓名。

关于被告系基于商业目的,通过上述最高人民法院的复函可以得知,"合理的方式和范围",应包括以营利为目的的"再行使用"。

综上,被告对于涉案作品的使用完全符合《著作权法》(2010)第22条第1款第10项合理使用的构成要件,属于合理使用范围。

第六节 电影海报属于公共场所陈列的艺术作品

53. 华谊兄弟传媒股份有限公司与金某某等著作权纠纷案[①]

▶ **裁判要旨**

对设置或者陈列在公共场所的艺术作品进行临摹、绘画、摄影、录像,属于合理使用。

商标权和著作权产生权利冲突时,在先著作权人仍然有权对商标注册人、使用人提起民事诉讼,主张赔偿损失。如果认为只要一幅平面美术作品被置于公共场所,他人就可以在拍摄、绘画或临摹之后随意进行商业性使用,那么势必会构成与美术作品正常使用方式的冲突和影响著作权人的合法利益。

【关键词】

商标权;著作权;权利冲突;商业使用;公用场所

【当事人】

再审申请人(一审被告、二审上诉人):金某某;

再审申请人(一审被告、二审上诉人):永嘉县非诚勿扰婚姻介绍所(普通合伙)(以下简称非诚勿扰婚介所);

[①] 华谊兄弟传媒股份有限公司与金某某等著作权纠纷案,北京市朝阳区人民法院民事判决书,(2017)京0105民初57692号;金某某等与华谊兄弟传媒股份有限公司著作权权属、侵权纠纷二审案,北京知识产权法院民事判决书,(2019)京73民终2701号;永嘉县非诚勿扰婚姻介绍所等与华谊兄弟传媒股份有限公司著作权权属、侵权纠纷再审审查与审判监督民事裁定案,北京市高级人民法院民事裁定书,(2020)京民申5203号。

被申请人(一审原告、二审被上诉人):华谊兄弟传媒股份有限公司(以下简称华谊公司)。

一审案件事实

2008年12月18日,由华谊公司等多家单位出品的电影《非诚勿扰》在全国公映。电影公映前,电影及电影海报中使用了经过艺术加工处理的"非诚勿扰"四字作为电影标题。电影海报中署名编剧/导演冯某某,美术指导石某某,并有"2008华谊兄弟传媒股份有限公司 Media Asia Films(BVI) Ltd. 版权所有寰亚电影"标识。

2016年1月16日,冯某某、石某某与华谊公司签订协议书,称"电影《非诚勿扰》宣传发行中所使用的宣传海报(包括对电影标题的美术字形设计)的全部著作权归华谊公司所有"。2016年10月、11月,冯某某与石某某分别出具声明,称"2008年拍摄《非诚勿扰》时,冯某某和石某某共同完成了用于电影海报的'非诚勿扰'四个字的美术字形设计,并在当时约定其著作权归华谊公司享有"。

2009年2月16日,金某某向商标局申请注册"非诚勿扰"商标,2010年9月7日,该商标经商标局核准注册,注册有效期至2020年9月6日,该商标核定使用的服务类别为第45类,包括交友服务、婚姻介绍所等。

非诚勿扰婚介所系注册于2013年2月25日的普通合伙企业,金某某系合伙人之一。非诚勿扰婚介所于2015年12月1日注册了域名为 fcwrppls.cn 的网站宣传婚恋交友服务。非诚勿扰婚介所在该网站上多处使用了"非诚勿扰婚恋交友"字样,与金某某的"非诚勿扰"注册商标稍有不同。同时该网站上亦展示了金某某的注册商标,金某某认可将其注册商标许可给非诚勿扰婚介所使用。

一审原告诉请

原告请求法院:

1. 判决金某某、非诚勿扰婚介所金某某等二被告赔偿我公司经济损失100万元。
2. 判决金某某等二被告赔偿我公司维权合理费用31,010元。
3. 判决金某某等二被告在非诚勿扰婚恋交友网站上向我公司赔礼道歉。

一审裁判结果

一审法院判决如下：

1. 被告金某某赔偿原告华谊公司经济损失 2 万元,被告非诚勿扰婚介所在 1 万元范围内承担连带赔偿责任;

2. 被告金某某、被告非诚勿扰婚介所赔偿原告华谊公司制止侵权的合理开支 31,010 元。

一审裁判理由

经设计的"非诚勿扰"四个字,构成美术作品,应受著作权法保护。结合电影海报的署名及华谊公司取得著作权的协议书,一审法院认定华谊公司系"非诚勿扰"美术作品的著作权人,其对该美术作品享有的著作权受著作权法保护。

电影海报系为电影宣传而制作的美术作品,虽可能展示在室外,其使用具有一定的时效性,但并不属于设置或陈列在室外公共场所的艺术作品的范畴,因此金某某、非诚勿扰婚介所辩称的其系对"非诚勿扰"美术作品的合理使用,并无事实及法律依据。金某某未经华谊公司许可,将该美术作品注册为商标,侵害了华谊公司对该作品享有的著作权。非诚勿扰婚介所将与该美术作品相同及基本相同的字样展示在其经营的网站上,侵害了华谊公司对该作品享有的信息网络传播权。虽然金某某经核准注册"非诚勿扰"商标并享有该商标的专用权,但这并不改变其侵犯华谊公司"非诚勿扰"美术作品著作权的事实与定性,就使用"非诚勿扰"商标过程中的著作权侵权行为,金某某等二被告仍应依照《著作权法》的规定承担相应的法律责任。

华谊公司并非"非诚勿扰"美术作品的原始创作者,金某某、非诚勿扰婚介所涉案使用行为属商标使用行为,鉴于涉案侵权行为的方式,华谊公司主张赔礼道歉的法律责任,一审法院不予支持。对于赔偿损失的数额,一审法院酌情确定赔偿数额为 2 万元。将"非诚勿扰"美术作品申请为商标系金某某的个人行为,该部分侵权行为责任应由金某某个人承担,金某某许可非诚勿扰婚介所使用其注册的商标,就非诚勿扰婚介所网站上的侵权行为,金某某等二被告构成共同侵权,应承担连带责任。

二审案件事实

二审查明事实与一审相同。

二审上诉请求

金某某的上诉请求：

1. 请求撤销北京市朝阳区人民法院作出的(2017)京0105民初57692号民事判决书，改判驳回被上诉人华谊公司一审全部诉讼请求或发回重审。

2. 本案一、二审的全部诉讼费用由被上诉人华谊公司承担。

非诚勿扰婚介所的上诉请求：

1. 请求撤销北京市朝阳区人民法院作出的(2017)京0105民初57692号民事判决书，改判驳回被上诉人华谊公司一审全部诉讼请求或发回重审。

2. 本案一、二审的全部诉讼费用由被上诉人华谊公司承担。

二审审判结果

二审法院判决如下：驳回上诉，维持原判。

二审裁判理由

1. 涉案"非诚勿扰"经过美术设计，能够体现作者独特的构思和编排，符合创造性的要求，具有独创性，同时能单独复制并使用，符合《著作权法》及《著作权法实施条例》规定的作品条件，构成美术作品，应受著作权法保护。

2. 结合双方陈述的事实，在没有相反证据的情况下，根据冯某某、石某某的声明，可以认定涉案"非诚勿扰"系冯某某、石某某创作。

3. 本案中，华谊公司提交了冯某某、石某某与华谊公司签订的协议书，载明电影《非诚勿扰》宣传发行中所使用的宣传海报(包括对电影标题的美术字形设计)的全部著作权归华谊公司所有。华谊公司还提交了冯某某、石某某出具的声明，载明"非诚勿扰"四个字的美术字的著作权归华谊公司享有。根据上述事实，华谊公司享有涉案"非诚勿扰"的著作权，系涉案"非诚勿扰"的著作权人。

4. 金某某、非诚勿扰婚介所对涉案"非诚勿扰"的使用行为是否属于合法的商标性使用行为。

本案中涉案美术作品的形成时间应为2008年12月18日之前。2009年2月16日，金某某向商标局申请注册"非诚勿扰"商标，2010年9月7日，该商标经商标局核准注册，注册号为第7199523号，核定使用的服务类别为第45类，包括交友服务、婚姻介绍所等。经对比，涉案"非诚勿扰"与第7199523号注册商标标识中的"非诚勿扰"在字体、图形、排列、呼叫方面相同。华谊公司于2016年1月26日对该商标提出无效宣告请求，因超过商标法规定的争议期限而不可撤销。

尽管第7199523号注册商标与华谊公司享有在先著作权的涉案"非诚勿扰"发生权利冲突，但是华谊公司仍然有权在诉讼时效期间内对商标注册人、商标使用人提起民事诉讼，主张赔偿损失。金某某将涉案"非诚勿扰"申请为商标，金某某、非诚勿扰婚介所在其经营的非诚勿扰婚恋交友网站上未经许可以商业目的擅自使用涉案"非诚勿扰"的行为，并非合法的商标性使用行为，构成侵害华谊公司对涉案"非诚勿扰"的著作权，应当向华谊公司承担赔偿损失的法律责任。

5. 金某某、非诚勿扰婚介所涉案"非诚勿扰"的使用行为是否构成合理使用。

就本案而言，金某某、非诚勿扰婚介所主张，金某某将陈列在室外用于宣传的涉案电影《非诚勿扰》海报进行复制后，将海报上的涉案"非诚勿扰"申请注册商标，并由非诚勿扰婚介所在涉案网站进行宣传使用的行为，属于《著作权法》(2010)第22条第1款第10项规定的合理使用行为。

对此二审法院认为，《最高人民法院关于审理著作权民事纠纷案件适用法律若干问题的解释》(2002)第18条并未否认商业性使用属于合理使用，这是制定该司法解释的本意。涉案"非诚勿扰"属于平面美术作品，华谊公司为宣传，将印有涉案"非诚勿扰"的海报悬挂于室外公共场所，属于《最高人民法院关于审理著作权民事纠纷案件适用法律若干问题的解释》第18条规定的设置或者陈列在室外公共场所的艺术作品。如果认为只要一幅平面美术作品被置于公共场所，他人就可以在拍摄、绘画或临摹之后随意进行商业性使用，那么势必会严重影响美术作品著作权人对他人发放许可，并威胁到其收入来源，会构成与美术作品正常使用方式的冲突和影响著作权人的合法利益。

综上，金某某、非诚勿扰婚介所的使用行为，不属于《著作权法》(2010)第22条规定的合理使用行为，其行为不合理地损害了华谊公司对涉案"非诚勿扰"的合法利益，应当承担侵权的法律责任。

6. 一审法院酌情确定金某某承担赔偿经济损失的数额为2万元，非诚勿扰婚介所在1万元的范围内承担连带责任，并无不当，二审法院予以维持。关于合理支出，一审法院认定金某某和非诚勿扰婚介所赔偿华谊公司合理支出，数额并无不当，二审法院予以维持。

再审案件事实

再审查明事实与一、二审相同。

再审诉讼请求

金某某、非诚勿扰婚介所请求:撤销一、二审判决,改判驳回华谊公司的诉讼请求。

再审裁判结果

再审法院裁定如下:驳回金某某、非诚勿扰婚介所的再审申请。

再审裁判理由

北京市高级人民法院认为:涉案"非诚勿扰"经过设计在整体外观上体现了作者特有的选择和安排,具有审美意义,构成美术作品。

根据冯某某、石某某出具的说明和 2016 年 1 月 16 日签订的协议书,可以认定华谊公司委托冯某某、石某某创作了涉案"非诚勿扰",同时约定该作品著作权归属华谊公司。

金某某在电影《非诚勿扰》上映后,未经许可将涉案"非诚勿扰"申请注册为商标,并且金某某和非诚勿扰婚介所在其经营的非诚勿扰婚恋交友网站上未经许可擅自使用涉案"非诚勿扰"的行为,构成对华谊公司享有著作权的侵害。上述《著作权法》规定的合理使用之情形,既有对艺术作品的限制,也有对使用行为的限制,且还需要指明作者姓名和作品名称,金某某、非诚勿扰婚介所的被诉行为显然不构成合理使用。

一、二审判决基于在案证据并综合考虑各种因素确定的损害赔偿数额和合理支出费用并无不当。

案件解析

本案需要说明的内容有两点:一是著作权和商标权产生冲突时应如何认定侵权行为;二是被告使用涉案作品的行为是否属于合理使用范围。

一、关于著作权和商标权产生权利冲突时应如何认定侵权行为

著作权和商标权均属于知识产权保护的范围,当著作权和商标权产生权利冲突时应根据具体情况做出判定。

《商标法》(2001)第31条规定,申请商标注册不得损害他人现有的在先权利。具体到本案,原告拥有涉案"非诚勿扰"的在先著作权,被告金某某拥有"非诚勿扰"商标权,且该商标注册已超5年,原告已不能对其提出无效宣告。但前述事实并不影响原告针对被告的使用行为在民事诉讼范围内主张赔偿损失的法律责任,被告对"非诚勿扰"的使用行为并非合法的商标性使用行为,其未经许可使用他人享有著作权的美术作品侵犯了原告的著作权,应承担相应的法律责任。

二、被告使用涉案作品的行为是否属于合理使用范围

判断著作权法意义上的使用行为是否属于合理使用,首先要判断该行为是否属于《著作权法》(2010)第22条第1款规定的12种法定情形之一,如果属于前述情形,则应当考察该行为是否符合《著作权法实施条例》(2013)第21条规定的检验标准——"不得影响该作品的正常使用""不得不合理地损害著作权人的合法利益"。

本案中,被告系将原告陈列在室外的美术作品进行复制后在其网站上进行宣传使用(商业目的)。首先,该使用行为满足《著作权法》(2010)第22条第1款第10项的构成要件。其次,《最高人民法院关于审理著作权民事纠纷案件适用法律若干问题的解释》(2002)第18条并未否认商业性使用属于合理使用,因此被告基于商业目的的宣传使用并不能成为否定其合理使用的理由。最后,被告对涉案"非诚勿扰"的使用严重影响了原告许可他人使用该美术作品,继而影响其商业收入,从而影响原告对其作品的正常使用并损害原告的合法利益,违反《著作权法实施条例》(2013)第21条的规定。因此,被告对涉案"非诚勿扰"的使用不属于合理使用的范围。

第十一章 少数民族使用

第一节 若未翻译成少数民族语言则不属于合理使用

54. 央视国际网络有限公司与湖南金鹰卡通有限公司信息网络传播权纠纷案[①]

▶ **裁判要旨**

将中国公民、法人或者非法人组织已经发表的以国家通用语言文字创作的作品翻译成少数民族语言文字作品在国内出版发行,属于合理使用。

【关键词】

著作权限制;合理使用;国家通用语言文字;少数民族语言文字作品;将已发表作品翻译成少数民族语言文字;

【当事人】

上诉人(一审被告):央视国际网络有限公司(以下简称央视国际公司);

被上诉人(一审原告):湖南金鹰卡通传媒有限公司(以下简称金鹰卡通公司)。

一审案件事实

涉案作品首播于 2015 年 8 月 31 日,系动画片,共 3 集,每集 25 分钟。当庭,金鹰卡通公司播放了涉案作品。片尾署名为:"湖南金鹰卡通有限公司出品。"

---

① 央视国际网络有限公司诉湖南金鹰卡通有限公司侵害作品信息网络传播权纠纷案,北京互联网法院民事判决书,(2019)京 0491 民初 35303 号;央视国际网络有限公司与湖南金鹰卡通有限公司侵害作品信息网络传播权纠纷上诉案,北京知识产权法院民事判决书,(2020)京 73 民终 490 号。

2018年11月7日，湖南金鹰卡通有限公司的委托代理人到北京市东方公证处申请证据保全公证。主要公证过程如下：访问"华为应用市场"网站首页下载并安装"华为应用市场"，进入"华为应用市场"，下载并安装"UYNTV"，界面显示开发者为"央视国际网络有限公司"。安装完成进入"UYNTV"，查看相关信息，通过搜索栏依次查找播放相关作品，经过截屏保存、实时录制生成"MA00005"视频文件。公证附件1显示"MA00005"中包括《渊子崖保卫战》第1集，时长18:20；第2集，时长24:04；第3集，时长20:15。北京市东方公证处出具了(2018)京东方内民政字第14449号公证书。公证视频截图显示"UYNTV"为央视网维吾尔语频道应用客户端，在"UYNTV"中搜索到的涉案作品显示有播放次数。央视国际公司对上述证据不持异议，认为公证内容显示"UYNTV"2018年6月13日上线，当年11月停止运营，涉案作品播放时间短。

为证明涉案作品知名度及经济价值，金鹰卡通公司提交了涉案作品收视率和影响力的酷云数据查询、新闻报道、获奖网页截屏等证据，其中光明网网页截图显示，《光明日报》(2015年10月20日09版)刊登题为《渊子崖保卫战》获得好评的文章；酷云数据查询涉案作品2015年8月31日至9月2日(18:30～19:00)，《渊子崖保卫战》全国卫视青少年节目中直播关注度和市占率分别排名第三、第二、第一；人民网2018年12月21日刊登《78个国产优秀原创动漫项目荣获中央文化专项资金奖励》，其中涉案作品荣获品牌经营类铜奖。央视国际公司不认可上述证据内容的真实性，认为即便是真实的，金鹰卡通公司公证时涉案作品已过热播期。

金鹰卡通公司主张为维权支出律师费3000元、公证费800元的合理费用，但未提交代理合同或发票等相应证据加以证明。

央视国际公司提交了(2019)京0107民初字第1759号民事判决书，欲证明金鹰卡通公司类似案件通常判赔情况，本案中金鹰卡通公司请求赔偿的金额过高。金鹰卡通公司认为该判决书与本案无关，且未生效，没有参考价值。

另查明，2019年8月9日，湖南金鹰卡通有限公司名称变更为金鹰卡通公司。

一审原告诉请

1. 判令央视国际公司立即停止通过"UYNTV"安卓手机客户端上提供动画片《渊子崖保卫战》的在线播放服务。

2. 判令央视国际公司赔偿金鹰卡通公司经济损失及合理费用共计50,000元，其中经济损失46,200元，合理费用3800元(含律师费3000元，公证费800元)。

一审裁判结果

一审法院依照《著作权法》(2010)第10条第1款第12项,第11条第1款、第4款,第48条第1项,第49条之规定,判决如下:

1. 央视国际公司于一审判决生效之日起10日内赔偿金鹰卡通公司经济损失20,000元及合理费用支出2000元,两项合计22,000元。

2. 驳回金鹰卡通公司其他诉讼请求。

一审裁判理由

《著作权法》(2010)第11条规定,著作权属于作者,如无相反证明,在作品上署名的公民、法人或者其他组织为作者。根据在案证据和查明的事实,可以认定金鹰卡通公司是涉案作品的著作权人,享有包括信息网络传播权在内的著作权权利及维权权利。央视国际公司在其经营的"UYNTV"安卓手机客户端上提供涉案作品的在线播放服务,使公众可以在个人选定的时间和地点获得涉案作品,侵犯了金鹰卡通公司享有的信息网络传播权,依法应承担停止侵害、赔偿损失的法律责任。庭审中,金鹰卡通公司认可央视国际公司已删除了涉案作品,故其放弃停止侵权的诉讼请求,一审法院准许并不再处理。关于赔偿损失的具体数额,现无证据证明金鹰卡通公司的实际损失或央视国际公司的违法所得,一审法院依法综合考虑涉案作品为少儿综艺节目,涉案作品的剧集、时长,作品知名度及商业价值以及侵权行为的形式,其主观过错程度、侵权持续时间等具体因素,予以酌定。关于金鹰卡通公司诉讼请求中的包括律师费和公证费在内的合理开支,鉴于金鹰卡通公司虽未提交证据证明,但确有律师出庭和进行了公证的客观事实,一审法院酌情部分予以支持。

二审案件事实

双方当事人对一审法院查明的事实均无异议,二审法院经审查予以确认。二审中,央视国际公司补充提交了民事裁定书一份,用以证明其一审提交的(2019)京0107民初字第1759号民事判决书已生效,能够佐证一审法院的判赔数额过高。

另查,涉案公证书显示查询涉案作品的结果页面及涉案作品的播放界面均显示为汉字。

二审上诉请求

请求撤销一审判决并依法改判。

● 二审裁判结果 ●

二审法院判决驳回上诉,维持原判。

二审裁判理由

央视国际公司在其经营的"UYNTV"安卓手机客户端上提供涉案作品的在线播放服务,使公众可以在个人选定的时间和地点获得涉案作品,侵犯了金鹰卡通公司享有的信息网络传播权,依法应承担赔偿损失的法律责任。

关于合理使用抗辩。央视国际公司主张涉案行为符合《著作权法》(2010)第22条第1款第11项规定的情形。对此,二审法院认为,根据《著作权法》(2010)第22条第1款第11项规定,将中国公民、法人或者其他组织已经发表的以汉语言文字创作的作品翻译成少数民族语言文字作品在国内出版发行的,可以不经著作权人许可,不向其支付报酬,但应当指明作者姓名、作品名称,并且不得侵犯著作权人依照本法享有的其他权利。本案中,首先,涉案作品非上述规定中的文字作品;其次,根据涉案公证书所载内容,涉案作品的列表及播放页面均未出现少数民族语言。因此,央视国际公司的该项抗辩理由不能成立,二审法院不予采信。

关于赔偿损失的具体数额,二审法院认为,《著作权法》(2010)第49条规定,侵犯著作权或者与著作权有关的权利的,侵权人应当按照权利人的实际损失给予赔偿;实际损失难以计算的,可以按照侵权人的违法所得给予赔偿。赔偿数额还应当包括权利人为制止侵权行为所支付的合理开支。权利人的实际损失或者侵权人的违法所得不能确定的,由人民法院根据侵权行为的情节,判决给予50万元以下的赔偿。

本案中,一审法院在双方未能提交证据证明金鹰卡通公司的实际损失或央视国际公司的违法所得的情况下,已综合考虑涉案作品为少儿综艺节目、涉案作品的剧集、涉案作品时长、作品知名度及商业价值以及侵权行为的形式、其主观过错程度、侵权持续时间等因素情节。虽然一审判决未说明其中侵权情节的具体考量因素,但二审法院认为,即使考虑到涉案作品的播放平台性质及运行时间,一审法院在法定赔偿数额范围内酌定20,000元经济损失,仍属于合理范畴,并无不当。同时,一审法院根据合理性、必要性原则确定合理支出 2000 元,数额亦属合理,二审法院依法予以确认。此外,其他案件判赔数额不能成为本案裁判依据。上诉人的相关上诉理由不能成立,二审法院不予支持。

案件解析

本案是一个典型的影视作品的信息网络传播权侵权,但央视国际公司抗辩称是合理使用。笔者根据《著作权法》的规定结合本案,对合理使用进行解析。

涉案侵权取证的时间是 2018 年 11 月,本案应适用《著作权法》(2010)。该法律第 22 条第 1 款规定,将中国公民、法人或者其他组织已经发表的以汉语言文字创作的作品翻译成少数民族语言文字作品在国内出版发行,可以不经著作权人许可,不向其支付报酬,但应当指明作者姓名、作品名称,并且不得侵犯著作权人依照本法享有的其他权利。这是对汉语言文字创作的作品翻译成少数民族语言文字作品的合理使用的规定。该合理使用的范围是中国的公民、法人或其他组织已经发表的以汉语言文字创作的作品;该合理使用的权利是翻译权,是将汉语言文字创作的作品翻译成少数民族语言文字作品;该合理使用的地域是在国内出版发行。

本案中,央视国际公司在其经营的"UYNTV"安卓手机客户端向用户在线提供的《渊子崖保卫战》影视作品列表及播放页面均未出现少数民族语言。涉案侵权影片并未将原作品的汉语言文字翻译为少数民族语言文字。因此,不符合合理使用的法定要求。笔者该观点与法院的观点一致。

对于法院认为《渊子崖保卫战》影视作品非合理使用规定中的文字作品,笔者对此有不同的观点。笔者认为,影视作品虽不属于文字作品,但也可能成为合理使用的客体。原因是影视作品源于剧本,涉案剧本是汉语言文字作品,若将该部分翻译成少数民族语言,作为涉案影视剧的字幕或配音,则构成合理使用。

第二节
将国家通用语言文字作品翻译为维吾尔语作品属于合理使用

55. 新疆碧利雅电子科技有限公司与新疆石榴融媒信息科技股份有限公司信息网络传播权案[①]

▶ 裁判要旨

将中国公民、法人或者非法人组织已经发表的以国家通用语言文字创作的作品翻译成少数民族语言文字作品在国内出版发行,属于合理使用。

著作权合理使用之将已发表作品翻译成少数民族语言文字。

【关键词】
著作权限制;合理使用;国家通用语言文字;少数民族语言文字作品;翻译

【当事人】
上诉人(一审被告):新疆碧利雅电子科技有限公司(以下简称碧利雅公司);
被上诉人(一审原告):新疆石榴融媒信息科技股份有限公司(以下简称石榴公司)。

一审案件事实

2017年7月10日,甲方智联公司委托乙方传媒公司创作影视作品译制片的合作协议——《译制合作协议》双方约定:"乙方为甲方译制的所有视频及该片源制作过程中所有相关资料(包括但不限于翻译稿件、配音音轨、背景音音轨)所有权及使用权、知识产权归甲方所有,乙方不得用作任何其他用途。"在传媒公司加盖公章的《译制合作协议》附件一中载明:"青丘狐传说总集数37集、单集费用1600元,总费用59,200元。"

[①] 新疆碧利雅电子科技有限公司与新疆石榴融媒信息科技股份有限公司侵害作品信息网络传播权纠纷案,新疆维吾尔自治区乌鲁木齐市中级人民法院民事判决书,(2020)新01民初493号;新疆碧利雅电子科技有限公司与新疆石榴融媒信息科技股份有限公司侵害作品信息网络传播权纠纷上诉案,新疆维吾尔自治区高级人民法院民事判决书,(2021)新民终71号。

2019年11月20日,甲方智联公司与乙方石榴公司签订许可协议,约定:(1)甲方是本协议项下授权作品之著作权和邻接权的合法拥有者。授权作品:《青丘狐传说》。(2)授权内容:智联公司将授权作品的信息网络传播权无偿授予石榴公司。授权方式为:独占性许可。授权区域为:全球范围。被许可人有权自行、独占性地使用及许可他人行使授权作品的信息网络传播权,有权以自己名义独立维权,制止侵权行为及获得相应补偿或赔偿。授权期限:协议双方盖章后生效,授权期限为自协议生效之日起至永久。(3)权利义务。许可人应当保证拥有授权作品的合法权利,并有权授予被许可人使用。许可人在签订该合同时应当向被许可人提供相应的权属证明或合法来源。

2020年8月18日,石榴公司通过北京杰烁律师事务所向碧利雅公司发出律师函,主要内容为要求碧利雅公司尽快下架在izdax安卓端、苹果端、微信小程序未经许可擅自播放石榴公司享有的维吾尔语配音影视作品著作权的作品,包括《青丘狐传说》《妖猫传》等。

2020年9月16日,传媒公司出具《关于向智联公司独家提供维吾尔语译制作品的声明》,主要内容为:本公司接受智联公司委托,为其《青丘狐传说》等影视作品提供译制服务。将汉语配音翻译成维吾尔语并配音,独家提供给智联公司,并由智联公司享有全部版权。

2020年9月28日,石榴公司委托律师代理费为30,000元,取证费为每本公证书6000元,涉案两本公证书共计12,000元。

一审庭审中,碧利雅公司称已将涉案作品下架,石榴公司予以认可,并撤回第1项诉讼请求。

碧利雅公司提交书面申请书,称其并无证据证明涉案作品著作权原始取得人,但有证据证明其从阿某处购买了维吾尔语影视翻译作品《青丘狐传说》izdaxApp客户端的播放权。

一审原告诉请

1. 判令碧利雅公司立即删除、停止传播由石榴公司翻译创作的《青丘狐传说》影视作品;
2. 判令碧利雅公司赔偿经济损失500,000元及合理支出100,000元,共计600,000元。

一审裁判结果

一审法院判决如下：

1. 碧利雅公司于本判决生效之日起 10 日内赔偿石榴公司经济损失 30,000 元及诉讼合理支出 11,000 元；

2. 驳回石榴公司的其他诉讼请求。

一审裁判理由

《著作权法》(2010) 第 12 条规定："改编、翻译、注释、整理已有作品而产生的作品，其著作权由改编、翻译、注释、整理人享有，但行使著作权时不得侵犯原作品的著作权。"《最高人民法院关于审理著作权民事纠纷案件适用法律若干问题的解释》(2002) 第 7 条第 1 款规定："当事人提供的涉及著作权的底稿、原件、合法出版物、著作权登记证书、认证机构出具的证明、取得权利的合同等，可以作为证据。"本案中，石榴公司提供的《译制合作协议》、《译制确认表》、许可协议、《独家译制声明》、音轨对比说明及光盘、原片、《妖猫传》维吾尔语音频及音效等证据形成证据链，可以证明石榴公司享有涉案作品的信息网络传播权，有权以自己的名义就侵权行为提起诉讼。碧利雅公司未经许可在其开发运营的 izdax 安卓端、苹果端 App 传播了石榴公司享有信息网络传播权的涉案作品，使公众可以在其个人选定的时间和地点获得该作品，侵犯了石榴公司对涉案作品依法享有的信息网络传播权。本案中，碧利雅公司未能提交证据证明其对涉案作品享有权利或合理使用，应承担举证不能的不利后果。关于碧利雅公司辩称其不能排除涉案作品具备两种以上的翻译版本，其针对该抗辩，并未提交证据予以证实，一审法院不予采信。碧利雅公司的行为侵犯了石榴公司对涉案作品的信息网络传播权，应对其侵权行为承担相应的责任。碧利雅公司已经停止在其开发运营的 izdax 安卓端、苹果端 App 播放涉案作品，石榴公司已撤回第 1 项诉讼请求，一审法院对此不再处理。对于赔偿损失的具体数额，《著作权法》(2010) 第 49 条规定："侵犯著作权或者与著作权有关的权利的，侵权人应当按照权利人的实际损失给予赔偿；实际损失难以计算的，可以按照侵权人的违法所得给予赔偿。赔偿数额还应当包括权利人为制止侵权行为所支付的合理开支。权利人的实际损失或者侵权人的违法所得不能确定的，由人民法院根据侵权行为的情节，判决给予五十万元以下的赔偿。"本案中，虽然石榴公司提交的证据不能证明其遭受实际损失的具体数额，但因《妖猫传》具有较高的知名度且曾获奖，碧利雅公司应当知晓其对涉案作品的播放应取得相关权利人的许可,但却未经许可擅自在其开发的应用程序上播放涉案作品,一审法院综合考虑涉案作品的知名度及商业价值、侵权行为的性质及影响范围、碧利雅公司的经营规模等因素,酌情确定经济损失数额为 30,000 元。关于石榴公司主张维权产生的合理费用,其提交了委托代理合同、支付律师费发票、公证费发票,故一审法院酌情支持律师费 5000 元、公证费 6000 元。针对石榴公司要求碧利雅公司发布致歉公告的诉讼请求,依据不足,一审法院不予支持。

二审案件事实

二审法院查明:2019 年 12 月 2 日石榴公司与新疆阔孜纳克信息科技有限公司签订许可协议,约定石榴公司将授权作品的信息网络传播权授予新疆阔孜纳克信息科技有限公司,新疆阔孜纳克信息科技有限公司有权自行使用及许可他人行使授权作品的信息网络传播权。许可协议后附授权作品附件,包括涉案作品。石榴公司在一审中提交的《青丘狐传说》翻译作品的播放画面中显示 Koznzk 即新疆阔孜纳克信息科技有限公司经营的播放平台名称的水印。

石榴公司提交了(2020)京中信内经证字 49930 号公证书,该公证书记录,登录微信小程序"izdax 影视",进入维语频道后关注公众号,识别二维码,下载安卓手机系统 izdaxTV 客户端,打开 izdaxTV 客户端出现视频播放界面,点击涉案《青丘狐传说》翻译作品名称进行播放。(2020)京中信内经证字 49932 号公证书取证的是苹果手机系统的 izdaxTV 客户端,播放《青丘狐传说》翻译作品的过程。

2020 年 12 月 1 日石榴公司提交了时间戳证据,证明权利作品《青丘狐传说》翻译作品上传至中国移动通信集团新疆有限公司 IPTV 平台的时间及其他信息。取证显示《青丘狐传说》翻译作品的信息,显示操作为锁定,总集数为 37,实际集数为 37,生产状态为 OK,剧集类型为电视剧,所属 CP 为新疆大洋,注入时间为 2018－08－20T11:57:43。

二审查明的其他事实与一审法院查明的事实一致。

二审上诉请求

1. 撤销一审判决第 1 项;
2. 驳回石榴公司一审诉讼请求;
3. 石榴公司承担一、二审诉讼费。

二审裁判结果

二审法院判决驳回上诉,维持原判。

- **二审裁判理由**

本案的争议焦点为:(1)碧利雅公司是否侵害了石榴公司对涉案翻译作品的信息网络传播权;(2)碧利雅公司合法来源的抗辩能否成立;(3)一审判决确定的赔偿数额是否过高。

一、碧利雅公司是否侵害了石榴公司对涉案翻译作品的信息网络传播权

关于涉案《青丘狐传说》翻译作品的著作权的归属问题。《著作权法》(2010)第12条规定:"改编、翻译、注释、整理已有作品而产生的作品,其著作权由改编、翻译、注释、整理人享有,但行使著作权时不得侵犯原作品的著作权。"第17条规定:"受委托创作的作品,著作权的归属由委托人和受托人通过合同约定。合同未作明确约定或者没有订立合同的,著作权属于受托人。"《最高人民法院关于审理著作权民事纠纷案件适用法律若干问题的解释》(2020)第7条第1款规定:"当事人提供的涉及著作权的底稿、原件、合法出版物、著作权登记证书、认证机构出具的证明、取得权利的合同等,可以作为证据。"

本案中,石榴公司提交了智联公司与传媒公司签订的《译制合作协议》,表明智联公司委托传媒公司对《青丘狐传说》进行翻译,并对涉案翻译作品的著作权归属作出明确约定,即智联公司对传媒公司翻译形成的翻译作品享有著作权。对于该协议的实际履行,石榴公司提交了传媒公司出具的《译制确认表》《独家译制声明》予以证实,结合石榴公司在一审提交的《青丘狐传说》翻译作品原片,维吾尔语音频、音效等证据,可以证实该协议得到了实际履行,且智联公司享有涉案《青丘狐传说》翻译作品的著作权。石榴公司还提交了智联公司向其授权的许可协议,可以证实智联公司将其享有的涉案《青丘狐传说》翻译作品的信息网络传播权授予石榴公司,且石榴公司可以独立提起维权诉讼。据此,可以认定石榴公司享有涉案《青丘狐传说》翻译作品的信息网络传播权。

对于碧利雅公司提出《青丘狐传说》翻译作品未进行版权登记以及未在作品中署名的问题。二审法院对此认为,根据《著作权法实施条例》(2013)第6条关于"著作权自作品创作完成之日起产生"的规定,作品自创作完成之日即产生著作权,而作品登记为自愿登记,是否进行著作权登记并不影响著作权的依法取得。至于署名权,根据《著作权法》(2010)第10条第1款第2项关于"署名权,即表明作者身份,在作品上署名的权利"的规定,署名权属于作者的人身权,即作者可以决定是否在作品上表明作者身份以及如何表明作者身份的权利。因此,《青丘狐传说》翻译作品中是否对翻译作者进行署名,并不影响该权利作品著作权人的权利。

另外,碧利雅公司在二审期间还提出智联公司委托翻译《青丘狐传说》,但并未经《青丘狐传说》原著作权人的许可。对此二审法院认为,首先,《著作权法》(2010)第12条规定:"改编、翻译、注释、整理已有作品而产生的作品,其著作权由改编、翻译、注释、整理人享有,但行使著作权时不得侵犯原作品的著作权。"本案石榴公司主张保护的作品系经过翻译形成的演绎作品,具有独创性,属于著作权法保护的客体。翻译作者基于翻译过程中的智力劳动而对新的作品享有著作权。石榴公司因《青丘狐传说》翻译作品著作权人的授权取得信息网络传播权,该权利具有排他性即有权排除他人的妨害。即使智联公司未取得《青丘狐传说》原著作权人的许可,亦不影响其取得《青丘狐传说》翻译作品的著作权及排除他人妨害著作权的权利。其次,《著作权法》(2010)第22条第1款规定,将中国公民、法人或者其他组织已经发表的以汉语言文字创作的作品翻译成少数民族语言文字作品在国内出版发行,可以不经著作权人许可,不向其支付报酬,但应当指明作者姓名、作品名称,并且不得侵犯著作权人依照本法享有的其他权利。该条款是著作权合理使用的一种具体情形的规定。我国是个多民族的国家,为了促进少数民族科学文化的发展,著作权法鼓励将汉语言文字作品翻译成任何一种少数民族文字作品,而可以不征得著作权人许可,不向其支付报酬,同时不得不合理损害原权利人的利益。该规定对于保障和激励作品创作、传播,满足公众特别是少数民族地区对作品的需求,尊重和保护少数民族语言的使用,增进各民族间文化交流,具有重要的意义。本案中,智联公司委托传媒公司对以国家通用语言文字制作的《青丘狐传说》翻译为维吾尔语作品,解决了维吾尔族群众欣赏汉语言文字文化产品的障碍,起到了促进文化传播的作用,符合上述法律规定的合理使用的情形。因此,即使智联公司未经《青丘狐传说》原著作权人的许可,其翻译《青丘狐传说》的行为亦不具有违法性。

综上,石榴公司已对涉案《青丘狐传说》翻译作品的著作权权属完成了初步的举证责任,碧利雅公司对此虽不予认可,但并未提交足以推翻石榴公司所示证据的相反证据,一审法院认定石榴公司享有《青丘狐传说》翻译作品的信息网络传播权并无不当。碧利雅公司关于石榴公司不享有涉案《青丘狐传说》翻译作品的信息网络传播权的上诉主张缺乏依据,二审法院对此不予支持。

关于碧利雅公司在其经营的平台上播放的《青丘狐传说》翻译作品是否构成对石榴公司信息网络传播权的侵权的问题。碧利雅公司上诉主张其播放的《青丘狐传说》翻译作品系其从他人处合法取得，石榴公司未举证证实该作品与石榴公司享有信息网络传播权的涉案权利作品一致，其行为不构成侵权。二审法院对此分述如下：（1）石榴公司已提交了证据证明其主张保护的权利作品的内容，并在一审中提交了时间戳证据，证实石榴公司在 2018 年已上传涉案权利作品对社会公众进行播放。同时石榴公司亦提交了其授权新疆阔孜纳克信息科技有限公司播放《青丘狐传说》翻译作品的证据，可以证实其于 2019 年 12 月授权《青丘狐传说》翻译作品在新疆阔孜纳克信息科技有限公司经营平台上进行播放。根据石榴公司一审提交的证实碧利雅公司存在侵权行为的（2020）京中信内经证字 49930、49932 号公证书，可以证实碧利雅公司经营 izdaxApp 安卓端、izdaxApp 苹果端的时间均为 2020 年之后。碧利雅公司在二审中所陈述的其上传被控翻译作品的时间要晚于石榴公司上传涉案权利作品的时间。因此，碧利雅公司存在接触涉案权利作品的可能。（2）石榴公司在一审中提交了授权新疆阔孜纳克信息科技有限公司播放的《青丘狐传说》翻译作品与碧利雅公司播放的作品的片段及音效比对，证实两部作品一致。虽然该音效比对是通过第三方软件自行制作完成，但碧利雅公司亦未提交证据证实两部作品之间存在差异，且二审法院通过对两个作品片段进行比对，发现两部作品并无差异。将一部以国家通用语言文字制作的电影作品翻译为维吾尔语作品，需经过剧本台词的翻译、对翻译台词的配音、配音与原作品合成等多个环节，即使同样的翻译人员、配音演员对同一部作品进行译制，形成的作品在用词、语调、停顿时间点上亦不可能完全一致。据此，可以认定碧利雅公司播放的《青丘狐传说》翻译作品与石榴公司享有信息网络传播权的权利作品一致。（3）碧利雅公司虽然提交了其向案外人阿某购买涉案被控侵权作品的证据，但该证据无法证实案外人阿某系被控侵权作品的著作权人，即无法证明碧利雅公司已取得了被控侵权作品的著作权人的合法授权。

综上，一审判决认定碧利雅公司未经石榴公司的许可在其经营的平台传播涉案《青丘狐传说》翻译作品，侵犯了石榴公司的信息网络传播权并无不当，碧利雅公司关于其不构成侵权的主张不能成立，二审法院对此不予支持。

二、碧利雅公司合法来源的抗辩能否成立

碧利雅公司主张其有理由相信阿某所在的西安影宙文化传媒有限公司系其播放的涉案侵权作品著作权人，其已尽到审查义务。对此二审法院认为，《最高人民法院关于审理著作权民事纠纷案件适用法律若干问题的解释》（2020）第 19 条规定："出版者、制作者应当对其出版、制作有合法授权承担举证责任,发行者、出租者应当对其发行或者出租的复制品有合法来源承担举证责任。举证不能的,依据著作权法第四十七条、第四十八条的相应规定承担法律责任。"本案中,碧利雅公司仅提交了其与案外人阿某之间的聊天记录,并未提交其主张的阿某所在的西安影宙文化传媒有限公司的经营主体资格以及其与该公司或与阿布都热扎克·阿布都卡地尔就涉案被控侵权作品授权情况进行约定的相关证据。碧利雅公司作为专门提供影视作品网络服务的经营主体,理应对其所购买的影视作品负有著作权审核的义务,对其所提供播放服务的内容具有较高的注意义务,但其并未举证证实其已尽到合理审查义务,可以合理相信其所播放的被控侵权作品具有合法授权。因此,依据《著作权法》(2001)第48条的规定,碧利雅公司应当承担停止侵害、赔偿损失等民事责任,鉴于石榴公司在一审中已确认碧利雅公司已停止侵权行为,故一审法院判决碧利雅公司承担赔偿石榴公司损失的责任并无不当。

三、一审判决赔偿数额是否过高

碧利雅公司上诉还提出其经营的izdax App安卓端、izdax App苹果端、izdax TV、izdax Kino仅是四个播放端口,实际为一个平台播放,石榴公司分别进行诉讼构成重复诉讼,造成重复判决赔偿数额。二审法院对此认为,碧利雅公司并未提交有效证据证明其经营的izdax App安卓端、izdax App苹果端、izdax TV、izdax Kino实际指向一个平台。即使是一个平台提供播放,因不同的端口,传播途径及范围、面向的消费公众均不同,属不同的侵权行为,且本案及相关案件并非通过会员数量认定侵权赔偿数额,故石榴公司分别进行起诉并不构成重复诉讼,亦不存在重复判决赔偿数额的情形,碧利雅公司的此项上诉主张不予支持。一审法院在石榴公司并未提交其因侵权所受损失,亦无证据证明碧利雅公司的违法获利的情况下,综合考虑涉案作品的知名度及商业价值、侵权行为的性质及影响范围、碧利雅公司的经营规模等因素,确定的赔偿数额符合前述法律规定。对于石榴公司为制止本案侵权行为所支出的合理费用,根据一审查明事实,石榴公司确为本案侵权诉讼支付了律师费以及公证费,一审法院在此基础上确定的具体数额亦无不当。综上,碧利雅公司关于本案一审判决赔偿数额过高的主张不能成立,二审法院对此不予支持。二审法院判决碧利雅公司的上诉请求不能成立。

案件解析

涉案汉语版的《青丘狐传说》影视作品(以下简称汉版《青》),维吾尔族的《青丘狐传说》影视作品(以下简称维版《青》)。智联公司行使汉版《青》翻译权,演绎创作了独创性的维版《青》，属于合理使用。石榴公司经智联公司授权取得维版《青》的信息网络传播权，是本案适格的诉讼主体。碧利雅公司未经石榴公司许可，在其经营的平台传播涉案维版《青》，侵犯了石榴公司的信息网络传播权。具体分析如下。

一、石榴公司是本案适格的诉讼主体，碧利雅公司构成侵权

智联公司委托传媒公司译制涉案作品，基于委托创作取得了维版《青》的著作权。详见其《译制合作协议》，该协议约定传媒公司译制的所有视频及该片源制作过程中所有相关资料（包括但不限于翻译稿件、配音音轨、背景音音轨）所有权及使用权、知识产权归智联公司所有。传媒公司出具了《译制确认表》《独家译制声明》等证实译制协议的实际履行。智联公司将维版《青》的信息网络传播权专有权授予石榴公司无偿使用并有以自己名义维权的权利。石榴公司是本案适格的诉讼主体。碧利雅公司未经石榴公司许可，在其经营的平台传播涉案《青丘狐传说》翻译作品，侵犯了石榴公司的信息网络传播权。

二、智联公司创作了维版《青》作品，合理使用了原作品的翻译权

1. 智联公司行使了汉版《青》的翻译权。

《著作权法》(2010)第10条规定，翻译权，即将作品从一种语言文字转换成另一种语言文字的权利。本案中智联公司将已发表的汉版《青》翻译成维版《青》，是行使原作品翻译权的行为。

2. 翻译作品的著作权归智联公司所有。

根据《著作权法》(2010)第12条规定改编、翻译、注释、整理已有作品而产生的作品，其著作权由改编、翻译、注释、整理人享有，但行使著作权时不得侵犯原作品的著作权。本案中智联公司将汉版《青》的配音翻译成维版《青》，其翻译行为是对汉版《青》的演绎，具有独创性，因此，智联公司享有维版《青》的著作权。

3. 智联公司将汉版《青》翻译成维版《青》，属于合理使用原作品的著作权。

《著作权法》(2010)第22条第1款规定，将中国公民、法人或者其他组织已经发表的以汉语言文字创作的作品翻译成少数民族语言文字作品在国内出版发行，可以不经著作权人许可，不向其支付报酬，但应当指明作者姓名、作品名称，并且不得侵犯著作权人依照本法享有的其他权利。该条款是著作权合理使用的一种具体情形的规定。合理使用是对原作品著作权的限制。本案中，智联公司将汉版《青》翻译成维版《青》，属于合理使用。智联公司可以不经著作权人许可，不向其支付费用，行使原作品的翻译权创作维版《青》。汉版《青》的著作权人不能控制维版《青》的传播，也未在维版《青》的传播中获利,对著作权人来说其行使权利虽然受到了一定的限制,但该限制是微乎其微的,只有部分懂少数民族语言的人才能看懂,不影响其汉语言版本的用户市场,但对促进少数民族地区的文化交流具有重大的意义。相比较而言,合理使用政策比保障著作权人的权利更为重要。

第十二章　阅读障碍者使用

56. 中文在线(天津)文化发展有限公司与众智瑞德科技(北京)有限公司信息网络传播权纠纷案[①]

▶ 裁判要旨

以阅读障碍者能够感知的无障碍方式向其提供已经发表的作品,属于合理使用。

对互联网资源进行语音合成(Text to speech,TTS)技术转化,非"将已经发表的作品改成盲文出版",不属于合理使用。

【关键词】

互联网资源;TTS 技术;盲文

【当事人】

原告:中文在线(天津)文化发展有限公司(以下简称中文在线公司);

被告:众智瑞德科技(北京)有限公司(以下简称众智瑞德公司)。

一审案件事实

2018 年 7 月 18 日,凌解放(甲方,笔名二月河)与中文在线公司(乙方)签订《中文在线数字版权服务合作协议》,协议约定:第 1 条约定,甲方授权乙方在全球范围内对授权作品(中文简体)的数字出版行使专有使用权(包括但不限于信息网络传播权,制作、复制、发行数字化制品及转授权);第 4 条约定,乙方独家对授权作品进行维权,当授权

[①] 中文在线(天津)文化发展有限公司与众智瑞德科技(北京)有限公司侵害作品信息网络传播权纠纷案,天津市滨海新区人民法院民事判决书,(2019)津 0116 民初 2384 号;众智瑞德科技(北京)有限公司、中文在线(天津)文化发展有限公司侵害作品信息网络传播权纠纷上诉案,天津市第三中级人民法院民事裁定书,(2019)津 03 知民终 19 号;众智瑞德科技(北京)有限公司、中文在线(天津)文化发展有限公司侵害作品信息网络传播权纠纷审查与审判监督再审案,天津市第三中级人民法院民事裁定书,(2019)津 03 民申 94 号。

作品数字版权受到非法侵害时,乙方应采取适当措施进行维权;第5条约定,在协议有效期内,未经双方同意,甲方不得将第1条约定的权利许可给第三方使用(签约前已经授权连载、宣传的网站除外,需在授权目录列表中说明),乙方独家享有该权利并可进行再许可授权;第11条约定,本协议一式二份,双方各执一份,自双方签章之日起生效,有效期为5年。协议另对版税支付方式、争议解决途径及双方的其他权利和义务等事项进行了约定。

同日,凌解放签署授权书声明:本人现授权中文在线公司及其关联公司在全球范围内对授权作品(中文简体和繁体)的数字版权享有专有使用权,包括但不限于信息网络传播权,制作(含语音/多媒体制作)、复制、发行、传播数字代码形式的作品等权利及转授权;许可他人合法使用上述权利;以中文在线自己的名义对任何侵犯授权作品上述著作权的行为行使权利,并根据需要要求停止侵权行为、公开赔礼道歉、赔偿经济损失等,必要时可以中文在线自己的名义提起诉讼,行使包括上述权利在内的一切权利。授权期限:自本授权书签发之日起生效,至2023年7月18日止。在授权期限内已进行证据保全的维权案件,维权工作授权期限截至案件结案。附表为授权作品目录,目录中包含涉案作品《康熙大帝·乱起萧墙》《康熙大帝·夺宫初政》《康熙大帝·惊风密雨》《康熙大帝·玉宇呈祥》在内的17部图书。

图书在版编目(CIP)数据以及原告提交的出版物显示:涉案作品的作者为二月河,4册图书均于2009年9月由长江文艺出版社出版,编号分别为中国版本图书馆CIP数据核字(2009)第097674号、第097664号、第097676号和第097675号,字数共计1514千字(其中《康熙大帝·乱起萧墙》为377千字,《康熙大帝·夺宫初政》为337千字,《康熙大帝·经风密雨》为393千字,《康熙大帝·玉宇呈祥》为407千字)。

2019年1月18日,雒某通过IP360全方位数据权益保护开放式平台(以下简称IP360平台,网址为××)对被告传播上述作品的事实进行证据保全,形成录屏视频,真相数据保全中心及北京网络行业协会电子数据司法鉴定中心联名出具《IP360取证数据保全证书》。一审法院根据原告提供的录屏视频提取方式对录屏视频进行提取并验视,显示过程如下:打开真相科技(IP360)过程取证录制工具,对在计算机上的操作进行录制。打开Google chrome浏览器,清除浏览器数据(浏览记录、cookie及其他数据)。使用浏览器访问百度网站,在搜索栏中输入"授时中心",搜索结果显示时间为2019年1月18日13点57分。在百度网站搜索栏搜索小米应用市场,点击搜索结果访问小米应用商城。在小米应用商城搜索栏中搜索"听云中书城",下载"听云中书城"安装程序并将其剪切到操作所用计算机桌面。双击计算机桌面"blue stacks 蓝叠"图标打开该软件,并在该软件提供的环境中添加"听云中书城"apk 安装包进行程序安装并运行。打开"听云中书城",对软件页面及功能简介等进行查看。在上述客户端搜索栏内搜索"康熙大帝",点击查看搜索结果,显示共 129 部分,点选相应部分可查看文字内容。被告对原告上述存证过程所录制、记载的内容不持异议,均予认可。

另查,"听云中书城"安卓客户端系本案被告开发并运营,该软件从互联网检索门户网站新闻、书籍、音乐等资源,通过 TTS 技术将上述资源转化为音频,该软件可向用户同时提供免费的音频及文字内容。在软件首页,显示有"听分类""听有声""听头条""听微信""听网页"等功能模块,并提供内容检索功能,在原告使用 IP360 平台进行电子存证之时涉案作品即可通过检索功能被检出并查看和收听。上述客户端未向下载使用该客户端的用户收取费用,系免费提供服务,但被告生产的盲人听书机产品可安装涉案客户端并获取其中资源,被告通过出售盲人听书机获得盈利,庭审中原告对上述事实表示认可。被告无法说明涉案客户端内涉案作品的具体生成时间,被告在其接收到原告发送的侵权风险告知当日对涉案作品进行了下架处理,原告亦认可该项事实,并当庭撤回其第 1 项诉讼请求。

一审诉请

1. 判令被告立即停止侵犯原告著作权的行为,删除涉案作品;
2. 判令被告赔偿原告经济损失人民币 454,200 元(300 元/千字×1514 千字);
3. 判令被告承担本案的全部诉讼费用。

● 一审裁判结果 ●

1. 被告众智瑞德公司于本判决生效之日起 10 日内赔偿原告中文在线公司经济损失 180,000 元;
2. 驳回原告中文在线公司的其他诉讼请求。

● 一审裁判理由

本案的争议焦点为:(1)中文在线公司主体是否适格;(2)众智瑞德公司在"听云中书城"提供涉案作品的行为是否构成侵权;(3)如果众智瑞德公司上述行为构成侵权,应当承担何种责任。

关于原告主体是否适格问题。《著作权法》(2010)第11条第4款规定:"如无相反证明,在作品上署名的公民、法人或者其他组织为作者。"《最高人民法院关于审理著作权民事纠纷案件适用法律若干问题的解释》第7条规定:"当事人提供的涉及著作权的底稿、原件、合法出版物、著作权登记证书、认证机构出具的证明、取得权利的合同等,可以作为证据。在作品或者制品上署名的自然人、法人或者其他组织视为著作权、与著作权有关权益的权利人,但有相反证明的除外。"本案中,根据原告提交的涉案作品出版物可以认定二月河是涉案作品的作者,对该作品享有著作权。原告经作者授权,取得了涉案作品的专有信息网络传播权,且根据原告提交的《中文在线数字版权服务合作协议》和授权书,原告有权以自己的名义对侵犯涉案作品的行为提起诉讼,其主体适格。

关于众智瑞德公司之行为是否构成侵害涉案作品信息网络传播权的问题。《最高人民法院关于审理侵害信息网络传播权民事纠纷案件适用法律若干问题的规定》(2012)第3条第1款规定:"网络用户、网络服务提供者未经许可,通过信息网络提供权利人享有信息网络传播权的作品、表演、录音录像制品,除法律、行政法规另有规定外,人民法院应当认定其构成侵害信息网络传播权行为。"具体到本案中,第一,众智瑞德公司自认其运营管理的"听云中书城"App中涉案作品资源系从互联网收集而来,且经过技术处理后进行发布,即存在通过信息网络提供作品之行为;第二,至原告在IP360平台进行证据保全之时(2019年1月18日),被告上述的提供行为仍在持续,已经落入原告享有的涉案作品信息网络传播权有效期间(2018年7月18日至2023年7月18日),且被告的行为未取得权利人许可;第三,虽然在涉案作品出版之日至原告获得授权之时,已有大量免费资源存在于互联网中,但被告在收集甄选网络资源之时,作为内容服务提供者理应对其拟发布的内容尤其是法定享有著作权的作品进行审核,确保其所发布的内容不构成对他人权利的侵犯。基于以上,众智瑞德公司在其运营的"听云中书城"安卓客户端中提供涉案作品之行为构成对原告享有的信息网络传播权之侵害。

关于被告责任承担问题。被告主张其应适用"避风港"规则并参照《著作权法》(2010)第22条第1款第12项之规定免除损害赔偿责任,一审法院对其主张不予支持。第一,本案被告收集甄选互联网资源并进行TTS技术处理后发布于其运营的涉案客户端,属单独实施提供涉案作品的行为,而非网络服务提供行为,不在"避风港"规则的适用范围;第二,我国《著作权法》(2010)第22条第1款第12项规定将已经发表的作品改成盲文出版为"合理使用"范畴,可以不经著作权人许可,不向其支付报酬。但本案中被告运营的"听云中书城"为安卓客户端,在所有安卓系统环境中均可安装运行,且该客户端提供的资讯内容不限于音频,也包含图文,提供的涉案作品亦是如此。结合该客户端功能及原告就该项主张的举证情况,不足以证实涉案客户端用户封闭于盲人及半盲人群体范围。况且,被告在涉案客户端"听云中书城"发布提供的内容系对互联网资源使用TTS技术转化而来,与《著作权法》(2010)规定的"将已经发表的作品改成盲文出版"为完全不同的行为方式。综合以上,被告之免责抗辩不能成立,其应当承担侵权损害赔偿责任。

《著作权法》(2010)第49条规定:"侵犯著作权或者与著作权有关的权利的,侵权人应当按照权利人的实际损失给予赔偿;实际损失难以计算的,可以按照侵权人的违法所得给予赔偿。赔偿数额还应当包括权利人为制止侵权行为所支付的合理开支。权利人的实际损失或者侵权人的违法所得不能确定的,由人民法院根据侵权行为的情节,判决给予五十万元以下的赔偿。"《最高人民法院关于审理著作权民事纠纷案件适用法律若干问题的解释》(2002)第25条第2款规定:"人民法院在确定赔偿数额时,应当考虑作品类型、合理使用费、侵权行为性质、后果等情节综合确定。"本案中原告并未举证证明其因侵权产生的实际损失,亦未举证证明被告因侵权所获的利益。一审法院综合考虑以下因素确定赔偿数额:(1)涉案作品作者享有一定知名度,包含涉案作品在内的清代"帝王系列"历史小说系其主要作品,涉案作品市场价值较高;(2)涉案作品出版时间较早,至原告获得授权之时,读者对其关注热度有所衰减,且大量免费资源散见于互联网,一定程度上导致读者向多渠道分流,被告之侵权行为对原告可期待利益影响相应降低;(3)被告未从涉案客户端对用户进行收费,从而获取直接经济利益。故一审法院综合考虑涉案作品的类型、市场价值,被控侵权行为的性质及情节等因素,酌定被告赔偿原告经济损失和合理开支共计180,000元。

二审案件事实

中文在线公司经作者许可,取得涉案作品自2018年7月18日起至2023年7月18日止的信息网络传播权的专有使用权。根据中文在线公司提交的《中文在线数字版权服务合作协议》和授权书,中文在线公司有权以自己的名义对侵犯涉案作品的行为提起诉讼。

二审上诉请求

上诉人众智瑞德公司因与被上诉人中文在线公司侵害作品信息网络传播权纠纷一案,不服天津市滨海新区人民法院(2019)津0116民初2384号民事判决,向二审法院提起上诉,请求如下。

1. 依法撤销天津市滨海新区人民法院作出的(2019)津0116民初2384号民事判决;

2. 与本案及一审相关的诉讼费用由被申请人承担。

● **二审裁判理由**

二审法院审理过程中,上诉人众智瑞德公司于2019年6月6日收到法院预交诉讼费用通知书后不予缴纳上诉费用,申请延期到2019年7月31日前交纳,但是仍未交纳上诉费。依照《民事诉讼法》(2017)第118条、第154条第1款第11项,《最高人民法院关于适用〈中华人民共和国民事诉讼法〉的解释》(2015)第320条规定,裁定如下:

本案按上诉人众智瑞德公司自动撤回上诉处理。一审判决自本裁定书送达之日起发生法律效力。

本裁定为终审裁定。

再审案件事实

根据申请人2019年6月10日获取的新证据,本案的利益相关人作家凌解放先生已经于2018年12月15日病逝,该日期早于被申请人提起诉讼的2019年3月13日以及一审开庭的2019年4月23日。根据《民事诉讼法》(2017)第150条第1款第1项的规定,本案一审应当进入中止诉讼程序,一审作出的判决应予撤销。

申请人发现一审法院用于作出判决的主要证据授权书属于被申请人与凌解放先生双方签署的未经国家机关公证的无效合同,不能作为一审法院判决的依据,同时用上述双方自行签署的授权书作为对申请人的起诉依据也属于长臂管辖式的霸凌行为。另外,在一审判决书中做出判决的另一项依据《中文在线数字版权服务合作协议》属中文在线在一审庭审后补充,当庭没有出示,审理法官事后询问对该证据的意见时,申请人通过电子邮件明确表达了不认可的意见。一审判决使用的关键性证据均未经质证,不能作为判决的依据,故提起再审申请。

中文在线公司提交意见称,不同意申请人的再审申请。一审判决认定事实清楚,适用法律正确,请求依法驳回再审申请人的再审请求。

再审上诉请求

1. 依法撤销天津市滨海新区人民法院作出的(2019)津0116民初2384号民事判决;

2. 与本案及一审相关的诉讼费用由被申请人承担。

再审裁判结果

驳回众智瑞德公司的再审申请。

再审裁判理由

中文在线公司经作者许可,取得涉案作品自2018年7月18日起至2023年7月18日止的信息网络传播权的专有使用权。根据中文在线公司提交的《中文在线数字版权服务合作协议》和授权书,中文在线公司有权以自己的名义对侵犯涉案作品的行为提起诉讼。虽众智瑞德公司不认可《中文在线数字版权服务合作协议》,但该证据一审法院已发至其邮箱,众智瑞德公司也发表了意见,应视为对该证据进行了质证。众智瑞德公司在再审审查中提供作者已病逝的证据,该证据在一审庭审结束前已客观存在,故该证据不属于新的证据。再审申请人主张的再审事由,不符合申请再审的法律规定,再审法院不予支持。

案件解析

本案是一起典型的文字作品的信息网络传播权侵权案件。被告抗辩其为盲人提供服务应比照适用合理使用的法律规定。

1. 盲文出版合理使用的限制及例外的法律规定。

本案的取证时间是2019年1月,因此适用《著作权法》(2010),该法律合理使用规定为第22条,该条第1款规定:"在下列情况下使用作品,可以不经著作权人许可,不向其支付报酬,但应当指明作者姓名、作品名称,并且不得侵犯著作权人依照本法享有的其他权利:……(十二)将已经发表的作品改成盲文出版。"《信息网络传播权保护条例》(2013)第6条规定:"通过信息网络提供他人作品,属于下列情形的,可以不经著作权人许可,不向其支付报酬:……(六)不以营利为目的,以盲人能够感知的独特方式向盲人提供已经发表的文字作品……"

《信息网络传播权保护条例》(2013)第6条要求通过信息网络向盲人提供合理使用的作品时,需不以营利为目的,以盲人能够感知的独特方式向盲人提供已经发表的文字作品。

该合理使用的范围比较广泛,只要是发表的文字作品就可以,也没有限定为中国区域内发表的作品,但形成的作品必须是盲文作品。通过信息网络向盲人提供合理使用的作品时,需以盲人能够感知的独特方式提供。笔者理解该处以盲人能够感知的独特方式提供是指提供盲文电子版文件,打印后以盲文的形式呈现。目前我国将已发表的作品改成盲文出版属于合理使用,将已发表的作品改成大字版或有声读物不属于合理使用。

2. 被告向用户提供音频文件,不构成合理使用。

本案中被告将"听云中书城"软件客户端内置于盲人听书机产品中,该软件从互联网检索门户网站新闻、书籍、音乐等资源,通过TTS技术将上述资源转化为音频,向用户同时提供免费的音频及文字内容。被告通过售卖盲人听书机进行获利。"听云中书城"软件可以在所有安卓系统环境中安装运行。本案是向不特定的用户提供有声读物,不属于合理使用的范围。

第十三章　计算机软件使用

第一节
合法复制品所有人对软件依法备份修改属于合理使用

57. 广州金山发展有限公司与孙某某等著作权侵权纠纷案[①]

▶ **裁判要旨**

合同终止后基于合同目的可以对软件继续合理使用,软件的合法复制品所有人,依据《计算机软件保护条例》(2001)第16条的规定,有权为了防止复制品损坏而制作备份复制品,亦有权为改进软件的功能、性能而进行必要的修改。

【关键词】

软件;复制品;备份;合理使用;合同目的

【当事人】

上诉人(一审原告):广州金山发展有限公司(以下简称金山公司);

被上诉人(一审被告):孙某某;

被上诉人(一审被告):中交公路规划设计院(以下简称中交院);

被上诉人(一审被告):易某某;

被上诉人(一审被告):汪某某;

被上诉人(一审被告):雷某某;

---

① 广州金山发展有限公司与孙某某、易某某、汪某某、雷某某、尹某某、佛山市路桥建设有限公司著作权侵权纠纷案,广东省深圳市中级人民法院民事判决书,(2005)深中法民三初字第654号;广州金山发展有限公司与孙某某、易某某、汪某某、雷某某、尹某某、佛山市路桥建设有限公司著作权侵权纠纷上诉案,广东省高级人民法院民事判决书,(2006)粤高法民三终字第260号。

被上诉人(一审被告):尹某某;

被上诉人(一审被告):佛山市路桥建设有限公司(以下简称路桥公司)。

一审案件事实

2004年11月,被告路桥公司作为业主与承包人原告金山公司签订《佛山市一环城际快速干线工程动态进度管理前期服务合同书》(以下简称《前期服务合同》),双方约定:(1)服务标段是佛山市一环城际快速干线99.2公里全部施工段,服务期限从2004年10月至2005年2月8日。(2)合同内容为在被告路桥公司统一管理之下,原告金山公司提供网络计划编制、调整、数据维护服务。

上述合同签订后,原告金山公司成立了以被告孙某某为项目经理的项目组,被告易某某、被告汪某某、被告尹某某在其中担任计划工程师,被告雷某某负责网站策划,均参加了项目的有关研发工作。原告金山公司研发了名称为"佛山市一环工程项目动态管理平台"的软件,实现了在互联网上对项目进行动态进度计划管理,并进行了网站数据维护服务。2005年5月21日,被告路桥公司向原告金山公司发出《关于终止参与佛山市"一环"城际快速干线工程动态进度管理项目的通知》,从2005年5月21日起终止原告金山公司参与佛山一环工程动态进度管理项目。

2005年7月,被告路桥公司作为业主与承包人被告中交院签订《佛山市一环城际快速干线工程动态进度计划管理工程合同书》,被告路桥公司委托被告中交院对佛山市一环城际快速干线工程进行动态进度计划管理。被告孙某某、被告易某某、被告汪某某、被告雷某某、被告尹某某在离开原告金山公司后进入被告中交院佛山一环项目部工作。

基于原告申请,2005年9月一审法院作出民事裁定对被告中交院佛山一环项目部的工程项目动态管理平台进行了证据保全。被告中交院和被告路桥公司在庭审中确认一审法院证据保全的工程项目动态管理平台是对原告金山公司请求保护的名称为"佛山市一环工程项目动态管理平台"软件的备份和升级。原、被告在庭审中均确认被控侵权软件是对原告软件的备份和升级,也即使用了该软件。

一审原告诉请

1. 上述被告共同连带赔偿其侵害原告软件著作权而给原告造成的经济损失50万元及原告为维护合法权益所支出的各种费用3万元以上,并判令上述被告立即停止侵害原告软件著作权的行为;

2.本案诉讼费用由被告承担。

一审裁判结果

一审法院判决如下:驳回原告金山公司的诉讼请求。

一审裁判理由

本案的关键问题在于原告金山公司与被告路桥公司所签合同的性质、"佛山市一环工程项目动态管理平台"软件的性质、被告路桥公司在上述合同终止后使用该软件的行为如何定性三个问题。

1.原告金山公司与被告路桥公司所签合同显示委托人被告路桥公司与原告金山公司约定,由受托人原告金山公司处理委托人被告路桥公司的有关事务,该合同性质应当属于委托合同。

2."佛山市一环工程项目动态管理平台"软件是原告金山公司为履行委托合同而创作的软件,该软件性质应当属于委托创作作品。

3.上述合同履行后,被告路桥公司终止与原告金山公司的合作关系,而与被告中交院签订合同,另行委托被告中交院对佛山市一环城际快速干线工程进行动态进度计划管理。被告中交院应被告路桥公司要求对上述软件进行了备份和升级。该软件属于委托创作作品,由于被告路桥公司与原告金山公司在合同中对该作品的权属约定不明,该软件的著作权属于受托人原告金山公司。但是被告路桥公司与原告金山公司所签合同的目的是委托原告金山公司在佛山市一环城际快速干线项目中提供项目动态进度管理和网站数据维护服务,被告路桥公司可以基于合同目的在佛山市一环城际快速干线项目中继续使用上述软件。被告路桥公司在合同终结后继续使用原告金山公司创作的软件属于基于合同目的的合理使用。

因此,在本案中,基于与原告金山公司签订的委托合同,被告路桥公司可以在佛山市一环城际快速干线项目中使用原告软件,包括另行委托他人在上述项目中继续使用该软件。被告路桥公司和被告中交院又签订委托合同,被告中交院受被告路桥公司委托对原告软件进行备份和升级,属于被告路桥公司对原告软件的合理使用行为。因此被告路桥公司和被告中交院的行为不构成侵权。鉴于被告中交院的行为不构成侵权,被告孙某某、被告易某某、被告汪某某、被告雷某某、被告尹某某的行为在本案中也不构成侵权。

二审案件事实

二审查明事实与一审相同。另查明,2005 年 5 月 25 日,双方对涉案网站的服务器及服务器内的软件进行了交接。金山公司将涉案服务器及 IP 地址移交给路桥公司。在双方移交时,服务器内软件包括了佛山—环动态管理系统数据及其源代码,双方对涉案数据进行了备份和封存。金山公司还授权路桥公司使用涉案网站域名 1 个月,使用权截止日期为 2005 年 6 月 25 日 24 时。

二审又查明,金山公司向深圳市中级人民法院提起诉讼,请求判令:(1)上述被告共同连带赔偿其侵害原告软件著作权而给原告造成的经济损失 50 万元及原告为维护合法权益所支出的各种费用 3 万元以上,上述被告立即停止侵害原告软件著作权的行为;(2)本案诉讼费用由被告承担。

二审诉讼请求

金山公司请求二审法院:
1. 撤销原审判决,依法改判被上诉人共同连带赔偿其侵害金山公司软件著作权而给金山公司造成的经济损失 50 万元;
2. 由被上诉人承担本案一、二审诉讼费用和保全费用。

● 二审裁判结果 ●

二审法院判决如下:驳回上诉,维持原判。

● 二审裁判理由

涉案双方主要争议焦点为:路桥公司对涉案软件在双方合同终止后是否具有合理使用权。

首先,金山公司认为涉案软件与前期服务合同无关,各自具有独立的著作权,路桥公司仅对涉案网站具有使用权即"浏览权",既无权使用涉案软件,也未实际使用涉案软件。二审法院认为,(1)涉案软件系为实现网站的管理功能而编写的。涉案网站的建设及管理,正是金山公司的主要合同义务所在。事实上,涉案软件亦被实际应用于涉案网站的建设及管理之中,这也佐证了涉案软件的编写是金山公司履行其合同义务、实现合同目的而进行的。(2)涉案软件的编写完成及首次发表日期时间处于涉案前期服务合同约定的履行期限之内。(3)在前期服务合同签订后,金山公司使用软件通过网站为路桥公司的工程实际提供了项目动态进度管理服务,不存在其主张的路桥公司未使用涉案软件之情形。(4)金山公司还认为基于2005年5月25日双方在进行服务器交接时,路桥公司对原网站域名的使用权作了最长使用1个月的承诺,双方对服务器内的源程序及数据进行备份和封存这一事实,可以推定路桥公司此后不得擅自使用该软件。二审法院认为,在没有法律规定或当事人约定的情况之下,权利的放弃须以明示的方式来进行。路桥公司在交接时仅对网站的域名使用期限作出承诺,但并未明示放弃对网站源程序的使用权。

基于上述分析可以得知,金山公司称涉案软件与前期服务合同无关,并非为履行合同而创作,不属于路桥公司委托创作的作品范围之内,理由不充分,二审法院不予采信。

其次,关于在双方合同终止后,路桥公司对涉案软件进行的备份、升级行为是否属于合理使用的范围。二审法院认为,涉案网站和软件系金山公司接受路桥公司的委托而开发,路桥公司亦已依前期服务合同的约定向金山公司支付了对价。在前期服务合同的履行期间内,金山公司直接占有、使用涉案软件和服务器进行网站管理,系受路桥公司的委托而为,并不能以此否定路桥公司当时即对涉案软件享有使用权。在双方对存储有涉案软件的服务器进行移交后,路桥公司作为涉案软件的合法复制品所有人,有权依据《计算机软件保护条例》(2001)第18条的规定,为了防止复制品损坏而制作备份复制品,亦有权为改进软件的功能、性能而进行必要的修改。故路桥公司在合同终止后,为继续对前期服务合同所涉的工程进行动态进度管理,委托中交院进行的备份、升级行为属于合理使用的范围,并不构成侵权。中交院作为路桥公司的委托人,孙某某、易某某、汪某某、雷某某、尹某某作为中交院的职员,具体实施的备份、升级行为,同样不构成侵权。

案件解析

本案争议系委托合同终止后继续使用基于该合同目的开发的软件是否属于合理使用范围。

本案中,涉案软件的开发系实现原被告双方签订的《佛山市一环城际快速干线工程动态进度计划管理工程合同书》委托合同的合同目的,且被告已支付相关对价,合同结束后被告继续使用该软件。在著作权归受托方金山公司的前提下,被告路桥公司在合同履行期内支付合理对价,合同结束后可以基于合理使用继续使用该软件。同时,路桥公司系软件的合法复制品所有人,其可以依据《计算机软件保护条例》有权为改进软件的功能、性能而进行必要的修改,其继续使用、备份、升级的行为属于合理使用的范围,不构成侵权。

第二节
依法对软件进行修改升级属于合理使用

58. 陶某与湖北省文化厅等计算机软件著作权案[①]

▶ **裁判要旨**

根据合同约定取得相关软件的独占使用权,并同时享有该软件的修改权,为适应监管职能的需要和软件使用环境的变化,可以委托他人对该软件进行修改、升级,其行为不构成侵权。受让人无权对其受让取得著作权以前已享有相关权利的人提出侵权主张。

【关键词】

独占使用权;修改;升级;合同;监管职能

【当事人】

原告:陶某;

原告:武汉久天软件科技有限公司(以下简称久天公司);

被告:武汉九州超数码信息技术有限公司(以下简称九州超公司);

被告:王某;

被告:湖北省文化厅。

---

① 陶某与湖北省文化厅、武汉九州超数码信息技术有限公司、王某侵害计算机软件著作权纠纷案,湖北省武汉市中级人民法院民事判决书,(2008)武知初字第115号。

案件事实

2000年8月1日,武汉九州电脑公司(以下简称九州电脑公司)将其开发完成的《网管之星》V3.0计算机软件向国家版权局申请著作权登记,取得计算机软件著作权登记证书,该证书载明的软件著作权人为九州电脑公司。

2002年12月5日,湖北省文化厅委托湖北省设备成套招标有限公司进行网吧监控软件项目招标,软件购买及服务要求为:一次性买断网吧监控管理软件全部使用权(含源代码)等。2002年12月20日,九州软件公司向湖北省设备成套招标有限公司递交商务标书,投标项目为湖北省网吧监督管理软件项目。该商务标书载明:本公司投标软件《网管之星》5.0网吧监督管理软件,其报价为一次性买断软件全部使用权报价(包括源代码和相关技术文档),并提供一年免费质保和技术支持。

2003年年初,经九州电脑公司授权,作为其下属子公司的九州软件公司为完成湖北省网吧监督管理软件项目,对《网管之星》V3.0软件进行修改生成《网管之星》V2.1软件。2003年5月14日,九州软件公司与湖北省文化厅签订《湖北省网吧监督管理软件合同书》。

2006年5月8日,九州电脑公司与陶某签订《网管之星》V2.1著作权转让合同。2006年7月17日,陶某将名称为《网管之星》V2.1的计算机软件向国家版权局申请著作权登记,取得计算机软件著作权登记证书,该登记证书载明该软件的著作权人为陶某。2006年7月21日,陶某向久天公司出具《网管之星》授权书。

2007年5月18日,九州超公司向武汉市逐浪网吧提供了《湖北省网吧经营管理系统》软件网吧端程序安装光盘一张、《湖北省网吧经营管理系统使用说明书》一本及U盘(密钥)一个,包装于同一包装盒内,包装盒上印有"监制:湖北省文化厅技术支持:武汉九州超数码信息技术有限公司"字样。庭审中,九州超公司确认在该网吧收取了100元密钥费,并按实际安装台数每台收取50元安装服务费。

2008年3月13日,久天公司的法定代表人吴某向湖北省武汉市洪山区公证处申请对网站上的相关网页进行证据保全,由公证员在该公证处采取证据保全措施,对文化市场在线网站主页(www.wenhua365.com)及《关于进一步做好网吧监管平台》、《关于进一步做好网吧监管平台建设等通知》两篇文章进行了实时打印,并向久天公司出具(2008)鄂洪山证字第522号公证书。

2008年3月25日,久天公司的法定代表人吴某以网站提供下载软件侵犯该公司著作权为由向武汉市公证处申请证据保全,由公证员在该公证处公证一室采取证据保全措施,对文化市场在线网站主页(www.wenhua365.com)及《关于进一步做好网吧监管平台建设等通知》文章进行实时打印,同时在该网站下载"网吧监管系统客户端(V2.2B070118)"和"网吧监管系统控制端(V2.2B070118)"两个软件,保存于"网吧监管系统"文件夹内刻录成光盘一式三张封存,并向久天公司出具(2008)武证民字第264号公证书。

本案审理中,法院组织双方当事人对原告提交的《网管之星》V2.1软件、湖北省文化厅网站提供的网吧监管系统客户端(V2.2B070118)和网吧监管系统控制端(V2.2B070118)下载软件、九州超公司提供网吧安装的湖北省网吧经营管理系统软件共三个软件进行了对比。经对比,双方当事人确认原告提交的软件及源代码仅为《网管之星》V2.1软件的网吧端部分,湖北省文化厅网站提供下载的网吧监管系统客户端(V2.2B070118)和网吧监管系统控制端(V2.2B070118)的软件与九州超公司提供给网吧安装的湖北省网吧经营管理系统软件是相同的,均是湖北省网吧监督管理软件的网吧端部分。原告以保密为由拒绝向被告提供《网管之星》V2.1软件的源代码、目标程序的副本,软件对比仅由原告在法院将其提交封存的《网管之星》V2.1软件、源代码在电脑上向被告展示完成,因此,双方当事人只能确认被控的软件屏蔽了登陆功能,增加密匙功能,软件所包含的文件长度与《网管之星》V2.1软件不同,对被控软件与《网管之星》V2.1软件是否实质性相同或者相似未能得出一致性结论。

另查明:2007年6月,九州电脑公司与九州软件公司签订《关于收回网管之星软件著作权授权的协议》,协议签订时间提前到2006年5月8日。该协议约定:九州软件公司在得到九州电脑公司授权期间,九州软件公司在《网管之星》V3.0基础上修改产生的该软件所有版本的著作权(包括《网管之星》V2.1版本著作权等)全部归九州电脑公司所有,九州电脑公司承接九州软件公司现有网管之星软件用户的售后服务等事宜。

原告诉请

原告请求法院判令:

1. 上述被告共同连带赔偿其侵害原告软件著作权,而给原告造成的经济损失50万元及原告为维护合法权益所支出的各种费用3万元以上,并判令上述被告立即停止侵害原告软件著作权的行为;

2. 本案诉讼费用由被告承担。

裁判结果

经合议庭评议,法院判决如下:驳回原告陶某、久天公司的诉讼请求。

裁判理由

1.关于原告陶某是否取得《网管之星》V2.1软件的著作权问题。涉案《网管之星》V2.1软件最早由九州软件公司为完成湖北省文化厅的湖北省网吧监督管理软件项目任务,经九州电脑公司许可,在《网管之星》V3.0软件的基础上独立修改、开发完成。九州软件公司与湖北省文化厅对软件著作权归属没有明确约定,故涉案《网管之星》V2.1软件的原始著作权应由九州软件公司享有。

原告陶某是经转让取得涉案的《网管之星》V2.1软件的著作权,其权利来源于九州电脑公司,但在双方签订《网管之星》V2.1著作权转让合同及合同附件时,九州电脑公司并未实际取得《网管之星》V2.1软件的著作权,而是在2007年6月与九州软件公司签订《关于收回网管之星软件著作权授权的协议》后,依该协议从九州软件公司实际取得《网管之星》V2.1软件的著作权,并将该软件转让给原告陶某。审理中,九州电脑公司的法定代表人马某及证人严某也证实前述《网管之星》V2.1软件著作权转让合同、协议上公章、签名的真实性,虽然被告均对原告陶某经上述转让取得《网管之星》V2.1软件的著作权表示异议,但未提交足以否定前述《网管之星》V2.1软件著作权转让合同、协议效力的证据。因此,在被告证据不足以反驳的情况下,根据《计算机软件保护条例》(2001)第8条的规定,原告陶某经九州软件公司、九州电脑公司转让后取得涉案的《网管之星》V2.1软件的著作权,并作为权利人可以许可久天公司行使其享有的著作权。但其享有《网管之星》V2.1软件著作权的范围应受到九州软件公司转让给九州电脑公司的著作权的限制,不包括九州软件公司在实际转让前已处分的著作权。

2.关于被告湖北省文化厅使用湖北省网吧监督管理软件是否侵犯原告陶某享有的著作权问题。

首先,涉案软件是由湖北省文化厅委托九州软件公司开发完成的软件。本案中,从该合同的标的来说,虽然作为该合同标的的湖北省网吧监督管理软件和涉案的《网管之星》V2.1软件的名称存在不同,但根据相关事实可以确认九州软件公司开发完成的《网管之星》V2.1软件与合同中的湖北省网吧监督管理软件实质为同一软件。

其次,湖北省文化厅有权使用、修改涉案软件。湖北省文化厅与九州软件公司的合同中约定了一次性买断软件使用权,包括源代码及文档,应视为湖北省文化厅在湖北省范围内享有该软件的全部使用权及修改权。

最后,湖北省文化厅使用、修改涉案软件符合该软件开发的专项目的。被告湖北省文化厅依合同约定享有《网管之星》V2.1软件的使用权、修改权是在原告陶某取得《网管之星》V2.1软件著作权之前,其使用并修改该软件的行为不构成对原告陶某享有的《网管之星》V2.1软件著作权的侵犯。

3. 关于九州超公司、王某的提供、安装、修改湖北省网吧监督管理软件网吧端程序及文档的行为是否构成侵权问题。第一,九州超公司在湖北省作为一家计算机应用软件技术服务机构,按照享有《网管之星》V2.1软件修改权的湖北省文化厅的要求,对湖北省网吧监督管理软件的安装、调试、修改提供技术服务,与湖北省文化厅之间构成委托关系,其法律后果归属于委托人。第二,原告指控九州超公司参与湖北省文化厅网站发布的网吧监管系统客户端、控制端以及提供给网吧安装的湖北省网吧经营管理系统安装盘修改,但该软件客户端、控制端及安装光盘属于湖北省网吧监督管理软件的网吧端部分,均载明是由湖北省文化厅监制,九州超公司提供技术支持,说明九州超公司是经享有修改权的湖北省文化厅的许可,对湖北省网吧监督管理软件修改、升级提供技术支持,其本身没有修改软件的故意,不构成对《网管之星》V2.1软件著作权的侵犯。况且,原告指控被告九州超公司的具体侵权行为包括九州超公司向武汉市逐浪网吧提供了《湖北省网吧经营管理系统》软件网吧端程序安装光盘、《湖北省网吧经营管理系统使用说明书》及U盘(密钥),并在该网吧进行安装调试该软件的行为,该行为的完成时间应是安装回执单上所确认的时间即2007年5月18日以前,而在2007年6月九州电脑公司和九州软件公司实际签订《关于收回网管之星软件著作权授权的协议》之后,九州电脑公司才能将收回的《网管之星》V2.1著作权转让给陶某。陶某在2007年6月前未实际取得著作权的情况下,是不能向九州超公司主张2007年5月的安装软件行为侵权。第三,被告王某虽然在原告久天公司工作过,但原告并无证据证明其带走该公司的源代码程序。王某应聘到九州超公司工作,所提供的技术服务也属于履行职务的行为,其行为的民事责任应由九州超公司承担,作为个人不承担侵犯著作权的民事责任。因此,九州超公司、王某的提供、安装、修改湖北省网吧监督管理软件网吧端程序及文档的行为不构成对《网管之星》V2.1软件著作权的侵犯。

综上所述,湖北省文化厅依据《湖北省网吧监督管理软件合同》取得《网管之星》V2.1软件在湖北省地区的独占使用权,并享有该软件的修改权,为适应监管职能的需要和软件使用环境的变化，可以委托九州超公司对该软件进行修改、升级，其行为不构成侵权。原告陶某、久天公司无权对其受让取得著作权以前已享有相关权利的被告湖北省文化厅、九州超公司及王某提出侵权主张，故本案原告陶某、久天公司以侵权为由主张赔偿损失的诉讼请求法院不予支持。

> **案件解析**

本案的关键点在于委托他人开发的软件在著作权转让后是否能够继续使用、修改、升级。

《计算机软件保护条例》（2013）第 11 条规定："接受他人委托开发的软件，其著作权的归属由委托人与受托人签订书面合同约定；无书面合同或者合同未作明确约定的，其著作权由受托人享有。"

本案中，被告湖北省文化厅委托九州软件公司开发了《网管之星》V2.1 软件，并在合同中约定了一次性买断软件使用权，包括源代码及文档。因此湖北省文化厅在湖北省范围内享有该软件的全部使用权及修改权。被告湖北省文化厅取得其使用权及修改权是在原告陶某取得《网管之星》V2.1 软件著作权之前，因此，湖北省文化厅在委托九州软件公司开发涉案软件后，基于合同目的进行使用，并为适应监管职能的需要和软件使用环境的变化，委托他人对该软件进行修改、升级的行为不构成对在后经转让取得著作权的陶某著作权的侵犯。

另外，在九州软件公司不能继续提供技术支持的前提下，湖北省文化厅基于继续使用并进行修改、升级的需求，可以另行指定他人提供技术支持，因此九州超公司受湖北省文化厅的委托对涉案软件进行升级、修改不侵犯原告的著作权。而被告王某并没有主观恶意，也没有客观上损害原告的行为，其提供技术服务的行为系职务行为，未侵犯原告的著作权。

第三节
软件合法复制品所有人修改权例外要件

59. 深圳英迈思文化科技有限公司诉深圳市通银金融控股有限公司计算机软件著作权案[①]

▶ **案件影响**

入选"2018年度深圳法院知识产权十大典型案例"。

▶ **裁判要旨**

软件的合法复制品所有人享有对其持有的软件合法复制品进行部分修改的权利，但应满足以下条件：第一，修改目的是把该软件用于实际的计算机应用环境或者改进其功能、性能；第二，软件合法复制品所有人进行的修改以必要为限度；第三，此种修改应当系对其所有的软件合法复制品进行修改。

【关键词】

软件；购买；修改；修改目的；必要限度；合法复制品

【当事人】

原告：深圳英迈思文化科技有限公司；

被告：深圳市通银金融控股有限公司。

案件事实

经审理查明，2014年9月25日，原告取得国家版权局颁发的计算机软件著作权登记证书，登记的软件名称为晓风安全网贷平台软件（简称SP2P5）V6.0，登记号为2014SR143130。2015年1月15日，原告将前述登记的软件名称由变更为晓风安全网贷

[①] 深圳英迈思文化科技有限公司诉深圳市通银金融控股有限公司侵害计算机软件著作权纠纷案，深圳市南山区人民法院民事判决书，(2017)粤0305民初4987号。

系统(以下简称SP2P)V6.0。

2015年3月6日,原告(乙方)与被告(甲方)签订了一份软件销售合同,约定甲方在理解同意《软件最终用户授权使用协议》的基础上,购买ShoveSP2P网贷管理软件SP2PV6.0移动双核标准"安全版+UI全定制+微信端"开发,并享有在维护期内的免费升级服务,其中第5条约定了双方权利义务。

原告还提交了《通银金融项目首页设计风格确认书》《通银金融项目内页设计风格确认书》《项目需求变化验收合格书》《项目UI需求变化验收合格书》《微信端验收合格书》《项目App验收合格书》,以上文件均由原告出具给被告,在上述文件中的确认单位和验收人一栏有被告公章及"李某某"的手写签名。

2016年4月27日,经原告申请,深圳市深圳公证处的公证员胡某及公证员助理陈某某在该公证处天平办证室A409房现场监督原告的委托代理人韦某某进行了如下保全证据的行为:删除浏览器的历史记录,进入www.moneytree33.com网站,在该网站中登录账户后,分别点击页面中"基本设置"和"我的红包"选项,在"基本设置"选项下点击"实名认证"进行查看。依据上述过程,深圳市深圳公证处于2016年5月11日出具了(2016)深证字第67742号公证书。经查,第一次庭审中,原、被告双方均确认被告对从原告方购买的软件进行了"基本设置"和"我的红包"两个功能的修改。第二次庭审中,被告称整个软件系统都是被告自行研发,但确认在前述公证的时间段内系将原告销售的计算机软件解析到www.moneytree33.com网站。

原告提交了一份通话录音光盘及通话记录文字稿,原告称证据系原告的工作人员韦某某在发现被告将程序进行修改后向被告工作人员李某某(电话号码186××××4765)打电话询问相关情况的通话记录,被告工作人员李某某承认通过购买他人源代码对程序进行修改。被告称,因为原告一直无法满足被告对软件的使用需求,所以被告成立了软件部对该软件进行修改,被告并没有对外购买软件或源代码,所以对通话记录中李某某所述花了6万元购买软件,被告无法确定该软件是新的软件还是原告所称的源代码。

在第二次庭审中,被告提交了两份计算机软件著作权登记证书,登记的软件名称分别为摇财树前台交易系统[简称:摇财树前台系统]V1.0和摇财树后台交易管理系统[简称:摇财树后台系统]V1.0,著作权人均为深圳市摇财树互联网信息服务有限公司,开发完成时间均为2018年4月30日,证明其已经停止使用之前原告的软件,其自主研发了上述两款软件。庭审中,被告确认前述两款登记的软件不是被告在2016年4月27

日时其网站使用的软件。

原告诉请

原告请求法院判令：

1. 被告停止侵犯原告网贷安全管理系统 SP2PV6.0 管理软件的著作权，即停止使用盗版网贷安全管理系统 SP2PV6.0 管理软件及源码并销毁该源码；

2. 被告赔偿原告经济损失 10 万元；

3. 被告赔偿原告为制止侵权行为支付的公证费 1020 元，律师费 12,500 元；

4. 本案的诉讼费用由被告承担。

裁判结果

法院判决如下：

1. 被告深圳市通银金融控股有限公司立即停止使用经其修改的 SP2P5V6.0 软件；

2. 被告深圳市通银金融控股有限公司赔偿原告深圳英迈思文化科技有限公司经济损失人民币 40,000 元；

3. 被告深圳市通银金融控股有限公司赔偿原告深圳英迈思文化科技有限公司为制止侵权而支付的合理开支人民币 13,520 元。

裁判理由

本案的争议焦点包括：(1) 被告是否修改了原告的计算机软件；(2) 被告修改原告计算机软件的行为是否构成侵权及应承担的法律责任。

关于争议焦点一。第一，根据原告提交的证据可以认定，原告系 SP2P5V6.0 软件的著作权人。2015 年 3 月 6 日，原、被告签订软件销售合同，后原告依约向被告交付了该计算机软件，并且已经在被告的服务器上安装并运行了该计算机软件。第二，第一次庭审中，被告确认 (2016) 深证字第 67742 号公证书中公证保全的网页内容是基于对从原告方购买的软件进行的"基本设置"和"我的红包"两个功能的修改。第三，在第二次庭审中，被告虽然称整个软件系统都是被告自行研发，但确认在前述公证的时间段内系将原告销售的计算机软件解析到 www.moneytree33.com 网站。因此，法院认定在 (2016) 深证字第 67742 号公证书公证时间段内，被告使用的是 SP2P5V6.0 软件，且对该计算机软件"基本设置"和"我的红包"两个功能进行了修改。

关于争议焦点二。《计算机软件保护条例》(2013)第16条规定了软件的合法复制品所有人享有的权利,其中第3项为"为了把该软件用于实际的计算机应用环境或者改进其功能、性能而进行必要的修改;但是,除合同另有约定外,未经该软件著作权人许可,不得向任何第三方提供修改后的软件"。本案中,在第一次庭审中被告确认对原告的软件进行了"基本设置"和"我的红包"两个功能的修改的情况下,法院组织第二次庭审,以查清被告系在何种程度以及以何种方式修改原告的软件,而被告在第二次庭审中称整个软件系统都是被告自行研发,但确认在前述公证的时间段内系将原告销售的计算机软件解析到 www.moneytree33.com 网站,并且一直以代理人不清楚修改情况的理由拒绝回答其修改原告软件的方式和程度。因此,被告应自行承担举证不能的责任,故法院认定被告修改原告计算机软件的行为侵犯了原告享有的计算机软件著作权,依法应当承担停止侵权和赔偿损失的法律责任。

> **案件解析**

根据《计算机软件保护条例》(2013)第16条第3项的规定,软件的合法复制品所有人享有对其持有的软件合法复制品进行部分修改的权利,但应满足以下条件:第一,修改目的是把该软件用于实际的计算机应用环境或者改进其功能、性能;第二,软件合法复制品所有人进行的修改以必要为限度;第三,此种修改应当系对其所有的软件合法复制品进行修改。

本案中,原告已经举证证明被告对 SP2P5V6.0 软件计算机软件"基本设置"和"我的红包"两个功能进行了修改,被告以代理人不清楚修改情况的理由拒绝回答其修改原告软件的方式和程度,且未能举证证明其修改行为符合2013年《计算机软件保护条例》第16条第3项的规定,因此应承担举证不能的后果。如果被告能够证明其修改软件的目的、限度符合前述条例的规定,则其修改行为将不构成对原告计算机软件著作权的侵犯。

第四节
合法复制品所有人修改软件不必亲自进行

60. 广州软通动力信息技术有限公司等与深圳市长亮保泰信息科技有限公司等计算机软件著作权案[①]

裁判要旨

《计算机软件保护条例》(2013)第16条没有限定软件的合法复制品所有人为了把该软件用于实际的计算机应用环境或者改进其功能、性能而进行的必要修改须亲自进行,不得委托他人。

【关键词】

证据保全;软件;合法复制品;委托他人;违法复制

【当事人】

上诉人(一审原告):广州软通动力信息技术有限公司(以下简称广州软通公司);

上诉人(一审原告):软通动力技术服务有限公司广州分公司(以下简称软通广州分公司);

上诉人(一审原告):深圳软通动力科技有限公司(以下简称深圳软通公司);

被上诉人(一审被告):深圳市长亮保泰信息科技有限公司(以下简称长亮保泰公司);

被上诉人(一审被告):罗某;

被上诉人(一审被告):侯某;

被上诉人(一审被告):谭某;

原审第三人:新疆前海联合财产保险股份有限公司(以下简称新疆前海公司)。

[①] 广州软通动力信息技术有限公司等与深圳市长亮保泰信息科技有限公司等侵害计算机软件著作权案,广东省深圳市中级人民法院民事判决书,(2016)粤03民初2827号;广州软通动力信息技术有限公司等与深圳市长亮保泰信息科技有限公司等侵害计算机软件著作权上诉案,广东省高级人民法院民事判决书,(2018)粤民终2410号。

一审案件事实

一、三原告主张的著作权的法律状况

广州软通公司系软件名称为广州软通动力财险财务收付管理软件和广州软通动力财险再保信息管理软件的著作权人。针对上述两项计算机软件,广州软通公司于2012年11月在国家版权局取得著作权登记,目前该著作权稳定有效。

二、三原告指控长亮保泰公司、罗某、侯某、谭某侵害其两项计算机软件著作权的事实

三原告认为长亮保泰公司为新疆前海公司开发的前海财险核心系统收付子系统和前海财险核心系统再保子系统未经三原告许可,侵害了广州软通公司的授权软件著作权。广州软通公司、软通广州分公司、深圳软通公司为支持其主张,提供了以下证据:证据一,财务收付管理软件V7.2和财保信息管理软件V7.2,证明上述两项软件系广州软通公司独立开发所有,广州软通公司是著作权人。广州软通公司以非专用许可的方式许可软通广州分公司和深圳软通公司行使除署名权以外的著作权。证据二,计算机软件著作权登记证书,证明广州软通公司对授权软件于2012年11月取得国家产权局著作权登记。证据三,罗某、侯某、谭某与广州软通公司、软通广州分公司签订的劳动合同和保密协议等,证明罗某、侯某、谭某对广州软通公司、软通广州分公司的技术秘密负有保密义务,且不因劳动合同解除或终止而免除。证据四,《核心业务系统开发协议》《前海财产保险核心系统新增需求开发协议》,证明深圳软通公司利用授权软件为钜盛华公司、新疆前海公司提供技术开发服务。证据五,新疆前海公司给深圳软通公司及长亮保泰公司工作人员发送工作内容(前海核心非车承保与收付)的三封电子邮件,证明深圳软通公司为新疆前海公司提供技术开发服务期间,长亮保泰公司也为新疆前海公司提供同一内容的技术开发服务。证据六,民事诉讼代理协议及律师费发票,属于损失证据。证据七,长亮保泰公司与新疆前海公司来往的122份工作邮件,证明长亮保泰公司不仅仅是对涉案子系统进行漏洞修复,而且是对程序代码进行实质性修改。证据八,银行电子回单,证明广州软通公司、软通广州分公司、深圳软通公司已支付律师费用。

广州软通公司、软通广州分公司、深圳软通公司在诉讼期间向一审法院提交证据保全申请,申请对长亮保泰公司为第三人新疆前海公司开发的前海财险核心系统收付子系统和前海财险核心系统再保子系统进行证据保全。

一审原告诉请

原告请求法院判令：

1. 长亮保泰公司、罗某、侯某、谭某停止侵权、赔礼道歉、消除影响，连带赔偿广州软通公司、软通广州分公司、深圳软通公司经济损失以及为调查制止侵权行为合理支出的人民币45万元；

2. 本案诉讼费用由长亮保泰公司、罗某、侯某、谭某共同承担。

一审裁判结果

一审法院判决：驳回广州软通公司、软通广州分公司、深圳软通公司的全部诉讼请求。

一审裁判意见

本案中，广州软通公司、软通广州分公司、深圳软通公司主张长亮保泰公司、罗某、侯某、谭某为第三人新疆前海公司开发前海财险核心系统收付子系统前海财险核心系统再保子系统并侵犯了其广州软通动力财险财务收付管理软件和广州软通动力财险再保信息管理软件的计算机软件著作权。广州软通公司、软通广州分公司、深圳软通公司的诉讼主张成立需要举证证明以下事实存在：(1)长亮保泰公司有为新疆前海公司开发过案涉前海财险核心系统收付子系统和前海财险核心系统再保子系统；(2)前海财险核心系统收付子系统和前海财险核心系统再保子系统超出深圳软通公司为新疆前海公司根据《深圳市钜盛华股份有限公司核心业务系统开发协议》《前海财产保险核心系统新增需求开发协议》进行开发的核心系统业务范围，且侵犯广州软通动力财险财务收付管理软件和广州软通动力财险再保信息管理软件的著作权。广州软通公司、软通广州分公司、深圳软通公司在本案提出的8项证据不能证实上述事实成立，应当承担举证不能的不利后果。据此，广州软通公司、软通广州分公司、深圳软通公司提出的诉讼请求证据不足，一审法院不予支持。关于广州软通公司、软通广州分公司、深圳软通公司提出的证据保全申请，基于该证据属于广州软通公司、软通广州分公司、深圳软通公司依法举证证据范围，且长亮保泰公司、罗某、侯某、谭某与新疆前海公司均否认该项主张证据存在，目前本案尚不能确认该项证据存在，不符合证据保全的规定条件。据此，对于该项证据保全申请，一审法院不予采纳。

二审案件事实

二审查明事实与一审相同。另查明,深圳软通公司与新疆前海公司于2016年2月签订《前海财产保险核心系统新增需求开发协议》,该协议第10条约定"在乙方为甲方履行本协议,提供开发服务过程中产生的可交付成果物的知识产权归甲乙双方共有,甲方拥有本协议下系统所附着的各项知识产权的永久使用权",该协议工作说明书记载"前海财险将基于软通动力前海核心业务系统进行开发实施,并使用其项目开发工具,项目管理流程来完成本项目"。

二审诉讼请求

广州软通公司、软通广州分公司、深圳软通公司上诉请求:撤销一审判决,改判支持其一审诉讼请求并由4被上诉人承担本案诉讼费用。

二审裁判结果

二审法院判决如下:驳回上诉,维持原判。

二审裁判理由

二审争议焦点为:(1)一审未实施证据保全是否存在程序不当;(2)长亮保泰公司为新疆前海公司业务系统提供运营维护是否侵害三上诉人对涉案软件享有的复制权和修改权。

一、关于一审未实施证据保全是否存在程序不当的问题

只有在当事人就其主张已经进行初步举证,进一步的证据无法取得,而该证据真实存在,且如不保全将可能灭失或者以后难以取得的情况下,满足法律规定的保全要求,人民法院才应予以保全。三上诉人主张长亮保泰公司、罗某、侯某、谭某为第三人新疆前海公司开发了前海财险核心系统收付子系统和前海财险核心系统再保子系统并侵犯了其广州软通动力财险财务收付管理软件和广州软通动力财险再保信息管理软件的计算机软件著作权,要求一审法院采取保全措施。该保全措施的采取应以长亮保泰公司为新疆前海公司开发过案涉前述两系统,且该两系统超出深圳软通公司为新疆前海公司开发的核心系统业务范围,并可能侵犯原告主张的著作权为前提。但本案事实不能确定该项证据真实存在,本案证据尚不能初步证明上述事实。上诉人的证据保全申请不符合法律规定条件,依据不足,一审法院不予支持,并无不当。

二、关于长亮保泰公司是否侵害三上诉人对涉案软件享有的复制权和修改权的问题

三上诉人上诉称前海财险核心系统收付子系统和前海财险核心系统再保子系统是在广州软通动力财险财务收付管理软件和广州软通动力财险再保信息管理软件基础上开发,长亮保泰公司为上述前海财险核心系统收付子系统和前海财险核心系统再保子系统提供适应性修复侵害了其对软通收付和再保管理软件享有的复制、修改权。二审法院认为,首先,《计算机软件保护条例》(2013)第16条并没有限定软件的合法复制品所有人为了把该软件用于实际的计算机应用环境或者改进其功能、性能而进行的必要修改须亲自进行,不得委托他人。根据深圳软通公司与新疆前海公司签订的软件开发协议约定,双方共同享有"可交付成果物"即上述前海财险核心系统收付子系统和前海财险核心系统再保子系统的知识产权,且新疆前海公司享有系统所附着的各项知识产权的永久使用权。新疆前海公司有权根据实际应用环境委托长亮保泰公司对软件功能或性能进行必要的修改。本案无证据证明长亮保泰公司持有修改后的软件,长亮保泰公司向任何第三方提供了修改后的软件。

其次,本案中,涉案前海保险收付和再保子系统是由上诉人深圳软通公司为新疆前海公司开发,三上诉人未能提交证据证明长亮保泰公司亦为新疆前海公司开发了该子系统,复制了其涉案软件。深圳软通公司为新疆前海公司开发的相关前海财险核心系统收付子系统和前海财险核心系统再保子系统不仅有新疆前海公司的个性配置,还新增了新商车险建设、广东在线发票打印以及企财险等功能,体现了新疆前海公司的差异需求,与广州软通公司享有著作权的相关软通收付和再保管理软件不具有同一性。长亮保泰公司对新疆前海公司上述前海财险核心系统收付子系统和前海财险核心系统再保子系统作适应性修改并不必然导致对有关软通收付和再保管理软件的违法复制。三上诉人关于长亮保泰公司侵害其对有关软通收付和再保管理软件享有的复制权和修改权的上诉主张依据不足,二审法院不予支持。

综上所述,广州软通公司、软通广州分公司、深圳软通公司的上诉请求不能成立,应予驳回;一审判决认定事实清楚,适用法律正确,应予维持。

案件解析

本案系侵害计算机软件著作权纠纷,核心问题在于长亮保泰公司为新疆前海公司业务系统提供运营维护是否侵害三上诉人的计算机软件著作权。

首先,被告长亮保泰公司的行为并非开发行为,系应第三人新疆前海公司委托对深圳软通公司为新疆前海公司开发的软件进行维护、升级的行为。根据《计算机软件保护条例》(2013)第16条规定,作为合法复制品所有人的新疆前海公司享有根据实际应用环境对软件进行必要的修改的权利,且新疆前海公司无须亲自进行,可委托他人代为修改。长亮保泰公司未持有修改后的软件,也未向任何第三方提供修改后的软件,未侵犯三上诉人的计算机软件著作权。

其次,三上诉人主张长亮保泰公司侵害其对相关软通收付和再保管理软件享有的复制权和修改权,但深圳软通公司为新疆前海公司开发的相关前海保险收付和再保子系统与广州软通公司享有著作权的上述软通收付和再保管理软件不具有同一性。因此,长亮保泰公司基于委托有权对新疆前海公司上述前海保险收付和再保子系统进行修改,不构成对相关软通收付和再保管理软件的复制。

第三篇 法定许可

第一章 编写出版教科书法定许可

第一节 教科书认定标准

61. 丁某诉南通市教育局、江苏美术出版社著作权纠纷案

▶ **案件影响**

入选 2006 年第 9 期"最高人民法院公报案例"。

▶ **裁判要旨**

在教科书中汇编他人已经发表的作品属于法定许可的情形之一,但该汇编作品应属于法律规定的教科书的范围。如不属于法律规定的教科书的范围则属于侵犯他人著作权的行为,应承担相应的法律责任。

【关键词】

法定许可;教科书;摄影作品;著作权;教材

【当事人】

原告:丁某;

被告:江苏美术出版社(以下简称美术出版社);

被告:南通市教育局。

案件事实

丁某系南通日报社摄影记者。1999年2月,丁某用自己的照相机为在街头选购大红灯笼的妻儿拍摄了一幅照片,同月该照片在《南通日报》周末特刊的过大年专版上发表,题名为《街上红灯闹》,署名为本报记者丁某。

2000年1月,美术出版社出版发行了严某主编的《南通美术乡土教材(小学高年级版)》(以下简称《乡土教材》),该教材中使用了《街上红灯闹》照片,并将照片更名为《大红灯笼》。美术出版社自2000年1月至2002年1月先后3次印刷该教材,累计印数为294,701册,每册定价均为人民币3.90元。该教材的编辑者和出版者在该教材中使用《街上红灯闹》照片,既未征得丁某的同意,也未指明其作者身份并支付报酬。

南通市教育局曾将《乡土教材》列入小学教学用书目录,作为南通市小学高年级学生用书,由相应年级学生购买。后因国家教育部等有关部门发出清理整顿中小学教材的编写、出版、发行的通知,南通市教育局未再将被告美术出版社第3次印刷发行的72,993册该教材列入小学生用书目录。

丁某遂向江苏省南通市中级人民法院提起诉讼。

原告诉请

丁某请求法院判令:两被告停止侵害,在南通市级报刊上公开赔礼道歉,赔偿损失2万元,并承担本案诉讼费用。

裁判结果

法院判决如下:

1. 美术出版社今后如重印或再版《乡土教材》,应将丁某拍摄的《街上红灯闹》摄影作品予以删除;
2. 美术出版社刊登向丁某道歉的声明;
3. 被告美术出版社赔偿丁某人民币6000元。

裁判意见

本案的争议焦点是:(1)《街上红灯闹》照片著作权的归属;(2)美术出版社在其出

版的《乡土教材》中使用丁某拍摄的《街上红灯闹》照片是否属于《著作权法》(2001)第23条规定的法定许可使用的情形;(3)被告南通市教育局在本案中应否承担民事责任;(4)丁某主张两被告赔偿2万元损失是否具有事实依据和法律依据。

江苏省南通市中级人民法院认为:

1.《街上红灯闹》照片的著作权归属于丁某。

丁某系南通日报社摄影记者,《街上红灯闹》是丁某为完成南通日报社组办迎春特刊"过大年"的工作任务而拍摄,属于《著作权法》(2001)第16条第1款规定的职务作品。但该作品并非主要是利用南通日报社的物质技术条件创作并由该社承担责任,《街上红灯闹》照片的著作权仍应归作者丁某享有。

2. 美术出版社在其出版的《乡土教材》中使用丁某拍摄的《街上红灯闹》摄影作品,不属于《著作权法》(2001)第23条规定的法定许可使用的情形。

《著作权法》(2001)第23条第1款规定的教科书,应当界定为经省级以上教育行政部门批准编写,经国家专门设立的学科审查委员会通过,并报送审定委员会批准后,由原国家教育委员会列入全国普通中小学教学用书目录的中小学课堂正式用书。在被告美术出版社出版发行《乡土教材》前,该教材的编写者未按规定向江苏省教育厅补办编写地方性教材的立项申请核准手续,该教材也未经江苏省中小学教材审定委员会审查,更未经江苏省教育厅批准并列入南通市辖区范围内的中小学教学用书目录。因此,该教材不属于《著作权法》(2001)第23条第1款规定的教科书,美术出版社关于在该教材中使用丁某的摄影作品《街上红灯闹》属于法定许可使用的答辩理由亦不能成立。

3. 南通市教育局在本案中不承担民事责任。

《乡土教材》系由南通市教研室严某等人编写,由美术出版社出版发行。南通市教育局既非该教材的编写者,也非该教材的出版发行者。因此,丁某关于南通市教育局侵犯其著作权的诉讼主张,缺乏事实依据,法院对其关于南通市教育局的诉讼请求不能予以支持。至于南通市教育局曾将《乡土教材》列入《南通市小学高年级教学用书目录》的做法,因不属于民事诉讼的调整范围,故不予置议。

4. 美术出版社所应承担的法律责任。

美术出版社在明知涉案照片系丁某之作品的情形下,未经丁某许可,擅自在其出版发行的《乡土教材》中使用该摄影作品,既未指明作者姓名,也未向作者支付报酬,并将该作品更名为"大红灯笼",其行为已构成对丁某所享有的《街上红灯闹》摄影作品著作权的侵害,应停止侵害,赔礼道歉,赔偿丁某经济损失。

> **案件解析**

本案的核心焦点为：美术出版社在其出版的《乡土教材》中使用丁某拍摄的《街上红灯闹》照片是否属于《著作权法》(2001)第23条规定的法定许可使用的情形。

法定许可是对著作权进行限制的情形之一。《著作权法》(2001)新增第23条规定：为实施九年制义务教育和国家教育规划而编写出版教科书，除作者事先声明不许使用的外，可以不经著作权人许可，在教科书中汇编已经发表的作品片段或者短小的文字作品、音乐作品或者单幅的美术作品、摄影作品，但应当按照规定支付报酬，指明作者姓名、作品名称，并且不得侵犯著作权人依照本法享有的其他权利。前款规定适用于对出版者、表演者、录音录像制作者、广播电台、电视台的权利的限制。《著作权法》(2020)将该条调整为第25条，第1款修订去掉了"九年制"和"除作者事先声明不许使用的外"并将第2款修改为"前款规定适用于对与著作权有关的权利的限制"。

具体到本案：该照片系由丁某在假日期间利用自己的摄影器材拍摄，没有其他证据证明该摄影作品的著作权归丁某所就职的南通日报社，因此该摄影作品的著作权应归属于丁某。

美术出版社未经丁某许可擅自在其出版的《乡土教材》中使用其拥有著作权的摄影作品《街上红灯闹》，该使用行为是否侵犯丁某摄影作品《街上红灯闹》的著作权，取决于《乡土教材》是否属于《著作权法》(2001)第23条所规定的教科书。

根据《义务教育法》的规定，义务教育的教学制度、教学内容、课程设置和教科书审订，应当由国务院教育主管部门确定。原国家教育委员会在《全国中小学教材审定委员会工作章程》(2011年2月24日已废止)中规定，教科书的编写必须经中央或省级教育行政部门批准，经学科审查委员会通过，并报送审定委员会批准后，由原国家教育委员会列入全国普通中小学教学用书目录。因此，《著作权法》(2001)第23条第1款规定的教科书，应当界定为经省级以上教育行政部门批准编写，经国家专门设立的学科审查委员会通过，并报送审定委员会批准后，由国家教育委员会列入全国普通中小学教学用书目录的中小学课堂正式用书。

从上述规定可以看出，《著作权法》(2001)第23条规定的教科书并非泛指中小学使用的所有教材。《乡土教材》教材的编写者及出版者在该书发行前并未按上述规定向江苏省教育厅补办编写地方性教材的立项申请核准手续，该教材也未经江苏省中小学教材审定委员会审查，更未经江苏省教育厅批准并列入南通市辖区范围内的中小学教学用书目录。因此,该教材不属于《著作权法》(2001)第 23 条第 1 款规定的教科书。美术出版社在其出版的《乡土教材》中使用丁某拍摄的《街上红灯闹》照片不属于《著作权法》(2001)第 23 条规定的法定许可使用的情形,其使用行为侵犯了丁某摄影作品《街上红灯闹》的著作权,违反 2001 年《著作权法》第 47 条第 1 项(现行 2020 年《著作权法》调整为第 53 条第 1 项)。

知岸延伸

现行《中小学教科书选用管理暂行办法》第 2 条规定,教科书是指经国务院教育行政部门审定和经授权审定的义务教育和普通高中教学用书(含配套教学图册、音像材料等)。出版社如果运用《著作权法》判定为实施义务教育和国家教育规划而编写、出版的教科书法定许可范围,则要严格按照规定确保出版图书的性质为教科书。

第二节 教师用书不适用法定许可

62. 陈某与人民教育出版社侵犯著作权纠纷案[①]

▶ **裁判要旨**

教师用书不享受《著作权法》规定的教科书使用作品的特殊待遇。

他人作品汇编到教科书及必要的教学辅助资料属于法定许可的情形之一,但教师用书不属于法律规定的"教科书及必要的教学辅助资料"的范围。未经他人许可,在教师用书中汇编他人享有著作权的作品侵犯他人著作权,应承担相应的法律责任。

---

① 陈某与人民教育出版社侵犯著作权纠纷案,北京市海淀区人民法院民事判决书,(2008)海民初字第 11715 号。

【关键词】

法定许可；教科书；教师用书；修改权；署名权；保护作品完整权

【当事人】

原告：陈某；

被告：人民教育出版社(以下简称人教社)。

案件事实

陈某为《拐弯处的回头》(以下简称《拐》)一文的作者。1997年1月25日，《羊城晚报》第9版刊登了《拐》，同年5月的《读者》亦刊载了该文。《拐》自2005年起被收录于《语文》《思想品德》等义务教育教科书，均署名陈某。

2005年6月，人教社未经许可，未署名，将该文改名为《父爱，在拐弯处》(以下简称《父》)使用于《教师教学用书》(语文五年级上册)(以下简称《教师用书》)中。陈某于新华书店购买到2007年6月第5次印刷的《教师用书》，其中的《父》亦无作者署名。

2007年6月至8月间，陈某与人教社多次沟通对《教师用书》中《父》的署名、题目及赔偿事宜，人教社拟定了协议书，同意赔偿陈某经济损失3000元，但陈某未在协议书上签字。

2007年7月第1次印刷的《教师用书》中，"拓展阅读"文章题目改为《拐弯处的回头》，署名陈某。人教社称其2008年后的《教师用书》已不再使用陈某的涉案文章。

应陈某申请公正保全的(2007)武证内字第204号公证书显示，在人教网(网址为www.pep.com.cn)的网页中，有未署名的《父》。该网页底端注明版权所有者为人教社。人教社承认由其提供给人教网《父》一文，并认可网站注明其为版权所有者。

人教社辩称：人教网由第三方经营，其侵权内容与人教社无关。2005年，人教社为义务教育课程标准实验教科书《语文》(五年级上册)组织编写了《教师用书》，该书拓展阅读部分选用了《父》，全文共400字。《教师用书》属于教科书，应当适用我国《著作权法》(2001)第23条第1款关于教科书的规定，无须取得作者授权。2005年8月起，《教师用书》开始印刷发行。2007年3月人教社在陈某电话告知后，在7月印刷版本中已为陈某署名，并更正了作品名称。2008年，人教社已不再使用涉案作品。人教社愿意与陈某协商解决纠纷，也有诚意向陈某道歉，但陈某主张的赔偿数额过高。

庭审中，人教社称《教师用书》属于教学辅助用书，包括教学参考书、图册、远程教育光盘等，曾经需要根据国家教学大纲编写并经过立项、审批、审定程序；自2002年开始，依据教学课程标准自行组织编写的教学辅助用书不再需要立项、审批、审定程序。另外,《教师用书》的编者署名为课程教材研究所小学语文课程教材研究开发中心。

原告诉请

陈某请求法院判令人教社:
1. 立即停止发行侵权教学用书,立即从网站删除侵权作品;
2. 在一家以上全国性非专业报纸及其官方网站向陈某公开赔礼道歉、消除影响;
3. 赔偿陈某经济损失 50 万元及为制止侵权而支出的合理开支 12,643.2 元。

裁判结果

法院判决如下:
1. 被告人教社立即在人教网上删除《父》一文;
2. 被告人教社公开向原告陈某赔礼道歉;
3. 被告人教社赔偿原告陈某经济损失及诉讼合理支出共计 3300 元。

裁判理由

人教社在《教师用书》上使用陈某享有著作权的《拐》时,将《拐》改名为《父》,且未标明作者姓名,亦未支付报酬,侵犯了陈某享有的修改权、署名权和获得报酬权,应依法承担相应的法律责任,人教社对此并无异议。

一、人教网上的作品使用行为是否应由人教社承担责任

人教社对人教网上的作品内容有控制力并享有权利,故根据权利义务对等原则,人教社应当对人教网上的作品内容负责。人教社通过人教网提供《父》的互联网在线浏览,侵犯了陈某对《拐》享有的著作权,应依法承担停止侵权、赔偿损失等法律责任。

二、涉案《教师用书》是否属于《著作权法》(2001)第 23 条第 1 款规定的教科书

法院认为涉案《教师用书》不属于《著作权法》(2001) 第 23 条第 1 款规定的教科书,理由如下:(1)2001 年的《中小学教材编写审定管理暂行办法》(现已失效)第 2 条规定:"本办法所称中小学教材(以下简称教材)是指中小学用于课堂教学的教科书(含电子音像教材、图册),及必要的教学辅助资料。"这表明,教学辅助资料并不当然属于教科书。(2)人教社称,2002 年起《教师用书》不再需要经过立项审批和审定,由各出版社依据教学课程标准自行组织编写,《教师用书》的编写和出版已经基本市场化,《教师用书》不符合《著作权法》(2001)第23条第1款规定的"为实施九年制义务教育和国家教育规划而编写出版"这一条件。(3)《教师用书》与教科书虽然同样用于教学,但二者的作用和地位并不相同,《教师用书》在使用作品时不享受《著作权法》(2001)规定的教科书使用作品的特殊待遇,通过市场交易获得作品使用授权,有利于维护著作权与《教师用书》作品使用权之间的平衡,并不损害公共利益。人教社称涉案《教师用书》对作品的使用不需经过作者授权的主张,无法律依据,法院不予支持。

三、陈某的保护作品完整权是否被侵犯

修改权保护的是作品的外在表现形式,保护作品完整权保护的是作品的内在表达。人教社虽然使用《拐》时修改了名称,但并未修改文章的内容,而此名称的修改并未歪曲文章的内容,只构成对陈某修改权的侵犯,不构成对保护作品完整权的侵犯。陈某的主张,无法律依据,法院不予支持。

案件解析

本案被告人教社未经许可将陈某作品修改标题后不仅汇编于其出版的《教师用书》中,还上传到其对作品内容有控制力并享有权利的人教网上供公众浏览,且未给予陈某署名,其行为已构成对陈某作品著作权中的修改权、署名权及获得报酬权的侵犯,但是否侵犯陈某对其作品享有的汇编权、信息网络传播权等,应视相关法律规定而进行判断。关于人教社将原告陈某的作品汇编于其出版的《教师用书》的行为侵权分析如下:

《著作权法》(2001)第23条第1款规定:为实施九年制义务教育和国家教育规划而编写出版教科书,除作者事先声明不许使用的外,可以不经著作权人许可,在教科书中汇编已经发表的作品片段或者短小的文字作品、音乐作品或者单幅的美术作品、摄影作品,但应当按照规定支付报酬,指明作者姓名、作品名称,并且不得侵犯著作权人依照本法享有的其他权利。《著作权法》(2020)将该条调整为第25条,且内容修订为:为实施义务教育和国家教育规划而编写出版教科书,可以不经著作权人许可,在教科书中汇编已经发表的作品片段或者短小的文字作品、音乐作品或者单幅的美术作品、摄影作品、图形作品,但应当按照规定向著作权人支付报酬,指明作者姓名或者名称、作品名称,并且不得侵犯著作权人依照本法享有的其他权利。

人教社未经许可将陈某作品汇编于《教师用书》的行为主要涉及对著作权中的汇编权的侵犯,但本案被告抗辩其出版的《教师用书》系《著作权法》(2001)第23条第1款规定的教科书,其使用陈某作品的行为属于法定许可的情形。因此,判断人教社是否侵

犯陈某汇编权,最主要的是判断《教师用书》是否属于《著作权法》规定的教科书。原国家教育委员会在《全国中小学教材审定委员会工作章程》中规定,教科书的编写必须经中央或省级教育行政部门批准,经学科审查委员会通过,并报送审定委员会批准后,由原国家教育委员会列入全国普通中小学教学用书目录。而根据人教社自述,2002年起《教师用书》不再需要经过立项审批和审定,由各出版社依据教学课程标准自行组织编写。因此可以判断,《教师用书》的编写和出版已经基本市场化,不属于《著作权法》(2001)第23条第1款所规定的教科书。人教社未经许可将陈某的作品汇编于其出版的《教师用书》中,侵犯了陈某对其作品享有的汇编权,应承担相应的法律责任。

第三节 教科书不限载体形式

63. 张某与人民音乐出版社著作权纠纷案[①]

裁判要旨

教科书不限载体形式,既包括纸介质出版,也包括录音录像制品等其他载体形式。

中小学教材是指中小学用于课堂教学的教科书(含电子音像教材、图册)及必要的教学辅助资料。《著作权法》(2001)第23条第1款中的教科书不仅包括纸介质出版的教科书,也包括以录音录像制品等其他载体形式出现的教科书。

【关键词】

法定许可;教科书;教师用书;录音录像制品;教学光盘

【当事人】

上诉人(一审原告):张某;

---

① 张某与人民音乐出版社侵犯著作权纠纷案,北京市海淀区人民法院民事判决书,(2008)海民初字第28999号;张某与人民音乐出版社侵犯著作权纠纷上诉案,北京市第一中级人民法院民事判决书,(2009)一中民终字第4517号。

被上诉人(一审被告):人民音乐出版社(以下简称音乐出版社)。

一审案件事实

张某系中国音乐家协会会员,北京潞河中学音乐教师,其作品曾被有关单位评为银奖、三等奖,且有多首作品被出版社采用。

1984年1月,音乐出版社出版的《儿童音乐》1984年第1期"农村儿童的歌"栏目登载了歌曲《小牧笛》,署名为朱某词,张某改词作曲。后《小牧笛》被多家出版社选用。

1986年11月,音乐出版社出版了全日制小学试用课本《音乐》(简谱)第6册,选用了张某参与创作的歌曲《小牧笛》及配套资料。此外,课本中的歌曲和其他作品也录制成歌曲范唱、歌曲伴奏和供欣赏用的立体声盒式录音带。1986年12月,音乐出版社向张某支付了稿酬20元,清单上注明:小学教材下册,作品《小牧笛》,备注作曲。

1989年12月,《音乐》(简谱)第6册第4次印刷。1990年,音乐出版社编写的小学课本《音乐》通过国家教育委员会中小学教材审定委员会的审查,作为九年义务教育的实验教材于1991年秋季起在全国试用。配套资料包括《小学音乐教学录音带》《中小学音乐教学挂图》《小学音乐教学歌曲挂谱》等,其中三年级的教科书选用了张某参与创作的歌曲《小牧笛》。《音乐》(五线谱)第6册1999年、2000年版本印数为1~194,110册,定价4.6元。《音乐》(简谱)第6册1999年版本印数1~52,940册,定价2.9元。《音乐》(简谱修订版)第6册未注明印数,定价2.65元。后音乐出版社的实验教科书,选用了歌曲《小牧笛》,其2005年版本定价3.55元,2006年版本定价3.45元,2007年印刷版本(教师用书)定价29.20元(含光盘)。案件审理过程中,音乐出版社认可歌曲《小牧笛》自1986年起至案件审理时用于该社出版的小学生音乐教材的各个版本。

案件审理过程中,音乐出版社称张某的起诉已超过诉讼时效。张某主张其于2007年9月在家教授小学生钢琴时得知音乐出版社使用其作品,故其起诉并未超过诉讼时效。

一审原告诉请

张某请求法院判令音乐出版社向张某支付稿酬及诉讼合理支出。

一审裁判结果

一审法院判决:

1. 音乐出版社向张某支付稿酬及诉讼合理支出 3500 元；
2. 驳回张某的其他诉讼请求。

- **一审裁判理由**

　　根据 1984 年的《图书、期刊版权保护试行条例》(现已失效)第 16 条,音乐出版社于 1986 年至 1990 年出版的教材使用已经发表的《小牧笛》音乐作品,属于合理使用,在使用中亦未侵犯其他权利。

　　1991 年 6 月 1 日,《著作权法》实施,音乐出版社的编选行为以及此前的出版行为均不受著作权法的调整。2001 的《著作权法》规定了教科书使用他人作品的法定许可情形。该条规定尽管字面上为教科书,但从该条设立的目的而言,应不限于课本,而是指按照九年义务教育教学用书要求编写出版并经审定的教学用书、与课本配套的教师用书以及依照某些课程特点所必需的教材如音乐的音像制品等。音乐出版社的出版行为从 1991 年至一审时,其不断地向社会提供作品复制件,由于音乐出版社的行为处于不间断的持续状态,无法划分为各自独立的行为,因此在 2001 年《著作权法》修正之时,此前并不存在一个已经终结的行为,该行为并未因 2001 年《著作权法》的修正而被分裂为两个行为,因此跨越了 2001 年《著作权法》修正的该行为系一个行为。2001 年《著作权法》修正后,对于九年义务教育教材使用作品的规定由无权利限制变更为法定许可,张某所诉音乐出版社的出版行为适用法定许可,即音乐出版社在课本、教师用书和录音带中使用《小牧笛》作品不属于侵权行为,但是仍然有向作者支付稿酬的义务。稿酬应当在合理的时间内支付,即应当在出版或印刷后的合理时间内支付。音乐出版社称曾向张某支付了稿酬,根据音乐出版社提交的证据,该社于 1999 年、2003 年向中国音乐著作权协会交纳了相应钱款,但未提交证据证明张某收到了相关款项,且张某于 2008 年才加入中国音乐著作权协会,与该会并无代收的约定,故对音乐出版社的相关辩解,不应予以采信。故音乐出版社应承担相应的法律责任,补付稿酬,并对长时间的延迟予以相应的补偿。

　　音乐出版社称张某的主张已超过诉讼时效,而法定许可的著作权人无停止请求权,故行为的持续不受权利人是否怠于行使权利的影响,也因此并不导致损害赔偿额的增加,故即使张某知晓音乐出版社使用的行为,亦不适用持续行为赔偿额计算 2 年的规定,不影响其对全部稿酬的请求权。

二审案件事实

二审在确认一审查明事实基础上补充查明:《教育部关于印发〈2000 年秋季普通中小学用书目录〉的通知》(教基〔1999〕19 号)中称,1999 年下发的《2000 年秋季中小学教学用书目录》,分为教科书、教师用书和图册、挂图及电子音像等选用教材 3 个部分。

二审上诉请求

张某上诉请求:请求二审法院撤销原判,支持上诉人的全部原审诉讼请求。

二审裁判结果

原审判决程序合法,认定事实和适用法律虽然存在不当之处,但未影响案件的审理结果,二审法院在对相关问题进行纠正的基础上予以维持。二审法院判决:驳回上诉,维持原判。

二审裁判理由

张某曾于 1986 年 12 月收到音乐出版社支付的稿酬 20 元,清单上注明了《小牧笛》使用于小学教材,二审法院合理推知张某会对《小牧笛》在之后的小学教材中的选用情况保持关注,同时张某系一名从事九年制义务教育的中学音乐教师,二审法院认为其应当知道音乐出版社在小学音乐教材中持续使用《小牧笛》的情况。虽然音乐出版社自 1986 年起一直在其出版的小学音乐教材中使用《小牧笛》,该使用行为跨越了 2001 年《著作权法》的修正,但其出版行为是分年度和版次的,并非无法各自独立的一个行为。对于音乐出版社在 2001 年《著作权法》修正前持续使用《小牧笛》的行为,鉴于张某应当知道该使用行为,而其提起本案诉讼已至 2008 年 10 月,超过 2 年诉讼时效期间,在音乐出版社提出诉讼时效抗辩的情形下,二审法院对张某的该部分诉讼主张不予支持。

音乐出版社在 2001 年《著作权法》修正后,在不同年度和版次的教材中一直使用《小牧笛》至案件审理时,而未支付报酬,侵犯了张某的著作权,但由于张某应当知道该使用行为,其超过 2 年起诉,其仅能主张起诉前 2 年内音乐出版社使用《小牧笛》的费用。原审判决关于音乐出版社的行为处于不间断的持续状态,张某享有对全部稿酬的请求权的观点错误,二审法院予以纠正。

关于教师用书、教学挂图、教学光盘是否属于 2001 年《著作权法》第 23 条第 1 款规定的教科书,并适用法定许可这一案件的焦点问题,二审法院认为,在张某未事先声明不许使用的情形下,音乐出版社在其出版的九年制义务教育学生课本中使用《小牧笛》,并同时在教师用书、教学挂图、教学光盘等课堂教学用书中使用《小牧笛》的行为构成法定许可,可以不经张某许可,但应当向其支付报酬。

案件解析

我国《著作权法》的诞生及修改经历:

我国《著作权法》于1991年6月1日正式实施;2001年第一次修正;2010年第二次修正;2020年第三次修正。

《著作权法》诞生之前,本案属于1984年的《图书、期刊版权保护试行条例》的调整范围,其中第16条规定:使用他人已经发表的作品,编入教材,可以不经版权所有者同意,不向其支付报酬。

本案从时间上跨越了《著作权法》的诞生之前、之后再到修改的漫长过程。根据不同时期法律的变化,本案的判决也有不同的结果,再加上被告提出诉讼时效的抗辩,使得本案看起来较为复杂。下面我们将针对不同时期法律的不同规定来对本案进行解析。

一、《著作权法》诞生之前使用原告《小牧笛》的行为

1986年版次原告张某知晓并同意被告音乐出版社使用其作品,且音乐出版社于1986年12月向原告张某支付了稿酬,音乐出版社并未侵犯张某的著作权。

另外,此时期我国《著作权法》尚未诞生,本案应适用1984年《图书、期刊版权保护试行条例》,根据该条例第16条的规定,即使音乐出版社未经张某同意,也未支付报酬,其使用《小牧笛》作品的行为属于合理使用,未侵犯张某的著作权。

二、1990~1999年使用原告《小牧笛》的行为

此期间属于我国《著作权法》诞生以后,但此时的《著作权法》并未规定教科书中使用他人作品属于合理使用或法定许可,也未作出其他限制性规定。因此,音乐出版社1990~1999年未经张某同意也未向其支付报酬使用《小牧笛》作品的行为侵犯了张某的著作权。

但本案原告起诉时间为2008年10月,且被告提出了诉讼时效的抗辩。根据1986年《民法通则》的规定,本案的诉讼时效应为两年,自原告知道或应当知道其著作权被侵害时起计算。由于1986年原告知晓音乐出版社使用其作品的行为,鉴于原告的职业为教师及音乐出版社出版的图书为教材,原告张某理应知晓音乐出版社使用其作品的行为。因此,原告张某于 2008 年 10 月起诉显然超出了诉讼时效期间,在音乐出版社提出诉讼时效抗辩的情形下,张某针对此期间音乐出版社使用其作品的诉讼主张应不予支持。

三、2001 年《著作权法》第一次修正后使用《小牧笛》的行为

2001 年第一次修正后的《著作权法》新增加了针对教科书的法定许可情形:为实施九年制义务教育和国家教育规划而编写出版教科书,除作者事先声明不许使用的外,可以不经著作权人许可,在教科书中汇编已经发表的音乐作品,但应当按照规定支付报酬,指明作者姓名、作品名称,并且不得侵犯著作权人依照本法享有的其他权利。前款规定适用于对出版者、表演者、录音录像制作者、广播电台、电视台的权利的限制。

首先,针对音乐出版社在中小学教材中使用《小牧笛》作品的行为,由于张某并未声明不许使用,2001 年《著作权法》修正后音乐出版社可以在中小学教材中使用该作品,但应向张某支付报酬,而音乐出版社未支付报酬,其行为侵犯了张某获得报酬的权利。

其次,针对音乐出版社在教师用书、教学挂图、教学光盘中使用《小牧笛》作品的行为。

判断教师用书、教学挂图、教学光盘中使用《小牧笛》作品的行为是否侵犯张某的著作权,首先应判断教师用书、教学挂图、教学光盘是否属于《著作权法》(2001) 第 23 条第一款规定的教科书的范围。《中小学教材编写审定管理暂行办法》(教育部令第 11 号)(现已废止)第 2 条规定,本办法所称中小学教材是指中小学用于课堂教学的教科书(含电子音像教材、图册) 及必要的教学辅助资料。教学光盘、教学挂图用于中小学课堂教学的电子音像教材、图册,属于教科书。本案中教师用书也被认定为《著作权法》(2001) 第 23 条第 1 款规定的教科书的范围,但根据原国家教育管理委员会在《全国中小学教材审定委员会工作章程》(现已废止)中的规定,教科书的编写必须经中央或省级教育行政部门批准,经学科审查委员会通过,并报送审定委员会批准后,由原国家教育委员会列入全国普通中小学教学用书目录。而从 2002 年起教师用书不再需要经过立项审批和审定,由各出版社依据教学课程标准自行组织编写。因此,笔者认为 2002 年以后教师用书应不属于《著作权法》(2001) 第 23 条第 1 款所规定的教科书。在教师用书、教学挂图、教学光盘均属于教科书的基础上,音乐出版社可以使用《小牧笛》作品,但应向张某支付报酬,而音乐出版社未支付报酬,其行为侵犯了张某获得报酬的权利。但如果2002年以后教师用书不属于教科书的范围,则音乐出版社应经张某同意并为其署名、支付其报酬。

第四节
教辅参考材料"适当引用"判断五要件

64. 孙某某与上海教育出版社有限公司著作权纠纷案[①]

▶ **案件影响**

入选"2020年中国法院50件典型知识产权案例";"2020年上海法院知识产权司法保护十大案件"之四。

▶ **裁判要旨**

教辅参考材料的引用方式,属于合理使用,具体应当按照"适当引用"的五要件逐一进行判断。

【关键词】

合理使用;教辅参考材料;介绍、评论某一作品或者说明某一问题;著作权限制

【当事人】

上诉人(原审被告):上海教育出版社有限公司(以下简称教育出版社);

被上诉人(原审原告):孙某某。

---

① 孙某某与上海教育出版社有限公司著作权权属、侵权纠纷案,上海市徐汇区人民法院民事判决书,(2019)沪0104民初15960号;孙某某与上海教育出版社有限公司著作权权属、侵权纠纷上诉案,上海知识产权法院民事判决书,(2020)沪73民终154号;孙某某与上海教育出版社有限公司著作权权属、侵权纠纷上诉再审案,上海市高级人民法院民事裁定书,(2020)沪民申2416号。

【案情摘要】

原告孙某某系诗歌《西部畅想》作者,该诗歌被选入上海世纪出版股份有限公司、教育出版社出版的《九年义务教育课本语文八年级第一学期(试用本)》(2015年5月第4版)(以下简称《语文八年级本》)的第5单元第十六课。该课文署名孙某某,并配有选自2002年2月20日《解放日报》关于孙某某当代诗人、记者的注释说明。2018年8月18日,孙某某与教育出版社就《西部畅想》签订作品版权授权书及稿酬协议,约定相关事宜。之后,孙某某发现上述两家出版机构出版的《语文八年级本》教辅图书《世纪同步精练(语文八年级第一学期)》(被控侵权图书)中部分使用了涉案诗歌,且既未署名,又未支付稿酬。为此,孙某某于2019年6月提起本案诉讼,要求判令教育出版社就被控侵权图书的侵权行为赔偿经济损失及维权合理费用。

一审案件事实

诗歌《西部畅想》系孙某某原创。2008年7月,上海中小学(幼儿园)课程教材改革委员会办公室出具证书称,孙某某提供的作品《西部畅想》入选上海市中小学第二期课程教材改革的语文学科八年级上册试验教材,该教材由教育出版社出版。2010年1月,北京师范大学出版社出版的"初中语文伴你学丛书"《语文》第7册中也收入了孙某某的诗歌《西部畅想》。上海世纪出版股份有限公司、教育出版社出版的《语文八年级本》一书的第5单元第十六课,即为诗歌《西部畅想》,署名孙某某,并配有选自2002年2月20日《解放日报》,孙某某,当代诗人、记者的注释说明。

2018年8月18日,孙某某与教育出版社就《西部畅想》签订作品版权授权书及稿酬协议,授权教育出版社在《语文八年级本》中使用上述作品,授权年限为教材使用年限。同时确认教育出版社于2007年年初曾一次性支付其永久使用费100元,又于2013年12月1日根据国家颁布的《教科书法定许可使用作品支付报酬办法》,重新核定该作品的稿酬为9000元。之后,孙某某发现教育出版社、上海世纪出版股份有限公司出版的被控侵权图书中,在第十六单元"西部畅想"中部分使用了涉案诗歌,且既未署名,又未支付稿酬。庭审中,孙某某明确表示其只向教育出版社主张侵权责任。

一审原告诉请

孙某某向法院提出诉讼请求,要求判令教育出版社:

1. 就《世纪同步精练(语文八年级第一学期)》一书侵权行为向其赔礼道歉;

2. 赔偿经济损失及维权合理费用 22,200 元(其中经济损失为 20,200 元,合理开支包括交通、住宿费等 2000 元)。

审理中,孙某某撤回第 1 项诉讼请求。

一审裁判结果

一审法院遂判决如下:

1. 教育出版社于该判决生效之日起 15 日内赔偿孙某某经济损失及为制止侵权行为所支出的合理开支合计 11,000 元;
2. 驳回孙某某其余的诉讼请求。

一审裁判理由

诗歌《西部畅想》具有独创性,属于受我国著作权法保护的文字作品。我国《著作权法》规定,著作权属于作者,如无相反证明,在作品上署名的公民、法人或者其他组织为作者。根据现有证据,可以认定孙某某系《西部畅想》的作者,并依法享有上述作品的著作权。

根据上海中小学(幼儿园)课程教材改革委员会办公室颁发给孙某某的证书及教育出版社与孙某某之间签订的版权及稿酬协议中均能得出《西部畅想》入选的是"供上海市普通中小学学生使用"的教科书,双方对能否在教学辅助资料中使用《西部畅想》及如何支付稿费,并未进行过磋商,故教育出版社未经孙某某许可,在出版的各个版本该类书籍中使用涉案诗歌,明显超出合理使用范围,其目的主要是编写相关试卷习题服务,具有营利性,不符合我国《著作权法》关于法定许可及合理使用的规定。综上,教育出版社未经许可,擅自使用涉案诗歌并进行发行,侵犯了孙某某对涉案诗歌所享有的署名权、复制权、发行权,依法应当承担赔礼道歉、赔偿损失等民事责任。

关于孙某某主张的经济损失赔偿数额,仅凭单方出具的证明材料,法院无法确定教育出版社的具体获利金额,而孙某某也未能举证证明因被侵权所遭受的实际损失或教育出版社因侵权所获利益,故按法定赔偿标准。综合考虑涉案作品类型、题材、艺术价值、教育出版社的侵权情节等因素,并参照文字作品稿酬支付标准,依法酌定赔偿金额。

二审案件事实

被控侵权图书第十六单元标题为"西部畅想",分为"阅读""表达""积累"三部分,其中"阅读"中引用了《西部畅想》中的部分诗词,用以介绍《西部畅想》作者通过这首诗所表达的意境及诗中所反映的历史文化名胜景观和自然景观。"表达"中列举了诗中所提到的多处景观,建议同学可上网查询相关资料或收集照片、文字资料等。"积累"中介绍了与西部文化契合的三首古诗词。

除上述事实外,一审法院认定的其余事实基本属实,二审法院予以确认。

二审上诉请求

教育出版社上诉请求:撤销一审判决,驳回被上诉人的一审诉讼请求。

二审裁判结果

二审法院判决如下:

1. 撤销上海市徐汇区人民法院(2019)沪0104民初15960号民事判决;
2. 驳回被上诉人孙某某的全部一审诉讼请求。

二审裁判理由

根据双方当事人的诉辩意见,本案二审争议焦点主要在于:(1)上诉人对《西部畅想》的使用是否构成合理使用;(2)一审法院确定的赔偿金额是否合理。

关于争议焦点一,上诉人主张其系为了介绍评论《西部畅想》,属于合理使用的情形。二审法院认为,著作权人的合法权益应当受到保护,但我国《著作权法》也规定了多种可对著作权权利予以限制的情形,其中"适当引用"为合理使用的一种情形,依法不构成对著作权人权利的侵害。"适当引用"即为介绍、评论某一作品或者说明某一问题,在作品中适当引用他人已经发表的作品,可以不经著作权人许可,不向其支付报酬,但应当指明作者姓名、作品名称,并且不得侵犯著作权人依照著作权法享有的其他权利。本案中,被控侵权图书系为了配合《语文八年级本》使用的课后练习精讲,其中第十六单元的内容分析评论了《语文八年级本》中《西部畅想》这首诗的意境、含义,并结合诗中的内容介绍了与之契合的古诗词及相关人文和自然景观等。故该部分内容系为了向读者介绍、评论和分析《语文八年级本》中《西部畅想》这首诗,虽引用了部分诗中的内容,但引用或是为了分析诗中部分语句所体现的意境或是为了介绍诗中所出现的相关自然景观和人文景观,供学生理解和掌握,这种使用方式均在适度范围内。该部分内容亦无其他不当损害被上诉人利益的内容。被控侵权图书中该文章明确标有作品名称,虽无作者姓名,但文中并无《西部畅想》这首诗的全文内容,相关公众在使用该图书时必然要结合《语文八年级本》中《西部畅想》这首诗的内容才能理解和掌握。而《语文八年级本》中的《西部畅想》已经明确列明这首诗的作者并对作者的身份做了详细的注释和说明,故在看到被控侵权图书中的文章前,相关公众已经通过《语文八年级本》知晓了被上诉人的作者身份。因此,上诉人对《西部畅想》的使用符合我国《著作权法》规定的合理使用情形,不构成对被上诉人著作权的侵害。二审法院对上诉人针对该争议焦点的上诉意见予以采纳。一审法院对该争议焦点的法律适用不当,二审法院依法予以纠正。

关于争议焦点二,鉴于上诉人的行为未构成对被上诉人著作权的侵害,故无须对被上诉人承担赔偿责任。

裁判结果

一审法院认为,教育出版社未经孙某某许可,在出版的被控侵权图书中使用涉案诗歌,明显超出合理使用范围,其目的主要是编写相关试卷习题服务,具有营利性,不符合我国《著作权法》关于法定许可及合理使用的规定,故侵犯了孙某某对涉案诗歌所享有的著作权,依法应当承担相应民事责任。

二审法院则认为,被控侵权图书系为配合《语文八年级本》使用的课后练习精讲,其中被控作品虽引用了《西部畅想》部分内容,但系为了向读者介绍、评论和分析《语文八年级本》中该诗歌,其使用方式在适度范围内且无其他不当损害作者利益的内容。此外,被控作品虽无作者姓名,但相关公众在使用该图书时必然要结合《语文八年级本》相应内容才能理解和掌握,而《语文八年级本》的课文中已列明作者信息。故被控侵权图书符合我国《著作权法》规定的合理使用情形,不构成对涉案著作权的侵害。据此,对一审判决予以纠正,判决驳回孙某某一审诉请。

二审判决后,孙某某不服,提出再审审查申请。审查法院认为,根据我国《著作权法》及实施条例相关规定,判定被控作品是否构成"适当引用"的合理使用,应当从权利作品是否已经公开发表、被控作品引用权利作品的主要目的、被控作品引用权利作品的具体方式、被控作品是否依法指明作者姓名及作品名称、被控作品是否会对权利作品的正常使用和著作权人的合法利益造成负面影响等五方面要件予以综合认定。本案中,(1)权利作品《西部畅想》已经公开发表;(2)综观被控作品内容,可以认定其主要目的在于通过介绍、解读、评论《语文八年级本》上《西部畅想》诗歌的内容、含义、意境以及所涉及的相关自然景观、人文景观等,帮助读者更好了解、感受、体会《西部畅想》这首诗歌;(3)在具体引用方式上,判定引用适当与否的关键在于被控作品是否完全或主要以引用他人作品来代替自身创作,而被控作品虽引用了权利作品的部分内容,但其引用时,均融入具有独创性的介绍、解读和评论内容,且引用的部分较被控作品整体而言仅占较少比重,其程度尚属合理范畴;(4)被控作品因与权利作品须配套使用,故实际依法指明了作者姓名;(5)权利作品的正常使用和权利人的合法权益造成负面影响,主要指被控作品是否会因其中的引用而对被引用的权利作品产生替代效应,从而使读者可以以被控作品替代对权利作品的选择,而本案被控侵权图书作为《语文八年级本》教辅材料,从日常生活常识看,不仅不会产生替代效应,导致教师、学生等主要读者从权利作品转而选择被控作品,相反会对读者加深作品理解有所助益。综上,审查法院认定被控侵权图书符合《著作权法》规定的合理使用情形,不构成对涉案著作权的侵犯,故裁定驳回了孙某某的再审申请。

案件解析

本案的争议焦点在于教育出版社对《西部畅想》的使用是否构成合理使用。一审法院认为:教育出版社未经孙某某许可,在出版的被控侵权图书中使用涉案诗歌,明显超出合理使用范围,且具有营利性,不符合《著作权法》合理使用的规定。二审法院则认为:被控侵权图书系为配合《语文八年级本》使用的课后练习精讲,其虽引用了《西部畅想》部分内容,但系为了向读者介绍、评论和分析《语文八年级本》中该诗歌,其使用方式在适度范围内,且没有损害作者的利益,符合我国《著作权法》规定的合理使用情形。

《著作权法》(2020)第24条第1款规定:"在下列情况下使用作品,可以不经著作权人许可,不向其支付报酬,但应当指明作者姓名或者名称、作品名称,并且不得影响该作品的正常使用,也不得不合理地损害著作权人的合法权益……"[①]根据该条规定,有12种情况使用他人作品属于合理使用。该条第1款第2项规定:为介绍、评论某一作品或者说明某一问题,在作品中适当引用他人已经发表的作品,属于合理使用。判定被控作品是否构成"适当引用"的合理使用,应当从权利作品是否已经公开发表、被控作品引用权利作品的主要目的、被控作品引用权利作品的具体方式、被控作品是否依法指明作者姓名及作品名称、被控作品是否会对权利作品的正常使用和著作权人的合法利益造成负面影响等五方面要件予以综合认定。《著作权法》规定中"应当指明作者姓名"的具

[①] 黄薇、王雷鸣主编:《中华人民共和国著作权法导读与释义》,中国民主法制出版社2021年版,第8页。

体边界,应当不仅限于在作品中标注、载明等方式。《著作权法》既保护作者合法权利,也促进作品传播利用。类似本案教辅参考材料这样的引用方式,尚未逾越《著作权法》规定的著作权权利边界,亦未损害著作权人法定权益,仍应当认定属于《著作权法》"适当引用"的合理使用范畴。

● 典型意义

　　本案涉及的诗歌和其作者在国内均具有一定影响力,案件审理受到一定关注。同时,再审审查法院通过明确相关裁判规则,为此后同类案件审理提供了指引与借鉴:一是本案涉及对《著作权法》(2010)第22条第1款第2项"适当引用"合理使用情形的认定,再审审查法院根据该规定及《著作权法实施条例》(2013)第21条规定,明确了具体认定应当遵循的上述五要件;二是明确了《著作权法》(2010)第22条"适当引用"规定中"应当指明作者姓名"的具体边界,即并不仅限于在作品中标注、载明等方式,还包括能使读者明确知晓被引作品的作者信息的情形和方式;三是明确了认定"适当引用"合理使用情形中,被控图书或作品是否以营利为目的并非判定要件;四是阐释了基于著作权法既保护作者合法权利,也促进作品传播利用的一体两面特性,类似本案教辅参考材料这样的引用方式,尚未逾越著作权法规定的著作权权利边界,亦未损害著作权人法定权益,仍在《著作权法》(2010)第22条"适当引用"的合理使用范畴内,教学课文的作者对此理应予以容忍,以更好提升社会福祉、促进社会主义文化事业的发展与繁荣。

第二章　报刊转载摘编法定许可

第一节　独立成书的小说不适用报刊转载摘编法定许可

65. 张某诉世纪互联通讯技术有限公司侵犯著作权纠纷案①

▶ **案件影响**

入选2000年第1期"最高人民法院公报案例"。

▶ **裁判要旨**

《著作权法》(1990)第32条第2款只是规定报刊享有转载或作为文摘、资料刊登的权利,且并非所有在报纸、杂志上发表过的作品都适合于报刊转载,那些篇幅较长、能够独立成书的小说不应当包括在法律允许的范围之内,否则不利于对著作权的保护。

【关键词】

法定许可;小说;互联网;载体形式;使用方式

【当事人】

上诉人(一审被告):世纪互联通讯技术有限公司(以下简称世纪公司);

被上诉人(一审原告):张某。

▶ **一审案件事实**

北京师范大学出版社1993年12月出版的《美丽瞬间》中选编的《黑骏马》、北京十月文艺出版社1987年7月出版的《北方的河》,均为张某创作的文学作品。1998年4

---

① 载《最高人民法院公报》2000年第1期(总第63期)。

月,世纪公司成立"灵波小组",并在其网站上建立了"小说一族"栏目。他人通过电子邮件方式将张某的作品内容提供到世纪公司的网站上后,"灵波小组"将其存储在计算机系统内,并通过网络服务器在国际互联网上传播。联网主机用户只要通过拨号上网方式进入被告的网站主页后,通过"小说一族"栏目进入"当代中国"页面,便可浏览或下载张某的作品《黑骏马》《北方的河》。世纪公司刊载的《黑骏马》《北方的河》有张某的署名,作品内容完整。

一审原告诉请

张某请求法院判决被告:停止侵权、公开致歉,赔偿经济损失人民币31,500元、精神损失5000元,并承担诉讼费、调查费。

一审裁判结果

一审法院判决如下:
1. 世纪公司停止使用张某创作的文学作品《黑骏马》《北方的河》。
2. 世纪公司向张某公开致歉。
3. 世纪公司赔偿张某经济损失人民币13,080元及因诉讼支出的合理费用人民币166元。

一审裁判理由

张某是文学作品《黑骏马》《北方的河》的著作权人。世纪公司依靠计算机把张某的作品转换成二进制数字编码后在国际互联网上传播,这种行为本身不具有著作权法意义上的独创性,没有产生新的作品,只是作品的载体形式和使用手段发生变化而已。因此,对在国际互联网环境中传播的作品《黑骏马》《北方的河》,张某仍享有著作权。

非著作权人在国际互联网上传播他人作品时,应当尊重著作权人享有的著作权,应当取得著作权人的许可。世纪公司未经著作权人、张某的许可,将其作品《黑骏马》《北方的河》作为网络内容在国际互联网上进行传播,传播时没有破坏作品的完整,没有侵害张某在其作品中依法享有的著作人身权,但是,其行为侵害了张某对其作品享有的使用权和获得报酬权,世纪公司应当承担侵权责任。由于世纪公司的侵权行为没有降低、贬损张某在社会公众心目中的人格地位,因此对张某要求赔偿精神损失的请求,不予支持。

《著作权法》(1990)第32条第2款只是规定报刊享有转载或作为文摘、资料刊登的权利,且并非所有在报纸、杂志上发表过的作品都适合于报刊转载,篇幅较长、能够独立成书的小说不应当包括在法律允许的范围之内,否则不利于对著作权的保护。世纪公司作为网络信息提供服务商,是为了丰富其网站内容以达到吸引客户访问的营利目的,才在未经张某许可的情况下,在其网站上刊登张某小说的。这种行为不仅是"使用他人作品未支付报酬"的问题,而且侵犯了张某对自己作品依法享有的使用权和获得报酬权。

二审案件事实

二审查明事实与一审相同。

二审上诉请求

世纪公司请求二审法院撤销一审判决第一、二、三项,改判上诉人不承担侵权责任,一、二审诉讼费由被上诉人负担。

二审裁判结果

一审认定的事实清楚,证据确实、充分,认定世纪公司构成侵权、判决其承担侵权的法律责任正确,应当维持。据此,本院判决:驳回上诉,维持原判。

二审裁判理由

虽然我国著作权相关法律未明确网络上作品的使用问题,但并不意味着对在网络上使用他人作品的行为不进行规范,依法调整网络上的著作权关系,对互联网的健康发展是必要的,也是有益的。上诉人世纪公司提出《著作权法》(1990)第10条第5项所列举的作品使用方式仅指传统作品的使用方式,不包括国际互联网的主张,无法律依据,不能成立。

上诉人世纪公司作为网络内容提供服务商,对其在网站上向社会公众提供的内容是否侵犯他人著作权应负有注意义务。经世纪公司委托的"灵波小组"选择、整理,张某的作品才被世纪公司在其"小说一族"栏目中使用。这说明,世纪公司从技术上完全有能力控制是否将该作品上载到互联网上。世纪公司认为其对网上传递的信息难以控制,主观上无过错,不应承担侵权责任的主张,不能成立。

上诉人世纪公司认为网上的信息"海量",如果要一一取得许可,在现实中不可能做到。但二审法院认为就本案所涉被上诉人张某的作品而言,不存在信息"海量"问题。

世纪公司在使用前如果要征求张某的意见,是完全可以做到的。

> **案件解析**

在当时的法律框架下本案的核心争议点有二:一是原告的作品在互联网上进行传播是否受《著作权法》(1990)保护;二是世纪公司在互联网上传播原告作品是否属于《著作权法》(1990)第32条[《著作权法》(2020)第35条]规定的法定许可行为。

一、原告的作品在互联网上进行传播是否受《著作权法》(1990)保护

随着互联网技术的不断发展,著作权保护的客体形式越来越广泛,受著作权法保护的作品被上传至网络时著作权人所享有的权利该如何保护成为急需解决的问题。直到2000年11月22日最高人民法院审判委员会第1144次会议通过《最高人民法院关于审理涉及计算机网络著作权纠纷案件适用法律若干问题的解释》,并于2000年12月21日开始实施(现已失效),其中第3条规定:"已在报刊上刊登或者网络上传播的作品,除著作权人声明或者上载该作品的网络服务提供者受著作权人的委托声明不得转载、摘编的以外,网站予以转载、摘编并按有关规定支付报酬、注明出处的,不构成侵权。但网站转载、摘编作品超过有关报刊转载作品范围的,应当认定为侵权。"该条于2006年11月22日第二次修正版本发布时已删除。我国《著作权法》于2001年第一次修订时增加"信息网络传播权",即以有线或者无线方式向公众提供作品,使公众可以在其个人选定的时间和地点获得作品的权利。截至本案作出判决,尚没有关于互联网转载他人作品的相关规定,对于作品在互联网上进行传播时著作权人所享有的权利的保护并无法律明确规定,只能依当时已有法律进行扩大解释。

《著作权法》(1990)第10条第5项的使用权和获得报酬权仅规定了"以复制、表演、播放、展览、发行、摄制电影、电视、录像或者改编、翻译、注释、编辑等方式使用作品",并未规定在互联网上使用他人作品的方式,而在互联网上传播、使用他人作品与其他方式传播、使用他人作品仅仅是使用作品的载体和手段不同,其本质均是使公众了解作品内容的手段,不能因传播方式不同而不保护著作权人应有的合法权益,否则著作权法保护著作权人智力成果的立法目的将落空,也不利于著作权人继续进行文学创作的热情。因此,作品在互联网上进行传播这一使用方式应受著作权法保护。

二、世纪互联在互联网上传播原告作品是否属于《著作权法》(1990)第32条规定的法定许可行为

《著作权法》(1990)第32条第2款规定:"作品刊登后,除著作权人声明不得转载、摘编的外,其他报刊可以转载或者作为文摘、资料刊登,但应当按照规定向著作权人支付报酬。"

上述规定对可以转载的主体进行了较为严格的限制,仅限于期刊。但是,即使是期刊进行转载也并非可以转载所有在报纸、杂志上发表过的作品,那些篇幅较长、能够独立成书的小说不适用该条款。具体到本案,首先,被告世纪公司并非报刊主体;其次,原告作品《北方的河》《黑骏马》系能够独立成书的长篇小说,并非发表在报刊、杂志媒体上。因此,本案不符合《著作权法》(1990)第32条的构成要件,不属于该条规定的法定许可的情形。

因此,被告世纪公司未经原告许可,擅自在互联网上传播原告作品《北方的河》《黑骏马》,违反《著作权法》(1990)第45条第5项[《著作权法》(2020)第51条第6项]:有下列侵权行为的,应当根据情况,承担停止侵害、消除影响、公开赔礼道歉、赔偿损失等民事责任:未经营著作权人许可,以表演、播放、展览、发行、摄制电影、电视、录像或者改编、注释、翻译、编辑等方式使用作品的,本法另有规定的除外。

第二节
报纸期刊转载应不包含电子期刊

66. 赵某诉华声月报社等著作权案[①]

▶ 裁判要旨

在没有相关的法律法规对电子刊物的转载作出规定情形下,由于电子版刊物与纸张载体的报刊相比只是载体上发生变化,并未改变其本身作为刊物的性质,故对电子刊物的转载仍可以适用报刊转载的法律法规所确定的基本原则和精神。

2006年11月22日《信息网络传播权保护条例》颁布实施之前,电子期刊是否属于"期刊"同樊某武案、蒋某煜案,异于赵某馨案。

---

① 赵某诉华声月报社等犯著作权案,北京市第一中级人民法院民事判决书,(2001)一中知初字第6号。

【关键词】

电子期刊;法定许可;转载;稿酬;时事新闻

【当事人】

原告:赵某(笔名欧阳雨龙);

被告:华生月报社;

被告:厦门商报社。

案件事实

赵某撰写了《跃》一文,由中国新闻社主办、视点杂志社出版的《视点》杂志(月刊)2000年第6期登载了该文,署名欧阳雨龙,全文约5000字。《视点》杂志社出具书面证明表明:欧阳雨龙系赵某的笔名,其所载《跃》一文系由赵某撰写。

2000年《厦门商报》电子版上登载了署名陈某丽的《剑》一文,该文由《跃》一文中的部分段落稍作文字修改组合构成,全文约3000字。华声月报电子版登载了《剑》一文,且该文末尾载有"厦门商报,陈某丽文"的字样。该文内容与厦门商报电子版登载的文章内容相同。

2000年9月21,华声月报社汇款40元给厦门商报社,在汇款人简短附言栏中附言:《华声报》"透视中国"专栏转载贵报所载《剑》一文稿费,敬请接收转交作者(陈某丽)。但该款被退汇。厦门商报社未举证其在登载《剑》一文后的合理期间内向陈某丽支付过稿酬。

厦门商报社在接到原告所提疑问后,于2000年10月10日将稿酬100元汇给原告并表示歉意。

赵某起诉厦门商报社和华生月报社,认为两被告刊登的《剑》一文是一篇抄袭、剽窃之作,侵犯了原告的著作权。

原告诉请

原告赵某请求法院判令两被告:赔偿原告的经济损失3000元,并承担原告因诉讼支出的相关费用。

裁判结果

一审法院判决如下:

1. 被告厦门商报社赔偿原告赵某经济损失1500元。
2. 被告华声月报社向原告赵某支付稿酬150元。

● **裁判理由**

由于署名欧阳雨龙的文章首先发表于2000年6月的《视点》杂志,且《视点》杂志社已证明欧阳雨龙即原告赵某的笔名,赵某为《跃》的作者,对该文享有著作权。《跃》主要内容为对中国高校合并中出现的问题进行分析,并就这一社会现象提出作者的观点、看法,因此该文不是时事新闻,而是社会科学类文字作品,应当受到著作权法的保护。被告厦门商报社认为该文系时事新闻,不受著作权法保护的主张没有事实依据,法院不予支持。

将《厦门商报》电子版和《华声月报》电子版登载的《剑》和《跃》进行对比,《剑》系将《跃》部分段落稍作文字修改后组合构成,并署名为陈某丽,《剑》作者这种使用原告作品的行为侵犯了原告的著作权,构成对原告作品的抄袭、剽窃。

关于厦门商报社的行为是否构成侵权。根据《著作权法》(1990)的规定,使用他人作品应当征得著作权人的许可,而厦门商报社在使用原告作品时并未征得其同意。尽管厦门商报社辩称《剑》系从网上下载而来,但未提供证据,且厦门商报社既不能证明陈某丽为《剑》的作者,也不能举证证明《剑》的来源。在登载《剑》后,厦门商报社也未按有关转载其他报刊作品的规定向其认为是作者的陈某丽而支付稿酬。以上事实说明厦门商报社在登载该文的过程中始终没有尽到应尽的注意义务,存在主观过错。因此,厦门商报社的行为已经构成对原告著作权的侵害,应承担相应的民事责任。原告要求其赔偿经济损失的请求于法有据,法院予以支持。

确认华声月报社的行为是否侵犯了作者的著作权,应以报刊转载方面的法律规定作为判断的依据。华声月报社的转载行为发生时,尚没有相关的法律法规对电子刊物的转载作出规定,但由于电子版刊物与纸张载体的报刊相比只是载体上发生变化,并未改变其本身作为刊物的性质,故对电子刊物的转载仍可以适用目前报刊转载的法律法规所确定的基本原则和精神。社会科学、自然科学纯理论学术性专业报刊,经国家版权局特别批准可以适当下调付酬标准。从华声月报社的转载行为看,其转载没有超越报刊转载的正常范围,在文章末尾注明了《剑》来源、厦门商报所署作者姓名,并向作者支付了稿酬,故华声月报社的上述行为说明其在转载过程中已经尽到了法律、法规要求其尽到的相关义务。故而《华声月报》电子版虽然刊载了侵权作品,但刊载者主观上不存在过错。尽管华声月报社支付给陈家丽的稿酬被退汇,但退汇并非由华声月报社的原因所致,该事由并不影响对其行为的认定。因此华声月报社的行为不构成对原告著作权的侵害,原告要求华声月报社承担侵权责任,没有法律依据,法院不予支持,但华声月报社有消除影响并向原告支付稿酬的义务。鉴于原告在诉讼中未提出消除影响的诉讼请求,华声月报社仅应承担按有关规定向原告支付稿酬的民事责任。

案件解析

本案原告赵某对《跃》享有著作权、《剑》构成对《跃》的抄袭、剽窃等问题均不存在异议,本案的焦点主要集中在:华生月报社电子版刊登《剑》是否属于《著作权法》(1990)第32条[《著作权法》(2020)第35条]的法定许可情形,即电子期刊是否属于"期刊"。

《著作权法》(1990)第32条第2款规定:"作品刊登后,除著作权人声明不得转载、摘编的外,其他报刊可以转载或者作为文摘、资料刊登,但应当按照规定向著作权人支付报酬。"

要确定华生月报社的刊登行为是否属于上述法定许可,首先应判断该电子期刊是否属于期刊的范畴。我国法律尚未对电子期刊的转载做出规定,且对于电子期刊是否属于法定许可的范畴一直具有争议。本案中,法院认为鉴于电子期刊的本质并未脱离期刊的性质,因此电子刊物的转载可以适用报刊转载的法律规定。华生月报社的刊登行为可以适用1990年《著作权法》第32条第2款的规定,华生月报社作为期刊转载已发表在电子版《厦门商报》上的作品,且已尽到应尽的注意义务,未侵犯原告的著作权。但是,在赵某馨与《中国学术期刊(光盘版)》电子杂志社有限公司侵害作品信息网络传播权纠纷一案中,2021年北京知识产权法院认定学术期刊电子杂志不属于法定许可范畴。

在目前的司法实践中,法院也并未将电子期刊认定为期刊转载的法定许可范围。《信息网络传播权保护条例》于2006年颁布实施,该条例并未将网络转载列入其中。基于此,关于报纸期刊转载也应不包含电子期刊。

第三节
纸媒转载网媒不符合法定许可

67. 常某1诉现代快报社著作权侵权纠纷案[①]

> **裁判要旨**

《著作权法》(2001)第32条第2款规定的转载,是指报纸、期刊刊登其他报刊已发表作品的行为。报刊仅能转载其他报纸、期刊已发表的作品,报刊转载网络上发表的作品不属于法定许可的范畴,报刊转载已出版的图书亦不属于法定许可范畴。

【关键词】

报刊;图书;法定许可;转载;修改权;保护作品完整权

【当事人】

原告:常某1(又名常某2);

被告:现代快报社。

案件事实

原告常某1是小说《风往南吹》的作者。该小说创作完成后,首先在"黄金书屋中文网站"发表。2001年11月19日,常某1与中国工人出版社签订了《图书出版合同》,约定中国工人出版社享有《风往南吹》(作者署名"淹死的鱼")小说作品中文本的专有出版权,中国工人出版社按版税(定价×销售册数×8%)向常某1支付报酬,合同有效期6年。2002年1月,中国工人出版社出版该图书10,000册,每册字数300,000字,定价22.80元。

《现代快报》系被告现代快报社主办,于1999年10月12日创刊。截至诉讼开始,该报在江苏地区日发行量逾70万份。2002年4月,现代快报社未经常某1许可,将《风

[①] 常某1诉现代快报社著作权侵权纠纷案,江苏省南京市中级人民法院民事判决书,(2002)宁民三初字第53号。

往南吹》小说删节为约 50,000 字,从 2002 年 4 月 19 日至 5 月 12 日分 24 期在《现代快报》上连续转载,作者署名为"淹死的鱼"。转载后,现代快报社向常某 1 邮汇稿酬 2500 元,因汇款时将收款人填成"常某 2",致常某 1 未能从邮局收取稿酬。

2002 年 8 月 12 日,常某 1 以现代快报社侵犯其著作权为由,向法院提起诉讼。

被告现代快报社辩称:(1)我社编辑是从"黄金书屋中文网站"上下载的原告常某 1 的作品,该网站未注明"未经允许不得转载",我社有权在报纸上进行转载;(2)在转载过程中,我社记者孙某和编辑柳某林通过网络和电话与常某 1 有过联系并达成默契,取得了常某 1 的许可,并在转载后按规定及时支付了稿酬;(3)限于篇幅,报纸转载小说作品进行必要的缩减是行业惯例,没有故意歪曲常某 1 作品的内容;(4)报社没有通过转载常某 1 的小说获利,《现代快报》的发行实际是亏损的,常某 1 要求赔偿经济损失无事实和法律依据。故而请求法院依法驳回常某 1 的诉讼请求。被告现代快报社对于自己的答辩主张,没有在举证期限内向法院提交证据。

原告诉请

原告常某 1 请求法院判令被告:消除影响、赔礼道歉,赔偿经济损失 210,000 元,赔偿精神损失 60,000 元,赔偿原告因诉讼而产生的一切费用。

裁判结果

一审法院判决如下:

1. 被告现代快报社向原告常某 1 公开致歉。
2. 被告现代快报社向原告常某 1 赔偿经济损失共 50,000 元。

裁判理由

1. 数字作品与传统作品的区别仅在于作品存在形式和载体不同。本案《风往南吹》小说作品系常某 1 独立创作完成,原告常某 1 对《风往南吹》作品享有著作权。

2. 被告现代快报社转载《风往南吹》不构成法定许可使用。审理中,现代快报社辩称转载的作品来源于"黄金书屋中文网站",但并未提供相关证据证明这一事实。即使其转载的是原告常某 1 在网上发表的作品,如果未经常某 1 许可,该转载行为也是法律所不允许的。无论常某 1 是否提出禁用声明,也无论现代快报社转载的是工人出版社出版的还是"黄金书屋中文网站"传播的小说《风往南吹》,现代快报社均应取得常某 1

的许可。现代快报社认为常某1未声明不得转载,其可以依法转载使用的辩解不能成立,法院不予采纳。

3.被告现代快报社未经许可转载原告常某1《风往南吹》小说构成侵权。著作权是法律赋予作者对其创作的作品所享有的专有权利,常某1对其小说作品《风往南吹》依法享有署名权、修改权、保护作品完整权、使用权以及许可他人使用并获得报酬的权利。除非法律另有规定,在未取得常某1许可及支付报酬的情况下,使用常某1的《风往南吹》作品,均构成侵权。现代快报社未经常某1许可,擅自在其主办的登有商业广告的报纸上连续转载《风往南吹》小说作品,为其商业目的扩大了该作品的传播范围,侵犯了常某1的作品复制权和获得报酬权。同时,常某1与现代快报社之间并无许可使用合同,其也未向《现代快报》投稿,故现代快报社无权对常某1的作品进行任何修改。现代快报社对常某1的作品《风往南吹》进行的擅自修改、删节,侵犯了常某1的修改权和保护作品完整权。因此,现代快报社应依法承担侵权责任,消除影响,向常某1公开赔礼道歉,赔偿由此给常某1造成的合理的经济损失。

> **案件解析**

本案的争议点主要集中在现代快报社转载《风往南吹》是否构成法定许可使用及是否构成侵权。

一、关于现代快报社转载《风往南吹》是否构成法定许可使用

《著作权法》(2001)第32条第2款[《著作权法》(2020)第35条第2款]规定:"作品刊登后,除著作权人声明不得转载、摘编的外,其他报刊可以转载或者作为文摘、资料刊登,但应当按照规定向著作权人支付报酬。"

根据法院查明的事实,小说《风往南吹》首先发表在"黄金书屋中文网站",而后出版图书《风往南吹》,而《著作权法》(2001)第32条第2款规定的转载,是指报纸、期刊刊登其他报刊已发表作品的行为。现代快报社在其主办的《现代快报》转载的小说《风往南吹》的来源可能有二:一是"黄金书屋中文网站",二是图书《风往南吹》。从转载的不同来源进行分析:(1)现代快报转载"黄金书屋中文网站"上的《风往南吹》作品于其主办的纸媒《现代快报》上,因"黄金书屋中文网站"属于网络媒体,不属于"报纸、期刊",因此该转载行为不属于《著作权法》(2001)第32条第2款规定的法定许可情形;(2)如前所述,《著作权法》(2001)第32条第2款规定的转载,是指报纸、期刊刊登其他报刊已发表作品的行为,而不包括已出版的图书。现代快报社主办的《现代快报》作为纸媒,仅能转载其他报纸、期刊已发表的作品,不能转载已出版的图书作品。

于2000年12月21日开始实施的《最高人民法院关于审理涉及计算机网络著作权纠纷案件适用法律若干问题的解释》(现已失效),其中第3条第1句规定:"已在报刊上刊登或者网络上传播的作品,除著作权人声明或者上载该作品的网络服务提供者受著作权人的委托声明不得转载、摘编的以外,网站予以转载、摘编并按有关规定支付报酬、注明出处的,不构成侵权"。该条于2006年11月22日该解释第二次修正版本发布时已删除。虽然本案发生在该解释实施以后,但本案被告现代快报社并非网站,非网站转载,不属于该司法解释调整的范畴。

综上,现代快报社转载《风往南吹》不构成法定许可使用。

二、现代快报社转载小说《风往南吹》是否构成侵权

经前述分析,现代快报社未经原告常某1许可,擅自将小说《风往南吹》进行删节并连续转载在其主办的《现代快报》上,其行为不属于法定许可。在不属于法定许可的情形下,现代快报社将该作品进行删节并转载于其主办且登有商业广告的报纸上的行为便侵犯了常某1依法享有的作品的修改权、复制权和获得报酬的权利。

本案判决中,法院认定现代快报社对常某1的作品《风往南吹》进行擅自修改、删节的行为,侵犯了常某1的保护作品完整权。保护作品完整权是指保护作品不受歪曲、篡改的权利。现代快报社对《风往南吹》作品的删减及修改歪曲、篡改了该作品的实质内容,则构成对常某1保护作品完整权的侵犯。如果只是简单的删减,未改变小说的故事情节、作者要表达的思想等实质性内容,则不构成对保护作品完整权的侵犯。

第四节
出版发行的著作不适用报刊转载摘编法定许可

68. 王某与民族文汇杂志社著作权纠纷案[①]

▎ 裁判要旨

《著作权法》(2001)第32条第2款规定的作品应当限于前款规定的"著作权人向报社、期刊社投稿的"作品,但出版的图书不属于"向报社、期刊社投稿的作品",不论原告是否在其作品上声明不得转载、摘编,被告均无权将该作品予以转载或者作为文摘、资料刊登。

【关键词】

投稿;期刊;图书;转载;法定许可;侵权

【当事人】

原告:王某;

被告:民族文汇杂志社。

▎ 案件事实

《毛泽东之剑》是一部记述许世友将军生平的传记作品,该作品由江苏人民出版社出版发行,在出版物上署名的作者为王某。《民族文汇》是由民族文汇杂志社编辑出版的文摘月刊,该刊2002年第11、12期合刊(总第21期)第4页到第58页刊登了《解密许世友》一文,该文系对王某的作品《毛泽东之剑》删节摘编而成,文末注明"周某摘自江苏人民出版社《毛泽东之剑》"。《民族文汇》刊用此文时署了作者王某的姓名,并在刊物扉页上的《编辑室手记》栏目中对作者和原作品加以介绍。该文正文部分共计54页,平均每页约1600字,总计约86,000字。该刊第144页底部刊登一则"重要启示

[①] 王某与民族文汇杂志社著作权侵权纠纷案,上海市第一中级人民法院民事判决书,(2003)沪一中民五(知)初字第66号。

(事)",称"因地址不详,本刊十一、十二期合刊未能与部分图文作者取得联系,敬请各位谅解,并速与本刊北京联络处联系,以便付酬"。

2003年3月18日,原告在位于本市中山西路1011号的由陈某经营的书报亭购得《民族文汇》(总第21期)一册。

原告于2003年3月向上海市第一中级人民法院提起诉讼,认为被告的行为侵犯了原告的著作权。

被告民族文汇杂志社书面答辩称,原告主张权利的作品是已经公开出版发行的作品,原告并未声明不得转载、摘编;《民族文汇》系正规出版的文摘类月刊,其功能是对已刊登作品摘编后再刊登;《民族文汇》对原告作品摘编刊登,在摘编中注明作者姓名、文章出处,并对作者作了介绍,故被告的行为符合《著作权法》(2001)第32条第2款的规定,属于转载作品或者作为文摘刊登,不构成侵权。被告虽因联系不便未能及时向原告支付稿酬,但已就此在该期刊物中刊登启事,要求有关作者与刊物联系。

原告诉请

原告王某请求法院判令被告:停止侵权、赔偿原告经济损失人民币10万元。

裁判结果

一审法院判决如下:

1. 被告民族文汇杂志社立即停止对原告王某享有的《毛泽东之剑》的著作权的侵害;
2. 被告民族文汇杂志社赔偿原告王某经济损失人民币30,000元。

裁判理由

法院认为,被告刊物《民族文汇》刊登系争作品的时间在《著作权法》(2001)实施之后,根据《最高人民法院关于审理著作权民事纠纷案件适用法律若干问题的解释》(2002)第31条的规定,本案应当适用修正后的《著作权法》。原告是在系争人物传记作品《毛泽东之剑》上署名的公民,被告对这一事实没有异议,根据《著作权法》(2001)第11条的规定,可以认定原告是系争作品的作者,对该作品享有著作权。

被告民族文汇杂志社承认该社将原告创作的系争作品删节后摘编于《民族文汇》(总第21期),但认为该转载行为符合相关法律规定,不构成对原告权利的侵害。法院认为,虽然《著作权法》(2001)第32条第2款规定"作品刊登后,除著作权人声明不得转载、摘编的外,其他报刊可以转载或者作为文摘、资料刊登",但该款规定的作品应当限于前款规定的"著作权人向报社、期刊社投稿的"作品。本案系争作品是原告创作并经江苏人民出版社出版发行的著作,显然不属于"著作权人向报社、期刊社投稿的"作品。因此,不论原告是否在其作品上声明不得转载、摘编,被告均无权将该作品予以转载或者作为文摘、资料刊登。被告未经原告许可,擅自将其著作予以摘录刊载的行为已经侵犯了原告对其作品的使用权和获得报酬权,应当承担相应的民事责任。

案件解析

本案的核心争议点为《民族文汇》对图书传记《毛泽东之剑》进行删减并刊登的行为是否属于《著作权法》(2001)第32条[《著作权法》(2020)第35条]规定的法定许可的范围。

《著作权法》(2001)第32条规定:著作权人向报社、期刊社投稿的,自稿件发出之日起15日内未收到报社通知决定刊登的,或者自稿件发出之日起30日内未收到期刊社通知决定刊登的,可以将同一作品向其他报社、期刊社投稿。双方另有约定的除外。

作品刊登后,除著作权人声明不得转载、摘编的外,其他报刊可以转载或者作为文摘、资料刊登,但应当按照规定向著作权人支付报酬。

《最高人民法院关于审理著作权民事纠纷案件适用法律若干问题的解释》(2002)第17条第1句规定:"著作权法第三十二条第二款规定的转载,是指报纸、期刊刊登其他报刊已发表作品的行为。"可见,该条所指的转载系报纸、期刊刊登其他报刊已发表作品的行为。具体到本案,《民族文汇》杂志虽满足转载的主体要求,但作品《毛泽东之剑》系图书,并非报刊,不符合《著作权法》第32条所指法定许可的情形。被告民族文汇杂志社将原告创作的图书《毛泽东之剑》删节后摘编于《民族文汇》的行为侵犯了原告王某的著作权,应承担相应的责任。

第五节
转载或摘编报刊社的美术作品属于法定许可

69. 储某与高等教育出版社等著作权纠纷案[①]

▶ **裁判要旨**

《著作权法》第 32 条第 2 款规定的报刊转载包含美术作品,报纸、期刊转载已发表在其他报纸、期刊上的美术作品也属于法定许可的范畴。

【关键词】

美术作品;期刊;杂志;转载;法定许可

【当事人】

上诉人(一审原告):储某;

被上诉人(一审被告):高等教育出版社(以下简称高等社);

被上诉人(一审被告):吉林日报报业集团(以下简称日报集团)。

一审案件事实

储某(笔名:苛酷)与杂志社订立《合作协议书》,约定储某负责为甲方出版《能力博士》进行封面、内文、插图及版面设计制作工作,署名"创意总监:苛酷",版面设计的著作权属储某所有,杂志社在征得储某同意的情况下拥有使用权。

储某认为,依据该协议书约定,《能力博士》期刊中版面设计的著作权应归其享有。并提交了《能力博士》期刊 2003 年 9 月版样刊一本。该期刊版权页载明,"创意总监:苛酷;编辑:中国大学生能力博士工作室;出版:中国大学生杂志社"。此外,在版权页右下角刊登一份声明:"版权所有,纸质媒介转载或作为文摘、资料刊登情注明出处,按著作权法支付作者稿酬。本刊受所有作者的委托声明:未经同意电子出版物及网站不得以

[①] 储某与高等教育出版社等侵犯著作权纠纷案,北京市第一中级人民法院民事判决书,(2005)一中民初字第 1880 号;储某与高等教育出版社等侵犯著作权纠纷上诉案,北京市高级人民法院民事判决书,(2005)高民终字第 1377 号。

任何形式转载、摘登在本刊上发表的作品。否则,本刊将依法追究其法律责任。"储某表示,在本案中其主张权利的作品为"能力博士资讯"图标,该图标左上角为太阳造型,左下角为标有"information"字样的卡片,图标右侧为右手竖起的拇指。该图标除整体使用外,还分为左、右两部分,分别使用在《能力博士》每页的左上角或右上角。

储某为证明两被告侵权行为,提交了《东西南北·大学生》杂志2004年第3期(总第18期)样刊一本。该样刊的版权页载明,"主办单位:高等教育出版社、吉林日报报业集团,出版:《东西南北·大学生》编辑部,定价:4.5元"。在该期刊第32页和第33页的中缝部分,装订有《能力博士资讯》增刊一本,该增刊使用"能力博士资讯"图标的方式与《中国大学生》期刊相同,其中图标整体使用一次,图标左半部分使用8次,右半部分使用7次。两被告对《东西南北·大学生》杂志真实性以及其中使用"能力博士资讯"图标的事实无异议,均认为根据原告提交《中国大学生》期刊版权页中《声明》载明的内容可知,该期刊作品允许转载,只是应当支付报酬并注明出处。

一审原告诉请

储某请求法院判令两被告:停止侵权行为,连带赔偿原告经济损失20万元,并承担本案诉讼费用。

一审裁判结果

一审法院判决如下:
1. 被告日报集团、高等社支付储某稿酬1600元。
2. 驳回储某的其他诉讼请求。

一审裁判理由

一、关于原告的权利主体资格问题

依据协议及《能力博士》样刊,中国大学生杂志社已按照《合作协议书》约定履行了相关义务,该行为应视为对该社编辑部订立《合作协议书》行为的追认。基于该协议书的约定,储某对《能力博士》期刊中的"能力博士资讯"图标享有著作权。储某设计的"能力博士资讯"图标,其属性应属美术作品,原告对该作品享有著作权。

二、关于两被告行为的性质

根据我国《著作权法》(2001)第32条第2款的规定:"作品刊登后,除著作权人声明不得转载、摘编的外,其他报刊可以转载或者作为文摘、资料刊登,但应当按照规定向著作权人支付报酬。"《能力博士》期刊的版权页声明载明,允许纸质媒介转载或作为文摘、资料刊登请注明出处,按著作权法支付作者报酬。储某使用在《能力博士》期刊上的"能力博士资讯"图标,作为美术作品亦应允许其他期刊社转载使用,转载使用的单位应注明出处并向原告支付报酬。两被告在《东西南北·大学生》期刊中使用原告作品的行为属于转载,应当向原告支付相应的报酬。

二审案件事实

二审查明事实与一审相同。

二审上诉请求

储某请求二审法院在查明事实的基础上,公正裁判,撤销一审判决,依法改判。

二审裁判结果

一审判决认定事实基本清楚、适用法律正确,本院应予维持。

二审裁判理由

根据储某的上诉请求,本案的审理焦点为 2004 年第 3 期(总第 18 期)《东西南北·大学生》杂志上使用储某作品的行为是否属于转载。

根据二审法院查明的事实,使用在《能力博士》期刊上的"能力博士资讯"图标,是储某创作的美术作品,而《能力博士》期刊的版权页声明已经表明允许纸质媒介转载或作为文摘、资料刊登,故 2004 年第 3 期《东西南北·大学生》杂志上使用储某创作的美术作品的行为属于《著作权法》(2001)所规定的转载,根据《著作权法》(2001)的规定,转载应注明出处并向储兰支付报酬。

本案中,2004 年第 3 期《东西南北·大学生》杂志上使用储某创作的美术作品时未注明出处,但因储某并未要求高等社、日报集团承担赔礼道歉的民事责任,所以一审判决未判令高等社、日报集团向储某赔礼道歉,并无不妥。故而一审判决认定 2004 年第 3 期《东西南北·大学生》杂志上使用储某创作的美术作品的行为属于转载是正确的,储某的此项上诉请求不能成立,二审法院不予支持。

> **案件解析**

本案的争议焦点主要集中在被告高等社、日报集团在其主办的《东西南北·大学生》杂志上未经储某许可转载"能力博士资讯"图标是否属于《著作权法》(2001)第32条[《著作权法》(2020)第35条]规定的法定许可情形。

《最高人民法院关于审理著作权民事纠纷案件适用法律若干问题的解释》(2002)第17条(2020年修正后此条序号及内容无实质变化)规定,《著作权法》(2001)第32条第2款规定的转载,是指报纸、期刊刊登其他报刊已发表作品的行为。该条第2款作品是指前款规定的向报社、期刊社的投稿。关于该条法定许可转载的作品是否包含美术作品,不同法院存在一定分歧。本案中法院认为美术作品属于《著作权法》(2001)第32条规定的转载,但仍存在另外一种意见,即该项法定许可只适用文字作品,如张某才诉陕西日报社、北京市东区邮电局水碓子邮电支局侵犯著作权纠纷案。《著作权法》的历次修改中也并未对该项法定许可的转载客体作出限定,不过《著作权法》第三次修正时在其送审稿中增加第48条"文字作品在报刊上刊登后,其他报刊依照本法第五十条规定的条件,可以不经作者许可进行转载或者作为文摘、资料刊登",欲对该法定许可的转载客体进行限定,但该条款最终未能通过审议。因此,截至目前,《著作权法》规定的该项法定许可应包含美术作品。

具体到本案,储某主张权利的作品为其在《能力博士》期刊上登载的"能力博士资讯"图标(美术作品),两被告主办的《东西南北·大学生》亦属于期刊,《能力博士》期刊并未声明未经许可允许转载,反而声明"允许纸质媒介转载或作为文摘、资料刊登请注明出处,按著作权法支付作者报酬",因此两被告在其主办的《东西南北·大学生》杂志上转载《能力博士》期刊上登载的"能力博士资讯"图标符合《著作权法》(2001)第32条第2款法定许可的情形,但应向储某支付相应的报酬。

第六节
纸媒转载网媒不再适用法定许可

70. 郭某诉北京世纪卓越信息技术有限公司等著作权纠纷案[①]

▌ **裁判要旨**

《著作权法》(2010)第33条第2款规定的转载不包括报纸、期刊登载除其他报刊之外的传播媒介上的作品的行为,比如网络、图书等上的作品。另外,依据作品曾在特定报刊上发表的事实不能当然推定其他报刊上使用该作品就一定构成转载行为,作品使用人欲证明转载行为成立,除需要证明作品曾在特定报刊上发表且未声明不准转载外,尚需证明自己报刊上所使用的作品确是来自该作品所发表的特定报刊,否则不能证明转载行为的成立。

【关键词】

期刊;网络;图书;转载;法定许可;侵权

【当事人】

原告:郭某;

被告:北京世纪卓越信息技术有限公司(以下简称世纪卓越公司);

被告:江西《报刊精萃》杂志社(以下简称报刊精萃杂志社)。

▌ **案件事实**

中国新闻漫画网上登载有两幅署名为作者郭某的漫画,其中一幅漫画显示创作时间为2005年12月,发布时间为2005年12月6日(以下简称漫画一),另一幅漫画显示创作时间为2005年11月,发布时间为2005年11月30日(以下简称漫画二)。报刊精萃杂志社对中国新闻漫画网上登载有郭某创作的该两幅漫画的事实予以认可。另外,

---

[①] 郭某诉北京世纪卓越信息技术有限公司等侵犯著作权纠纷案,北京市朝阳区人民法院民事判决书,(2011)朝民初字第20835号。

上述漫画一、漫画二曾分别在2006年4月、2006年10月出版的半月刊《辽宁青年》中作为文章插图发表过,均署有郭某的姓名。

报刊精萃杂志社在2006年5月6日出版的总第23期《报刊精萃》杂志第51页为《刻在树上的字》一文配图使用了漫画一,在2006年6月6日出版的总第24期《报刊精萃》杂志第55页为《伤疤》一文配图使用了漫画二,均未给郭某署名,也未注明该两幅漫画的出处。对于《报刊精萃》杂志所使用的涉案两幅漫画的来源,报刊精萃杂志社在庭审中陈述"有的图片是我社编辑在网上收集的,有些是在期刊上摘的,但涉案两幅作品的来源记不清了"。

本案纠纷发生后,报刊精萃杂志社于2011年8月3日就其使用上述两幅漫画向郭某汇款220元。该笔款项于2011年11月2日因逾期被退回。

报刊精萃杂志社在2011年9月总第87期《报刊精萃》上发布声明,称"由于被摘编的原文中存在部分图文的作者姓名不详,《报刊精萃》2006年5月号和6月号出版时该部分插图本刊无法为作者署名,现经查实,在此诚挚补正并向作者致歉:《报刊精萃》2006年5月号第51页《刻在树上的字》一文配图,以及2006年6月号第55页《伤疤》一文配图作者均为郭某。同时,敬请作品被本刊使用但未署名的作者尽快与本刊联系,以便能够及时补正并支付稿酬"。

2010年9月2日,郭某的委托代理人从世纪卓越公司经营的网站上订购了《报刊精萃》杂志夏季号合订本(总第22~24期),价格为12元。世纪卓越公司销售的该《报刊精萃》杂志是从北京牵手文化交流有限公司(以下简称牵手文化公司)购进的。牵手文化公司具有经营图书、期刊、报纸的《出版物经营许可证》。世纪卓越公司在购进涉案杂志时,审查了牵手文化公司的营业执照、《出版物经营许可证》等。

原告诉请

郭某请求法院判令:

1. 世纪卓越公司停止销售,报刊精萃杂志社停止出版、发行上述侵权杂志。
2. 世纪卓越公司和报刊精萃杂志社在《报刊精萃》《讽刺与幽默》杂志显著位置向原告公开赔礼道歉以消除影响。
3. 报刊精萃杂志社赔偿原告经济损失14,500元和为本案支出的合理费用5500元。

裁判结果

一审法院判决如下:

1. 世纪卓越公司立即停止销售涉案杂志。

2. 报刊精萃杂志社停止出版、发行涉案杂志。

3. 赔偿郭某经济损失 2000 元,合理费用 2000 元。

● **裁判理由**

作为涉案两幅漫画的作者,郭某对该两幅漫画享有著作权。

我国《著作权法》(2010)第 33 条第 2 款规定,作品刊登后,除著作权人声明不得转载、摘编的外,其他报刊可以转载或者作为文摘、资料刊登,但应当按照规定向著作权人支付报酬。该规定第 2 款中的转载是指报纸、期刊登载其他报刊已经发表作品的行为,而不包括报纸、期刊登载除其他报刊之外的传播媒介上的作品的行为,比如网络、图书等上的作品。另外,作品曾在特定报刊上发表的事实不能当然推定其他报刊使用该作品就一定构成转载行为,作品使用人欲证明转载行为成立,除需要证明作品曾在特定报刊上发表且未声明不准转载外,尚需证明自己报刊上所使用的作品确是来自该作品所发表的特定报刊,而不是来自网络、图书等媒介,否则不能证明转载行为的成立。

本案中,尽管郭某曾在《辽宁青年》上发表过涉案漫画一,且早于报刊精萃杂志社在《报刊精萃》杂志上使用该漫画的时间,也未声明他人不得转载,但报刊精萃杂志社自己解释其使用的涉案两幅作品的来源时都不认为该漫画一是来自上述《辽宁青年》杂志,且承认其所使用的漫画有的是来自互联网,对涉案两幅漫画的具体来源也不清楚,而且在答辩意见中以郭某的两幅漫画曾在中国新闻漫画网上发表过的事实作为其构成转载的理由。另外,报刊精萃杂志社在使用涉案两幅漫画时也未注明作者和最初登载的报刊出处。故法院认定报刊精萃杂志社使用涉案两幅漫画的行为不构成转载,不属于法定许可的情形,报刊精萃杂志社应当经过郭某许可才可使用涉案两幅漫画。

报刊精萃杂志社未经许可使用郭某的涉案两幅漫画,且未给郭某署名,侵犯了郭某对该两幅漫画享有的署名权、复制权、发行权、获得报酬权,应当承担停止侵权、赔礼道歉、赔偿损失的法律责任。对于赔偿经济损失的具体数额,法院将综合考虑涉案漫画的独创性程度、报刊精萃杂志社侵权行为的性质和情节、报刊精萃杂志社的主观过错程度等因素,酌情确定。对于郭某主张的合理费用,法院将根据合理性、必要性、相关性原则,酌情予以确定。鉴于报刊精萃杂志社曾在 2011 年 9 月总第 87 期《报刊精萃》上就其使用郭某涉案两幅作品发布过声明,且表示了歉意,故法院对郭某要求报刊精萃杂志社在《报刊精萃》和《讽刺与幽默》杂志上公开致歉的诉讼请求,不再处理。

世纪卓越公司仅是涉案杂志的销售商,有合法的进货渠道,且审查了供货商的营业资质,主观上不具有过错,仅需要承担停止销售涉案杂志的法律责任。

> **案件解析**

本案的核心争议点为报刊精萃杂志社在《报刊精粹》杂志上使用郭某创作的两幅漫画是否属于《著作权法》(2010)第33条[《著作权法》(2020)第35条]规定的法定许可情形。

根据相关司法解释,《著作权法》(2010)第33条第2款规定的转载行为是指报纸、期刊刊登其他报刊已发表作品的行为。报纸期刊刊登网络作品、图书作品等不属于《著作权法》(2010)第33条规定的情形。因此本案中,要判断被告的使用行为是否属于《著作权法》(2010)规定的法定许可行为,最根本的是要判断被告使用原告的两幅漫画作品的来源。原告将两幅涉案漫画发表于中国新闻漫画网的时间分别为2005年12月、2005年12月6日,将两幅涉案漫画发表于半月刊《辽宁青年》的时间分别为2006年4月、2006年10月,被告分别转载使用两幅涉案漫画的时间2006年5月6日、2006年6月6日。从以上时间来看,被告转载两幅涉案漫画的来源不可能是半月刊《辽宁青年》,而应是中国新闻漫画网。并且,被告在答辩中承认其所使用的漫画有的是来自互联网,对涉案两幅漫画的具体来源也不清楚,因此可以认定被告载使用两幅涉案漫画的来源为中国新闻漫画网。因此,《报刊精粹》的转载来源(互联网)不符合《著作权法》(2010)第33条规定的法定许可的构成要件,《报刊精粹》未经郭某许可擅自使用其享有著作权的漫画作品,且未给原告署名、未支付报酬,构成对郭某署名权、复制权、发行权和获得报酬权的侵犯,应承担相应的侵权责任。

第七节
报刊转载图书作品不适用于法定许可

71. 张某与北京龙源网通电子商务有限公司等著作权纠纷案[①]

> **裁判要旨**

《著作权法》(2010)第33条第2款规定,作品刊登后,除著作权人声明不得转载、摘编的外,其他报刊可以转载或者作为文摘、资料刊登,仅可适用于在报刊上发表的作品,至于报刊转载图书作品等其他形式,均应该依法取得著作权人许可,并直接支付报酬。仅适用报刊上发表的作品,不适用报刊转载的图书作品。

【关键词】

信息网络传播;报刊;转载;图书;法定许可

【当事人】

上诉人(一审原告):张某;

上诉人(一审被告):北京龙源网通电子商务有限公司(以下简称龙源网通公司);

上诉人(一审被告):湖北日报传媒集团(以下简称湖北日报)。

> **一审案件事实**

张某与经济日报出版社订立《图书出版合同》,约定由经济日报出版社出版包括"人生·情感"在内的《漫画哲理快餐》(共4册),著作权人为张某,作者署名为张某工作室,张某授予经济日报出版社在4年的合同有效期内享有以各种中文版本的形式出版上述作品的专有出版权。

经济日报出版社出版的《人生·情感哲理快餐》一书(以下简称《人生》)发表有张某的涉案作品,该书署名张某工作室编绘。诉讼中,张某表示《人生》一书仅印刷了一

[①] 张某与北京龙源网通电子商务有限公司等侵犯著作权纠纷案,北京市海淀区人民法院民事判决书,(2011)海民初字第19252号;张某与北京龙源网通电子商务有限公司等侵犯著作权纠纷上诉案,北京市第一中级人民法院民事判决书,(2012)一中民终字第4033号。

次，其与经济日报出版社的合同到期后，未与他人订立过类似的合同。

《可乐》杂志将涉案作品作为《一名理想主义者的双重悲剧》一文的文章插图使用。湖北日报表示，涉案作品是其转载于《科学与文化》中的作品，版权页中注明"稿件从发表之日起，其专有出版权和网络传播权即归本刊所有"，所以《湖北日报》的行为属于法定许可，无须征得著作权人的同意。张某提出其未曾就涉案作品向《科学与文化》投稿，该杂志也是侵权使用涉案作品，但完整使用了涉案作品与所附文字，且已署名，故侵权情节轻微，不认可《湖北日报》的行为属于法定许可。

诉讼中，张某表示，虽其在本案中主张的是漫画作品，但该作品是根据吉鸿昌的文字而创作，漫画与所附文字是紧密结合的，一定要同时使用才能表达漫画的真正含义。张某认为二被告仅使用了其创作的漫画，而未使用吉鸿昌的文字，该行为侵犯其保护作品完整权。

龙源网通公司表示，龙源期刊网向用户提供收费阅读服务。龙源网通公司表示龙源期刊网上的涉案杂志来自《湖北日报》的授权，其只是完整使用《可乐》杂志的内容，未进行任何修改，不认可其侵犯张某享有的保护作品完整权。龙源网通公司还提交了其与该社《可乐》编辑部于2010年1月21日订立的《合作协议书》及该编辑部出具的《授权确认书》。

一审原告诉请

原告张某请求法院判令：

1.《湖北日报》停止出版、发行和信息网络传播含有侵权作品的涉案杂志，龙源网通公司停止发行和信息网络传播含有侵权作品的涉案杂志。

2. 二被告向原告刊登致歉声明并消除影响。

3. 二被告连带承担对原告造成的经济损失6000元、精神损害抚慰金5000元及合理支出4000元。

一审裁判结果

一审法院判决如下：

1. 龙源网通公司停止在龙源期刊网传播含有涉案作品的《可乐》杂志。

2.《湖北日报》停止出版发行含有涉案作品的《可乐》杂志。

3.《湖北日报》向张某赔礼道歉，龙源网通公司向原告张某赔礼道歉。

4.《湖北日报》赔偿张某经济损失及合理开支共计 1500 元。

5. 龙源网通公司赔偿张某经济损失及合理开支共计 1000 元,湖北日报对其中的 500 元承担连带责任。

● **一审裁判理由**

根据双方提供的证据,本院根据优势证据原则,认定涉案作品的作者为张某,对该作品享有著作权,有权提起本案诉讼。

使用他人作品应当获得著作权人的许可。《湖北日报》未经张某许可,擅自将涉案作品用于文章插图,且未为张某署名,侵犯了张某对涉案作品享有的署名权、复制权。对于《湖北日报》提出法定许可的辩称,本院认为,涉案杂志对涉案作品的使用不属于法定许可范畴。我国《著作权法》(2010) 第 33 条第 2 款仅可适用于在报刊上发表的作品,至于报刊转载图书作品等其他形式,均应该依法取得著作权人许可,并直接支付报酬。涉案作品发表在《人生》一书中,且张某表示其未曾向《科学与文化》投稿,《湖北日报》也未提交证据显示《科学与文化》中刊登的涉案作品曾得到张某许可。而且,即使涉案杂志使用的涉案作品确系来源于《科学与文化》,在后者明确标注作者署名的情况下,涉案杂志却不署名,也不支付稿酬。《湖北日报》无权以单方声明免除其应先取得许可再使用他人作品的法定义务。《湖北日报》的上述辩称,无法律依据,本院不予采信。

龙源网通公司通过龙源期刊网提供有偿阅读涉案杂志电子版,使网络用户能在个人选定的时间和地点获得涉案杂志,其行为未经张某许可,亦侵犯了张某享有的署名权和信息网络传播权。

张某要求《湖北日报》停止对涉案作品的信息网络传播行为,本院认为,本案证据显示《湖北日报》系授权龙源网通公司在龙源期刊网上传播涉案杂志,《湖北日报》并未实施涉案作品的信息网络传播行为,故张某的此项主张实无必要,本院不予支持。因二被告侵犯了张某享有的署名权,应发表声明向张某赔礼道歉,但二被告同时再发表声明消除影响则无必要。关于张某提出的二被告的行为侵犯其对涉案作品享有的保护作品完整权之主张,本院认为,张某创作的涉案作品仅为漫画,至于该漫画创作构思的启示以及该漫画与哪些作品结合使用更能表达原意,并不影响作者仅能对其创作作品的范畴主张权利,涉案杂志在使用涉案作品时未与吉鸿昌的文字结合使用并未歪曲、篡改涉案作品本身,故涉案杂志的使用方式未侵犯张某享有的保护作品完整权,故本院对张某的此项主张,不予支持。

二审案件事实

二审查明事实与一审相同。

二审上诉请求

张某上诉二审法院请求:

1. 依法改判为龙源网通公司及《湖北日报》就本案侵权行为在《讽刺与幽默》上发表声明。

2. 依法改判《湖北日报》赔偿张某经济损失及合理支出5000元。

3. 依法改判为龙源网通公司赔偿张砚钧经济损失及合理支出5000元,《湖北日报》承担全部连带责任。

4. 依法改判龙源网通公司及《湖北日报》共同支付张某精神损害抚慰金5000元。

龙源网通公司上诉二审法院请求:

1. 依法改判为龙源网通公司不承担赔礼道歉的责任;2. 依法改判为龙源网通公司不承担赔偿经济损失的责任。

《湖北日报》上诉二审法院请求:

1. 改判为《湖北日报》赔偿经济损失60元。

2. 改判为《湖北日报》不承担连带责任。

二审裁判结果

原审判决认定事实清楚,适用法律正确,依法应当予以维持。
二审法院判决:驳回上诉,维持原判。

二审裁判理由

一、龙源网通公司是否侵犯了张某的署名权和信息网络传播权

龙源网通公司与《湖北日报》合作,通过龙源期刊网提供有偿阅读涉案杂志电子版,使网络用户可以在个人选定的时间和地点获得涉案杂志,进而获得涉案作品。龙源网通公司的上述行为没有经过张某的许可,同时其亦应知晓涉案杂志并没有对涉案作品进行署名。原审法院认定龙源网通公司的行为侵犯了张某的署名权和信息网络传播权并无不当。在此基础上,原审法院判令龙源网通公司承担赔礼道歉的责任并无不当。

二、《湖北日报》使用涉案作品行为的性质

首先,虽然《湖北日报》主张涉案作品转载自《科学与文化》杂志,但其在该杂志已经对涉案作品署名的情况下,不对涉案作品进行署名,也没有支付作者稿酬。其次,湖北日报还与龙源网通公司合作,将登载涉案作品的《可乐》杂志在网络上传播。因此,原审法院认定《湖北日报》对涉案作品的使用不属于法定许可范畴并应当与龙源网通公司承担连带赔偿责任并无不当。

三、关于刊登致歉声明

虽然张某在原审法院提出了《湖北日报》应当在《讽刺与幽默》上刊登致歉声明的请求,但由于涉案作品并非在该杂志上使用,原审法院根据本案的具体情况,判决其在一家全国性的漫画杂志上发表声明向张某赔礼道歉,该判项与《湖北日报》侵权行为的性质、造成的后果等情形相符,并无不当。张某关于该判项损害了其利益的主张缺乏事实和法律依据,二审法院不予支持。

案件解析

本案争议焦点集中在:湖北日报使用原告漫画作品的行为是否属于法定许可范畴。《最高人民法院关于审理著作权民事纠纷案件适用法律若干问题的解释》(2002)第17条(2020年修正后此条序号及内容无实质变化)规定,《著作权法》(2010)第33条第2款[《著作权法》(2020)第35条第2款]规定的转载,是指报纸、期刊刊登其他报刊已发表作品的行为。本案中,湖北日报主办的《可乐》属于期刊,符合转载的主体。湖北日报主张其使用的原告漫画作品转载于《科学与文化》杂志,湖北日报应该提供涉案作品来源的证据,但其并未提供任何证据,且在《科学与文化》杂志明确标注作者署名的情况下,《可乐》杂志却不署名,也不支付稿酬,因此认定《可乐》杂志转载于《科学与文化》较为牵强,应认定为转载于图书《人生》。《可乐》杂志作为期刊仅能转载其他报刊登载的作品,转载出版的图书中的作品不符合《著作权法》(2010)第33条规定的法定许可情形。湖北日报未经张某许可,擅自使用原告漫画作品,且未为张某署名,也未支付报酬,侵犯了张某的署名权、复制权、发行权、获得报酬权。

第八节
刊登原文时已附带内容声明的不适用法定许可

72. 陈某平诉中国青年出版社等著作权纠纷案[①]

▶ **裁判要旨**

报刊在刊登原文时附带有"作者授权本报声明：未经许可，不得转载、摘编"内容的声明，属于作者和出版单位对转载、摘编权利进行的明确限制，其他报刊在其出版期刊中摘编该文予以刊登，其行为不具备《著作权法》(2010)规定的法定许可的前置条件，不能被认定为法律规定的合理转载、摘编行为。

【关键词】

未经许可；期刊；图书；转载；法定许可；侵权

【当事人】

原告：陈某平；

被告：中国青年出版社；

被告：中闻集团武汉印务有限公司(以下简称武汉印务公司)。

▶ **案件事实**

2013年4月24日，《华西都市报》刊登题为《民族风》的报告文学一篇，约4000字，作品内容主要通过对音乐作品《最炫民族风》作者张超的专访，描述张超成为著名音乐人的成长历程。该文署名"文/陈某平"，并在文末标明"作者授权本报声明：本报所刊之新闻特稿，未经本报许可，不得转载、摘编"。

2013年6月13日，中国青年出版社出版了《青年文摘》(2013年7月上半月刊总第531期)期刊，该期刊第4页至第5页刊登了《民族风》一文，其文字内容系将上述

[①] 陈某平诉中国青年出版社等著作权纠纷案，湖北省武汉市中级人民法院民事判决书，(2013)鄂武汉中知初字第03419号；陈某平诉中国青年出版社等著作权纠纷上诉案，湖北省高级人民法院民事判决书，(2014)鄂民三终字第00403号。

《华西都市报》刊载的同名文章摘编而来,并未改变作品的主题和故事情节,字数约3000字,署名为"文/陈某平",并在文末标注"李某渊摘自2013年4月24日《华西都市报》"。

2013年6月25日,原告陈某平通过购买方式取得《青年文摘》(2013年7月上半月刊)两本,发现其中刊登有上述摘编文章后,向《华西都市报》致电查询摘编原因。2013年7月4日,华西都市报社向陈某平发送电子函件,确认该报在刊登《民族风》一文时已在结尾标注转载声明,该社从未许可其他单位或个人使用,也未许可其他单位或个人转载、摘编,该文作者为陈某平。随后,陈某平就前述摘编行为向中国青年出版社提出异议,并与中国青年出版社进行交涉未取得解决结果。2013年7月10日,中国青年出版社向四川省华西都市报周末生活部汇款500元,并注明"作者陈某平稿费和华西都市报资料借用费"。

2013年10月,陈某平通过京东网上商城购买了《青年文摘合订本第35卷(总第531~536期)》图书3本,该合订本系将《青年文摘》2013年7月上至9月下共6期杂志合订而成,除封底标明邮购网址和邮购地址外,并未载明该合订本的出版发行单位。

本案审理过程中,经本院组织双方当事人勘验,可以确认《青年文摘》杂志官网、中国青年出版(总)社官网、乐读网均未提供《青年文摘》(2013年7月上半月刊)电子杂志供读者阅读。

另查明,武汉印务公司于1990年3月5日成立,其经营范围包括出版物印刷。2012年12月10日,该公司与中国青年出版社签订《期刊印制协议书》,约定武汉印务公司为中国青年出版社印制2013年《青年文摘》红、绿版,该期刊为每月一期,由被告武汉印务公司负责本地印刷,每期印数5万册。2012年12月,中国青年出版社、武汉印务公司按照出版行业规定,填写图书、期刊印刷委托书并完成印刷报备工作,得到湖北省新闻出版局盖章确认。

原告诉请

原告陈某平请求法院判令:

1. 被告中国青年出版社立即停止将含有侵犯原告著作权内容的2013年7月上(总第531期)《青年文摘》在国内外继续复制、发行、传播,被告武汉印务公司就其参与的侵权行为承担连带责任。

2. 禁止被告中国青年出版社将含有侵犯原告著作权内容的 2013 年 7 月上（总第 531 期）《青年文摘》期刊以图书、期刊合订本、电子版制作或数字化等形式出版、发行和传播，被告武汉印务公司就其参与的侵权行为承担连带责任。

3. 被告中国青年出版社赔偿原告因其复制、发行和传播 2013 年 7 月上（总第 531 期）《青年文摘》期刊给原告带来的损失 63,126.4 元，并在《华西都市报》《青年文摘》《人民日报》显著位置公开赔礼道歉，被告武汉印务公司承担连带责任。

4. 本案诉讼费由被告负担。

● 裁判结果 ●

一审法院判决如下：

1. 被告中国青年出版社赔偿原告陈某平经济损失人民币 1000 元。
2. 被告中国青年出版社支付原告陈某平合理费用人民币 3076 元。

● 裁判理由

一、关于被告中国青年出版社转载涉案文章的行为是否侵犯原告所享有的著作权问题

《华西都市报》刊登原文时已附带有"作者授权本报声明：本报所刊之新闻特稿，未经本报许可，不得转载、摘编"内容声明，属于作者和出版单位对转载、摘编权利进行的明确限制，而被告中国青年出版社对此未予审查，仍在其出版期刊中摘编该文予以刊登，其行为显然不具备前述法律所规定法定许可的前置条件，不能被认定为法律规定的合理转载、摘编行为，其出版发行包含有摘编涉案文章的期刊的行为也因缺乏合法许可而构成对原告享有的复制权、发行权的侵犯，故被告中国青年出版社对于被控摘编行为应当承担相应的民事责任。

被告摘编的文字内容仅是文字上的删节，未改变作品所要表达的故事主题和情节，并未形成对作品内容的歪曲、篡改，故被告中国青年出版社对涉案文章所作的文字删节不构成对作品修改权的侵犯。

综上，被告中国青年出版社在其出版期刊摘编涉案文章的行为不属于法律规定的合理使用情形，侵犯了原告对作品《民族风》享有的复制权、发行权。

二、关于被告武汉印务公司是否应对被控侵权行为承担连带责任的问题

复制品的制作者承担法律责任的前提条件是复制品的制作者具有不能证明其出版、制作有合法授权的情形。本案中,被告武汉印务公司与被告中国青年出版社签订有《期刊印制协议书》,约定被告武汉印务公司接受被告中国青年出版社的委托而印制摘编有涉案文章的《青年文摘》半月期刊,可以说明被告武汉印务公司印刷涉案期刊系接受被告中国青年出版社委托完成,其印刷授权具有合法来源。至于期刊中的文字作品是否侵犯他人著作权则超出了被告武汉印务公司的审查能力范围,也并非法律所规定的审查义务,故其印刷行为并不属于前述承担民事责任的法定情形。

三、关于本案原告的诉讼主张是否应当得到支持以及本案侵权损失如何确定的问题

被告中国青年出版社摘编涉案文字作品事先未获得作者或者华西都市报社的授权许可,在原告发表作品时已登载不得转载、摘编声明的情况下,其摘编涉案作品的行为构成对原告复制权、发行权等财产性权利的侵犯。应承担发行该期刊所造成经济损失。

对于原告所指控的《青年文摘》期刊合订本的销售行为,因该期刊合订本不能被认定为是被告中国青年出版社实施的出版销售行为。同时,经本院组织双方当事人勘验与被控期刊相关的网页,可以确认涉案文章内容未在被告中国青年出版社的网站显示,亦未发现涉案期刊进行网络传播,故原告指控被告中国青年出版社出版发行《青年文摘》期刊合订本以及通过网络传播涉案文章的行为依据不足。

案件解析

本案的核心争议点为:(1)被告中国青年出版社的转载行为是否属于《著作权法》(2010)第33条第2款[《著作权法》(2020)第35条第2款]规定的法定许可情形;(2)被告武汉印务公司是否应对中国青年出版社的转载行为承担连带责任。

一、被告中国青年出版社的转载行为是否属于著作权法规定的法定许可情形

《著作权法》(2010)第33条第2款规定:"作品刊登后,除著作权人声明不得转载、摘编的外,其他报刊可以转载或者作为文摘、资料刊登,但应当按照规定向著作权人支付报酬。"

《最高人民法院关于审理著作权民事纠纷案件适用法律若干问题的解释》(2002)第17条第1句(2020年修正后此条序号及内容无实质变化)规定:"著作权法第32条第2款规定的转载,是指报纸、期刊刊登其他报刊已发表作品的行为。"

具体到本案,《青年文摘》属于期刊,故中国青年出版社符合转载的主体资格,原告《民族风》一文发表于《华西都市报》,被告转载来源也系《华西都市报》,中国青年出版社的转载行为系报纸、期刊刊登其他报刊已发表作品的行为。但《著作权法》(2010)第33条第2款在规定报刊转载的法定许可的同时,也对作者的意思表示给与充分的尊重,规定"除著作权人声明不得转载、摘编的外",即在著作权人声明不得转载、摘编时,对其文字作品的转载和摘编使用必须获得著作权人的许可。因此,中国青年出版社在转载涉案作品时负有审慎的注意义务,不得随意使用他人公开发表的文字作品内容。在《华西都市报》文末标明"作者授权本报声明:本报所刊之新闻特稿,未经本报许可,不得转载、摘编"情况下,中国青年出版社未经著作权人许可,不得转载涉案作品,其转载行为不属于《著作权法》(2010)第33条规定的法定许可的范畴。

二、被告武汉印务公司是否应对中国青年出版社的转载行为承担连带责任

《著作权法》(2010)第53条规定:"复制品的出版者、制作者不能证明其出版、制作有合法授权的,复制品的发行者或者电影作品或者以类似摄制电影的方法创作的作品、计算机软件、录音录像制品的复制品的出租者不能证明其发行、出租的复制品有合法来源的,应当承担法律责任。"

首先,被告武汉印务公司仅为《青年文摘》的印刷者,其不具有审查期刊中文字作品是否侵犯他人著作权的的法定义务;其次,武汉印务公司与中国青年出版社之间存在《期刊印制协议书》,武汉印务公司能够说明其印刷授权具有合法来源。因此,武汉印务公司对中国青年出版社的转载行为不存在过错,不应对中国青年出版社的转载行为承担连带责任。

第九节
转载网络漫画作品不适用法定许可

73. 张某才诉北京市东区邮电局水碓子邮电支局等著作权纠纷案[1]

▌ **裁判要旨**

一种意见认为,漫画作品属于美术作品的范畴而非一般的文字作品,不属于我国法律规定的作品刊登后,除著作权人声明不得转载、摘编外,其他报刊可以转载或者作为文摘、资料刊登之情形;但还存在另一种意见,即认为转载的作品应包含美术作品。若漫画作品发表于网络,不适用发行许可。

【关键词】

美术作品;文字作品;转载;法定许可;侵权

【当事人】

原告:张某才;

被告:北京市东区邮电局水碓子邮电支局(以下简称水碓子邮电支局);

被告:陕西日报社。

▌ **案件事实**

张某才的涉案《盼嫁富二代》漫画作品曾在 2010 年 4 月 13 日被刊载在云南日报网站中,该文署名"张某兮画"。2011 年 5 月 31 日在人民网网站发布的"第 21 届中国新闻奖新闻漫画评选揭晓"文章中显示有"张某才笔名张某兮"的内容。2013 年 2 月 1 日,大连晚报社出具《证明》,证明张某才为该社员工,张某兮为其常用笔名。

《报刊荟萃·非常关注》零售价 5 元,为陕西日报社的报刊荟萃编辑部出版,全国各地邮局均可以订阅。2010 年 11 月 19 日,张某才的委托代理人董某连通过水碓子邮电

---

[1] 张某才诉北京市东区邮电局水碓子邮电支局等侵犯著作权纠纷案,北京市朝阳区人民法院民事判决书,(2013)朝民初字第 13386 号。

支局征订了《报刊荟萃·非常关注》2011年共计11期杂志,支出了55元,水碓子邮电支局为此出具了发票。

《报刊荟萃·非常关注》2011年5月A版第20页《中国,不说爱》一文配图使用了张某才主张权利的《盼嫁富二代》漫画作品。该文章讲述的是作者对于当代人爱情观的担忧和评述,但并未对漫画作者予以署名。《报刊荟萃·非常关注》杂志的本刊启示中载有如下内容:"本刊所摘部分图文的作者姓名及地址不详,请相关作者与本刊编辑部联系,以便奉寄稿酬"。

被告水碓子邮电支局答辩称:张某才征订的涉案《报刊荟萃·非常关注》属于中国邮政全国统一发行的邮发报刊,属于合法发行渠道,水碓子邮电支局亦有合法来源,不应当承担任何法律责任;该期刊物水碓子邮电支局共计发行了一份,影响范围有限,张某才要求的赔偿数额并不合理。

被告陕西日报社答辩称:我社编辑出版的《报刊荟萃·非常关注》并非擅自使用张某才的涉案漫画作品,《报刊荟萃·非常关注》系文摘,在张某才没有表示不得转载、摘编的情况下,可以依法转载张某才已经发表的美术作品。

原告诉请

原告张某才请求法院判令:陕西日报社和水碓子邮电支局立即停止侵权、在《报刊荟萃·非常关注》显著位置刊登致歉声明向原告赔礼道歉、连带赔偿原告经济损失及诉讼合理支出共计10,000元。

裁判结果

一审法院判决如下:

1. 被告陕西日报社立即停止出版、发行含有涉案侵权漫画作品的2011年5月A版《报刊荟萃·非常关注》。

2. 被告北京市东区邮电局水碓子邮电支局立即停止销售含有涉案侵权漫画作品的2011年5月A版《报刊荟萃·非常关注》。

3. 被告陕西日报社向原告张某才公开致歉。

4. 被告陕西日报社赔偿原告张某才经济损失及诉讼合理支出共计1800元。

- **裁判理由**

　　根据第三方网站上对张某才涉案漫画的署名情况、报道以及大连晚报社出具的证明，在没有相反证据的情况下，可以认定张某才为涉案漫画作品的作者，对该漫画作品享有著作权。

　　陕西日报社在其出版发行的《报刊荟萃·非常关注》杂志中使用了涉案漫画作品，漫画作品属于美术作品的范畴而非一般的文字作品，而该使用行为属于对文章配图的使用，并不具有必要性，且对涉案漫画作品产生了实质性替代作用，因此不属于我国法律规定的作品刊登后，除著作权人声明不得转载、摘编外，其他报刊可以转载或者作为文摘、资料刊登之情形，故对于陕西日报社提出的该答辩意见，法院不予采信。至于陕西日报社提出的无法联系到相关作者的理由，亦不属于法定的可以不经许可擅自使用他人享有著作权作品的免责情形。陕西日报社未经许可擅自在其出版发行的涉案《报刊荟萃·非常关注》杂志使用了张某才创作的《盼嫁富二代》漫画作品，并且未给张某才署名，也未向张某才支付报酬，侵犯了张某才依法享有的署名权、复制权、发行权和获得报酬权。鉴于陕西日报社作为配图使用的文章反映的主题与漫画主题基本一致，故法院认定其未侵犯张某才对该漫画作品享有的保护作品完整权。综上，张某才要求陕西日报社停止侵权、赔礼道歉并赔偿经济损失和合理支出的诉讼请求，于法有据，法院予以支持。

　　水碓子邮电支局作为涉案被控侵权刊物的发行方，其具有合法的产品来源，且邮发刊物的征订工作主要为形式审查，而对相关刊物是否侵犯著作权其并没有能力做出判断，故水碓子邮电支局不需要承担赔礼道歉、赔偿损失的法律责任，仅需承担停止销售2011年5月A版《报刊荟萃·非常关注》的责任。

- **案件解析**

　　本案的核心争议点为：《报刊荟萃·非常关注》杂志使用张某才创作的《盼嫁富二代》漫画作品是否属于《著作权法》（2010）第33条第2款[《著作权法》（2020）第35条]规定的法定许可情形以及水碓子邮电支局销售该杂志是否侵犯原告张某才的著作权。

　　一、《报刊荟萃·非常关注》杂志使用张某才创作的《盼嫁富二代》漫画作品是否属于著作权法规定的法定许可情形

　　《著作权法》（2010）第33条第2款规定："作品刊登后，除著作权人声明不得转载、摘编的外,其他报刊可以转载或者作为文摘、资料刊登,但应当按照规定向著作权人支付报酬。"

《著作权法》(2010)第33条第2款规定的作品指已在报纸、期刊发表过的文字作品。该条款规定的转载,是指报纸、期刊刊登其他报刊已发表作品的行为。关于该条法定许可转载的作品是否包含美术作品,法院存在一定分歧。本案中法院认为漫画作品属于美术作品的范畴而非一般的文字作品,不属于《著作权法》第33条规定的转载。但是在更多的司法实践中,法院认为该条规定的转载作品应包含美术作品,如储某与高等教育出版等侵犯著作权纠纷案。《著作权法》的历次修改中也并未对该项法定许可的转载客体作出限定,不过《著作权法》第三次修订时在其送审稿中增加第48条"文字作品在报刊上刊登后,其他报刊依照本法第五十条规定的条件,可以不经作者许可进行转载或者作为文摘、资料刊登",欲对该法定许可的转载客体进行限定,但该条款最终未能通过审议。因此,《著作权法》规定的该项法定许可应包含美术作品。

具体到本案,《盼嫁富二代》系漫画作品,属于美术作品的范畴,法院认为漫画作品属于美术作品的范畴而非一般的文字作品,不属于《著作权法》(2010)第33条第2款规定的转载,但根据前述分析,美术作品应包含在该条法定许可的范围内。但《盼嫁富二代》作品发表于互联网(云南日报网站),而非报刊,不符合"报纸、期刊刊登其他报刊作品"的规定。综上所述,《报刊荟萃·非常关注》杂志未经许可擅自使用张某才创作的《盼嫁富二代》漫画作品,未给张某才署名,也未支付报酬,不属于《著作权法》(2010)第33条第2款规定的法定许可情形,该使用行为侵犯了张某才享有的署名权、复制权、发行权和获得报酬权。

二、水碓子邮电支局销售该杂志是否侵犯原告张某才的著作权任

首先,水碓子邮电支局仅为销售者,其不具有审查期刊中转载作品是否侵犯他人著作权的的能力及法定义务;其次,《报刊荟萃·非常关注》通过邮政系统征订发行属于委托代理,水碓子邮电支局虽然销售了涉案被控侵权刊物,但水碓子邮电支局对相关刊物只进行形式审查,即相关杂志是否为合法出版物,对是否侵犯著作权无法逐一核实。水碓子邮电支局销售该杂志未侵犯原告张某才的著作权,其仅需承担停止销售2011年5月A版《报刊荟萃·非常关注》的责任。

第十节
网络媒介的作品转载摘编不适用法定许可

74. 杨某明与浙江科技报社信息网络传播权纠纷案[①]

▶ **裁判要旨**

法定许可应限于"作品刊登后,除著作权人声明不得转载、摘编的外,其他报刊可以转载或者作为文摘、资料刊登,但应当按照规定向著作权人支付报酬",即作品载体形式仍限于报刊之间,并未扩展至网络媒介。

【关键词】

信息网络传播;载体形式;报刊;转载;法定许可

【当事人】

原告:杨某明;

被告:浙江科技报社(以下简称科技报社)。

▶ **案件事实**

杨某明以文字作品《胃病发作"大约在冬季"》(涉案作品)著作权人的身份向国家版权局进行版权登记,取得"国作登字-2013-A-00097013号"作品登记证书,登记日期为2013年7月18日。

《胃病发作"大约在冬季"》一文发表于2013年1月14日出版的《中国中医药报》第7版,全文1000余字,署名杨某明。

2014年10月至11月,杨某明通过电子邮件方式向科技报社主办的《科技金融时报》健康版块编辑投稿(题为《胃病发作为何常在冬季》),科技报社以邮局汇款方式向杨某明支付稿酬50元,杨某明于2015年3月11日领取稿酬。《胃病发作为何常在冬

---

① 杨某明与浙江科技报社侵害作品信息网络传播权纠纷案,杭州互联网法院民事判决书,(2018)浙0192民初117号。

季》一文发表于 2014 年 11 月 21 日出版的《科技金融时报》B8 版面,全文近千字。同日,科技报社在《科技金融时报》网页版发布《胃病发作常在冬季》(被诉侵权文章)的电子版本。被诉侵权文章与《科技金融时报》报刊刊登的上述文章文字内容完全相同。同时,经比对,被诉侵权文章与发表于《中国中医药报》的作品《胃病发作"大约在冬季"》的文字内容,除标题改动和部分段落删节外,两者其余文字内容基本一致。

2015 年 7 月 15 日,杨某明向浙江省宁波市天一公证处申请证据保全,由公证员使用公证处电脑进行操作:查看到被诉侵权文章发表于 2014 年 11 月 21 日《科技金融时报》网页版"B8:健康"版面,页面显示"浙江科技报主办、浙江科技报版权所有、浙江在线提供技术支持";进入"工业和信息化部 ICP/IP 地址/域名信息备案管理系统"查询网站域名"zjol.com.cn"的备案信息,显示主办单位为浙江在线新闻网站有限公司。2015 年 7 月 17 日,浙江省宁波市天一公证处为上述公证过程出具(2015)浙甬天证民字第 3830 号公证书,杨某明支付公证费 800 元。

庭审中,科技报社确认《科技金融时报》网页版域名是浙江在线新闻网站的二级域名,《科技金融时报》网页版系《科技金融时报》报刊的电子版本,二者内容一致,该网站由科技报社主办,网站内容全部由科技报社制作、提供。杨某明明确其在本案中主张的信息网络传播权仅针对《科技金融时报》网页版的被控侵权行为,同时确认已于 2015 年 3 月 11 日收取《科技金融时报》报刊刊登的文章《胃病发作为何常在冬季》稿酬 50 元。

原告诉请

原告杨某明请求判令科技报社:
1. 立即停止侵权并删除其网站上的侵权作品。
2. 在《中国知识产权报》上向杨某明公开致歉并消除影响。
3. 赔偿杨某明经济损失 18,500 元,并承担公证费 800 元、差旅费 700 元。

裁判结果

法院判决如下:
1. 被告浙江科技报社立即停止侵害原告杨某明作品信息网络传播权的行为;
2. 被告浙江科技报社赔偿原告杨某明经济损失 2300 元。

● **裁判理由**

杨某明提供《作品登记证书》、作品刊登报纸能证明其享有涉案作品的著作权,在无相反证据的情况下,可以认定杨某明系涉案作品的著作权人,具有提起本案诉讼的主体资格。

法院确定本案的争议焦点为:科技报社是否侵害了杨某明对涉案作品享有的修改权、信息网络传播权。

根据《著作权法》(2010)第34条第2款规定:"报社、期刊社可以对作品作文字性修改、删节。对内容的修改,应当经作者许可。"结合本案,科技报社在对杨某明的《胃病发作"大约在冬季"》一文经过文字性修改、删节后以《胃病发作为何常在冬季》为题刊登于《科技金融时报》报刊,完全符合新闻媒体采编稿件的合理需要,杨某明亦确认并未对内容作实质性修改,而科技报社于同日在其主办的网站上发布被诉侵权文章,其内容及标题文字与《科技金融时报》报刊上的文章一致,故科技报社并未侵害杨某明对涉案作品享有的修改权,法院对科技报社的相关答辩意见予以采纳。

科技报社在未经权利人杨某明同意的情况下,将编辑出版在《科技金融时报》报刊的涉案文章电子化后置于其主办的《科技金融时报》网页版上,供网络用户浏览、查阅,科技报社的行为构成对杨某明享有信息网络传播权的侵犯。科技报社答辩称其行为属于法定许可情形且涉案作品属于时事新闻范畴、未进行商业盈利活动,但法定许可应限于"作品刊登后,除著作权人声明不得转载、摘编的外,其他报刊可以转载或者作为文摘、资料刊登,但应当按照规定向著作权人支付报酬",即作品载体形式仍限于报刊之间,并未扩展至网络媒介,而合理使用情形包括"为报道时事新闻,在报纸、期刊、广播电台、电视台等媒体中不可避免地再现或者引用已经发表的作品",结合《著作权法实施条例》(2013)第5条第1项"时事新闻,是指通过报纸、期刊、广播电台、电视台等媒体报道的单纯事实消息"之规定,涉案作品并不属于时事新闻范畴,故科技报社的相关答辩意见于法无据,法院不予采纳。

经查实,本案被诉侵权文章仍存在于科技报社的《科技金融时报》网页版上,对杨某明要求科技报社停止侵权并删除相关作品的诉请,法院予以支持。因修改权属于著作人身权范畴,而科技报社并未侵害杨某明对涉案作品享有的修改权,故杨某明要求科技报社赔礼道歉、消除影响无事实和法律依据,法院不予支持。

> **案件解析**

本案的核心争议点为科技报社在《科技金融时报》网页版发布被诉侵权文章是否侵害杨某明对涉案作品享有的信息网络传播权。

被告科技报社在答辩中称其行为属于法定许可情形且涉案作品属于时事新闻范畴。

首先,《最高人民法院关于审理著作权民事纠纷案件适用法律若干问题的解释》(2002)第17条(2020年修正后此条序号及内容无实质变化)规定:"《著作权法》第32条第2款规定的转载,是指报纸、期刊刊登其他报刊已发表作品的行为。"可见,《著作权法》(2010)第33条第2款规定的法定许可仅限于报刊之间进行转载,不包含网络。而本案科技报社将登载于《科技金融时报》的作品电子化上传至其网站,超出了报刊之间的范围,侵犯了原告杨黎明的信息网络传播权。

其次,《著作权法实施条例》(2013)第5条第1项规定"时事新闻,是指通过报纸、期刊、广播电台、电视台等媒体报道的单纯事实消息"。因此,《著作权法》第22条规定的作品是指单纯事实消息。而本案中《胃病发作常在冬季》一文具有作者的观点、研究,并不属于时事新闻范畴。

综上所述,科技报社未经原告杨某明许可,在《科技金融时报》网页版发布被诉侵权文章,既非法定许可也非合理使用,侵犯了原告杨某明的信息网络传播权,应承担相应的法律责任。

第三章 制作录音制品法定许可

第一节 使用他人已发表作品制作录音制品适用法定许可

75. 中国音乐著作权协会与北京伟地电子出版社等著作权纠纷案[1]

▶ 裁判要旨

录音制作者使用他人已经合法录制为录音制品的音乐作品制作录音制品的,适用法定许可。使用他人已发表的作品制作录音制品,可以不经著作权人的许可,但应当按照规定支付报酬;著作权人声明不许使用的不得使用。

【关键词】

法定许可;著作权人未声明不得使用;录音制作者权

【当事人】

原告:中国音乐著作权协会;

被告:北京伟地电子出版社(以下简称伟地出版社);

被告:北京中联鸿远光盘科技发展有限公司(以下简称中联光盘公司)。

案件事实

原告中国音乐著作权协会,按照有关法律规定与音乐著作权人签订协议,约定原告有权对入会会员的音乐作品进行管理、处分,并且有权对侵犯原告会员音乐著作权的行

---

[1] 中国音乐著作权协会与北京伟地电子出版社、北京中联鸿远光盘科技发展有限公司侵犯著作权纠纷案,北京市第二中级人民法院民事判决书,(2003)二中民初字第174号。

为,以原告自己的名义提起诉讼。被告伟地出版社出版发行的《同一首歌 MP3 – 100 首》中,未经许可使用了原告 70 位会员的 54 首音乐作品,并没有向著作权人支付使用费。该光盘是由伟地出版社委托被告中联光盘公司 2001 年 4 月制作加工的,节目音源及复制母带由恒磁公司提供,加工费用亦由恒磁公司支付的,中联光盘公司将所加工的涉案光盘交给了恒磁公司指定的包装厂。《同一首歌 MP3 – 100 首》光盘套封上标明:"ISBN7 – 980001 – 45 – 1;北京伟地电子出版社出版;世纪起点工作室;E-MAIL:CSTART2000@263.NET;网址:www.cstart21.net,定价 25 元。"法院查明,涉案 54 首音乐作品均于 2000 年以前公开发表。

原告诉请

请求法院判令二被告:

1. 停止发行、销售侵权出版物《同一首歌 MP3 – 100 首》。

2. 支付侵权赔偿金 380,000 元。

3. 向原告公开赔礼道歉。

4. 负担原告为制止侵权的合理支出 5000 元。

5. 负担本案诉讼费用。

裁判结果

依据 2001 年 10 月 27 日修正前的《著作权法》(1990) 第 37 条第 1 款、第 45 条第 6 项,1991 年 6 月 1 日实施的《著作权法实施条例》第 54 条的规定,判决如下:

1. 北京伟地电子出版社于本判决生效之日起 10 日内赔偿中国音乐著作权协会人民币 118,800 元,赔偿中国音乐著作权协会合理费用支出人民币 2500 元。

2. 驳回中国音乐著作权协会的其他诉讼请求。

案件受理费 8285 元,由北京伟地电子出版社负担 6628 元(于本判决生效后 7 日内交纳),由中国音乐著作权协会负担 1657 元(已交纳)。

裁判理由

原告中国音乐著作权协会享有对涉案音乐作品的公开表演权、广播权、录制发行权,并有权以自己的名义提起侵权诉讼。

本案原告并未主张涉案音乐作品著作权人已声明不许使用该作品,故中联光盘公司及伟地出版社在使用涉案音乐作品制作数字化录音制品《同一首歌 MP3 – 100 首》时,可以不经原告的许可,伟地出版社出版、发行《同一首歌 MP3 – 100 首》光盘未向原告支付报酬,侵害了原告的著作权,其应承担相应的赔偿责任。

中联光盘公司复制、伟地出版社出版、发行《同一首歌 MP3 – 100 首》光盘的时间在我国《著作权法》(2001)修正实施之前,本案的审理应适用修正之前的《著作权法》(1990)。

> **案件解析**

一、本案法律的适用

本案中涉案作品均在 2000 年前公开发表,中联光盘公司复制光盘的时间是 2000 年 4 月,《著作权法》(2001)的实施日期 2001 年 10 月 27 日,伟地出版社的出版、发行等行为,均发生在我国著作权法第 1 次修正实施之前,因此本案适用《著作权法》(1990)及 1991 年 6 月 1 日实施的《著作权法实施条例》的相关规定。目前《著作权法》(1990)已经被修改,《著作权法实施条例》1991 年 5 月 30 日发布,该条例现已失效。

具体涉及的法条有以下 4 条。

《著作权法》(1990)第 10 条:"著作权包括下列人身权和财产权:(五)使用权和获得报酬权,即以复制、表演、播放、展览、发行、摄制电影、电视、录像或者改编、翻译、注释、编辑等方式使用作品的权利;以及许可他人以上述方式使用作品,并由此获得报酬的权利。"

《著作权法》(1990)第 37 条第 1 款[《著作权法》(2020)第 42 条第 1 款、第 2 款]:"录音制作者使用他人未发表的作品制作录音制品,应当取得著作权人的许可,并支付报酬。使用他人已发表的作品制作录音制品,可以不经著作权人许可,但应当按照规定支付报酬;著作权人声明不许使用的不得使用。"

《著作权法》(1990)第 39 条第 1 款[《著作权法》(2020)第 44 条第 1 款]:"录音录像制作者对其制作的录音录像制品,享有许可他人复制发行并获得报酬的权利。该权利的保护期为五十年,截止于该制品首次出版后第五十年的 12 月 31 日。"

《著作权法》(1990)第 45 条第 6 项[《著作权法》(2020)第 52 条第 7 项]:"有下列侵权行为的,应当根据情况,承担停止侵害、消除影响、公开赔礼道歉、赔偿损失等民事责任:……(六)使用他人作品,未按照规定支付报酬的;……"

二、本案适用法定许可

《著作权法》(1990)第37条规定:"录音制作者使用他人未发表的作品制作录音制品,应当取得著作权人的许可,并支付报酬。使用他人已发表的作品制作录音制品,可以不经著作权人许可,但应当按照规定支付报酬;著作权人声明不许使用的不得使用。"该条是有关法定许可的法律规定。本案中原作品均已发表,录音制作者因法定许可可以制作录音制品,并需向原作者支付报酬。该录音制作者享有许可他人复制发行,并获得报酬的权利。

本案中原作品著作权人,有向录音制作者主张报酬的权利,录音制作者有向出版社主张报酬的权利。在原作者没有获得录音制作者支付的报酬时,出版者出版发行涉案录音制品,使用了原作品的复制、发行权,原作品著作权人有权利获得报酬。

三、侵权主体的确定

笔者认为:中国音乐著作权协会可以向录音制作者要求赔偿损失;中国音乐著作权协会可以向出版者要求赔偿损失。

1. 录音制作者应向音乐著作权协会承担赔偿损失的民事责任。

根据《著作权法》(1990)第37条的规定,法定许可的录音制作者需向原作品的著作权人支付报酬,未支付报酬应按照《著作权法》(1990)第45条第6项的规定,向著作权人承担赔偿损失的民事责任。

本案中伟地出版社出版了涉案录音制品,原告可以在诉讼请求中要求出版社披露录音制品的制作者,然后追加主张录音制作者的赔偿责任。出版社作为录音制品的出版者,应当知道涉案录音制品的来源。诉讼中母盘的提供者是恒磁公司,《同一首歌 MP3 - 100首》光盘套封信息显示"ISBN7 - 980001 - 45 - 1;北京伟地电子出版社出版;世纪起点工作室"。根据现有事实我们可以推测,恒磁公司、世纪起点工作室与制作者有关联。

中国音乐著作权协会可以要求出版社披露录音制作者的身份信息,进而向录音制作者主张权利。

2. 伟地出版社应向音乐著作权协会承担赔偿损失的民事责任。

录音制品是邻接权人传播原作品过程中产生的,是原作品以声音形式的再现,不具有独创性,不是著作权法意义上作品。因此,伟地出版社出版录音制品的行为是对原作品复制、发行权的使用,需向原作品权利人支付报酬。依据的是《著作权法》(1990)第10条第5项的规定。第45条第6项的规定,使用他人作品,未按照规定支付报酬的,应承担赔偿损失的民事责任,因此,著作权人音乐著作权协会的可以向伟地出版社主张赔偿损失的民事责任。

四、中联光盘公司作为录音制品的复制者,法院判定其无须承担著作权侵权赔偿损失的民事责任

笔者同意法院的观点。中联光盘公司作为合法录音制品复制者,其复制行为是履行其与伟地出版社、恒磁公司之间的承揽合同的行为。中联光盘公司根据定制要求完成产品并合格交付,并获得报酬。中联光盘公司履行合同期间无过错。中联光盘公司的行为符合《北京市音像制品管理条例》(该规定1998年1月1日施行,2016年11月26日废止)相关规定,有出版社出具的复制光盘委托书及委托制作合同,依照来料加工的方式复制光盘,未自行复制、批发、零售涉案光盘,其复制行为符合条例规定。复制的录音制品也是合法的,其未侵害原作品的著作权,因此不需承担侵权赔偿责任。

第二节 使用音乐作品制作卡拉OK不适用法定许可

76. 罗林诉广东飞乐影视制品有限公司著作权纠纷案[①]

▶ 裁判要旨

录音制作者使用他人已经合法录制为录音制品的音乐作品制作录音制品,适用法定许可。飞乐公司以制作卡拉OK形式使用涉案音乐作品,将其固定在《刀郎卡拉OK》VCD上,侵犯了罗林对涉案音乐作品享有的摄制权,应当征得词曲作者罗林的许可,并支付报酬。其未履行该义务,应承担停止侵权、赔偿损失的民事责任。

---

① 罗林诉广东飞乐影视制品有限公司著作权侵权纠纷案,北京市朝阳区人民法院民事判决书,(2005)朝民初字第3250号。

【关键词】

卡拉OK;以类似摄制电影的方法创作的作品

【当事人】

原告:罗林(艺名刀郎);

被告:广东飞乐影视制品有限公司(以下简称飞乐公司);

被告:贵州文化音像出版社(以下简称贵州社);

被告:广州合众光碟制造有限公司(以下简称合众公司);

被告:北京华融家乐福商业有限公司(以下简称华融家乐福公司)。

案件事实

罗林,艺名刀郎,创作了《2002年的第一场雪》《新阿瓦尔古丽》《艾里甫与赛乃姆》《情人》《雨中飘荡的回忆》《冲动的惩罚》6首歌的词曲。其授权德威龙公司出品的2004年首张个人专辑《刀郎》CD中收录了其本人演唱的上述6首歌曲。在《刀郎》CD发行一段时间后,原告发现华融家乐福公司在其经营场所国展家乐福商场销售VCD《刀郎2002年的第一场雪卡拉OK》(以下简称《刀郎卡拉OK》VCD)。其中使用了涉案6首歌的词曲,该光盘盒封底、歌片及光盘盘面均没有罗林的署名。经庭审查明,飞乐公司也制作了其他歌手演唱并配以风光画面的卡拉OK,委托贵州社出版该录像制品,后合众公司接受贵州社的委托复制了《刀郎卡拉OK》VCD。同年9月24日,贵州社给飞乐公司出具销售委托书,委托飞乐公司总经销《刀郎卡拉OK》VCD,家乐福公司销售了涉案光盘。罗林认为四被告侵害了其著作权、署名权以及获得报酬等权利,要求四被告停止侵权、赔礼道歉及赔偿损失。

原告诉请

1. 判令飞乐公司、贵州社、合众公司和华融家乐福公司立即停止侵权,即分别停止制作发行、出版、复制、销售侵权的《刀郎卡拉OK》VCD。

2. 四被告在《法制日报》上公开赔礼道歉。

3. 四被告共同赔偿原告经济损失47.858万元、为调查侵权行为和诉讼所支出的合理费用2.142万元。

● **裁判结果** ●

依据《著作权法》(2001)第10条第1款第2项、第13项、第2款,第46条第6项、第11项,第47条第1项,第48条第1款之规定,判决如下:

1. 飞乐公司立即停止使用涉案罗林作词作曲的歌曲;

2. 贵州社、飞乐公司、合众公司、华融家乐福公司立即停止出版、发行、复制、销售涉案侵犯罗林享有词曲著作权的《刀郎卡拉OK》VCD;

3. 飞乐公司、贵州社于本判决生效之日起30日内在《法制日报》上公开向罗林赔礼道歉(致歉内容须经法院审核,逾期不执行,法院将依法公开本判决书的主要内容,相关费用由飞乐公司和贵州社负担);

4. 飞乐公司、贵州社于本判决生效之日起10日内共同赔偿罗林经济损失7万元;

5. 驳回罗林的其他诉讼请求。

● **裁判理由**

罗林是涉案6首歌曲的词曲作者,对其作品依法享有署名权、摄制权及许可他人使用并获得报酬等权利。

飞乐公司将涉案曲目的伴奏音乐、歌手演唱与自然流动交替变换的风光画面融合在一起,形成风光版卡拉OK,并将其固定在VCD上,使欣赏者能够借助适当的设备播放,感受音乐和一系列风光画面营造的艺术氛围或技术性的屏蔽演唱声音并参与演唱。该风光版卡拉OK凝聚了演唱者、摄影、剪接等人的创造性劳动,是视听结合的一种艺术形式,符合作品的构成要件,应属于以类似摄制电影的方法创作的作品,侵害了罗林作品的摄制权。

罗林有表明作者身份,有在作品上署名的权利。该VCD盘盒封底、歌片及光盘盘面上分别载有曲目名称和歌词,却均没有标明词曲作者姓名,消费者在购买光盘时,无法通过光盘的包装了解涉案歌曲的词曲作者情况。而且,光盘与盘盒、歌片可以单独使用,对于未借助适当设备播放光盘的公众而言,无法通过盘盒、歌片等将相应曲目与词曲作者联系起来。因此飞乐公司只在光盘播放画面上为罗林署名,不能充分表明罗林的词曲作者身份,构成对罗林作品署名权的侵犯。

出版者对其出版行为的授权、所编辑出版物的内容及署名等负有审查责任。《刀郎卡拉OK》VCD播放画面上有词曲作者的署名,贵州社能够审核权利人的授权情况以及歌片等的署名情况,但作为出版单位,没有尽到合理的注意义务,对于出版物侵权存在主观过错。复制品的出版者不能证明其出版行为有合法授权的,应当承担法律责任。贵州社与飞乐公司之间关于侵权责任承担的约定,不能对抗合同之外的第三人。因此贵州社应当与飞乐公司共同承担侵权责任。

根据规定,音像复制单位应凭音像出版单位的委托书复制音像制品,并要求委托单位提供著作权人的授权书等证明文件。本案中,合众公司实施光盘复制行为有卡拉OK作品著作权人的授权。此外,合众公司复制的成品仅限于涉案的光盘,并不包含盘盒封底及歌片。因此,作为光盘复制单位的合众公司对侵犯罗林对其词曲享有的摄制权、署名权并不存在主观过错,故其不承担赔偿责任,但应停止复制侵权光盘。

华融家乐福公司提供了所售《刀郎卡拉OK》VCD的合法来源,销售侵权光盘不存在主观过错,因此不承担赔偿责任,但应停止销售侵权物。

关于赔偿的问题。从《合约内容变更备忘录》的内容可以看出,德威龙公司变更付费办法及标准并非只因涉案的侵权VCD。因此罗林主张的赔偿金额依据不足,法院将综合考虑涉案侵权光盘对罗林收益额影响的程度、合约变更后罗林可获得的许可使用费金额、涉案侵权光盘的销售价格、飞乐公司就其他歌曲支付词曲著作权使用费的金额、侵权责任人的主观过错程度、作品及作者的知名程度,以及罗林为诉讼支出的公证费、律师费等因素,酌情确定赔偿金额。

案件解析

法院认定,飞乐公司制作的《刀郎卡拉OK》VCD是类似摄制电影的方法创作的作品(以下简称类电作品)。飞乐公司以录音制品的法定许可来抗辩其侵权行为。鉴于此,笔者尝试从类电作品与录音录像制品的异同及法律适用方面进行论述。

一、《刀郎卡拉OK》VCD是类电作品,其著作权人飞乐公司是本案适格的被告

1. 涉案《刀郎卡拉OK》VCD属于类电作品。

法院认定《刀郎卡拉OK》VCD是以类似摄制电影的方法创作的作品,理由是飞乐公司将涉案曲目的伴奏音乐、歌手演唱与自然流动交替变换的风光画面融合在一起,形成风光版卡拉OK,并将其固定在VCD上,使欣赏者能够借助适当的设备播放,去感受音乐和一系列风光画面营造的艺术氛围或技术性的屏蔽演唱声音并参与演唱。该风光版卡拉OK凝聚了演唱者、摄影、剪接等人的创造性劳动,是视听结合的一种艺术形式,符合作品的构成要件,应属于类电作品。法院的认定与国家版权局的批复是一致的。

1993年9月27日《国家版权局关于对卡拉OK录像带或激光视盘是否属于录像作品或录像制品的答复》中明确卡拉OK录像带或激光视盘正具备《著作权法实施条例》(1991)第4条第9项[《著作权法实施条例》(2013)第4条第11项]为电影、电视、录像作品规定的最基本构成要件,因此,应属于著作权法意义上的电影、电视、录像作品。

2. 涉案《刀郎卡拉OK》VCD的著作权人是飞乐公司。

我国《著作权法》(2001)第15条[《著作权法》(2020)第17条]规定:"电影作品和以类似摄制电影的方法创作的作品的著作权由制片者享有,但编剧、导演、摄影、作词、作曲等作者享有署名权,并有权按照与制片者签订的合同获得报酬。电影作品和以类似摄制电影的方法创作的作品中的剧本、音乐等可以单独使用的作品的作者有权单独行使其著作权。"

本案中卡拉OK的著作权归制片者即本案的飞乐公司所有,该作品播放时有词曲作者的署名。该作品中使用了罗林创作的词和曲。

3. 飞乐公司制作《刀郎卡拉OK》VCD时,未经罗林许可使用了其创作词曲的摄制权。

我国《著作权法》(2001)第10条[《著作权法》(2020)第10条]规定:"著作权包括下列人身权和财产权:……(二)署名权,即表明作者身份,在作品上署名的权利;……(十三)摄制权,即以摄制电影或者以类似摄制电影的方法将作品固定在载体上的权利;……著作权人可以许可他人行使前款第(五)项至第(十七)项规定的权利,并依照约定或者本法有关规定获得报酬……"

《著作权法》(2001)第46条[《著作权法》(2020)第52条]规定:"有下列侵权行为的,应当根据情况,承担停止侵害、消除影响、赔礼道歉、赔偿损失等民事责任:……(六)未经著作权人许可,以展览、摄制电影和以类似摄制电影的方法使用作品,或者以改编、翻译、注释等方式使用作品的,本法另有规定的除外;……"

飞乐公司制作《刀郎卡拉OK》VCD时,未经罗林的许可,使用原作品的摄制权,应承担赔偿损失等民事责任。

二、法定许可适用于录音制品,本案的《刀郎卡拉OK》VCD是类电作品

1. 二者均为影音的呈现。

类电作品:《著作权法实施条例》(2002)第4条[《著作权法实施条例》(2013)第4条]规定,以类似摄制电影的方法创作的作品是指摄制在一定介质上,由一系列有伴音或者无伴音的画面组成,并且借助适当装置放映或者以其他方式传播的作品。

录音、录像制品:《著作权法实施条例》(2002)第5条[《著作权法实施条例》(2013)

第 5 条]规定,录像制品,是指电影作品和以类似摄制电影的方法创作的作品以外的任何有伴音或者无伴音的连续相关形象、图像的录制品;录音制品,是指任何对表演的声音和其他声音的录制品。

根据定义的表述,可以看出类电作品和录音、录像制品均为影音的呈现。

2. 二者的区别。

录音制品、录像制品是原作品的再现,该创作不具有独创性,属于制品。受邻接权的保护。保护的是作品传播者(录音录像制作者)的权利。

电影作品和以类似摄制电影的方法创作的作品,是指具有独创性的作品,保护的是作者的权利,受著作权的保护。

3. 二者的法律适用不同。

类电作品适用的法律,详见《著作权法》(2001)第 10 条。我国法律《著作权法》(2001)对录音录像者权利的保护体现在第 39 条[《著作权法》(2020)第 42 条]之规定,"录音录像制作者使用他人作品制作录音录像制品,应当取得著作权人许可,并支付报酬。……录音制作者使用他人已经合法录制为录音制品的音乐作品制作录音制品,可以不经著作权人许可,但应当按照规定支付报酬;著作权人声明不许使用的不得使用"。该条规定,录音制品法定许可的对象是他人已经合法录制的录音制品的音乐作品。本案中,罗林先发表了涉案音乐的 CD,涉案音乐作品属于已经合法录制为录音制品的音乐作品。乐飞公司制作的卡拉 OK 是以连续的画面的方式展现的类电作品,不属于录音制品。因此,飞乐公司制作涉案卡拉 OK,需经原作品著作权人罗林的许可,并支付报酬,该案不适用法定许可。

第三节
用作电视剧主题曲不是首次制作录音制品

77. 北京市润亚影视传播有限公司诉中国唱片成都公司等著作权纠纷案[1]

> **裁判要旨**

录音制作者使用他人已经合法录制为录音制品的音乐作品制作录音制品,适用法定许可。润亚公司在其与他人联合摄制的《野火春风斗古城》(以下简称《野》)中,将《不要枪炮要玫瑰》(以下简称《不》)作为该剧主题歌曲使用,此举系行使《不》的首次表演权、以《不》作为《野》主题歌曲使用的复制权、发行权等著作权之行为。因润亚公司将《不》作为《野》主题歌曲使用之行为并不属于将《不》录制成为录音制品之范畴,故润亚公司仍独家享有首次将《不》录制为录音制品之著作权。

【关键词】

电视剧主题曲;表演权;录音制品的法定许可

【当事人】

原告:北京市润亚影视传播有限公司(以下简称润亚公司)。

被告:中国唱片成都公司(以下简称中唱公司)。

被告:广东怡人音像文化传播有限公司(以下简称广东怡人)。

被告:北京中关村图书大厦有限公司(以下简称图书大厦)。

被告:新会佩斯光电有限公司(以下简称新会佩斯)。

> **案件事实**

原告润亚公司经《不》歌词曲作者常某丙授权,获得了独家行使《不》的首次发行

---

[1] 北京市润亚影视传播有限公司诉中国唱片成都公司等侵犯著作权纠纷案,北京市海淀区人民法院民事判决书,(2006)海民初字第8822号。

权、表演权、信息网络传播权、摄制权、复制权等,并有权以润亚公司自己的名义维权。

润亚公司授权《野》剧中使用《不》作为主题曲,《野》剧 VCD、DVD 在全国出版发行,其外包装与盘面均注明"润亚影视传播有限公司 江苏省广播电视总台等联合摄制"等。海润影视出具证明,称润亚公司系该公司之关联公司,润亚公司经该公司授权,使用该公司电视剧制作许可证和《野》发行许可证,润亚公司系《野》的制片方、著作权人和独家发行方等。广东怡人录制了《中国人不能忘记的历史》(以下简称《中》)唱片,《中》唱片使用了《不》作为主打歌曲,并向中国音乐著作权协会缴纳了《不》的著作权使用费。广东怡人委托中唱公司出版《中》唱片,唱片的加工制作、唱片包装的设计制作、唱片的宣传和销售等工作则均由广东怡人完成。新会佩斯接受中唱公司的复制委托书,对涉案《中》唱片进行了复制。图书大厦系从北京华能大地公司进货,对《中》唱片进行了销售。

原告诉请

要求四被告成都中唱公司、广东怡人、新会佩斯、图书大厦连带赔偿原告公司经济损失 20 万元。

裁判结果

依据《著作权法》(2001)第 47 条第 1 项、第 48 条第 2 款,《民事诉讼法》(1991)第 130 条之规定,判决如下:

1. 本判决生效之日起 10 日内,被告中唱公司、被告广东怡人向原告润亚公司赔偿经济损失 68,000 元;

2. 驳回原告润亚公司对被告图书大厦、被告新会佩斯的全部诉讼请求。

裁判理由

润亚公司经《不》歌的词曲作者常某内的授权,获得了《不》的首次表演权、复制权等权利,并有以自己名义维权的权利,故润亚公司是本案适格原告。

润亚公司在其与他人联合摄制的《野》一剧中,将《不》作为该剧主题歌曲使用,此举系行使《不》的首次表演权、以《不》作为《野》的主题歌曲使用的复制权、发行权等著作权之行为。因润亚公司将《不》作为《野》主题歌曲使用之行为并不属于将《不》录制成为录音制品之范畴,故润亚公司仍独家享有首次将《不》录制为录音制品之著作权。

中唱公司在明知《不》并未经合法录制为录音制品情况下,使用《不》录制录音制品,不属于著作权法法定许可之范畴;而中唱公司向中国音乐著作权协会表示其使用《不》制作录音制品符合法定许可之条件,中国音乐著作权协会则按照法定许可的标准向中唱公司收取使用费以待日后转交给音乐作品著作权人,中唱公司并不能以此取得使用《不》制作录音制品之合法授权,亦不能改变其行为之侵权性质。中唱公司此举必将导致润亚公司客观上已无法行使其独家享有的首次将《不》录制为录音制品之著作权,亦可能阻碍润亚公司行使其独家享有的首次对《不》进行其他方式使用或传播之著作权,从而损害润亚公司现实或预期的经济利益,同时,已侵犯了润亚公司作为独家被许可使用人所享有的首次将《不》录制为录音制品的著作权。

中唱公司、广东怡人均称在《中》唱片出版发行过程中,中唱公司仅提供合法版号,唱片的加工制作、唱片包装的设计制作、唱片的宣传和销售等工作则均由广东怡人完成,故法院确认广东怡人系《中》实际制作者,广东怡人应与中唱公司承担连带侵权责任。中唱公司、广东怡人在取得《不》相关著作权人合法授权之前,其若再行出版发行《中》不得含有《不》。

新会佩斯作为《中》的复制者,已审查《中》出版者中唱公司向中国音乐著作权协会交纳《不》著作权使用费等情况,法院认为其已尽作为录音制品复制者之合理注意义务;图书大厦作为《中》零售商,要求其审查录音制品制作者是否应取得音乐作品著作权人许可未免过苛,其能够提供合法的进货渠道,已尽合理的注意义务,且同意停止销售《中》;故而法院对润亚公司要求新会佩斯、图书大厦赔偿经济损失的诉讼请求均不予支持。

> **案件解析**

本案的焦点在于:(1)广东怡人作为制作《中》这一唱片录音制作者是否适用法定许可;(2)中唱公司出版《中》是否侵权;(3)新会佩斯复制《中》是否构成侵权。

一、广东怡人的录音制作行为不构成法定许可,侵害了《不》的著作权

我国《著作权法》(2001)第39条第3款[《著作权法》(2020)第42条第2款]规定:"录音制作者使用他人已经合法录制为录音制品的音乐作品制作录音制品,可以不经著作权人许可,但应当按照规定支付报酬;著作权人声明不许使用的不得使用。"根据该条规定,判断广东怡人是否适用法定许可,首先应确定《不》是否已被合法录制为录音制品。

本案中《不》是《野》的主题曲,《野》已经公开出版发行。《不》是对原作词曲的演绎,是《野》制片者行使原作词曲表演权而形成的作品,演唱者只有署名权。《不》虽以主题曲的形式出现,但并非润亚公司录音制作者权的使用而是表演权的首次使用,故润亚公司并未制作《不》的录音制品。因此,广东怡人未经《不》著作权人润亚公司许可,制作他人演唱的《不》的录音制品的行为,构成著作权侵权。该行为使润亚公司客观上已无法行使其独家享有的首次将《不》录制为录音制品之著作权,亦可能阻碍润亚公司行使其独家享有的首次对《不》进行其他方式使用或传播之著作权,应承担侵权赔偿责任。

二、中唱公司出版收录《不》的录音制品,侵害了《不》著作权人的复制权、发行权

中唱公司作为出版者应对其出版行为的授权、所编辑出版物的内容及署名等负有审查责任。中唱公司接受广东怡人的委托出版未经著作权人许可制作《不》歌录音制品,侵害了《不》的著作权,中唱公司与广东怡人对《不》著作权人,承担连带责任。

我国《著作权法》(2001)第10条[《著作权法》(2020)第10条]规定:"著作权包括下列人身权和财产权:……(五)复制权,即以印刷、复印、拓印、录音、录像、翻录、翻拍等方式将作品制作一份或者多份的权利;(六)发行权,即以出售或者赠与方式向公众提供作品的原件或者复制件的权利……著作权人可以许可他人行使前款第(五)项至第(十七)项规定的权利,并依照约定或者本法有关规定获得报酬……"第57条[《著作权法》(2020)第63条]规定:"本法第二条所称的出版,指作品的复制、发行。"第47条[《著作权法》(2020)第53条]规定:"有下列侵权行为的,应当根据情况,承担停止侵害、消除影响、赔礼道歉、赔偿损失等民事责任……(一)未经著作权人许可,复制、发行、表演、放映、广播、汇编、通过信息网络向公众传播其作品的,本法另有规定的除外……"

中唱公司出版收录《不》的侵权录音制品,应审查权属,因此,出版社中唱公司侵害了《不》著作权人的复制权、发行权。未经著作权人许可复制发行其作品的,应承担赔偿损失等民事责任。

三、新会佩斯复制收录《不》歌的录音制品,尽到了合理注意义务,不承担侵权赔偿责任

新会佩斯为《中》的复制者。在中唱公司向新会佩斯出具的关于版号为ISRC CN-G01-05-354-00/A.J6、名为《中》的复制委托书中,注明复制数量为5万张。新会佩斯于2005年8月25日向中唱公司出具函件,称其受广东怡人委托加工中唱公司出版发行的《中》的加工数量为5万张;中唱公司则于2005年9月6日在该函件下方的确认栏中注明"属实"并加盖公章传回新会佩斯。新会佩斯作为《中》的复制者,已审查《中》的出版者中唱公司向中国音乐著作权协会交纳《不》的著作权使用费等情况,法院认为其已尽作为录音制品复制者之合理注意义务,不承担赔偿损失的责任。

第四节 录音录像制品不适用制作录音制品法定许可

78. 茂名市(水东)佳和科技发展有限公司与容某著作权等纠纷案[①]

▶ **裁判要旨**

录音制作者使用他人已经合法录制为录音制品的音乐作品制作录音制品,适用法定许可。录音制品的法定许可不适用于录音录像制品。涉案侵权光盘为录音录像制品,非录音制品,不适用法定许可。

【关键词】

合理使用;录音制品;法定许可;著作权限制

【当事人】

上诉人(原审被告):茂名市(水东)佳和科技发展有限公司(以下简称佳和有限公司);

被上诉人(原审原告):容某;

原审被告:四川中联影音连锁有限公司(以下简称中联公司);

原审被告:茂名市(水东)佳和科技发展公司(以下简称佳和发展公司);

原审被告:辽宁广播电视音像出版社(以下简称出版社)。

---

① 茂名市(水东)佳和科技发展有限公司与容某著作权、表演者权侵权纠纷案,四川省成都市中级人民法院民事判决书,(2005)成民初字第134号;茂名市(水东)佳和科技发展有限公司与容某著作权、表演者权侵权纠纷上诉案,四川省高级人民法院民事判决书,(2006)川民终字第404号。

一审案件事实

1. 容某为《神奇的九寨》《雄鹰在飞翔》《心中的恋人》《牧人》《美丽的姑娘》《月亮牵着心》《故乡》《阿妈的笑脸》《绿色的那曲卡》《天上拉萨》《故乡恋》《雪域魂》《圣洁的心》《喜马拉雅恋曲》《高原红》《香格里拉》《珠穆朗玛峰》《呼唤春天》《凤凰天堂》《欢聚一堂》《敬你一碗青稞酒》《雅鲁藏布情歌》《九寨情缘》《心中的歌》《九寨之恋》《雪域之光》《你在天边》《永远的雪莲花》《背水姑娘》共计29首歌曲的表演者以及《阿妈的笑脸》《欢聚一堂》《九寨情缘》《心中的歌》共计4首歌曲(以下简称4首歌曲)的词作者和《阿妈的笑脸》《香格里拉》《凤凰天堂》《欢聚一堂》《九寨情缘》《心中的歌》共计6首歌曲(以下简称6首歌曲)的曲作者。上述29首歌曲分别收录于深圳音像公司、成都音像出版社、中国唱片成都公司出版的《雄鹰在飞翔》《高原红》《藏乡情》VCD,所附曲目表的相关歌曲印制有容某的名字;由中国唱片成都公司出版的《纳木湖情歌》《妈妈的羊皮袄》《藏乡情央可呦》《尔甲》卡带各一盒,所附曲目表的相关歌曲印制有容某的名字。

(2005)011号鉴定书显示:检材(标有"容某"字迹的CD光盘)歌曲《神奇的九寨》与样本(标有"容某个人专辑 雄鹰在飞翔"字迹的CD光盘)歌曲《神奇的九寨》中演唱者的音源是同一音源。

2. (2004)川省公证字第35899号公证书载明:在中联影音店购买歌手容某的《高原红》CD一盒,发票上印有中联公司财务专用章的印鉴。公证处封存的光盘盘封及盘芯印制有:出版社出版发行,来源识别码为DXV108,含29首歌曲和《颂情》歌曲(以下简称30首歌曲)。公光盘鉴字(2005)158、159号鉴定书两份,其鉴定结论分别载明:送检盘片标有"容某 自编号×××-086-A"和"容某 自编号×××-086-B"字迹,来源识别码DXV108的光盘与鉴定中心样本库中来源识别码为DXV108的样本光盘是同一生产源制造。2005年10月18日,容某在爵士音像二街坊店购买到《容某 高原情怀精典》VCD一盒,光盘盘封及盘芯印制有:出版社出版发行,来源识别码为DXV106,含30首歌曲。其中容某主张享有著作权的4首歌曲的词和6首歌曲的曲均未署词、曲作者名。

3. 在中国复制管理网查询到佳和有限公司,来源识别码为DXV100至IFPIV136。

4. 容某为本案诉讼支付了公证费800元。

一审原告诉请

容某诉请人民法院判令:

1. 四被告立即停止对 4 首词、6 首曲的著作权以及 30 首歌曲表演者权的侵害,向容某移交侵权的录像制品,并保证不再侵权。

2. 佳和有限公司、出版社公开向容某赔礼道歉,并在《法制日报》上刊登致歉声明。

3. 中联公司赔偿经济损失 5000 元,佳和有限公司、出版社连带赔偿经济损失 15 万元以及合理开支 1.5 万元。

一审裁判结果

一审法院判决如下:

1. 佳和有限公司于本判决生效之日起,未经容某许可,不得实施复制、发行收录有容某表演的 29 首歌曲以及容某享有著作权的 4 首歌曲作词、6 首歌曲作曲的录音录像制品的行为。

2. 中联公司于本判决生效之日起,未经容某许可,不得实施发行收录有容某表演的 29 首歌曲以及容某享有著作权的 4 首歌曲作词、6 首歌曲作曲的录音录像制品的行为。

3. 佳和有限公司于本判决生效之日起 10 日内赔偿容某经济损失人民币 68,000 元和容某为制止侵权行为而支出的合理费用 800 元;并在《法制日报》上刊登致歉声明,公开向容某赔礼道歉。

4. 中联公司于本判决生效之日起 10 日内赔偿容某经济损失人民币 4000 元。

5. 驳回容某的其余诉讼请求。

一审裁判理由

1. 关于容某享有表演者权及词、曲著作权的问题。表演者权是表演者就其表演形象、表演活动所享有的权利。容某为 29 首歌曲的歌唱表演者,享有表演者权,受法律保护。另外,容某是 4 首歌曲的词作者和 6 首歌曲的曲作者,享有著作权,受法律保护。

2. 关于佳和有限公司、中联公司、佳和发展公司、出版社的行为是否构成侵权的问题。(1)佳和有限公司的行为。佳和有限公司未经容某许可,擅自复制录有其演唱的歌曲和所著词曲的涉案侵权光盘,且未对词、曲作者署名,侵犯了容某对 29 首歌曲享有的表演者权和对 4 首歌曲的词、6 首歌曲的曲享有的著作权。(2)佳和发展公司的行为。由于容某所举证据材料不足以证明佳和发展公司与佳和有限公司同时实施了复制涉案侵权光盘的行为,亦不足以证明两公司同时拥有同一光盘生产源识别码,故佳和发展公司侵权不成立。佳和发展公司辩称,涉案侵权光盘虽未署名,但可以从表演者是容某的事实推断词曲作者也是容某。法院认为,署名权与表演者权是不同的权利类型,不能等同代替,故佳和发展公司的该主张不成立。(3)出版社的行为。本案中,容某并未提交上述证据材料证明出版社委托佳和有限公司复制了涉案侵权光盘,故对出版社侵权的主张不予支持。(4)中联公司的行为。中联公司辩称其仅对产品质量负责,对知识产权问题已尽到形式审查义务,故不构成侵权。一审法院认为,根据《著作权法》(2001)第52条的规定,复制品的发行者不能证明其发行的复制品有合法来源的,应当承担法律责任。但法律、行政法规并未规定复制品的发行者尽到形式审查义务后,其发行行为即不构成侵权;且中联公司也未举证证明其发行的复制品有合法来源,故中联公司未经容某许可,擅自发行录有其表演的录音录像制品的行为,构成侵权。

3. 关于民事责任的承担问题。佳和有限公司侵犯了容某的署名权,故佳和有限公司应当停止侵害、赔偿损失,并向容某赔礼道歉。本案权利人的实际损失和侵权人的违法所得不能确定,故一审法院决定采取法定赔偿的方式。首先,综合考虑容某的权利类型为表演者权和词曲作者著作权,佳和有限公司复制侵权数量较多、侵权时间较长、主观故意明显等因素,酌情确定佳和有限公司应赔偿经济损失68,000元;公证费800元。其次,综合中联公司的侵权行为系发行侵权、主观过错较小等因素,确定其赔偿数额为4000元。最后,佳和有限公司侵犯了容某的署名权,要求其在《法制日报》赔礼道歉。

二审案件事实

二审法院除认定一审法院查明的事实外,另补充查明以下事实:

2006年7月28日,唐古拉文化公司出具"证明",其主要记载内容为:根据本公司在制作、发行藏族音乐音像制品过程中了解的事实,兹就《九寨情缘》《背水姑娘》等歌曲词或/及曲作品作者署名事宜,证明上述词曲作品以及其他署名为尔甲的音乐作品的作者是容某。

二审上诉请求

佳和有限公司不服一审判决,请求二审法院撤销原判,驳回容某的全部诉讼请求;一、二审诉讼费由容某承担。

二审审判结果

二审法院判决驳回上诉,维持原判。

● 二审审判理由

一、容某是否具有本案原告主体资格

佳和有限公司不能提供 4 首歌曲的词作者、6 首歌曲的曲作者和 29 首歌曲表演者除本案容某外还有其他作者,因此,容某具有本案原告主体资格。

二、本案 4 首歌曲的词作者、6 首歌曲的曲作者和 29 首歌曲表演者权利的问题

《雄鹰在飞翔》《高原红》《藏乡情》《纳木湖情歌》《妈妈的羊皮袄》《藏乡情央可呦》《尔甲》卡带,所附曲目表的相关歌曲均印制有"4 首歌曲作词、6 首歌曲作曲为容某",29 首歌曲的表演者为容某,以及唐古拉文化公司出具"署名为尔甲的音乐作品的作者是容某"的证明,在没有相反证据的情况下,应认定容某是 4 首歌曲的词作者、6 首歌曲的曲作者,享有著作权;容某是 29 首歌曲的表演者,享有表演者权。

三、佳和有限公司的行为是否构成侵权的问题

本案中,佳和有限公司擅自复制录有容某演唱的 29 首歌曲和其所著 4 首歌曲的词、6 首歌曲的曲的涉案侵权光盘,且未对词、曲作者署名,侵犯了容某对 29 首歌曲享有的表演者权和对 4 首歌曲的词、6 首歌曲的曲享有的著作权。

关于佳和有限公司提出容某为 29 首歌曲录制所作的演出已取得了报酬,此时权利已用尽的问题,二审法院认为,《著作权法》(2001)第 39 条第 3 款规定:"录音制作者使用他人已经合法录制为录音制品的音乐作品制作录音制品,可以不经著作权人许可,但应当按照规定支付报酬;著作权人声明不许使用的不得使用。"第 40 条规定:"录音录像制作者制作录音录像制品,应当同表演者订立合同,并支付报酬"。该法律规定分别是针对录音制作者制作使用他人已经合法录制为录音制品的音乐作品制作录音制品及录音录像制作者对表演者的义务的规定。本案中,佳和有限公司复制的涉案侵权光盘为录音录像制品,而非第 39 条第 1 款所规定的录音制品;另外佳和有限公司作为涉案侵权光盘的复制者,其与容某之间形成的是表演者与复制录音录像制品的复制商之间的法律关系,并非第 40 条规定的表演者与录音录像制作者之间的权利义务关系,故佳和有限公司的理由与法律规定不符不能成立。

> 案件解析

《著作权法》(2020)第 38 条规定:"使用他人作品演出,表演者应当取得著作权人许可,并支付报酬。演出组织者组织演出,由该组织者取得著作权人许可,并支付报

酬。"该法律是调整表演者在使用他人作品过程中,与作品作者之间形成的权利义务关系的规范,不是设置表演者取得表演者权的限制性条件,本案中佳和有限公司主张容某不享有 29 首歌曲的表演者权与上述法律规定不符。上述录音录像制品的制作者享有该录音录像制品整体的权利,并不能得出容某在该录音录像制品中丧失其对 29 首歌曲享有的表演者权利的结论。

《著作权法》(2020)第 42 条第 2 款规定:"录音制作者使用他人已经合法录制为录音制品的音乐作品制作录音制品,可以不经著作权人许可,但应当按照规定支付报酬;著作权人声明不许使用的不得使用。"该法律规定是针对录音制作者制作使用他人已经合法录制为录音制品的音乐作品制作录音制品的规定,属于法定许可。本案中,佳和有限公司复制的涉案侵权光盘为录音录像制品,而非录音制品,不符合该法定许可的规定。

第五节
签订专有许可使用合同享受专有使用权

79. 广州新月演艺经纪有限公司诉茂名市(水东)佳和科技发展有限公司等著作权纠纷案[①]

▶ **裁判要旨**

录音制作者使用他人已经合法录制为录音制品的音乐作品制作录音制品,适用法定许可。录音制品的法定许可条款中规定,著作权人声明不许使用的不得使用。

【关键词】

录音制品;法定许可;保护声明;著作权限制

---

① 广州新月演艺经纪有限公司诉茂名市(水东)佳和科技发展有限公司等侵犯著作权纠纷案,北京市昌平区人民法院民事判决书,(2010)昌民初字第 8022 号。

【当事人】

原告:广州新月演艺经纪有限公司(以下简称广州新月公司);
被告:茂名市(水东)佳和科技发展有限公司(以下简称佳和科技公司);
被告:山东文化音像出版社(以下简称山东出版社);
被告:北京好望角文化发展有限公司(以下简称北京好望角公司)。

案件事实

2007年5月28日,北京彩虹月音乐文化发展有限公司(以下简称北京彩虹月公司)与作者张某签订了《音乐作品许可使用合同》,约定北京彩虹月公司以专有许可方式使用张某作词作曲的歌曲《爱不在就放手》,并约定北京彩虹月公司在发表本作品时有权登载版权保护声明,以及北京彩虹月公司有权再行授权及单独追究侵权人的责任。合同的有效期为3年,从双方签定之日起算。

2008年10月21日,北京彩虹月公司在广州市工商行政管理局白云分局办理了变更登记,将公司名称更改为广州新月公司,故原告依旧享有歌曲《爱不在就放手》的词曲专有使用权。之后原告制作了收录有其旗下签约艺人王丽娜(艺名为乌兰托娅)演唱歌曲《爱不在就放手》的音像制品《我要去西藏乌兰托娅》光盘,并授权其他出版社出版发行。该光盘封面标注有著作权保护声明。

2009年10月13日,原告在"好望角"商店购买了一套名为《为爱伤情爱琴海》的光盘,共收录有40首歌曲,其中第14首歌曲即涉案歌曲《爱不在就放手》。该张盘片上刻有SID码DXV123。经查,佳和科技公司的SID码为IFPIV100至DXV128,因此该涉案光盘应为佳和科技公司复制生产。该张盘片注明由"山东文化音像出版社"出版。被告佳和科技公司、山东出版社、北京好望角公司复制、出版发行、销售包含有《爱不在就放手》歌曲的音乐光盘,并未取得原告授权,亦未支付报酬。

另查,2008年12月24日,原告与广东星文文化传播有限公司签订《专辑制品发行合同》,约定由原告签约歌手乌兰托娅演唱、原告制作的10首歌曲的录音制品(包含涉案歌曲《爱不在就放手》)的发行许可费用为人民币4万元。

原告诉请

原告广州新月公司诉请法院判令:
1.三被告立即停止侵权。

2.三被告共同赔偿经济损失1万元。

3.三被告共同承担本案诉讼费及公证费。

在审理中,原告将诉讼请求变更为:

1.被告佳和科技公司停止复制涉案光盘,被告山东出版社停止出版涉案光盘,被告北京好望角公司停止销售涉案光盘。

2.被告佳和科技公司、被告山东出版社共同赔偿经济损失1万元。

3.放弃公证费,仅要求被告佳和科技公司、被告山东出版社承担本案诉讼费。

裁判结果

法院判决如下:

1.被告佳和科技公司于本判决生效之日起,停止复制含有涉案歌曲《爱不在就放手》的光盘《为爱伤情爱琴海》。

2.被告山东出版社于本判决生效之日起,停止出版含有涉案歌曲《爱不在就放手》的光盘《为爱伤情爱琴海》。

3.被告北京好望角公司于本判决生效之日起,停止销售含有涉案歌曲《爱不在就放手》的光盘《为爱伤情爱琴海》。

4.被告佳和科技公司、山东出版社于本判决生效之日起10日内,共同赔偿原告广州新月公司经济损失1万元。

裁判理由

本案被告佳和科技公司、山东出版社和北京好望角公司经法院合法传唤,无正当理由拒不出庭应诉,视为其放弃了答辩及质证的权利。

原告通过与歌曲的词曲作者签订著作权许可使用合同,取得了涉案歌曲《爱不在就放手》的专有使用权。依据歌曲专辑《我要去西藏乌兰托娅》光盘彩封上标注的署名,在没有相反证据的情况下,可以认定原告享有涉案歌曲的录音制作者权。

根据《著作权法》(2001)第39条第1款、第3款的规定,录音录像制作者使用他人作品制作录音录像制品,应当取得著作权人许可,并支付报酬;录音制作者使用他人已经合法录制为录音制品的音乐作品制作录音制品,可以不经著作权人许可,但应当按照规定支付报酬,著作权人声明不许使用的不得使用。广州新月公司享有《爱不在就放手》音乐作品的专有使用权,并依据该合同在发表该音乐作品时作出了禁止使用的声明。因此山东出版社未经广州新月公司许可,使用《爱不在就放手》制作录音制品予以发行的行为,侵犯了广州新月公司的专有使用权和录音制作者权,依法应承担停止侵权、赔偿损失的法律责任。被告佳和科技公司作为音像复制单位,在生产加工光盘的过程中应依照有关法律法规的规定,履行审查职责。根据国务院颁布施行的《音像制品管理条例》(2001)规定,音像复制单位在接受委托时,应当要求委托单位提交专有使用权人的授权书、《音像制品出版许可证》等证明文件,且应当保存所复制的音像制品的样本和有关证明文件。被告佳和科技公司未举证证实其对复制光盘涉及歌曲权属情况进行过核实,因此认定其未尽合理审查义务而复制了涉案光盘,侵犯了原告对涉案歌曲作品享有的专有使用权及录音制作者权,应当承担停止侵权行为,赔偿经济损失的法律责任。被告北京好望角公司销售了侵权制品,应承担停止销售的侵权责任。原告主张三被告侵犯其词曲专有使用权及录音制作者权,要求其承担侵权责任,法院予以支持。

关于停止侵权的方式,法院将考虑原告诉求及本案实际情况予以确定。关于赔偿数额问题,法院综合考虑原告与其他公司合作发行类似光盘的利润、被告过错程度、演唱者及歌曲知名度、使用歌曲方式及时间,依照法定赔偿标准确定。

案件解析

《著作权法》(2020)第42条第2款规定:"录音制作者使用他人已经合法录制为录音制品的音乐作品制作录音制品,可以不经著作权人许可,但应当按照规定支付报酬;著作权人声明不许使用的不得使用。"[1]该条款是关于制作录音制品法定许可的规定,在对该法条的理解上,应当认为,录音制作者在使用已经被合法录制为录音制品中的音乐作品词、曲再行制作录音制品时,可以不经著作权人的许可,但应当支付报酬;但是著作权人声明不许使用的,不得适用该法定许可。

本案中,包含歌曲《爱不在就放手》的音像制品《我要去西藏乌兰托娅》光盘授权发行时,在光盘封面标注有著作权保护声明。佳和科技公司和山东出版社在未经著作权人许可,也没有支付费用情况下,录制该歌曲并复制发行行为,不符合录音制品法定许可条件,构成侵权。

---

[1] 黄薇、王雷鸣主编:《〈中华人民共和国著作权法〉导读与释义》,中国民主法制出版社2020年版,第12页。

第六节
使用音乐作品制作录音制品是否适用法定许可

80. 中国音乐著作权协会诉北京市新华书店王府井书店等著作权纠纷案[①]

▶ 裁判要旨

根据《著作权法》(2001)第39条第3款的规定,录音制作者使用他人已经合法录制为录音制品的音乐作品制作录音制品,适用法定许可。此款只适用于录音制品,不适应于录像制品。

【关键词】

录音制品;录像制品;法定许可;著作权限制

【当事人】

原告:中国音乐著作权协会;

被告:北京市新华书店王府井书店(以下简称王府井书店);

被告:深圳音像公司;

被告:广东大圣文化传播有限公司(以下简称广东大圣公司)。

案件事实

法院经审理查明:原告是依据我国著作权相关法律之规定,经国家行政主管部门批准成立的音乐作品著作权集体管理机构。

1994年、2001年,原告分别与蒋开儒、印青签订《音乐著作权合同》,约定:蒋开儒、印青同意将其音乐作品(现有和今后将有的作品)的公开表演权、广播权和录制发行权授予原告以信托的方式管理;原告有权以自己的名义向侵权者提起诉讼;合同有效期3

[①] 中国音乐著作权协会诉北京市新华书店王府井书店等侵犯著作财产权纠纷案,北京市东城区人民法院民事判决书,(2010)东民初字第04395号。

年,至期满前60天蒋开儒、印青未提出书面异议,合同自动续展3年,之后亦照此办理。

2004年,现代出版社出版图书《同一首歌 爱国歌曲》,该书载明音乐作品《走进新时代》的词作者为蒋开儒,曲作者为印青。

2009年,被告深圳音像公司出版涉案出版物《爱国歌曲大家唱》。该出版物为DVD专辑,内含6张光盘,深圳音像公司出版发行,广东大圣公司总经销。涉案音乐作品《走进新时代》收录在其第5张光盘中,包括伴奏及原唱欣赏两部分,伴奏及原唱音频响起时伴有画面。

2009年10月,原告自被告王府井书店购得该涉案出版物。

庭审中,被告广东大圣公司提交了被告深圳音像公司为涉案出版物出具的《复制委托书》复印件,在该委托书中列明的复制数量为2000张。原告对该复印件的真实性不予认可。

原告为包括本案在内的10件诉讼案件共支出律师费5000元。

原告诉请

原告中国音乐著作权协会请求法院判令:

1. 三被告停止生产、发行、销售侵权出版物DVD《爱国歌曲大家唱》(以下简称涉案出版物)。

2. 被告深圳音像公司、广东大圣公司赔偿原告经济损失9000元,以及为本案支出的律师费500元。

3. 三被告承担本案诉讼费。

裁判结果

法院判决如下:

1. 自本判决生效之日起,被告深圳音像公司、广东大圣公司停止出版、复制、发行含有涉案音乐作品《走进新时代》的DVD《爱国歌曲大家唱》;

2. 自本判决生效之日起,被告王府井书店停止销售含有涉案音乐作品《走进新时代》的DVD《爱国歌曲大家唱》;

3. 自本判决生效之日起10日内,被告深圳音像公司、广东大圣公司共同赔偿原告中国音乐著作权协会人民币1000元及合理支出人民币200元;

4. 驳回原告中国音乐著作权协会其他诉讼请求。

- **裁判理由**

　　法院认为：依据我国《民事诉讼法》(2007)的规定，当事人有答辩并对对方当事人提交的证据进行质证的权利。本案被告深圳音像公司经法院合法传唤，无正当理由拒不出庭应诉，视为其放弃了答辩及质证的权利。

　　原告作为依法成立的音乐作品著作权集体管理机构，与本案所涉音乐作品著作权人签订了《音乐著作权合同》，在音乐著作权人对前述合同未提出书面异议之前，原告与著作权人基于合同产生的信托法律关系依然存续，原告有权管理涉案音乐作品，有权对侵犯该音乐作品的侵权行为以自己的名义提起诉讼。

　　本案中，原告与被告广东大圣公司的争议焦点在于涉案出版物属于录音制品还是录像制品。涉案出版物系 DVD 专辑，收录的不仅是歌曲的声音，还包括影像。消费者购买涉案出版物，既可以欣赏伴有音乐的画面，也可以跟随伴奏演唱，故涉案出版物属于录像制品，被告的抗辩意见不能成立。

　　录音录像制作者使用他人作品制作录音录像制品，应当取得著作权人许可，并支付报酬。被告深圳音像公司未经原告许可，使用原告管理的涉案音乐作品制作出版物，未支付报酬，侵犯了著作权人就该作品享有的相关权利，应承担停止侵权并赔偿损失的责任。被告广东大圣公司作为涉案出版物的总经销方，已经参与到涉案光盘的发行过程中，应与被告深圳音像公司承担共同侵权责任。

　　被告王府井书店作为商品零售主体，有合法进货渠道，但依法应当承担停止侵权的责任。

　　至于赔偿数额，法院将综合考虑涉案作品的知名度、被告主观过错、使用情况等酌情确定。原告为本案所产生的合理支出，法院将根据合理性与必要性的原则予以酌定。

- **案件解析**

　　《著作权法》(2020)第42条第2款规定："录音制作者使用他人已经合法录制为录音制品的音乐作品制作录音制品，可以不经著作权人许可，但应当按照规定支付报酬；著作权人声明不许使用的不得使用。"该条款是针对制作录音制品法定许可的规定，在对该法条的理解上，应当认为，录音制作者在使用已经被合法录制为录音制品中的音乐作品的词、曲再行制作录音制品时，可以不经著作权人的许可，但应当支付报酬。该法定许可只针对录音制品，对录像制品不适用。

本案中,涉案出版物系 DVD 专辑,收录的不仅是歌曲的声音,还包括影像,而消费者购买涉案出版物,既可以欣赏伴有音乐的画面,也可以跟随伴奏演唱,故涉案出版物属于录像制品。录像制品不适用《著作权法》(2020)第 42 条第 2 款法定许可的规定。深圳音像公司、广东大圣公司未经权利人许可制作发行录像制品的行为,构成侵权。

第七节 使用音乐作品制作录音制品适用法定许可

81. 中国体育报业总社诉北京图书大厦有限责任公司等著作权纠纷案[①]

▶ 案件影响

入选"2012 年中国法院知识产权司法保护十大创新性案件"。

▶ 裁判要旨

录音制作者使用他人已经合法录制为录音制品的音乐作品制作录音制品,适用法定许可。广播体操的动作不属于著作权法意义上的作品。录音制品的法定许可中使用他人已合法录制的音乐作品,不能是将他人已录制的录音制品直接复制到自己的录制品上,而只能是使用该乐曲,由表演者重新演奏,重新制作新的录音制品。

【关键词】

录音制品;广播体操;法定许可;著作权限制

【当事人】

原告:中国体育报业总社;

---

① 中国体育报业总社诉北京图书大厦有限责任公司、广东音像出版社有限公司等著作权侵权纠纷案,北京市西城区人民法院民事判决书,(2012)西民初字第 14070 号。

被告：北京图书大厦有限责任公司（以下简称图书大厦）；

被告：广东音像出版社有限公司（以下简称广东音像公司）；

被告：广东豪盛文化传播有限公司（以下简称豪盛文化公司）。

案件事实

国家体育总局于2010年11月正式启动第九套广播体操的创编工作（由群众体育司具体负责）。2011年6月末，第九套广播体操的动作及伴奏音乐创编完成，整套操共分九节。

2011年6月27日，群众体育司（甲方）代表国家体育总局与中国体育报业总社（乙方）签订《第九套广播体操出版合同》，双方约定：甲方是第九套广播体操系列产品的著作权人，甲方将第九套广播体操系列产品复制、出版、发行和网络信息传播权独家授予了乙方。乙方独家拥有上述作品的复制、出版、发行和网络信息传播等专有权利，可以对未经授权的复制、发行、网络传播等非法行为依法进行追究。

经国家体育总局审定批准，《第九套广播体操图解手册DVDCD》（以下简称授权出版物）由人民体育出版社于2011年8月出版，全套出版物定价70元，包括DVD、CD各一张，《第九套广播体操手册》一本，彩图一张。《第九套广播体操手册》封面载有"国家体育总局编"字样，其中收录的第九套广播体操伴奏音乐乐谱署名"作曲：单某波、单某"。彩图的内容为第九套广播体操各节动作真人图解及文字说明，并载有"国家体育总局审定"字样。授权出版物包装盒、DVD、CD的盘盒及盘封上亦载有"国家体育总局审定"字样。

被控侵权DVD《第九套广播体操》由广东音像公司出版、豪盛文化公司总经销，内容亦为第九套广播体操的演示教学片，使用了第九套广播体操的伴奏音乐（带口令）。该DVD包装上载有"国家体育总局审定"字样。

2012年3月31日，原告在图书大厦购买了被控侵权DVD《第九套广播体操》一张，支出15元；同年4月12日，原告在图书大厦亚运村分店购买了该DVD，亦支出15元。图书大厦提交的"北京荣辅景音像中心销售出库单"及购销合同证明，被控侵权DVD系其从北京荣辅景音像中心进货，数量30张，单价为7.20元。

(2012)京中信内经证字06966号公证书记载：在"淘宝网"首页"宝贝"搜索栏中输入"第九套广播体操dvd"并点击"搜索"，共找到相关"宝贝"125件，点击链接可以进入店铺浏览相关商品的电子商务信息，查看销售价格，销售数量和库存数量。原告为本次公证支出公证费 1530 元。

2012 年 5 月 11 日,原告在沈阳新华书店北方图书城有限公司买了被控侵权 DVD《第九套广播体操》一张,支出 15 元。

证人单某波和李某出庭证明:第九套广播体操的伴奏音乐、第九套广播体操的著作权及相关权利由国家体育总局享有。

另查明,原告为本案支出律师费 15,000 元。

原告诉请

原告中国体育报业总社请求法院判令:

1. 三被告停止侵害,被告广东音像公司、被告豪盛文化公司在《人民法院报》刊登侵权声明,消除影响。

2. 三被告赔偿原告经济损失 490,000 元。

3. 三被告承担原告为打击侵权行为而支出的公证费、调查费、律师费、交通费、住宿费等合理开支共计 17,585 元。

裁判结果

法院判决如下:

1. 自本判决生效之日起,被告图书大厦停止销售,被告广东音像公司、被告豪盛文化公司停止出版、发行涉案侵权 DVD《第九套广播体操》。

2. 被告广东音像公司、被告豪盛文化公司于本判决生效之日起 15 日内,共同在《人民法院报》上刊登侵权声明,以消除影响。

3. 被告广东音像公司、被告豪盛文化公司于本判决生效之日起 15 日内,赔偿原告中国体育报业总社经济损失及维权合理开支共计 10 万元,并承担连带赔偿责任。

4. 驳回原告中国体育报业总社的其他诉讼请求。

裁判理由

中国体育报业总社主张权利的客体包括第九套广播体操的动作、伴奏音乐、口令以及相关录音录像制品。上述客体中,第九套广播体操的乐曲是以乐谱为表现形式、以旋律和节奏为基本表现手段的音乐作品,系著作权客体;授权出版物 CD 中收录的是该作品表演声音及口令声音的录音制品,为邻接权客体;授权出版物 DVD 中第九套广播体操的演示教学片系录像制品,亦属邻接权客体。第九套广播体操的口令仅为对连续数字1到8的二次或四次简单重复,不具有独创性,故不是著作权法意义上的作品。在口令本身不构成作品的情况下,口令员的口令声音属于伴奏音乐录音制品的组成部分,不具有独立的著作权意义。本案的关键问题在于第九套广播体操的动作是否属于著作权法意义上的作品以及对伴奏音乐的使用是否构成侵权。

一、第九套广播体操的动作是否属于著作权法意义上的作品

从构成作品的法定条件以及作品的法定形式两个角度进行分析。作为著作权法意义上作品应当具备以下条件:其一,必须属于文学、艺术和科学技术领域内的智力成果;其二,必须是具有一定有形方式的表达而非单纯的思想;其三,必须具有独创性。

从构成作品的法定条件分析,著作权法的保护范围限于文学、艺术和科学作品。不涉及人的思想感情和知识,不具有文学、艺术、科学审美意义的创作,无论其独创性有多高,都不属于文学、艺术和科学领域内的成果。广播体操是一种具有健身功能的体育运动,由一系列简单肢体动作组成,但其并非通过动作表达思想感情,而是以肢体动作产生的运动刺激来提高机体各关节的灵敏性,增强大肌肉群的力量,促进循环系统、呼吸系统和精神传导系统功能的改善。简言之,广播体操的动作有强身健体之功用,而无思想情感之表达,既不展现文学艺术之美亦不展现科学之美,故不属于文学、艺术和科学领域内的智力成果。

广播体操本质上属于一种健身方法、步骤或程序,而方法、步骤和程序均属于著作权法未涉及的思想观念范畴。

基于以上分析,第九套广播体操的动作不属于著作权法意义上的作品。

从作品的法定形式分析,第九套广播体操不属于汇编作品。对于第九套广播体操而言,虽然对于动作的选择和编排均体现了独创性,但基于前文已阐明的理由,作为汇编结果的整套动作不属于著作权法意义上的作品,自然更不可能构成汇编作品。

综合以上分析,第九套广播体操的动作不属于著作权法意义上的作品,不受著作权法保护。但是,第九套广播体操动作的文字说明、图解作为文字作品和美术、摄影作品均受著作权法保护。鉴于此,单纯示范、讲解或演示第九套广播体操的动作以及录制、发行相关教学示范录像制品的行为并不构成著作权侵权。

二、使用第九套广播体操的伴奏音乐是否构成侵权

国家体育总局享有第九套广播体操的乐曲除署名权外的其他著作权。国家体育总局将该音乐作品及录音制品的专有复制、发行权授予中国体育报业总社,故中国体育报

业总社作为该音乐作品著作权和伴奏音乐录音制作者权的专有使用权人,可以提起侵权之诉。

《著作权法》(2010)第40条第3款规定:"录音制作者使用他人已经合法录制为录音制品的音乐作品制作录音制品,可以不经著作权人许可,但应当按照规定支付报酬;著作权人声明不许使用的不得使用。"该规定明确将法定许可的条件限定为使用音乐作品制作录音制品,而被控侵权DVD是录像制品,故并不适用。此外,使用他人已合法录制的音乐作品,不能是将他人已录制的录音制品直接复制到自己的录制品上,而只能是使用该乐曲,由表演者重新演奏,重新制作录音制品,否则构成对著作权人、表演者、录音制作者权利的侵犯。本案中,被控侵权DVD中使用的伴奏音乐就是国家体育总局制作的录音制品,并不是重新演奏、录制的,故亦不符合法定许可的规定。综上所述,被控侵权DVD使用第九套广播体操的伴奏音乐,不符合法定许可条件,构成对音乐作品著作权和伴奏音乐录音制作者权的侵犯。

三、被告应承担的法律责任

广东音像公司侵犯原告涉案音乐作品及录音制品的复制权、发行权,依法应承担停止侵害、消除影响、赔偿损失的民事责任。侵权DVD由豪盛文化公司提供内容并负责总经销,故其与广东音像公司系共同实施侵犯复制权、发行权的行为,构成共同侵权,依法应当承担连带责任。

关于赔偿损失的数额,综合考虑涉案音乐作品和录音制品的独创性程度、市场价值,被告的主观过错、侵权情节,原告为制止侵权行为所支付的合理开支等因素酌情确定为10万元。

被告图书大厦主观上并无过错,可不承担赔偿损失的法律责任,但应当停止销售侵权DVD。

案件解析

《著作权法》(2020)第42条第2款规定:"录音制作者使用他人已经合法录制为录音制品的音乐作品制作录音制品,可以不经著作权人许可,但应当按照规定支付报酬;著作权人声明不许使用的不得使用。"该法款是针对制作录音制品法定许可的规定,对该法条的理解如下:首先,该条款只适用于录音制品,录像制品并不适用;其次,使用他人已合法录制的音乐作品,不能是将他人已录制的录音制品直接复制到自己的录制品上,而只能是使用该乐曲,由表演者重新演奏,重新制作录音制品。

本案中,关于使用第九套广播体操的伴奏音乐是否构成侵权的问题。首先,被控侵权 DVD 为第九套广播体操的演示教学片。属于录像制品,不适用录音制品法定许可的规定。其次,被控侵权 DVD 中使用的伴奏音乐是直接使用的国家体育总局制作的录音制品,并不是由表演者重新演奏,重新制作的录音制品,亦不适用录音制品法定许可的规定。故而被控侵权 DVD 使用第九套广播体操的伴奏音乐,不符合法定许可条件,构成对音乐作品著作权和伴奏音乐录音制作者权的侵犯。

第八节　"版权所有　翻录必究"应理解为禁止翻录录音制品

82. 老孙文化(北京)有限公司诉毛宁等著作权纠纷案[①]

▶ 裁判要旨

录音制作者使用他人已经合法录制为录音制品的音乐作品制作录音制品,适用法定许可。"版权所有　翻录必究"应理解为禁止翻录录音制品,不属于《著作权法》(2010)第 40 条第 3 款录音制品法定许可规定的著作权人作出的不许使用声明。

【关键词】

录音制品;不许使用声明;法定许可;著作权限制

【当事人】

原告:老孙文化(北京)有限公司(以下简称老孙文化公司);

被告:毛宁;

被告:北京京东叁佰陆拾度电子商务有限公司(以下简称京东电子公司);

被告:江苏圆周电子商务有限公司(以下简称圆周商务公司);

[①] 老孙文化(北京)有限公司诉毛宁等侵犯著作权纠纷案,北京市朝阳区人民法院民事判决书,(2013)朝民初字第 32575 号。

被告：中国唱片总公司（以下简称中唱公司）；

被告：中国唱片上海公司（以下简称中唱上海公司）。

案件事实

法院经审理查明：

2008年，国际文化交流音像出版社出版了歌手李健演唱的音乐专辑《似水流年》，其中收录了《传奇》等歌曲，歌曲《传奇》署名"作词　左右""作曲　李健"。该专辑盘封上显示有"版权所有　翻录必究"字样。

李健和刘兵（艺名：左右）在2008年10月28日将《传奇》等歌曲在全球范围内的信息网络传播权、词曲著作权、邻接权、录音制品版权独家授权给老孙文化公司，授权期限为六年，老孙文化公司在协议期内对授权作品进行全球范围内的一切维权。

2012年8月13日，老孙文化公司通过京东电子公司经营的京东商城网以223.6元的价格购买了四套毛宁演唱的CD专辑《十二种毛宁》，并取得了一张圆周商务公司开具的发票。老孙文化公司进行了公证，并支付公证费2500元。

《十二种毛宁》CD专辑由新二十一公司制作、中唱公司出版、中唱上海公司发行，收录有毛宁演唱的《传奇》等歌曲，出版年份为2011年。

毛宁与新二十一公司签订有《唱片表演制作合同》，协议有效期为2010年1月1日至2014年12月31日，双方约定：毛宁按照安排所提供之表演或表演的录制品均为职务工作。

2011年9月28日，新二十一公司为在其制作的《十二种毛宁》专辑中使用《传奇》等歌曲向中国音乐著作权协会（以下简称音著协）提出"录音法定许可著作权使用费收转申请"，拟使用音乐作品包括《传奇》等12首歌曲，并确认上述作品适用著作权法关于录音法定许可的规定。同年10月19日，音著协根据新二十一公司的申请出具了一份"录音法定许可著作权使用费收转证明"，证明如下：中唱公司、新二十一公司在CD《十二种毛宁》中使用了《传奇》等12首歌曲，该专辑在发行5000张，著作权使用费为4800元并已交付该协会。

2011年12月16日，新二十一公司和中唱公司就合作出版《十二种毛宁》专辑签订了一份《合同书》，双方约定：专辑中所有歌曲的录音版权归新二十一公司所有，新二十一公司授权中唱公司在中国独家出版、中唱上海公司独家发行；新二十一公司承诺合法拥有专辑中所有歌曲的录音版权，所需支出的作品著作权费由其支付，并向中唱公司提供有效证明,如专辑出现歌曲著作权等纠纷与中唱公司无关。在签约的同时,新二十一公司向中唱公司提供了其在音著协填写的录音法定许可登记表及音著协出具的上述收转证明。

圆周商务公司通过京东商城网销售的涉案《十二种毛宁》专辑系从中唱上海公司购进。

诉讼中,老孙文化公司明确本案不向新二十一公司主张权利。

另查,老孙文化公司表示收录有涉案歌曲的李健音乐专辑最早于2003年出版,该专辑对歌曲著作权进行了保留,保留声明同涉案《似水流年》CD专辑,但表示不再提交该专辑。此外,老孙文化公司称因涉案公证书涉及其他案件,本案仅主张1250元公证费。

原告诉请

原告老孙文化公司请求法院判令五被告共同赔偿其经济损失50万元以及为诉讼支出的律师费2万元、公证费1250元和材料复印费1223元。

裁判结果

法院判决驳回原告老孙文化(北京)有限公司的诉讼请求。

裁判理由

根据证据显示老孙文化公司在授权期限内取得了歌曲《传奇》词曲著作财产权的专有使用权,有权以自己的名义独立进行维权。

本案的焦点在于涉案专辑《十二种毛宁》对歌曲《传奇》的使用是否属于我国著作权法规定的可以不经著作权人许可的情形。

根据我国《著作权法》(2010)第40条第3款规定:"录音制作者使用他人已经合法录制为录音制品的音乐作品制作录音制品,可以不经著作权人许可,但应当按照规定支付报酬;著作权人声明不许使用的不得使用。"由上述规定可以看出,使用他人音乐作品制作录音制品不经著作权人许可,应符合以下条件:(1)该音乐作品已由他人在先合法录制为录音制品;(2)该音乐作品的著作权人未作出不得使用的声明;(3)使用者应按照规定支付报酬。著作权人关于不得使用的声明应当由著作权人在作品发表的同时以使公众知晓的方式明确作出。

就本案而言,首先,老孙文化公司主张权利的歌曲《传奇》在涉案专辑《十二种毛宁》制作前已经由刘兵、李健授权他人在先合法录制、出版。其次,刘兵、李健作为歌曲《传奇》的词曲著作权人并未在该歌曲发表时作出不得使用的声明,虽然老孙文化公司提交的《似水流年》专辑上显示有"版权所有　翻录必究"字样,但从上述内容的文义来看,应理解为系禁止他人擅自翻录录音制品的声明,而不能视为词曲作者刘兵、李健作出的不得使用歌曲《传奇》词、曲的声明。最后,涉案专辑《十二种毛宁》的录音制作者新二十一公司虽然未就使用涉案歌曲直接向刘兵、李健支付使用费,但新二十一公司在该专辑出版前向负有法定许可使用费收转职能的音著协交付了使用费,符合相关规定。综上,涉案专辑《十二种毛宁》对歌曲《传奇》的使用符合《著作权法》(2010)第40条第3款规定的可以不经著作权人许可的情形,故不构成侵权。

案件解析

《著作权法》(2020)第42条第2款规定:"录音制作者使用他人已经合法录制为录音制品的音乐作品制作录音制品,可以不经著作权人许可,但应当按照规定支付报酬;著作权人声明不许使用的不得使用。"该条款是关于制作录音制品法定许可的规定,在对该法条的理解上,应当认为,录音制作者在使用已经被合法录制为录音制品中的音乐作品词、曲再行制作录音制品时,可以不经著作权人的许可,但应当支付报酬。其中,著作权人关于不得使用的声明应当由著作权人在作品发表的同时以使公众知晓的方式明确作出。

本案中,虽然老孙文化公司提交的《似水流年》专辑上显示有"版权所有　翻录必究"字样,但从上述内容的文义来看,应理解为系禁止他人擅自翻录录音制品的声明,而不能视为词曲作者刘兵、李健作出的不得使用歌曲《传奇》词、曲的声明。故而该声明不属于《著作权法》(2020)第四十二条第二款录音制品法定许可规定的著作权人作出的不许使用声明,涉案专辑《十二种毛宁》对歌曲《传奇》的使用符合规定,不构成侵权。

第四章 广播组织播放作品法定许可

第一节 个人声明无法限制电视台播放

83. 罗某与株洲广播电视总台侵犯著作权纠纷案[①]

▎**裁判要旨**

著作权人在发表作品时虽声明未经其许可,不得转载和使用,但依照《著作权法》(2001)第42条第2款的规定,广播电台、电视台播放他人已发表的作品,可以不经著作权人许可,但应当支付报酬。

【关键词】

不得转载;广播电台;法定许可;支付报酬;修改权

【当事人】

上诉人(一审原告):罗某;

被上诉人(一审被告):株洲广播电视总台。

▎**一审案件事实**

摄影作品《神农公园鸟瞰图》由原告罗某拍摄,该照片是拍摄株洲神农公园全景的照片,该照片在罗某个人网站"株洲图片网"和另一网站"株洲在线网"上均予以了公开。罗某在"株洲图片网"上公开此照片时,对照片进行了编号,注明图片标题为"神农

---

① 罗某与株洲广播电视总台侵犯著作人身权、财产权纠纷案,株洲市中级人民法院民事判决书,(2008)株中法民三初字第8号;罗某与株洲广播电视总台侵犯著作人身权、财产权纠纷案;湖南省高级人民法院民事判决书,(2008)湘高法民三终字第45号。

公园全景",标明了作者罗某(光影猎人)及其联系电话、邮箱等;罗某于2006年12月1日在"株洲在线论坛"中"摄影在线"的光影猎人网络空间也公开了此照片,声明所贴图片为作者(光影猎人)原创摄影作品,未经许可严禁转载或使用,并注明了其的联系电话。株洲广汇房地产开发有限公司在宣传其"曦美苑"房地产项目时印制的《曦美苑》宣传画册使用了该照片,并署有罗某姓名。

被告株洲广播电视总台通过网络搜索到本案涉诉照片后,为配合株洲市创建国家园林城市宣传需要,在制作《晚间报道》新闻节目过程中,在节目的中间和结尾处使用了该照片,且使用过程中根据需要对照片内容进行了部分取舍。节目的中间使用该照片时,在照片上注明有"城市如画美丽共创"字样,在节目的结尾处使用该照片时,在照片上分两行注明"株洲电视台新闻·综合"字样,均未署原告罗某姓名,未支付罗某报酬。罗某认为株洲广播电视总台的上述行为构成对自己著作权中使用权、署名权、修改权、保护作品完整权和获得报酬的权利的侵犯,遂对使用了该照片的电视视频进行截图,同时请"家纬电脑科技中房电脑城二楼一号"业主对相关《晚间报道》节目进行录刻存盘,并向一审法院提起诉讼。诉讼过程中,在罗某诉湖南有线株洲网络有限公司因使用该照片而产生的另一著作权侵权纠纷中,双方达成调解协议,由湖南有线株洲网络有限公司支付罗某照片使用费10,000元。罗某主张按此标准作为本案赔偿依据。

株洲广播电视总台认可上述使用照片情况,但陈述使用该照片的时间仅为2007年12月12日和13日两天,并认为本案证据不足以证明原告是涉诉照片的著作权人,其使用照片的具体行为也未构成对作者著作权中修改权、保护作品完整权和使用权等权利的侵犯。罗某未提供证据证明被告使用本案作品的持续时间。

被告还辩称:答辩人使用《神农公园鸟瞰图》是为株洲市创建国家园林城市申报而进行的宣传报道,是为报道该时事新闻而不可避免地再现或引用原告已经公开的作品,根据《著作权法》(2001)第22条第1款第3项之规定,答辩人的行为不构成侵权。

一审原告诉请

原告罗某请求法院判令被告:

1. 停止侵权,停止使用包含本人摄影作品的片花(节目包装)。

2. 在株洲电视台新闻综合频道每期《晚间新闻》节目中间和结尾处分别插播道歉声明(含次日中午的重播),就侵犯本人摄影作品著作权公开道歉,消除影响,为期3

个月。

3. 赔偿人民币 48,000 元。
4. 承担本案诉讼费用。
5. 支付原告因调查取证产生的合理开支人民币 50 元。

一审裁判结果

一审法院判决如下：
1. 被告株洲广播电视总台向罗某公开赔礼道歉、消除影响。
2. 被告株洲广播电视总台赔偿原告罗某经济损失人民币 3600 元。
3. 被告株洲广播电视总台支付原告罗铭因调查取证产生的合理开支人民币 50 元。

一审裁判理由

本案双方争执焦点为被告在制作的《晚间报道》新闻节目中使用本案涉诉照片的行为是否侵犯原告罗某的著作权。

本案照片在罗某个人网站"株洲图片网"和"株洲在线网"上均予以公开，署有原告罗某姓名或联系电话，株洲广汇房地产开发有限公司印制的《曦美苑》宣传画册使用该照片时，亦署有罗某姓名，在无相反证明的情况下，应当认定罗某为本案涉诉照片《神农公园鸟瞰图》的著作权人。

关于被告在《晚间报道》新闻节目中使用本案涉诉照片的行为是否侵犯原告罗某著作权的问题。罗某在其个人网站发表作品时虽声明未经其许可，不得转载和使用，但依照《著作权法》(2001) 第 42 条第 2 款之规定，广播电台、电视台播放他人已发表的作品，可以不经著作权人许可，但应当支付报酬。本案被告在使用罗某拍摄的《神农公园鸟瞰图》时，根据需要对照片内容进行了部分取舍，缩小了照片反映的全景范围，对照片美感有一定影响，同时未署罗某姓名，未向罗某支付报酬，其行为侵犯了罗某对涉诉照片享有的著作权中的署名权、修改权、保护作品完整权和获取报酬的权利，依法应当承担相应的民事责任；株洲广播电视总台的使用行为侵犯了原告罗某的著作权，应当承担消除影响、赔礼道歉、赔偿损失等民事责任。赔礼道歉和消除影响的范围以涉诉节目《晚间报道》的影响范围为限。

二审案件事实

二审查明事实与一审相同。

二审上诉请求

罗某请求二审法院依法改判为：

1. 在株洲电视台新闻综合频道每期《晚间报道》节目中间和结尾处分别插播被告的道歉声明（含次日中午的重播），就侵犯原告摄影作品著作权公开道歉，消除影响，为期3个月。

2. 请求判令被上诉人赔偿侵权损失费人民币48,000元。

二审裁判结果

原审法院认定事实基本清楚，适用法律基本准确，判决结果应予维持。二审法院判决如下：驳回上诉，维持原判。

二审裁判理由

根据各方当事人的诉辩意见，本案二审期间的争议焦点主要在于：被上诉人株洲广播电视总台使用涉诉照片的行为是否构成对上诉人罗某著作权的侵犯的问题。

上诉人罗某系涉诉照片《神农公园鸟瞰图》的著作权人，其合法权益应当受到保护。本案中，涉诉照片已经公开发表，株洲广播电视总台可以不经著作权人罗某的许可使用涉诉照片，但应当支付报酬，而株洲广播电视总台没有支付报酬。被上诉人株洲广播电视总台的行为侵犯了上诉人罗某对涉案作品享有的获得报酬的权利。同时被上诉人株洲广播电视总台在使用涉诉照片时，未经权利人同意对涉诉照片进行了部分修改，且没有署作者姓名，其行为侵犯了罗某对涉案作品享有的署名权、修改权，依法应当承担相应的民事责任。上诉人罗某主张株洲广播电视总台使用涉诉照片带有商业性质。二审法院经对原审卷宗证据材料《晚间新闻》节目进行了审查，株洲广播电视总台在使用涉诉照片时，视频画面有"城市如画美丽共创"文字，节目结尾处有"株洲电视台新闻·综合"文字，未发现株洲广播电视总台在播放该节目的同时段进行其他带有商业性质的宣传。故而原审法院认为株洲广播电视总台使用涉诉照片是为配合株洲市创建国家园林城市作宣传并无不当。

> **案件解析**

本案发生于2008年,应适用2001年《著作权法》。被告株洲广播电视总台作为电视台符合《著作权法》(2001)规定的法定许可的使用主体,本可以法定许可方式使用原告摄影作品,但其使用行为存在违法之处。因此围绕被告的违法使用行为,本案的核心争议点便成为:株洲广播电视总台作为法定许可的主体,使用摄影作品《神农公园鸟瞰图》是否侵犯原告罗某的著作权。

《著作权法》(2001)第42条第2款[现为《著作权法》(2020)第46条第2款]规定:"广播电台、电视台播放他人已发表的作品,可以不经著作权人许可,但应当支付报酬。"

未经著作权人许可擅自使用他人作品构成对他人著作权的侵犯。本案中,《神农公园鸟瞰图》系已经发表的作品,被告作为电视台,符合《著作权法》(2001)第42条第2款规定的法定许可的使用主体,因此可以不经罗某许可,使用罗某的摄影作品《神农公园鸟瞰图》,但根据《著作权法》(2001)第42条第2款的规定,株洲广播电视总台应向罗某支付报酬。然而株洲广播电视总台使用罗某摄影作品未支付报酬,也未给罗某署名,并对其作品予以部分修改,前述行为违反了《著作权法》的相关规定,侵犯了罗某的获得报酬的权利、署名权、修改权。

值得注意的是,与在教科书中使用他人作品的法定情形不同,《著作权法》(2001)第42条第2款规定的广播电台、电视台的法定许可情形,并未规定类似"除著作权人声明不得转载外"的除外条款,因此该条款为绝对性法定许可,罗某虽声明"未经其许可不得转载和使用",但仍无法限制株洲广播电视总台的使用。

第二节 广播他人已发表作品时仅能适当改动

84. 贾志刚与中国科学文化音像出版社有限公司等著作权纠纷案[①]

案件影响

入选"2015年度北京法院知识产权十大创新性案例"。

裁判要旨

在法定许可情况下使用他人作品,允许对原作进行改动,但改动应当是为了满足广播电台播放要求、适应播放特点的适当改动,而且改动不应增加已有作品中没有的内容而产生新的作品;署名是法定许可的应有之意,是法定许可的构成要件之一。

【关键词】

改动;新的作品;署名权;构成要件;法定许可

【当事人】

上诉人(原审被告):佛山人民广播电台(以下简称佛山电台);

被上诉人(原审原告):贾志刚;

原审被告:中国科学文化音像出版社有限公司(以下简称科学文化音像出版社);

原审被告:谢某嵘(艺名:谢涛)。

一审案件事实

一、关于权利图书的事实

2009年5月14日,贾志刚(著作权所有者,甲方)与广西师范大学出版社(乙方)签订《出版合同》,约定出版图书署名形式为"贾志刚著",甲方将上述图书的专有出版权

[①] 贾志刚与中国科学文化音像出版社有限公司等著作权权属、侵权纠纷案,北京市东城区人民法院民事判决书,(2014)东民初字第01501号;贾志刚与中国科学文化音像出版社有限公司等著作权权属、侵权纠纷案,北京知识产权法院民事判决书,(2015)京知民终字第122号。

447

授予乙方,乙方按版税方式向甲方支付著作权使用费。

二、关于被控侵权光盘的事实

佛山珠江传媒集团股份有限公司(以下简称佛山珠江传媒公司)《版权证明及授权书》称《听世界春秋》版权归其所有,其授权科学文化音像出版社出版发行DVD。凡由此引起的境内外版权、著作权、肖像权、专利权等方面及附带的经济和法律责任,由佛山珠江传媒公司承担。另外,佛山珠江传媒公司出具声明称佛山电台系其下属单位,佛山电台自认其是上述出版协议的实际履约方。

科学文化音像出版社出版发行光盘《听世界春秋》,光盘外包装标注佛山电台出品,演播谢某。

三、关于佛山电台广播《听世界春秋》的事实

为证明《听世界春秋》曾在佛山电台两个频道播出过,原告提交了"谢涛微博"打印件,该打印件显示:微博博主的简介载明谢涛为《听世界》主播,公司为佛山电台。2011年4月29日,该微博账号发布微博称:"今天是春秋的最后一集,有点舍不得啊!不过,对战国群雄又期待满满,第一季将在五月五日正式开播,时间依然是FM946晚八点档,FM924晚上十点档,从赵简子杀邯郸午讲起,不见不散哦!"被告佛山电台及谢某嵘均认可"谢涛微博"系谢某嵘的微博账号,认可曾在两个频道播出过《听世界春秋》,每天播放一集,播放时间为2008年6月至2010年7月,且认可广播播出的内容与被控侵权光盘收录的内容一致。

为证明其没有剽窃原告作品的故意,被告佛山电台提交了谢某嵘的微博打印件及佛山电台广播节目的录音音频。微博打印件显示,名为"谢涛微博"的微博账号于2011年4月28日发布微博称:"今明两天是听世界春秋的最后两集了……要特别感谢贾志刚老师的大作……"2012年7月7日发布微博称,"听世界终于出了DVD,历史的声音被凝刻下来,与众多朋友分享中华文明的厚重,这也是媒体人的一份责任了。再次衷心鸣谢原著作者@贾志刚先生!!","强烈建议朋友们首先购买正版贾志刚先生的原著《说春秋》系列!"2012年7月8日,有网友对该条微博评论:"和贾志刚啥关系?我们就看好涛哥!"该微博账号回复网友称:"可不好这么说,没有贾先生的宏篇大作为基础,听世界春秋这广播节目就失去主心骨,再好的血肉也塑不出完整的外形了!请向贾志刚先生致敬,谢谢!"录音音频显示被告谢某嵘在《听世界春秋》最后一期节目中称:"春秋的故事说完了,在这里,要特别感谢说春秋系列故事的作者,贾志刚先生。"被告佛山电台及谢某嵘均认可,这是仅有的一次在《听世界春秋》节目中提及原告贾志刚的名字。

另查,谢涛系被告谢某嵘的艺名,谢某嵘系佛山电台的主播人。

四、被控侵权光盘与权利图书比对的事实

经原告申请,三方当事人一致选择,一审法院委托中国版权保护中心对权利图书《贾志刚说春秋》(一至六册)与被控侵权光盘《听世界春秋》内容的异同性进行比对鉴定。其鉴定结论为《听世界春秋》共有 464 个音频文件,其中有 462 个文件内容与《贾志刚说春秋》内容对应,整体结构相同。《听世界春秋》约有 122.4 万字与《贾志刚说春秋》内容表达相同,约占《贾志刚说春秋》全部内容的 89%,约占《听世界春秋》全部内容的 74%。

一审上诉请求

原告贾志刚请求法院判令:

1. 被告科学文化音像出版社、被告佛山电台销毁侵权的音像出版物《听世界春秋》光盘。

2. 三被告连带赔偿原告经济损失 100 万元。

3. 三被告在《南方都市报》上刊登致歉声明。

4. 被告佛山电台、被告谢某嵘连带赔偿原告精神抚慰金 5 万元。

5. 三被告连带赔偿原告为制止侵权而支付的合理费用 9 万元。

一审裁判结果

一审法院判决如下:

1. 被告中国科学文化音像出版社有限公司、被告佛山人民广播电台销毁库存的音像出版物《听世界——春秋》。

2. 被告佛山电台赔偿原告贾志刚经济损失 55 万元,被告科学文化音像出版社就其中的 1 万元承担连带赔偿责任。

3. 被告佛山电台及被告科学文化音像出版社刊登致歉声明。

4. 被告佛山电台赔偿原告贾志刚精神损害抚慰金 2 万元。

5. 被告佛山电台及被告科学文化音像出版社连带赔偿原告贾志刚合理支出 4 万元。

● 一审裁判理由

本案的争议焦点在于：三被告的行为是否构成侵权。

关于《听世界春秋》节目是否构成侵权的认定。根据鉴定机构出具的鉴定结论，并结合佛山电台的自认陈述，在没有证据表明《听世界春秋》中的相关内容有其他合法来源的前提下，可以认定《听世界春秋》的主要内容来自《贾志刚说春秋》。

《听世界春秋》在使用原作《贾志刚说春秋》的主要内容时，进行了再度创作，具有一定的独创性，构成对《贾志刚说春秋》的改编，故该行为构成对贾志刚改编权的侵犯。佛山电台未经许可将改编后的《听世界春秋》公开向公众广播传播，亦构成对广播权的侵犯。通过佛山电台的自认可知，在《听世界春秋》两年多的播出时间里，一直未在节目中提及贾志刚，仅有最后一期节目曾表明过贾志刚的原作作者身份，该种方式显然不足以使听众知晓《听世界春秋》来自贾志刚创作的《贾志刚说春秋》，反而会使听众误解《听世界春秋》为谢某嵘原创，故佛山电台的该种行为亦构成对贾志刚署名权的侵犯。

此外，对于佛山电台依据《著作权法》(2010) 第 43 条第 2 款之规定，主张其行为不构成侵权的辩称，一审法院认为，广播电台广播他人已发表的作品时需指明作者姓名和作品名称，且使用时不应对他人的作品加以改动，或是仅能容许以播讲为需要的适当改动，而本案中佛山电台在使用权利图书的过程中未给贾志刚署名，且对权利图书的改动明显已超过适度的范围，故佛山电台的行为不适用《著作权法》(2010) 第 43 条第 2 款的规定。

综上，佛山电台应就其上述侵权行为承担侵权责任。

关于被告谢某嵘的责任。根据查明的事实，可以认定谢某嵘系佛山电台的员工，其演播《听世界春秋》节目系为完成佛山电台交办工作的职务行为，且双方约定因履行职务所产生作品的著作权归佛山电台所有，故因其演播行为所引起的侵权责任应由佛山电台承担，贾志刚要求谢某嵘承担侵权责任的诉请一审法院不予支持。

关于出版发行被控侵权光盘行为的认定。因光盘收录的内容与《听世界春秋》广播节目内容一致，故出版发行该光盘构成对贾志刚所享有的复制权、发行权的侵犯，又因光盘内、外包装均未给贾志刚署名，故已构成对贾志刚署名权的侵犯。关于上述侵权行为承担责任主体的认定，科学文化音像出版社作为被控侵权光盘的出版发行方，未尽到其合理注意义务，应就上述行为承担侵权责任。另外，因光盘署名佛山电台是出品方，故佛山电台应就该出版发行行为与科学文化音像出版社承担连带责任。虽证据显示与科学文化音像出版社签订出版协议的为佛山珠江传媒集团,但依据佛山珠江传媒集团出具的证明可以认定佛山电台是其下属单位,且佛山电台自认其为出版协议的实际履行方,故结合光盘外包装的署名情况,应认定由科学文化音像出版社与佛山电台共同承担相应的侵权责任。

关于法律责任。对于广播《听世界春秋》节目的侵权行为,首先,佛山电台应当承担赔偿损失的侵权责任。其次,因广播过程中未给贾志刚署名,佛山电台还应就该行为公开赔礼道歉,又因佛山电台侵权时间较长,侵犯原告署名权的情节严重,赔礼道歉仍不足以抚慰原告所受精神损害,故对于贾志刚主张精神损害抚慰金的诉请一审法院予以支持。

对于未给贾志刚署名的行为,佛山电台与科学文化音像出版社还应承担公开赔礼道歉的民事责任。

二审案件事实

二审查明事实与一审相同。二审法院另查:

在原审程序中,鉴于被上诉人作品与被控侵权作品的篇幅较大,为便于比对,各方当事人均同意从两部作品中各对应提取12章内容进行比对,并以此估算被控侵权作品使用被上诉人作品的情况。

上诉人佛山电台在原审程序中提交的《情况说明》显示,被控侵权作品使用被上诉人作品的字数占被上诉人作品的86.29%;《情况说明》后附的具体比对的文字内容显示,在被控侵权作品与被上诉人作品不同的部分中,大部分表述并非简单的语气词、修饰词等辅助性词句,而是上诉人佛山电台在原作品以外新增加的内容,是与原作不同的新的独创性表达。

二审诉讼请求

佛山电台请求二审法院依法撤销原审判决第2项、第5项并依法改判原审判决第3项、第4项。

二审裁判结果

原审法院认定事实清楚、适用法律正确,二审法院判决如下:驳回上诉,维持原判。

● **二审裁判理由**

一、关于佛山电台播放《听世界春秋》节目的行为是否符合法定许可的规定

《著作权法》(2010)第43条第2款规定的目的是将已发表作品更广泛地传播,降低社会公众使用作品的成本。该条是著作权人为维护公共利益对其权利作出的一定的让渡,是对著作权人专用权利的一种限制。这种限制本身要求不能以损害著作权人的根本利益为前提,即广播电台在使用已发表作品时,不能侵害著作权人的其他权利,使著作权人的权利所受损害程度最小化。

任何对他人作品的使用都应为作者署名,表明作者的身份,这是著作权法的基本要求与应有之义,在法定许可情况下使用他人作品也应尊重作者的此项权利。因此,即便《著作权法》(2010)第43条第2款没有明确规定要给作者署名,但法定许可本身蕴含了署名的要求,署名是法定许可的构成要件之一。

具体至本案,根据中国版权保护中心所做鉴定报告的结论及佛山电台在原审法院提交的经各方当事人同意提取的十二章内容的比对结果,《听世界春秋》与《贾志刚说春秋》相同的内容,约占《贾志刚说春秋》的89%,约占《听世界春秋》的74%。根据佛山电台提交的《情况说明》,其自行比对《听世界春秋》与《贾志刚说春秋》相同的内容,约占《贾志刚说春秋》的86.29%,可见,二者比对结果基本一致。考虑到双方当事人对中国版权保护中心的鉴定结论均予以认可,故对中国版权保护中心鉴定的有关《听世界春秋》与《贾志刚说春秋》不同之处所占比例予以确认。同时,鉴于中国版权保护中心确定的《听世界春秋》使用《贾志刚说春秋》的比例与佛山电台自行比对的结果比例相差不大,对佛山电台自行比对的基本内容也予以考虑。佛山电台提交的12章具体内容的比对结果显示,二者不同之处大部分并非简单地增加语气词、修饰词或调整语句顺序,反而是在原作以外新增加的内容,以便更适合广播,这些新增加的内容与《贾志刚说春秋》内容紧密相关,融为一体,形成了新的作品,构成对《贾志刚说春秋》的改编。

署名权是一种作者表明其与作品存在创作关系事实的权利。在广播《听世界春秋》节目的过程中及之后,佛山电台在三处提及了贾志刚的姓名,其中两处是在演播者的微博上,另一处是在《听世界春秋》最后一期节目中。在演播者微博上提及作者姓名仅是一种在微博平台上发生的行为,与广播作品无关,而且两次行为或者发生在播放的最后一天,或者发生在已播放完后,起不到表明作者身份的作用。《听世界春秋》节目播放了两年多的时间,而仅在最后一期末尾提及了原作品的作者,仅这一次行为并不足以让相关社会公众将广播的作品与贾志刚建立相应联系,该种署名方式亦不能起到表明作者身份的作用,故佛山电台所称的三处表明作者姓名的行为均不能视为其表明了作者的身份,佛山电台播放《听世界春秋》节目未给贾志刚署名。

综上所述,佛山电台播放《听世界春秋》节目,没有给作者贾志刚署名,且增加了新的内容,产生了新的作品。这种改动已不仅仅是出于播放的需要,已经构成对贾志刚作品的改编。故佛山电台播放《听世界春秋》节目的行为不符合法定许可的规定,构成对贾志刚著作权的侵犯。佛山电台关于其播放《听世界春秋》节目为法定许可的主张不能成立,二审法院不予支持。

二、关于原审法院判令佛山电台承担民事责任是否有事实和法律依据

本案中,佛山电台未经贾志刚许可使用了贾志刚的《贾志刚说春秋》约122.4万字。而且,同时在两个频道播放侵权节目《听世界春秋》两年多,亦从未给作者贾志刚署名。佛山电台的侵权情节严重、主观恶意明显。原审法院对本案损害赔偿数额所做的酌定并无不妥。

佛山电台在广播节目及被控侵权光盘上均未给贾志刚署名,已侵犯了贾志刚的署名权,原审法院判令佛山电台承担公开赔礼道歉的民事责任有事实依据,符合法律规定。佛山电台的侵权行为较为严重地损害了贾志刚的精神权利,原审法院判令其承担精神抚慰金的民事责任并无不当。因此佛山电台关于原审法院判令其承担赔礼道歉责任及精神损害抚慰金不当的主张,二审法院不予支持。

案件解析

本案人民法院首次明确阐述判定广播电台、电视台播放他人已发表的作品是否符合法定许可规定时应考虑的因素。本案的争议焦点为:(1)佛山电台播放《听世界春秋》节目的行为是否符合法定许可的规定;(2)佛山电台、科学文化音像出版社出版发行被控侵权光盘是否侵犯原告贾志刚的著作权。

一、关于佛山电台播放《听世界春秋》节目的行为是否符合法定许可的规定

关于改编权。《著作权法》(2010)第43条第2款[现为《著作权法》(2020)第46条第2款]是对广播电台播放已发表作品的法定许可的规定。根据该条规定,广播电台播放他人已发表的作品无须征得著作权人的同意。但为了避免损害著作权人的根本利益,让著作权人利益不致受到过大损害,广播电台对于作品的使用应当尽量尊重原作,即便有改动,也应该是为了满足广播电台播放要求、适应播放特点的适当改动,而且改动不应增加已有作品中没有的内容而产生新的作品。具体到本案,佛山电台未经贾志刚许可将贾志刚的作品《贾志刚说春秋》进行改编并形成了新的作品,超出了广播电台可以改动的范围,由此侵犯了贾志刚的改编权。而后在侵犯贾志刚对作品享有的改编权的基础上(不符合法定许可情形),将改编后的作品通过电台向公众播放,侵犯了贾志刚对其作品享有的广播权。

值得注意的是,本案中佛山广播电台对贾志刚小说作品的改动有两个方面:一是将文字作品《贾志刚说春秋》的书面语言转换成适于演播的口头语言表达形式,对原作的表现形式进行了改变;二是在原作以外新增加的内容,形成了新的作品。前者仅是对原作表达形式的改变,保留了原作的基本表达,这种改动是允许的,但后者却超出允许修改的范围,侵犯原告贾志刚享有的改编权。

关于署名权。法院首次明确:即便《著作权法》(2010)第43条第2款没有明确规定要给作者署名,法定许可本身也蕴含了署名的要求,署名是法定许可的构成要件之一。因此,佛山电台在播放《听世界春秋》节目时,仅在演播者微博中及节目最后一期提到原告贾志刚的姓名,起不到表明作者身份的作用,侵犯了贾志刚的署名权。

综上,广播电台、电视台播放他人已发表的作品是否符合法定许可规定时应考虑的因素应包括:(1)广播电台、电视台可以对原作进行改动,但改动应当是为了满足广播电台播放要求、适应播放特点的适当改动,而且不应增加已有作品中没有的内容而产生新的作品;(2)法定许可本身蕴含了署名的要求,署名是法定许可的构成要件之一。

二、佛山电台、科学文化音像出版社出版发行被控侵权光盘是否侵犯原告贾志刚的著作权

本案中佛山电台、中国科学文化音像出版社未经著作权人贾志刚许可,擅自出版发行被控侵权光盘,且未给贾志刚署名,违反《著作权法》相关规定,侵犯贾志刚所享有的复制权、发行权的侵犯、署名权,应承担相应的法律责任。

第三节
电视台播放无须经著作权人许可但应当支付报酬

85. 中国音乐著作权协会与合肥市广播电视台著作权纠纷案[1]

▶ **裁判要旨**

电台、电视台播放他人作品无须经著作权人许可,但应当支付报酬。未支付报酬,侵犯他人著作权,应承担赔偿损失的民事责任。在法定许可的情形下,电台、电视台的使用属合法使用,不应判决停止播放/使用。

【关键词】

支付报酬;赔偿损失;停止播放;合理使用;法定许可

【当事人】

上诉人(一审被告):合肥市广播电视台(以下简称合肥广电);

被上诉人(一审原告):中国音乐著作权协会(以下简称音著协)。

▶ **一审案件事实**

2007年8月至11月,林某为(乙方)、雷某(乙方)分别与音著协(甲方)签订《音乐著作权合同》,合同约定:乙方是依法取得著作权的著作权人,双方就乙方所享有的著作权授权甲方进行管理事宜;乙方同意将其拥有著作权的音乐作品的表演权、复制权、广播权及信息网络环境下的表演权、复制权(亦称信息网络传播权)以信托方式授权甲方进行集体管理,以便上述权利在其存续期间及在本合同有效期内完全由甲方行使;甲方对乙方的权利管理,指同音乐作品的使用者商谈使用条件并发放音乐作品使用许可证,征集作品的使用情况,向使用者收取使用费,根据使用情况向乙方分配使用费。上述管理活动,以甲方的名义进行;为有效管理乙方授予甲方的权利,甲方有权以自己的名义向侵权使用者提起

---

[1] 中国音乐著作权协会与合肥市广播电视台著作权权属、侵权纠纷案,安徽省合肥高新技术产业开发区人民法院民事判决书,(2017)皖0191民初136号;中国音乐著作权协会与合肥市广播电视台著作权权属、侵权纠纷上诉案,安徽省合肥市中级人民法院民事判决书,(2017)皖01民终6895号。

诉讼,乙方亦应积极配合甲方的诉讼行为;本合同自签订之日起生效,有效期3年,至期满前60日乙方未以书面形式提出异议,本合同自动续展3年,之后亦照此办理。

《红旗飘飘——红色经典歌曲集》由海潮出版社出版,其中内附歌曲《少年壮志不言愁》,载明林某为作词,雷某作曲,刘欢演唱。

2016年10月14日,安徽省合肥市徽元公证处接受音著协的申请,公证人员与音著协的委托代理人王某共同来到合肥市。进入室内后,王某打开电视机,进入搜索频道界面搜索频道,选择"欢乐频道",点击进入,约19时20分,"欢乐频道"开始播放《欢乐唱吧》栏目中《老爸老妈唱起来》节目,该节目先后播放了包括涉案歌曲在内的18首歌曲。约20时10分,上述节目结束。安徽省合肥市徽元公证处对整个证据保全过程进行了公证,出具了公证书,并附封存的光盘。

另查明,合肥市委宣传部出具证明,载明涉案节目系其与合肥广电共同主办的大型群众性活动,该节目面向电视节目受众,没有向公众收取任何费用,也未向参赛的表演者支付费用等内容。合肥广电由此抗辩其行为属于合理使用。

一审原告诉请

原告音著协请求法院判令判令合肥广电:

1. 立即停止播放涉案音乐作品。
2. 支付涉案音乐作品著作权使用费10,000元。
3. 赔偿为本案支出的合理费用12,434元。

诉讼过程中,音著协确认诉请2变更为要求合肥广电赔偿损失10,000元。

一审裁判结果

一审法院判决如下:

1. 被告合肥广电立即停止播放音乐作品《少年壮志不言愁》。
2. 被告合肥广电一次性向原告音著协赔偿经济损失12,000元(包括为制止侵权行为所支付的合理开支)。

一审裁判理由

本案中,在没有提供反证的情况下,能够认定林某、雷某分别为音乐作品《少年壮志不言愁》的词曲作者。音著协根据授权取得该作品的表演权、复制权、广播权等,并有权以自己的名义提起诉讼,系本案的适格主体。

关于合肥广电辩称其行为属于合理使用的问题。虽然《老爸老妈唱起来》节目展现的内容可以定性为群众性活动,涉案作品也的确是由参赛群众演唱,但是合肥广电将展现这一群众性活动过程的录制节目在电视频道中向公众播出,就涉案作品的使用已经超出了著作权法所规定的合理使用的范围,故对该抗辩事由一审法院不予采信,且该使用涉案作品的方式也不属于播放他人已发表的作品。合肥广电未经许可使用了音乐作品《少年壮志不言愁》,且未支付费用,侵犯了音著协对该作品所享有的广播权,应当承担停止侵权和赔偿损失的法律责任。

二审案件事实

二审查明事实与一审相同。

二审上诉请求

合肥广电请求二审法院:

1. 撤销一审判决。
2. 驳回音著协的全部一审诉讼请求。
3. 一、二审诉讼费用由音著协承担。

二审裁判结果

二审法院判决如下:

1. 撤销一审判决。
2. 合肥广电赔偿音著协经济损失8000元。

二审裁判理由

一方面,合肥广电对涉案作品的使用不在我国著作权法规定的合理使用之内,其行为不构成合理使用。大多数的电视台节目均以丰富群众精神文化生活为目的或主要目的,这也是一般文化娱乐作品的创作目的,若以行为目的在于丰富群众精神文化生活而主张合理使用,最终受到伤害的将会是文化娱乐行业本身。即使播放过程未收费并且未植入广告,优秀作品的播放对合肥广电仍然是有益的,至少会增加其对受众的吸引力。单个作品的播放效果当然难以察觉,但从较长时期、较大范围来看,持续播放数目众多的优秀作品,显然有助于增加合肥广电的收视率和影响力,从而提升其竞争力。

另一方面,涉案作品早已公开发表,根据我国《著作权法》(2010)第43条第2款的规定,合肥广电播放他人已发表的作品无须经著作权人许可,但应当支付报酬,由此,一审判决停止播放行为不当。但合肥广电播放涉案作品未支付报酬,根据《著作权法》(2010)第47条第7项的规定,合肥广电的播放构成侵权,其应当就其侵权播放行为向音著协支付报酬。

案件解析

本案的争议焦点为:合肥广电未经许可使用音乐作品《少年壮志不言愁》的行为是否侵犯音著协的著作权。

本案被告合肥广电未经许可在其电视节目中使用涉案作品,虽然合肥广电辩称其使用行为为群众性活动,但该活动系向不特定公众播放,且也有助于增加合肥广电的收视率和影响力,因此该使用行为很显然超出了著作权法规定的合理使用的范围。虽然合肥广电的使用行为不属于合理使用,但合肥广电作为电视台属于法定许可的主体。

《著作权法》(2010)第43条第2款[现为《著作权法》(2020)第46条第2款]规定:"广播电台、电视台播放他人已发表的作品,可以不经著作权人许可,但应当支付报酬。"

《著作权法》(2010)第47条第7款[现为《著作权法》(2020)第52条第7项]规定:"有下列侵权行为的,应当根据情况,承担停止侵害、消除影响、赔礼道歉、赔偿损失等民事责任:……(七)使用他人作品,应当支付报酬而未支付的;……"

本案中,《少年壮志不言愁》音乐作品系已经发表的作品,合肥广电作为电视台属于法定许可的主体,因此合肥广电可以不经音著协许可使用音乐作品《少年壮志不言愁》,但应当支付报酬。因此,合肥广电侵犯了音著协获得报酬的权利。依据《著作权法》(2010)第47条的规定,合肥广电应承担赔偿损失的民事责任。

另外,一审判决中认定合肥广电的使用行为不属于播放他人已发表的作品的情形,未认定合肥广电的行为属于法定许可,因此判决合肥广电停止播放涉案音乐作品。但在二审中,法院认定合肥广电属于《著作权法》(2010)第43条第2款法定许可的范围,因此合肥广电可以不经许可使用涉案作品,无须停止播放,在此基础上一审法院判决合肥广电停止播放行为显然不妥。

第四节
在节目中播放背景音乐不适用法定许可

86. 北京东乐影音文化有限公司与上海东方娱乐传媒集团有限公司录制者权案[1]

> **裁判要旨**

电视台在其播出的、参与制作的综艺节目中使用录音制品中的音乐作为背景音乐的情形,并非《著作权法》(2010)第44条所指的电视台直接播放录音制品的情形,故该使用行为不适用法定许可。

【关键词】

未经许可;背景音乐;音乐作品;录音录像;法定许可;侵权

【当事人】

原告:北京东乐影音文化有限公司(以下简称东乐影音公司);

被告:上海东方娱乐传媒集团有限公司(以下简称东方娱乐公司)。

> **案件事实**

歌曲《追梦赤子心》由苏朵作词、谱曲,甘某编曲,GALA乐队演唱,被收录在音乐专辑《追梦痴子心》(2011年出版发行)中;获得第三届中国摇滚迷笛奖最佳年度摇滚歌曲及第十二届风云音乐榜年度盛典最佳摇滚歌曲。音乐专辑《追梦痴子心》封面载明:东乐影音公司版权提供,中国音乐家音像出版社出版。

2011年3月5日,东乐影音公司作为甲方与王某(艺名:苏朵,乙方)签订《权利确认书》,约定甲乙双方同意并确认专辑《追梦痴子心》之12首歌曲的录音制作者权专属甲方全权永久全世界拥有。甲方可无条件、全范围的使用上述专属录音制作者权,包括

---

[1] 北京东乐影音文化有限公司与上海东方娱乐传媒集团有限公司侵害录音录像制作者权纠纷案,北京互联网法院民事判决书,(2019)京0491民初21891号。

但不限于:(1)所有媒体,包括但不限于电台、电视、活动作公开播放、于互联网、有线或无线上传、下载、任何已知或未知的媒体中传输或播放;(2)收录于甲方之其他录音/录像产品之内。乙方保留署名权、表演权、改编权和获取合法版税的权利。

2018年5月6日,东方娱乐公司运营的东方卫视频道播出了《极限挑战》第4季第2期节目,该节目中的1小时53分至1小时56分,将歌曲《追梦赤子心》作为背景音乐播放,本案审理过程中,东方娱乐公司认可其并未取得相关权利方的授权。上述节目片尾处载明合作视频网站为腾讯视频、爱奇艺视频及优酷视频;东方卫视极限挑战节目官方微博账号发布的信息中表明可以登录腾讯视频、爱奇艺视频、优酷视频观看完整节目;优酷视频、腾讯视频及爱奇艺视频平台上亦载有涉案节目内容。涉案节目在优酷视频、腾讯视频及爱奇艺视频平台上播出时载有东方卫视台标。

诉讼请求

原告东乐影音公司请求法院:

1. 判令被告于优酷视频、腾讯视频、爱奇艺视频中删除《极限挑战》(第4季)节目中的《追梦赤子心》歌曲。
2. 判令被告赔偿原告经济损失10万元。

裁判结果

法院判决如下:

1. 东方娱乐公司在《极限挑战》(第4季)节目中删除歌曲《追梦赤子心》。
2. 东方娱乐公司赔偿东乐影音公司经济损失5万元。

裁判理由

《极限挑战》(第4季)节目在东方娱乐公司运营的东方卫视频道播出后,又在优酷视频、爱奇艺视频和腾讯视频等网络平台播放。东乐影音公司根据《极限挑战》(第4季)节目在优酷视频、腾讯视频及爱奇艺视频平台上播出时载有东方卫视台标及节目片尾处载明的合作视频网站信息,主张东方娱乐公司是《极限挑战》(第4季)节目的著作权人,享有信息网络传播权,故应当对优酷视频、腾讯视频及爱奇艺视频平台上通过播放《极限挑战》(第4季)节目传播歌曲《追梦赤子心》的行为承担侵权责任。法院认为,东乐影音公司已经初步完成了举证证明责任。如果东方娱乐公司在认可自身为《极限挑战》(第4季)节目播出方和制作者之一的前提下,否认自身系《极限挑战》(第4季)节目的著作权人,且主张自身不享有该节目的信息网络传播权,那么应当由东方娱乐公司就其上述主张承担举证证明责任。

本案中,《极限挑战》(第4季)节目中使用了涉案歌曲。根据东方娱乐公司陈述,该公司系上述节目的制作者,亦认可系播出上述节目的东方卫视频道的运营者,作为涉案节目的制作者和播出方,在法院向其释明后,东方娱乐公司明确表示其无法提供节目的其他制作者信息或相关权利人的信息,法院认为,东方娱乐公司应当承担举证不能的不利后果。

东方娱乐公司辩称,其作为电视台,根据《著作权法》(2010)第44条的规定,可以不经著作权人许可播放已经出版的录音制品。但法院认为,本案中,东方卫视播出的《极限挑战》(第4季)节目具有较高的社会知名度及市场价值,该节目的播出除为东方娱乐公司带来可预见的显性经济利益外,还可能帮助东方娱乐公司及其运营的东方卫视频道提高品牌价值等隐性商业利益。《著作权法》(2010)第44条所指为电视台直接播放录音制品的情形,而非本案中电视台在其播出的、参与制作的综艺节目中使用录音制品中的音乐作为背景音乐的情形。东方娱乐公司在《极限挑战》(第4季)节目中使用歌曲《追梦赤子心》的行为,不属于《著作权法》(2010)第44条规定的情形。

东方娱乐公司未经东乐影音公司许可,通过《极限挑战》(第4季)节目的在线播放行为造成了歌曲《追梦赤子心》的在线传播,侵害了东乐影音公司对涉案录音制品享有的录音制作者权中的信息网络传播权,应当为此承担停止侵权、赔偿经济损失的法律责任。

案件解析

本案的核心争议点为:被告东方娱乐公司在其播出的节目中将涉案作品作为背景使用是否属于《著作权法》规定的法定许可情形。

《著作权法》(2010)第44条规定:"广播电台、电视台播放已经出版的录音制品,可以不经著作权人许可,但应当支付报酬。当事人另有约定的除外。具体办法由国务院规定。"

因此,广播电台、电视台播放录音制品的法定许可需要满足以下条件:(1)被播放的录音制品必须是已经出版的;(2)该法定许可仅适用于录音制品;(3)应当向著作权人支付报酬。

具体到本案,歌曲《追梦赤子心》已经出版,也系录音制品,但被告未支付报酬。根据本案法院判决可以看出,法院并未将电视台在其综艺节目中未经许可使用录音制品作为背景音乐的行为认定为《著作权法》(2010)第44条所指的法定许可的情形。因此,东方娱乐公司将《追梦赤子心》作为背景音乐使用在其综艺节目中,不符合《著作权法》(2010)第44条的规定,不属于法定许可情形,其未经原告许可,擅自使用原告享有著作权的音乐作品侵犯了原告的著作权,应承担相应的法律责任。

此外,东方娱乐公司未经东乐影音公司许可,擅自将《追梦赤子心》歌典在其综艺节目中作为背景音乐播放,又将该节目在优酷视频、爱奇艺视频和腾讯视频等网络平台进行播放,侵害了原告的信息网络传播权,应承担相应的法律责任。

第五节　现场演唱并现场伴奏不适用法定许可

87. 彼岸天(北京)文化有限公司与上海东方娱乐传媒集团有限公司等著作权纠纷案[①]

▶ **裁判要旨**

现场演唱并现场伴奏不属于直接播放,不属于《著作权法》规定的允许广播电台、电视台可以不经权利人许可播放已经发表的作品或录音制品。因该种法定许可的适用范围仅限于播放,即播放权利人已经发表的作品或者录音制品,故现场演唱并现场伴奏不属于法定许可的范围。

【关键词】

现场演唱;现场伴奏;录音制品;法定许可;播放

---

① 彼岸天(北京)文化有限公司与上海东方娱乐传媒集团有限公司等著作权权属、侵权纠纷案,北京市朝阳区人民法院民事判决书,(2020)京0105民初20745号。

【当事人】

原告：彼岸天(北京)文化有限公司(以下简称彼岸天公司)；

被告：上海文化广播影视集团有限公司(以下简称文广集团)；

被告：上海东方娱乐传媒集团有限公司(以下简称东方公司)。

案件事实

一、涉案歌曲权属的相关事实

脸雾(北京)影视文化发展有限公司(以下简称脸雾公司)分别于2015年、2016年与钱某、尹某签订协议，约定钱某将其创作的涉案歌曲《大鱼》的全部曲版权一次性永久出让给脸雾公司；尹某将其创作的涉案歌曲《大鱼》的词作品授权脸雾公司独家使用。

2016年1月，彼岸天公司与脸雾公司签署《音乐作品委托创作协议》，约定彼岸天公司委托脸雾公司为涉案电影创作词曲，即歌曲《大鱼》，词作者为尹某，曲作者为钱某。彼岸天公司享有涉案歌曲的著作权，即对该作品享有发表、修改、使用、获酬等权利，音乐作品署名权由词曲作者保留。彼岸天公司有权将作品固定于已知或未知的任何载体并对其拥有所有权利。

2016年7月8日，涉案电影公映，彼岸天公司系出品方之一。涉案歌曲为影片片尾曲，署名尹某作词、钱某作曲、周深演唱。彼岸天公司表示涉案电影公映即涉案歌曲的首次发表和唯一版本。

二、涉案综艺节目使用涉案歌曲的相关事实

2017年11月18日，东方卫视播出《天籁之战》第2季第5期(以下简称涉案综艺节目)，节目中涉案歌曲由歌手莫文蔚演唱，配乐由钢琴和提琴现场演奏，署名作词尹某，作曲钱某。同期，爱奇艺及腾讯视频平台有综艺节目同步视频播出，播放画面左上角显示东方卫视台标。彼岸天公司于2018年9月就上述情况申请公证证据保全，但在爱奇艺及腾讯视频平台的公证播放画面中未显示视频上传者或来源。

音著协音乐版权检索平台中收录有歌曲《大鱼》，显示作词尹某，作曲钱某，演唱者周深。

2018年，音著协与文广集团签订《关于音乐作品一揽子使用的合作协议》(以下简称《一揽子协议》)约定，自2016年1月1日至2017年12月31日，音著协授权文广集团在其所属电视频道、相关网络媒体中使用音著协管理的音乐作品的权利，授权范围包括广播权、复制权、信息网络环境下的传播使用、表演权；但下列情况例外：(1)任何第三方通过文广集团相关网络媒体实施的上传及下载行为所产生的任何音乐著作权问题均不在该协议涵盖之内;(2)文广集团如向公众提供网络下载服务所产生的任何音乐著作权问题均不在该协议涵盖之内。基于前述《一揽子协议》,文广集团向音著协支付了许可费用。

审理中,法院向音著协函询,音著协复函称:(1)涉案歌曲不是该协会管理的会员作品,但根据《一揽子协议》约定,音集协根据国家授权收转的音乐词曲作品亦属于该协议范围之内,因此涉案歌曲属于《一揽子协议》涵盖的音乐作品范围。(2)文广集团与音著协签署《一揽子协议》并支付许可费用属实,但文广集团仅向该协会履行了广播使用涉案音乐作品的广播权付酬义务,并未取得涉案音乐作品的复制权许可,信息网络传播权并未涵盖在《一揽子协议》约定的使用范围内,至于表演权是否涵盖在《一揽子协议》之内,请法院结合证据具体认定。

东方公司系文广集团的下属公司,东方公司认可其系涉案综艺节目的制作者,东方卫视亦系其独立运营。

诉讼请求

原告彼岸天公司请求法院:

1. 判令二被告向原告赔礼道歉、消除影响。
2. 判令二被告赔偿原告经济损失500,000元及维权合理开支,包括公证费5970元,律师费60,000元。

裁判结果

法院判决如下:

1. 被告东方公司在东方卫视刊登声明,以消除其涉案行为对原告的不良影响。
2. 被告文广集团赔偿原告彼岸天公司经济损失20万元。
3. 被告文广集团支付原告彼岸天公司合理支出5万元。

裁判理由

法院认为,彼岸天公司通过合同取得了涉案歌曲的发表、修改、使用、获酬等著作权(词曲署名权除外),有权以自己的名义提起诉讼。

东方公司未经著作权人许可,在其制作的涉案综艺节目中使用涉案歌曲的词、曲,由莫文蔚演唱,并通过东方卫视播出,侵害了彼岸天公司享有的表演权、广播权、摄制权,应当根据情况,承担消除影响、赔偿损失等法律责任。关于信息网络传播权部分,因已有证据无法证明系文广集团或东方公司在爱奇艺、腾讯平台上提供了涉案综艺节目,故彼岸天公司关于此部分的主张法院不予支持。赔礼道歉适用于人身性权利受损的情况,彼岸天公司就此无权主张,法院不予支持。关于消除影响,东方公司未经许可在东方卫视播放的综艺节目中使用涉案歌曲,会对彼岸天公司造成一定的影响,故法院酌情予以支持。关于文广集团,因无证据证明其实施了涉案侵权行为,故法院对彼岸天公司对文广集团所提诉讼请求均不予支持。

关于东方公司所称我国广播权适用法定许可制度,且文广集团与音著协签订《一揽子协议》并支付费用,故属于有权使用的抗辩意见。法院认为,首先,涉案歌曲并非音著协的会员作品,故音著协无权对该作品进行管理,其对外授权当属无效。音著协与文广集团在《一揽子协议》中约定的"国家授权音著协收转的音乐词曲作品",仅对适用法定许可的作品有效,不能包含非会员的其他作品。其次,《著作权法》(2010)第43条、第44条规定允许广播电台、电视台可以不经权利人许可播放已经发表的作品或录音制品,但该种法定许可的适用范围仅限于播放,即播放权利人已经发表的作品或者录音制品。本案中,东方公司在其制作的综艺节目中使用涉案歌曲的词、曲,并非直接播放涉案歌曲公开发表的版本,而是请歌手现场演唱,并现场伴奏。此种使用方式不属于著作权法所规定的法定许可,仍应当取得权利人的许可方可使用,否则即侵权,故东方公司所持抗辩意见不能成立,法院不予采信。

案件解析

本案的核心争议点为:被告东方公司在其制作的综艺节目中使用涉案歌曲的词、曲是否属于《著作权法》规定的法定许可情形。

《著作权法》(2010)第43条第2款[现为《著作权法》(2020)第46条第2款]规定,"广播电台、电视台播放他人已发表的作品,可以不经著作权人许可,但应当支付报酬"。

《著作权法》(2010)第44条规定:"广播电台、电视台播放已经出版的录音制品,可以不经著作权人许可,但应当支付报酬。当事人另有约定的除外。具体办法由国务院规定。"

具体到本案,歌曲《大鱼》已经发表,东方公司作为上海东方卫视电视台的实际运营者,东方公司可以不经原告许可播放歌曲《大鱼》。但是,《著作权法》(2010)第43条、第44条所指为电视台直接播放他人作品或录音制品的情形,而本案系歌手现场演唱,配乐由钢琴和提琴现场演奏,并非电视台直接播放该歌曲的行为。因此,东方公司使用涉案歌曲的词、曲不属于著作权法规定的法定许可情形。

既然东方公司的使用行为不属于法定许可行为,是否属于合理授权呢？根据法院查明的事实可知,涉案歌曲并非音著协管理的会员作品。我国著作权集体管理制度属于非延伸管理(非强制性管理),即集体管理组织仅有权对权利人信托的作品进行管理,超出作品管理范围进行的签约授权无效。虽然文广集团与音著协签订了《一揽子协议》,但涉案歌曲并非音著协管理的会员作品,该协议授权无效。因此,东方公司使用涉案歌曲的词、曲属于未经许可擅自使用的行为,侵犯了原告的享有的表演权、广播权、摄制权,应承担相应的法律责任。

第五章 网络扶贫法定许可

88. 天津盈创科技有限公司与中图云创智能科技(北京)有限公司信息网络传播权纠纷案[①]

裁判要旨

为扶助贫困,通过信息网络向农村地区公众免费提供作品的,适用法定许可。未经许可,在网络环境中提供他人享有权利的作品,使公众可以在其选定的时间和地点获得作品的,构成对他人信息网络传播权的侵害。基于公益目的免费向农村地区公众提供的,属于法定许可,但应举证证明他人作品在其公告的清单内、仅向农村地区用户开放。

【关键词】

信息网络传播;扶助贫困;农村地区;公告;法定许可

【当事人】

原告:天津盈创科技有限公司;

被告:中图云创智能科技(北京)有限公司(以下简称中图云创公司)。

案件事实

一、案涉作品情况及原告权利来源

案涉作品为李某林(笔名:少林木子)编著的《中国历代风云人物》,根据原告提供的图书版权页,该作品由内蒙古文化出版社出版。2018年6月12日,李某林、李某玲、李某、刘某梅签署授权书,载明:"本人李某林、李某玲、李某、刘某梅,笔名:少林木子、

[①] 天津盈创科技有限公司、中图云创智能科技(北京)有限公司信息网络传播权纠纷案,天津自由贸易试验区人民法院民事判决书,(2021)津0319民初12840号。

李某玲、李某、刘某梅,现独家且专有授权北京众咖科技有限公司享有以下作品的制作电子书的权利和信息网络传播权、改编权、汇编权及其转授权。在授权期限内,北京众咖科技有限公司有权将授权作品在授权范围内制作成电子书并通过移动通信网络和互联网(有线及无线)进行复制、出版、发行、传播和销售,并且有权将授权作品的制作电子书的权利、信息网络传播权(包括通过移动通信网络和互联网进行复制、出版、发行、传播和销售的权利)和汇编权转授给其他第三方行使。北京众咖科技有限公司可以对侵犯授权作品上述著作权的行为行使权利,必要时北京众咖科技有限公司可以提起诉讼。本授权书自签发之日起生效,有效期为五年,在授权期限内乙方有权将该合同项下书目授权其他第三方五年期限,甲方追认已对第三方的授权,在授权期限内已进行证据保全的维权案件,授权期限截止至案件结案。"附此次授权所涉及的作品目录共106本,其中包括案涉作品。

2020年7月1日,北京众咖科技有限公司(甲方)与本案原告(乙方)签订《文字作品授权书》约定:"本单位(北京众咖科技有限公司)拥有以下作品的独家信息网络传播权及转授权权利,为促进作品的合法使用与传播,本单位授予天津盈创科技有限公司通过有线或无线的互联网享有上述文字作品的以下权利:(1)信息网络传播权及其转授权;(2)数字化出版权及其转授权;(3)复制权和电子复制件的使用权及其转授权;(4)乙方有权以自己的名义采取相应的法律手段维护相关作品的著作权,包括但不限于要求侵权方停止侵权、要求侵权方赔偿损失等,必要时乙方有权以自己的名义提起诉讼,行使权利。"附许可作品明细,其中包括案涉作品。

二、被诉侵权的事实

2020年11月14日,原告通过互联网取证的方式对"智慧农家书屋"软件提供的涉案作品进行了证据保全,北京联合信任技术服务有限公司、联合信任时间戳服务中心共同签发了编号为TSA-04-20201114224547958DPAUO的《可信时间戳认证证书》。主要取证过程如下:(1)在手机应用商店中搜索"智慧农家书屋",下载、打开;(2)进入智慧农家书屋软件,在搜索栏搜索其他图书,并阅读全本;(3)返回搜索栏搜索案涉作品,页面出现案涉图书,点击阅读作品。

诉讼过程中,原、被告均认可案涉软件使用案涉作品字数为600千字。

三、被告抗辩事实

根据原告提供的《农家书屋工程实施意见》及有关文件、会议纪要可知,"农家书屋"是一项推进社会主义新农村建设和加快农村文化建设的工程。为响应"农家书屋"

的数字化建设,被告开发了智慧农家书屋软件。

在案涉软件服务协议中,被告声明案涉软件是扶贫项目,具体服务参照有关作品使用的公告,由"农家书屋"根据实际情况提供阅读、点单、查找等服务。

2020年1月10日,被告在案涉软件中发布《关于"智慧农家书屋App"有关作品使用的公告》显示:"本公司为中国图书进出口公司控股子公司……鉴于智慧农家书屋项目是为扶贫助困之目的,将使用与扶贫有关的和使用基本文化需求的相关作品,根据《信息网络传播权保护条例》第九条,公告如下:一、如相关著作权人对'智慧农家书屋App'使用其作品有异议的,可于公告之日起30日内提出,公司将根据请求删除著作权人的作品,并按照公告标准向著作权人支付提供作品期间的报酬。二、本公司按照每千字30元的标准向著作权人支付报酬,请同意使用其作品的著作权人向本公司申要支付相关报酬。"公告下方显示"附智慧农家书屋"使用作品清单。

就案涉作品是否属于上述公告使用清单中的书目以及是否属于农家书屋必备、推荐书目,被告方未能向法庭提交证据。

庭审中,原告确认被诉侵权软件"智慧农家书屋"已经下架,原告当庭撤回第1项诉讼请求。

原告诉请

原告天津盈创科技有限公司请求法院:
1. 判令被告停止侵权。
2. 判令被告赔偿原告经济损失及合理支出人民币91,150元。
3. 判令被告承担本案诉讼费用。

裁判结果

法院判决如下:
被告中图云创公司赔偿原告天津盈创科技有限公司经济损失20,000元。

裁判理由

本案的争议焦点为:(1)原告是否具备诉讼主体资格;(2)被告是否构成侵权,其法定许可抗辩是否成立。

法院认为,原告获得了案涉作品的信息网络传播权及维权权利,且在有效授权期内,具备诉讼主体资格,有权以自己的名义提起诉讼。

关于被告是否构成侵权问题。法院认为,《最高人民法院关于审理侵害信息网络传播权民事纠纷案件适用法律若干问题的规定》(2012)第3条第1款规定,网络用户、网络服务提供者未经许可,通过信息网络提供权利人享有信息网络传播权的作品、表演、录音录像制品,除法律、行政法规另有规定外,人民法院应当认定其构成侵害信息网络传播权行为。本案中,被告未经许可,在案涉软件中提供原告享有权利的案涉作品,使公众可以在其选定的时间和地点获得作品,构成对原告信息网络传播权的侵害。被告主张案涉软件基于公益目的免费向农村地区公众提供,属于法定许可,法院认为,被告虽辩称其为公益目的使用案涉作品,但并未举证证明案涉作品在其公告的清单内且属于有关扶贫项目农家书屋推荐书目,亦未提交证据证明案涉软件仅向农村地区用户开放,因此被告法定许可抗辩不能成立。

案件解析

本案的核心争议点为:被告在"智慧农家书屋"上传播原告作品是否属于《著作权法》规定的法定许可情形。

《信息网络传播权保护条例》(2013)第9条第1款第1、2句规定:"为扶助贫困,通过信息网络向农村地区的公众免费提供中国公民、法人或者其他组织已经发表的种植养殖、防病治病、防灾减灾等与扶助贫困有关的作品和适应基本文化需求的作品,网络服务提供者应当在提供前公告拟提供的作品及其作者、拟支付报酬的标准。"

《信息网络传播权保护条例》(2013)第9条的构成要件应包含:(1)目的为扶助贫困;(2)向农村地区用户开放;(3)通过信息网络提供;(4)提前公告作品清单及报酬标准。具体到本案,被告中图云创公司虽然在案涉软件中发布了公告及拟支付报酬的标准,公告下方也显示"附智慧农家书屋"使用作品清单,但就原告作品是否包含于上述公告使用清单未能向法庭提交证据,也未提交证据证明案涉软件仅向农村地区用户开放。因此,被告的抗辩并不符合《信息网络传播权保护条例》(2013)第9条的构成要件。被告未经许可,在"智慧农家书屋"提供原告享有权利的案涉作品,使公众可以在其选定的时间和地点获得作品,构成对原告信息网络传播权的侵害。

第四篇 | 默示许可

第一节　领取部分稿酬和样书默示许可出版行为

89. 诸葛某诉方志出版社著作权纠纷案[①]

▶ **裁判要旨**

得知被告出版图像后,原告仍然领取部分稿酬和样书,可以推定原告对被告的出版行为是知晓并认可的。

【关键词】

图书作品;出版社;稿酬;知晓;默示许可;著作权限制

【当事人】

原告:诸葛某;

被告:方志出版社。

▶ **案件事实**

法院查明:2002年8月5日,诸葛某与燕创公司签订协议书。协议约定双方联合出版《中国方志五十年史事录》,诸葛某于2002年9月20日前提供约70万字的书稿并享有著作权,燕创公司为该书提供中华书局或中国社会科学出版社书号(由王某负责协调)并提供出版(印书)费用。燕创公司取得全部书款,并支付诸葛某稿费1万元及60套样书。合同签订当日,诸葛某自燕创公司收取稿酬2000元。

《中国地方志》2002年第6期第57页刊载的书讯包括以下内容:《中国方志五十年

[①] 诸葛某诉方志出版社侵犯著作权纠纷案,北京市第二中级人民法院民事判决书,(2004)二中民初字第02196号。

史事录》于2002年11月由中华书局出版,书后附有人名、书目索引和引用书刊目录,现在全国方志系统征订。《云南史志》2002年第5期亦刊载了包括上述内容的征订广告。燕创公司制作的《中国方志五十年史事录》征订单包括以下内容:出版单位中华书局,发行单位中国地方志年鉴编辑部,书后附有人名、书目索引和引用书刊目录。上述征订单上载明的联系地址和联系电话均为燕创公司的联系方式。

2002年12月,方志出版社出版了《中国方志五十年史事录》一书。该书版权页载明:方志出版社出版发行,责任编辑王某、李某,字数700千字,印数6000册,定价60元。该书扉页上载明:特别鸣谢燕创公司对《中国方志五十年史事录》出版事务的真诚支持。该书后记中包含以下文字:最后是承蒙朋友们的帮助和方志出版社的大力支持,才得以出版,其中本办公室年鉴编辑部的王熹和方志出版社的李某强、周某美以及陈某林同志出力尤多。该书还附有"参考文献"。方志出版社主张该书系其根据燕创公司的口头委托,自燕创公司取得图书样稿,由燕创公司负责印刷费用,方志出版社免费为原告出版的,涉案图书出版后除留存的样书外,已全部交付燕创公司,燕创公司的负责人陈仕林对其上述主张予以认可。

2003年1月13日,诸葛某通过外地读者来电得知涉案图书已出版发行。2003年1月14日,诸葛某出具了载有"收到《中国方志五十年史事录》稿费3000元"内容的收条。2003年2月20日,诸葛某出具了收到《中国方志五十年史事录》样书14本的收条。诸葛某认可上述费用及样书系其自燕创公司取得的。

2003年3月26日、2003年7月21日、2003年8月13日,燕创公司销售涉案图书计5册,所开具的发票上盖有"中国地方志年鉴编辑部财务专用章"。

诸葛某主张方志出版社出版的涉案图书与其提交给燕创公司的第三校样稿相比,删除了正文文字约37,000字,且修改了后记的部分内容,删除了其样稿中的正文文字、"人名索引",将"书名索引"改为性质完全不同的"参考文献"。诸葛某还主张其对涉案样稿进行第四校时,校出483处错误,方志出版社出版的上述图书与其第四校样稿相比较,除已删除的部分外,涉案图书中尚存在403处错误。因此,该书属于不合格图书。

方志出版社向法院提交了其自燕创公司取得的涉案图书样稿,对原告提出的有关该出版社对涉案图书进行修改、增删以及差错率高等的主张不予认可。

原告诉请

原告诸葛某请求法院判令被告方志出版社:

1. 在《中国地方志》《广西地方志》《黑龙江史志》等杂志上公开向原告赔礼道歉。
2. 支付涉案图书稿酬7万元。
3. 赔偿侵犯保护作品完整权和修改权的损失2万元。
4. 支付原告对该书进行文字输入的劳务费用3000元和校对的劳务费用2000元并承担本案诉讼费用。

● 裁判结果 ●

法院判决如下:驳回诸葛某的诉讼请求。

● **裁判理由**

原告诸葛某作为《中国方志五十年史事录》作品的作者,依法享有对该作品的著作权。本案的焦点问题在于被告方志出版社出版涉案图书的行为是否侵犯了原告诸葛某所享有的著作权及是否应承担相应的法律责任。

根据我国《著作权法》(2001)第29条的规定,图书出版者出版图书应当和著作权人订立出版合同,并支付报酬。根据本案查明的事实,被告方志出版社与原告诸葛某之间未就涉案图书出版订立图书出版合同。被告系自与原告签订协议的燕创公司取得涉案图书样稿予以出版的,被告主张虽然原告与燕创公司所签协议书中约定的出版社为中华书局或中国社会科学出版社,但此后双方曾口头协商由被告方志出版社出版涉案图书,鉴于燕创公司的负责人陈某林和工作人员朱某萍以及中国地方志指导小组的王某均到庭证明原告曾口头同意由被告出版涉案图书,且原告在得知涉案图书出版后,还到燕创公司领取了部分稿酬和样书,并向他人赠送了该书。据此,可以推定原告诸葛某对被告出版涉案图书的行为是知晓并予以认可的,被告方志出版社出版涉案图书,取得了原告的许可,并未侵犯原告的著作权。因此,原告主张被告未经其许可出版涉案图书,证据不足,法院不予支持。

依据本案现有证据,原告诸葛某与燕创公司所签合作协议书中约定,燕创公司负有提供"出版(印书)"费用并向原告支付稿酬1万元的义务,同时其有权取得全部书款,原告负有提供书稿的义务,同时有权取得稿酬。此后,燕创公司口头委托被告方志出版社免费出版涉案图书,并由燕创公司负责印刷费用,因此被告方志出版社并不承担支付涉案图书稿酬的义务,原告诸葛某应依其与燕创公司的约定,自燕创公司取得相应稿酬。事实上原告已经从燕创公司领取了涉案图书的部分稿酬,因此原告主张被告应向其支付稿酬,缺乏事实和法律依据,法院不予支持。

原告诸葛某还主张被告出版的涉案图书删除了其第三校样稿中的正文文字、"人名索引",将"书名索引"改为性质完全不同的"参考文献"且修改了后记的部分内容,侵犯了其所享有的修改权和保护作品完整权,但其并未举证证明其向燕创公司交付了其在本案提交的第三校样稿,且燕创公司认可被告在本案提交的图书样稿系由该公司交付的,鉴于该图书样稿与被告出版的涉案图书内容基本一致,并不存在原告主张的修改、增删等事实,因此原告的上述主张,证据不足,法院不予支持。

原告还主张被告出版的涉案图书差错率超过0.05%,违反了有关图书质量管理方面的规定,鉴于其所做差错率的统计系基于其第三校样稿和第四校样稿所作出的,而被告对该样稿并不予认可,且有关图书差错率的问题属于图书出版合同履行过程中出现的纠纷,不属本案侵犯著作权纠纷审理范围,故法院对此不予处理。

> 案件解析

本案的争议焦点在于原告并未书面许可被告出版涉案图书,那么被告的出版行为是否侵犯原告享有的著作权?

《著作权法》(2001)第29条[现为《著作权法》(2020)第32条]规定:"图书出版者出版图书应当和著作权人订立出版合同,并支付报酬。"[1]本案中,被告方志出版社与原告诸葛某之间未就涉案图书出版订立图书出版合同,被告系自与原告签订协议的燕创公司取得涉案图书样稿予以出版的。

---

[1] 全国人大常委会法制工作委员会民法室编:《〈中华人民共和国著作权法〉修改立法资料选》,法律出版社2002年版,第76页。

第二节
著作权许可使用合同未明确约定的适用默示许可

90. 新沂电视台等与徐州市淮海戏剧王音像有限公司等著作权纠纷案[1]

▶ **案件影响**

入选"2009年中国法院知识产权司法保护50件典型案件"。

▶ **裁判要旨**

著作权许可使用合同未明确约定的,可以通过当事人的行为推定其适用默示许可。

合同应当按照所使用的词名、合同的有关条款、合同的目的、交易习惯以及诚实信用原则,确定该条款的真实意思。对于著作权许可使用合同未约定的事项,但签订合同之前即知晓该公司使用的,但一直未提出异议,且其本人还实际参与的,应当认定其已经以行为表明同意使用。

【关键词】

默示许可;类似摄制电影;未经许可;著作权限制

【当事人】

上诉人(原审被告):新沂电视台;

上诉人(原审第三人):丁某某(艺名丁舞);

被上诉人(原审原告):徐州市淮海戏剧王音像有限公司(以下简称淮海戏剧王公司);

原审第三人:刘某飞。

---

[1] 新沂电视台等与徐州市淮海戏剧王音像有限公司等侵犯著作权纠纷案,江苏省徐州市中级人民法院民事判决书,(2009)徐民三初字第28号;新沂电视台等与徐州市淮海戏剧王音像有限公司等侵犯著作权纠纷上诉案,江苏省高级人民法院民事判决书,(2009)苏民三终字第0250号。

一审案件事实

淮海戏剧王公司系2000年10月30日依法成立的有限公司(自然人独资)。丁某某(艺名:丁舞)、王某兰、刘某飞、张某侠均系演唱琴书的民间艺人,丁某某将古书《十把穿金扇》改编成曲艺作品,并以徐州扬琴戏说唱的形式进行表演(丁某某主唱、王某兰配唱)。

自2002年起,由淮海戏剧王公司投资开始摄制电视琴书《十把穿金扇》,王某康为导演与制片人。淮海戏剧王公司使用了丁某某改编的同名曲艺作品作为剧本,根据剧本内容在徐州汉城划分不同的拍摄场景,聘请了专门的演职人员负责摄制中的表演、摄像、灯光、服装等工作,并对原始资料带进行了后期的剪辑与制作。该剧的表演形式主要是根据丁某某、王某兰的演唱内容配以戏曲演员的扮像和表演,对难以表演的部分内容则直接拍摄丁某某、王某兰的现场说唱。《十把穿金扇》VCD的录制过程为分集陆续进行。录制过程中,丁某某、王某兰均到过徐州汉城的外景拍摄现场。

2003年山东文化音像出版社书面通知淮海戏剧王公司,准许淮海戏剧王公司制作加工《十把穿金扇》等10部曲目。

2002年至2008年,《十把穿金扇》VCD计125集录制完成并相继出版发行。该VCD外包装载明以下内容:淮海戏剧王公司总经销,制作人:王某康(淮海戏剧王公司法定代表人王某军之子),演唱:丁舞、王某兰,并在封底印有丁某某、王某兰演唱的图片。该作品播放片头的演职表中列明了琴书演唱者为丁某某、王某兰,制片、导演均为王某康,王某康在庭审中陈述同意将其对电视琴书《十把穿金扇》享有的著作权归属于淮海戏剧王公司。

为了配合涉案VCD的市场销售,丁某某、王某兰以说书的形式于2004年录制了宣传广告。

2005年1月1日,淮海戏剧王公司法定代表人王某军与丁某某签订一份合同书,约定:丁舞愿意把古书《十把穿金扇》等用扬琴调同王某兰联合演唱给淮海戏剧王公司,录制成碟片供市销售。录音费每片共500元(已支付)。

2008年9月10日,丁某某向江苏省文艺著作权维权中心申请登记《十把穿金扇》作品,在申请书中丁某某载明:2006年由丁某某演唱琴书由淮海戏剧王公司出版发行,共15部每部8集或9集。该书目VCD光碟、磁带等音像制品在苏鲁豫皖地带广泛流行等。2008年9月16日,江苏省版权局对曲艺作品《十把穿金扇》予以登记,著作权人为丁某某、王某兰。

2009年1月12日,刘某飞代表刘某飞、张某侠、王某兰、丁某某与陈某伟签订一份著作权许可使用合同,约定许可陈某伟在包括徐州地区的新沂等12地的电视台播放刘某飞、张某侠、王某兰、丁某某演唱的琴书中插播"白马寺痛消贴""伊丽清""咳喘停"等药品广告。陈子伟每年向刘某飞、张某侠、王某兰、丁某某交纳著作权许可使用费72,000元,即每月6000元等。

新沂市公证处于2009年1月22日对新沂电视台在该日上午7点至9点之间播放的电视节目进行了证据保全公证,并出具了(2009)苏新证民内字第24号公证书,证明新沂电视台于2009年1月22日播放了涉案电视琴书《十把穿金扇》。新沂电视台未向淮海戏剧王公司支付报酬。

一审原告诉请

原告请求法院依法判令新沂电视台:
1. 立即停止侵权行为。
2. 赔偿经济损失计人民币100,000元。
3. 承担诉讼费用。

一审裁判结果

一审法院判决:

1. 新沂电视台自判决生效之日起,立即停止播放以摄制电影的方法创作的作品《十把穿金扇》。

2. 新沂电视台自判决生效之日起10日内,赔偿淮海戏剧王公司包括合理开支在内的经济损失人民币10,000元。

3. 驳回第三人丁某某、刘某飞、张某侠的诉讼请求。

一审裁判理由

一、以类似摄制电影的方法创作的作品《十把穿金扇》的著作权依法应属于淮海戏剧王公司

理由如下:

1. 电视琴书《十把穿金扇》系以类似摄制电影的方法创作的作品,著作权由制片者享有。淮海戏剧王公司投资拍摄的电视琴书《十把穿金扇》,不仅聘请了专门的演职人员负责影视摄制中的表演、摄像、灯光、服装等工作,还根据剧本在摄制中进行了外景与室内的拍摄,且对原始资料带进行了后期的剪辑与制作,足以表明电视琴书《十把穿金扇》的创作方法符合类似摄制电影的方法特征,属于我国著作权法保护的以类似摄制电影的方法创作的作品,整体著作权由制片者享有。电视琴书《十把穿金扇》VCD外包装署名的制作人与演职表中列明的制片人、导演均为王某康,王某康陈述其为职务行为并同意将著作权归属于淮海戏剧王公司,故淮海戏剧王公司作为制片者依法对电视琴书《十把穿金扇》作品享有著作权。

2. 淮海戏剧王公司摄制电视琴书《十把穿金扇》获得了第三人丁某某的许可。

首先,丁某某提供的江苏省版权局登记证书仅能证明其与王某兰对曲艺作品《十把穿金扇》享有著作权,而非本案讼争作品。其次,王某兰在庭审中的证言证明其许可淮海戏剧王公司录制发行涉案电视琴书VCD,而丁某某关于不明知亦未许可淮海戏剧王公司使用其作品并对其演唱予以音配像的主张与事实不符,主要体现在:(1)淮海戏剧王公司从2002年即开始使用丁某某的曲艺作品及演唱录制、发行涉案电视琴书《十把穿金扇》,拍摄活动公开进行,并持续了多年时间,丁某某亦曾去过徐州汉城的拍摄现场,对该作品中难以配像的部分则直接使用了丁某某、王某兰的现场说唱,证人王某兰、宋某竹的证言可以印证上述事实。(2)丁某某与王某兰于2004年录制了宣传广告,宣传内容明确指向淮海戏剧王公司录制的碟片,并对以琴书唱、戏曲扮的表演形式予以肯定。2005年1月1日丁某某与淮海戏剧王公司签订合同约定:丁舞愿意把古书《十把穿金扇》等用扬琴调同王某兰联合演唱给淮海戏剧王公司,录制成碟片供市销售。录音费每片共500元(已支付)。(3)2008年9月10日,丁某某向江苏省文艺著作权维权中心申请《十把穿金扇》作品登记的申请书中载明:2006年由丁某某演唱琴书由淮海戏剧王公司出版发行,共15部每部8集或9集。该书目VCD光碟、磁带等音像制品在苏鲁豫皖地带广泛流行等,该证据佐证了丁某某明知并接受其作品被淮海戏剧王公司使用的事实。综上,丁某某的上述行为均表明其对淮海戏剧王公司录制电视琴书《十把穿金扇》的过程是明知与认可的,故对丁某某的主张不予支持。

二、新沂电视台播放涉案电视琴书《十把穿金扇》的行为构成对淮海戏剧王公司著作权的侵犯

我国《著作权法》(2001)第45条前半分句规定,电视台播放他人的电影作品和以类似摄制电影的方法创作的作品、录像制品,应当取得制片者或者录像制作者许可,并支付报酬。电视琴书《十把穿金扇》片头的演职表中以及 VCD 外包装上对演唱者、制片者均有明确署名,新沂电视台在使用该电视作品时,仅审查了演唱者及原曲艺作品作者而非制片者签订的许可使用合同,即在该电视台播放了电视琴书《十把穿金扇》第 1 部 1~5 集,且在播放过程中插播商业广告,未向淮海戏剧王公司支付报酬,其行为已经构成对涉案以摄制电影的方法创作的作品著作权人淮海戏剧王公司的侵害。

三、新沂电视台应该承担的民事责任

新沂电视台未经许可的播放行为,构成对淮海戏剧王公司著作权的侵犯,应该承担相应的民事责任。淮海戏剧王公司关于责令新沂电视台停止侵权行为的诉讼请求,一审法院予以支持。关于赔偿数额,鉴于淮海戏剧王公司未能提供充足的证据来支持其包括合理开支在内的实际损失或者新沂电视台由于侵权行为所获得商业利益的具体数额,故对淮海戏剧王公司请求的赔偿数额不予全额支持。一审法院综合考虑涉案作品《十把穿金扇》的性质、内容、影响力及新沂电视台的性质、侵权方式、侵权时间、侵权人的主观过错程度等因素确定本案赔偿数额。

二审案件事实

二审法院查明:一审法院查明的事实属实,并予以确认。

二审上诉请求

新沂电视台上诉,请求依法改判上诉人不承担责任。
丁某某提起上诉,请求依法改判淮海戏剧王公司不享有著作权。

二审裁判结果

二审法院判决如下:驳回上诉,维持原判决。

二审裁判理由

一、淮海戏剧王公司是涉案电视琴书作品《十把穿金扇》的合法著作权人

本案围绕《十把穿金扇》的创作形成两种类型的作品:一是由丁某某和王某兰以扬琴调进行演唱而创作完成的琴书《十把穿金扇》,属于曲艺作品;二是由淮海戏剧王公司在丁某某和王某兰演唱的曲艺作品《十把穿金扇》的基础上,聘请专门的戏曲演员和导演,进行扮像和表演,并通过后期的编辑,将戏曲演员的表演与丁某某、王某兰的说唱有

机组合起来,制作成VCD碟片即电视琴书《十把穿金扇》,属于以类似摄制电影的方法创作的作品。

就琴书《十把穿金扇》而言,该琴书是由丁某某在整理古书《十把穿金扇》的基础上通过丁某某和王某兰的演唱而形成,具有独创性,是符合我国著作权法规定的曲艺作品。丁某某和王某兰作为演唱者对该琴书作品依法享有著作权。

就电视琴书《十把穿金扇》而言,由于该电视琴书是淮海戏剧王公司在琴书《十把穿金扇》作品的基础上摄制完成,依照我国著作权法的规定,应当取得琴书作品著作权人的许可。故而本案判断淮海戏剧王公司是否享有合法著作权的关键在于认定淮海戏剧王公司拍摄电视琴书是否取得琴书作品著作权人丁某某和王某兰的许可。

由于王某兰已明确陈述其同意淮海戏剧王公司拍摄电视琴书,故淮海戏剧王公司已取得著作权人之一王某兰的许可。对于是否取得丁某某的许可,淮海戏剧王公司主张根据双方2005年1月1日的合同约定,丁某某同意将其演唱的《十把穿金扇》给淮海戏剧王公司录制成碟片供市场销售,其中约定的"碟片"既包括CD唱片,也包括VCD和DVD,因此丁某某是同意淮海戏剧王公司对其演唱进行配像制作电视琴书的。丁某某则主张上述合同中并未明确许可淮海戏剧王公司拍摄VCD。对此,二审法院认为,在双方当事人对合同条款的理解有争议时,根据我国《合同法》第125条第1款的规定,应当按照合同所使用的词名、合同的有关条款、合同的目的、交易习惯以及诚实信用原则,确定该条款的真实意思。本案中,丁某某在签订合同之前即知晓该公司使用其演唱的琴书拍摄电视琴书,但一直未提出异议,且本人还实际积极参与了部分镜头的拍摄工作,故其许可淮海戏剧王公司拍摄电视琴书的意思表示是明确、清楚的,应当认定丁某某已经以行为表明其同意淮海戏剧王公司使用其琴书作品拍摄电视琴书。同时,这一事实亦印证了淮海戏剧王公司关于双方合同中约定的录制碟片包括录制VCD即电视琴书的陈述。综上,根据本案合同的实际履行情况及诚实信用原则,应当认定丁某某与淮海戏剧王公司签订的合同书中约定的录制碟片包括录制VCD碟片即电视琴书。

如前所述,由于丁某某许可淮海戏剧王公司使用其演唱的琴书拍摄电视琴书《十把穿金扇》,且作为该电视琴书的制作人即著作权人王某康已明确表示其行为为职务行为并同意将著作权归属淮海戏剧王公司所有,故淮海戏剧王公司依法对电视琴书《十把穿金扇》享有著作权。

二、新沂电视台播放涉案电视琴书《十把穿金扇》，侵犯了淮海戏剧王公司享有的著作权

我国《著作权法》(2001)第45条前半分句明确规定,电视台播放他人的电影作品和以类似摄制电影的方法创作的作品,应当取得制片者许可,并支付报酬。涉案电视琴书《十把穿金扇》的片头及VCD外包装上均明确记载了制片者,但是新沂电视台在使用该电视作品时,并未取得制片者的许可,只是取得演唱者的许可,故其播放涉案电视琴书《十把穿金扇》行为构成对淮海戏剧王公司著作权的侵犯,依法应当承担相应的民事责任。

案件解析

本案的争议焦点在于：淮海戏剧王公司与丁某某签订的合同书,并未明确许可淮海戏剧王公司拍摄VCD,如何认定淮海戏剧王公司拍摄电视琴书的行为,已经取得丁某某的许可？

在双方当事人对合同条款的理解有争议时,根据我国原《合同法》第125条[现为《民法典》第466条第1款]的规定,应当按照合同所使用的词名、合同的有关条款、合同的目的、交易习惯以及诚实信用原则,确定该条款的真实意思。本案中,丁某某在2005年1月1日与淮海戏剧王公司签订著作权许可使用合同之前即知晓该公司使用其演唱的琴书拍摄电视琴书,但一直未提出异议,且本人还实际参与了部分镜头的拍摄工作。为了配合电视琴书VCD的市场销售,丁某某、王某兰以说书的形式于2004年录制了宣传广告,明确表示淮海戏剧王公司制作了相应的电视琴书。

民事行为的意思表示可以明示或默示的方式为之。所谓明示,一般是指行为人用语言或文字等方法直接表达其内在意思的表意形式；所谓默示,是指行为人虽未用语言或者文字明确表示意见,但可以从其行为间接推断出其意思表示。不作为的默示即沉默,只有在法律有规定或者当事人双方有约定的情况下,才可以视为意思表示。本案中,丁某某是以其积极参与电视琴书《十把穿金扇》拍摄的行为表明其同意淮海戏剧王公司拍摄该电视琴书,而非单纯的沉默,故其许可淮海戏剧王公司拍摄电视琴书的意思表示是明确、清楚的。应当认定丁某某已经以行为表明其同意淮海戏剧王公司使用其琴书作品拍摄电视琴书。

第三节
网络提供免费下载没有权利声明的构成默示许可

91. 叶某某与无锡肯德基公司著作权纠纷案[①]

▶ **案件影响**

入选"2011年中国法院知识产权司法保护50件典型案例"。

▶ **裁判要旨**

具有独创性的汉字,属于以线条构成的具有审美意义的书法美术作品。TTF字库不是对字体原稿的简单复制,而是一种新的表达,在满足独创性要求的前提下,字库本身可以获得著作权法的保护。

字库提供免费下载,且在下载与安装使用过程中没有任何权利限制的文字或提示的,应当默示许可用户免费使用该字体。

【关键词】

默示许可;美术作品;独创性;字型设计;侵权行为;赔偿损失;著作权限制

【当事人】

上诉人(原审原告):叶某某;

上诉人(原审被告):无锡肯德基有限公司(以下简称无锡肯德基公司);

原审第三人:北京电通广告有限公司上海分公司(以下简称电通上海分公司)。

一审案件事实

2008年1月3日,叶某某在江苏省版权部门对"叶某某毛笔行书字体"进行了作品著作权登记,作品类型为美术作品(书法),作者和著作权人均为叶某某。字体包含有

[①] 叶某某与无锡肯德基有限公司侵犯著作财产权纠纷案,无锡市中级人民法院民事判决书,(2010)锡知民初字第0078号;叶某某与无锡肯德基有限公司侵犯著作财产权纠纷上诉案,江苏省高级人民法院民事判决书,(2011)苏知民终字第0018号。

"新""春""快""乐""虎""到""福"等字。该作品完成日期为2007年10月1日,2007年10月2日首发于中华签名网论坛。

2010年锡城公证处出具(2010)锡证民内字第757号公证书,证明与公证书相粘连的照片共22张系申请人的代理人周某颖在现场拍摄照片并冲印所得,照片中显示,上述招贴材料中包含有"新""春""快""乐""虎""到""福"等美术字体,照片内容与当时现场情况相符。无锡肯德基公司和电通上海分公司提出,(2010)锡证民内字第757号公证书中所附照片上显示的招贴材料中的"新""春""快""乐""虎""到""福"7字与叶某某提供的"叶某某毛笔行书字体"原稿中的相应7个字相比,有一定细微区别。

另查明,无锡肯德基公司成立于1993年2月24日,在江苏省区域内的无锡市、镇江市、泰州市设立有70余家分支机构(门店)。

2009年12月,电通上海分公司进行"2010年春节"活动相关画面设计,电通上海分公司最终设计完成"福贴""腰线、楼梯贴"等内容,即(2010)锡证民内字第757号公证书所附照片中显示的招贴材料。在庭审中,电通上海分公司称,其设计人员在制作过程中,通过新浪网下载了"叶某某毛笔行书简体"字体软件,并将"新""春""快""乐""虎""到""福"等字使用于"福贴""腰线、楼梯贴"招贴材料中,最终由百胜(中国)投资有限公司确认了该设计方案,并交由无锡肯德基公司使用。

又查明,2010年江苏省无锡市梁溪公证处(以下简称梁溪公证处)出具(2010)锡梁证经内字第4047号公证书。该公证书显示,在新浪网有"叶某某毛笔行书简体"字体软件下载,发布公司为中华签名网,授权方式为免费版,更新日期为2007年7月26日。在庭审中叶某某、无锡肯德基公司和电通上海分公司一致确认,该软件在下载及安装中没有出现权利限制的文字或提示。

再查明,叶某某为本案诉讼支出公证费2000元、冲印费88元、律师费38,400元、工商查档费390元,共计40,878元。

一审原告诉请

原告请求法院判令无锡肯德基公司:

1. 立即停止侵犯著作权行为并在侵权行为造成的影响范围内公开登报赔礼道歉。

2. 赔偿叶某某经济损失人民币1,440,000元,以及公证费2088元、查档费390元、律师费38,400元,合计1,480,878元。

3. 承担本案诉讼费用。

一审裁判结果

一审法院判决如下：

1. 无锡肯德基公司于判决生效后 30 日内在《扬子晚报》上刊登致歉声明（内容必须经一审法院审核）。

2. 无锡肯德基公司于判决生效后 10 日内赔偿叶某某经济损失 20,000 元及叶某某为制止侵权支付的合理费用 17,478 元。

3. 驳回叶某某的其他诉讼请求。

一审裁判理由

一、"叶某某毛笔行书字体"中的"新""春""快""乐""虎""到""福"7 个字可以作为作品获得著作权法的保护

美术作品是指绘画、书法、雕塑等以线条、色彩或其他方式构成的有审美意义的平面或者立体的造型艺术作品。"叶某某毛笔行书字体"已经过国家版权部门的著作权登记，属于著作权法意义上的作品。"叶某某毛笔行书字体"中的每个汉字均具有独创性，属于以线条构成的具有审美意义的书法美术作品，具备著作权法规定的美术作品的构成要件。

"叶某某毛笔行书字体"是经过国家版权部门著作权登记的书法美术作品，其数字化形式并未改变该作品实质，具有一致的独创性特点，依法同样受著作权法保护。即使"叶某某毛笔行书字体"是通过计算机字体软件表现出来的，其制作过程也凝聚了作者的独创性，应当予以保护。

二、无锡肯德基公司在招贴材料中使用"新""春""快""乐""虎""到""福"7 个字侵犯了叶某某对"叶某某毛笔行书字体"享有的著作权

叶某某是"叶某某毛笔行书字体"的作者，并经过国家版权部门的著作权登记，在无相反证据的情况下，叶某某享有"叶某某毛笔行书字体"的著作权。

无锡肯德基公司认为招贴材料上的涉案 7 个字与叶某某提供的"叶某某毛笔行书字体"原稿中相应文字不相同。一审法院经审理认为，两者在文字风格、笔型、间架结构等方面均呈现一致的特点，无锡肯德基公司提出的不同点属于细微差别，不影响整体的一致性。

无锡肯德基公司还主张，电通上海分公司在制作过程中使用了网上免费下载的"叶某某毛笔行书简体"字体软件生成了涉案的7个字,在下载与安装使用过程中没有任何权利限制的文字或提示,属于合理使用,不构成侵权。对此,一审法院认为:第一,当事人应对其诉讼主张提供相应证据,但无锡肯德基公司与电通上海分公司用于证明该主张的证据只是电通上海分公司对自己员工做的一份证人证言,且该证人未到庭接受质证,也无其他证据来印证其主张,不能排除其系通过其他方式,复制了"叶某某毛笔行书字体"中相应的7个字,制作出涉案招贴材料的可能;第二,即使无锡肯德基公司和电通上海分公司所述属实,也不构成合理使用。虽然"叶某某毛笔行书简体"字体软件可以从网上免费下载,且没有任何权利限制的文字或提示,但著作权的放弃不能以默示的方式作出,著作权人在未作权利限制提示的情况下,将其作品用以免费下载,一般只代表其同意下载者在法律规定的合理使用范围内,如为个人学习、研究而使用该作品,并不代表其同意将所有权利授权给下载者,不能因此认定叶某某已放弃其对于"叶某某毛笔行书字体"著作权的各项权益。而且,《著作权法》(2001)第22条、第23条已对著作权的权利限制作出了明确的规定,其他情况下使用他人作品均应取得著作权人的许可。本案中,无锡肯德基公司未经叶某某许可,将与"叶某某毛笔行书字体"相同的7个字使用于店堂内,具有商业使用性质,不符合著作权法关于合理使用的条件。

三、无锡肯德基公司应承担侵权的法律责任

无锡肯德基公司在其经营的门店中张贴了含有涉案7个字的招贴材料,该招贴材料系无锡肯德基公司股东百胜(中国)投资有限公司委托电通上海分公司设计,无锡肯德基公司是该招贴材料的实际使用者和最终受益者,叶某某有权向其主张权利。无锡肯德基公司的行为侵犯了叶某某对于"叶某某毛笔行书字体"美术作品的著作权,应当承担停止侵害、赔礼道歉、赔偿损失等侵权责任。

二审案件事实

二审法院查明:一审法院查明的事实属实,并予以确认。

二审上诉请求

叶某某请求依法改判肯德基公司赔偿其经济损失30万元并承担本案诉讼费用。

无锡肯德基公司请求撤销一审判决,驳回叶某某全部诉讼请求,由其承担本案全部诉讼费用和上诉方支出的合理费用。

二审裁判结果

一审判决认定事实有误,适用法律不当,应予改判。二审法院判决如下:

1. 撤销江苏省无锡市中级人民法院(2010)锡知民初字第0078号民事判决。
2. 驳回叶某某的诉讼请求。

二审裁判理由

一、无锡肯德基公司未使用叶某某行书字体原稿,未侵犯叶某某行书字体原稿的著作权

叶某某行书字体原稿与叶某某行书字库是不同作品;无锡肯德基公司使用的7个字来源于叶某某行书字库,而非来源于叶某某行书字体原稿,并未侵犯叶某某行书字体原稿的著作权。理由如下:

1. 叶某某行书字库是一种TTF文件,这一文件不是对字体原稿的简单复制,而是一种新的表达。该TTF字库在满足独创性要求的前提下,本身可以获得著作权法的保护。因此,叶某某行书字体原稿与叶某某行书字库是不同作品。

2. 无锡肯德基公司招贴材料中使用的"新""春""快""乐""虎""到""福"7个字与叶某某行书字体原稿存在一定区别,而该7个字与叶某某行书字体工具中的7个字相同。叶某某并无行书字体原稿公开发表以及无锡肯德基公司和电通上海分公司有机会接触到其行书字体原稿的证据。相反,电通上海分公司明确表示,含有涉案7个字的招贴系其员工使用新浪网上免费下载的叶某某行书字库制作完成,该陈述与其提供的员工调查笔录可以相互印证。因此,可以认定无锡肯德基公司使用的7个字来源于叶某某行书字库而非来源于叶某某行书字体原稿,并未侵犯叶某某行书字体原稿的著作权。

二、无锡肯德基公司使用叶某某行书字库中的"新""春""快""乐""虎""到""福"7个字不构成侵权

理由如下:

1. 叶某某已以"免费软件"方式发布其行书字库,公众有权使用该字库。叶某某在新浪网上提供的免费下载没有任何权利声明,这表明叶某某自愿将其字库作为公共产品供公众免费使用,其应当知道相关公众下载使用的方式和后果。相关公众从其声明免费下载的行为有理由相信可以使用该字库输出其想要得到的字体单字,而不论其使用性质是否具有商业性质。

2. 叶某某关于其提供字库免费下载仅限于供学习交流之用的主张不能成立。首先，如果涉案字库仅限于学习交流的目的，本身即属于著作权法规定的合理使用范围，不需要叶某某再作出对该权利的限制。叶某某将其字库作为免费软件在新浪网上提供免费下载后，相关公众有理由相信该字库是免费的，该字库的所有人已经放弃要求支付报酬的权利。其次，各方当事人均一致确认新浪网上叶某某行书字库在下载及安装中没有权利限制的文字或提示，且在一、二审诉讼中叶某某从未质疑新浪网提供下载的合法性。在新浪网已提供免费下载且无权利声明的情况下，叶某某不能再以其在中华签名网的声明对相关使用者主张权利。

3. 叶某某先将其字库以免费软件方式发布，后又主张不得用于商业目的，有违诚信原则。叶某某以免费形式发布其字库，在其字库使用范围因免费而逐渐扩大后，已从中获得一定影响力等回报，其再行主张商业性使用构成侵权，对社会公众显属不公，有违诚信原则。

4. 叶某某提出字库的免费版不允许进行二次开发或用于商业赢利目的。对此，本院认为，字库的免费版不允许进行二次开发或用于商业目的，应当是指对该免费版的软件或者字库等工具本身进行二次开发或用于商业目的，而不是指字库工具的使用结果用于商业目的，即在新浪网已发布免费版的情况下叶某某有权禁止他人对其字库进行开发或者商业出售牟取利益，但不能禁止他人利用字库输出的字体单字用于商业目的。

此外，叶某某还提出无锡肯德基公司在招贴材料中使用涉案7字属于商业性使用。对此，二审法院认为，在新春期间张贴春联窗贴等系中华民族的传统习俗，无锡肯德基公司虽然在店内张贴了"新春快乐""虎到福到"等招贴材料，但这是中华民族的传统祈福习俗，不能因无锡肯德基公司属于经营性主体而认定其所有行为均系经营性行为。因此，本案不宜认定无锡肯德基公司张贴了"新春快乐""虎到福到"等招贴材料的行为属于商业性使用。

由于本院认定无锡肯德基公司不构成侵权，对于第二个争议焦点即如果无锡肯德基公司构成侵权，应当承担何种民事责任，二审法院不再理涉。

> 案件解析

本案的争议焦点在于，在叶某某行书字库在网络上提供免费下载，且在下载与安装使用过程中没有任何权利限制的文字或提示的情况下，无锡肯德基公司使用该字库的行为是否构成侵权？

本案中，叶某某主张其虽将"叶某某行书字体"作为免费软件发布，但仅供公众学习交流之用，不能用于商业目的，无锡肯德基公司将该字体工具中的单字用在招贴材料中属于商业性使用，构成侵权。但法院认为不构成侵权，原因如下：

首先，叶某某在新浪网上提供的免费下载没有任何权利声明，这表明叶某某自愿将其字库作为公共产品供公众免费使用，其应当知道相关公众下载使用的方式和后果。相关公众从其声明免费下载的行为有理由相信可以使用该字库输出其想要得到的字体单字，而无论其使用的性质是否具有商业性质，且该字库的所有人已经放弃要求支付报酬的权利。

其次，叶某某先将其字库以免费软件方式发布，从中获得一定影响力等回报后，再行主张商业性使用构成侵权，对社会公众显属不公，有违诚信原则。

再次，字库的免费版不允许进行二次开发或用于商业目的，应当是指对该免费版的软件或者字库等工具本身进行二次开发或用于商业目的，而不是指字库工具的使用结果用于商业目的，即在新浪网已发布免费版的情况下叶某某有权禁止他人对其字库进行开发或者商业出售牟取利益，但不能禁止他人利用字库输出的字体单字用于商业目的。

最后，关于商业目的的认定，无锡肯德基公司虽然在店内张贴了"新春快乐""虎到福到"等招贴材料，但这是中华民族的传统祈福习俗，不能因无锡肯德基公司属于经营性主体而认定其所有行为均系经营性行为。

综上，无锡肯德基公司使用该字库的行为不构成侵权。

第四节
利用字库单字设计成果供客户复制发行构成默示许可

92. 北京北大方正公司与广州宝洁有限公司等著作权纠纷案[①]

▶ **裁判要旨**

默示许可是指在著作权授权许可中,被许可人并未获得著作权人的明确授权,而是根据著作权人的行为或者沉默,进而推定获得了著作权人许可的一种方式。利用字库单字设计成果供客户复制发行构成默示许可。

【关键词】

字库字体;美术作品;著作权;默示许可

【当事人】

上诉人(原审原告):北京北大方正电子有限公司(以下简称方正公司);

被上诉人(原审被告):广州宝洁有限公司(以下简称宝洁公司);

被上诉人(原审被告):北京家乐福商业有限公司(以下简称家乐福公司)。

---一审案件事实-------------------------------------

1. 2008年4月22日,方正公司以演绎作品著作权人的身份针对方正倩体系列(粗倩、中倩、细倩)在中国版权保护中心申请著作权登记,登记作品为美术作品,于2000年7月7日改编完成,同年8月31日在北京首次发表。

2. 方正公司制作销售兰亭字库软件光盘,收入了包含粗中细三种倩体的123款中文字体,销售价格为168元。光盘中著作权声明针对该"软件产品"及任何副本的著作权,均由方正公司拥有。光盘中有方正公司对用户的许可协议文件,并非安装时必须点

[①] 北京北大方正电子有限公司与广州宝洁有限公司、北京家乐福商业有限公司侵犯著作权纠纷案,北京市海淀区人民法院民事判决书,(2008)海民初字第27047号;北京北大方正电子有限公司与广州宝洁有限公司、北京家乐福商业有限公司侵犯著作权纠纷上诉案,北京市第一中级人民法院民事判决书,(2011)一中民终字第5969号。

击。限制内容包括：未经方正公司书面许可，禁止将字库产品的全部或部分用于再发布用途（包括但不限于电视发布、电影发布、图片发布、网页发布、用于商业目的的印刷品发布等）。如果用户使用需求超出了本协议的限定，请与方正公司联系以获取相应授权。

3. 宝洁公司在其生产的 24 款产品中使用了倩体"飘柔"二字。飘柔洗发水外包装系美国 NICE 公司设计，宝洁公司支付了相应的设计费。

4. 方正公司表示，NICE 公司购买方正字库，并在设计过程中使用了涉案字体，而许可协议中有对二次使用的限制，其没有授权 NICE 公司再许可权，NICE 公司无权再许可第三方使用，所以宝洁公司也无权使用涉案的字体。

5. 家乐福公司销售了宝洁公司生产的使用了倩体"飘柔"二字的 24 款产品。

一审原告诉请

原告方正公司请求法院判令：

1. 宝洁公司停止使用并销毁所有带有倩体"飘柔"二字的包装、标识、商标和广告宣传产品，赔偿经济损失 50 万元，承担诉讼合理支出 119,082 元。

2. 家乐福公司停止销售上述侵权产品。

3. 二被告公开致歉、消除影响。

一审裁判结果

一审法院依法判决如下：驳回原告方正公司的全部诉讼请求。

一审裁判理由

本案的争议焦点是字库中的单字能否构成美术作品，现评判如下：

我国著作权法中所称的美术作品，是指绘画、书法、雕塑等以线条、色彩或者其他方式构成的有审美意义的平面或者立体的造型艺术作品。与其他作品不同，美术作品要求作品本身具有审美意义，其功能价值在于传递视觉感受。在现实生活中，美术作品通常指绘画、雕塑等作品；在我国，书法也属于美术作品，是著作权法保护的对象。

就汉字而言，其作用主要在于作为沟通符号的实用性和功能性。因结构和笔画不可改变，单字所体现的风格有其局限性，故单字想形成区别于其他字体的独特风格较为困难。因字库字体需要整体风格的协调统一，其中单字的独特风格更受到较大限制，与书法家单独书写的极具个人风格的单字书法作品无法相提并论,也不同于经过单独设计的风格极为特殊的单字。但当单字的集合作为字库整体使用时,整套汉字风格协调统一,其显著性和识别性可与其他字库字体产生较大区别,较易达到著作权法意义上的独创性高度,只是其中的单字无法上升到美术作品的高度。从社会对于汉字使用的效果来讲,如果认定字库中的每一个单字都能构成美术作品,那么使用的单字与某个稍有特点的字库中的单字相近,就可能因为实质性相似构成侵权,这必然影响汉字作为语言符号的功能性,使社会公众无从选择,难以判断和承受自己行为的后果,也对汉字这一文化符号的正常使用和发展构成障碍,不符合著作权法保护作品独创性的初衷。

二审案件事实

二审法院对原审法院查明的事实依法予以确认。

二审裁判结果

二审法院依法判决如下:驳回上诉,维持原判。

二审裁判理由

上诉人如欲证明两被上诉人实施的被控侵权行为构成侵犯著作权的行为,其应证明本案事实同时满足下列全部要件:(1)涉案"飘柔"二字构成作品;(2)上诉人系涉案"飘柔"二字的著作权人;(3)被上诉人实施的行为属于对涉案"飘柔"二字的复制、发行行为;(4)被上诉人实施的复制、发行行为未获得上诉人的许可。这一许可行为既包括明示许可,亦包括默示许可。只有在本案事实同时满足上述全部要件的情况下,被控侵权行为才构成对上诉人复制权、发行权的侵犯。如其中任一要件未被满足,则上诉人的该上诉主张无法成立。本案中两被上诉人的行为系经过上诉人许可的行为,不符合侵权构成要件中的第四个要件,故无论本案是否符合另外三个要件,两被上诉人实施的被控侵权行为均不可能构成侵犯著作权的行为。

被控侵权产品上使用的"飘柔"二字系由被上诉人宝洁公司委托NICE公司采用"正版"方正倩体字库产品设计而成。NICE公司实施上述行为,应视为经过了上诉人的默示许可。NICE公司有权使用倩体字库产品中的具体单字进行广告设计,并将其设计成果许可客户进行后续的复制、发行,而被上诉人宝洁公司及家乐福公司的行为均系对该设计成果进行后续复制、发行的行为,故两被上诉人实施的被控侵权行为应被视为经过上诉人许可的行为。

关于默示许可,如果购买者基于购买行为而对该知识产权客体的特定的权利行使方式产生合理期待,如不实施这一合理期待的行为,将会导致这一购买行为对于购买者不具有任何价值或不具有实质价值,则此种情况下,对该载体的购买行为即可视为购买者同时取得了以合理期待的方式行使该知识产权的默示许可,购买者不需在购买行为之外另行获得许可。

本案中,购买者对屏幕上显示的具体单字进行后续使用的行为属于购买者合理期待的使用行为,应视为经过权利人的默示许可。购买者对于汉字字库产品中具体单字的利用通常不仅限于电脑屏幕上的显示行为,还会包括将其进行后续使用的行为。后续使用的行为既包括非商业性的使用行为,也包括商业性的使用行为。在商业性使用行为中则既包括购买者在其内部范围内使用字库中具体单字的行为,亦包括购买者将其使用结果进行后续再利用的行为。

综上所述,NICE 公司有权将其利用涉案倩体字库产品中的具体单字"飘柔"设计的成果提供给被上诉人宝洁公司进行后续复制、发行,NICE 公司的该行为属于其对涉案倩体字库产品合理期待的使用行为,应视为已获得上诉人许可的行为。在此情况下,因被上诉人宝洁公司在被控侵权产品上使用的系 NICE 公司的设计成果,故被上诉人宝洁公司复制、发行被控侵权产品的行为亦应视为经上诉人许可的行为。同理,被上诉人家乐福公司销售被控侵权产品的行为亦应视为经过上诉人许可的行为,上述行为均无须再另行获得上诉人许可。

案件解析

本案涉及著作权默示许可认定的问题。

《民法典》第 140 条规定:"行为人可以明示或者默示作出意思表示。沉默只有在有法律规定、当事人约定或者符合当事人之间的交易习惯时,才可以视为意思表示。"

在现实生活中,行为人作出意思表示的方式有两种:一是以明示的方式作出的意思表示,也就是行为人以作为的方式,直接明确地作出其意思表示。二是以默示的方式作出的意思表示,行为人并没有以语言或文字的方式明确地作出意思表示,但通过其行为可以推定其作出了一定的意思表示。沉默属于一种特殊情况,单独的沉默并不能视为默示许可,其只有在有法律规定、当事人约定或者符合当事人之间的交易习惯时,才可以视为意思表示。

在我国著作权法中并没有默示许可的明文规定,但在学术界及司法实践中已经得到广泛的认同。默示许可属于一种推定制度,其认定标准会直接影响各方主体之间的利益划分。因此应当谨慎判断当事人的行为是否构成默示许可。判断是否构成默示许可应从以下几个方面考虑:首先,作品权利人事先未明确申明拒绝对作品的利用,或者是经合理的公示催告后,著作权人未明确表示不允许对作品进行利用。其次,利益平衡是知识产权保护的基本原则之一。知识产权法在保护权利人利益的同时,还要兼顾社会公众及其他当事人的利益,不能对权利人的保护过于绝对。最后,要依据正常的市场交换规律,确保其行为符合市场基本规则,符合公平原则。

独占许可需要当事人之间明确约定,而在默示许可下双方并未对授权作出明确的约定,所以默示许可一般仅产生授予他人非独占许可的法律效果。由于许可是著作权人获得经济利益的主要方式,因此在默示许可下,被许可人也需要向著作权人支付一定的报酬,从而平衡著作权人和社会公众之间的利益。

第五节
协助配合出版社出版印刷构成默示许可

93. 张某与当当网信息技术(天津)有限公司著作权纠纷案[①]

▶ **裁判要旨**

除了法律、行政法规规定或者当事人约定采用书面形式订立合同外,当事人未采用书面形式订立但一方已经履行主要义务,对方接受的,该合同成立。著作权人将稿件交予出版社,并协助、配合出版社出版及后续印刷工作相关事宜的,即便未订立合同也未

[①] 张某与当当网信息技术(天津)有限公司著作权权属、侵权纠纷案,北京市朝阳区人民法院民事判决书,(2017)京0105民初37339号;张某与当当网信息技术(天津)有限公司著作权权属、侵权纠纷上诉案,北京知识产权法院民事判决书,(2019)京73民终1277号。

就相关价格进行约定,但其行为构成默示许可,出版社不承担侵权责任。

【关键词】

默示许可;意思表示;图书出版侵权;著作权限制

【当事人】

上诉人(一审原告):张某;

被上诉人(一审被告):北京工业大学出版社有限责任公司(以下简称北工大出版社);

被上诉人(一审被告):当当网信息技术(天津)有限公司(以下简称当当公司)。

一审案件事实

北工大出版社与张某长期就图书出版进行合作,一直以来双方合作方式为"包销"。2015年3月左右,北工大出版社时任法定代表人郝某以面谈的方式,口头向张某提出合作方式由"包销"改为"代销",对稿酬做了调整。对此,北工大出版社表示,张某同意了变更合作方式为代销的提议,双方对此已达成一致意见。张某表示其并未同意变更合作模式。

北工大出版社于2016年1月印刷、出版、发行了7本案外图书。该7本图书,北工大出版社亦未向张某结算任何稿酬或其他费用。双方曾对此进行多次沟通,张某多次发短信给郝某进行催款。

在就上述7本案外图书结算问题进行沟通的过程中,考虑到双方长期的合作关系,张某于2015年9月至2016年3月又向北工大出版社交付了包括《新编现代应用文书写作大全》(以下简称涉案图书)在案的13本图书书稿供北工大出版社审核,该批图书均通过北工大出版社的审核同意出版。2015年11月至2016年5月,就该13本图书的排版、印刷、个别内容修改、图书印刷厂确定等问题,张某委托完成图书录排工作的马全宝与北工大出版社工作人员通过聊天软件进行了相关沟通。就沟通过程而言,张某称交付稿件与配合图书排版等行为不代表张某同意北工大出版社出版涉案图书,更不代表同意其发行涉案图书。张某与北工大出版社最终未就该13本图书稿酬标准达成一致,未签订出版合同,北工大出版社亦未向张某支付稿费。

涉案图书由北工大出版社出版发行,该书版权页显示:主编为张某,出版发行为北工大出版社,定价为35元。北工大出版社表示涉案图书印数为5000册,并认可涉案图书著作权人为张某。

2017年4月17日,张某在当当网上购买了4册涉案图书,图书单价22.9元,共计91.6元,当当公司就此开具了发票。为证明涉案图书的来源,当当公司提交了其与北工大出版社于2016年4月1日签订的《商品购销合同(出版物)》。2017年5月18日,北工大出版社出具《图书版权证明书》,称包括涉案图书在内的图书版权所引发的纠纷与销售单位无关。

一审庭审中,张某明确其提起本案诉讼的案由为"著作权权属、侵权纠纷"而非"出版合同纠纷"。经一审法院多次释明询问后,张某仍主张其提起诉讼的法律关系为"著作权权属、侵权纠纷"。

一审原告诉请

张某一审的诉讼请求为:

1. 判令北工大出版社与当当公司停止发行涉案图书。

2. 判令北工大出版社与当当公司在全国性媒体上公开登报道歉。

3. 判令北工大出版社赔偿103,873.44元,以及调查取证费91.6元、律师费5000元的合理开支,当当公司就此承担连带赔偿责任。

一审裁判结果

一审法院判决如下:驳回张某的诉讼请求。

一审裁判理由

张某为涉案图书的著作权人,有权提起本案诉讼。本案的争议焦点为:(1)张某与北工大出版社是否已就涉案图书出版达成一致意见,订立出版合同;(2)张某关于北工大出版社出版发行涉案图书侵害了其对涉案图书享有的著作权的主张能否成立。

对于焦点问题一,《著作权法》(2010)第30条规定,图书出版社出版图书应当和著作权人订立出版合同,并支付报酬。原《合同法》(现已失效)第36条规定,法律、行政法规规定或者当事人约定采用书面形式订立合同,当事人未采用书面形式但一方已经履行主要义务,对方接受的,该合同成立。本案中,张某与北工大出版社就图书出版有长期的合作,并向北工大出版社交付了涉案图书的书稿供北工大出版社审核出版,在北工大出版社审核通过后,张某又委托他人对涉案图书的排版进行了后续工作,协助、配合北工大出版社完成图书的出版、印刷工作。综合上述事实,虽然张某与北工大出版社并未签订书面图书出版合同,但张某已经履行了作为著作权人在图书出版合同下的主要义务,鉴于双方之前的合作模式,张某与北工大出版社就涉案图书成立出版合同关系。尽管张某与北工大出版社就图书出版合同价款等条款并未达成一致,但该部分内容的缺失并不影响双方图书出版合同关系的成立。

对于焦点问题二,原《合同法》第122条规定,因当事人一方的违约行为,侵害对方人身、财产权益的,受损害方有权选择依照本法要求其承担违约责任或者依照其他法律要求其承担侵权责任。违约责任与侵权责任竞合的,受损害人可以选择违约责任或者侵权责任请求对方承担。但行使侵权责任请求权要具备"依照其他法律"这一必备条件。根据《著作权法》(2010)第48条第1项的规定,未经著作权人许可,复制、发行其作品的,应当根据情况,承担停止侵害、消除影响、赔礼道歉、赔偿损失等民事责任。据此,当事人行使著作权侵权责任请求权,需满足"未经著作权人许可"这一必要前提。本案中,北工大出版社印刷、出版涉案图书获得了张某的默示许可,张某与北工大出版社之间成立图书出版合同关系,张某主张北工大出版社出版涉案图书构成著作权侵权不能成立。张某与北工大出版社之间因图书出版合同引发的稿酬纠纷,应当另行解决。

二审案件事实

二审法院查明:一审法院查明的事实属实,并予以确认。

二审上诉请求

张某上诉请求法院:撤销一审判决,改判支持其一审全部诉讼请求。

二审裁判结果

二审法院判决如下:驳回上诉,维持原判。

二审裁判理由

本案的争议焦点为在双方就涉案图书出版未签订书面协议的情况下,能否认定涉案图书出版系经张某同意。

根据已查明的事实,张某向北工大出版社发送了涉案图书的选题报告,经北工大出版社确认后,张某又委托他人对涉案图书进行录排和封面设计,如期将排版和完成封面设计的书稿交付给北工大出版社,并配合完成印刷工作。张某在涉案图书发行前亦多次与北工大出版社合作出版图书,未有证据显示张某曾在涉案图书发行前明确提出异议或表明不签订书面合同则不同意北工大出版社发行涉案图书。由此,一审法院认定张某许可北工大出版社出版涉案图书,北工大出版社与当当公司不构成侵权,并无不当。

因北工大出版社的出版行为不构成侵权,故不需要赔偿,至于张某主张的获得报酬权的问题,可另案解决。

案件解析

本案的争议焦点为:在双方就涉案图书出版未签订书面协议的情况下,北工大出版社出版涉案图书的行为是否侵犯张某的著作权。

本案中,张某与北工大出版社就图书出版有长期的合作,并向北工大出版社交付了涉案图书的书稿供北工大出版社审核出版,在北工大出版社审核通过后,张某又委托他人对涉案图书的排版进行了后续工作,协助、配合北工大出版社完成图书的出版、印刷工作,综合上述事实,虽然张某与北工大出版社并未签订书面图书出版合同,但张某已经履行了作为著作权人在图书出版合同下的主要义务,鉴于双方之前的合作模式,应当认定为张某与北工大出版社就涉案图书成立出版合同关系。尽管张某与北工大出版社就图书出版合同价款等条款并未达成一致,但该部分内容的缺失并不影响双方图书出版合同关系的成立。

第六节

明确告知作品用于宣传并配合构成默示许可

94. 湖南派睿建筑设计有限公司与贵州保恒建设工程有限公司等著作权纠纷案[①]

▶ **裁判要旨**

被告明确告知将涉案作品用于宣传且会去除原告相应标识后,原告方仍予以配合的,构成默示许可。

【关键词】

默示许可;意思表示;行为方式;宣传许可;施工图;著作权限制

【当事人】

原告:湖南派睿建筑设计有限公司(以下简称派睿公司);

被告:贵州保恒建设工程有限公司(以下简称保恒建设公司);

被告:贵州保恒建筑科技有限公司(以下简称保恒科技公司)。

案件事实

法院查明:2018年10月,保恒建设公司股东邓某通过微信向原告购买了别墅设计图6套,每套为5张,包括效果图、建筑图、结构图、给排水图、电气图,共支付3300元,原告通过快递纸质图纸的方式完成了交付。后应邓某要求,原告工作人员通过微信向邓某发送了带有原告水印的前述结构图、给排水图、电气图电子文档,带有备注的效果图、建筑图电子文档。原告工作人员表示可以扫描原告交付给被告的纸质图纸做宣传;效果图没有水印,只是下面有一个备注,并表示原告可以去掉备注。

审理中,原告提交案涉图片的制作过程的原始文档部分打印图片,并通过(2019)湘

[①] 湖南派睿建筑设计有限公司与贵州保恒建设工程有限公司等著作权权属、侵权纠纷案,贵州省贵阳市中级人民法院民事判决书,(2020)黔01民初598号。

长麓证民字第 8466 号公证书对原告计算机内保存的案涉图片的底稿及电子原件进行了公证,原告电子文档中案涉图片的编号为 PR051,为三层别墅图。

因邓某表示需要其他效果图用于宣传,2018 年 12 月 27 日,2019 年 1 月 1 日,原告工作人员通过微信向其发送了包含案涉图片在内的效果图,编号为 59fcc6e7 - 1051 - 42b8 - 88ac - 6656d2590270。在双方的聊天记录上显示,邓某明确表示需要用于产品手册,且不能存在原告 logo,原告工作人员同意。另外,2019 年 10 月 15 日,原告工作人员与邓某联系,要求下架其公司公众号上原告提供的图片。

(2019)湘长麓证民字第 8467 号公证书证实,"保恒轻钢别墅"微信公众号中使用了案涉图片进行宣传,该微信公众号显示的账号主体为保恒建设公司,微信公众号内对保恒科技公司进行了宣传,该宣传图片上无原告的相应水印等标识。审理中,被告保恒建设公司、保恒科技公司认可其运营该公众号,认为使用的图片来源于原告发送的效果图。

审理中,原告主张被告侵犯了原告案涉作品的复制权、信息网络传播权、署名权、财产权。原告主张本次起诉被告侵权图片或系列图片纠纷案件共 52 件,提交委托代理合同及收据各一份,并提交公证费发票、打印收据、车票等票据,拟证明此次维权支付律师费共 3 万元,此次系列维权共开支 44,458 元,分摊每件的维权成本大约 800 多元。

原告诉请

原告派睿公司向法院提出诉请:

1. 判令两被告在全国公开发行的报纸及"保恒轻钢别墅"微信公众号上向原告公开赔礼道歉,要求:致歉内容应包含本案判决书案号以及侵犯原告著作权的具体情节,致歉版面积不小于:6.0cm×9.0cm,微信公众号致歉时间不少于 30 天。

2. 判令两被告赔偿原告经济损失 1996 元以及维权成本合理开支暂计 800 元(维权成本合理开支应以本案结案时实际支出为准),以上暂共计 2769 元。

3. 判令两被告共同承担本案的诉讼费。

裁判结果

原告主张被告在微信公众号上使用案涉未经其许可的图片的主张没有事实依据,法院判决如下:驳回原告诉讼请求。

● **裁判理由**

本案的争议焦点为：被告在其微信公众号上使用案涉图片是否侵害了原告的著作权。

依照《著作权法实施条例》（2013）第 4 条规定："著作权法和本条例中下列作品的含义：……（十二）图形作品，是指为施工、生产绘制的工程设计图、产品设计图，以及反映地理现象、说明事物原理或者结构的地图、示意图等作品；……"涉案示意图属于上述法律规定的图形作品的范畴，相关权利依法应受著作权法的保护。

《最高人民法院关于审理著作权民事纠纷案件适用法律若干问题的解释》（2002）第 7 条规定："当事人提供的涉及著作权的底稿、原件、合法出版物、著作权登记证书、认证机构出具的证明、取得权利的合同等，可以作为证据。在作品或者制品上署名的自然人、法人或者其他组织视为著作权、与著作权有关权益的权利人，但有相反证明的除外。"本案原告提交了案涉图片存储在原告电脑上的相关设计文档，原告向被告发送相关文档时亦有相应水印，亦使用原告的名义在互联网对外销售，在没有相反证据的情况下，应认定原告系案涉图片的著作权人。原告依法享有署名权、复制权、信息网络传播权、获取报酬的权利。

关于本案的争议焦点，首先，从双方当事人的意思表示来分析，原《民法总则》（现已失效）第 135 条规定：民事法律行为可以采用书面形式、口头形式或者其他形式；法律、行政法规规定或者当事人约定采用特定形式的，应当采用特定形式。意思表示可以通过行为的方式作出。原《民法总则》第 142 条第 1 款规定：有相对人的意思表示的解释，应当按照所使用的词句，结合相关条款、行为的性质和目的、习惯以及诚信原则，确定意思表示的含义。本案中，第一，从双方当事人之间的微信对话可以看出，在被告明确告知原告将涉案效果图用于宣传且会去除原告相应标识后，原告工作人员仍然将其效果图发送给邓某且并未附加任何条件，原告具有许可被告将效果图用于宣传且去除原告相应标识的意思表示。第二，2019 年 10 月 15 日，原告工作人员与邓某联系的内容可以看出，原告具有许可被告将案涉图片用于宣传的意思表示。第三，效果图作为设计图中的一张，依附于其他施工图，单纯的效果图不具备建造建筑物的功能。其间，原、被告亦进行了施工图的费用协商，因此，依照双方当事人所使用的词句，结合相关行为的目的来看，被告主张原告同意被告将效果图用于宣传，然后依据施工需要购买整套图纸具备合理性。

其次,从原告陈述的事实与理由分析,原告主张被告未经其许可从其官网上下载、复制案涉效果图并不具备事实基础,案涉图片实为原告工作人员发送给被告用于宣传,且未附加条件。

> **案件解析**

本案的争议焦点为:被告在其微信公众号上使用案涉图片是否侵害了原告的著作权。

首先,在被告明确告知原告将涉案效果图用于宣传后,原告工作人员表示可以扫描原告交付给被告的纸质图纸做宣传;效果图没有水印,只是下面有一个备注,并表示原告可以去掉备注。其次,被告表示需要其他效果图用于宣传时,原告工作人员亦将其效果图发送给邓某且并未附加任何条件。可以看出,原告具有许可被告将案涉图片用于宣传的意思表示。再次,效果图作为设计图中的一张,依附于其他施工图存在,单纯的效果图不具备建造建筑物的功能,被告主张原告同意被告将效果图用于宣传,然后依据施工需要购买整套图纸具备合理性。最后,案涉图片实为原告工作人员发送给被告,并非被告未经许可从原告官网上下载、复制。因此,被告在其微信公众号上使用案涉图片并没有侵害了原告的著作权,而是获得了原告的默示许可。

第五篇 | 发行权穷竭

第一节
销售库存与退货行为不适用权利穷竭原则

95. 滚石国际音乐股份有限公司与上海强声音像器材有限公司等录像者权纠纷案[1]

▶ **裁判要旨**

权利穷竭的前提是知识产权产品已进入流通领域，而库存是产品尚未进入流通领域；退货是进入流通领域后又返还原主，亦未成功进入流通领域，故销售库存产品、退货的行为不适用权利穷竭原则。

【关键词】

录音录像制作者权；发行权穷竭

【当事人】

原告：滚石国际音乐股份有限公司；

被告：上海强声音像器材有限公司（以下简称强声公司）；

被告：上海金像光盘制作有限公司（以下简称金像公司）；

被告：上海音像有限公司（以下简称音像公司）。

案件事实

原告提供的赵传《当初应该爱你》专辑系在我国台湾地区出版。

2010 年 1 月 11 日，原告委托代理人余某在上海市徐汇区虹桥路 1 号上海港汇广场

---

[1] 滚石国际音乐股份有限公司、上海强声音像器材有限公司等侵害录音录像制作者权纠纷案，上海市徐汇区人民法院民事判决书，(2012) 徐民三 (知) 初字第 15 号。

5楼强声公司经营的音像店内购买光盘59盒,其中包括赵传《当初应该爱你》专辑一张,该专辑售价35元。金像公司在庭审中确认,该CD唱片系由其复制,音像公司确认该CD唱片系其委托金像公司复制。强声公司提供了产品发货单和付款凭证,证明该专辑是其于2009年9月1日向音像公司购买的,批发价为每张18元,涉案专辑共购买了10张,音像公司对此予以确认。

经比对,音像公司出版的《当初应该爱你》专辑中收录的歌曲与原告主张权利的在我国台湾地区出版的专辑中的10首歌曲相同。

原告诉请

原告滚石国际音乐股份有限公司诉称,原告是音乐专辑《当初应该爱你》的录音制作者,对该专辑享有录音录像制作者权。原告发现强声公司在其经营的音像店内销售上述音乐专辑,经核实,该专辑光盘由金像公司复制生产,由音像公司出版发行。原告从未许可上述三被告复制并发行上述音乐专辑,三被告的行为严重侵害了原告的合法权益,给原告造成巨大的经济损失。据此,请求法院判令:

1. 三被告立即停止侵权。

2. 三被告共同赔偿原告经济损失人民币100,000元以及原告为制止侵权行为所支出的合理费用20,000元。

3. 三被告共同承担本案诉讼费。

裁判结果

法院依法判决如下:

1. 被告强声公司、音像公司立即停止侵权。

2. 被告音像公司赔偿原告滚石国际音乐股份有限公司经济损失及合理费用共计人民币25,000元。

3. 驳回原告滚石国际音乐股份有限公司其他诉讼请求。

裁判理由

本案的争议焦点是:(1)原告对被控侵权专辑中的10首歌曲是否享有录音制作者权;(2)被告音像公司是否获得复制和发行涉案专辑的授权;(3)如果被告音像公司获得过授权,其在授权期限届满后是否侵害了原告的发行权;(4)如果三被告构成侵权,应如何承担侵权责任。

关于第一个争议焦点,法院认定原告对涉案 10 首歌曲享有录音制作者权。

关于第二个争议焦点,法院确认音像公司于 1995 年 10 月 13 日获得滚石有声出版社有限公司的授权,其在授权期间内有权按照约定数量复制涉案专辑并享有中国大陆地区独家发行权。在 1995 年 10 月 13 日至 1998 年 10 月 12 日,音像公司委托金像公司复制涉案专辑并在中国大陆地区发行,未侵害原告的复制权和发行权。

关于第三个争议焦点,根据当事人签订的《合约书》第 2 条的约定,音像公司在授权期间享有涉案专辑的发行权,故音像公司在 1998 年 10 月 13 日以后不享有涉案专辑的发行权。本案中,强声公司所销售的涉案专辑是其于 2009 年 9 月 1 日向音像公司购买的,音像公司对此解释为,其确实在 1998 年 10 月 13 日以后向各零售商销售过涉案专辑,这些专辑一部分是 1998 年 10 月 12 日以前没有销售掉的库存,另一部分是音像零售商的退货。法院认为,发行权的发行权穷竭原则又称"首次销售原则"或"发行权一次用尽原则",是指在作品原件或复制件已经过著作权人授权在市场公开流通的情况下,著作权人不得限制买受人转售其购得的作品原件或复制件。适用发行权穷竭原则的一个前提是知识产权产品已进入流通领域。本案中,由于音像公司的库存专辑未进入流通领域,其销售库存的行为属于首次销售,不适用发行权穷竭原则。关于零售商的退货部分,由于退货的本质是商品所有权返还原主,而非商品继续向下游环节流通,故退货专辑回到音像公司后就属于退出流通领域的商品,音像公司再次销售这些专辑仍属于将商品投入流通领域的首次销售行为,也不适用发行权穷竭原则。因此,音像公司销售其库存和退货的行为属于著作权法意义上的发行行为,上述行为发生在授权期间以外,构成对原告发行权的侵害。

关于第四个争议焦点,音像公司未经原告许可,在授权期间以外发行涉案 CD 专辑,应承担停止侵权、赔偿损失的民事责任。根据《合约书》第 3 条、第 4 条和第 9 条的约定,音像公司支付的版费并非以其实际发行数量结算,其未发行的剩余库存并非侵权复制品,故上述库存如何处理的问题不属于本案作为侵权纠纷案件的处理范围,应由音像公司与原告自行协商或另案处理。关于原告要求音像公司将所有剩余库存交由原告处理的诉讼请求,法院不予支持。强声公司销售的涉案专辑系音像公司未经许可发行,其再次销售的行为不适用权利穷竭原则,也构成对原告发行权的侵害,然其作为销售者已证明涉案专辑源于音像公司,故强声公司无须承担赔偿责任,但应承担停止侵权的民事责任。金像公司未侵害原告的复制权,无须承担侵权责任,故原告对金像公司的诉讼请求,法院不予支持。

关于音像公司应承担的赔偿数额,由法院依法酌定。

> **案件解析**

本案涉及发行权穷竭原则(权利穷竭原则在著作权领域的体现),核心争议是:知识产权所有人在其产品第一次售出以后,能否再干涉该产品的进一步流通?在权利人试图控制知识产权产品进一步流通的案例诉请中,欧美国家逐步形成了两种理论,那就是德国的权利用尽理论和美国的首次销售理论。前者强调的是权利人可以控制第一次发行,后者强调的是首次发行后权利人将失去对后续发行的控制权。实际上,这不过是同一个发行行为前后两个阶段控制权的不同表现而已,也可以说是一个问题的正反两个方面,二者实质上为同一含义,不存在任何矛盾。结论是,知识产权权利人只控制首次发行,不控制后续发行。上述理论延伸到了著作权领域,形成了发行权穷竭理论。

《世界知识产权组织版权条约》(WCT)第6条第2项规定:"对于在作品的原件或复制品经作者授权被首次销售或其他所有权转让之后适用本条第(1)项中权利的用尽所依据的条件(如有此种条件),本条约的任何内容均不得影响缔约各方确定该条件的自由。"

《欧盟关于协调信息社会中版权和邻接权》第4条第2款规定:"作品原件或复制件的发行权在欧共体内不会穷竭,除非经权利人授权或经其同意在共同体内首次销售或以其他方式转让该作品原件或复制件的所有权。"《欧盟关于计算机程序的法律保护》第4条第3款、《欧盟关于数据库的法律保护指令》第5条C款、《欧盟关于出租权、出借权以及知识产权领域中与版权相关的权利》第9条第2款有相似规定。

《美国版权法》第109条a款规定:"虽有第106条第3款之规定,依本编合法制作的特定复制品或录音制品的所有人,或者该所有人授权之任何人,有权不经版权所有人许可而出售该复制品或录音制品,或以其他方式处置其占有。"

《德国著作权法》第17条第2款规定:"著作原件或者复制件经另一欧盟联盟成员国或者欧洲经济区协议缔约国的权利人许可,以让与方式发行的,除出租外,得再次发行。"

从上述法律规定可以看出,发行权穷竭是合法制作的作品/制品的特定的原件或复制件在著作权人/邻接权人许可的条件下,一经首次出售,著作权人/邻接权人即丧失对后续发行的控制权,但不丧失出租权。

一般来说,发行权穷竭的构成要件如下:合法原件或复制件;首次销售;已经进入市场流通领域;主张发行权穷竭的一方承担举证责任;发行权穷竭暂不适用信息网络传播领域(有争议);发行权穷竭不涉及作者的其他著作权。

对于音像公司再次销售退货专辑的行为,虽然侵害发行权,但这属于销售者在销售货物时无法预测的情形,其过错程度很低,而且退货数量也不会很多,在大多数情况下并不会成为常态,故法院应当对该侵权行为在判决中从轻处罚乃至不处罚,否则将大大增加社会成本。

第二节
权利穷竭的举证责任分配

96. 广州新月演艺经纪有限公司与广东星文文化传播有限公司录制者权纠纷案[①]

▶ 裁判要旨

权利穷竭的举证责任如何分配？当事人对自己提出的事实有责任提供证据予以证明,主张权利穷竭的一方应当承担举证责任。

【关键词】

录音制作者权;发行权穷竭

【当事人】

上诉人(原审被告):广东星文文化传播有限公司(以下简称星文公司);

---

① 广州新月演艺经纪有限公司与广东星文文化传播有限公司录音录像制作者权权属纠纷案,广东省广州市越秀区人民法院民事判决书,(2015)穗越法知民初字第841号;广州新月演艺经纪有限公司与广东星文文化传播有限公司录音录像制作者权权属纠纷上诉案,广州知识产权法院民事判决书,(2016)粤73民终1045号。

被上诉人(原审原告):广州新月演艺经纪有限公司(以下简称新月公司);

原审被告:广州新华书店企业集团音像发行有限公司(以下简称广州新华书店)。

一审案件事实

一、关于涉案歌曲的权利来源及其法律状态事实

新月公司依法享有《我要去西藏》等9首歌曲的著作财产以及获得《爱不在就放手》歌曲的独占许可使用权。

2009年,新月公司出版了《我要去西藏》音像制品,其中收录了乌兰托娅演唱的《我要去西藏》等10首歌曲,新月公司依法享有该制品所收录歌曲的录音制作者权。新月公司出示的正版音像制品《我要去西藏》DSD专辑收录有涉案歌曲《今夜的草原》等10首歌曲。

二、关于涉案被控侵权行为事实

2015年1月22日,新月公司从广州新华书店处购买了音像制品《我要去西藏》DSD一盒(内含歌曲《今夜的草原》),盘面署名"我要去西藏乌兰托娅最具特色天籁女声首张个人天碟DSD(Direct Stream Digtal),出版:广东音像出版社,版权提供:广州新月演艺经纪有限公司,专有发行:广东星文文化传播有限公司"等信息。

当庭使用法庭计算机播放新月公司主张权利的音像制品《我要去西藏》DSD和被控侵权音像制品《我要去西藏》DSD中的同名歌曲《今夜的草原》进行比对后,新月公司认为涉案被控侵权歌曲《今夜的草原》与其权利作品《今夜的草原》在词、曲、音源方面完全一致。

又查,根据新月公司补充提交的证据6和证据7,2016年7月14日,新月公司从广州新华书店处购买了音像制品《我要去西藏》DSD两盒。同月16日,新月公司又从广州新华书店处购买到音像制品《我要去西藏》DSD一盒。

另外,关于涉案被控侵权音像制品的来源问题。星文公司向一审法院邮寄提交了其与新月公司于2008年12月24日签订的《专辑制品发行合同》以及所附的《版权节目制作证明》和委托广东音像出版社有限公司(以下简称广东音像出版社)、新会佩斯光电有限公司(以下简称佩斯公司)出版、复制涉案被控音像制品《乌兰托娅我要去西藏》DSD的《录音录像制品复制委托书》(编号:0817712)。其中在《专辑制品发行合同》中写明由新月公司制作的《今夜的草原》(演唱:乌兰托娅)等10首歌曲的录音制品授权给星文公司在中国发行,新月公司同意将《今夜的草原》等10首歌曲录音制品编辑为一张专辑,授权星文公司以光盘载体形式在中国出版、发行、复制;本合同自签订之日起有效期为5年,在合同期满前30日内,双方未达成新的合同或同意续期,则本合同终止,星文公司应在合同终止后及时收回相应未售出的音像制品,全部收尾工作应在合同终止后的6个月之内结束,本合同自双方签章时生效等。根据星文公司提交的《录音录像制品复制委托书》,出版单位广东音像出版社委托复制单位新会佩斯光电有限公司复制激光唱盘母盘,复制数量为8000张,交货时间自2008年12月26日起至2009年12月25日止。新月公司在庭审质证中对星文公司邮寄提交的《专辑制品发行合同》《版权节目制作证明》《录音录像制品复制委托书》的真实性、合法性予以确认,但认为被控侵权音像专辑是发行合同期满(2013年12月23日)之后销售的,即星文公司在发行合同期满后没有收回未售出的音像制品,而是继续复制发行涉案被控侵权音像制品《我要去西藏》DSD,侵犯了新月公司享有的对涉案音像制品《我要去西藏》DSD收录的同名歌曲《今夜的草原》的录音制作者权。

三、其他查明事实

1. 星文公司主要从事国内音像制品批发等业务。星文公司认为广州新华书店销售的被控侵权音像制品《我要去西藏》DSD是其供应给广州新华书店销售的正版音像制品。星文公司为此也邮寄了一份《星文文化传播有限公司销售单》(2012年8月29日)以及一份自行制作的《业务流水帐》,其中销售单载明星文公司于2012年8月29日向广州新华书店销售出库涉案音乐专辑《我要去西藏》DSD3盒。《业务流水帐》显示星文公司自2009年9月1日至2016年9月6日共向广州新华书店销售出库涉案音乐专辑《我要去西藏》DSD38盒。新月公司在质证中认为星文公司在第一次邮寄提交的销售单(2012年8月29日)中载明仅向广州新华书店销售出库3盘涉案被控侵权音像制品《我要去西藏》DSD,但新月公司在诉讼过程中,曾向广州新华书店购得涉案被控侵权音像制品5盘,超出了星文公司的供货记录。星文公司其后又提供了自行制作的《业务流水帐》(日期检索自2009年9月1日至2016年9月6日),目的是想证实其向广州新华书店销售出库38盘涉案被控侵权音像制品,但该《业务流水帐》故意隐瞒了具体的发货时间,存在重大瑕疵,无法证实广州新华书店销售的涉案被控侵权音像制品有合法来源。况且,广州新华书店在收到本案起诉状副本后仍不断销售涉案被控侵权音像制品,新月公司在2016年7月14日和7月16日分别在广州新华书店内购买到侵权音像制品《我要去西藏》DSD,故广州新华书店没有停止侵权行为,也没有举证证实涉案被控侵权音像制品的合法来源。

2. 新月公司在本案中曾起诉广东音像出版社和佩斯公司,要求广东音像出版社、佩斯公司停止出版、复制含有涉案被控侵权歌曲《今夜的草原》的音像专辑《我要去西藏》DSD。佩斯公司在诉讼过程中,出示了新月公司与星文公司签订的《专辑制品发行合同》以及广东音像出版社出具的《录音录像制品复制委托书》、佩斯公司发给广东音像出版社的《确认函》和《广东增值税专用发票》,证明佩斯公司接受广东音像出版社的复制委托后,按新闻出版部门的要求已向广东音像出版社核实复制委托事项是否真实才开始复制工作,故已尽合理注意义务,且实际为星文公司加工复制涉案音乐专辑《我要去西藏》DSD共5000张,最后一次交货时间为2009年3月16日,加工费为4115.04元。在一审庭审中,佩斯公司确认涉案被控侵权音乐专辑《我要去西藏》DSD是其复制的,但是在委托期限内复制,故佩斯公司没有侵犯新月公司主张的复制权。新月公司在质证中对佩斯公司所举的《录音录像制品复制委托书》《广东增值税专用发票》《专辑制品发行合同》的真实性、合法性予以确认。随后,新月公司申请撤回对广东音像出版社、佩斯公司的起诉。2016年8月18日,一审法院依法作出(2015)穗越法知民初字第841号民事裁定书,准许新月公司撤回对广东音像出版社、佩斯公司的起诉。

3. 新月公司认为佩斯公司仅确认复制涉案被控侵权音乐专辑5000张,而广州新华书店、星文公司既不到庭陈述意见,也不提供证据表明两者之间是否存在涉案被控侵权音像制品的真实的供求关系和供销数量,且在《专辑制品发行合同》履行期限早已届满的情况下,新月公司在市场流通领域仍能购买到涉案被控侵权音像制品,故广州新华书店的销售行为、星文公司的发行行为,均侵犯了新月公司享有对涉案歌曲《今夜的草原》录音制作者权中的发行权。

4. 新月公司针对广州新华书店、星文公司就包括涉案歌曲《今夜的草原》在内的10首歌曲,分别向一审法院提起40宗侵害著作权诉讼。

一审原告诉请

新月公司向一审法院起诉请求判令:

1. 广州新华书店立即停止销售收录了歌曲《今夜的草原》的侵权音像制品《我要去西藏》DSD,并销毁所有库存。

2. 星文公司立即停止发行收录了歌曲《今夜的草原》的侵权音像制品《我要去西藏》DSD,并销毁所有库存。

3. 广州新华书店、星文公司连带赔偿侵犯新月公司录音录像制作者权的经济损失以及为制止侵权行为而支付的合理开支费用共计 20,000 元。

4. 本案全部诉讼费由广州新华书店、星文公司承担。

一审裁判结果

一审法院依法判决：

1. 广州新华书店立即停止销售侵权音像制品。

2. 星文公司立即停止发行侵权音像制品。

3. 广州新华书店、星文公司连带赔偿经济损失及维权合理费用共计 1000 元给新月公司。

4. 驳回新月公司的其他诉讼请求。

一审裁判理由

一、关于新月公司是否享有涉案收录有歌曲《今夜的草原》的音像制品《我要去西藏》DSD 的录音制作者权问题

一审法院认定新月公司对歌曲《今夜的草原》享有录音制作者权中的发行、复制等著作权利。

二、广州新华书店、星文公司的销售行为及发行行为是否构成侵权问题

经当庭比对，涉案被控侵权歌曲《今夜的草原》与新月公司收录在《我要去西藏》DSD 同名录音制品《今夜的草原》的词、曲及音源上完全一致。

虽然星文公司提供了其与新月公司签订的《专辑制品发行合同》以及自认其向广州新华书店供应收录有涉案被控侵权歌曲《今夜的草原》的音像制品《我要去西藏》DSD，但《专辑制品发行合同》的签订时间为 2008 年 12 月 24 日，有效期为 5 年，且在合同终止后，星文公司应及时收回相应的未售出音像制品，全部收尾工作应在合同终止后的 6 个月之内结束。根据原《合同法》第 46 条、第 98 条之规定，当事人对合同效力可以约定附期限，附终止期限的合同，自期限届满时失效；合同权利义务的终止，不影响合同中结算和清理条款的效力，故星文公司应在合同履行期限届满时（2013 年 12 月 24 日）停止出版和委托复制涉案音像制品，并依约在合同终止后的 6 个月内收回相应未售出的音像制品。但星文公司并没有举证证实其如何收回未售出的音像制品，也没有举证证实其实际向广州新华书店供应涉案音像制品的数量，且广州新华书店也没有举证证实其与星文公司存在涉案音像制品的买卖合同关系，也没有举证证实其销售的音像制品《我要去西藏》DSD的合法来源。在星文公司自认与广州新华书店存在涉案音像专辑存在供求关系的情况下,亦没有提供证据证实具体的进货数量。

虽然星文公司提交的《销售单》显示其于2012年8月29日向广州新华书店销售出库了3盘《我要去西藏》DSD,但新月公司在诉讼过程中从广州新华书店共购买获得5盘《我要去西藏》DSD,已超出星文公司的供货量。

反观星文公司其后所举的2009年9月1日至2016年9月6日的《进销业务流水帐》显示的交易时间是2011年8月10日至2012年3月27日,却没有前述《销售单》记载的交易时间(2012年8月29日)和项目,故星文公司提交的《销售单》与《进销业务流水帐》存在冲突,在广州新华书店、星文公司均没有到庭陈述意见和全面举证的情况下,一审法院对星文公司所举的《销售单》及《进销业务流水帐》的真实性不予采信。

再从佩斯公司提供的《广东增值税专用发票》(开票时间:2009年3月16日)以及佩斯公司在庭审中陈述的意见来看,佩斯公司共复制了5000张涉案音像制品,并在2009年3月16日将涉案制品交付给星文公司,故星文公司可在2009年3月16日后在中国发行涉案音像制品,但新月公司在发行合同约定的回收时间期满(2014年6月24日)后,于2015年1月22日仍可购买到收录有涉案被控侵权歌曲《今夜的草原》的音像制品《我要去西藏》DSD,特别是新月公司在诉讼过程中于2016年7月14日和7月16日仍能在广州新华书店购买到上述音像制品,表明星文公司并未尽到全面的回收义务,广州新华书店明知涉案音像制品已处于诉讼争议期间仍在销售涉案音像制品,表明其亦未尽全面审查和注意义务,故广州新华书店、星文公司均存在过错。

鉴于广州新华书店没有举证证实其销售的收录有被控侵权歌曲《今夜的草原》的音像制品《我要去西藏》DSD有合法来源,且星文公司也没有举证证实涉案音像制品《我要去西藏》DSD是在发行合同期内复制以及提供给广州新华书店销售,也没有举证证实其如何履行回收义务,故根据《最高人民法院关于民事诉讼证据的若干规定》(2008)第2条的规定,由广州新华书店、星文公司承担不举证的不利后果,一审法院对星文公司的合法来源抗辩不予接纳。广州新华书店、星文公司在发行合同期满以及清理期结束后,仍发行、销售涉案收录有《今夜的草原》的《我要去西藏》DSD的行为,侵犯了新月公司享有的涉案作品《今夜的草原》的录音制作者权中的发行权,故广州新华书店应立即停止销售涉案收录有《今夜的草原》的音像制品《我要去西藏》DSD,星文公司立即停止发行涉案收录有《今夜的草原》的音像制品《我要去西藏》DSD,并连带赔偿新月公司的经济损失和合理的维权费用。

至于新月公司主张广州新华书店、星文公司销毁库存侵权音像制品问题。因一审法院已判令广州新华书店、星文公司停止侵权行为,且新月公司没有举证证实该二者尚有库存侵权音像制品以及侵权音像制品的具体存放地点和数量,故由新月公司承担举证不能的责任,一审法院对新月公司的该项诉求不予支持。

三、关于赔偿数额的确定问题

法院酌情认定广州新华书店、星文公司共同承担的赔偿数额为1000元(含合理开支),新月公司请求数额超过部分,一审法院不予支持。

二审案件事实

二审中,当事人没有提交新证据。对一审法院查明的事实,二审法院予以确认。

二审上诉请求

星文公司上诉请求:撤销原判,驳回新月公司的诉讼请求;判令一审、二审诉讼费用由新月公司承担。

二审裁判结果

依照《民事诉讼法》(2012)第170条第1款第1项的规定,判决如下:驳回上诉,维持原判。

二审裁判理由

本案二审中的关键争议在于:被诉音像制品是否属于星文公司在其与新月公司的合同期内所发行。

如果星文公司举证充分,且能证明已履行其在权利能力范围内的回收义务,则无须承担侵权责任,此即其所谓的"权利用尽"。然而,星文公司在诉讼中提交的证据不足以证实此节,一审法院已作详尽评述,二审法院予以认可,不再赘述。当事人对自己提出的事实主张有责任提供证据予以证明,没有证据或者证据不足以证明事实主张的,由负有举证责任的当事人承担不利后果。因此,二审法院不支持星文公司提出的被诉音像制品为合同有效期内所发行之事实主张,一审法院认定星文公司和广州新华书店侵权,并判令其承担侵权责任,并无不当。鉴于此,关于星文公司与新月公司在二审诉讼中提出的被诉音像制品是否属于合同约定的发行载体,不影响上述认定。一审法院查明事实清楚,适用法律恰当,应予维持,星文公司提出的上诉不成立,应予驳回。

> **案件解析**
>
> 在适用发行权穷竭原则的案件中,涉及举证责任的分配问题。
>
> 发行权穷竭原则的案件中,应该由主张发行权穷竭的一方承担举证责任。理由有下述2点。
>
> 1. 当事人对自己提出的事实主张有责任提供证据予以证明,没有证据或者证据不足以证明事实主张的,由负有举证责任的当事人承担不利后果。
>
> 2. 主张侵犯其发行权的一方,穷尽所有举证能力也不可能掌握涉嫌侵权方的发行数据,如发行合同、印刷数量、印刷时间、发行数量、发行地域、发票、银行流水等,而只能由主张发行权穷竭的一方提供。
>
> 本案星文公司与新月公司于2008年12月24日签有《专辑制品发行合同》,被授权发行涉案音像制品专辑,约定有效期为5年,合同终止后星文公司应及时收回相应的未售出音像制品,全部收尾工作应在合同终止后的6个月之内结束。
>
> 根据上述约定,至新月公司购得被诉音像制品之时,合同已经终止。在此情况下,星文公司辩称被诉音像制品为合同有效期内所发行,其负有举证责任。本案星文公司未能充分举证证明已履行其在权利能力范围内的回收义务,应承担不利后果。

第三节
侵权出版物不适用发行权穷竭

97. 中国建筑工业出版社与焦作市解放区青年路久久书舍著作权纠纷案[①]

▶ **裁判要旨**

发行权穷竭原则适用的前提必须是合法原件或复制件,侵权出版物不适用发行权穷竭。

【关键词】

专有出版权;发行权穷竭

【当事人】

上诉人(原审久久书舍):焦作市解放区青年路久久书舍(以下简称久久书舍);

被上诉人(原审原告):中国建筑工业出版社(以下简称建工出版社)。

一审案件事实

2014年3月31日以及2016年2月21日,建工出版社与全国一级建造师执业资格考试用书编委会两次签署合作出版协议书,依约享有《全国一级建造师执业资格考试用书》(第4版)以及《全国一级建造师执业资格考试用书》在合同有效期内的专有出版权。

2013年9月4日以及2016年11月1日,建工出版社与全国二级建造师执业资格考试用书编委会两次签署合作出版协议书,依约享有《全国二级建造师执业资格考试用书》(第4版)以及《全国二级建造师执业资格考试用书》在合同有效期内的专有出版权。

2016年6月28日,因久久书舍销售的建工出版社建造师考试辅导书籍涉嫌侵犯他人著作权,焦作市文化广电新闻出版局对久久书舍涉案的35种共169本书籍采取先行

[①] 中国建筑工业出版社与焦作市解放区青年路久久书舍著作权权属、侵权纠纷案,河南省焦作市中级人民法院民事判决书,(2018)豫08民初116号;中国建筑工业出版社与焦作市解放区青年路久久书舍著作权权属、侵权纠纷上诉案,河南省高级人民法院民事判决书,(2018)豫民终1803号。

登记保存措施。2017年2月14日,行政执法人员对久久书舍进行检查时,发现久久书舍销售的建工出版社出版的《建设工程法规及相关知识复习题集》等33种共125本出版物侵犯他人著作权或者专有出版权。2017年2月28日,焦作市文化广电新闻出版局对久久书舍作出如下行政处罚:(1)没收侵权出版物125本;(2)罚款人民币500元。

一审原告诉请

建工出版社向一审法院提出诉讼请求:

1. 依法判令久久书舍停止发行盗版图书,销毁库存。
2. 依法判令久久书舍赔偿原告经济损失及合理维权支出共计人民币10万元。
3. 本案的诉讼费用由久久书舍承担。

一审裁判结果

一审法院判决如下:

1. 久久书舍停止侵害原告建工出版社专有出版权。
2. 久久书舍赔偿原告建工出版社经济损失及合理维权支出60,000元。
3. 驳回原告建工出版社的其他诉讼请求。

一审裁判理由

一、关于建工出版社诉讼主体是否适格的问题

一审法院认为,在建工出版社提供了合作出版协议的情况下,久久书舍如果否认合作出版协议的真实性应当提供相应的证据予以证明,在其没有提供任何证据的情况下,对其抗辩意见,一审法院不予采纳。至于建工出版社所提供的合作出版协议书中涉案图书编写委员会成员未全体签字的问题。根据《著作权法实施条例》(2013)第9条的规定,本案涉案作品属于不可分割的合作作品,在全国一、二级建造师执业资格考试用书编写委员会部分成员签字认可与建工出版社之间的合作出版协议的情况下,未签字作者即使不同意合作出版协议,在未提出正当理由的情况下,也不得阻止其他作者对外授权出版涉案图书。因此,建工出版社已取得了涉案图书的专有出版权。综上,建工出版社作为本案原告诉讼主体适格。

二、关于久久书舍的行为是否构成侵权的问题

在我国,著作权法意义上的出版是指作品的复制、发行。本案中,建工出版社根据与全国一、二级建造师执业资格考试用书编写委员会签订的合作出版协议书取得了全国一、二级建造师执业资格考试用书的专有出版权,即上述图书作品的复制、发行的权利。久久书舍未经许可销售原告享有专有出版权的图书,为此2016年和2017年先后两次被行政机关查获,虽然行政机关只对2017年的行为作出处罚,而未对2016年的行为作出处罚,但是并不妨碍其这两次行为构成侵权。另外,原告所提供的光盘、图书和名片,能够证明久久书舍久久书舍2018年6月29日仍然销售了建工出版社出版的2018年版全国二级建造师执业资格考试用书《机电工程管理与实务》,经当庭比对,久久书舍所销售的图书印刷质量低劣且没有水印、防伪签、网上增值服务的课程,明显属于侵权出版物。综合以上情况,足以能够认定久久书舍销售涉案图书的行为侵害了建工出版社的专有出版权。

久久书舍称其不构成侵权的另一项主要理由是其销售的是二手书,按照权利穷竭原则,出售二手书不构成著作权侵权。对此一审法院认为,所谓权利穷竭原则又称发行权一次用尽原则,是指作品原件或者经授权合法制作的复制件经著作权人许可,首次向公众销售后,著作权人无权控制该特定原件或者复制件的再次销售或者赠与。但上述权利穷竭原则适用的前提是,相关作品原件或者复制件必须是经著作权人合法授权取得。本案中,久久书舍销售的涉案出版物仅仅一部分为二手书籍,且这些二手书籍已经被行政机关认定为侵权出版物,故本案不能适用权利穷竭原则。

三、关于久久书舍如何承担侵权责任的问题

本案中,久久书舍未提供涉案侵权图书购货合同、发票等证据以证明其购进的涉案侵权图书有合法来源,在久久书舍不能证明其发行的复制品具有合法来源的情况下,其作为销售者应承担因侵害原告专有出版权而产生的停止侵权、赔偿损失的法律责任。对于原告提出的销毁库存的诉讼请求,因本案已有证据不能证明久久书舍对涉案侵权图书的库存情况,故对原告该项诉讼请求一审法院不予支持。久久书舍侵权事实客观存在,原告要求赔偿经济损失及合理维权支出的请求,于法有据,一审法院予以支持。关于赔偿金额,一审法院酌定赔偿金额为60,000元。

二审案件事实

二审法院除对一审法院查明的事实予以确认外,另查明:久久书舍在二审庭审中认可,建工出版社一审提交的《机电工程管理与实务》系在久久书舍购买。

二审上诉请求

久久书舍上诉请求：

1. 撤销一审判决，依法改判。

2. 一、二审诉讼费用由建工出版社承担。

二审裁判结果

二审法院判决如下：驳回上诉，维持原判。

二审裁判理由

久久书舍上诉称其销售的被控侵权书籍均为二手书，但其在二审庭审中认可，建工出版社一审提交的《2018年版全国二级建造师执业资格考试用书机电工程管理与实务》系在久久书舍购买，该书显系新书，其该项上诉理由不成立，二审法院不予采信。久久书舍关于其没有主观过错、不应承担侵权责任的上诉主张。久久书舍作为专业书籍经营者，对书籍应具备专业的辨别能力，且在2016年、2017年先后两次被行政主管部门查扣侵权书籍，对侵权行为应为明知，故久久书舍的该项上诉理由亦不能成立，二审法院不予采信。

案件解析

一般来说，发行权穷竭的构成要件如下：合法原件或复制件；首次销售；已经进入市场流通领域；主张发行权穷竭的一方承担举证责任；发行权穷竭暂不适用信息网络传播领域（有争议）；发行权穷竭不涉及作者的其他著作权。

发行权穷竭原则适用的前提必须是合法原件或复制件。本案中，久久书舍销售的涉案出版物中的一部分为二手书籍，且这些二手书籍已经被行政机关认定为侵权出版物，故本案不能适用权利穷竭原则。

第四节
发行权穷竭不适用于信息网络传播领域

98. 北京磨铁数盟信息技术有限公司与厦门市简帛图书馆著作权纠纷案[①]

▶ **裁判要旨**

在我国著作权立法状况下,将发行权穷竭原则引入网络传播领域尚存在障碍,且即便将之引入,其至少应满足"原件或复制件所有权转让"和"转让方向他人网络传输数字化作品文件后应删除其存储的该文件"两个限定条件,否则将导致复制件数量不受控制,严重损害权利人的利益。

【关键词】

信息网络传播权;发行权穷竭

【当事人】

上诉人(原审被告):厦门市简帛图书馆(以下简称简帛图书馆);

被上诉人(原审原告):北京磨铁数盟信息技术有限公司(以下简称磨铁公司)。

一审案件事实

一、对原告主张的权利作品相关事实查证

2016年8月10日,刘某玲(笔名桃心然,合同甲方)与磨铁公司(合同乙方)签订《文字作品独家授权合同》,签约作品名称为《这样恋着多喜欢》,刘某玲将作品《这样恋着多喜欢》著作权授权乙方使用,授权地域范围:全世界,授权语种:中文(简体和繁体)及各种外文,自签约之日起生效,有效期10年。甲方授予乙方独占且专有地拥有其签约作品的信息网络传播权及其转授权等多项权利。

[①] 北京磨铁数盟信息技术有限公司与厦门市简帛图书馆与被著作权权属、侵权纠纷案,北京市西城区人民法院民事判决书,(2019)京0102民初643号;北京磨铁数盟信息技术有限公司与厦门市简帛图书馆与被著作权权属、侵权纠纷上诉案,北京知识产权法院民事判决书,(2019)京73民终3786号。

二、对被告被诉侵权的相关涉案事实查证

(一) 关于(2018)京国立内经证字第546号公证书

2018年1月17日,磨铁公司的委托代理人在北京市国立公证处对其使用有关软件浏览相关电子图书的行为进行保全。同日,磨铁公司的委托代理人使用其提供的平板电脑进行了相关操作。北京市国立公证处为此出具公证书。

(二) 关于被告提供(2018)厦鹭证内字第51890号公证书

在本案审理中,被告提供了福建省厦门市鹭江公证处于2018年11月15日出具的(2018)厦鹭证内字第51890号公证书。

法院认为,(2018)厦鹭证内字第51890号公证书与(2018)京国立内经证字第546号公证书均客观真实、有效。由于上述公证时间不同,上述公证书分别固定的"藏书馆"App的《服务条款》的版本不尽相同。对于本案诉争时间节点"藏书馆"App的《服务条款》网页信息内容等诉争事实,以(2018)京国立内经证字第546号公证书显示内容为准。

(三) 原、被告当庭陈述的事实

涉案电子书《这样恋着多喜欢》在"藏书馆"App中已经被删除。

原告认可网络用户可免费试读磨铁中文网上《这样恋着多喜欢》第1章至第13章的内容。

原告认为"藏书馆"App向注册用户提供有付费服务。被告对此予以认可。

(四) 对涉案信息"上传者"的身份查证

被告自行提供了其服务器后台数据信息,原告不认可被告提供的上述信息的真实性,并提出,上述数据信息为被告自行进行的统计,未看到其后台截屏的客观情况。

一审法院认为,被告提供的上述数据信息不符合民事诉讼证据的客观性形式要件,在原告否认其真实性的前提下,一审法院不认可其证据效力。

(五) 关于涉案作品的字数

原告提供了涉案作品《这样恋着多喜欢》的电子书光盘,主张涉案作品为1302千字,被告对此无异议,一审法院亦认同。

一审原告诉请

原告磨铁公司向一审法院提出诉讼请求:

1. 请求判令被告立即停止侵权,删除其"藏书馆"App上未有合法授权的侵权作品《这样恋着多喜欢》。

2. 请求判令被告赔偿原告经济损失人民币 180,000 元。

3. 请求判令被告赔偿原告为制止被告的侵权行为所支出的合理费用 543 元。

4. 请求判令被告承担本案的全部诉讼费用。

一审裁判结果

一审法院依法判决如下：

1. 被告简帛图书馆赔偿原告磨铁公司经济损失 78,120 元。

2. 被告简帛图书馆赔偿原告磨铁公司合理支出 543 元。

3. 驳回原告磨铁公司的其他诉讼请求。

一审裁判理由

原告经著作权人（作者）授权，获得合同期间涉案作品独占性信息网络传播权，其权利受《著作权法》保护，并有权对侵害行为以自己的名义提起诉讼。

一、在现有证据环境下，一审法院推定被告的涉案行为直接侵害了原告对涉案作品享有的信息网络传播权

根据原、被告提供的证据可以证明，涉案电子书存在于"藏书馆"App"小伙伴的藏书"栏目下，由"银子"分享。由于被告未提供昵称为"银子"的网络用户的注册 IP 地址、上传信息 IP 地址、真实身份信息及有效通讯联系方式，因此不能将上传者"银子"与现实中具体的网络用户建立明确的对应关系，无法确认其是否真实存在以及排除其与被告简帛图书馆存在某种特定关联。鉴于被告自认在涉案"藏书馆"的"有声书"等板块、栏目中有自行提供作品内容信息的行为，由此可知"藏书馆"App 上的电子书信息并不全由网络用户上传；同时，根据被告与注册用户在涉案网站《用户协议》第 5.2 条的约定内容，对注册用户上传的电子书信息，均视为注册用户同意对被告有普通许可使用的授权，因此相对于注册用户，简帛图书馆并非单纯的信息存储空间技术服务提供者。

在已有证据环境下，一审法院认为，被告经营的"藏书馆"App 中存储了涉案作品信息内容并置于网络公开传播，可推定被告涉案行为为直接的信息传播行为，使网络用户可以在自己选定的时间、地点在线阅、地点在线阅读案作品。被告未举证证明其公开传播的涉案电子书已获得著作权人许可使用并支付了报酬，亦未证明其涉案行为构成依法合理使用，故认定被告涉案行为侵害了原告对涉案作品享有的独占性信息网络传播权,其应当承担相应的侵权民事责任。对于被告提出的其涉案行为属于信息存储空间的网络技术服务,故不应承担侵权民事责任的相关抗辩意见,一审法院不予采信。

二、即使被告能够证明涉案电子书系由网络用户上传,根据被告特定的经营行为,其仍应当承担侵权民事责任

根据"藏书馆"AppV1.0.5版本介绍,"藏书馆"是一款事先用户免费共享借阅电子书的阅读App,其"拥有海量电子书资源,鼓励用户上传,互相借阅电子书"。"藏书馆"App平台设置了"童书""网文动漫""教材""外文原版书""期刊杂志"等栏目分类及"榜单""编辑推介",被告应能够意识到其上述经营行为可能存在帮助网络用户侵犯他人著作权的较大风险。同时,根据《用户协议》第5.2条的事先约定,注册用户上传电子书信息即意味着其同意对被告给予上传作品的普通许可使用,结合"藏书馆"平台会为网络用户主动提供藏书馆各种挖掘推送服务等相关内容,被告并非单纯的信息存储空间技术服务提供者。作为涉案作品信息的普通许可被授权使用人,被告理应负有较之一般的存储空间提供者更高的著作权注意义务。这一注意义务体现为对分类栏目中上传用户名与作者署名不一致的相关电子图书是否为上传者原创或者是否具有合法授权进行核实,并采取积极有效的技术监控措施防止侵权行为发生或持续并对已确认侵权的作品信息及时删除。根据"藏书馆"App公示的《用户协议》的内容可知,其仅向公众公开了其邮寄送达联系方式,并未向权利人提供网上便捷的投诉渠道。因此,即使涉案电子书由用户上传,但没有证据证明"藏书馆"App上传播涉案电子书的行为已取得著作权人合法授权,被告未举证证明其尽到著作权合理注意义务,其主观上具有过错,对网络用户传播涉案文字作品的侵权行为亦构成帮助侵权行为,侵害了原告磨铁公司对涉案作品享有的信息网络传播权。故而被告涉案行为不符合《信息网络传播权保护条例》(2013)规定的免责适用条件,其应承担相应的侵权民事责任,应当立即停止涉案侵权行为、赔偿原告经济损失。

二审案件事实

经审查,本院对一审法院查明的事实予以确认。

二审上诉请求

简帛图书馆上诉请求:撤销一审判决,依法改判驳回磨铁公司一审的全部诉讼请求。

二审裁判结果

简帛图书馆的上诉请求不能成立,应予驳回;一审判决认定事实清楚,适用法律正确,应予维持。依照《民事诉讼法》(2017)第170条第1款第1项规定,判决如下:

驳回上诉,维持原判。

二审裁判理由

根据当事人的二审诉辩主张,本案涉及如下焦点问题:

一、简帛图书馆是否侵害了磨铁公司就涉案作品享有的信息网络传播权并应承担相应的赔偿责任

本案中,简帛图书馆通过其经营的"藏书馆"App平台客户端向用户提供了磨铁公司享有独占信息网络传播权的涉案作品的电子图书,注册用户可以在个人选定的时间和地点以下载、浏览或者其他方式获得电子书信息内容,该行为属于信息网络传播权涵盖的范围。

关于简帛图书馆所称"藏书馆"App是其行使公共图书馆职能的体现,具有公益性质,且"藏书馆"App具有一对一借阅管理的功能,未增加作品的复制件,应适用发行权用尽原则,故涉案行为不符合信息网络传播权的特征,不构成侵害信息网络传播权的上诉意见。二审法院认为,发行权穷竭原则,指合法制作的作品原件或复制件在首次合法投入市场后,著作权人即无法控制该原件或复制件的再次发行。该原则旨在协调著作权人的发行权与原件或复制件所有者的所有权之间的冲突。在我国著作权立法状况下,将该原则引入网络传播领域尚存在障碍,且即便将之引入,其至少亦应满足"原件或复制件所有权转让"和"转让方向他人网络传输数字化作品文件后应删除其存储的该文件"两个限定条件,否则将导致复制件数量不受控制,严重损害权利人的利益。本案中,即便"藏书馆"App提供一对一借阅服务,但其所提供的作品面向的仍是不特定的公众,且简帛图书馆提交的在案证据不足以证明其在通过信息网络向公众提供作品时删除了其所存储的相应文件,故不具备适用前述原则的可能性。另外,根据著作权法的相关规定,侵权的构成以及侵权责任的承担不以营利为条件,简帛图书馆的公益性质,亦不属于其实施侵权行为的正当理由。综上,二审法院对简帛图书馆的相关上诉主张,不予采纳。

关于简帛图书馆所称其涉案行为系提供信息存储空间服务的行为,而非直接侵权行为的上诉意见。二审法院认定该电子书系由相关用户上传,简帛图书馆仅系提供信息存储空间服务的网络服务提供者。

一审法院认定简帛图书馆对用户传播涉案作品的侵权行为具有过错,构成帮助侵权,侵害了磨铁公司对涉案作品享有的信息网络传播权,并无不当,二审法院予以确认。

二、一审法院认定的经济损失与合理支出数额是否适当

本案因根据已有证据不能确定涉案侵权行为造成的实际损失或侵权获利情况,故应当依据法定赔偿标准确定赔偿数额。二审法院认为,一审法院根据合理性、必要性原则确定的合理支出数额亦属合理范围,故二审法院均予以确认。

案件解析

本案涉及发行权穷竭原则在信息网络传播环境下的适用问题,这个问题在国际上存在争议。

美国法院认为发行权穷竭不能适用于数字环境,如美国 Capitol Rccords 诉 RcDigi 案,原告 Capitol Rccords 是美国著名唱片公司,被告 ReDigi 在其交易平台上,注册用户可以将自己合法购买的数字音乐作品进行在线交易,为确保数字音乐作品的转移(该音乐文件自从销售用户的个人硬盘中消失),被告采取了严格的的技术措施。受理法院认为,本案中受版权保护的数字音乐文件必须依附于特定的硬盘、光盘、播放器等存在,只有借助这些实体材料,音乐声音才有可能被存储和传播。版权数字音乐作品首次被合法销售后,即依附在一手使用者的硬盘中形成了一份"特定"的复制件,被转售时也会在二手购买者手中的硬盘里重新产生新的"特定复制件"。据此法院认定,ReDigi 公司上传和转售二手数字音乐文件的系列行为属于版权法上的复制行为,而美国版权法规定发行权穷竭原则仅适用于发行权,不适用于复制权。

欧盟认为发行权穷竭可以有条件地适用于数字环境,如 Oracle 公司诉 UsedSoft 公司案,Oracle 公司发行了一个数据库软件,其向用户提供软件许可证,许可证禁止转让。UsedSoft 公司主要业务是倒卖已合法售出的软件许可证。Oracle 公司反对 UsedSoft 公司转售其软件的许可证,主张发行权穷竭原则不适用于数字销售软件,对 UsedSoft 公司提起诉讼。欧盟法院认为,所谓的"发行权穷竭原则"对于数字销售软件是适用的,就如在实体销售中的软件一样,当版权人向其用户销售某一版本的作品,无论其载体是有形的还是无形的,只要对方支付费用,交易即成立。此类数字复制件所有权的存在,将导致"向公众传播"行为在属性上转变为"销售"行为。

回到本案,法院认为在我国著作权立法状况下,将发行权穷竭原则引入网络传播领域尚存在障碍,且即便将之引入,其至少应满足"原件或复制件所有权转让"和"转让方向他人网络传输数字化作品文件后应删除其存储的该文件"两个限定条件,否则将导致复制件数量不受控制,严重损害权利人的利益。同时其中的第二个条件,在实操上无法监控,在技术上很难实现,故在我国信息网络传播环境下适用发行权穷竭原则上暂不具备条件。

第五节
发行权穷竭不涉及其他著作财产权

99. 广州市新时代影音公司与成都金狐量贩娱乐有限公司著作权纠纷案[①]

▶ **裁判要旨**

著作权的发行权穷竭仅指销售的权利穷竭,即作品的复制件一旦出售,权利人不能就该复制件的再次销售享有权利,未经许可向公众放映权利人 MTV 的行为,侵害了权利人的放映权。

【关键词】

放映权;发行权穷竭

【当事人】

上诉人(原审被告):成都金狐量贩娱乐有限公司(以下简称金狐娱乐公司);

被上诉人(原审原告):广州市新时代影音公司(以下简称新时代影音公司)。

[①] 广州市新时代影音公司与成都金狐量贩娱乐有限公司侵犯著作权纠纷案,四川省成都市中级人民法院民事判决书,(2004)成民初字第1030号;广州市新时代影音公司与成都金狐量贩娱乐有限公司侵犯著作权纠纷上诉案,四川省高级人民法院民事判决书,(2005)川民终字第462号。

一审案件事实

新时代影音公司在1992年至1995年投资制作了《蓝蓝的夜蓝蓝的梦》《晚秋》《心雨》三首MTV,于1996年出版发行名称为《晚秋毛宁》的两碟装VCD光盘,收录了包括前述歌曲在内的共计25首MTV。

2004年7月10日,北京市天为律师事务所接受新时代影音公司委托以消费者名义来到位于四川省成都市马鞍北路32号玉龙火锅城2楼金狐音乐会所C31号房间点播包括《蓝蓝的夜蓝蓝的梦》《晚秋》《心雨》在内的12首歌曲,四川省公证处进行了公证。

一审法院在审理过程中,分别对新时代影音公司提交的《晚秋毛宁》光盘及四川省公证处封存的刻录光盘进行了播放。《晚秋毛宁》光盘中第一个文件所显示的画面内容为新时代影音公司的新时代标识及"广州市新时代影音公司出版发行"字样,每一首涉案MTV画面的左上角均有新时代影音公司的新时代标识;在播放《晚秋》MTV时,界面出现演唱毛宁、导演张某骐、美指卢某尧、摄影吴某棠、诗某、演出毛宁等字样;涉案三首MTV均由歌曲及一系列连续画面组成,画面的空间形态、情境氛围与音乐体裁和歌词的意境形成统一风格。金狐娱乐公司所播放的涉案三首MTV与新时代影音公司MTV的声音及画面一致,画面的左上角亦出现新时代影音公司的新时代标识。

金狐娱乐公司成立于2004年1月20日,经营范围为歌城。金狐娱乐公司提供的金狐音乐会所宣传册中,载明金狐音乐会所营业面积近5000平方米,分设VIP豪包、贵宾房、迷你包、大包、中包、小包各类包间共88个。

一审原告诉请

原告新时代影音公司诉讼请求:金狐娱乐公司停止对新时代影音公司作品的放映权的侵害,并在《法制日报》上向新时代影音公司公开赔礼道歉;赔偿新时代影音公司经济损失150,000元及所支出的合理费用50,000元。

一审裁判结果

一审法院判决如下:

1. 金狐娱乐公司于本判决生效之日起,未经新时代影音公司许可,不得实施放映涉案《蓝蓝的夜蓝蓝的梦》《晚秋》《心雨》三首MTV的行为。

2. 金狐娱乐公司于本判决生效之日起10日内赔偿新时代影音公司经济损失人民

币7765元;赔偿新时代影音公司因制止侵权行为而支出的合理费用23,299元。

3.驳回新时代影音公司的其余诉讼请求。

- **一审裁判理由**

一、涉案三首MTV是以类似摄制电影的方法创作的作品,而不是录像制品

电影作品和以类似摄制电影的方法创作的作品是指摄制在一定介质上,由一系列有伴音或者无伴音的画面组成,并且借助适当装置放映或者以其他方式传播的作品。录像制品是指电影作品和以类似摄制电影的方法创作的作品以外的任何有伴音或者无伴音的连续相关形象、图像的录制品。独创性是指作品的原创性,是作者在创作过程中投入了某种智力性的劳动,使创作出来的作品具有最低限度的创造性。录像制品其特征在于该制品由摄制设备机械录制产生,如实反映客观景物、形象及声音,在制品的形成过程中不添加任何智力创作成分,亦不存在编辑、剪辑等后期制作因素。

本案中,新时代影音公司主张权利的《蓝蓝的夜蓝蓝的梦》《晚秋》《心雨》三首MTV是以类似摄制电影的方法制作,凝聚了导演、演员、美指等多方的各种创造性劳动,作品的完成包含了编、采、录制、加工的过程,它不是一个简单的对既有事实的录制,而是声音与画面有机结合的一种艺术表现形式,包含了制作者大量的创作,符合作品的构成要件,属于以类似摄制电影的方法创作的作品。

二、新时代影音公司依法享有涉案三首MTV的著作权

根据我国《著作权法》(2001)的规定,以类似摄制电影的方法创作的作品的著作权由制片者享有;如无相反证明,在作品上署名的公民、法人或者其他组织为作者。新时代影音公司提交的《晚秋毛宁》VCD光盘的彩色封面及盘芯上均标注"广州市新时代影音公司出版发行"字样,除此之外再无其他署名,且涉案三首MTV在播放时均显示出新时代影音公司的标识;原中国音像协会(现为中国音像与数字出版协会)作为行业协会出具了《晚秋毛宁》音乐电视著作权属于新时代影音公司所有的证明,证明内容得到歌曲演唱者毛宁的确认。综合上述因素,可以确认新时代影音公司为涉案三首MTV作品的著作权人,对涉案三首MTV享有发表权等人身权利和复制权、发行权、放映权等财产权利。

三、金狐娱乐公司侵害了新时代影音公司的放映权

放映权是指通过放映机、幻灯机等技术设备公开再现美术、摄影、电影和以类似摄制电影的方法创作的作品的权利。金狐娱乐公司在使用涉案三首MTV作品进行经营活动时,依法应取得著作权人授权,但其未经新时代影音公司许可,通过播放设备,以营利为目的在公开场所放映新时代影音公司享有著作权的涉案三首 MTV 作品,侵犯了新时代影音公司享有的放映权,应当承担停止侵权、赔偿损失的民事法律责任。

二审案件事实

二审法院审理查明,一审法院查明事实属实,二审法院予以确认。

二审上诉请求

金狐娱乐公司上诉请求:撤销一审民事判决,驳回新时代影音公司的诉讼请求,本案诉讼费由新时代影音公司承担。

二审裁判结果

二审法院判决如下:驳回上诉,维持原判。

二审裁判理由

1. 原审法院认定该作品已经构成了以类似摄制电影制作的方法创作的作品正确,二审法院予以确认。

2. 确认新时代影音公司享有涉案三首 MTV 的发表权等人身权利和复制权、发行权、放映权等财产权利。

3. 金狐娱乐公司未经许可在其经营活动中向消费者提供了涉案前述三首 MTV 的放映服务,侵犯了新时代影音公司享有的放映权。

4. 本案不适用于发行权穷竭原则。

金狐娱乐公司认为其使用的涉案三首歌曲光盘都是从正规渠道购入,已经支付了相应费用,不应再向权利人支付使用费。二审法院认为,著作权的权利穷竭仅指销售的权利穷竭,即作品的复制件一旦出售,权利人不能就该复制件的再次销售享有权利,本案金狐娱乐公司向公众放映的涉案前述三首 MTV 是对新时代影音公司享有的作品通过放映机等技术设备公开再现其作品的服务,并通过该服务获得一定的经济利益。金狐娱乐公司在公共场所放映权利人的作品,并从中获得经济利益,应该取得权利人许可,并支付报酬。因此,金狐娱乐公司的该项上诉理由不能成立,二审法院不予支持。

> **案件解析**

发行权穷竭解决的是著作权与物权的冲突问题。表面来看,发行权与物权存在冲突:一方面,发行权赋予著作权人对其作品原件或复制件以出售或赠与方式向公众提供的权利,未经著作权人许可擅自发行即构成侵权。另一方面,根据物权法上一物一权的原则,一个有形物上只存在一个物权,只有物权所有人能对该物行使处分权。

这仅仅是表面上的冲突,发行权穷竭的深层原因在于:购买者从市场上购买合法的作品原件或复制件时,已经支付了对价,这个对价既包含了作品附着物物质载体的价格,又包含了著作权许可使用费,而上述两种价值不可分离,将伴随作品原件或复制件终生,任何人进一步购买首次销售后的作品载体,也只是限于相对特定主体对同一载体的流通,在首次购买者已经付出著作权和物权双重代价的情况下,其后的发行已经与作者完全无关。在此情形下发行权与物权并存于作品载体之上,二者完美融为一体,作者不能以无形的发行权对抗有形载体的物权,发行权不得凌驾于物权之上。也就是说,在首次销售后,作者同时丧失特定载体的发行权和物权。

但如果作品原件或复制件所有人将本载体用于出租,就是将载体附着物的著作权内容用于不特定人群获利,已经脱离了原始载体本身,扩大了受众,理应受到作者出租权的控制。

如果作品原件或复制件所有人将载体附着物的著作权内容用于改编新作品,也已经脱离了原始载体本身,扩展到了新的内容,理应受到作者演绎权的限制。

如果作品原件或复制件所有人将本载体用于复制发行,也已脱离了原始载体本身,扩大了受众,理应受到作者复制权、发行权的控制。

至于本案,金狐娱乐公司购买的涉案三首歌曲光盘虽然都是从正规渠道购入,已经支付了相应费用,如果其行为仅仅是针对该涉案光盘的再次销售,那么,由于发行权穷竭原则的限制,新时代影音公司自然无权干涉。但本案金狐娱乐公司将涉案光盘用于向公众放映,无疑已经脱离了原始载体本身,扩大了受众,理应受到作者放映权的控制。金狐娱乐公司向公众放映的涉案三首 MTV 理应经过新时代影音公司许可并制度报酬。

跋

"为天地立心、为生民立命、为往圣继绝学,为万世开太平。"北宋张载的"横渠四句"言简义丰,传颂万古,其中的大儒精神始终激励着我们。

1710年颁布的《安妮女王法令》是英国第一部版权法,也是世界第一部版权法。1710年至今数百年来国际版权公约和各国版权法风起云涌、蔚然大观。中国从1910年清政府颁布的第一部著作权法《大清著作权律》开始,也有100多年了。尤其是1990年新中国颁布了第一部《著作权法》以来的30多年,《著作权法》已经有4个不同版本。在可以预见的未来,修改著作权法以适应经济社会的快速发展,是不可避免的。

由单一的著作权法到综合性的知识产权法典,进而融会贯通形成民法典,这几乎成为世界各国著作权法发展趋势。我国《著作权法》颁布较晚,遵循国际版权公约,借鉴其他国家的立法例成为我国《著作权法》修订的路径之一。另一条路径就是从实践中不断摸索,总结提炼,形成经验,上升为理论。理论联系实际,两方面都不可偏废。

北京知岸律师事务所聚焦知识产权领域,坚持理论研究和法律实务相结合。注重法律实务,不忽视理论研究。北京知岸律师事务所有专门的图书馆,图书馆专注于知识产权领域,尤其是著作权领域的图书收集,有图书,有期刊;有早期,有最新;有国内,有国外;有理论,有案例,这为开展研究提供了巨大便利。

北京知岸律师事务所思路明确,有系统研究知识产权的决心和信心。我们首先从著作权法入手,将著作权法细化为著作权客体、著作权主体、著作人身权、著作财产权、著作邻接权、著作权利用、著作权保护、著作权限制、集体管理组织、计算机软件等十个方面。这就是"北京知岸律师事务所著作权理论与实务丛书"系列。为了统一,我们将"北京知岸律师事务所著作权理论与实务丛书"统一命名为《著作权理论与实务》,分为十卷,即客体卷、主体卷、人身权卷、财产权卷、邻接权卷、利用卷、保护卷、限制卷、集体管理卷、计算机软件卷。其中限制卷又分为理论部分和案例部分两册。

《著作权限制典型案例精析》由单体禹担任主编,孙胜男担任执行主编。撰稿人包括胡林昌、李新苗、门海萍、单体禹、孙胜男、肖芳等。按照篇章顺序而言,第一篇"著作权保护期限"由单体禹负责撰写。第二篇"合理使用"第一章"个人使用"由李新苗负责撰写;第二章"适当引用"、第三章"新闻报道使用"、第四章"转载转播使用"三章由胡林昌负责撰写;第五章"演讲使用"、第六章"教学科研使用"、第七章"公务使用"、第八章"图书馆使用"、第九章"免费表演使用"五章由肖芳负责撰写;第十章"公共场所陈列作品使用"由孙胜男负责撰写;第十一章"少数民族使用"、第十二章"阅读障碍者使用"两章由门海萍负责撰写;第十三章"计算机软件使用"由孙胜男负责撰写。第三篇"法定许可"第一章"编写出版教科书法定许可"、第二章"报刊转载摘编法定许可"两章由孙胜男负责撰写;第三章"制作录音制品法定许可"由门海萍和胡林昌合作撰写;第四章"广播组织播放作品法定许可"、第五章"网络扶贫法定许可"两章由孙胜男负责撰写。第四篇"默示许可"由胡林昌负责撰写。第五篇"发行权穷竭"由单体禹负责撰写。最后由宋振东负责统筹全书,编辑合成。

《著作权限制典型案例精析》是"北京知岸律师事务所著作权理论与实务丛书"系列图书的一种,是集体智慧的成果,北京知岸律师事务所的所有同仁都为此书作出了重要贡献。最后对内容与形式、结构与功能、理论与案例进行了统一。对格式进行了修改,对行文进行了润色,对法条进行了注释,对体例进行了系统化。

"文章千古事,得失寸心知。"一本书的出版是需要大量的时间和精力,需要经过反复切磋琢磨,如切如磋,如琢如磨,才能逐渐成为珍品。当然不当之处在若难免,敬请学界诸位法官、检察官、律师、学者、专家、研究者、学习者予以批评指正,以便在再版时予以修订。

北京知岸律师事务所
2023 年 12 月 22 日